革命文献与民国时期文献
保护计划

成 果

国家图书馆 编

民国时期
图书总目

经　济

（三）

国家图书馆出版社

交通运输经济

交通运输经济理论

10377
交通 贵州省地方行政干部训练委员会编
贵州省地方行政干部训练委员会，1940，52页，46开
　　本书共3章：公路、水运、电信。
　　收藏单位：重庆馆、贵州馆

10378
交通 刘光华著
上海：商务印书馆，1927.10，111页，36开（百科小丛书150）
上海：商务印书馆，1931.4，92页，32开（万有文库第1集349）（百科小丛书）
上海：商务印书馆，1934.5，国难后1版，92页，32开（百科小丛书）
上海：商务印书馆，1934.12，国难后2版，92页，32开（百科小丛书）
　　本书共12章，内容包括：交通的意义和种类、通信、道路、铁路、海运、航空等。
　　收藏单位：安徽馆、重庆馆、大理馆、大连馆、大庆馆、东北师大馆、复旦馆、广东馆、广西馆、贵州馆、国家馆、河南馆、黑龙江馆、湖南馆、惠州馆、江西馆、辽大馆、辽师大馆、柳州馆、南京馆、内蒙古馆、宁夏馆、山东馆、上海馆、天津馆、西南大学馆、浙江馆

10379
交通经济学 余松筠编著
上海：商务印书馆，1937.6，263页，22开（现代商业丛书）
　　本书共8章，内容包括：交通经济学之基本问题、交通机关论、交通及交通机关之发达与其影响、交通企业论、运价论等。
　　收藏单位：重庆馆、广东馆、贵州馆、国家馆、河南馆、黑龙江馆、湖南馆、吉林馆、辽大馆、南京馆、内蒙古馆、陕西馆、上海馆、天津馆、浙江馆

10380
交通经济总论 （日）增井幸雄著　郭虚中译
长沙：商务印书馆，1940.3，21+357页，36开（社会科学小丛书）
　　本书共7章：交通、交通机关、交通机关的发达、交通机关发达的影响、交通机关的创设、交通机关的营业、交通机关与国家。为《交通总论》增订版。
　　收藏单位：重庆馆、广东馆、广西馆、贵州馆、国家馆、黑龙江馆、吉林馆、辽大馆、辽宁馆、南京馆、上海馆、浙江馆

10381
交通会计 张心澂著
上海：商务印书馆，1934.8，15+444页，22开，精装（立信会计丛书）
上海：商务印书馆，1935，再版，15+444页，22开，精装（立信会计丛书）
长沙：商务印书馆，1938.11，3版，15+444页，22开，精装（立信会计丛书）
上海：商务印书馆，1940.6，4版，15+444页，22开（立信会计丛书）
　　本书共5编：通论、邮政会计、邮政储汇会计、电政会计、航业会计。
　　收藏单位：重庆馆、广东馆、贵州馆、桂林馆、国家馆、黑龙江馆、湖南馆、吉大馆、江西馆、辽大馆、南京馆、浙江馆

10382
交通会计问题 曹宝垠著
出版者不详，[1911—1949]，388页，32开
　　收藏单位：广东馆、南京馆

10383
交通论 （日）伊藤重郎著　史维焕译述
上海：商务印书馆，1927，206页，23开（现代商业丛书）

上海：商务印书馆，1930.11，再版，206页，
22开（现代商业丛书）

上海：商务印书馆，1932，国难后1版，206
页，22开（现代商业丛书）

上海：商务印书馆，1935.1，国难后2版，
206页，25开（现代商业丛书）

本书共两编：海洋运输论、铁路及铁路政
策。据日文版译出，并参照英文版、德文版
原著。

收藏单位：安徽馆、重庆馆、广东馆、广
西馆、国家馆、河南馆、黑龙江馆、湖南馆、
南京馆、内蒙古馆、宁夏馆、上海馆、浙江
馆、中科图

10384

交通文学 曾鲲化著

曾鲲化［发行者］，［1931.10］，10+［345］页，21
开

本书共12编，内容包括：论说、公文、
书牍、议案、祝词、传记等。"论说"编内容
包括：《论文学与交通的关系》《论交通为文
明之源》《论西南路线与中国之大势》《论铁
路上客货收入之比较》《论中国宜推广航业》
《说邮政要旨》等。

收藏单位：国家馆

10385

交通与经济 赵诵轩等编

上海：中华书局，1930.4，22页，32开（民
众经济丛书）

上海：中华书局，1932，再版，22页，32开
（民众经济丛书）

本书共4部分：总论、交通的特性、交通
与经济的关系、结论。

收藏单位：重庆馆、广东馆、江西馆、内
蒙古馆、天津馆

10386

交通政策 胡蓬然著

上海：启智书局，1933.4，392页，23开

上海：启智书局，1937.6，2版，392页，32开，
精装

本书共4编。首编共8章，阐述交通的

意义、类别，交通对经济、政治、社会各方
面的效用，交通机关的组织、种类、性质，
交通技术的发展、发明、应用等；其余各编分
述铁道、海运及空中交通的建设、经营、管
理及政策的制定与实施等。

收藏单位：广东馆、广西馆、河南馆、南
京馆、天津馆

10387

交通政策 李克明编

安徽大学，［1911—1949］，98页，16开

收藏单位：南京馆

10388

交通政策 刘光华著

上海：南京书店，1932.10，280页，25开

本书分3编：总论、铁道论、海运论。第
1编共10章，论述交通的意义、种类，交通
发达的效果，交通机关的性质与交通政策的
制定，交通运费率等；第2编共7章，专论铁
道的意义、种类、建设、营业等问题；第3编
共5章，述及海运船舶、经营、我国航业的
状况等。

收藏单位：安徽馆、重庆馆、广东馆、广
西馆、河南馆、湖南馆、江西馆、南京馆、
上海馆、天津馆、浙江馆

10389

交通政策 （日）增井幸雄著 邹敬芳译

上海：华通书局，1931，202页，22开（华通
经济学丛书）

上海：华通书局，1931.5，再版，202页，22
开（华通经济学丛书）

本书共4章：总论、交通机关的经营制
度、交通机关的创设、交通机关的营业。

收藏单位：重庆馆、广西馆、国家馆、湖
南馆、南京馆、浙江馆

10390

交通政策 （日）增井幸雄著 邹敬芳译

上海：启智书局，1930.1，222页，22开

收藏单位：重庆馆、国家馆、黑龙江馆、
天津馆

10391

交通政策

私立浙江法政专门学校，[1911—1949]，259页，32开（私立浙江法政专门学校讲义）

本书共两编：总论、各论。第1编概述交通的意义、交通机关的性质、交通政策的研究等，第2编分论铁道、海运、河运及通信制度与政策。

收藏单位：浙江馆

10392

交通政策·经济政策 瞿桐岗讲述·么心一编述

[北平]：中国大学，[1911—1949]，108+76页，16开

本书为中国大学《交通政策》《经济政策》两种讲义的合订本。

收藏单位：重庆馆

10393

路政会计学 韩善甫著

出版者不详，1941，油印本，1册，18开，环筒页装

收藏单位：国家馆

10394

运输浅说 高伯时编

上海：中华书局，1930.11，21页，36开，精装（民众商业丛书）

上海：中华书局，1932，再版，21页，36开（民众商业丛书）

本书概述运输的意义、特质、种类，及我国和在华外商的运输事业状况。附包装须知。

收藏单位：重庆馆、广东馆、黑龙江馆、吉林馆、江西馆

10395

运输须知 达节庵　程志政著

上海：商务印书馆，1933.12，96页，32开（万有文库第1集654）（商学小丛书）

上海：商务印书馆，1934.1，96页，32开（商学小丛书）

上海：商务印书馆，1934.6，再版，96页，32开（商学小丛书）

上海：商务印书馆，1935.5，3版，96页，32开（商学小丛书）

上海：商务印书馆，1940.10，4版，96页，32开（商学小丛书）

本书共5章：绪论、铁路运输、水道运输、公路运输、航空运输。

收藏单位：安徽馆、重庆馆、大理馆、大连馆、东北师大馆、广西馆、贵州馆、国家馆、河南馆、黑龙江馆、湖南馆、惠州馆、吉林馆、江西馆、辽大馆、辽师大馆、柳州馆、南京馆、内蒙古馆、宁夏馆、陕西馆、上海馆、首都馆、天津馆、西南大学馆、浙江馆

10396

运输学 陆军大学校编

南京：军用图书社，1935，148页，32开

本书为陆军大学校教材，由教官克里拜讲授。共24章，内容包括：铁道运送及船舶输送、东三省之铁道网、在铁道上之军队输送、输送作业、军长对于输送之部署等。附研究院输送学附件及各类表格10余种。

收藏单位：重庆馆

10397

运输学 谢霖著

成都：正则会计事务所，1949.4，10+318页，大16开

本书共6章：概说、铁路运输、公路运输、水道运输、航空运输、邮政运输。

收藏单位：重庆馆、国家馆、宁夏馆

10398

运输学 （美）约翰逊（E. R. Johnson）　席伯讷（Grover G. Huebner）　威尔逊（G. Lloyd Wilson）著　刘鼎新译注

外文题名：Principles of transportation

北平：立达书局，1933.9，770页，22开

本书共7编：铁路之业务、铁路之营业方法与组织、铁路运价、铁路之法制、公路运输、水路运输、航空运输。

收藏单位：广西馆、国家馆、辽大馆、上

海馆、浙江馆

10399

运输学（公路编） 熊大惠著

上海：熊大惠 [发行者]，1938.9，269 页，23 开

　　本书共 16 章，内容包括：公路运输的组织、公路及车务段的管理、行车及联运、财务会计等。书中涉及的各项实际业务，多以江西公路处的情况为例。

10400

运输学（水道编） 熊大惠著

上海：熊大惠 [发行者]，1934.10，338 页，22 开

　　本书共 17 章，内容包括：航业政策总论、航业政策分论、轮船航路之分类及其地理分布、吨位之种类及其用途、轮船公司组织与工作、轮船客运业务与票价、水陆调整运输问题等。附招商局组织规程、交通部航政局检丈船舶规程、轮船招商局职员服务规则等。

　　收藏单位：国家馆、湖南馆、江西馆、南京馆、内蒙古馆、上海馆、西交大馆

世界各国概况

10401

本国交通 中华职业学校编

[上海]：中华职业学校，1936，28 页，32 开（非常时期国民常识小丛书 3）

　　收藏单位：广东馆

10402

成都市运输业概况调查 谢澄　陈春航编著

成都：四川省政府建设厅询问处，[1940—1949]，16 页，18 开（建设丛书 41）

　　本书共 8 部分，内容包括：引言、调查经过、成都市运输业一般概况、长途汽胎人力板车、成都市长途兽力板车等。

　　收藏单位：重庆馆、国家馆

10403

第三战区之交通（上篇：过去与现在） 中央调查统计局特种经济调查处编

中央调查统计局特种经济调查处，1941.9，油印本，32 页，16 开

　　收藏单位：南京馆

10404

滇缅交通线问题特辑 李生庄编

出版者不详，[1939]，33 页，32 开

　　本书为论文集，内容包括：《编辑序言》（李生庄）、《上蒋委员长书》（李根源）、《上云南公路总局代电》（李曰垓）、《为滇缅交通线问题进一言》（腾越日报社等）、《关于腾保线之宜继续兴修》（封维德）等。

　　收藏单位：国家馆

10405

东北交通概况 中央设计局东北调查委员会编

中央设计局东北调查委员会，1945.7，油印本，1 册，16 开，活页装

　　本书共两部分：东北四省公路路线图、东北各省公路交通总检讨。附辽宁省各县长途汽车公司及路程一览表、辽宁省县道一览。

　　收藏单位：国家馆

10406

东北之交通 （日）田中秀著　沈钟灵译

[北平]：东北问题研究社，1932，103 页，32 开

　　本书共 6 章：道路、铁道、计划铁道、海运、内陆水运、附录。前 5 章节译自《满蒙地志研究》，附节译自中沟新一《日本之满洲开发》的文章两篇：《过去二十五年来之满蒙铁道发达观》《日本对东北的交通政策及三大港主义》。

　　收藏单位：国家馆、上海馆、天津馆

10407

发展中国运输四计划 霍宝树著

出版者不详，[1928.8]，[74] 页，22 开

　　本书共 4 部分：全国铁路建设计划、建筑

全国车路计划、发展水航计划、发展空航计划。目录页题名：发展中国运输四计划大纲。

　　收藏单位：重庆馆、国家馆、首都馆

10408

非常时期之交通　胡祥麟　陈世材编

上海：中华书局，1937.4，82页，32开（非常时期丛书）

上海：中华书局，1937.7，再版，82页，32开（非常时期丛书）

上海：中华书局，1938.7，3版，82页，32开，精装（非常时期丛书）

　　本书共5部分：绪论、路政论、邮政论、电政论、航政论。

　　收藏单位：重庆馆、广东馆、贵州馆、桂林馆、国家馆、江西馆、南京馆、内蒙古馆、宁夏馆、陕西馆、浙江馆

10409

福建的驿运　福建省运输公司编

福建省运输公司，[1941]，80页，22开，环筒页装

　　本书共8部分，内容包括：绪言、沿海驿运为什么需要统制、管理与经营的划分、今后的计划等。附第三战区司令长官司令部福建省水陆联运管理处组织规程、福建省驿运管理处组织规程、福建省运输公司船舶运输处民船运货暂行简则等。

　　收藏单位：福建馆、国家馆

10410

福建省运输公司业务报告　[福建省运输公司编]

福建省运输公司，[1940]，油印本，1册，大16开

　　本书共11部分，内容包括：筹备设立之经过、组织机构、营收情形、经济概况、汽车运输、人力运输、船舶运输等。

　　收藏单位：国家馆

10411

福建省运输公司章则汇编　福建省运输公司编

福建省运输公司，1940.1，石印本，184页，22开，环筒页装

　　本书内容包括：福建省运输公司章程、福建省运输公司董事会议事规则、福建省运输公司组织规程、福建省运输公司各段组织及办事规则等。

　　收藏单位：国家馆

10412

福建省之交通　[福建省政府秘书处编]

福建省政府秘书处，[1930—1939]，34页，32开（闽政丛刊）

　　本书共4章：陆路运输、水道运输、电讯交通、旅运社。

　　收藏单位：重庆馆、福建馆、广东馆、广西馆、国家馆、近代史所、南京馆、浙江馆

10413

各国交通职员养恤制度大纲　华凤章辑述

交通部编译处，1921.9，174页，18开（交通部编译处丛书）

　　本书共3章：总论、日本交通职员养恤制度、欧美交通职员养恤制度。附英美德法日俄丹比养恤制度比较表。

　　收藏单位：国家馆、吉林馆、首都馆

10414

工业化与中国交通建设　韩稼夫著

重庆：商务印书馆，1945.3，72页，32开（国民经济研究所丙种丛书 第5编）

　　本书共7章，内容包括：绪论、近年来交通运输事业之发展、过去交通事业之特点与问题、交通事业受战争之影响、抗战以来之新兴交通事业等。

　　收藏单位：重庆馆、贵州馆、国家馆、吉林馆、南京馆、上海馆

10415

公营事业人事制度（电政部分）

党政军人事管理人员第二训练班，[1940—1949]，20页，22开

　　本书内容包括：公营事业人事制度（电政部分）、交通部技术人员铨叙规则、交通部公

路初级工程技术人员叙用规则（1940 年 5 月
公布）。

收藏单位：国家馆

10416

**关于交通职工改良待遇的经过及今后计划的
进行**

出版者不详，[1911—1949]，16 页，32 开

本书为交通部在中央广播电台所作的广
播稿。

10417

广东商运沿革史　　梁阆秋编

广州商务研究分会，1934，190 页

本书内容包括：广州市商运沿革提要、行
使民权方法图表、上全国代表大会意见书、
工商同业公会法、特种工业奖励法、出厂税
条例、商标注册暂行规则等。

收藏单位：近代史所

10418

广西交通问题　　陈心镜著

长沙：商务印书馆，1938.7，[10]+107 页，22
开（广西大学经济研究室研究报告）

本书共 6 部分，内容包括：绪论、广西的
河流运输、广西的公路运输、广西的铁路建
设等。附广西各航线电船一览表、广西各航
线汽船拖渡一览表、广西建筑中县道一览表。

收藏单位：重庆馆、广东馆、广西馆、贵
州馆、桂林馆、国家馆、吉林馆、辽大馆、
南京馆、宁夏馆、西南大学馆、中科图

10419

贵州之交通　　国民经济研究所编

国民经济研究所，1939，14 页

收藏单位：广东馆

10420

国防与交通　　俞飞鹏讲述

出版者不详，[1911—1949]，116 页，32 开

收藏单位：重庆馆、广东馆、河南馆、湖
南馆

10421

国防与交通事业　　吴一鸣著

上海：汗血书店，1937.1，130 页，32 开（国
防实用丛书 11）

本书共 4 章：交通与国防之关系、战时各
国交通设施、国防交通建设方案、战时交通
组织及其管理。

收藏单位：安徽馆、重庆馆、广东馆、国
家馆、江西馆、南京馆

10422

国民政府航空公路建设奖券指南　　裴铭著

上海：大众服务社，1935，151 页，22 开

本书共 12 部分，内容包括：各国奖券之
略史、奖券之沿革、国家奖券与地方奖券、
奖券之购买法、国民政府航空公路建设奖券、
建设奖券各总经销处名称及各项纪要等。附
烟兑式的票行图中饱、大运公司函奖券办事
处关于各种建议事等。目录页题名：购买国民
政府航空公路建设奖券指南。

收藏单位：国家馆、江西馆、陕西馆

10423

**国民政府交通部接收北平部署及所属机关委
员会汇刊**　　交通部接收北平部署及所属机关
委员会编辑

交通部交通公报处、北平交通部保管处，1928.8，
[588] 页，18 开

本书收录国民政府交通部接收北洋政府
交通部及所属机关的公文。内容包括：命令、
公牍、规章、要略、纪录、通告等。

收藏单位：国家馆、南京馆

10424

[国民政府交通部接收委员会会议纪录]

出版者不详，[1945]，4 页，16 开

本书内容包括：会议简则、会议记录、提
案、职员录等。

收藏单位：国家馆

10425

汉口转运报关业调查报告　　于锡猷调查　国
民经济研究所纂辑

[国民经济研究所]，1938.5，油印本，11页，13开（总第22号 交通门转运类 第1号）

　　本书共两部分：转运公司、报关行。

　　收藏单位：国家馆

10426

河北省河工道路电话建设计画书 　河北省建设厅编

河北省建设厅，1929，172页，16开，精装

　　本书共3编：河北省河工建设计画、河北省道路建设计画、河北省电话建设计画。附河北省河工道路电话建设费提案。并附河北省河工道路电话建设计画图1册，收录河工部分图50幅、道路部分图45幅、电话部分图1幅。

　　收藏单位：广东馆、国家馆、南京馆、山西馆、上海馆、首都馆、天津馆、浙江馆、中科图

10427

河西南疆间之交通路线 　邓静中著

中华书局，1944.11，30页，16开（国立中央大学研究院理科研究所地理学部丛刊7）（行政院水利委员会委托研究西北水利移垦问题报告5）

　　本书共5部分：绪言、现有两交通线、复兴楼兰故道、交通之维持与改进、结语。

　　收藏单位：国家馆、吉林馆、江西馆、近代史所、南京馆、首都馆、武大馆、中科图

10428

华北人民政府交通部所属运输公司现行会计制度 　华北人民政府交通部编

华北人民政府交通部，1949.4，57页，16开

　　本书共20章，内容包括：会计年度、科目、凭证、文字报告提纲、转帐手续、帐簿组织、财产核算、损益处理权限、交接手续、帐表保存年限、会计职责以及预计算、现金出纳、仓库、簿记等。

　　收藏单位：国家馆

10429

江西省运输概况 　江西省政府建设厅编

江西省政府建设厅，1941.7，64页，32开（经建丛书5）

　　本书介绍江西陆路、水陆、驿运的路线、设施及营运管理情况。附江西省际交通、公路干线图、水路交通图、驿运路线图等。

10430

江西省政府运输电讯人员训练班一览 　江西省政府建设厅编

江西省政府建设厅，1938.5，10页，22开

　　本书共10部分，内容包括：经过、全体照片、毕业歌、各项统计、授课时间比较等。

　　收藏单位：国家馆

10431

交通便览 　交通部编

外文题名：A guide to communication services

交通部总务司，1937.6，142页，16开

　　本书共4章：电政、邮政及储汇、航政、民用航空。书前有绪言、航空部组织系统图。

　　收藏单位：国家馆

10432

交通部川陕驿运干线业务统计图表

出版者不详，[1942]，1册，29×42cm

　　本表统计时间为1940年11月至1941年10月。

　　收藏单位：广东馆

10433

交通部对国民参政会参政员询问案之答复

[交通部编]

交通部，1944，油印本，1册，16开

　　收藏单位：国家馆、南京馆

10434

交通部对国民参政会第四届第二次大会各参政员交通询问之答复 　交通部编

交通部，1946.3，38页，18开，环筒页装

　　本书为表格式编排。共两部分：口头询问答复事项、书面询问答复事项。

　　收藏单位：重庆馆、国家馆、南京馆、首都馆

10435

交通部对国民参政会第四届第三次大会各参政员交通询问之答复　交通部编

交通部，1947.5，37页，16开

　　收藏单位：国家馆

10436

交通部二十二年度行政计划书　[交通部编]

[交通部]，1933，油印本，32页，13开

　　收藏单位：国家馆

10437

交通部二十九年度工作成绩考察报告　交通部编

交通部，[1941]，油印本，20页，16开，环简页装

　　本书内容包括：滇缅铁路之修筑、叙昆铁路之修筑、成渝铁路工程进展及筹款困难情形、滇越公路之修筑等。

　　收藏单位：重庆馆

10438

交通部负债表　债款审核处编制

外文题名：Tables showing various obligations of the Ministry of Communications

债款审核处，1923，73页，42×62cm

　　收藏单位：国家馆、近代史所

10439

交通部工作报告表　交通部编

交通部，[1930]，1册，16开

　　本书所涉时间为1929年7月至1930年6月。

　　收藏单位：国家馆

10440

交通部工作竞赛办事处工作报告　交通部工作竞赛办事处编

交通部工作竞赛办事处，1942，20页，32开

　　本书共4部分：交通事业接受工作竞赛运动之经过、交通事业推行工作竞赛之方法及程序、交通事业实施工作竞赛之成绩、交通事业工作竞赛之检讨与展望。所涉时间为

1942年6—12月。

　　收藏单位：国家馆

10441

交通部交通行政讲习所毕业纪念册　交通行政讲习所编

交通行政讲习所，1921，[288]页，16开

　　本书收录教职员工及首两届学员的照片、简历等材料。书前有演说词、训词、答词等文字资料。

　　收藏单位：国家馆

10442

交通部交通行政讲习所章程　交通部交通行政讲习所编

交通部交通行政讲习所，[1911—1949]，26页，25开

　　本书收录交通部交通行政讲习所简章、交通部交通行政讲习所课程规则、交通部交通行政讲习所办事细则等。

　　收藏单位：国家馆

10443

交通部民国元、二、三、四等年收支详细说明书　交通部编

交通部，[1915—1919]，石印本，[156]页，16开

　　本书大部分为表。

10444

交通部清查帐款文件汇编　交通部总务厅综核科编

交通部总务厅综核科，1922，12页，22开

　　本书收录部令、呈文、表类、清单、附件。

　　收藏单位：国家馆、天津馆

10445

交通部三十一年特别建设计划

出版者不详，[1942]，油印本，1册，16开

　　收藏单位：南京馆

10446

交通部所属各事业三十八年度营业概算及计划纲要 交通部编

交通部，[1949]，[34] 页，16 开

　　本书共 4 部分：总说明、营业概算书、营业计划书、员工名额及待遇。

　　收藏单位：重庆馆、国家馆、南京馆

10447

交通部特殊教育沿革史 交通总务厅育才科编

交通总务厅育才科，1918，122 页，18 开

　　本书共 11 章，内容包括：总论、上海工业专门学校、唐山工业专门学校、铁路管理学校、邮电学校等。附各校及留学历年毕业生人数表、各校及留学历年支出经费表。

　　收藏单位：国家馆、上海馆、首都馆

10448

交通部统计半年报（民国二十三年一月至六月） 交通部总务司统计科编

交通部总务司统计科，1935.10，373 页，18 开，精装

　　本书共 4 编：总务、电政、邮政、航政。书脊题名：中华民国二十三年交通部统计半年报。

　　收藏单位：重庆馆、广东馆、国家馆、南京馆、宁夏馆、首都馆

10449

交通部统计年报（中华民国十七至二十三、三十至三十一、三十三至三十五年） [交通部总务司编]

[交通部]，1931—1948，12 册（270+293+344+351+413+433+455+348+319+438+451+597 页），18 开，精装

　　本书大部分为表。内容包括：总务、电政、邮政、航政等。各表末附最近 3 年各项统计。

　　收藏单位：安徽馆、重庆馆、广东馆、国家馆、湖南馆、近代史所、辽大馆、南京馆、宁夏馆、山西馆、首都馆、浙江馆、中科图

10450

交通部统计图表 交通部统计科编

交通部统计科，1918.5—1927.10，7 册，16 开，精装

　　本书收录期间路政、电政、邮政、航政等的工作纪要及统计图、统计表等。所涉时间为 1912—1923 年。

　　收藏单位：重庆馆、广西馆、国家馆、近代史所、宁夏馆、上海馆、绍兴馆、首都馆、西南大学馆

10451

交通部债款表 交通部编

[交通部]，[1925—1929]，[34] 页，16 开

　　本书为汉英对照。收录交通部负债甲乙两项应归入不归入整理案内各款分别各国货币总数表、交通部不归入整理案内之债款、交通部归入整理案内之债款。所收资料截至 1925 年 9 月底。

　　收藏单位：国家馆、近代史所

10452

交通地理 盛叙功编译

上海：商务印书馆，1931.8，308 页，22 开

　　本书共 7 章：总论、道路、铁道、内陆航路、海上交通、空中交通、通信机关。据日本富士德治郎《世界交通地理概论》编译。

　　收藏单位：国家馆、河南馆、江西馆、南京馆、上海馆、浙江馆

10453

交通地理学概论 （日）松尾俊郎著 孔涤庵译

上海：商务印书馆，1937.3，76 页，32 开（万有文库 第 2 集 160）（自然科学小丛书）

　　本书从地理环境及地域的角度研究世界交通条件和发展。共 3 部分：绪论、陆上交通、水上交通。

　　收藏单位：安徽馆、大理馆、大连馆、大庆馆、东北师大馆、广西馆、国家馆、黑龙江馆、湖南馆、辽大馆、辽师大馆、内蒙古馆、宁夏馆、天津馆、浙江馆

10454

交通方案　交通部编

交通部，[1938—1945]，34 页，16 开

　　本书为抗战期间提出的有关铁路、公路、航空、水路、水陆联运、电政的计划方案。

　　收藏单位：上海馆

10455

交通概论　邓染原著

中国国民党广东省执行委员会党务工作人员训练所编译部，1932，144 页，32 开（党务工作人员训练所丛刊 15）

　　收藏单位：广东馆

10456

交通概要　[江西省地方政治讲习院编]

江西省地方政治讲习院，1940，34 页，32 开（分组训练教材 21）

　　本书共 4 部分：总论、本省交通概况、道路、水道。

　　收藏单位：重庆馆

10457

交通概要　[四川省训练团编]

四川省训练团，1940，14 页，32 开（区训练班教材）

　　本书共 3 部分：总论、交通系统、交通状况。

　　收藏单位：重庆馆

10458

交通概要与交通行政及市政工程之整理　黎樾廷编

出版者不详，1937，152 页，32 开（广西县政公务员政治训练班讲义）

　　本书共两章："广西公路、电话电报、河道等交通、通讯的建设与管理""城市设计、卫生工程、房屋建筑的有关法规和原则"。

　　收藏单位：重庆馆、桂林馆、南京馆

10459

交通会议纪事录　交通会议书记处编

交通会议书记处，1916.12，12+210 页，18 开

本书共 6 部分：插图、训词、命令、章程及规则、会员及职员、议案录（包括议决案、否决案、速记录）。

　　收藏单位：国家馆、近代史所、中科图

10460

交通会议总结报告（董必武同志在华北交通会议上的结论）　[董必武讲]

华北财经办事处，1948.1，20 页，32 开（会议文献 3）

　　本书共 3 部分：对交通工作的认识问题、交通建设中的几个具体问题、交通工作的组织领导。

　　收藏单位：国家馆、近代史所、南京馆、山西馆

10461

交通计划草案　山西省政设计委员会经济建设组编

山西省政设计委员会经济建设组，1932.5，26 页，16 开

　　本书共 5 部分：铁路、公路、水运、电话、邮政电报。

　　收藏单位：国家馆

10462

交通纪实　[王黻炜编]

王黻炜 [发行者]，1916，[88] 页，22 开

　　本书共 3 部分：路政、邮政、电政。

　　收藏单位：长春馆、国家馆、黑龙江馆、南京馆、上海馆、中科图

10463

交通救国论（一名，交通事业治标策）　叶恭绰著

外文题名：On the communication problems of China

上海：商务印书馆，1922，72 页，16 开

上海：商务印书馆，1924.9，111 页，32 开

上海：商务印书馆，1926.7，再版，111 页，32 开

上海：商务印书馆，1928.9，3 版，111 页，32 开，精装

本书为文言体，加圈点。论述交通与国家前途的关系，提出发展各种交通事业的建议和办法。

收藏单位：安徽馆、重庆馆、东北师大馆、国家馆、黑龙江馆、湖南馆、吉林馆、江西馆、近代史所、南京馆、上海馆、首都馆、天津馆、浙江馆

10464

交通类编（甲集）　交通丛报社编辑处编辑

交通丛报社编辑处，1918，3 册（[478] 页），25 开

本书上册收文 36 篇，内容包括：《论中国严守中立宜先注重交通》《警告交通界青年工学家》《论欧洲战争与中国交通之关系》《德人利用铁路以取胜说》《欲保西藏宜先修铁路论》等；中册收录交通部制定或修正的有关交通行政、路政、邮政、电政、航政章则 35 种，公牍、演词等多篇；下册收录旧体诗词、书序、文录、游记、调查、杂著、交通部咨议文书、说帖等近 300 篇。附路、邮、航、电特种会计预算表等财务统计资料 18 种。

收藏单位：国家馆、天津馆

10465

交通理债方略　张心澂著

[北京]：京华印书局，1923，70 页，16 开

本书共 4 章：整理手续、治本方略、治标方略、筹款方法。附交通部现负债额总表、借款纪要格式、交通部现负债额表格式、分年应负债额表格式。

收藏单位：广东馆、吉林馆、近代史所、上海馆、首都馆、天津馆、中科图

10466

交通年鉴　交通部年鉴编纂委员会编

交通部总务司，1935.12，[1237] 页，16 开，精装

本书共 5 编：总务、电政、邮政、航政、民用航空。附电政、邮政、航政、民用航空、一般工作。

收藏单位：安徽馆、重庆馆、广东馆、国家馆、江西馆、近代史所、南京馆、内蒙古馆、上海馆、绍兴馆、西南大学馆、浙江馆

10467

交通人事制度纲要　王辅宜讲

中央训练团党政军人事管理人员训练班，1944.6，46 页，32 开

本书讲述铁路、航运、邮电部门的人事制度。

收藏单位：南京馆

10468

交通人事制度纲要　杨萃一讲

中央训练团党政军人事管理人员训练班，1947.2，46 页，32 开

本书讲述路、航、电、邮部门的人事制度。附交通部及附属行政机关职员薪级表。

收藏单位：内蒙古馆、上海馆、天津馆

10469

交通史　王倬编辑

上海：商务印书馆，1923.9，152 页，25 开

本书为文言体，加圈点。共 3 部分：古代交通史、中世交通史、近世交通史。

收藏单位：重庆馆、国家馆、河南馆、湖南馆、吉林馆、江西馆、南京馆、内蒙古馆、清华馆、上海馆、首都馆、天津馆、浙江馆

10470

交通史略　袁德宣著

北京交通丛报社、长沙铁路协会，1928.1，20+176 页，22 开

本书共 3 篇：统纪、类纂、辑要。第 1 篇共 3 章：缘起、邮传部时代、交通部时代；第 2 篇共 4 章：铁路、电报、邮政、航政；第 3 篇共 7 章，内容包括：邮传部奏订官制、交通部订定官制、邮传部长官一览表等。

收藏单位：广东馆、广西馆、国家馆、黑龙江馆、湖南馆、吉林馆、近代史所、天津馆、中科图

10471

交通史总务编　交通部交通史编纂委员会铁道部交通史编纂委员会编辑

交通部总务司，1936.10，5 册（3240 页），18 开

本书共 5 章：官制、财政、教育、涉外事项、庶政。每章 1 册。该书为《交通史》6 编（邮政、航空、航政、路政、电政、总务）之一。

收藏单位：安徽馆、广东馆、国家馆、南京馆、上海馆、浙江馆

10472

交通事业革新方案 [交通部编]

[交通部]，[1929—1949]，[184] 页，16 开

本书共 3 章：总论、交通事业改革大纲、结论。附长途电话、无线电通信网建设、机车车辆制造、航空运输、铁道网设计等估计书或计划书 10 件。

收藏单位：重庆馆、国家馆、吉林馆、首都馆

10473

交通统计简报 交通部总务司第五科编

交通部总务司第五科，1932，83 页，16 开

本书所涉时间为 1932 年 1—6 月。

收藏单位：广东馆

10474

交通统计资料汇报（第 8 期） 交通部统计处编

交通部统计处，1948.6，油印本，36 页，横16 开

收藏单位：南京馆

10475

交通行政 薛光前编著

中央训练委员会、内政部，1942.9，228 页，32 开（县各级干部人员训练教材）

本书共两编：总论、分论。第 1 编共 3章：交通部行政组织之变迁、交通员工之组织、战时军事交通之编制；第 2 编共 6 章：路政、电政、邮政、航政、驿运、地方行政人员与交通之关系。附交通部组织法规、战时公路军事运输条例等各项法规全文 17 种，民营铁道条例、汽车技工管理规则等法规名称

28 种。

收藏单位：重庆馆、广东馆、广西馆、贵州馆、国家馆、湖南馆、吉林馆、江西馆、柳州馆、南大馆、南京馆、西南大学馆、中科图

10476

交通行政（铁路运输）

出版者不详，[1911—1949]，油印本，1 册，16 开

收藏单位：南京馆

10477

交通行政研究 薛光前著

重庆：商务印书馆，1944.1，251 页，32 开（行政效率丛书）

本书共 3 编：总论、分论、附录。第 1 编共 3 章：交通部行政组织之变迁、交通员工之组织、战时之军事交通编制；第 2 编共 5 章：路政篇、电政篇、邮政篇、航政篇、驿运篇；第 3 编共 8 章：行政三联制与交通建设、战时交通行政之回顾与前瞻、战时交通建设应有之方针、交通建设与建设交通、交通建设与民众动员、当前之交通运输问题、公路运输的症结、驿站之推行问题。

收藏单位：重庆馆、广东馆、广西馆、国家馆、湖南馆、吉林馆、辽大馆、辽宁馆、南京馆、内蒙古馆、上海馆

10478

交通译粹 交通部编译处编

交通部编译处，[1921]，2 册，18 开

本书收录路政、电政、邮政、航政等各类论文。内容包括：《交通政策》（黄伦芳）、《国际交通政策问题》（梁杜蘅）、《交通机关公有私有问题》（丛大经）、《南满铁路会社经营之失败》（黄伦芳）等。

收藏单位：安徽馆、北师大馆、国家馆、上海馆、浙江馆

10479

交通员工训练实施概况 [战时交通员工训练管理委员会办公处编]

[战时交通员工训练管理委员会办公处]，[1940—1949]，119 页，32 开

本书总结该委员会自 1938 年 4 月成立至 1940 年 4 月底，所办理的战时流亡交通员工的收容、训练、安置等工作。

收藏单位：南京馆

10480

交通债款说明书 交通部编

出版者不详，[1925]，1 册，18 开

本书共 4 编：总论、部欠债款、各路债款、电政债款。所收债款数字截至 1924 年底。

收藏单位：国家馆、近代史所、南京馆、首都馆

10481

交 通 政 策（奥）菲里波维（Eugen Philippovich）著 马君武译

上海：中华书局，1924.4，183 页，32 开（新文化丛书）

上海：中华书局，1927.6，4 版，183 页，32 开（新文化丛书）

上海：中华书局，1928，5 版，183 页，32 开（新文化丛书）

上海：中华书局，1929，6 版，183 页，32 开（新文化丛书）

上海：中华书局，1931.2，7 版，183 页，32 开（新文化丛书）

本书叙述各国交通概况及政策、制度、经营管理等。共 4 部：交通事业通论、铁路、国内水路、海上航业。目录页题名：国民生计政策第五书。

收藏单位：安徽馆、重庆馆、广东馆、广西馆、贵州馆、桂林馆、国家馆、河南馆、黑龙江馆、湖南馆、吉林馆、江西馆、辽宁馆、南京馆、内蒙古馆、首都馆、天津馆、浙江馆

10482

胶济铁路局国营招商局水陆联运价目表 胶济铁路局国营招商局编

胶济铁路局国营招商局，1934.9，[23] 页，23 开

收藏单位：上海馆

10483

解决中国运输问题之途径 柏理著 曹丽顺译

上海：国立交通大学研究所，1934，26 页，18 开（国立交通大学研究所交通组专刊 交通类第 2 号）

本书内容包括：道路与铁路运输之比较、道路种类、汽车、载重与行程之比例、车轮压力等。

收藏单位：国家馆

10484

救国建设路政计划意见书 田育民拟

出版者不详，[1935]，24 页，22 开

本书共 5 章：总论、筑路实施计划、经费、工役征集、给养材料之采购。

收藏单位：国家馆、南京馆

10485

抗战第二期交通计划纲要

出版者不详，[1937—1945]，油印本，52 页，16 开

收藏单位：南京馆

10486

抗战第二期交通行政两年计划具体方案实施纲要

出版者不详，[1911—1949]，1 册，4 开

收藏单位：南京馆

10487

抗战以来交通供应状况与今后交通之建设

出版者不详，1939，油印本，1 册，16 开

收藏单位：南京馆

10488

抗战以来全国交通概况 交通部编

中央训练团，1940，106 页，16 开（抗战与交通 32）

本书收录《抗战两年半来交通设施之回

顾与瞻望》(张公权)、《抗战以来之全国铁路概况》(杨承训)、《抗战以来之全国公路概况》(赵祖康)等。

　　收藏单位：国家馆

10489

抗战以来之交通概况　交通部统计处编

交通部统计处，1945，油印本，1 册，18 开，环筒页装

　　收藏单位：国家馆

10490

抗战与交通　张嘉璈等著　独立出版社编

重庆：独立出版社，1940.5，60 页，32 开（战时综合丛书 第 5 辑）

　　本书共 6 章：抗战期中交通建设之基本原则、抗战期中交通建设之实施计划、抗战二年来之交通设施、我国国际交通路线建设刍议、西北交通建设刍议、西南交通建设刍议。附讨论大纲。著者原题：张公权等。

　　收藏单位：重庆馆、贵州馆、国家馆、吉林馆、南京馆

10491

抗战与运输　万迪鹤著

重庆：中山文化教育馆，1938.12，32 页，42 开（抗战丛刊 72）

　　本书共两部分：货物器材的运输情况、客运的情况。

　　收藏单位：重庆馆、广东馆、国家馆、吉林馆、南京馆

10492

考察欧美交通报告　交通部考察团编

上海：商务印书馆，1935.10，[937] 页，大 16 开，精装

上海：商务印书馆，1936，再版，[937] 页，大 16 开，精装

　　本书共 4 部分：铁路、邮电、民用航空、航政。考察团以交通部政务次长俞飞鹏为首，考察对象为意、德、英、美等国的民用及军事交通情况，考察时间为 1934 年。

　　收藏单位：安徽馆、重庆馆、广东馆、广

西馆、贵州馆、国家馆、湖南馆、江西馆、近代史所、辽大馆、南京馆、内蒙古馆、宁夏馆、陕西馆、上海馆、天津馆、浙江馆

10493

论负责制　哈尔滨铁路管理局编

哈尔滨铁路管理局，1949.7，142+50 页，32 开，精装（学习丛书 1）

　　本书收文 23 篇，内容包括：《东北局批准东北铁路党委关于乘务负责制的决定》(东北局)、《关于乘务负责制的决定》(东北铁路党委会)、《企业管理中一个极其重要的改革》(《东北日报》社论)、《关于乘务负责制》(吕正操)、《关于推广"铁牛号"机车的方向与建立标准机车制的初步意见》(庄林)、《论两种不同的机车乘务制》(宋力钢)、《两种机车乘务制显明的对照》(刘英才)等。附哈铁劳模典型 17 件。

　　收藏单位：国家馆

10494

旅行向导　中国旅行社编

中国旅行社，[1911—1949]，56 页，32 开

　　本书为国货展览会纪念刊。内容包括：中国旅行社是运输的机关、中国旅行社是铁路轮船的代表、中国旅行社是旅费的银行等。附中华国有铁路客车运输通则摘要、火车搭客必须注意之要点、中华国有铁路联运时刻表等。

　　收藏单位：广东馆、上海馆

10495

美国交通概况　葛守光　程克武编

外文题名：American transportation review

葛守光 [发行者]，1941，42 页，32 开（美国运输 第 1 期）

　　本书介绍美国的铁路、航空、水运等。

10496

平津区交通事业接收报告　交通部平津区特派员办公处编

交通部平津区特派员办公处，1946.1，38 页，16 开

本书共两部分：一般接收情形、一般处理情形。附平津区各路线行车概况表、交通部平津区接收日伪机关一览表等。

　　收藏单位：国家馆

10497

平津区交通事业接收总报告　交通部平津区特派员办公处编

交通部平津区特派员办公处总务组，1946.5，228 页，16 开

　　本书共 4 章：铁路、电信、邮政、航政。附接收伪华北交通公司经理局会计部份附表、平津区交通事业各部份接收主持人姓名表等。

　　收藏单位：国家馆、吉林馆、近代史所

10498

全国交通会议汇编　国民政府交通部秘书处编

国民政府交通部秘书处，1928，[732] 页，16 开

　　本书共 7 类：法规、文电、演说词、题名、纪录、审查报告、议案。"议案"收录法规契约组议案 25 件、交通教育组议案 21 件、交通财务组议案 39 件、路政组议案 98 件、电政组议案 79 件等。附交通事业革新方案目录、文电摘要等共 43 件。该次会议于 1928年 8 月召开。

　　收藏单位：重庆馆、广东馆、国家馆、上海馆

10499

全国水陆驿运载货通则　交通部驿运总管理处编

交通部驿运总管理处，[1911　1949]，油印本，14 页，32 开

　　收藏单位：南京馆

10500

全国水陆驿运站载货程序　交通部驿运总管理处编

陕西省驿运管理处，[1911—1949]，石印本，[46] 页，32 开，环筒页装

　　收藏单位：国家馆

10501

全国驿运段站组织通则　交通部驿运总管理处编

交通部驿运总管理处，1941.1，10 页，32 开

　　本通则共 6 章：总则、干线及干线驿运总段、支线驿运总段、驿运分段、驿运站、附则。收录全国驿运段站组织通则 37 条。于1940 年 12 月 23 日由交通部参字第 31047 号令公布。

　　收藏单位：国家馆、南京馆

10502

全国驿运伕马车船征雇通则

出版者不详，[1941]，26 页，32 开

　　本通则由交通部公布，自 1941 年 3 月 13日起实行。

　　收藏单位：南京馆

10503

全国驿运概况　交通部驿运总管理处编

交通部驿运总管理处，1944.11，37 页，16 开

　　本书共 4 部分：行政、业务、建设、今后驿运政策。附水陆驿运管理规则、奖励民营驿运事业办法。

　　收藏单位：重庆馆、国家馆、湖南馆、西南大学馆、中科图

10504

全国驿运业务人员训练纲要　驿运管理处编

驿运管理处，1941.4，80 页，32 开

　　本书共 4 部分：全国驿运业务人员训练纲要、全国各训练机关训练纲领、委员长训词"训练的目的与训练实施纲要"、委员长开会及闭会时训词。

　　收藏单位：国家馆、南京馆

10505

日本的交通事业　高佣　子春编

南京：日本评论社，1934，40 页，32 开（日本研究会小丛书 63）

　　本书共 3 部分：日本的铁路、日本的海运、日本小交通机关。

　　收藏单位：重庆馆、国家馆、江西馆、南

京馆

10506

日本对华之交通侵略　章勃著

上海：商务印书馆，1931.8，378 页，22 开

上海：商务印书馆，1933，国难后 1 版，378 页，22 开

本书共 5 篇：总论、铁路、航业、邮政、电政。

收藏单位：安徽馆、重庆馆、国家馆、河南馆、湖南馆、吉林馆、近代史所、南京馆、内蒙古馆、上海馆、西南大学馆、浙江馆、中科图

10507

日本交通总览　参贰良编

［参谋本部］，1937.7，2 册，22 开

本书介绍日本铁道、公路、输运、航空、电信、交通网图等。

收藏单位：南京馆、浙江馆

10508

日人经营之华北交通事业　沈翔编著

外交部亚洲司研究室，1940.3，58 页，32 开

本书共 4 部分：引言、铁路、公路、港湾。

收藏单位：广东馆、国家馆

10509

山西路政计划书　魏武英著

出版者不详，1927.12，再版，46 页，22 开

本书共 15 章，介绍该省的筑路计划、选线情况、筑路工程及有关方面的筹划问题等。

收藏单位：国家馆

10510

陕西交通挈要　刘安国编著

上海：中华书局，1928，214 页，32 开

本书共两编：总论、本论。上编共 6 章：沿革、清代及现时之行政区划、面积及人口人种、地势及山川、气候、都会（附各县农家户数表）；下编共 8 章：陆运、铁路、长途汽车、水运、各地间陆运之状况、邮政、电

报、电话。

收藏单位：国家馆、近代史所、上海馆、中科图

10511

绍兴交通　董先振编

绍兴：浙江省立五中学附属小学，1932，24 页，32 开（常识丛刊 4）

本书内容包括：省道上的晚步、城里的街道和河流、汽车通行后的轮船、山乡的轿子、水乡的埠船、竹籧和渡船、电话和电报、附图。

收藏单位：绍兴馆

10512

十五年来之交通概况

出版者不详，1946.4，126 页，16 开

本书共 12 章：总论、铁路、公路及驿运、水运、空运、国际运输、电信、邮政、交通材料、交通财务、交通人事、几项重要交通统计。

收藏单位：安徽馆、重庆馆、广东馆、国家馆、湖南馆、近代史所、南京馆、山西馆、上海馆、首都馆、天津馆、西南大学馆、浙江馆、中科图

10513

实业计划交通篇　林厚道著

重庆：青年书店，1941.6，222 页，32 开（三民主义丛书）

本书共 3 章：我国交通之现况、总理之交通计划、抗战建国与交通设施。

收藏单位：重庆馆、国家馆

10514

世界的交通　徐映川编

上海：新中国书局，1932，80 页，32 开

上海：新中国书局，1933.7，再版，80 页，32 开

本书为社会科补充读物，适用于小学校。介绍水陆空交通及邮电常识。

收藏单位：重庆馆、广西馆、河南馆、南京馆、首都馆、天津馆

10515

世界交通地理　葛绥成编

上海：大东书局，1941.6，115 页，32 开

本书书前有引用参考书目。

收藏单位：南京馆

10516

世界交通状况　杨哲明著

上海：大东书局，1930.6，140 页，32 开（世界经济丛书 8）

本书共 3 编：世界的铁路、世界的道路、世界的航务。

收藏单位：安徽馆、重庆馆、东北师大馆、广东馆、国家馆、湖南馆、吉林馆、江西馆、辽大馆、辽宁馆、南京馆、山西馆、上海馆、首都馆、天津馆、西南大学馆、浙江馆

10517

收回路电权议　章作霖　柳克述著

上海：南洋大学出版部，1925，30+22 页

本书内容包括：绪言、交通事业之重要、交通事业与我国之需求、我国交通事业之概观、我国路电主权丧失之经过等。

收藏单位：近代史所

10518

水陆联运辑要　周凤图著

国营招商局，[1935]，58 页，22 开

本书共 7 部分：绪论、历史、现行情形、联运股组织、创办难题、结论、附录。

收藏单位：国家馆

10519

水陆联运普通货物运价暨杂费表（国营招商局、陇海铁路、同蒲铁路）　国营招商局业务处编

[上海]：国营招商局业务处，[1911—1949]，56 页，32 开

10520

四川的驿运　四川省政府建设厅秘书室编审股编

四川省政府建设厅秘书室编审股，1943.6，12 页，18 开

本书共 5 部分：对于驿运应有的认识、战时驿运机构的建立、战时驿运管理原则及其实施方法、本省驿运推进情形、结论。

收藏单位：重庆馆、国家馆、中科图

10521

四川新交通计划书　吴蜀奇著

出版者不详，[1911—1949]，18 页，16 开

本书为文言体，加圈点。共 3 部分：可省十余万万元建设道路之费、采新发明之利器作水上新交通、附论开办工厂自造交通机械之利益。附川江飞航公司章程。

收藏单位：重庆馆、近代史所、南京馆

10522

四年来交通职工待遇改良之概况　交通部编

交通部，[1931]，16 页，25 开

本书共 5 节，内容包括：专设机关办理交通职工事务、关于职工及其子女教育等。

收藏单位：广西馆、国家馆、湖南馆、南京馆

10523

苏联交通　西门宗华主编　吴清友译

重庆：商务印书馆，1945.6，88 页，32 开（中苏文化协会社会科学丛书）

本书共 9 章，内容包括：苏联交通的特点、革命前俄国交通概况、苏联的铁道运输、苏联的河道运输、苏联邮电概述等。据《苏联经济地理》（哈察特洛夫）中关于苏联交通的一章编译。"战时苏联铁道运输之改进""苏联邮电概述"两章系译者加入。

收藏单位：重庆馆、广东馆、国家馆、吉林馆、辽宁馆、南京馆

10524

苏联交通概观　（日）铃木尚三著　洪涛译

[南昌]：内外通讯社，1934.5，41 页，25 开（内外类编 38）

本书共 4 章，概述苏联之铁路、水路、公路、空中运输。

收藏单位：江西馆

10525

台湾交通（第1辑） 严家淦等编

台湾省行政长官公署交通处，[1946]，145页，16开

本书共10章，内容包括：绪论、台湾省交通行政管理机构之系统、铁路、公路、邮政与电信等。附台湾省行政长官公署汽车驾驶人管理规则、台湾省行政长官公署汽车技工管理规则、台湾省行政长官公署造船厂登记规则等。

收藏单位：国家馆、辽大馆、南京馆、上海馆、天津馆

10526

台湾交通汇报 台湾省行政长官公署交通处编

台北：台湾省印刷纸业公司第二印刷厂，1947.1，227页，21×29cm

本书大部分为表。共11部分：行政、铁路、公路、航业、通运、港务、邮电、航空、视察报告、交通法令、附录。

收藏单位：国家馆、吉林馆、近代史所、南京馆、天津馆、中科图

10527

台湾交通介绍 台湾省政府交通处编

台北：台湾省政府交通处，1948.10，7页，36开

本书介绍台湾的铁路、公路、邮电、航运、港湾、灯塔、通运、气象、广播、电力。

收藏单位：国家馆、江西馆、近代史所、上海馆

10528

台湾交通统计汇报 台湾省政府交通处编

台北：台湾省政府交通处，1948.1，246页，12开

收藏单位：重庆馆、广东馆、南京馆

10529

台湾省博览会交通馆特辑 台湾省博览会交通馆编

台北：台湾省博览会交通馆，1948，20页，10开

本书大部分为图。介绍台湾省路运、邮电、航运等交通事业。

收藏单位：国家馆、上海馆

10530

台湾省政府交通处主管事项概况 台湾省政府交通处编

台北：台湾省政府交通处，1948.10，63页，32开

本书共4部分：铁路、公路、基隆港、高雄港。书前有台湾省政府交通处组织。

收藏单位：上海馆、天津馆、中科图

10531

台湾一年来之交通 台湾省行政长官公署交通处编

台湾省行政长官公署交通处，1946，184页，32开（新台湾建设丛书16）

本书共8部分，内容包括：铁路、公路、航运、通运、邮电等。

收藏单位：重庆馆、国家馆、南京馆、浙江馆

10532

唐代之交通 鞠清远编

北平[等]：国立北京大学出版组，[1930—1949]，150页，22开（中国经济史料丛编 唐代篇4）

本书内容包括：关驿律令、关之设置与改置、道路的保护与一般交通规律、长安附近的关与驿道、扬广间的路线、驿制、水上交通总叙等。

收藏单位：长春馆、国家馆、吉林馆、辽大馆、首都馆

10533

铁路与公路 洪瑞涛著

南京：交通杂志社，1935.5，288页，22开（交通杂志丛书4）

本书收录著者发表在《交通杂志》上的

论文 16 篇,内容包括:《铁路整理与铁路统制》《铁路运价政策》《李顿报告书中之中日铁路问题》《我国交通事业进展之动向》《发展我国交通应着重公路建设》等。

收藏单位:广东馆、桂林馆、国家馆、吉林馆、江西馆、南京馆、上海馆、天津馆、浙江馆、中科图

10534

铁路与公路平交之消除问题　周增荛著
[上海]:国立交通大学工学院土木系,[1911—1949],64 页,16 开

本书为著者之毕业论文。

收藏单位:上海馆

10535

伪满交通概况　特种经济调查处编
[重庆]:特种经济调查处,1941,油印本,27 页,16 开,环筒页装

本书共 6 部分:铁路、公路、水运、航空、邮政、电政。书前有伪满交通行政系统简表、伪满重要交通运输通信公司一览表。附伪满现行省区划分表、东四省敌伪铁路交通图、东四省敌伪公路交通图、东四省敌伪水空航线图。

收藏单位:广东馆、国家馆、南京馆

10536

为签陈事查本月十七日例会讨论交通委员会议事规则及办事细则　桂步骧签
出版者不详,[1936],油印本,3 页,13 开,环筒页装

收藏单位:国家馆

10537

我国"行"的问题　陈嘉庚著
香港:嘉庚风出版社,1946.5,46 页,32 开

本书共 43 章,内容包括:轮船、南洋航线、客位、待遇、汽车数、私营车场、车胎原料、胶厂机器等。

收藏单位:国家馆、南京馆、上海馆、浙江馆

10538

西康交通概要
南京:中国国民党政治学校附设蒙藏学校,1935.2,34 页,16 开(边疆教育实业考察团西康组 丙种报告书)

本书共 3 部分:南京至康定交通概要、西康交通概要、电信交通。为该考察团于 1934 年秋考察后所编境内各城镇、居民点路距里程表。

收藏单位:国家馆

10539

西康之交通　于锡猷调查
出版者不详,[1940],油印本,24 页,16 开

本书共 6 部分:引言、陆路、水路、航空、邮电、结论。

收藏单位:国家馆

10540

西南交通要览　西南导报社编
重庆:西南导报社,1938.7,61 页,32 开
重庆:西南导报社,1938.12,修订再版,50 页,36 开
重庆:西南导报社,1939,3 版,61 页,32 开

本书初版分上、下两辑。上辑收录西南各省交通概况资料,下辑详列西南铁路、公路、航空、水道交通线票价及里程表。修订再版根据 1938 年 10 月广东沦陷、武汉撤守后的最新形势,重新区分 6 条交通路线。

收藏单位:重庆馆、广东馆、广西馆、贵州馆、桂林馆、国家馆、湖南馆、江西馆、南京馆、上海馆、西南大学馆、浙江馆

10541

现代交通(上)　廖芸皋著
上海:新月书店,1933.4,140 页,32 开(现代文化丛书)

本书共 5 章,概述世界各国的交通状况(着重于铁路),对比中美两国的交通运输水平,并说明现代交通对社会政治及经济的影响。书中对铁路的轨道、机车动力、车辆设备技术等亦有所介绍。

收藏单位:国家馆、河南馆、上海馆、浙

江馆

10542

现行交通会计讲演录　张心澂著

[军需学校]，[1911—1949]，212 页，23 开
（军需学校丛书）

　　本书共 5 章。附交通会计各种法规。

　　收藏单位：桂林馆、南京馆、上海馆

10543

萧山闻萧段水陆交通计画案略

出版者不详，[1911—1949]，油印本，21 页，
16 开

　　本书内容包括：兴办闻堰水陆交通拟定各
项办事章程、兴筑闻堰水陆公路意见书、经
费概算表等。

　　收藏单位：浙江馆

10544

新疆之交通　谭惕吾著

北平：禹贡学会，1936.10，[103] 页，横 18 开
（禹贡学会游记丛书 5）

　　本书共 5 部分：道路、航路、邮政、电
报、航空。

　　收藏单位：长春馆、国家馆、吉大馆、近
代史所、辽宁馆、南京馆、上海馆、首都馆

10545

宣统二年邮传部统计图表　交通部统计委员
会编纂

交通部统计委员会，[1915]，251 页，16 开

　　本书收录路政、电政、邮政、航政的纪
要、统计图、统计表。

　　收藏单位：南京馆

10546

宣统三年邮传部统计图表　交通部统计委员
会编

交通部统计委员会，1916.5，[271] 页，18 开

　　收藏单位：国家馆、辽宁馆

10547

训政时期之交通建设　交通部编

交通部，1931，[52] 页，32 开

　　本书收录训政时期交通部所辖电政、邮
政、航政、一般工作的工作分配年表及其说
明书。

　　收藏单位：贵州馆、国家馆、南京馆

10548

驿运车驮管理规则　行政院编

行政院，1941，8 页，32 开

　　收藏单位：南京馆

10549

驿运地理　丘汉平主编　福建省驿运管理处
编

福建省驿运管理处，1943，27 页，32 开（业
务人员训练讲义）

　　收藏单位：福建馆

10550

驿运法规　福建省驿运管理处编

福建省驿运管理处，1943.5 印，268 页，32 开

　　本书共 4 类：总务、营运、监理、会计。

　　收藏单位：福建馆

10551

驿运法规汇编　安徽省驿运管理处编

安徽省驿运管理处，1944.6，184 页，18 开

　　收藏单位：安徽馆、南京馆

10552

驿运伕马、车船调度通则

出版者不详，[1941]，20 页，32 开

　　本通则共 6 章：总则、运行编制、运具支
配、运行调度、运行统计、附则。由交通部
驿运总管理处公布，自 1941 年 1 月 1 日起实
行。

　　收藏单位：国家馆、南京馆

10553

驿运货物分等表

交通部驿运总管理处，1941，152 页，32 开

　　本书全部为表。内容包括：普通货物分等
表、危险货物分等表、轻笨货物名称表、纸

货名称等级表等。由交通部公布，自 1941 年 1 月 9 日起实行。

收藏单位：重庆馆、南京馆

10554

驿运货物分类须知 福建省运输公司订
福建省运输公司，1940.9，28 页，22 开

收藏单位：国家馆、南京馆

10555

驿运浅说 广东省政府秘书处编译室编
广东省政府秘书处第二科，1942.12，26 页，32 开（政治常识小丛书 9）

收藏单位：安徽馆、南京馆

10556

驿运业务 丘汉平主编 福建省驿运管理处编
福建省驿运管理处，1943，46 页，32 开（业务人员训练讲义）

收藏单位：福建馆

10557

驿运运工服务及管理暂行规则 福建省运输公司订
福建省运输公司，1940.9，14 页，22 开，环筒页装

本书共 6 章：总则、募雇与编配、待遇与服务规则、调度与运行、奖惩与抚恤、附则。

收藏单位：国家馆

10558

驿运之组织与推行 梁颖文著
重庆：国民图书出版社，1940.9，26 页，32 开

本书共 6 章，内容包括：引言、驿运为针对长期抗战之要策、政府决心与社会扶助等。

收藏单位：重庆馆、贵州馆、国家馆、南京馆、上海馆、浙江馆

10559

驿运制实施之基本工作 蒋中正讲
出版者不详，[1940]，16 页，64 开

本书为作者于 1940 年 7 月 18 日在驿运会议闭幕典礼上的讲话稿。

收藏单位：重庆馆、国家馆、南京馆

10560

驿运制之重要及其特点 蒋中正讲
中国国民党中央执行委员会宣传部，1940，50 页，64 开

本书收录作者讲话稿 3 篇：《运输统制与运输运动》《驿运制之重要及其特点》《驿运制实施之基本工作》。

收藏单位：重庆馆、广东馆、南京馆

10561

驿站运输宣传大纲 中国国民党中央宣传部编
出版者不详，1940.9，8 页，32 开

本书共 5 部分：驿站运输的意义、驿站运输的重要及其特点、驿站运输的实施、我们对于驿站运输应有的认识与努力、标语。

收藏单位：重庆馆、广东馆、国家馆、南京馆

10562

元代驿传杂考 （日）羽田亨著 何健民译
国立武汉大学，[1935]，[65] 页，16 开

本书共 7 章：绪言、永乐大典所收经世大典站赤门考、经世大典元史元典章等关系站赤之记事考、驿站之管理、站官、递铺、海青牌。为著者《蒙古驿传考》一文的抽印本，原载于东洋协会调查部《学术报告》第 1 册的补正版。

收藏单位：广西馆、国家馆

10563

云南昆阳县之交通 赵德民调查 国民经济研究所纂辑
[国民经济研究所]，1940，油印本，4 页，18 开，环筒页装

本书共 5 部分：公路、旧道、水路、邮政、电话。

收藏单位：国家馆

10564

云南全省路政促进会纪念特刊 云南路政促进会编

云南路政促进会，1927.9，52页，16开

本书收录该会宣言、纪念性论著、调查文章、章程及会务、财务、该会成立经过报告等。

10565

云南省之交通（上篇 过去与现在） 中央调查统计局特种经济调查处编

中央调查统计局特种经济调查处，1942.4，油印本，28页，16开，环筒页装

本书共5章：地理环境与旧式交通、现代交通线、交通线与国际运输、敌人破坏我交通企图、交通线与走私。附云南省交通图。

收藏单位：国家馆、南京馆

10566

云南玉溪县交通概况 赵德民调查 国民经济研究所纂辑

国民经济研究所，1940，油印本，10页，18开，环筒页装

本书共4部分，分别介绍该县公路、旧道、邮政、电话。

收藏单位：国家馆

10567

云南之交通

[资源委员会经济研究室]，[1940]，油印本，88页，16开，精装（云南经济研究报告19）

收藏单位：广东馆、南京馆

10568

运输 东北物资调节委员会编

[沈阳]：东北物资调节委员会，1948.2，296页，32开，精装（东北经济小丛书15）

本书共3编：东北交通运输略史、东北交通运输方法、东北交通运输综合经营情形。第1编共两章：铁路建设以前（第19世纪以前）之运输状况、铁路建设以后（第20世纪）之运输状况；第2编共3章：道路运输、水道运输、海路运输（港口运输）；第3编共

两章：伪满交通政策、旧满铁统一经营东北交通之成绩。

收藏单位：安徽馆、长春馆、重庆馆、东北师大馆、广东馆、国家馆、河南馆、黑龙江馆、吉林馆、辽大馆、辽宁馆、辽师大馆、内蒙古馆、宁夏馆、上海馆、首都馆、天津馆、西南大学馆

10569

运输会议纪事录 [交通部编]

交通部，[1918]，[450]页，18开，精装

本书为1918年6月召开的第一次运输会议纪事录。内容包括：命令、章程及规则、会员录、职员录、大事日表、议案录、速记录等。

收藏单位：国家馆、首都馆、中科图

10570

运输会计科目及说明 资源委员会运务处编

资源委员会运务处，1941.3，98页，25开

收藏单位：贵州馆、江西馆

10571

运输手册

国防部，1947，116页，32开

本书共5篇：陆运、铁运、航运、空运、供应。

收藏单位：广东馆

10572

运输统制与运输运动 蒋中正讲

出版者不详，[1940]，32页，64开

本书收录讲话稿两篇：《运输统制与运输运动》（1940年4月20日对运输统制局高级职员训话）、《驿运制之重要及其特点》（1940年7月15日出席驿运会开幕致词）。

收藏单位：重庆馆、南京馆

10573

运输问题（公路运输之现状与改进办法） 俞飞鹏讲

中央训练团，1942，26页，36开（中央训练团党政训练班讲演录）

本书内容包括：公路运输之沿革、公路运输之机构、公路运输机关之车辆工厂及配件等。

收藏单位：重庆馆、南京馆

10574

运输业概况 周鹤年编著

出版者不详，[1942—1949]，30页，32开

本书共3部分：陆运、水运、空运。

收藏单位：广东馆、广西馆、国家馆、湖南馆、南京馆

10575

运输章则汇订 粮食部四川粮食储运局编

粮食部四川粮食储运局，[1911—1949]，油印本，1册，16开，环筒页装

本书内容包括：运输机构设置纲要、运输段段长服务须知、粮食押运员服务须知、各仓库与运输站联系办法、各运输站运粮暂行办法等。

收藏单位：重庆馆

10576

暂编交通部所管路电邮航四政特别会计岁入岁出预算表 财政整理会编

财政整理会，1925.12，18页，16开

本书全部为表。

收藏单位：重庆馆、国家馆、上海馆、中科图

10577

怎样推行驿运 薛光前著

中国国民党中央执行委员会宣传部，1940.10，54页，32开

中国国民党中央执行委员会宣传部，1943.1翻印，54页，32开

本书共5部分：论驿运之推行问题、再论驿运、三论驿运、更为驿运问题进一言、结论驿运。

收藏单位：安徽馆、重庆馆、广东馆、广西馆、贵州馆、国家馆、吉林馆、江西馆、南京馆、浙江馆

10578

战地之交通与运输 特种经济调查处编

[重庆]：特种经济调查处，1941，4册，16开

本书共分4区：长江下游区、河北平原区、漠南区、粤南三角洲区。每区一册。

收藏单位：南京馆

10579

战后交通建设概论 赵曾珏编著

上海：商务印书馆，1947.11，393页，25开

本书共9编：交通建设纲领、战后五年交通建设计划、铁路建设、公路建设、航业建设、民用航空建设、电信建设、邮政建设、交通复员专题之讨论。附俞部长飞鹏演说词、第十三届工程师年会研讨的重心。

收藏单位：安徽馆、重庆馆、广东馆、广西馆、贵州馆、国家馆、湖南馆、吉林馆、近代史所、南京馆、宁夏馆、山西馆、上海馆、首都馆、浙江馆、中科图

10580

战时的交通 朱谱萱编著

长沙：商务印书馆，1938.7，34页，50开（民众战时常识丛书）

收藏单位：重庆馆、南京馆

10581

战时的交通和运输 王维祺编著

长沙：中华平民教育促进会，1938.6，24页，50开（农民抗战丛书）

本书共7部分，内容包括：战时交通运输的重要、战时农民对于交通应尽的义务、战时农民应有的交通组织、农民对于道路工事应具的知识等。

收藏单位：国家馆

10582

战时汉口运输状况 于锡猷调查 国民经济研究所纂辑

[国民经济研究所]，1938，油印本，31页，13开（总第33号 交通门转运类 第3号）

本书共10部分：轮船公司家数、各公司

航线、各航线之船舶、各航线主要货运及其
价格、营业、运费交付方式、运费今昔之变
动、轮运货物与车运比较、借款方式、轮运
以外之运输状况。

　　收藏单位：国家馆

10583

战时交通　张嘉璈讲

[中央训练团]，1940.1，74页，32开（中央
训练团党政训练班讲演录）

[中央训练团]，1940.11，30页，32开（中
央训练团党政训练班讲演录）

中央训练团，1941，56页，32开（中央训练
团党政训练班讲演录）

[中央训练团]，[1941]，再版，70页，32开
（中央训练团党政训练班讲演录）

　　本书论述战时交通组织及水、路、空、
邮等运输形式的准备与调度。其他题名：战时
交通问题。

　　收藏单位：重庆馆、广东馆、广西馆、贵
州馆、国家馆、江西馆、南京馆

10584

战时交通政策　陈心镜著

汉口：新知书店，1938.5，65页，36开（战
时问题丛书）

　　本书讲述战时交通的意义、我国战时交
通状况及改进办法。附全国铁路交通图与全
国公路干线图。

　　收藏单位：重庆馆、广东馆、贵州馆、国
家馆、陕西馆、上海馆、浙江馆

10585

战时交通政策　王沿津编著

重庆：独立出版社，1940，144页，32开（抗
战建国纲领丛书）

　　本书共10章，内容包括：总论、我国战
时的交通统制、我国战时的交通组织、我国
战时的交通法规、战时的邮政等。

　　收藏单位：重庆馆、广东馆、贵州馆、国
家馆、湖南馆、吉林馆、辽大馆、南京馆、
内蒙古馆

10586

战时驿运宣传大纲

[重庆]：中央秘书处文化驿站总管理处，[1941]，
28页，64开

　　本书内容包括：驿站制度的历史与功用、
建立战时驿运制度的意义、建立战时驿运的
基本条件、战时驿运的管理问题、民众对战
时驿运应尽的义务等。

　　收藏单位：重庆馆、广东馆、国家馆

10587

浙江省驿运管理处各项规章

出版者不详，1941.1，1册，22开

　　本书内容包括：浙江省驿运管理处视察规
则、浙江省驿运管理处船舶运输队编组规则、
浙江省驿运管理规则等。

　　收藏单位：重庆馆、南京馆、浙江馆

10588

浙鄞战时交通近况　赵德民调查

国民经济研究所，1938，蜡纸打印本，8页，
16开（总第72号 交通门概况类 第3号）

　　本书共5部分：行驶海道各轮统计、行驶
内江及内河轮汽船统计、民船、铁路、公路。

　　收藏单位：国家馆

10589

中国的交通　丁炯培编

上海：小朋友书局，1934，23页，32开（小
学中级常识丛书）

　　收藏单位：首都馆

10590

中国的交通　徐映川编辑

上海：新中国书局，1932.12，75页，32开

　　本书为小学校社会科补充读物。共7部
分：绪言、研究事项、研究、研究结果、补充
材料、作业、问题。

　　收藏单位：广西馆、河南馆、湖南馆

10591

中国东北路电述要　东北交通研究会编

东北交通研究会，1932.6，[135]页，18开

本书共两部分：路政、电政。路政部分共 7 章，内容包括：铁路在中国东北四省之需要、日本对于中国建筑东北铁路阻挠之情形、日本在中国东北强筑铁路及强迫中国借日债筑路之内幕等；电政部分共 4 章：总论、日本违背电约及合同之要点、中国东北电政之设施、附件。

收藏单位：国家馆、天津馆、浙江馆

10592

中国国民党交通政策　朱子爽著

重庆：国民图书出版社，1943.11，136 页，32 开（中国国民党政策丛书）

本书共 6 章：绪言、国民政府成立前我国新式交通事业发展概述、中国国民党交通政策的指导原则、中国国民党交通建设的方针和纲领、中国国民党交通政策的实施、结论。

收藏单位：安徽馆、重庆馆、广西馆、贵州馆、国家馆、吉林馆、江西馆、近代史所、南京馆、内蒙古馆、宁夏馆、首都馆、西南大学馆、浙江馆

10593

中国交通全图　觉非编绘

上海：新学会社，1923，178 页，16 开

10594

中国交通与外国侵略　国民外交丛书社编

上海：中华书局，1928.3，60 页，50 开（国民外交小丛书）

上海：中华书局，1929，再版，60 页，50 开（国民外交小丛书）

本书收文两篇：《交通之种类与效果》《外人之垄断我国交通》。

收藏单位：重庆馆、广西馆、桂林馆、国家馆、江西馆、辽大馆、南京馆、内蒙古馆、陕西馆、上海馆

10595

中国交通之发展及其趋向　金家凤编著

南京：正中书局，1937，418 页，25 开（社会科学丛书）

上海：正中书局，1940.8，3 版，418 页，25 开

（社会科学丛书）

本书共 5 章：绪论、中国交通之发展、中国交通与国民经济建设、中国交通与国防、结论。

收藏单位：安徽馆、重庆馆、东北师大馆、广东馆、贵州馆、国家馆、湖南馆、江西馆、辽宁馆、南京馆、宁夏馆、天津馆、浙江馆、中科图

10596

中国近世道路交通史　杨得任编

长春：杨得任 [发行者]，1928.6，230 页，32 开（站员教育丛书 10）

本书为文言体，加圈点。共 10 章，内容包括：总论、我国从来道路交通之状况、我国道路交通之设备、我国道路之交通机关、我国道路与铁路之关系等。附修治道路各项法令及规章。

收藏单位：贵州馆、国家馆、江西馆、山西馆、首都馆、浙江馆

10597

中国全国交通纪要　赵志垚编

航空委员会印刷所，1937.5，2 册（348+82 页），16 开，精装

本书汇集全国各省交通图以及铁路、公路、电报的线路情况等资料。

收藏单位：重庆馆、广东馆、西南大学馆

10598

中国现代交通史　张心澂著

上海：良友图书印刷公司，1931.8，618 页，22 开，精装（现代中国史丛书 3）

本书共 5 编：总记、陆地交通、水上交通、空中交通、通信事业。

收藏单位：安徽馆、重庆馆、广东馆、桂林馆、国家馆、黑龙江馆、湖南馆、吉林馆、近代史所、辽大馆、辽宁馆、南京馆、山西馆、陕西馆、上海馆、首都馆、天津馆、浙江馆

10599

中国驿运制度概略　楼祖诒著

中国国民党中央宣传部，[1941]，20 页，32
开

本书共 6 章，内容包括：绪言、驿站之意义、历代驿运组织与管理、驿律略述等。

收藏单位：重庆馆、广东馆、广西馆、贵州馆、国家馆、江西馆、南京馆、宁夏馆、浙江馆

10600

中国战时交通史　龚学遂著

上海：商务印书馆，1947.6，414 页，25 开

本书共 3 篇："公路""铁路、水运、驿运、空运""建议"。

收藏单位：安徽馆、重庆馆、东北师大馆、广东馆、广西馆、国家馆、黑龙江馆、湖南馆、吉林馆、江西馆、近代史所、辽大馆、辽东学院馆、辽宁馆、南京馆、内蒙古馆、宁夏馆、山西馆、上海馆、首都馆、天津馆、西南大学馆、中科图

10601

中国政府关于交通四政劳工事务设施之状况
　交通部编

北京：那世宝印刷局，1925 印，[57] 页，16
开

本书为汉英法对照。共 4 部分：铁路职工教育状况、关于劳工法案之拟订事项、现行抚恤规则及拟订草案等事项、补助职工经济及职工储蓄养老之计划。

收藏单位：重庆馆、国家馆、上海馆、首都馆

10602

中国之交通　葛绥成著

上海：中华书局，1927.11，176 页，32 开（常识丛书第 32 种）

上海：中华书局，1929.4，再版，176 页，32
开（常识丛书第 32 种）

上海：中华书局，1936，3 版，176 页，32 开
（常识丛书第 32 种）

本书共 6 章：航路、铁路及长途汽车、电报及电话、邮政及航空、陆路、旧交通工具。书前附中国交通图 1 幅。

收藏单位：重庆馆、广东馆、广西馆、国家馆、河南馆、黑龙江馆、辽大馆、辽宁馆、南京馆、内蒙古馆、陕西馆、上海馆、首都馆、天津馆、浙江馆

10603

中国之交通与工业　刘泮珠编

上海：交通大学管理学院，1934，191 页，23
开

本书共 4 编：中国铁道交通概况、中国公路建筑概况、中国最近重要工业概况、实业计划大纲。

收藏单位：近代史所、上海馆

10604

中华民国水陆驿运货物联运通则　交通部驿运总管理处编

交通部驿运总管理处，1941.9，8 页，32 开

收藏单位：南京馆

10605

中华民国水陆驿运载货通则

交通部，1941，34 页，32 开

本通则共 10 章，内容包括：总纲、驿运机关与货主之责任、货物之托运、货物之提取、损物货失之赔偿等。由交通部公布，自 1941 年 1 月 9 日起实行。

收藏单位：国家馆、南京馆

10606

中华民国水陆驿站载货程序

[交通部]，1941，16 页，32 开

本书共 9 节：总纲、托运、起运、押运、中转、事故、到达、保管、附则。由交通部公布，自 1941 年 1 月 9 日起实行。

收藏单位：国家馆、南京馆

10607

中华民国驿运夫马运行通则

交通部，1941.9，10 页，32 开

收藏单位：南京馆

10608

中华民国驿运行车通则

[交通部]，[1941]，20页，32开

本通则由交通部公布，自1941年1月9日起实行。

收藏单位：南京馆

10609

中华苏维埃共和国临时中央政府代表张云逸中华人民革命政府闽西善后处代表陈小航双方根据1933年10月26日签订之协定具体规定闽西边界及交通条约

中华苏维埃共和国临时中央政府、中华人民革命政府闽西善后处，1933.11，8张，25×17cm

收藏单位：国家馆

10610

中日美联运会第一次议定书 [中日美联运会编]

北京：[中日美联运会]，1918，1册，18开

本书为汉英对照。该议定书于1918年4月9—13日在日本东京签订。附中日美联运协约、中日美旅客行李联运章程、运价表等。

收藏单位：国家馆

10611

资源委员会运务处湘川线运输调查报告 资源委员会编

[资源委员会]，1943，油印本，1册，16开

收藏单位：广东馆

10612

最近之交通 曾养甫讲

中央训练团党政训练班，1943.3，56页，32开（中央训练团党政训练班讲演录）

中央训练团党政训练班，1944，再版，修订本，42页，32开（中央训练团党政训练班讲演录）

本书共5章：交通与国防民生、中国交通发展之过程、交通在战时之任务及敌我交通战略之抗衡、交通在战时之设施、今后交通建设之展望。

收藏单位：重庆馆、广东馆、国家馆、湖南馆、南京馆、西南大学馆

10613

最近之交通 张嘉璈讲

中央训练团党政训练班，1942，76页，32开（中央训练团党政训练班讲演录）

本书共9章：绪论、铁路、公路、航空、水运、驿运、电政、邮政、结语。

收藏单位：重庆馆、国家馆、吉林馆、南京馆

铁路运输经济

10614

八十年来之中国铁路 凌鸿勋著

出版者不详，1944.3，27页，32开

收藏单位：广西馆、湖南馆

10615

包宁铁路建设与计划 卓宏谋编

北平东城王附马胡同卓宅，1933.10，160页，22开

本书收录该铁路各段实测略图、测勘路线经过、工程用款预算及沿线各站的地理位置、交通状况、经济贸易、物产等资料。共5章：总目、包五段（包头至五源）、五噔段（五原至噔口）、噔宁段（噔口至宁夏县）、附录。

收藏单位：重庆馆、桂林馆、国家馆、近代史所、南京馆

10616

宝天铁路通车纪念刊 [宝天铁路局编]

[宝天铁路局]，1945.12，25页，25开，环筒页装

本书介绍陇海铁路宝鸡至天水一段线路的沿革、建筑、工程建设等。

收藏单位：国家馆

10617

宝天铁路通车运输附则 陇海铁路管理局编
陇海铁路管理局，1933，[211]页，32开，环
筒页装

本书收录规则自1933年7月1日起实
行。

10618

宝天铁路兴筑之经过及今后之展望 凌鸿勋
编
出版者不详，[1943.7]，20页，32开，环筒
页装

本书介绍宝天铁路兴建的经过、路线选
择与工程数量、数年来预算的核定、工价物
价变迁之影响、宝天铁路之人力与物力问题、
今后预算与完工期限等。

收藏单位：甘肃馆

10619

北宁、四洮、洮昂、齐克四路货物联运规章
北宁铁路局附设东北铁路联运清算所编订
北宁铁路局附设东北铁路联运清算所，1929.9，
92页，25开，活页精装

本书共3编：货运、车辆、附则。附四路
联运移民运送暂行办法（修正）、移民护照办
法。目录页题名：京奉、四洮、洮昂、齐克铁
路货物联运规章。

收藏单位：国家馆

10620

北宁铁路报告册（中华民国十七至十九年）
[北宁铁路管理局编]
北宁铁路管理局，[1929—1931]，3册（40+
40+[69]页），9开

本书为汉英对照。内容包括：营业状况、
资本支出、新设展长路线、车辆分类、旅客
业务细别、货运业务细别等。

收藏单位：国家馆、天津馆

10621

北宁铁路代收包裹货价章程·代收包裹货价
施行细则 北宁铁路车务处计核课编
北宁铁路车务处计核课，1930.5，16页，50

开

本书收录代收包裹货价章程21条、代收
包裹货价施行细则15条。

收藏单位：国家馆

10622

北宁铁路管理局处理文书规则 北宁铁路管
理局编
北宁铁路管理局，1932.8，1册，16开，活页
精装

本书收录北宁铁路管理局训令、北宁铁
路管理局处理文书规则。于1932年8月3日
修正公布，共36条。附公文表单簿册格式。

收藏单位：国家馆

10623

北宁铁路管理局煤厂管理规则 北宁铁路管
理局编
北宁铁路管理局，[1930—1939]，8页，16开

本规则附书表簿册格式。书中题名：北宁
铁路煤厂管理规则。

收藏单位：国家馆

10624

北宁铁路规章汇编（第1集） 北宁铁路管理
局编
北宁铁路管理局，1933，3册（984页），16
开，活页装

本书收录1932年6月前铁道部及北宁铁
路局颁布或核准之规章、附则以及有关命令、
文牍、函电等。内容包括：通则门、材料门、
地产门、警务门、卫生门等。

收藏单位：国家馆、吉林馆、浙江馆

10625

北宁铁路规章汇编（第2集） 北宁铁路管理
局编
北宁铁路管理局，1934，2册（500+926页），
16开

本书内容包括：通则门、材料门、地产
门、警务门、卫生门等。

收藏单位：重庆馆、国家馆、南京馆、天
津馆、浙江馆

10626

北宁铁路会计统计年报（民国二十至二十二年份） [北宁铁路管理局编]

北宁铁路管理局，[1934]，1 册，10 开

本书为汉英对照，合订本。内容包括：营业状况、资本支出、新设展长路线、车辆分类等。

收藏单位：国家馆

10627

北宁铁路商务会议汇刊 北宁铁路局编

北宁铁路局，1930，[406] 页，18 开

本书收录摄影、图表、公牍、记事、议案（包括本路提案、代表提案）、会议录等。

收藏单位：国家馆、近代史所、辽宁馆、南京馆、天津馆

10628

北宁铁路统计图表 谭咸庆编 改进委员会统计室绘图

北宁铁路改进委员会，1933，[67] 页，18 开，活页装

本书共 5 类：改革组织、整顿路产、行车调度、客货运输、进款用款。

收藏单位：国家馆、天津馆、中科图

10629

北宁铁路英文合同汇编 高纪毅等编

北宁铁路局，1930，[487] 页，23 开，活页精装

本书为汉英对照。收录北宁铁路局对外签订的合同 44 件。

收藏单位：近代史所、上海馆

10630

北宁铁路之黄金时代 王余杞著

北平：星云堂书店，1932.10，136 页，32 开

本书收文 3 篇：《北宁路与中东南满》《葫芦岛开港与中国航业》《开滦问题》。

收藏单位：国家馆、河南馆、湖南馆、近代史所、南京馆、陕西馆、首都馆、天津馆、浙江馆

10631

北平、前门、西便门、广安门站经济调查

平汉铁路经济调查组编

[汉口]：[平汉铁路经济调查组]，1937，74页，32 开（平汉丛刊 经济类 1 干线各站经济调查特辑）

收藏单位：近代史所

10632

参观津浦胶济两路后之感想及意见 沈奏廷著

[上海]：[交通大学管理学院]，1936.9，34页，16 开

本书为著者于 1936 年夏天对津浦、胶济两路货运及行车状况所作的调查报告。内容包括：整车货场之设计问题、零担货栈之设计问题、货运调车场与正线之联络问题等。

收藏单位：上海馆

10633

潮汕铁路整理之经过 铁道部编

铁道部，1930，4+118 页

本书共两部分：插图、总目。"总目"部分内容包括：绪言、整理计划、编定员工薪级、本路收支状况、整理沿线地亩、工程建设、编定货运分等价格等。

收藏单位：近代史所

10634

车僮须知 京沪沪杭甬铁路管理局车务处编订

[上海]：京沪沪杭甬铁路管理局车务处，1935.12，16 页，48 开

10635

成渝铁路工程进展概况

出版者不详，1948，油印本，8 页，16 开，环筒页装

本书内容包括：成渝铁路工程之沿革、民国二十五年测量经过、各项工程设计概要、成渝铁路在经济上的价值等。

收藏单位：重庆馆

10636

筹办漳龙铁路商榷书　周醒南著
出版者不详，[1920.9]，10 页，18 开
　　本书为筹建福建省漳州至龙岩段铁路的招股计划书。

10637

川汉铁路过去及将来　詹文琮　邱鼎汾著
湘鄂路局工务处，1935，232 页，25 开
　　本书共 10 节，介绍川汉铁路商办与收归国有之经过，借款修筑及停工的原委及续建的规划，并介绍沿线江河、城市、商务、交通、人口及四川省物产输出输入情形等。
　　收藏单位：国家馆、上海馆、中科图

10638

川汉铁路计划书　刘文贞　刘敏功著
出版者不详，[1926.5]，26 页，18 开
　　本书共 6 章，内容包括：川汉铁路创办之艰巨、川汉对全国大势之重要、建筑时线路之选择等。
　　收藏单位：国家馆

10639

川路计划书·川江水利论　刘敏功著
[北京]：[北京交通大学]，[1924.7]，26 页，23 开
　　本书为合订本。分别论述四川兴修铁路和水利的计划和意义。
　　收藏单位：国家馆

10640

传单　平汉铁路车务处编
平汉铁路车务处，[1934]，[604] 页，16 开，活页精装
　　本书收录平汉铁路车务处处长签发、通传的公文及告示共 174 种。所涉时间为 1931 年 5 月至 1933 年 12 月。
　　收藏单位：国家馆

10641

创办青阳港铁路花园饭店纪念刊　京沪沪杭甬铁路管理局编
京沪沪杭甬铁路管理局，1934.8，24 页，16 开
　　收藏单位：国家馆

10642

到付货物运输施行细则　北宁铁路车务处计核课编
北宁铁路车务处计核课，1930.5，8 页，50 开
　　本书收录细则 13 条，内容包括：运输、运费、货主负责、声明书、发运站、检查货物及包装情形、填发货票等。
　　收藏单位：国家馆

10643

道清铁路呈报铁道部民国十九年份铁路会计统计年报　[道清铁路会计司呈报]
上海：S.T.K.Tai Shing & Co.Ltd.，[1931] 印，254 页，10 开
　　本书为汉英对照，全部为表。
　　收藏单位：国家馆

10644

道清铁路工会第三届工作报告书　道清铁路工会秘书室编
[河南]：道清铁路工会出版股，1934，[278] 页，16 开

10645

道清铁路卅周纪念　道清铁路管理局编
道清铁路管理局，1933.12，20+340 页，16 开，精装
　　本书共 3 章：沿革、现状、展线。各章节后附有关章程、规则及统计图表。所涉时间为 1903—1932 年。
　　收藏单位：重庆馆、广东馆、国家馆、近代史所、南京馆、浙江馆

10646

道清铁路五厘公债　浙江兴业银行上海总行业务处调查股编
浙江兴业银行上海总行业务处调查股，1939.11，5 页，16 开
　　本书内容包括：发行及整理经过、发行日

期、利息、还本付息日期、偿还期限、还本实况、偿还欠息债票等。

收藏单位：上海馆

10647

道清铁路运货载客价目章程

出版者不详，[1914]，石印本，26 页，18 开，环筒页装

本书内容包括：运货章程、货物等第表、杂货运价表、银元纹银运费章程、载客及运行李章程、专车章程等。

收藏单位：国家馆

10648

德国铁道调查记　萧仁源著

上海：协会书局，1932，341 页，25 开

本书共 8 编。第 1—6 编专述德国国有铁道的沿革、组织、管理、设备、运输、财政问题，第 7 编介绍非国有铁道及柏林交通情况，第 8 编"世界交通"作为附录编入。

收藏单位：重庆馆、东北师大馆、广东馆、广西馆、国家馆、河南馆、湖南馆、南京馆、山西馆、上海馆、首都馆、浙江馆

10649

地亩管理局经过文件（第 1 辑）　东省特别区行政长官公署编

东省特别区行政长官公署，[1911—1949]，66 页，16 开

本书汇编有关撤销东省铁路局地亩处，改设地亩管理局的相关文件。

收藏单位：国家馆、宁夏馆

10650

第二次全路代表大会特刊　陇海铁路工会编

陇海铁路工会，1931.1，72 页，16 开

收藏单位：南京馆

10651

滇缅铁道路线商榷文汇　李根源等著

云南崇文印书馆，[1938]，74 页，16 开

本书为论文资料集。收录《上蒋委员长书》（李根源）、《上孔院长书》（李根源）、《致云南公路总局代电》（李曰垓）、《怎样是滇缅铁路合理的路线》（李芷谷）、《我对滇缅铁路的七个希望》（蒋云峰）、《滇缅交通线问题》（李生庄）等。附各处电文 8 件。

收藏单位：重庆馆、国家馆、上海馆、中科图

10652

滇省铁路股份有限总公司假定章程　滇省铁路股份有限公司总公司编

[滇省铁路股份有限公司总公司]，[1911—1949]，20 页，22 开

本章程共 8 部分：总则、股份、股东、总会、职员、土地、会计、债项。

收藏单位：国家馆

10653

滇越铁路纪要　苏曾贻译

出版者不详，[1919.12]，68 页，18 开

本书共 30 篇，内容包括：法政府与中国订约时期、法政府与铁路公司订约时期、云南矿区、云南种植、云南商务、法政府获得云南铁路时代、建筑公司进行情形、货物输出、货物输入等。

收藏单位：广东馆、国家馆、首都馆、中科图

10654

调查工人家庭生活及教育程度统计　铁道部业务司统计科编

铁道部业务司统计科，[1930]，38 页，16 开（铁路工人统计专刊 2）

本书内容包括：各路工人教育程度比较表、京沪路工人家庭生活状况调查统计报告、沪杭甬路工人家庭生活状况调查统计报告。

收藏单位：国家馆、上海馆

10655

东北抗日的铁路政策　张恪惟著

上海：良友图书印刷公司，1931.10，57 页，64 开

上海：良友图书印刷公司，1932.9，再版，57 页，64 开

本书共 9 部分，内容包括：东北铁路之现势、日人之图谋吉会铁路与其国防政策、中国自办铁路之复活、日人破坏之阴谋等。

收藏单位：东北师大馆、黑龙江馆、吉大馆、江西馆、上海馆、天津馆

10656

东北铁道要览　祁仍奚编辑

[上海]：商务印书馆，1930.8，29 页，32 开

本书共 6 章，内容包括：东三省铁路修筑先后之时期、东省及关内外二路之敷设、满铁培养线之敷设等。

收藏单位：国家馆、黑龙江馆、南京馆、上海馆、浙江馆

10657

东北铁路大观　李德周　吴香椿著

北宁铁路运输处计核课庶务股，1930.12，[18]+236 页，16 开

本书共 3 篇：既成铁路、未成铁路、汇录。第 1 篇共 6 章，内容包括：国有铁路、中外合办铁路、外国经营铁路等；第 2 篇共 3 章：工事中铁路、我国曾经筹筑之铁路、外国曾经垂涎之各路；第 3 篇共 4 章：东北铁路之我见及葫芦岛筑港经过之情形、营业进款之调查、世界铁路大势、世界各国铁路客票运率。

收藏单位：广西馆、国家馆、首都馆、天津馆

10658

东北铁路技术管理规程　东北行政委员会铁道部制定

东北行政委员会铁道部，1949.2，164 页，64 开

本书共 4 编。第 1 编共 9 章，内容包括：总则、线路及工务、检车设备、通信、铁路设备之检查及修理等；第 2 编共 4 章：机车、车辆、连结器、手风闸；第 3 编共 7 章，内容包括：铁路线路、信号使用办法、车站技术工作组织法等；第 4 编内容包括：铁路工作人员之任用及技术审查办法、附件。

收藏单位：国家馆

10659

东北铁路统计汇编　长春铁路管理局企划处编辑

长春铁路管理局企划处，1948，油印本，107 页，16 开

收藏单位：广东馆、宁夏馆

10660

东北铁路网之研究　苏从周著

[沈阳]：东北物资调节委员会，1947.6，60 页，32 开（物调研究丛刊 3）

本书共 5 部分：引言、已成路线之分析、敌伪计划之检讨、东北铁路网之设计、结语。

收藏单位：国家馆、辽大馆

10661

东北铁路问题之研究　王同文著

[上海]：交通大学管理学院，1933.4，2 册，22 开（东北铁路问题之研究丛刊 3）

本书共 18 章，内容包括：概论、中东铁路史、强俄把持下之中东铁路、最近中东铁路问题、吉会铁路问题等。逐页题名：满蒙铁路问题之研究。

收藏单位：国家馆、湖南馆、上海馆、首都馆、武大馆、浙江馆

10662

东清铁路公司合同

出版者不详，1919，14+15 页，18 开

本书为汉英法对照。共 3 部分：东省铁路公司合同、照译华俄银行总办罗启泰来函、中俄东清路电交接办法合同。

收藏单位：国家馆

10663

东省特别区路警处统计报告书（中华民国十五至十八年）　东省特别区路警处秘书室编

[东省特别区路警处]，1927—1930，4 册，10 开，精装

收藏单位：国家馆、近代史所、辽宁馆

10664

东省铁路概论　经济调查局编

经济调查局，1928，179 页，32 开

本书内容包括：东省铁路建修前后之东省水陆交通、东省铁路建筑之原因及其条件、东省铁路之营业历史等。

收藏单位：国家馆、华东师大馆、近代史所、辽宁馆、中科图

10665

东省铁路合同成案要览

出版者不详，[1925—1929]，194 页，18 开，精装

本书收录合同 27 种，内容包括：华俄道胜银行合同、中俄合办东省铁路公司合同、中东铁路公司章程、交收东三省条约、中日新订东三省条约、中俄协定暨附件、奉俄协定等。附瑷珲条约、松花江行船章程。

收藏单位：国家馆、南京馆

10666

东省铁路快慢列车运输货物运则　东省铁路管理局商务处编

东省铁路管理局商务处，1927.1，2 册（346+330 页），12 开

本书收录东省铁路快慢列车的运输条件、运费计算等规则，并收货物分等表、货名检查表、普通分等货物各站计核运费表等。

10667

东省铁路路警处统计报告书（中华民国十二年）　东省铁路路警处编

东省铁路路警处，1923—1924，2 册，10 开，精装

收藏单位：国家馆、黑龙江馆、近代史所、南京馆、宁夏馆、上海馆、大津馆

10668

东省铁路沿革史　编辑东省铁路历史委员会编

外文题名：An abridged outline of the historical survey of the Chinese Eastern Railway

编辑东省铁路历史委员会，[1923]，[121] 页，16 开，精装

本书为汉英对照。共 5 部分：序言、东省

铁路在事名人照像并沿线风景图、东省铁路沿革史第一编、说明书、成绩报告书并简明大事记。

收藏单位：国家馆、天津馆、中科图

10669

东省铁路与东省铁路之沿带区域　东省铁路经济实业事务局原著　鄂杰民　[（俄）] 沃托德拉克编译

哈尔滨：商务印书馆，1924.4，55 页，16 开

本书共 9 部分，内容包括：概论、农业、林业及矿业、实业、交通与东省铁路等。

收藏单位：国家馆、黑龙江馆、人大馆、浙江馆

10670

东省铁路运输图表

出版者不详，1921，1 册

本书内容包括：东省铁路各线运输货载图表、东省铁路近五年内自行采伐木植数目图表、东省铁路各线营业报告表、东省铁路车辆数目表等。

收藏单位：近代史所

10671

东铁问题　祁仍奚著

商务印书馆，1929.7，1 册，32 开

商务印书馆，1929，再版，1 册，32 开

本书共 6 节，内容包括：按中俄各条约及各协定关于中东铁路之研究、东铁近年营业状况及收支情形、收回东铁计画之我见等。附中俄合办东省铁路公司合同、中东铁路公司章程、前俄国财政部与道胜银行密约（俄文原文）等。

收藏单位：东北师大馆、广东馆、国家馆、河南馆、湖南馆、江西馆、近代史所、辽大馆、南京馆、上海馆、浙江馆

10672

二十年来的南满洲铁道株式会社　吴英华编著

上海：商务印书馆，1930.3，274 页，32 开

本书共 5 部分：概论、满铁会社的组织、

满铁会社的事业、满铁会社的会计、结论。

收藏单位：安徽馆、重庆馆、东北师大馆、广东馆、广西馆、国家馆、河南馆、黑龙江馆、吉林馆、江西馆、近代史所、辽宁馆、内蒙古馆、上海馆、天津馆、西南大学馆、浙江馆

10673
二十五年来之铁道　孙科著
铁道部，1930.3，16 页，22 开（铁道部丛刊 5）

本书论述 1905 年以来国内铁路发展史。共 6 部分：中国铁道之起原、二十五年前之铁道状况、铁道行政机关之沿革、国内铁道之发展、铁道债务会计及营业收支状况、今后筑路之计划。

收藏单位：广西馆、国家馆、南京馆、首都馆、天津馆

10674
发展西北铁道计划　严克刚　杨鹤生编
出版者不详，[1911—1949]，手写本，1 册，大 16 开，活页装

收藏单位：上海馆

10675
非常时期之中国铁路运价问题　刘传书著
刘传书 [发行者]，[1930—1939]，9 页，16 开

本书共 5 部分：铁路运价问题与非常时期之经济、中国铁路应采之运价政策、减低三等旅客票价、采用各种非常货物特价、结论。

收藏单位：上海馆

10676
赴欧出席国际铁路会议及考察交通报告　凌鸿勋等编
上海：现代铁路杂志社，1948，23 页，16 开（现代铁路丛刊第 1 辑）

本书共 3 部分：出席国际铁路大会报告、考察英法比瑞意交通报告、对于欧洲交通的一般观感。

收藏单位：广东馆、国家馆、上海馆

10677
改建铁路交通刍议
出版者不详，1928.7，[14]+84 页，18 开

本书收文两篇：《改革铁路交通刍议》《整理与建设铁路交通实施计划之纲要》。

收藏单位：国家馆

10678
革新铁道业务之要旨
铁道部秘书厅研究室第三组，[1936.11]，[18] 页，22 开

本书为 1936 年 11 月 3 日蒋中正对洛阳分校铁道训练班学员的训话。书前收录国内已成铁路里程表、五年计划路线里程表等。

收藏单位：国家馆

10679
庚关两款筑路计划提案　孙科提
出版者不详，[1929]，22 页，22 开（铁道部丛刊 2）

本书为使用庚子赔款及部分关税款项建筑铁路的提案。附拟定路线说明、选线计划、兴筑程序计划等。

收藏单位：国家馆、南京馆、上海馆

10680
工务责任制学习材料　上海铁路管理局杭州办事处编
上海铁路管理局杭州办事处，1949，148 页

收藏单位：国家馆

10681
管理中东及西伯利亚铁路委员会技术部会议纪录·中东暨西伯利亚铁路共同监管委员会会议纪录　管理中东及西伯利亚铁路委员会技术部编
出版者不详，1919，1 册，精装

收藏单位：国家馆

10682
管理中东铁路四年内成绩一览表　国立北平图书馆藏
出版者不详，[1925]，38 页，横 7 开

收藏单位：国家馆

10683

广九铁路华英两段、载客运货价目规则 ［广九铁路管理局编］

广九铁路管理局，［1928.7］，168 页，22 开

　　本书共 15 节，内容包括：总例、旅客票价及座位、旅客行李、包裹、运送易坏物品、运送笨重物件、铁路暨收货人之责任等。附货物分等表简辞备考、普通货物分等表、贵重物品分等表等。

　　收藏单位：国家馆、上海馆

10684

广九铁路货车运输负责施行细则 交通部直辖广九铁路管理局订

交通部直辖广九铁路管理局，［1921.1］，1 册，25 开

　　本书为汉英对照。共 7 部分：起运之站、中途转运、到达之站、土产货物等项、货栈、办公时间、报装货物。附广九铁路运丝负责规则。

　　收藏单位：国家馆

10685

广九铁路五厘公债 浙江兴业银行上海总行编

浙江兴业银行上海总行，1938，5 页，16 开

　　本书介绍该公债的发行经过、发行日期、发行额、债票种类、利率、发行折扣、担保基金、偿还期限等。

　　收藏单位：上海馆

10686

广三铁路职员录 陈鸿燊编辑

［广三铁路管理局］，1917.9，40 页，25 开，环筒页装

　　本书全部为表。收录该铁路总管理处、总务课、车务课、工务课、工程司室、机务课、会计课、巡警总事务所等职员名录。

　　收藏单位：国家馆

10687

国道分期兴筑计划 铁道部编

铁道部，1929，［12］页，18 开

　　本书为《铁道部国道分期兴筑计划》的另一版本。

10688

国道路线网、工程标准及规则、运输计划大纲汇编 铁道部制定

铁道部，1929，12 页，18 开（铁道部令 第854 号）

　　本书收录铁道部制定的国道路线网 12 条、国道工程标准及规则 31 条、附录 3 条、国道运输计划大纲 15 条。

　　收藏单位：国家馆、浙江馆

10689

国民政府铁道部国有铁路机务统计表（中华民国二十年上半期至二十一年上半期） 铁道部工务司机务科编

铁道部工务司机务科，［1932—1949］，3 册（18+32+26 页），9 开

　　本书为汉英对照，全部为表。每年两期，上、下半年各 1 期。

　　收藏单位：南京馆

10690

国民政府下之铁道事业 铁道部编

铁道部，［1933］，20 页，25 开（铁道部丛刊3）

　　本书共 6 部分：铁道部成立之经过、主管事务之分晰、内部组织及工作之分配、成立以来之成绩、预定之计划、出版物之种数与名称。

　　收藏单位：重庆馆、国家馆、南京馆、上海馆

10691

国内联运会议记录（第 15—17 次） 铁道部联运处编

铁道部联运处，1931—1934，3 册，18 开

　　本书为 1931—1934 年间 3 次国内铁路联运会议记录的合订本。内容包括：与会者名

录、议案、会议记录等。

　　收藏单位：国家馆、南京馆

10692

国内联运会计会议纪录（第17—19次） 铁道部联运处编

铁道部联运处，1931.3—1934.9，3册，18开，精装

　　本书收录1931年3月至1934年9月召开的3次国内联运会计会议资料。内容包括：与会者名录、会议议案录、会议记录等。

　　收藏单位：国家馆、吉林馆、南京馆

10693

国营铁路客货特专价法规辑要

[交通部]，1946.9，63页，16开

　　本书共两部分：特价门、专价门。特价门内容包括：客票特价类、包裹特价类、杂项客运特价类、货物特价类；专价门内容包括：政府专价类、军运专价类、学校专价类、钞券专价类、邮运专价类、路运专价类。

　　收藏单位：国家馆

10694

国营铁路客货特专价简表

[交通部]，1946.9，13页，16开

　　本书共两部分：例言、客货特专价。

　　收藏单位：国家馆

10695

国有铁路货车运输负责通则

[交通部]，1921.1，[16]页，22开

　　本通则共6节：总纲、车站通告、负责运价、报运装载及交货手续、铁路责任、赔偿手续。由交通部规定，自1921年1月1日起实行。

　　收藏单位：国家馆

10696

国有铁路货物联运价目表汇编 交通部铁路联运事务处清算所编

交通部铁路联运事务处清算所，[1925.3]，[398]页，25开，活页精装

　　本书为汉法对照。收录京汉铁路、道清铁路、京绥铁路、津浦铁路、沪杭甬铁路等线路联运货物运费计算法、货物联运路径表、普通运价表、整车运价表等。自1925年3月1日起实行。

　　收藏单位：国家馆、内蒙古馆、上海馆、首都馆

10697

国有铁路稽核制度 贡乙青　程忠元编著

北平：国立交通大学研究所北平分所，1937，[12]+278页，16开（国立交通大学研究所北平分所丛书5）

　　本书共14章，内容包括：绪论、稽核制度之缘起、各路稽核制度组织之经过、稽核工作之一至八等。附铁道部特派驻路总稽核执掌规程、铁道部直辖各路总稽核会议事规程草案等。附表执行预算登记册、每日各站营业现金进款概数表等。

　　收藏单位：重庆馆、国家馆

10698

国有铁路建筑账目则例

出版者不详，1935，94页，大32开

　　收藏单位：湖南馆、南京馆

10699

国有铁路京绥线统计表（中华民国元年至五年、六年至八年） 京绥铁路局统计课编纂

[北京]：京绥铁路局印刷所，1918—1920，2册（51+49页），16开，精装

　　本书内容包括：线路里程及车站数、资本金、建设费类别、车辆类别、运输成绩等。1915年以前仍按未合并为京绥路的京张、张绥两路分别统计。

　　收藏单位：重庆馆、国家馆、首都馆

10700

国有铁路会计处综核课处理帐务概要 黄庆华编

湘鄂铁路会计处，1935.9，297页，23开

　　本书共5章：编造概算、复核与造单、帐目之转结、薄册之登记、制表与统计。

10701

国有铁路劳工统计 铁道部总务司劳工科编

铁道部总务司劳工科，1934.1—1935.11，2册（127+112页），16开

本书收录1933—1934年国有铁路员工的工资、人数、工人分布、工会、职工消费合作社概况等统计图、统计表。

收藏单位：重庆馆、广东馆、国家馆、近代史所、南京馆、上海馆、浙江馆

10702

国有铁路旅客联运价目表汇编 交通部铁路联运事务处清算所编

交通部铁路联运事务处清算所，1924.6，2版，101页，22开

本书为汉法对照。内容包括：联运站名、普通客票价目及里程表、来回游览票价目表、团体票票价、行李运价、包裹运价等。

收藏单位：国家馆、上海馆

10703

国有铁路沿线县治调查表 交通部路政司调查科编

交通部路政司调查科，1925.1，62页，18开

本书全部为表。收录全国铁路车站所在省县、相距里数等。

收藏单位：国家馆、吉林馆

10704

邯郸铁路管理处货运暂行办法 [邯郸铁路管理处编]

邯郸铁路管理处，1949.5，14页，36开

本书共7章，内容包括：总则、铁路与货主之责任、运送办法、运费及杂费、负责等。

收藏单位：国家馆

10705

汉猛德将军视察中国国有铁路报告 （英）汉猛德著

出版者不详，[1937.5]，138页，16开，精装

本书共18部分，内容包括：工程、机车之行驶、机厂、车务、材料、职员、教育等。书前有《汉猛德将军致孔部长函》。附第一计画、第二计画。

收藏单位：安徽馆、国家馆、南京馆、上海馆、中科图

10706

汉平铁路管理局总务会议专刊 国民政府铁道部汉平铁路管理局编

国民政府铁道部汉平铁路管理局，1929，[32]+272页，16开

本书收录公牍、提案、议决案、审查案等会议材料。共5部分：文书会议、警务会议、医务会议、材料会议、附录。

收藏单位：国家馆

10707

汉平铁路职员录 汉平铁路管理局编

汉平铁路管理局，1929.1，[800]页，25开，环筒页装

本书全部为表。收录汉平铁路管理局局长、副局长、秘书室、总务处、工务处、车务处、机务处等机构全体职员名录。逐页题名：汉平铁路管理局职员录。

收藏单位：国家馆

10708

汉粤川铁路借款合同（附原奏）

外文题名：Hukuang imperial government railways final agreement

出版者不详，1911，1册，10开

收藏单位：国家馆

10709

汉粤川铁路进行计划意见书·汉粤川铁路损失事略 关赓麟著·陈承烈编

汉粤川铁路办事处，1921.7，[118]页，18开

本书为合订本。《汉粤川铁路进行计划意见书》共7部分，内容包括：路款之历史、交通部之垫款及负债、将来之困难等。《汉粤川铁路损失事略》共10节，内容包括：绪言、合兴公司废约之损失、赎回川路之损失、交通部垫款及负债等。

收藏单位：国家馆、近代史所

10710

汉粤川铁路职员录　[汉粤川铁路总公所编]
汉粤川铁路总公所，1918.1，47页，22开，环筒页装

　　本书记录汉粤川铁路总公所兼办汉宜工程局、宜夔工程局、湘鄂工程局全体职员名录。

　　收藏单位：国家馆

10711

杭江铁路概略　杜镇远编
出版者不详，1933.2，13页，25开

　　本书内容包括：缘起、沿革、经济计划、工程概况、运输设备、现在营业情形、未来展望等。附杭江铁路略图、民国二十一年六月底止资本支出表、民国二十一年十二月底止营业收入表。

10712

杭江铁路工程纪略　杭江铁路工程局工务课编辑
杭江铁路工程局，1933.12，[160]页，16开
杭江铁路工程局，1934，再版，160页，16开

　　本书共15章，内容包括：本路之缘起及沿革、组织、路线选测、建筑费概要、工程计划、用地、路基筑造、桥工等。

　　收藏单位：安徽馆、广东馆、国家馆、近代史所、南京馆、宁夏馆、上海馆、首都馆、天津馆、浙江馆、中科图

10713

呼海铁路纪略　呼海铁路工程局总务科编
呼海铁路工程局，1929，106页，16开

　　本书收录黑龙江省境内呼兰至海伦一线铁路资料。共6章：绪言、总务、车务、工程、会计、结论。

　　收藏单位：国家馆、近代史所、南京馆

10714

湖广铁路五厘公债　浙江兴业银行上海总行编
浙江兴业银行上海总行，1938.9，7页，18开

10715

沪杭甬铁路货车运输附则暨各种运价表
出版者不详，1928.12，重订版，103页，25开

　　本书共13部分，内容包括：运输规则、运价及其他费用、报装运输及提取货物办法、囤存栈地租费、装卸费、五十公斤运价表、整车运价表等。

　　收藏单位：国家馆

10716

沪杭甬铁路民国三年度决算书　沪杭甬铁路管理局编
沪杭甬铁路管理局，[1914—1915]，44页，10开

　　本书大部分为空白统计表式。附报告。所涉时间为1914年7—12月。

10717

沪宁沪杭甬铁路货车运输规则　克礼阿[等]重订
[沪宁沪杭甬铁路管理局]，1921.1，重订版，121页，24开
[沪宁沪杭甬铁路管理局]，1925.1，重订版，98页，22开

　　收藏单位：国家馆

10718

沪宁沪杭甬铁路旅行指南　沪宁沪杭甬两路编查课编
沪宁沪杭甬铁路管理局，1918.8，1册，32开

　　本书内容包括：概说、规章、沪宁分站纪要、淞沪支路、沪杭甬沪杭线分站纪要等。

　　收藏单位：国家馆、南京馆、浙江馆

10719

沪宁沪杭甬铁路史料　沪宁沪杭甬铁路管理局编查课编
沪宁沪杭甬铁路管理局编查课，1924.2，18+164+174页，18开

　　本书共20部分，内容包括：原起、资金、兴工竣工开车、线路里程、建筑物、车辆、运输等。书中内容多系1921年以前的官书档

案材料。

　　收藏单位：国家馆、近代史所、南京馆、上海馆

10720

沪宁铁路行车时刻表（第 11 号） 烈德代车务总管订

出版者不详，1912.12，11 页，13 开

　　收藏单位：国家馆

10721

沪宁铁路运客及行李、搭客、贵重物品、危险物品、包件、牲畜各项规则 [沪宁铁路总管理处编]

出版者不详，[1913]，36 页，18 开

　　本书内容包括：运客总规章、行车、本路时刻、车站月台之准入、查票、办公时间、运费预付、搭客运价、行李存寄房、保险、特别专车、沿本路线之名胜之区、南翔嘉定记略、昆山记略等。逐页题名：沪宁铁路运客规则。自 1913 年 8 月 15 日起实行。

　　收藏单位：国家馆

10722

华北旅客联运（旅客票价及行李运价表） 交通部铁路联运事务处编

交通部铁路联运事务处，1923.1，11 页，16 开

　　本书为汉英对照。内容包括：华北旅客联运票价计算方法、南满铁道单程票价及行李运价表、四洮铁路单程票价及行李运价表等。

　　收藏单位：国家馆

10723

华北旅客联运规章汇览 铁道部联运处编

铁道部联运处，1926.1，[41] 页，16 开

　　本书为汉英对照。共 4 部分：华北旅客联运合同、华北包裹联运合同、华北联运旅客行李在沿途各站起卸及挂号办法、华北旅客联运各项帐目之清理及登记结算规则。

　　收藏单位：国家馆、南京馆

10724

华北旅客联运会议记录（第 1—2 次） 交通部铁路联运事务处编

交通部铁路联运事务处，1922—1925，2 册（[49]+[74] 页），16 开

　　本书为汉英对照。会议召开时间分别为：1922、1925 年。

　　收藏单位：国家馆、首都馆

10725

华北铁路工人工资统计 刘心铨著

社会调查所，[1911—1949]，[71] 页，16 开

　　本书共 9 部分：引言、材料的来源范围及时期、对于材料的选择、工人的分类、计算方法与准确程度、历年工人的人数、工资率的分析、实际所得的分析、工资指数。为《社会科学杂志》第 4 卷第 3 期抽印本。

　　收藏单位：长春馆、重庆馆、天津馆

10726

华中铁道股份有限公司营业报告书、财产目录、贷借对照表、损益计算书（第 1—3 期） 华中铁道股份有限公司编

华中铁道股份有限公司，1939—1941，3 册（16+18+19 页），23 开

　　本书第 1—3 期报告时间分别为：1939 年 4 月 30 日至 10 月 31 日、1939 年 11 月 5 日至 1940 年 3 月 31 日、1940 年 4 月 1 日至 1941 年 3 月 31 日。

　　收藏单位：上海馆

10727

淮南北线建设工事纪念写真帖 （日）大山克己编

上海：大日本写真贸易株式会社技术部，1941.4，1 册，16 开

　　收藏单位：南京馆

10728

欢迎国民代表大会代表 京沪区铁路管理局编

京沪区铁路管理局，[1940—1949]，23 页，32 开

本书介绍京沪铁路沿线各站交通旅行情况。内容包括京沪路行车时刻表，预留国大代表专车的情况，京沪各主要机关的电话、所在地址等资料。书中题名：欢迎国民代表大会代表手册。

10729

火车时刻表　台湾省铁路管理委员会编

[台湾省铁路管理委员会]，1946.8，15页，28开

10730

货车负责运输提货单章程附提货单处理细则暨提货单等式样

出版者不详，1932.7，14页，25开

　　本章程共20条，分3部分：总则、提货单遗失之处理、附则。附提货单处理细则、提货单等式样。由国民政府铁道部核定，于1932年7月30日公布。

　　收藏单位：国家馆、南京馆、上海馆

10731

货车运输负责通则及北宁线附则　北宁铁路运输处编

北宁铁路运输处，[1931.1]，20页，25开

　　本通则共5节：总纲、负责运价、托运装载及交货手续、铁路责任、赔偿手续。附本路货物负责运输附则。该通则及附则自1931年1月1日起实行。

　　收藏单位：国家馆

10732

货车运输附则

出版者不详，1926.4，72页，21开

　　本书内容包括：附属费、杂项、货车运输价目、特别价目之货物表等。

　　收藏单位：上海馆

10733

货车装运包裹暂行办法　交通部锦州区铁路管理局制定

[交通部锦州区铁路管理局]，[1947]，26页，18开

　　收藏单位：国家馆

10734

货等标本陈列室开幕纪念刊　京沪沪杭甬铁路管理局编

京沪沪杭甬铁路管理局，1934.11，48页，16开

　　本书内容包括：设立陈列室的宗旨、征求陈列货品的办法、厂商分类一览、陈列品种统计、货物运输须知等。该陈列室设在上海北站，所展产品包括该路沿线出产及本路运输的货物。

10735

货物分等表　交通部路政司营业科编

交通部路政司营业科，1926.2，112+13页，32开

　　本书为汉英对照。内容包括：普通货物分等表、贵重物品分等表、危险物品分等表、货车运输牲畜价目表、矿用材料名称表等。

　　收藏单位：国家馆、天津馆

10736

货物分等表　浙赣铁路局运输课编

浙赣铁路局运输课，[1934]，117页，25开

10737

货物运价率表（南北方）　中国人民革命军事委员会铁道部编

中国人民革命军事委员会铁道部，1949.7，51页，16开（货运运价杂费规程3）

　　收藏单位：广东馆

10738

货物运送规则及补则　中央人民政府铁道部编

[北平]：中央人民政府铁道部，[1911—1949]，68页，32开

　　本书共3章：总则、办理、运价及杂费。规则共94条。附表格式、车辆标准界限图。

　　收藏单位：上海馆

10739

货运通告通函分类摘要（第 2 编） 京沪沪杭甬铁路管理局车务处营业课编

京沪沪杭甬铁路管理局车务处营业课，[1935—1949]，45 页，25 开

本书共 10 章，内容包括：运费之计算、轻笨货物之计算、联运货物运价之递远递减办法、运费之到付、代收货价、联运路路名与站名等。所涉时间为 1932 年 6 月 1 日至 1934 年 12 月 31 日。

10740

机务工作参考资料 中国人民革命军事委员会铁道部 [编]

中国人民革命军事委员会铁道部，1949.6，96 页，32 开

收藏单位：国家馆

10741

机械（车辆） 东北物资调节委员会研究组编

[沈阳]：东北物资调节委员会，1948.2，117 页，32 开，精装（东北经济小丛书 10）

本书共 8 章，内容包括：东北之铁路车辆概观、车辆工业、沙河口铁道工厂车辆生产概况等。

收藏单位：安徽馆、重庆馆、东北师大馆、国家馆、河南馆、黑龙江馆、辽大馆、辽师大馆、内蒙古馆、上海馆、首都馆、天津馆、西南大学馆

10742

吉长铁路旅行指南 吉长铁路管理局编

吉长铁路管理局，1920.3，104 页，32 开

吉长铁路管理局，1925.9，85 页，32 开，精装

本书内容包括：本路缘起、营业之状况、全路简明图等。附客票价目表、行车时刻表、里程表、载客章程摘要等。

收藏单位：国家馆

10743

吉长铁路行车规章 唐士清编

吉长铁路运输处，1917.11，106 页，25 开

本书共 40 章，内容包括：通则十五条、

车务段长办事规则十二条、正副站长办事规则二十一条、售票司事办事规则八条等。

收藏单位：国家馆

10744

吉长铁路运费价目表 吉长铁路管理局编

吉长铁路管理局，[1921.1]，8 页，32 开

本书共两部分：客车价目表、运费价目表。自 1921 年 1 月 1 日起实行。

收藏单位：国家馆

10745

吉敦铁路借款之研究 江东著

北京：北京交通大学，1926，58 页，18 开

本书收录专论 3 篇：《吉敦铁路借款之研究》《吉敦路案之尾声》《读"反抗日本建筑吉敦铁路"后再论吉敦案》。附吉敦承造契约之全文、吉敦契约附函之译文、叶交长呈执政之原文。

收藏单位：国家馆、首都馆、浙江馆

10746

济南至浦口抢修通车经过 津浦铁路局编

津浦铁路局，1947.12，16 页，32 开

本书记述抗战结束后抢修该段铁路工程情况。

10747

建设新的人民铁道 中国人民革命军事委员会铁道部人民铁道报社编

北京：中国人民革命军事委员会铁道部人民铁道报社，[1949.5]，78 页，32 开（中国人民革命军事委员会铁道部人民铁道报社丛书 4）

收藏单位：国家馆

10748

建设中国人民的新型铁路 中国人民革命军事委员会铁道部人民铁道报社编

中国人民革命军事委员会铁道部人民铁道报社，[1949.5]，58 页，32 开（中国人民革命军事委员会铁道部人民铁道报社丛书 1）

本书收文两篇：《建设中国人民的新型铁路》（军委会铁道部副部长吕正操同志在东北

劳模大会会讲话）、《报告东北铁路第一届工代及劳模大会上的报告》(东北铁路总局局长余光生）。附《报告东北铁路工运工作》(东北铁路总工会主任李明哲）。

收藏单位：北师大馆、国家馆、南京馆、山东馆

10749

江南铁路股份有限公司规章汇编　江南铁路股份有限公司编

江南铁路股份有限公司，1933，100 页，22 开，活页装

本书收录该公司总务类各项章程、通则、办事细则、条例共 19 种。目录页题名：商办江南铁路股份有限公司规章汇编。

收藏单位：国家馆

10750

江苏省建筑口岸东台铁路计划书　江苏省建设厅编

江苏省建设厅，1934.7，18 页，16 开

10751

江苏省铁路计划　江苏省建设厅编

江苏省建设厅，1947.2，6 页，32 开

本计划书共 5 部分：运输情形、设计标准、工程概算、筹款办法、工程进度。

收藏单位：南京馆

10752

江西玉萍铁路建筑经费概算书　江西省政府经济委员会编

[南昌]：[江西省政府经济委员会]，1933.10，石印本，10 页，16 开（江西省政府经济委员会特刊 1）

本书内容包括：路线经过区域及长度、路基工程、桥梁工程、轨道工程、车站设备及房屋工程、款项支配等。

收藏单位：广东馆、国家馆、江西馆、南京馆

10753

交通部汴洛铁路局公文集　汴洛铁路局辑

[汴洛铁路局]，1912，手抄本，2 册，16 开

收藏单位：国家馆

10754

交通部东北运输总局铁路客票票价及行李包裹运价表

交通部东北运输总局，1947，42 页，25 开

收藏单位：国家馆、南京馆

10755

交通部公务统计方案铁路类运输网十四种表报填造说明　交通部统计处编

交通部统计处，[1946.1]，52 页，42 开

本书共两部分：总说明、应用表册。于 1946 年 1 月 9 日由交通部部统京字第 68 号训令公布。

10756

交通部规定国有铁路车站帐目则例

[交通部]，1926.4，136 页，25 开

本书为汉法对照，全部为表。收录国有铁路车站帐目总则 5 条、细则 152 条。于 1926 年 4 月 1 日公布。

收藏单位：国家馆

10757

交通部规定国有铁路统一车站帐目则例

[交通部]，[1921.7]，50 页，22 开

本书收录国有铁路车站帐目则例 152 条。于 1921 年 7 月 1 日公布。

收藏单位：国家馆

10758

交通部规定铁路会计则例汇编

外文题名：Accounting rules and classifications of railways prescribed by the Ministry of Communications

交通部，1920，1 册，22 开，活页精装

本书为汉英对照。内容包括：交通部颁定铁路资本支出分类则例、交通部规定铁路列车机车里程统计则例、交通部规定营业铁路处理新设展长路线及扩充改良路产会计则例、交通部颁定铁路营业用款分类则例、交通部

规定铁路岁计帐则例等。各则例包括初版及修订版信息，并附各种表。

收藏单位：国家馆、南京馆、人大馆、首都馆、天津馆

10759
交通部规定修正铁路会计则例案（第 1 号）
[交通部]，1916，13 页，22 开

本书为汉英对照。

收藏单位：国家馆

10760
交通部国有铁路会计统计总报告（中华民国四至十四年）[交通部编]
[交通部]，[1916—1929]，11 册，10 开

本书共 11 册，自中华民国四年起，每年 1 册。内容包括：各年度国有铁路图、总报告、统计表、总报告说明细目等。

收藏单位：国家馆、近代史所、南京馆、上海馆

10761
交通部核定中华国有铁路本国联运各项规章　交通部编
交通部，1915，1 册，18 开

本书为汉英对照。

收藏单位：国家馆

10762
交通部核定中华国有铁路本国联运各项规章第二本　交通部编
交通部，[1916]，16+18 页，16 开

本书为汉英对照。

收藏单位：国家馆

10763
交通部核定中华国有铁路第七次国内联运会各项规章　交通部编
交通部，1920.3，80+55 页，18 开

本书为汉英对照。

收藏单位：国家馆

10764
交通部吉长铁路运输章程
出版者不详，1915.10，增订版，28 页，22 开

本书共 6 章：总则、旅客运输（附装运包裹及贵重物品）、行李运输、货物运输、运费及杂费、附则（附客货运价等级表）。

收藏单位：国家馆

10765
交通部津浦区铁路管理局日报　交通部津浦铁路管理局编
交通部津浦铁路管理局，[1948]，[108] 页，16 开

本书为该局所发日报中法规、报告、通告、交通业务通讯等的摘要汇编。所涉时间为 1948 年 5 月。

10766
交通部晋冀区铁路管理局中华民国三十六年度业务报告　交通部晋冀区铁路管理局秘书室编
交通部晋冀区铁路管理局，[1948]，[30] 页，16 开

本书共 7 部分：运输、工务、机务、总务、会计、人事、警务。

10767
交通部内债契约章程汇编　总务厅综核科编
[交通部]总务厅综核科，[1911—1949]，96 页，22 开

本书共 3 部分：收赎商路内债（川路、湘路、苏路、同蒲路、皖路、浙路、鄂路、闽路）、收赎借款路公债、铁路短期内债。

收藏单位：国家馆

10768
交通部平汉区铁路管理局统计年报（三十五年度）　平汉区铁路管理局秘书室统计课编
平汉区铁路管理局秘书室，[1946]，108 页，18 开

本书大部分为表。共 8 章：组织行政、设备、营业、运输、机务、材料、员工福利、警务及其他。

收藏单位：国家馆、首都馆

10769

交通部平津区铁路货物运价表暨各项杂费表

[交通部平津区铁路管理局编]

交通部平津区铁路管理局，1946.3，[114]页，32开

　　本书共6部分，内容包括：整车货物每公吨每公里运价表、不满整车货物每十公斤每公里运价表、各项杂费表、金银货币票券运价表、运费计算举例等。

　　收藏单位：国家馆

10770

交通部綦江铁路工程处职员通讯录　交通部綦江铁路工程处编

交通部綦江铁路工程处，1941，油印本，8页，16开，环筒页装

　　本书全部为表。收录该处处长室、总务课、会计课、第一测量队等机构全体职员通讯录。

　　收藏单位：重庆馆

10771

交通部上海工业专门学校铁路管理科头班纪念册　交通部上海工业专门学校编

交通部上海工业专门学校，[1920—1929]，127页，13开，精装

　　本书收录1920年该班首届毕业生撰写的中文论文14篇、英文论文13篇。内容包括：《铁路与中国之关系》《铁路厘订运费之研究》《铁路统计法略谈》《铁路建筑经济计划之一斑》等。

　　收藏单位：国家馆、上海馆

10772

交通部沈阳铁路局公报　交通部沈阳铁路局总务处文书课编

交通部沈阳铁路局总务处文书课，1946，[132]页，16开

　　本书为该局1—27号公报合集。所涉时间为1946年7月。

10773

交通部审订铁路法规会职员录　交通部审订铁路法规会编

交通部审订铁路法规会，[1918.5]，42页，25开，环筒页装

　　本书收录总则股、建设股、运转股、营业股、会计股等机构职员名录。

　　收藏单位：国家馆

10774

交通部铁路联运事务处规则　[交通部铁路联运事务处编]

[交通部铁路联运事务处]，1919，1册，32开

　　本书封面题名：交通部铁路联运事务处规则汇览。

　　收藏单位：首都馆

10775

交通部铁路联运事务处职员录　交通部铁路联运事务处总务股编

交通部铁路联运事务处总务股，1918.10，1册，32开，环筒页装

　　本书收录处长、顾问、秘书、总务股、国内联运股等机构职员名录。

　　收藏单位：国家馆

10776

交通部直辖道清铁路监督局营业一览　交通部直辖道清铁路监督局编

交通部直辖道清铁路监督局，1912，21页，18开

　　本书全部为表。所涉时间为1905年7月至1912年。

　　收藏单位：国家馆

10777

交通部直辖道清铁路监督局职员录　交通部直辖道清铁路华文课编

交通部直辖道清铁路华文课，1916.7，石印本，[24]页，32开，环筒页装

　　本书收录该局总务处、帐务处、材料处、车务处、路工处等机构全体职员名录。

收藏单位：国家馆

10778
交通部直辖各路购料条例 交通部编
交通部，1921.8，[26] 页，22 开
　　本书为汉英法对照。共 5 章：材料图说及标本、招标、押款、稽核、附则。于 1921 年 8 月 8 日公布。
　　收藏单位：重庆馆、国家馆、首都馆

10779
交通部直辖各铁路民国元年兴革事项一览表
　交通部路政司调查科编
交通部路政司调查科，1913，1 册，8 开
　　本书全部为表。收录 1912 年京汉、京奉、津浦、沪宁、正太、京张张绥、汴洛、道清、广九、吉长、株萍 11 条铁路的总务、建筑、机械、运输业务情况。
　　收藏单位：国家馆、近代史所

10780
交通部直辖各铁路兴革事项表（民国二至五年） 交通部路政司编查科编
交通部路政司编查科，[1915—1918]，4 册（176+189+224+170 页），16 开
　　本书全部为表。收录京汉、京奉、津浦、沪宁、道清等 10 余条铁路的新兴业务情况。
　　收藏单位：国家馆、湖南馆、吉林馆、南京馆、首都馆

10781
交通部直辖广九铁路管理局营业一览 [交通部直辖广九铁路管理局编]
[交通部直辖广九铁路管理局]，1914.8，石印本，[19] 页，16 开
　　本书全部为表。
　　收藏单位：国家馆、南京馆

10782
交通部直辖广九铁路管理局职员录 交通部直辖广九铁路管理局编
交通部直辖广九铁路管理局，1916.12，35 页，32 开，环筒页装

本书收录总局、帐务处、总收支处、材料处、路巡处等机构全体职员名录。
　　收藏单位：国家馆

10783
交通部直辖沪宁、沪杭甬两路职员录 交通部直辖沪宁沪杭甬铁路局编
交通部直辖沪宁沪杭甬铁路局，[1923—1928]，6 册，25 开，环筒页装
　　本书收录 1923—1928 年沪宁、沪杭甬两路职员录。
　　收藏单位：国家馆

10784
交通部直辖沪宁、沪杭甬两路职员录合编
交通部总务厅机要科编
上海：中华书局，1916.8，130 页，32 开，环筒页装
　　本书收录沪宁、沪杭甬两路包括总务处、核算处、总工程处、材料处、车务处、账务处、机务处等机构全体职员名录。逐页题名：沪宁沪杭甬两路联合办事职员录。
　　收藏单位：国家馆

10785
交通部直辖吉长铁路管理局职员录 交通部直辖吉长铁路管理局编
交通部直辖吉长铁路管理局，1917.1，30 页，25 开，环筒页装
　　本书收录吉长铁路总务科、机务科、工务科、会计科等机构全体职员名录。
　　收藏单位：国家馆

10786
交通部直辖京奉铁路管理局营业一览 交通部直辖京奉铁路管理局编
交通部直辖京奉铁路管理局，1912，26 页，横 16 开，活页装
　　本书全部为表。内容包括：营业路线一览、路线图、资本金统计、借款历年偿还统计、营业收支简明表等。
　　收藏单位：国家馆、南京馆

10787

交通部直辖京汉铁路管理局营业一览 总务处调查课编

京汉铁路管理局调查科，1913.12，1 册，横16 开，精装

本书全部为表。内容包括：营业收支大概、全路建设费统计、营业路线一览、列车运转表等。

收藏单位：国家馆

10788

交通部直辖京汉铁路管理局载客运货价章汇全 京汉铁路管理局车务处编

京汉铁路管理局车务处，1916.4，订正7 版，[238] 页，32 开，精装

京汉铁路管理局车务处，1919.6，订正8 版，1 册，32 开

本书共3 卷。上卷共3 章：总纲、杂费、通则；中卷为货目表；下卷为各款价单。附全路各站各等客车票价表、全路各站相距道里表。

收藏单位：国家馆

10789

交通部直辖京汉铁路局营业一览 京汉铁路局调查处编

京汉铁路局调查处，1912.12，1 册，横18 开

本书全部为表。内容包括：营业收支大概、全路建设费统计、营业路线一览、主要各站运送客货一览、机车运转表等。

收藏单位：国家馆

10790

交通部直辖京绥铁路管理局站名车辆员司减写表 交通部京绥铁路管理局编

交通部京绥铁路管理局，[1924.2]，15 页，22 开

本书内容为京绥线于1924 年订正的各站站名、车辆名称及员司职务的汉英名词对照、英文缩写。

收藏单位：国家馆

10791

交通部直辖京张铁路资本营业帐报告册 关冕钧编

出版者不详，1914.7，1 册

本书内容包括：局长报告、总会计报告、总工程司报告、车务总管报告等。附交通部直辖张绥铁路资本帐报告册。

收藏单位：近代史所

10792

交通管理 ABC 杨隽时编

上海：ABC 丛书社，1930.1，95 页，32 开（ABC 丛书）

本书共7 章：概论、铁路组织、美国之铁路管理、德国之铁路管理、日本之铁路管理、中国之铁路管理、交通警察。书名页题：世界书局出版。

收藏单位：安徽馆、重庆馆、广西馆、国家馆、湖南馆、吉林馆、江西馆、南京馆、内蒙古馆、上海馆、首都馆、天津馆、浙江馆

10793

交通史路政编 交通部交通史编纂委员会铁道部交通史编纂委员会编辑

交通部交通史编纂委员会、铁道部交通史编纂委员会，1935.5，18 册，18 开

本书共9 章：总纲、国有铁路已成线、国有铁路现修线、国有铁路计画线、民业铁路、专用铁路、中外合办铁路、外人承办铁路、汽车路。

收藏单位：重庆馆、东北师大馆、广东馆、国家馆、河南馆、近代史所、辽宁馆、南京馆、山西馆、上海馆、首都馆、天津馆、浙江馆

10794

胶济铁路车务实施概要 胶济铁路管理局车务处编

胶济铁路管理局车务处，1934.9，96 页，16 开

本书共5 部分：本处组织与人事、行车与车辆调度、负责运输与联运、电务设备与管

理、运输统计辑要。

　　收藏单位：上海馆

10795

胶济铁路股份有限公司筹备处第一次宣告
胶济铁路理事会，1924，1 册，18 开
　　本书附胶济铁路现金收支数目表、京外各机关员司扣薪储金统计表。

　　收藏单位：首都馆

10796

胶济铁路管理局职员录　胶济铁路管理局编
胶济铁路管理局，1928，1 册，25 开
胶济铁路管理局，1935.10，1 册，32 开，环筒页装
　　本书收录胶济铁路管理委员会、秘书室、总务处、工务处、车务处、机务处等机构全体职员名录。其他题名：中华国有铁路胶济线职员录。

　　收藏单位：重庆馆、首都馆

10797

胶济铁路恢复交通之经过与现状　胶济铁路管理委员会编
胶济铁路管理委员会，1930.10，26 页，32 开，活页装
　　本书共 9 部分，内容包括：绪言、桥梁损坏与修理、行车阻碍与恢复、车辆过轨与收还、货车运用与站上积货等。

　　收藏单位：国家馆

10798

胶济铁路货车运输附则　胶济铁路管理局车务处编
胶济铁路管理局车务处，1930.7，44 页，25 开
　　本附则共 5 节：总纲、负责办法、运送办法、运价及其他费用、托运装载及交货手续。该附则共 41 条。自 1930 年 7 月 1 日起实行。附记账运货办法、出口煤焦特约办法、装卸零担货物办法等。

　　收藏单位：上海馆

10799

胶济铁路货车运输价目表　胶济铁路管理局车务处编
外文题名：Kiaochow Tsinan railway rates tables for goods traffic
胶济铁路管理局车务处，1930.7，31 页，22 开
胶济铁路管理局车务处，1934.1，2 版，33 页，22 开
胶济铁路管理局车务处，1935.1，3 版，36 页，22 开
　　本书为汉英对照。内容包括：整车运价表、不满整车运价表、特价货物运价折扣表、调车费表、货物囤存费表等。

　　收藏单位：上海馆

10800

胶济铁路货物仓库保管暂行规则　胶济铁路管理局编
胶济铁路管理局，[1911—1949]，[5] 页，25 开，环筒页装

10801

胶济铁路接收第一周年纪念　[胶济铁路管理局编]
胶济铁路管理局，[1924]，17 页，16 开
　　本书收录 1922 年中国政府收回胶济铁路路权的经过等。附接收第一年大事记（1923 年 1 月 1 日起至 12 月 31 日止）。

　　收藏单位：国家馆

10802

胶济铁路接收纪要（五至十四周）　胶济铁路管理局编
胶济铁路管理局，[1928—1937]，10 册（26+69+98+98+118+108+78+84+82+70 页），25 开，活页装

　　收藏单位：广东馆、国家馆、南京馆、上海馆、天津馆、浙江馆、中科图

10803

胶济铁路接收四周纪念　胶济铁路管理局编
胶济铁路管理局，[1927]，111 页，25 开，活

页装

本书收录 1926 年该路各部门大事记及有关统计资料。共 8 章：概论、总务之部、工务之部、车务之部、机务之部、会计之部、材料之部、警务之部。附胶济铁路管理局组织制度统系表、历年旅客运输比较表、历年货物运输比较表等。

收藏单位：国家馆

10804

胶济铁路客车运输附则及附件　胶济铁路管理局编

胶济铁路管理局，[1911—1949]，33 页，23 开

本书为汉英对照。共 15 部分，内容包括：出售月台票办法、旅客违章之处置、旅客乘车须知、单程票之有效期间、补票办法等。附定期乘车票发售办法、回数乘车票发售办法等。

10805

胶济铁路客车运输价目表　胶济铁路管理局车务处编

胶济铁路管理局车务处，1930.3，1 册，21 开

本书为汉英对照。收录价目表 11 种，内容包括：头等客票价目表、特别快车票价表、行李运价表、包裹运价表、车轿类运输价目等。自 1930 年 3 月 1 日起实行。

10806

胶济铁路会计统计年报（第 1、4—11 次　民国十二、十五至二十二年）　胶济铁路管理局编

胶济铁路管理局，[1927—1934]，9 册，10 开

本书为汉英对照。内容包括：铁路历史年度报告、会计报告、车务报告、工务报告、机务报告，并以表格形式记录 1927—1933 年各年营业收入与支出、债务与借款、营业里程、车辆类别等会计统计数据。

收藏单位：广东馆、国家馆

10807

胶济铁路商运改进讨论会记录　胶济铁路管

理局车务处编

胶济铁路管理局车务处，[1935—1949]，86 页，18 开

本书所述会议于 1935 年 3 月在胶济铁路局召开。

10808

胶济铁路沿线大宗货物集散概况　[胶济铁路管理局编]

胶济铁路管理局，[1934.1]，[83] 页，16 开

本书全部为表。共 20 类，内容包括：煤焦、花生、棉花、火柴、糖、木料、烟叶、食盐、铁等。

收藏单位：中科图

10809

胶济铁路运输改革刍议　谭书奎著

青岛：天兴书局，1927.7，[112] 页，25 开

本书共 8 章，内容包括：运输能力之改革、运价政策之改革、运输捐税之改革等。附德国租借胶州湾之路矿条约、解决山东悬案条约等。

10810

胶济铁路运输统计年报（第 1、4 卷　民国十七、二十年份）　[胶济铁路管理局编]

胶济铁路管理局，1929—1934，2 册，横 10 开

本书大部分为表。

收藏单位：国家馆

10811

胶济铁路主要站年报　车务处编

车务处，[1933]，128 页，23 开

本书共 3 部分：车站状况、调查事项、其他事项。目录页题名：车务处主要站二十一年份年报。

10812

津浦胶济两路负责货物联运暂行办法

出版者不详，[1911—1949]，14 页，16 开，环筒页装

本书为合订本。合订书还有 3 种：《津浦

铁路泺口码头站与胶济铁路黄台桥站间联轨运货简章》《津浦胶济联运车辆查验及修理细则》《津浦胶济两路负责货物联运过轨车辆路程登记单填用办法》。

10813

津浦胶济两路联运章则　津浦铁路管理委员会　胶济铁路管理委员会订

胶济铁路管理委员会，[1933.10]，[14] 页，16 开，环筒页装

　　收藏单位：国家馆

10814

津浦铁路大事记

出版者不详，[1937]，28 页，44 开

　　本书所涉时间为 1896—1936 年。

10815

津浦铁路调查报告　国民党津浦铁路党务特派员办事处编

国民党津浦铁路党务特派员办事处，1935.6，162 页，16 开

　　本书共 6 章：修筑与管理、员工与组织、设备与营业、物产与交通、社会与教育、警卫与秩序。

　　收藏单位：国家馆

10816

津浦铁路负责货运规章暨运价摘要　津浦铁路局车务处编

津浦铁路局车务处，1932，194 页，4 开

10817

津浦铁路管理材料程序　[津浦铁路管理局编]

津浦铁路管理局，[1937.5]，[78] 页，25 开

　　收藏单位：重庆馆、贵州馆

10818

津浦铁路管理局民国十三年报告册　津浦铁路管理局编

津浦铁路管理局，[1925]，23 页，12 开

　　本书全部为统计表。内容包括：产业所担之债务、借款、本年度内之增建产业、资本

支出等。

10819

津浦铁路管理局职员录　津浦铁路总务处编查课调制

出版者不详，1917.6，[458] 页，25 开

　　本书收录总务处、车务处、工务处、机务处、会计处、分段会计处、警备队、医院等机构全体职员名录。

　　收藏单位：国家馆

10820

津浦铁路规章汇编　津浦铁路管理局编

津浦铁路管理局，1936，[684] 页，18 开

　　本书分客运、货运、联运、军运、公运、港务、工程、机务、会计等类。

10821

津浦铁路规章汇览（第 5、8—9 期）　津浦铁路总务处编查课编

津浦铁路总务处编查课，[1919—1923]，3 册，22 开，活页装

　　本书收录交通部颁布的有关规章等。第 5 期所涉时间止于 1919 年 1 月，第 8 期止于 1921 年 6 月，第 9 期止于 1922 年 10 月。

　　收藏单位：国家馆、首都馆

10822

津浦铁路货车运输价目表　津浦铁路管理委员会车务处编

津浦铁路管理委员会车务处，[1933]，84 页，25 开，活页装

　　本书共 5 部分：货运基本运价及计算运费举例、普通不满整车货物（每五十公斤）运价表、普通整车货物（每公吨）运价表、货物特价及专价表、货物装卸费及其他杂费价目表。附本路出租专用岔道详表、各站距离公里表。自 1933 年 11 月 1 日起实行。

10823

津浦铁路货运附则　津浦铁路局编

津浦铁路局，[1923]，[63] 页，23 开

　　本书为汉英对照。附记账运货章程、货

栈屯货简章。前者自 1921 年 5 月起实行，后者自 1923 年 1 月起实行。

　　收藏单位：国家馆

10824

津浦铁路救亡刍议　陈养吾著

出版者不详，[1935.10]，50 页，32 开

10825

津浦铁路局过去半年间之工作　津浦铁路管理局编

津浦铁路管理局，1929.5，[80] 页，22 开

　　本书共 5 章：津浦铁路之地位及沿革、管理局南迁后之状况、最近半年间之工作、今后之设施及希望、附录。

　　收藏单位：国家馆、吉林馆

10826

津浦铁路抗战时期工作概况　津浦铁路管理局编

津浦铁路管理局，1939，12+214 页，22 开

　　本书共 9 章：管理、运输、物料、抢运、破坏与修复、抚恤与救护、警备、财务、结束与保管。附表件索引。

　　收藏单位：国家馆、南京馆

10827

津浦铁路两年来之工作概要

出版者不详，1934.8，44 页，32 开

　　本书内容包括：总务、车务、会计、警务等。目录页题名：津浦铁路二十一、二十二年工作概要。

　　收藏单位：南京馆

10828

津浦铁路年鉴（第 1 卷）　津浦铁路年鉴编纂委员会编

津浦铁路管理委员会，1933.12，1 册，16 开，精装

　　本书共两编。第 1 编共 3 章：沿革、党务、行政；第 2 编共 7 章：总务、工务、车务、机务、会计、警务、附述。封面题名：津浦年鉴。

　　收藏单位：重庆馆、国家馆、南京馆、上海馆

10829

津浦铁路委托中国旅行社承办津浦餐车小营食堂宾馆营业报告及今后计划意见书

中国旅行社，[1936.11]，18 页，13 开

　　收藏单位：上海馆

10830

津浦铁路无利小票　浙江兴业银行上海总行编

浙江兴业银行上海总行，1939，6 页，50 开

　　收藏单位：上海馆

10831

津浦铁路原借款　浙江兴业银行上海总行编

浙江兴业银行上海总行，1939.5，5 页，18 开

　　收藏单位：上海馆

10832

津浦铁路续借款　浙江兴业银行上海总行编

浙江兴业银行上海总行，1939.5，5 页，18 开

　　收藏单位：上海馆

10833

津浦铁路运货价章　津浦铁路局编

津浦铁路局，[1913.11]，1 册，16 开，环筒页装

　　本书收录津浦铁路运货章程 16 条，共 22 款。附英里数表。

　　收藏单位：国家馆

10834

津浦铁路载客及行李包件章程　津浦铁路局编

津浦铁路局，[1914.5]，13+12 页，13 开

　　本书为汉英对照。共 6 部分：载客章程、包车章程、专车章程、装运行李章程、寄运包件章程、寄运包件价目表。于 1914 年 5 月 1 日修订。

　　收藏单位：国家馆

10835

津浦铁路总局员司眷属乘车免价半价等票章程　津浦铁路管理总局编

津浦铁路管理总局，1912.8，[10] 页，16 开

本书为汉英对照。收录相关条款 12 条。

收藏单位：国家馆

10836

津通铁路的争议　吴铎著

国立中央研究院社会科学研究所，1936.5，[66] 页，16 开

本书共 4 部分：争议的经过、争议的分析、争议的背景、争议的影响。为《中国近代经济史研究集刊》第 4 卷第 1 期抽印本。

收藏单位：上海馆、中科图

10837

晋冀区铁路管理局职员录　晋冀区铁路管理局编

晋冀区铁路管理局，[1947.9]，92 页，32 开

本书收录晋冀区铁路管理局局长室、运输处、工务处、机务处、总务处、会计处等机构全体职员名录。

收藏单位：国家馆

10838

晋绥兵工筑路年报（中华民国二十二至二十四年）　晋绥兵工筑路总指挥部编

晋绥兵工筑路总指挥部，1934—1936，3 册（238+794+668 页），16 开

收藏单位：国家馆

10839

京奉四洮洮昂齐克铁路客运联运规章

出版者不详，1928.12，24 页，22 开

本书共 4 章：总则、旅客、行李、包裹。附杂项办法、四路联运移民运送暂行办法、包裹验关及征税等办法。

收藏单位：国家馆

10840

京奉铁路报告册（中华民国四至十一、十四年）　京奉铁路局编

京奉铁路局，[1916—1926]，9 册，10 开

本书为该铁路历年财会统计。内容包括：产业所担之债务、扩充改良、资本支出、岁记帐计算书、客货运业务细别等。

收藏单位：国家馆

10841

京奉铁路管理局职员录　京奉铁路管理局编

京奉铁路管理局，1916，[148] 页，32 开，环筒页装

本书收录该局总务处、车务处、电报处等机构职员录。

收藏单位：国家馆

10842

京奉铁路规章汇览　[京奉铁路管理局编]

京奉铁路管理局，[1911—1919]，282 页，22 开

本书收录车务类规章资料。内容包括：站长车队长学习章程、行李司事月薪等级表、乘车规章、运货章程、各项运货专价章程、月台票章程、京奉铁路行车规则等。

收藏单位：国家馆

10843

京奉铁路货运负责办事细则　[京奉铁路管理局编]

京奉铁路管理局，[1921.1]，14 页，25 开

本书为汉英对照。共 10 部分：总则、托运、查验、过磅、标志、起票、装车、起运、交货、责任。收录细则 55 条。自 1921 年 1 月 1 日起实行。

收藏单位：国家馆

10844

京汉京绥陇海正太道清五路沿线地图（第141 分图 北京附近地图中文地名附表）（法）　普意雅（G. Bouillard）绘制

交通部，1925，42 页，32 开

收藏单位：国家馆

10845

京汉铁路管理局现行规章汇编　京汉铁路管

理局总务处编查课编

京汉铁路管理局总务处编查课，1925.8，[198] 页，25 开，活页精装

本书收录规章 41 种，内容包括：医务、职制、薪费、减免、车价、见习、奖惩、捐税等。

收藏单位：国家馆

10846

京汉铁路货车运输规则汇览　京汉铁路局编

京汉铁路局，1921，[324] 页，22 开

本书内容包括：中华国有铁路货车运输通则、京汉铁路货车运输附则、中华国有铁路货车运输负责通则、普通货物分等表、贵重物品分等表等。自 1921 年 1 月 1 日起实行。

收藏单位：国家馆

10847

京汉铁路局报告年结各帐简明表（民国元年份）　京汉铁路局总会计处编

京汉铁路局总会计处，1912，[50] 页，10 开，精装

收藏单位：国家馆

10848

京汉铁路局统计年表（民国二年上半年份）

京汉铁路局总会计处编

京汉铁路局总会计处，[1913]，1 册，10 开

本书内容包括：二年上半年材料所项下完结帐、本路干支里数、营业进款并各司务处用款、载运货物等。

收藏单位：国家馆

10849

京汉铁路七年统计汇表　张鸿藻总编　李道同编

京汉铁路管理局调查课，1915.12，1 册，16 开

本书收录 1906—1912 年该路财政、客运、货运、车辆、里程等项的统计资料。

收藏单位：国家馆

10850

京汉铁路沿革史　李仲都编撰

出版者不详，[1918]，1 册，18 开

本书共两部分：纪年卷目、纪事类目。第 1 部分共 3 卷：清光绪十五年至宣统三年、民国元年至四年、民国五年至七年；第 2 部分共 5 类：总务类、车务类、工务类、机务类、会计类。

收藏单位：国家馆、中科图

10851

京汉铁路之现在及将来　关赓麟著

京汉铁路管理局，1914，204 页，16 开

本书共 8 章：绪言、京汉铁路过去之情形及其变迁之历史、京汉铁路现时之困难及统计之大概、担任路事之旨趣、京汉铁路方今所处之地位、对于京汉铁路将来之希望、模范铁路、结论。

收藏单位：国家馆、近代史所、辽宁馆、南京馆、天津馆

10852

京沪沪杭甬津浦铁路联运过江车辆办事细则
　京沪沪杭甬铁路管理局车务处编

京沪沪杭甬铁路管理局车务处，[1935.1]，10 页，36 开

本细则自 1935 年 1 月 1 日起实行。

10853

京沪沪杭甬铁路材料统计报告（中华民国二十三、二十五年份）　京沪沪杭甬铁路管理局材料处编订

京沪沪杭甬铁路管理局材料处，[1935—1937]，2 册（54+93 页），16 开

本书大部分为图表。

收藏单位：宁夏馆、上海馆

10854

京沪沪杭甬铁路大事记　京沪沪杭甬铁路管理局总务处编辑

京沪沪杭甬铁路管理局总务处，1935.10，22 页，36 开

京沪沪杭甬铁路管理局总务处，1937.3，25

页，32 开

本书记述 1896 年 9 月至 1935 年 6 月该路各路段修筑、路权管理、线路变更、通车营运、颁行规章等情形。

收藏单位：南京馆、上海馆

10855

京沪沪杭甬铁路管理局材料处掌理材料办法

京沪沪杭甬铁路管理局编

京沪沪杭甬铁路管理局，[1935—1949]，14 页，32 开

本办法于 1935 年 7 月 10 日由第 54 次局务会议议决修正通过。封面题名：材料处掌理材料办法。

10856

京沪沪杭甬铁路管理局参加三次铁展一览

京沪沪杭甬铁路管理局编

京沪沪杭甬铁路管理局，1934.5，54 页，32 开

本书内容包括：铁路货运手续、货物运费计算方法、游览江浙名胜、铁路优待旅客办法等。

收藏单位：重庆馆、广东馆、国家馆、上海馆、首都馆、天津馆

10857

京沪沪杭甬铁路管理局参加四次铁展一览

京沪沪杭甬铁路管理局编

京沪沪杭甬铁路管理局，1935.7，68 页，32 开

本书收录两路沿线出产货品摘要表、铁路货运手续、货物运费计算方法等。

收藏单位：南京馆、上海馆

10858

京沪沪杭甬铁路管理局车务处组织、职掌、办事程序一览　车务处总务课编

京沪沪杭甬铁路管理局，1935.12，30 页，16 开

10859

京沪沪杭甬铁路管理局重建局所落成纪念刊

京沪沪杭甬铁路管理局编

京沪沪杭甬铁路管理局，[1936.10]，53 页，16 开，精装

本书内容包括：京沪沪杭甬铁路管理局重建局所报告、建造局所合同原文、工程纪要、电气设备概要、本路沿线名胜一斑等。

收藏单位：国家馆、南京馆

10860

京沪沪杭甬铁路管理局工作概况（二十二至二十四年）　京沪沪杭甬铁路管理局编

京沪沪杭甬铁路管理局，[1934—1936]，11 册，16 开

本书每季度 1 册，全年共 4 册。内容包括：政务、运输、营业、设备、财产、卫生等。

收藏单位：国家馆、上海馆

10861

京沪沪杭甬铁路沪平通车车辆零件价目表

京沪沪杭甬铁路管理局机务处编辑

京沪沪杭甬铁路管理局机务处，1935.8，15 页，36 开

10862

京沪沪杭甬铁路货车运输价目表　车务处营业课编

车务处营业课，1934.11，[68] 页，16 开

本书共 4 部分：铁路负责各等货物运价表、货主负责各等货物运价表、各等货物普通运价表、本两路货物运价计算方法举例。附特价货物表、专价货物表等。

收藏单位：上海馆

10863

京沪沪杭甬铁路客商运货须知　车务处编

车务处，1933.6，64 页，23 开

收藏单位：上海馆

10864

京沪沪杭甬铁路零担货物每五十公斤普通运价表　京沪沪杭甬铁路管理局编

京沪沪杭甬铁路管理局，[1934]，[15] 页，16

开

　　本运价表自 1934 年 7 月 1 日起实行。

10865

京沪沪杭甬铁路民国十九年上半年进行计划
出版者不详，[1929]，60 页，16 开
　　收藏单位：南京馆

10866

京沪沪杭甬铁路商务会议特刊　[京沪沪杭甬
铁路管理局编]
京沪沪杭甬铁路管理局，[1931]，25 页，32
开
　　本书收录会议开幕宣言、主席及职员名
单、议事规则、两路沿革及营业状况摘要等。
该会议由铁道部召集，于 1931 年 1 月 15 日
在上海召开。附国有铁路客车运输规则摘要、
旅客须知、京沪线时刻表、沪杭线时刻表等。

10867

**京沪沪杭甬铁路上北站员工俱乐部二十四年
度年刊**　上北站员工俱乐部执行委员会编
上北站员工俱乐部执行委员会，[1936.6]，35
页，16 开
　　本书书前有《上北站俱乐部成立一周年
赘言》（秦思沛）。

10868

京沪沪杭甬铁路物料暂行规范　京沪沪杭甬
铁路物料标本规范审定委员会编
京沪沪杭甬铁路物料标本规范审定委员会，
[1937.4]，110 页，21 开，活页精装
　　本书为汉英对照。由国民政府铁道部核
定，自 1937 年 4 月 1 日起实行。

10869

京沪沪杭甬铁路修复上海北站纪念刊　京沪
沪杭甬铁路营业所编
上海：中国科学公司，1933.9，24 页，16 开
　　本书收录《借修复上海北站的机会来报
告吾们的希望》《修复上海北站纪要》《修复
上海北站之连带整理工作》《二十二年份以来
之重要工作》《京沪沪杭甬铁路创设营业所旨

趣》。
　　收藏单位：国家馆

10870

京沪沪杭甬铁路一览（二十一至二十三年度）
　京沪沪杭甬铁路管理局编
京沪沪杭甬铁路管理局，1933—1935，25+
56+48 页，16 开，精装
　　收藏单位：国家馆、南京馆、上海馆

10871

京沪沪杭甬铁路之过去与将来　刘维炽编
上海：仓颉印务有限公司，[1937—1948]，16
页，23 开
　　本书叙述京沪沪杭甬铁路营业与管理概
况及今后的发展计划。

10872

**京沪沪杭甬铁路职员录（民国十九、二十年
合编）**　铁道部业务司管理京沪沪杭甬铁路事
务总稽核室编
铁道部业务司管理京沪沪杭甬铁路事务总稽
核室，1931，326 页，32 开，环筒页装
　　本书书中题名：中华国有铁路京沪沪杭甬
线职员录。
　　收藏单位：广东馆

10873

**京沪沪杭甬铁路职员录（民国二十一、
二十三至二十四年）**　京沪沪杭甬铁路管理局
编
京沪沪杭铁路管理局，1932—1935，3 册，32
开
　　本书收录两路局长、副局长、秘书室、
总务处、工务处、车务处、机务处等机构全
体职员名录。附京沪铁路议员、法规编订委
员会、编订预算委员会等。书中题名：京沪沪
杭甬铁路管理局职员录。
　　收藏单位：国家馆、南京馆、上海馆、浙
江馆

10874

京沪津浦北宁三路沪平联运通车办事细则

京沪沪杭甬铁路管理局车务处编辑

京沪沪杭甬铁路管理局车务处，1934.10，修订版，22页，32开

本书收录细则24条。自1933年10月起实行。附改善沪平通车会议决议案记录。

收藏单位：国家馆

10875

京沪区铁路管理局警务处交通警察教练所讲义汇要　徐松龄主编

京沪区铁路管理局警务处交通警察教练所，1947.8，318页，32开，精装

本书收录讲义9种：交通警察法规、警察要旨、刑法要义、铁路常识、工务常识、侦探学、铁路警察服务规则、违警罚法、警察公牍。

收藏单位：内蒙古馆

10876

京沪区铁路管理局物料暂行规范　京沪区铁路管理局编

京沪区铁路管理局，1936.12，再版，[148]页，21开，活页精装

本书共21项，内容包括：燃料、油脂、金类及合金、化学品、手工用具、翻砂用品、油漆、医药及卫生用品、文具等。

10877

京沪区铁路货车运输价目表　运务处业务课编

运务处业务课，1947.11，4版，58页，25开

本书收录五等货物运价表、特种货物运价表、货运杂费表等表格。附货运计费办法、运价计算方法举例。

收藏单位：上海馆

10878

京沪区铁路客车运输暂行办法　[京沪区铁路管理局编]

京沪区铁路管理局，1947.12，78页，25开，活页精装

本书共7章：总纲、旅客运输、行李运输、包裹运输、牲畜类运输、车轿及灵柩类运输、金银货币及其他有价证券运输。附发行定期乘车票暂行办法、旅客失物招领办法、特约运送新闻纸及杂志办法等。

10879

京沪铁路货车运输附则暨各种运价表　京沪铁路车务处订

[南京]：仓颉印务有限公司，1930，70页，23开

本书内容包括：京沪铁路货车运输附则、京沪铁路吴淞码头泊船规则、京沪铁路装卸费、不准存贮货栈之货物、贵重品分等表、体笨货物装运办法等。自1930年12月1日起实行。

收藏单位：宁夏馆、上海馆

10880

京沪铁路五厘公债　浙江兴业银行上海总行业务处调查股编

浙江兴业银行上海总行业务处调查股，1939.11，5页，16开

收藏单位：上海馆

10881

京沪铁路之改进　熊迪简　贾段祥论述　王培瑮指导

出版者不详，1937.6，手写本，1册，13开

本书为毕业论文。

收藏单位：上海馆

10882

京绥全路测线纪略　交通部直辖京绥铁路管理局编

交通部自辖京绥铁路管埋局，1921.9，石印本，[78]页，16开，环筒页装

收藏单位：国家馆

10883

京绥铁路规章汇览　京绥铁路管理局总务处编查课编纂

[北京]：京绥铁路管理局总务处庶务课，1919.2，2册（[418]+[616]页），22开，活页装

本书共5编：通则编、总务编、工务编、

车务编、会计编。收录有关规章共计 541 种。

收藏单位：国家馆

10884

京绥铁路货车运输附则　[京绥铁路管理局编]

[北京]：京绥铁路管理局，[1924.1]，3 版，26 页，22 开

本书共 3 款：货车运输附则、装卸及调车费规则、货车延期费规则。

收藏单位：国家馆、上海馆

10885

京绥铁路统计表（重编民国元年至八年，续编民国九年至十一年）　京绥路局编译课编

北京：京绥路局编译课，1925，55 页，18 开，活页精装

收藏单位：国家馆、近代史所

10886

经济论丛　第一交通大学经济学会编

上海：第一交通大学经济学会，1927.12，120 页，25 开

本书收文 8 篇，内容包括：《中山铁路计画之分析》（吴禄增）、《实行总理铁路计画刍议》（刘世恒）、《今后我国国有铁路运价之使命》（沈奏廷）、《对于我国劳动健康保险负担问题之意见》（苦民）、《一九二六年中东铁路概况》（诸同吉）等。原载于《经济周刊》附载《时事新报》。

收藏单位：国家馆、内蒙古馆

10887

九一八事变后日本铁蹄下之东北铁路　西山著　嵩汀校订

北平：东北问题研究会，1932.8，60 页，24 开

本书共 15 部分，内容包括：伪交通部、伪奉山铁路、吉长铁路、吉海铁路、四洮铁路、齐克铁路、呼海铁路、中东铁路、东部线西部线管理局等。

收藏单位：重庆馆、国家馆、江西馆、辽宁馆、上海馆、天津馆

10888

开丰铁轨汽车公司职员录　开丰长途铁轨汽车股份有限公司编

开丰长途铁轨汽车股份有限公司，1931，22 页，25 开，环筒页装

本书收录该公司董事部、监察部、总务课、车务课、教育委员会及沿途各站职员名录。书中题名：开封长途铁轨汽车股份有限公司职员录。

收藏单位：国家馆

10889

抗战期中的陇海工程　陇海铁路管理局编

陇海铁路管理局，[1942—1945]，油印本，1 册，10 开

收藏单位：国家馆

10890

科学管理术　钱宗渊讲　陆征麒　陆征慈记录

胶东铁路同人学术研究会，[1937]，114 页，16 开

本书共 19 讲，概述科学的管理学，重点介绍铁路的管理方法。为作者的演讲词。

收藏单位：重庆馆、上海馆

10891

客货运价表　平津区铁路管理局编

平津区铁路管理局，1948，41 页，32 开

本书共 5 节：旅客及行李包裹运价杂费计算规则、客票运价、行李运价、包裹运价、杂费价目。自 1921 年 1 月 1 日起实行。

收藏单位：首都馆

10892

客运运价杂费计算规则　中国人民革命军事委员会铁道部编

[北京]：中国人民革命军事委员会铁道部，1949.7，7 页，16 开

本书为《客运运价杂费规程》第 1 编。共 6 章：通则、旅客票价的计算、行李包裹运价的计算、杂费及罚款、旅客票价罚款的补收退还、行李包裹运价杂费的补收退还。

收藏单位：国家馆

10893

会计报告（民国二十二、三年度） 首都铁路轮渡会计主任办公室编

首都铁路轮渡会计主任办公室，[1935]，11页，16开

　　本书大部分为表。内容为南京市铁路轮渡两年来的收支情况。

10894

临时提议 [铁道部编]

[铁道部]，1931.3，2册，16开

　　本书收录铁道部所接各方面有关运价、建设、整理问题的提议。

　　收藏单位：上海馆

10895

陇海东路海港测量报告送部呈文

出版者不详，[1923]，26页，16开

　　本书收录陇海东段路线及开港问题与苏省人士商榷书、陇秦豫海铁路督办张祖廉1923年7月7日呈交通部文、陇海终点海港测量报告及计画草案。

　　收藏单位：上海馆

10896

陇海年鉴（第1卷） 陇海铁路管理局编

陇海铁路管理局，1933.6，10+388页，22开，精装

　　本书共8章：总务、车务、工务、机务、会计、驻路各机关、二十一年工作概要、结论。书脊题名：陇海铁路年鉴。

　　收藏单位：甘肃馆、贵州馆、国家馆、近代史所、南京馆、上海馆

10897

陇海铁路呈复交通部文 陇海铁路总公所编

陇海铁路总公所，[1923]，64页，16开

　　本书附税关洋员戴乐意见书及图五张、技正沙海昂报告、前测量队队长克来纳说帖三分等17件。

　　收藏单位：上海馆、天津馆

10898

陇海铁路调查报告（民国二十四年） 中国国民党陇海铁路特别党部编

中国国民党陇海铁路特别党部，[1935]，178页，18开

　　本书共6章：修筑与管理、员工与组织、设备与营业、物产与交通、社会与教育、警卫与秩序。

　　收藏单位：广东馆、国家馆

10899

陇海铁路工作报告（民国二十年） 钱宗泽著

陇海铁路管理局，[1931—1932]，2册（76+42页），16开

　　本书上、下半年各1编，每编1册。共7部分，内容包括：关于兴革事项之工作、关于整理事项之工作、关于修养事项之工作、关于改进事项之工作等。

　　收藏单位：广东馆、国家馆、上海馆、武大馆

10900

陇海铁路规章汇览 陇海铁路管理局编

陇海铁路管理局，1936.10，2册（1090页），25开

　　本书内容包括：通则、人事、服务、公物、医务、教育、工务、机务、车务等。

　　收藏单位：甘肃馆

10901

陇海铁路建设概要及新工作进行状况 凌鸿勋著

出版者不详，1931.4，再版，20页，16开

　　本书共10部分，内容包括：缘起、历年借款兴筑及路线进展之经过、路线及建设概要、特殊建筑、组织及人物等。为《中国工程学会会刊》第5卷第2号抽印本。

10902

陇海铁路客货运输附则 陇海铁路管理局编

陇海铁路管理局，[1933.5]，97+56+56页，25开

　　本书共两章：客运、货运。第1章收录客

运附则 18 条、附件 10 条，共 4 部分：总纲、客票运价、行李及包裹运输、牲畜车轿金银货币及有价证券运输；第 2 章收录货运附则 27 条、附件 15 条，共 3 部分：总纲、运送办法、运费及其他费用。自 1933 年 7 月 1 日起实行。

　　收藏单位：上海馆、浙江馆

10903

陇海铁路灵潼段新工纪要　陇海铁路工程局编
出版者不详，1931.4，34 页，16 开
　　本书共 7 部分：缘起、灵潼段新工概要、包工、工商情况、物产、名胜古迹、工程人员组织。

　　收藏单位：上海馆

10904

陇海铁路年刊　陇海铁路局编
陇海铁路局，1928，84 页，16 开
　　本书共 6 部分：公牍、公函、训令、指令、报告、附载。书前有弁言《陇海铁路之一年》。

　　收藏单位：近代史所

10905

陇海铁路五厘公债　浙江兴业银行上海总行编
浙江兴业银行上海总行，1938，5 页，16 开
　　本书收录该公债的发行及整理经过、发行日期、发行额、债票种类、利率、发行折扣、抽签日期、还本付息日期等。

　　收藏单位：上海馆

10906

陇海铁路徐海段路线及海港问题文书汇览
陇海铁路总公所编
陇海铁路总公所，[1922]，86 页，16 开
　　本书收录 1913—1922 年有关该路段的呈文、来往公函、条陈、部令等档案资料 60 件。

　　收藏单位：近代史所、上海馆

10907

陇秦豫海铁路职员录

[陇秦豫海铁路总公所]，1928.8，108+[28] 页，22 开
　　本书收录该铁路秘书处、总务处、核算处、总收支处等机构全体职员录。

　　收藏单位：国家馆

10908

路矿关系论　翁文灏著
翁文灏 [发行者]，[1928]，40 页，22 开
　　本书内容包括：国有各铁路运矿吨数比例表、各大煤矿距海口交通比较表、铁路沿线重要矿产表等。原载于 1926 年 2 月刊行的《农商公报》第 138—139 期。

　　收藏单位：重庆馆、广东馆、广西馆、国家馆、南京馆、上海馆

10909

路线提要　交通部路政司考工科编
交通部路政司考工科，1925，晒印本，11 页，23×35cm
　　收藏单位：国家馆

10910

路员常识　杨廷燮编著
北平：和济印书局，1933.7，[278] 页，32 开
　　本书内容包括：论著、公文、函电、法制、文艺、卫生等。

　　收藏单位：国家馆、首都馆

10911

路政纲要　交通部编译处辑述
交通部，1922，[162] 页，18 开，精装（交通部编译处丛书 3）
　　本书叙述美国铁路的组织、管理、经营、运输等内容。

10912

路政论丛　曾仲鸣著
上海：开明书店，1934，368 页，32 开
　　本书内容包括：铁展之意义与希望、国有铁路的重要债务、铁道整理与建设管见、交通教育的过去与将来、陇海路东西段之新发展等。附中华民国铁路全图、中华民国公路

全图、中国铁道史概述、东北铁路合同摘录。

收藏单位：重庆馆、国家馆、近代史所、上海馆、首都馆、天津馆

10913

路政提纲 铁道部编译处 [编]

交通部，1922，90 页，18 开，精装

本书共 8 章：转运、构造、车务、计核与统计、财政及行政之管理、相互关系、累积、铁路与国家社会之关系。

收藏单位：国家馆、首都馆

10914

旅客行李包裹及货物运价表 中华国有铁路四洮线编

中华国有铁路四洮线，[1921]，26 页，22 开

本书收录旅客及行李包裹运价表、货物价目表、火药类运输章程、各站间里程表。自 1921 年 1 月 1 日起实行。

收藏单位：国家馆

10915

满蒙各重要铁路概论 （日）堀三之助著

出版者不详，1923.6，11 页，21 开

本书为文言体。书中题名：关于满蒙各重要铁路路线之管见。

10916

满蒙铁路网 （日）大岛与吉著 太平洋国际学会译

上海：太平洋国际学会，1931.1，14+186 页，32 开（太平洋国际学会丛书）

本书共 4 章：总论、既成铁路、未成线、结论。

收藏单位：广东馆、国家馆、黑龙江馆、江西馆、近代史所、上海馆、天津馆、浙江馆、中科图

10917

满蒙铁路问题集 郭克兴编

[陆军大学]，[1911—1949]，234 页，18 开，环筒页装

本书为陆军大学第 8 期参考书。收文 23

篇，内容包括：《满蒙铁路问题》《满洲交通政策》《论东蒙古中日俄铁路战》《奉海铁路概况》《日本侵略东北之二干线主义》《论满蒙铁路问题之价值》等。

收藏单位：重庆馆、南京馆

10918

满铁事业的暴露（又名，满铁会社之解剖）

魏承先编

上海：中华书局，1932.1，124 页，32 开（东北研究丛书）

本书共 4 章：南满洲铁道会社之成立、南满洲铁道会社之组织、南满洲铁道会社之事业、结论。

收藏单位：重庆馆、东北师大馆、广东馆、广西馆、国家馆、湖南馆、江西馆、近代史所、上海馆、浙江馆

10919

满铁问题 祁仍奚著

外文题名：The question of south Manchurian railway

商务印书馆，1930.2，475 页，22 开，精装

本书共 6 章，内容包括：满铁问题之缘由暨满铁会社之组织、满铁会社经营之事业、满铁问题与国际关系等。附新奉吉长铁路协约、吉长铁路借款细目合同、中日吉长铁路借款合同等。

收藏单位：广西馆、国家馆、河南馆、湖南馆、近代史所、辽宁馆、上海馆、武大馆、浙江馆、中科图

10920

满铁问题之研究 张天民编著

南京：拔提书店，1934，158 页，32 开

本书共 6 章：概论、满铁历史之一瞥、满铁会社之检讨、满铁租用地问题、满铁不修并行线问题、结论。

收藏单位：国家馆

10921

美国铁道会计实务 曹丽顺编

上海：国立交通大学研究所，1935，17 页，

16 开（国立交通大学研究所会计组专刊 会计类第 1 号）

本书为汉英对照。附各种空白表式 18 种。

10922

美国铁道之发达及其影响 （日）太田黑敏男著　王际宪译

北平：金华印书局，1937.2，92 页，32 开

本书共 4 章：铁道开通前、铁道之创设及地方的发达时代、铁道网之普及全国及完成时代、铁道之战时统制时代。

收藏单位：国家馆、南京馆、首都馆、浙江馆

10923

美国铁路管理法　汤震龙著

商务印书馆，1923.9，231 页，22 开，精装

本书共 10 篇，内容包括：美国铁路之起源、美国短线铁路管理之组织法、美国铁路人员之职务、美国铁路之财务管理法、美国铁路管理营业之统计法等。

收藏单位：重庆馆、广西馆、国家馆、南京馆、上海馆、首都馆、天津馆

10924

民国四年三月川路旅京股东提议案宣言书

出版者不详，[1915]，36 页，18 开

本书内容包括：提议应遵部令解散川路总分公司应按商律组织川路清算总分各处并核算交代款项案、提议重庆铜元局前亏未清不得占为官有应照部令继续算结否则仍行提起诉讼以重血本案等。附民国三年旅京股东会议情形、呈交通部稿五件、呈农商部稿二件等。

收藏单位：国家馆

10925

民国铁路一年史　铁路协会编辑部编

北京：铁路协会编辑部，1914.6，[260] 页，18 开

本书共 10 章：绪论、总务、业务、工务、会计、工程时代之各路、收归国有之各

路、商办各路之大概、绘图及编译之成绩、附设机关。书前附最新铁路全图。所涉时间为 1912 年 8 月至 1913 年 8 月。

收藏单位：东北师大馆、国家馆、近代史所、上海馆、首都馆、天津馆

10926

南京市铁路管理处工作报告（南京市参议会第一届第二次大会）

出版者不详，1947.3，6 页，16 开

收藏单位：南京馆

10927

南京市铁路员工三周年纪念刊　[南京市铁路管理处编]

南京市铁路管理处，1948，[46] 页，16 开

本书收文 7 篇，内容包括：《复员三周年大事纪要》《南京市铁路四十年沿革史》《南京市铁路变迁过程中之一页兴衰史》《三年来南京市铁路之回顾》《由复员工作谈到接收三年来之兴革》等。

10928

南京铁路轮渡建造概略　胡家法著

出版者不详，1934，15 页，16 开

本书共 4 部分：引言、引桥之概况、机械设备、轮渡之构造。

收藏单位：国家馆

10929

南满会社承造吉敦路工费浮冒之说帖　[东北交通委员会编]

东北交通委员会，[1932.6]，[22] 页，12 开

本书为答复国际联合会调查委员会之说帖。汉英对照。附吉敦路工程承造施工细则及该路建设费垫款、各项工程单价与东省各铁路之比较、"满铁会社"承造工程决算价额与实估价额之比较等。

收藏单位：国家馆

10930

南满日本铁路饭车、车僮、旅馆、宣传、广告考察报告书　徐继善　叶莘生报告

出版者不详，1936.5，201 页，16 开

10931

南满铁路概论　浩浩编辑　陈彬龢主编

上海：日本研究社，1931.11，38 页，50 开（东北问题一角丛书）

本书共 6 节：序论、南满铁路之敷设与转移、满铁会社与南满铁路网、满铁会社经营之事业、南满铁路对于我国之迫害、我国应即收回南满铁路。

收藏单位：重庆馆、广东馆、国家馆、华东师大馆、吉林馆

10932

南满铁路记略　（日）佐田弘治郎编

大连：南满洲铁道株式会社，1927.4，161 页，22 开，精装

本书共 15 章，内容包括：公司之成立、政府出资财产之接收及移交、主管、分掌、员司、铁路事业、港湾及码头等。书内附插画、图表。

收藏单位：国家馆、黑龙江馆、吉林馆、上海馆、浙江馆

10933

南满洲铁道株式会社（股份公司）货物运价及杂费规则　南满洲铁道株式会社编

[大连]：南满洲铁道株式会社，1930.4，66 页，23 开

本书共 6 部分：货物运价及杂费章程、货物分等表分类纲目、货物分等表、货物运价率表、货物杂费率表、货物营业公里表。附货物特定运价率表、接续费及接续运价、货物分等解释等。

收藏单位：上海馆

10934

南满洲铁道株式会社社员录　南满洲铁道株式会社总务部人事课编

[大连]：满洲日日新闻社，1936，414 页，18 开

收藏单位：广东馆

10935

南满洲铁道株式会社要览　郑子罕著

南满洲铁道株式会社铁道总局弘报课，1940，44 页，32 开

收藏单位：广东馆

10936

南浔铁路管理局庆祝铁道部成立周年纪念特刊　南浔铁路管理局编

南浔铁路管理局，1929，38 页

本书收录照片、祝词、演讲、会议录等。

收藏单位：浙江馆

10937

南浔铁路运货规章　[南浔铁路管理局编]

南浔铁路管理局，[1919.12]，46 页，18 开

本书共 10 部分：运货规则、等级表、各等轻质货物表、特等货物价目表、各等货物货率表、各等货物特价表、装卸价目表、里程表、预备补填特价表、预备改章纪要。自 1919 年 12 月 6 日起实行。

收藏单位：国家馆

10938

南浔铁路运客各项规章　南浔铁路管理局编

出版者不详，[1919]，32 页，20 开

本规章自 1919 年 12 月 1 日起实行。

收藏单位：国家馆

10939

内务通饬　平汉铁路车务处编

平汉铁路车务处，[1934]，1 册，16 开，活页精装

本书收录该处处长 1930 年 6 月至 1933 年 12 月签发的内务通令 409 件。

收藏单位：国家馆

10940

宁沪杭甬铁路旅行须知　测绘建筑技术社编

上海：测绘建筑技术社，[1911—1949]，30 页，23 开

本书为汉英对照。内容包括：行路规章、车内规章、买票规章等。

10941

欧洲十六国铁路旅客运输汇辑　德国铁路协会编　康浩译

天津：大公报馆代办部，1937.3，220页，22开

本书介绍比利时、捷克、丹麦、英吉利、法兰西、德意志、荷兰、匈牙利等欧洲16国铁路客运规程及制度。共16部分，内容包括：铁路、旅客及行李关系营业事务所所在地、客车票价、专用列车、客票减价、月台票、携带行李、托运行李、包裹等。据日本铁道省出版的日文本转译。

収藏单位：国家馆、首都馆、天津馆

10942

票损欠息清册（苏浙路债权团刊告）　苏浙路债权团编

苏浙路债权团，1918.11，28页，32开

本书收录有关催促北洋政府遵约偿还苏浙民众集资筹建两省铁路路债款项的资料。内容包括：苏浙路债权团宣言书、苏浙路债权团缘起、苏浙路债权团章程、本团职员姓名录、中华民国政府发还苏路股本有期证券原文、苏路证券票损欠息一览表、苏浙路债团往来函电、债权人意见举要等。

収藏单位：国家馆

10943

平包铁路观成奏报演说、测勘路线纪略　平包铁路编

出版者不详，[1921]，74页，32开

本书收录1909年8月詹天佑等为京张铁路竣工通车呈清廷的奏折3份、演说词9篇，1921年9月19日陈萌东在京绥全路竣工通车及绥包展线开工典礼上的演说词，京绥全路测线纪略。

収藏单位：北师大馆、国家馆

10944

平奉铁路中华民国十六年报告册　京奉铁路局编

京奉铁路局，[1927]，41页，9开

本书为汉英对照。介绍1927年该铁路债务、路线展长、扩充改良、资本支出、车辆分类等。

収藏单位：国家馆

10945

平汉工务处二十年份统计年报　平汉工务处编

[平汉工务处]，[1932]，1册，16开

本书内容包括：工务处统系及首领姓名一览表、工务纪录统计、枕木统计、钢轨统计、水灾损失统计、军事损失统计等。

収藏单位：重庆馆

10946

平汉年鉴　平汉铁路管理委员会编

汉口：平汉铁路管理委员会，1932.11，694页，22开，精装

本书共7章：总务、车务、工务、机务、会计、结论、附录（二十一年上半年度工作概要）。

収藏单位：重庆馆、东北师大馆、贵州馆、国家馆、吉林馆、近代史所、辽大馆、南京馆、山西馆、上海馆、天津馆、浙江馆、中科图

10947

平汉铁路材料规章汇编　平汉铁路总务处编

平汉铁路总务处，[1936]，修正本，[82]页，18开，活页精装

本书共4部分：购料、收料、发料、存料。附材料厂账目系统图、材料课总帐系统图。

10948

平汉铁路车务处车务见习所规章　平汉铁路车务处车务见习所编

平汉铁路车务处车务见习所，1932.1，18页，16开

本书内容包括：平汉铁路车务处车务见习所规章、车务见习所各项细则、平汉铁路车务处车务见习所车务班课程表等。

収藏单位：国家馆

10949

平汉铁路调查报告　中国国民党平汉铁路特别党部编

中国国民党平汉铁路特别党部，[1935.5]，[276] 页，16 开

本书共 6 章：修筑与管理、员工与组织、设备与营业、物产与交通、社会与教育、警卫与秩序。据国民党铁路党部所发调查纲要编制。

收藏单位：国家馆、湖南馆

10950

平汉铁路二十一年工作报告　[平汉铁路管理委员会编]

[汉口]：平汉铁路管理委员会，[1930—1939]，138 页，16 开

本书内容包括：总务部分、车务部分、工务部分、机务部分、会计部分、警务部分等。附四年整理计划。

收藏单位：国家馆、南京馆

10951

平汉铁路干线各站经济调查总目

出版者不详，1937，1 册，18 开

收藏单位：广东馆

10952

平汉铁路工务纪要　平汉铁路工务处编

平汉铁路工务处，1935，[184] 页，16 开

本书共 10 部分：工务纪录、枕木、钢轨及配件、长江黄河水位、水灾纪录、人事、薪饷、林务、工务预决算、计画。书前有平汉铁路全图、工务系统及首领姓名一览表。

收藏单位：广东馆、国家馆、上海馆

10953

平汉铁路管理局首领一览表　平汉铁路管理局总务处编译课编

[汉口]：平汉铁路管理局，1929.7，[3] 页，13 开，蝴蝶页装

本书全部为表。

收藏单位：国家馆

10954

平汉铁路管理局职员录　平汉铁路管理局编

[汉口]：平汉铁路管理局，1936.5，382+34 页，32 开

本书收录该铁路局长室、工务处长室、车务处长室、机务处长室、驻路警察署等机构全体职员名录。书前有管理局组织系统及首领姓名一览表。

收藏单位：国家馆

10955

平汉铁路货运普通运价联运速算表　平汉铁路局编

汉口：中华印务公司，[1936]，1 册，25 开，活页装

本书共两部分：平汉路不满整车运价表、平汉路整车运价表。自 1936 年 1 月 1 日起实行。

收藏单位：国家馆

10956

平汉铁路接收周年纪念特刊　平汉铁路管理局秘书室编

汉口：平汉铁路管理局秘书室，[1946]，42 页，32 开

本书共 8 部分：人事、车务、工务、机务、材料、总务、会计、警务。

收藏单位：安徽馆、国家馆、湖南馆、近代史所、南京馆、浙江馆

10957

平汉铁路警察教练所警察讲义（下册）　平汉铁路警察教练所编

平汉铁路警察教练所，1937，[341] 页，32 开，精装

本书内容包括：铁路行车通则、客车运输通则、货车运输通则、警察法规、防范沿线盗匪暂行办法、附属品防护规则、路警礼节、沿路志要等。

10958

平汉铁路会计手续　平汉铁路会计处编

[汉口]：平汉铁路会计处，1935.11，修正

版，[168] 页，16 开

本书共 4 部分：文牍、现金、进款、用款。附图解。

收藏单位：国家馆、天津馆

10959

平汉铁路旅行指南　平汉铁路管理委员会总务处编译课编

汉口：平汉铁路管理委员会总务处，1933.1，404 页，32 开

本书共 5 部分：平汉铁路略史、规章摘要、汉口纪要、各站概要、北平纪要。

收藏单位：国家馆、湖南馆、近代史所、南京馆、宁夏馆、上海馆、首都馆

10960

平汉铁路现行规章汇编　平汉铁路局总务处编译课编

平汉铁路局总务处编译课，1931.10，[1108] 页，22 开，活页精装

本书共 4 部分：党务门、政治门、军事门、铁道门。收录有关规章条例 248 种。附本路总稽核室各种表式。

收藏单位：国家馆

10961

平汉铁路现行规章汇编第一次追加编　平汉铁路局总务处编译课编

平汉铁路局总务处编译课，1932，654 页，23 开，活页精装

本书共 4 部分：党务门、政治门、军事门、铁道门。收录 1932 年 1—9 月公布或修正的规章条例 301 种。

收藏单位：上海馆

10962

平汉铁路现行规章汇编第二次追加编　平汉铁路局总务处编译课编

平汉铁路局总务处编译课，1934.7，1166 页，22 开，活页精装

本书共 4 部分：党务门、政治门、军事门、铁道门。收录 1932 年 10 月至 1934 年 5 月公布或修正的规章条例 351 种。

收藏单位：国家馆

10963

平汉铁路运输处复员两周年来之回忆与检讨　陈奇编

平汉铁路运输处，[1948]，106 页，23 开

本书总结 1946—1947 年的业务工作。共 4 章：接收情形、整理经过、两年来之营运成绩、结论。附行车类说明办法 10 种、营业类说明办法 8 种。

10964

平汉铁路债务整理纪要　主任处派驻平汉铁路会计处编

主任处派驻平汉铁路会计处，1937.5，[642] 页，16 开，活页精装

本书共 3 部分：外债、内债、料债。

10965

平汉铁路整理方案意见书　刘维炽著

出版者不详，[1911—1917]，17 页，18 开

本书共 5 部分：总务门、工务门、车务门、机务门、财务门。

10966

平汉铁路职员录　平汉铁路管理委员会编

汉口：平汉铁路管理局，1933.4，[14]+552+42 页，28 开，环筒页装

本书目录页题名：平汉铁路管理委员会职员录。

收藏单位：国家馆、宁夏馆

10967

平津区铁路管理局第四号行车时刻表　平津区铁路管理局编

平津区铁路管理局，[1947]，80 页，64 开

本时刻表自 1947 年 11 月 1 日起实行。

10968

平津区铁路局人事规章汇编　交通部平津区铁路管理局人事室编

交通部平津区铁路管理局人事室，1947.10，[12]+178 页，16 开

本书收录 1947 年 8 月以前公布的有关章则及附件 123 件。共 12 类：组织、甄审、薪费、服务、奖惩、差假、票证、养恤、育才、劳工、登记统计、福利。

　　收藏单位：国家馆

10969

平绥　平绥铁路管理局编

平绥铁路管理局总务处，[1934—1935]，2 册，16 开

　　本书内容包括：工程、车务、机务、财务、警务等。附参加第三届铁展会记。所涉时间分别为：1933 年 7 月 1 日至 1934 年 6 月 30 日、1934 年 7 月 1 日至 1935 年 6 月 30 日。

　　收藏单位：广东馆、国家馆、吉大馆、中科图

10970

平绥铁路车上员工服务规则　平绥铁路管理局车务处编

平绥铁路管理局车务处，1934.6，24 页，50 开

　　本书共 11 节，内容包括：列车长服务规则、车守服务规则、查票员服务规则、车役服务规则等。书前附列车员工组织系统表。附车役服务规则问案。

　　收藏单位：国家馆

10971

平绥铁路车役服务规则　[平绥铁路管理局编]

平绥铁路管理局，[1934]，16 页，50 开

　　本书共 9 部分，内容包括：总则、车役应报告之事项、车役应严守之事项、附则、车役赏罚规则、车役服务规则问案等。

　　收藏单位：国家馆

10972

平绥铁路呈报铁道部会计统计报告（民国二十三年上半期）　平绥铁路会计处编

平绥铁路会计处，[1934]，177 页，16 开

　　本书统计时间为当年 1—6 月。

　　收藏单位：国家馆

10973

平绥铁路概况　交通部平津区张家口分区接收委员办事处编

交通部平津区张家口分区接收委员办事处，1946.9，82 页，16 开

　　本书共 15 部分，内容包括：平绥铁路之创建及其地位之重要、铁路沿革、敌伪侵占时期概况、胜利后本分区接收情形、准备修路情形、准备机务情形、整理路线计划、整理机务计划、整理运输计划等。封面题名：交通部平津区张家口分区铁路概况及整理计划。

　　收藏单位：国家馆、天津馆

10974

平绥铁路概况　平绥铁路车务处编

平绥铁路车务处，1934.5，22 页，32 开

　　本书共 12 章，内容包括：本路史略、路线形势、建筑经费、运输设备、营业情形、沿线物产、货运种类及其情形等。

　　收藏单位：国家馆、天津馆

10975

平绥铁路货车负责运输办事细则　[平绥铁路管理局编]

平绥铁路管理局，1934.5，22 页，25 开

　　本细则共 9 节，内容包括：总则、货场之管理、托运及承运、装车及起运、卸车及交货等。附平绥铁路代寄负责货运收据及特准取保领货办法 15 条。

　　收藏单位：国家馆

10976

平绥铁路货车负责运输附则　[平绥铁路管理局编]

平绥铁路管理局，[1934.8]，6 页，25 开

　　本书收录运输附则 17 条。共 5 章：总则、托运及承运、运费及杂费、装运及交货、铁路与货商之责任。

10977

平绥铁路货商须知　平绥铁路车务处编

平绥铁路车务处，1935.1，58 页，25 开

　　本书共 11 节，内容包括：平绥铁路货车负责运输附则、平绥铁路货车负责运输办事细则、平绥铁路货物运费到付施行细则、货物标志、轻笨货物收费办法等。附度量衡比较表、本路发售各项章则一览表。

　　　　收藏单位：国家馆

10978

平绥铁路货物运价表及杂费表　[平绥铁路管理局编]

平绥铁路管理局，[1934.12]，316 页，25 开

　　本书共 9 部分：运费计算方法、整车及不满整车各站至各站运价表、特价表、轻笨货物计算运费办法、杂费表、特种货物运送办法、危险品运送办法、里程表、客票价目表。自 1934 年 12 月 10 日起实行。

　　　　收藏单位：国家馆、上海馆

10979

平绥铁路货物杂费核收规则　[平绥铁路管理局编]

平绥铁路管理局，1934.5，9 页，25 开

　　本书收录平绥铁路货物杂费核收规则 10 条。附装卸费价目表、调车费价目表、保管费检查费核收规则。

　　　　收藏单位：国家馆

10980

平绥铁路会计统计报告　[平绥铁路管理局编]

外文题名：Peiping-Suiyuan railway annual report: for the final year ending June 30, 1935

[平绥铁路管理局]，[1935]，201 页，10 开

　　本书大部分为表。内容包括：铁路历史、财务、营业、总务等。统计时间为 1934 年 7 月至 1935 年 6 月。

　　　　收藏单位：国家馆

10981

平绥铁路会计统计年表（民国二十年份）

[平绥铁路管理局编]

外文题名：Peiping-Suiyuan railway annual report

平绥铁路管理局，[1932]，173 页，9 开

10982

平绥铁路统计册（民国二十年度）

出版者不详，[1932]，138 页，16 开

　　本书收录该铁路财务、营业等统计数表。

10983

平绥铁路与西北　苏纪忍 [著]

出版者不详，[1940—1949]，油印本，10 页，16 开，环筒页装

　　　　收藏单位：国家馆

10984

平绥债务节略　平绥铁路管理局编

平绥铁路管理局，1935.12，258 页，16 开

　　本书收录该铁路内债、外债、料债的借款经过、合同条款、数额、利息、整理情形等。共两部分：已整理债务、未整理债务。

　　　　收藏单位：国家馆、中科图

10985

评铁道部编各路机车用煤统计及其改善之我见　许靖著

许靖 [发行者]，1936.11，16 页，16 开

10986

评铁道部整理货等运价设计大纲及其审查意见　沈奏廷著

交通大学铁路管理学会，1939.10，72 页，23 开

　　本书内容包括：货物分等采用十等之原则与方法问题、优普精粗之区分问题、货物性质与分等之关系问题、等差比例问题等。

　　　　收藏单位：重庆馆、上海馆

10987

评吾国最近改订之铁路列车及车辆统计办法　许靖　沈奏廷著

出版者不详，1936.10，22 页，16 开

　　本书内容包括：对于货物列车统计之意见、对于旅客列车统计之意见、对于货车停站统计之意见等。

收藏单位：南京馆

10988

企业管理中一个极其重要的改革

沈阳：东北书店，1949.3，41页，32开

本书共6部分：东北局批准东北铁路党委关于乘务负责制的决定、东北铁路党委关于乘务负责制的决定、企业管理中一个极其重要的改革、关于乘务负责制、车务工作中的精密计算与学习问题、东北政委会铁道部关于缩短车辆周转率与改革行车制度决定。

收藏单位：长春馆、东北师大馆、国家馆、山东馆、山西馆

10989

前湖北商办川粤汉铁路股款清理处征信录

湖北商办川粤汉铁路股款清理处编

湖北商办川粤汉铁路股款清理处，[1911—1936]，330页，16开

本书全部为表。收录该铁路全体股东姓名及其股本、股息数额。

收藏单位：国家馆

10990

黔桂铁路工程局包商米贴分析说明·黔桂铁路工程局发包工程调整包价暂行办法暨实行细则　[黔桂铁路工程局编]

黔桂铁路工程局，[1940—1949]，油印本，1册，18开

收藏单位：国家馆

10991

庆祝铁道部接管南浔铁路周年纪念特刊　[南浔铁路管理局编辑]

南浔铁路管理局，1930.2，78页，22开

本书共3章：十八年度工作报告、十九年度施政方针、党务及会务。

收藏单位：广东馆、国家馆、南京馆

10992

铁道部接管南浔铁路二周年纪念特刊　[南浔铁路管理局编]

南浔铁路管理局，[1931]，114页，23开

本书收录1929—1930年该路局总务、工务、车务、机务、会计等部门的工作报告。书中题名：庆祝铁道部接管本路二周年纪念特刊。

收藏单位：国家馆、南京馆

10993

全国铁道管理制度　麦健曾　朱祖英编著

北平：国立交通大学研究所北平分所，1936.7，160页，16开（国立交通大学研究所北平分所铁道问题丛书）

本书共11章，内容包括：绪论、我国全国铁道管理制度、德国之制度、日本之制度、英国之制度、改良我国铁道管理制度之建议等。

收藏单位：国家馆、吉林馆、首都馆、浙江馆

10994

全国铁路概要　陈汝善著

上海交通大学上海铁道管理经济学会，1930.2，[14]+140页，22开（交通大学经济学会丛书）

本书简述全国各类铁路的修筑缘起、起讫里数、动工与通车日期、资金、债权人、借款额、年利与回扣、偿还期、契约者、报酬、沿线物产及营业状况等。共4部分：国有暨省办铁路、民业铁路、民业专用铁路、承办铁路。附中山铁路计划摘要。

收藏单位：广东馆、国家馆、南京馆、浙江馆

10995

全国铁路里程表　运输署编

运输署，1948，104页，50开，精装

本书全部为表。共两部分：全国各铁路长度表、全国各铁路里程表。

收藏单位：重庆馆

10996

全国铁路联运之恢复与推进工作　俞棪报告

铁道部联运处，1933.4，16页，25开

本书为铁道部业务司司长兼联运处处长

俞桢所作报告。共 4 部分：恢复货物联运之推进工作、恢复货物联运之整个的具体计划、水陆联运之进行、铁路与公路联运之进行。附国有各路历年各项联运进款统计表。

收藏单位：国家馆、江西馆

10997

全国铁路商运会议汇刊　铁道部全国铁路商运会议办事处编

铁道部全国铁路商运会议办事处，1931.10，16+312 页，16 开

本书共 4 编：总载、议案、会议记录、附录。第 1 编共 4 部分：缘起、规程、人名表、演说词及宣言；第 2 编收录议案 108 件，着重讨论铁路运费问题；第 3 编收录 5 次大会的会议记录；第 4 编共 6 部分，内容包括：整理铁路业务报告、发展京沪路计划报告、整理平汉路计划报告等。

收藏单位：国家馆、南京馆

10998

全国铁路提要　南洋大学经济学会编

南洋大学经济学会，1926.10，54 页，25 开（南洋大学经济学会丛刊）

本书收录全国各类铁路缘起、起讫、里数、兴工日期、通车日期、资金、营业状况、沿路出产等。共 4 部分：国有铁路、民有铁路、民业专用铁路、外国承办铁路。附补遗、编者附言。逐页题名：中国铁路提要。

收藏单位：上海馆

10999

全国铁路行车时刻、票价里程表　铁道部联运处编

铁道部联运处，1934，[96] 页，25 开

本书收录沪平联运通车行车时刻表、票价及里程表，京沪铁路行车时刻表、票价及里程表，津浦铁路行车时刻及票价里程表，胶济铁路行车时刻及票价里程表，营口通辽支线站名车次表，葫芦岛支线站名车次表等。

收藏单位：广东馆

11000

全国铁路运输会议记录（第 1—8 次运输会议） [交通部铁路运输会议编]

交通部铁路运输会议，1936.6 重印，3 册（588+550+348 页），18 开

本书收录历次会议的出席人名单、议案、会议记录等资料。会议召开地点均为北京交通部。第 1—8 次会议召开时间分别为：1918 年 6—7 月、1920 年 4 月、1921 年 5 月、1922 年 4 月、1923 年 5 月、1925 年 9—10 月、1928 年 10 月、1931 年 6 月。

收藏单位：重庆馆、广东馆、国家馆、南京馆、上海馆

11001

全国铁路职员录（北宁线） [北宁铁路管理局编]

北宁铁路管理局，[1929]，[452] 页，25 开，环筒页装

北宁铁路管理局，[1930]，[720] 页，25 开，环筒页装

北宁铁路管理局，[1932]，313 页，32 开

北宁铁路管理局，[1935]，[712] 页，28 开，环筒页装

北宁铁路管理局，[1936.5]，[806] 页，25 开

本书收录北宁线铁路管理局局长室、副局长室、驻路总稽核、秘书室、总务处、工务处、车务处、机务处、会计处、财务处等机构全体职员名录。目录页题名：北宁铁路管理局职员录，逐页题名：北宁铁路职员录。

收藏单位：广东馆、国家馆、湖南馆、首都馆

11002

全国铁路职员录（道清线） [道清铁路管理局编]

[道清铁路管理局]，1923.8，石印本，[52] 页，25 开，环筒页装

[道清铁路管理局]，[1926.6]，31 页，25 开，环筒页装

[道清铁路管理局]，1934，石印本，124+10 页，25 开，环筒页装

本书收录道清线铁路管理局局长室、秘

书室、总务处等机构全体职员名录。封面题名：道清铁路职员录。

收藏单位：国家馆

11003

全国铁路职员录（广九线） [广九铁路管理局编]

[广九铁路管理局]，1936.6，60 页，25 开

本书收录广九线铁路管理局局长室、秘书室、总务处、警务处、工务处、车务处、机务处、会计处等机构全体职员名录。逐页题名：广九铁路职员录。

收藏单位：国家馆

11004

全国铁路职员录（沪宁沪杭甬线） [沪宁沪杭甬铁路管理局编]

[沪宁沪杭甬铁路管理局]，1927，216 页，32 开，环筒页装

本书封面题名：交通部直辖沪宁沪杭甬线两路职员录。

收藏单位：国家馆

11005

全国铁路职员录（津浦线） [津浦铁路管理局编]

津浦铁路管理局，[1917.6]，1 册，25 开，环筒页装

津浦铁路管理局，[1919]，[338] 页，32 开

津浦铁路管理局，[1921.1]，[312] 页，32 开

津浦铁路管理局，[1923.1]，[209] 页，32 开

本书收录津浦线铁路管理局局长室、副局长室、总务处、工务处、车务处、机务处、会计处、财务处等机构全体职员名录。逐页题名：津浦铁路职员录。

收藏单位：国家馆

11006

全国铁路职员录（京奉线） 京奉铁路管理局编

京奉铁路管理局，[1919]，324 页，32 开，环筒页装

京奉铁路管理局，[1923]，245 页，32 开，环

筒页装

京奉铁路管理局，1926.5，[648] 页，32 开，环筒页装

本书收录京奉线铁路管理局局长室、总务处、工务处、车务处、机务处、会计处、警察处等机构全体职员名录。逐页题名：京奉铁路管理局职员录。

收藏单位：国家馆

11007

全国铁路职员录（京汉线） [京汉铁路管理局编]

京汉铁路管理局，[1918.1]，[442] 页，32 开，环筒页装

京汉铁路管理局，[1919.1]，[330] 页，25 开，环筒页装

京汉铁路管理局，[1921.1]，[436] 页，25 开，环筒页装

京汉铁路管理局，[1922.2]，[472] 页，32 开，环筒页装

京汉铁路管理局，[1928.3]，[498] 页，32 开，环筒页装

本书收录京汉线铁路管理局局长室、副局长室、总务处、工务处、车务处、机务处等机构全体职员名录。逐页题名：京汉铁路管理局职员录。

收藏单位：国家馆

11008

全国铁路职员录（京绥线） [京绥铁路管理局编]

京绥铁路管理局，1919.1，[174] 页，25 开，环筒页装

京绥铁路管理局，[1922]，1 册，32 开

京绥铁路管理局，[1926.1]，1 册，25 开

京绥铁路管理局，[1927]，412 页，32 开

本书收录京绥线铁路管理局局长室、副局长室、总务处、工务处、车务处、机务处、会计处等机构全体职员名录。逐页题名：京绥铁路职员录。

收藏单位：国家馆

11009

全国铁路职员录（陇海线） 陇海铁路管理局编

陇海铁路管理局，1933.3，[334] 页，28 开

陇海铁路管理局，1934.2，324+18 页，25 开，环筒页装

陇海铁路管理局，1935.7，156+20 页，25 开，环筒页装

　　本书收录陇海线铁路管理局局长室、秘书室、总务处、工务处、车务处、机务处、会计处、警察署等机构全体职员名录。逐页题名：陇海铁路职员录。

　　　　收藏单位：国家馆

11010

全国铁路职员录（陇秦豫海线） [陇秦豫海铁路总公所编]

陇秦豫海铁路总公所，1923，1 册，32 开

陇秦豫海铁路总公所，1925.7，230 页，32 开

　　本书收录陇秦豫海线铁路管理局局长室、秘书室、总务处、工务处、车务处、机务处、会计处等机构全体职员名录。逐页题名：陇秦豫海铁路职员录。

　　　　收藏单位：国家馆、南京馆、宁夏馆、首都馆

11011

全国铁路职员录（南浔线） 南浔铁路管理局编

南浔铁路管理局，[1933.3]，84 页，22 开，环筒页装

南浔铁路管理局，[1934.4]，82 页，22 开，环筒页装

　　本书收录南浔线铁路管理局局长室、秘书室、总务处、工务处、车务处、机务处、会计处等机构全体职员名录。目录页题名：铁道部南浔铁路管理局职员录。

　　　　收藏单位：国家馆

11012

全国铁路职员录（平奉线） 平奉铁路管理局编

天津：平奉铁路管理局，[1928]，[684] 页，28 开，环筒页装

　　本书目录页题名：平奉铁路管理局职员录。

　　　　收藏单位：国家馆、天津馆

11013

全国铁路职员录（平绥线） [平绥铁路管理局编]

平绥铁路管理局，1929，95+12 页，28 开，环筒页装

平绥铁路管理局，1933.9，356+28 页，28 开，环筒页装

平绥铁路管理局，1935.2，[242] 页，28 开

平绥铁路管理局，1936.2，230+20 页，25 开，环筒页装

　　本书收录平绥铁路管理局全体职员信息，包括职务、姓名、别号、年龄、籍贯、经历、电话等。目录页题名：平绥铁路管理局职员录。逐页题名：平绥铁路职员录。

　　　　收藏单位：国家馆、首都馆

11014

全国铁路职员录（粤汉线株韶段） [粤汉铁路株韶段工程局编]

粤汉铁路株韶段工程局，1934.7，92 页，25 开，环筒页装

　　本书收录粤汉铁路株韶段工程局局长室、秘书室、总务课、会计课等机构全体职员名录。逐页题名：粤汉铁路株韶段工程局职员录。

　　　　收藏单位：国家馆

11015

全国铁路职员录（正太线） [正太铁路管理局编]

正太铁路管理局，1934.6，154 页，25 开，环筒页装

正太铁路管理局，1936，154 页，25 开，环筒页装

　　本书收录正太线铁路管理局局长室、总务处、工务处、车务处、机务处、会计处、警察署、总稽核室等机构全体职员名录。逐页题名：正太铁路职员录。

收藏单位：国家馆

11016

全国铁路职员录（株萍线） [株萍铁路管理局编]

[株萍铁路管理局]，1920.2，27页，25开，环筒页装

　　收藏单位：国家馆

11017

全国已勘测各铁路线路节略　交通部铁路测量总处技术课编

交通部铁路测量总处技术课，[1943]，油印本，1册，10开

　　收藏单位：国家馆

11018

日本对东三省之铁路侵略（东北之死机）　林同济著

上海：华通书局，1930.10，195+14页，32开

上海：华通书局，1932.6，再版，195+14页，36开

　　本书共6章，内容包括：概论、日本与中国自办铁路、中日合办铁路等。

　　收藏单位：安徽馆、重庆馆、广东馆、贵州馆、国家馆、黑龙江馆、湖南馆、吉林馆、江西馆、南京馆、上海馆、浙江馆

11019

日本国际货物联运规程汇编　[权国垣译]

交通部铁路联运处，[1919]，[518]页，18开

　　本书内容包括：日俄铁道及船舶货物规则、日俄货物联运运送单及副单记载之事项、中俄货物联运规则、国际铁道货物运送协约等。译自日文《货物联运规程汇编》。

　　收藏单位：国家馆、天津馆

11020

日本侵略吉长吉敦铁路痛史　郭续润著

天津：精华印书局，1933.1，310页，23开

　　本书共上、下两编。介绍两路建筑经过、组织沿革、借款内容、"九一八"事变对两路所造成的损失。附中日信奉吉长铁路协约等

共18件，并附东北铁路现势图。

　　收藏单位：东北师大馆、吉林馆

11021

日本铁道纪要　[刘良浔译]

出版者不详，[1918]，38页，18开

　　收藏单位：国家馆、首都馆

11022

日俄对峙中之中东铁路　宁华庭著

上海：良友图书印刷公司，1931.12，58页，64开（一角丛书16）

　　本书共7部分，内容包括：中东铁路建立的经过、法律上的观察与吾国之损失、欧战前后列强在远东的角逐、苏俄的侵略政策与东铁事件、沈阳事件与东铁之关系、中东铁路的将来等。

　　收藏单位：重庆馆、东北师大馆、江西馆、上海馆、天津馆

11023

三十六年度工作报告　运输第一总段编

运输第一总段，[1948]，油印本，40页，16开，环筒页装

　　本书共7部分：前言、计核部分、营业部分、运转部分、机工部分、电务部分、结论。

　　收藏单位：国家馆

11024

山东旅京学界同人为津镇铁路敬告同乡父老

出版者不详，[1911—1949]，18页，22开

　　本书共3部分：废约、办法、筹款。

　　收藏单位：国家馆

11025

山西省修筑窄轻轨铁路之理由

出版者不详，1933，65页，16开，环筒页装

　　本书为修筑同蒲铁路计算盈亏得失之书。各节注铁路专门人员开会审查意见。

　　收藏单位：重庆馆

11026

商办江南铁路公司南京河沥溪段计划书　商

办江南铁路公司编

商办江南铁路公司，[1931—1949]，52 页，16 开

　　本书收录京粤线首段沿线人口数、货物、建筑经费、第一年营业收支之估计等。

　　　　收藏单位：南京馆、上海馆

11027

商办江南铁路股份有限公司第一届股东常会议记录　商办江南铁路股份有限公司编

商办江南铁路股份有限公司，[1934]，[4] 页，16 开

11028

商办江南铁路股份有限公司章程　商办江南铁路股份有限公司编

商办江南铁路股份有限公司，[1933—1937]，[7] 页，18 开，环筒页装

11029

商办全浙铁路有限公司第七届简明报告（中华民国元年份）　商办全浙铁路有限公司编

商办全浙铁路有限公司，[1913]，30 页，16 开

　　　　收藏单位：浙江馆

11030

商务通饬　平汉铁路车务处编

平汉铁路车务处，[1934]，[604] 页，16 开，活页精装

　　本书收录该处处长 1930 年 7 月至 1933 年 12 月签发的商务通饬 259 件。

　　　　收藏单位：国家馆

11031

上川交通股份有限公司第四届帐略　上川交通股份有限公司编

上川交通股份有限公司，1928，[5] 页，16 开

　　本书全部为表。内容为该公司所营上海浦东沿江至川沙的小铁路账目。所涉时间为 1927 年 5 月至 1928 年 4 月。

11032

上川交通股份有限公司章程草案　上川交通股份有限公司编

上川交通股份有限公司，[1923.12]，2 页，长 21 开

　　本书为筹划上海浦东庆宁寺至川沙西门铁路的章程草案。

11033

沈海铁路公司工作报告（十八至十九年）　沈海铁路公司编

沈海铁路公司，1930—1931，2 册，16 开

　　本书内容包括：序言、本路全线平面图、本公司当年工作报告、本公司下年进行计划等。

　　　　收藏单位：东北师大馆、国家馆、近代史所

11034

实业计划铁路篇　夏开儒编　胡焕庸校

重庆：青年书店，1939.12，130 页，32 开（三民主义丛书通俗读物 4）

　　本书共 3 章：我国铁道之现状、总理之铁道计划、抗战建国与铁道设施。

　　　　收藏单位：安徽馆、重庆馆、广东馆、国家馆、湖南馆、江西馆、南京馆

11035

实用铁路材料管理学（下）　李玉良编著

出版者不详，1947.4，205—438 页，25 开

　　本书收录第 8—15 章，内容包括：存料管理、配发材料、运输材料、材料帐务、机关管理等。附交通部某某铁路工程局处理料帐规程、材料稽查填造工作报告须知、公务员服务法等。

　　　　收藏单位：贵州馆

11036

试运转、回送、货物、机动车、混合、旅客列车时刻表（西线）　台湾省铁路管理委员会编

台湾省铁路管理委员会，1947.1，改正版，43 页，32 开

本书其他题名：列车时刻表。

11037

视察报告 陇海铁路管理局编

陇海铁路管理局，1935，1 册，24 开

本书专备陇海铁路之同人遵循与检讨之用，为视察团视察时之实录及其评述与意见。共 6 部分：总务、工务、车务、机务、会计、警务。

收藏单位：重庆馆

11038

赎路专刊 杭州基督教学生协会编

杭州：基督教学生协会，1923，70 页

本书内容包括：上海筹赎胶济铁路委员会报告书、胶济铁路与国民自决、胶济铁路与我国前途之关系及筹款赎回之方法、胶济铁路与民治运动等。

收藏单位：近代史所

11039

四川成灌铁路之缘起及将来 [四川成灌铁路股份有限公司编]

四川成灌铁路股份有限公司，[1911—1949]，18 页，18 开，环筒页装

本书内容包括：四川成灌铁路之缘起及将来、四川成灌铁路建筑概算书、四川成灌铁路营业收支概算书、四川成灌铁路股份有限公司章程草案。

收藏单位：国家馆

11040

四路每年解交铁路同人教育会各款约数 交通部铁路同人教育会编

交通部铁路同人教育会，[1920]，14 页，18 开

本书介绍 1917—1919 年京奉、京汉、津浦、京绥铁路所交铁路系统教育经费。

收藏单位：上海馆

11041

四洮铁路呈报交通部民国九年份铁路会计统计年报择要

出版者不详，1920.6，55 页，10 开

收藏单位：国家馆

11042

四洮铁路规章汇览 [四洮铁路编辑课编]

[四洮铁路编辑课]，1928，2 册，22 开，活页装

本书收录规章 674 种。共 6 类：通则、总务、车务、工务、会计、附载。

收藏单位：国家馆

11043

四洮铁路兴革纪略 四洮铁路编译课编

四洮铁路编译课，1929，58 页，16 开

本书记述该路的编制章程及 1920—1927 年总务部、车务部、机务部、工务部、会计部逐年的兴革事项。附四洮铁路借款合同、分年行息还本表、四郑铁路并展为四洮铁路历次借款节略等资料。

收藏单位：国家馆

11044

苏联的铁路运输 （苏）哈恰图罗夫（T. S. Khachaturov）著 潘迪民译

重庆：中华书局，1944.11，28 页，32 开（苏联建设小丛书 4）

重庆：中华书局，1946.8，再版，28 页，32 开（苏联建设小丛书 4）

上海：中华书局，1949.7，3 版，28 页，32 开（苏联建设小丛书 4）

本书共 4 部分：引言、一九一七年十月前之俄国铁路运输、十月革命后铁路运输之发展情形、伟大爱国战争时期中的铁路运输。

收藏单位：重庆馆、东北师大馆、广东馆、广西馆、桂林馆、国家馆、黑龙江馆、辽宁馆、南京馆、上海馆、首都馆

11045

提货单发行暂行规则

国内运输股，1921.10，油印本，2 页，大 16 开，环筒页装

收藏单位：国家馆

11046

铁道 苏纪忍著

中国工程师学会，[1911—1949]，4 页，16 开（中国工程师学会四川考察团报告 2）

本书共 6 部分，内容包括：四川铁道之关系、假定修筑之路线、成都至重庆一线应尽先修筑、成都至重庆线之选择等。

11047

铁道部颁定铁路营业进款分类则例

出版者不详，1929.6，6 版，38 页，25 开

本书为汉英对照。共两部分：运输进款、其他营业进款。附中华国有铁路营业进款报告、中华国有铁路营业进款详细计算书。为《铁道部规定铁路会计则例汇编》之一。

收藏单位：广东馆

11048

铁道部第九次全国铁路运输会议汇编 铁道部编

铁道部，[1935.5]，2 册（1350 页），18 开

本书共 6 部分：部令及图表、议案及说明、议案附件、大会记录、审查会记录及附件、附录。

收藏单位：国家馆、河南馆、吉林馆、首都馆

11049

铁道部购料委员会工作概况 铁道部购料委员会编

铁道部，1935，[119] 页，16 开

本书大部分为表。共 5 部分：组织沿革、现行组织、采购手续、改善事项、购料统计。

收藏单位：广东馆、国家馆

11050

铁道部购料委员会经购材料统计 铁道部购料委员会编

铁道部购料委员会，1935，2 册，横 8 开

本书全部为表。统计时间为 1934 年 7 月至 1935 年 6 月。

收藏单位：国家馆、南京馆

11051

铁道部规定国有铁路车站帐目则例

出版者不详，1926.4，140 页，25 开，活页精装

本书为汉英对照。收录总则 5 条、细则 153 条。于 1926 年 4 月 1 日公布。

收藏单位：广东馆、国家馆、上海馆

11052

铁道部规定铁路会计则例汇编 [铁道部编]

[铁道部]，[1930]，1 册，25 开，活页精装

本书为汉英对照。共 7 部分：铁路资本支出分类则例、铁路营业进款分类则例、铁路营业用款分类则例、岁计帐分类则例、盈亏帐分类则例、盈亏拨补帐分类则例、铁路总平准表分类则例。

收藏单位：国家馆、南京馆、首都馆

11053

铁道部规定铁路会计则例汇编 [铁道部统一铁道会计统计委员会编]

[铁道部统一铁道会计统计委员会]，1935，1 册，25 开

本书内容包括：营业铁路处理新设展长路线及扩充路产会计则例、铁路列车机车里程及机车钟点统计则例、铁路资本支出分类则例、铁路总平准表分类则例、铁路营业用款分类则例等。

收藏单位：广东馆、国家馆、南京馆、上海馆

11054

铁道部规定铁路营业进款分类则例

出版者不详，1935.7，8 版，34 页，25 开

本书共两部分：运输进款、其他营业进款。

收藏单位：国家馆、南京馆

11055

铁道部国道分期兴筑计划 [铁道部国道设计委员会编]

[铁道部国道设计委员会]，1929，28 页，22 开（铁道部丛刊 4）

本书介绍京桂、京滇康、京藏、闽新、京蒙、京黑、张远、甘藏新、绥新、黑蒙新、迪疏、陕桂12条干线的4期修筑计划，并刊有1929年10月铁道部公布计划大纲令。附国道路线网、国道工程标准及规则、国道运输计划大纲。

收藏单位：广东馆、国家馆、南京馆、上海馆

11056

铁道部南浔铁路局半年工作汇刊　南浔铁路管理局编辑室编辑

南浔铁路管理局图书室，1929.7，62页，22开

本书共5章：南浔铁路之地位及沿革、南浔铁路归部管辖后之状况、半年间之工作、本路今后之建设计划、附录。

收藏单位：国家馆

11057

铁道部全国商运会议代表一览表　铁道部编

铁道部，1931.3，12页，16开

11058

铁道部全国商运会议各处意见说明　铁道部编

铁道部，1931.3，[123]页，16开

11059

铁道部人事法令汇编　铁道部总务司编

铁道部秘书厅研究室第四组，1936.9，[489]页，16开，活页精装

本书共10部分：总则、薪费、奖惩、养恤、给假、票证、资历、纪律、教育、附录。收录1928年冬至1936年9月底公布的有关法规及附件共186种。

收藏单位：国家馆

11060

铁道部首都铁路轮渡通车纪念刊　铁道部编

铁道部，1933.10，[30]+12页，16开

本书共6部分：缘起、工程概略、标购外洋材料之经过、下关浦口两岸工程进行之经

过、筹备轮渡通车之经过、附录。

收藏单位：广东馆、国家馆、南京馆

11061

铁道部首都铁路轮渡通车二周年报告　铁道部编

铁道部，1935.10，88页，16开

本书共5章：总务、车务、机务、会计、工务。

收藏单位：国家馆、上海馆

11062

铁道部铁道公报分类总目录（中华民国二十五年八月、九月刊）　铁道部秘书厅编译室编

铁道部秘书厅编译室，1936，2册，16开

收藏单位：广东馆

11063

铁道部铁路警务会议汇刊　铁道部铁路警务会议编

铁道部铁路警务会议，1931.7，[538]页，16开

本书内容包括：发刊词、例言、规程、议案、纪录、公牍、警务报告、警务一览等。

收藏单位：国家馆、宁夏馆

11064

铁道部统一铁道会计统计委员会会议纪录（第1—3届）

铁道部统一铁道会计统计委员会，1929—1933，3册，16开，精装

本书内容包括：该委员会案卷、办事细则、训令、各次会议提案、会议记录等。

收藏单位：广东馆、国家馆、南京馆、上海馆

11065

铁道部训政时期工作分配年表　铁道部编

铁道部，[1930]，22页，16开

本书收录1930—1935年铁道部主要工作项目分年计划，共6部分：铁道法规事项、铁道理财事项、铁道管理事项、铁道及国道建

设事项、铁道联运事项、铁道材料考办事项。

11066

铁道部应急货运会议专刊　铁道部编

铁道部，[1932]，[106] 页，16 开

本书收录 1932 年 1 月举行的会议规程、议案、纪录、公牍、表式等。

收藏单位：吉林馆

11067

铁道部直辖国有铁路编制概算及执行预算暂行规程　铁道部编

铁道部，[1934.7]，35 页，18 开

本书共 8 章：总则、基本原则、编制程序、一级概算书计算方法、审核、预算之执行、追加预算或非常预算、附则。

收藏单位：国家馆

11068

铁道部直辖路警管理局派驻平汉铁路警察署警察教练所第一期同学录　金延禄等编

北平：金延禄，1934.10，38 页，16 开，活页精装

收藏单位：国家馆

11069

铁道部直辖路警管理局铁路警务会议录　铁道部路警管理局编

铁道部路警管理局，1932.10，[234] 页，16 开

本书收录铁路警务会议的公文、提案目录、提案、会议录。

收藏单位：国家馆

11070

铁道部直辖粤汉铁路广韶段管理局客货协办附则

出版者不详，1930，1 册，25 开

本书共两部分：客货车运输价目、客货车运输附则。附客票价目表、普通货物运费表等。自 1930 年 7 月 1 日起实行。

收藏单位：国家馆

11071

铁道部直辖粤汉铁路南段管理局民国二十三年度铁路会计统计年报　[粤汉铁路南段管理局编]

粤汉铁路南段管理局，[1934—1949]，183 页，10 开

收藏单位：上海馆、首都馆

11072

铁道部职工教育委员会二十一年工作总报告　铁道部职工教育委员会编

铁道部职工教育委员会，[1932]，[404] 页，16 开

本书共 6 部分：引言、工作概况、会议录、工作报告、各路职工学校概况、附录。

收藏单位：广东馆、广西馆、国家馆、河南馆、湖南馆、吉林馆、南京馆、上海馆、浙江馆

11073

铁道概论　连声海著

北平：和济印书局，1934.1，再版，134 页，22 开

本书共 5 章：总论、铁道之国有、铁道会计、运输业务、车辆。

收藏单位：首都馆、浙江馆、中科图

11074

铁道工程概要（第 1 编）　易北墙编

军政部陆军铁道人员训练所，1946，84 页，36 开

本书共 10 章，内容包括：路基、勘测、路线、土方、轨枕、铺路法等。

收藏单位：重庆馆、广东馆

11075

铁道工人须知　东北铁路局政治部编

东北铁路局政治部，1946.7，13 页，64 开

本书介绍铁路工人应有的一般铁路知识及铁路工人生活改善的办法。

11076

铁道管理概要　栾守正编

军政部陆军铁道人员训练所，1946，32 页，40 开

本书共 4 章：车站管理、列车调度与管理、站帐会计、铁路统计。

收藏单位：重庆馆、广东馆

11077

铁道管理学 宋传骥著

[上海]：世界书局，1941，26+450 页，25 开，精装

上海：世界书局，1946.12，再版，26+450 页，25 开

上海：世界书局，1948.2，3 版，26+450 页，25 开

本书共 15 章：总论、铁道政策、铁道组织、客运业务、货运业务、联运业务、副业业务、货等运价、铁道行车、行车事变、铁道会计、铁道统计、铁道审计、铁道财务、人事管理。

收藏单位：重庆馆、广东馆、国家馆、河南馆、南京馆、浙江馆、中科图

11078

铁道讲义 军官训练团交通组编

军事委员会军官训练团，1934.6，32 页，22 开

本书共 3 篇：通论、轻便铁道在我国建设地位上之趋势、军用轻便铁道。

收藏单位：广东馆、国家馆

11079

铁道经济论丛 钟伟成编

上海：交通大学管理学院，1933.2，[178] 页，18 开

本书收文 10 篇，内容包括：《创办铁路押汇刍议》（钟伟成）、《整顿铁路运输负责之我见》（钟伟成）、《国有铁道最近货等运价之进展》（王志刚）、《中国铁路统计之分析》（沈奏廷）、《美国铁路货站站帐之概观》（沈奏廷）、《澈底商业化之铁路》（杨城）、《铁路增加邮政运输费率之研究》（郭保勋）等。

收藏单位：桂林馆、国家馆、吉林馆、近代史所、上海馆、浙江馆

11080

铁道经济论文集 劳勉著

南京：中华全国铁路协会，1936.6，236 页，22 开（中华全国铁路协会丛书）

本书收文 10 篇，内容包括：《最近产业政策之趋向与我国国有铁路之统制》《国民经济破产声中之我国铁路运价问题》《铁路网向西北、西南进展之经济价值》《救亡之第一步——全国铁路网沿线经济调查》《国民经济组织之发达与铁路整理》《国有铁路运价政策之综合研究》等。

收藏单位：广东馆、国家馆、南京馆、上海馆、天津馆

11081

铁道经济与财政 杨湘年著

重庆：商务印书馆，1943，218 页，36 开

赣县（赣州）：商务印书馆，1944.2，218 页，36 开

上海：商务印书馆，1948.3，再版，218 页，32 开

本书论述铁路与社会经济的关系及铁路资产、资本、营业进款、用款、运价、岁计等财务管理问题。共两编：静态经济、动态经济。

收藏单位：北师大馆、重庆馆、广东馆、桂林馆、国家馆、江西馆、近代史所、辽大馆、南京馆、内蒙古馆、宁夏馆、上海馆、浙江馆

11082

铁道会计 张心澂著

上海：立信会计图书用品社，1946.5，3 版，12+576 页，25 开（立信会计丛书）

本书共 7 章：通论、会计通则、路局总会计、建筑会计、车站会计、材料会计、工厂会计。附资本支出分类则例、营业进款分类则例、营业用款分类则例等。

收藏单位：重庆馆、国家馆、浙江馆

11083

铁道会计 张心澂著

上海：商务印书馆，1934，576 页，25 开，精、

平装（立信会计丛书）

上海：商务印书馆，1936.3，[12]+576页，22开，精装（立信会计丛书）

长沙：商务印书馆，1936，再版，10+576页，23开，精装（立信会计丛书）

长沙：商务印书馆，1937，3版，576页，25开（立信会计丛书）

上海、长沙：商务印书馆，1939，4版，576页，25开，精装（立信会计丛书）

上海、长沙：商务印书馆，1940.12，5版，576页，25开（立信会计丛书）

　　收藏单位：重庆馆、广东馆、广西馆、贵州馆、桂林馆、国家馆、黑龙江馆、湖南馆、吉林馆、江西馆、辽大馆、南京馆、首都馆、天津馆、浙江馆

11084

铁道会计机厂、车站、材料帐目汇编　祝开源编

北平：祝开源会计师事务所，1935.7，[282]页，16开

　　本书共4部分：铁道会计概说、车站帐目编、材料帐目编、机厂帐目编。据铁道部所颁有关会计则例编订。其他题名：铁道会计。

　　收藏单位：国家馆、首都馆

11085

铁道年鉴（第1—3卷）　铁道部铁道年鉴编纂委员会编

上海：商务印书馆，1933—1936，3册

　　本书共3卷。第1卷共22章，内容包括中国铁道沿革史、铁道部组织、法制、本年度行政概要、各路局组织及行政概要、国有铁路事业状况、筑路计划等，所收资料时限为1931年7月至1932年6月；第2卷共15章，内容包括总纲、本年度重要事项、本年度国有各路事业概况、教育、卫生、国营各路现行组织及设备等，所收资料时限为1932年7月至1933年6月；第3卷共17章，内容包括总纲、本两年度重要事项、国营各路设备概况、国营各铁路本两年度事业概况、国营各铁路本两年度经济概况等，所收资料时限为1933年7月至1935年6月。

　　收藏单位：安徽馆、重庆馆、广东馆、广西馆、贵州馆、国家馆、湖南馆、江西馆、近代史所、辽大馆、南京馆、内蒙古馆、宁夏馆、山西馆、上海馆、首都馆、武大馆、西南大学馆、浙江馆

11086

铁道世界　萧仁源编著

北平：知行书局[等]，1935.12，[22]+1215页，18开

　　本书介绍60个国家和地区铁路的沿革、组织、管理、设备、运输、财政等基本情况，并选录各国铁路图照80余幅。内容包括：欧洲之部、亚洲之部、美洲之部、非洲之部、澳洲之部。附世界各国铁道统计与轨距。

　　收藏单位：重庆馆、广东馆、广西馆、国家馆、湖南馆、近代史所、宁夏馆、山西馆、上海馆、天津馆、浙江馆、中科图

11087

铁道统计　陈旭编

出版者不详，[1911—1949]，1册，32开

　　收藏单位：南京馆

11088

铁道问题研究集（第1册）　国立交通大学研究所北平分所编

北平：国立交通大学研究所北平分所，1936.7，[840]页，16开

　　本书收文7篇，内容包括：《全国铁路管理制度》（麦健曾、朱祖英）、《美国铁路到达货栈之组织及管理》（许靖）、《铁路发展农工业之方策及其组织》（梁矩章）、《从我国预算制度说到铁道预算》（祝开源）等。

　　收藏单位：广东馆、国家馆

11089

铁道新论　（日）片山潜著　沈尔昌译

上海：南华书局，1913.7，157页，21开

　　本书共7章，论述运输与铁道发展趋势、铁道赁金、各国铁道制度与劳动问题等。

11090

铁道学表解（上卷） 张诚一编

上海科学书局，1913.9，73 页，50 开（法律政治经济学表解丛书）

本书共 3 章，以表解形式讲解铁道的组织、制度等。

11091

铁道业务两个月之整理工作 俞棪报告

[铁道部业务司]，1932.8，130 页，25 开

本书共 4 部分：兴办类、整理类、革弊类、其他。附铁路业务整理方针、货物负责运输、整理铁路邮包运费案等 25 种。

收藏单位：重庆馆、国家馆、南京馆

11092

铁道业务之整理及今后之方针 俞棪报告

[铁道部业务司]，1933.3，42 页，25 开

本书收录报告两篇:《铁道业务之整理及今后之方针》《一年来之铁路业务》。书后有附启，简评中国铁路债券见涨情形。

收藏单位：国家馆、吉林馆、南京馆、上海馆

11093

铁道与国防 唐治能编著

南京：唐治能，1948.7，182+34 页，32 开（国防丛书第 115 号）

本书共 9 章：绪论、铁道史略、建设、管理、军运、铁道兵、铁道特性与价值、铁道与现代战争、铁道与国防。附全国铁路里程表、全国已成和战后五年兴筑铁路图。

收藏单位：广东馆、国家馆、湖南馆、上海馆

11094

铁道运输学概要 江东著

军政部陆军铁道人员训练所，1946，36 页，36 开

本书共 5 章：运输概论、铁路组织、旅客运输、货物运输、运输调度。

收藏单位：首都馆

11095

铁道组织与管理 熊大惠著

[上海]：熊大惠 [发行者]，1939.12，128 页，23 开

本书共 16 章，专论铁道组织与管理的关系及铁道的管理机关，介绍运输处、运务处、机务处、工务处、运输段、车站、营业处、会计出纳处、总务处等组织方式与特点，并分析介绍美国铁路组织规程。

11096

铁路材料会议汇刊 铁道部铁路材料会议办事处编

南京：美丰祥印书馆，1933.5，[316] 页，16 开

本书汇集 1932 年 11 月召开的铁路材料会议资料。收录规程、图表、提案、纪录、决议案、临时提案意见及报告、公牍。

收藏单位：国家馆、山西馆、天津馆

11097

铁路材料述略 陈恒编著

东北交通研究会，1933.1，206 页，22 开

本书共 13 部分，内容包括：各铁路组织系统、北宁铁路材料课之组织、采购事项、验收事项、保管事项、调查随录、铁路材料改善刍议等。

收藏单位：国家馆、浙江馆

11098

铁路材料帐目则例 国民政府铁道部规定

国民政府铁道部，1935.10，42 页，32 开
[国民政府铁道部]，1937.2，修正版，20 页，32 开

本书共 5 部分：总则、界说、则例、材料付价办法、附材料入帐办法。

收藏单位：国家馆、南京馆

11099

铁路财政意见书 财政部甘末尔设计委员会拟

财政部，[1911—1949]，1 册，16 开

收藏单位：上海馆

11100

铁路常识　李树人著　丁介亭校订

上海：商务印书馆，1935.5，254 页，32 开

上海：商务印书馆，1937，5 版，254 页，32 开

　　本书共 6 篇：中国铁路概要（一、二）、车务概要、工程概要、机务概要、其他。

　　收藏单位：重庆馆、东北师大馆、广东馆、国家馆、湖南馆、江西馆、南京馆、内蒙古馆、山西馆、上海馆、首都馆、天津馆、浙江馆

11101

铁路车务实验谈　郑乃文著

[上海]：中华书局，1923.5，87 页，32 开

　　本书内容包括：车务总论、站长、售票员、电报司事、行李司事、货物司事、车长、查票员、搭客须知等。据著者在沪宁、沪杭甬车务处工作所得经验编成。

　　收藏单位：国家馆、上海馆

11102

铁路车运效率论　甘永惇编著

北京：金华印书局，1937.9，122 页，32 开

　　本书共 4 编：通论、筑路经济与车运效率、管理方法与车运效率、意外事变与车运效率。

　　收藏单位：国家馆、首都馆

11103

铁路代收货价章程暨办事细则

出版者不详，[1934.8]，14 页，25 开

　　本书收录铁路代收货价章程 16 条、铁路代收货价办事细则 26 条。自 1934 年 8 月 15 日起施行。

　　收藏单位：国家馆

11104

铁路发展农工业之方策及其组织　梁矩章著

北平：国立交通大学研究所北平分所，1936，117 页，16 开（铁道问题丛书 2）

　　收藏单位：国家馆、首都馆、天津馆

11105

铁路法规草案

出版者不详，[1928—1949]，1 册，18 开

　　本书共 5 部分：总则编、建设编、运转编、营业编、会计编。目录页题名：议决铁路法规草案。

　　收藏单位：首都馆

11106

铁路负责货物联运暂行办法　铁道部联运处编

铁道部联运处，[1933.8]，13 页，16 开

铁道部联运处，[1933.11]，[14] 页，16 开

　　本办法共 40 条，分 4 章：货物联运、互通车辆、互通篷布绳索、其他各项。

　　收藏单位：国家馆、南京馆、上海馆、天津馆

11107

铁路公债政策商榷书　吕瑞庭著

中华全国铁路协会，1914.6，[22] 页

　　本书共 4 部分：铁路有募集公债之必要、铁路公债发达之原因及方法、铁路公债之发行及募集、铁路公债之借换及偿还。

　　收藏单位：近代史所

11108

铁路估值　涂宓著

[上海]：交通大学管理学院，1933.4，88 页，22 开（铁路估值丛刊 2）

　　本书从法律角度研究铁路财产的估值问题，共 7 章：铁路估值的实施、估值原理、估值方法、资本论、证券市价论、有形的财产的估值、无形的财产的估值。

　　收藏单位：重庆馆、桂林馆、国家馆、湖南馆、天津馆、浙江馆

11109

铁路管理　王成森　沈达宏著

上海：商务印书馆，1933.12，122 页，32 开（万有文库第 1 集 650）（商学小丛书）

上海：商务印书馆，1934.1，122 页，32 开（商学小丛书）

上海：商务印书馆，1935.5，3 版，122 页，32 开（商学小丛书）

本书共 20 章，内容包括：中国铁路之过去及现在、铁路之种类、国有铁路及私有铁路制度、铁路组织之方法、国内铁路组织概况、总务、车务、机务、工务等。附全路人员之普通服务规章。

收藏单位：安徽馆、重庆馆、大理馆、大连馆、东北师大馆、广东馆、广西馆、贵州馆、国家馆、河南馆、黑龙江馆、湖南馆、江西馆、辽大馆、辽师大馆、柳州馆、南京馆、内蒙古馆、宁夏馆、山西馆、上海馆、天津馆、西南大学馆、浙江馆

11110

铁路管理统计之原理与实务　许靖著

长沙：商务印书馆，1938.7，447 页，25 开（交通大学丛书）

长沙：商务印书馆，1939.2，再版，447 页，32 开（交通大学丛书）

本书共 29 章，内容包括：铁路统计与管理之关系及其编用原则、货物统计之理论与实用、管理旅客运输应有之基本统计、改革吾国十八年部订货物列车统计办法之我见、美国铁路编制列车里程统计之基本法则、英国铁路管理零担货栈之统计方式等。

收藏单位：重庆馆、广东馆、广西馆、国家馆、吉林馆、南京馆、上海馆、天津馆、浙江馆

11111

铁路管理学　赵传云著

上海：商务印书馆，1934.7，311 页，22 开，精装（大学丛书）

上海：商务印书馆，1934.9，再版，311 页，22 开（大学丛书）

上海：商务印书馆，1935.6，再版，311 页，25 开，精装（大学丛书）

上海：商务印书馆，1939.2，3 版，311 页，25 开（大学丛书）

本书共 13 章：总论、铁路轨道及设备品、中国铁路史、铁路组织、铁路客运业务、铁路货运业务、货物运价、铁路联运、铁路行

车、铁路财政、铁路会计、铁路统计、各国铁路概况。

收藏单位：安徽馆、重庆馆、甘肃馆、广东馆、广西馆、贵州馆、桂林馆、国家馆、河南馆、黑龙江馆、湖南馆、吉林馆、江西馆、辽大馆、南京馆、宁夏馆、山西馆、上海馆、浙江馆

11112

铁路管理之分析　叶崇勋著

青岛：光华正楷印刷公司、商务印书馆，1936.8，120 页，25 开

本书共 6 部分：营业进款之衡量、营业用款之衡量、铁路设备之运用、设备之营养、人工之效率、材料之考核。

收藏单位：国家馆、南京馆、上海馆、浙江馆

11113

铁路货等运价之研究　吴绍曾主编

京沪沪杭甬铁路管理局，1936.10，[404] 页，22 开

本书共 17 章，内容包括：总论、全体运价高低之限度、运输成本、负担能力、基本运价、旅客分等、货物分等、运价之统制等。附京沪、沪杭甬铁路等运价研究委员会概况，研究铁路货等运价之设施。

收藏单位：国家馆、南京馆、内蒙古馆、上海馆、浙江馆、中科图

11114

铁路货物负责运输、联运之振兴及成绩概述　俞棪著

铁道部业务司，1934.4，40 页，25 开

本书收文 3 篇：《铁路货物负责运输、联运之振兴及成绩概述》《负责运输与剔除中饱》《全国铁路联运事业之振兴与推进之成绩》。

收藏单位：国家馆

11115

铁路货物运价表　交通部东北运输总局编

交通部东北运输总局，1948.1，8 版，15 页，

32 开

　　本书附特价专价暨各项杂费表。

　　　收藏单位：南京馆

11116

铁路计划　涂恩泽著

涂恩泽 [发行者]，1915.5，42 页，23 开

　　本书收文 7 篇：《论铁路与国家之关系及建筑时之注意》《清通铁路利弊说》《论中国铁路进行之计划及改革之要旨》《陇秦豫海东路起点之研究》《速筑开海铁路以救江北之意见》《论铁路所不及之地宜以马路相辅》《中国铁路建筑费之标准》。

　　　收藏单位：河南馆

11117

铁路建筑账则例

出版者不详，1942.1，62 页，16 开

　　本书共 10 章，内容包括：总则、现金及备用金、勘测队会计、分段会计等。封面题：交通部规定铁路建筑账则例。

　　　收藏单位：南京馆

11118

铁路交通建设计划大纲　路政司考工科编

路政司考工科，1925，[9] 页，横 8 开

　　本书大部分为彩色图及晒蓝图。

　　　收藏单位：重庆馆、国家馆

11119

铁路借款合同汇编　财政部公债司辑

出版者不详，1914，1 册，18 开

　　本书共 15 部分，内容包括：东省铁路公司合同、道清铁路借款合同、正太铁路合同、九广铁路合同、前清邮传部整顿铁路借款合同等。

　　　收藏单位：重庆馆、国家馆

11120

铁路借款合同汇编（第 1—2 册）　铁道部编

外文题名：Railway loan agreements of China

铁道部，1937.3，2 册，18 开，精装

　　本书为汉英对照。收录北宁、京沪、沪杭甬、广九、津浦、平绥、胶济、粤汉、道清、正太、平汉等 21 条铁路的借款合同及附件。

　　　收藏单位：东北师大馆、广东馆、国家馆、近代史所、南京馆、西南大学馆、浙江馆

11121

铁路借款还本付息表　张恩镗编

交通部路政司计核科，1922.12，[142] 页，16 开

　　本书共 5 部分：各路长期借款还本付息总表、每路长期借款还本付息表、各路短期借款及垫款总表、每年应付各路长期借款本息总表、每年份应付各路长期借款本息表。

　　　收藏单位：东北师大馆、国家馆、天津馆

11122

铁路借款提要　张恩镗编

京汉铁路印刷所，1922.12，[204] 页，18 开

　　本书收录京奉、吉长、正太、道清、沪宁等铁路借款的摘要 38 种。

　　　收藏单位：国家馆、天津馆

11123

铁路借款提要　张竞立编

张竞立，1916.9，206 页，22 开

　　本书收录铁路借款合同的摘要 20 余种。分 3 部分：交通部担负偿还之部、财政部担负偿还之部、商办铁路之部。

　　　收藏单位：国家馆、近代史所、浙江馆

11124

铁路经济大纲　（英）道加拉士纳布著　詹文忠译

南京印刷公司，1932.5，124 页，22 开

　　本书共 21 章，内容包括：导言、物品与运输之需求、生产要件、收入递减率、收入增加率、铁路公司联合、分类计价制之实施、运价之规定、客运运价等。

　　　收藏单位：国家馆、南京馆

11125

铁路经济论文集（第 1 集） 沈奏廷著

中国铁道运输学会，1934.10，248 页，32 开
（中国铁道运输学会丛书）

　　本书收文 22 篇，内容包括：《美国铁路睡车床位预定制度之概观》《吾国铁路运货计费方法应有之改良》《双轨行车与单轨行车之比较观》《铁路货运杂费之分析观》《货运单据简易化之我见》《铁路货物分等之要素》等。

　　收藏单位：重庆馆、东北师大馆、广东馆、江西馆、上海馆、浙江馆

11126

铁路经济学纲要 （英）爱克华士（W. M. Acworth）著　唐永权译

外文题名：Elements of railway economics

北平晨报社印刷部，1934.4，212 页，25 开

　　本书共 15 章，内容包括：导言、铁路资本、铁路费用、铁路进款、按照运输担负力来收费、收运费的方法、分等与运价、旅客运输等。著者原题：艾克渥士。

　　收藏单位：东北师大馆、国家馆、南京馆、浙江馆

11127

铁路经济与财政 杨湘年著

赣县（赣州）：商务印书馆，1944，218 页，32 开

　　收藏单位：广东馆

11128

铁路经济原理 （英）爱克华士（W. M. Acworth）著　李续勋译

南京：交通杂志社，1935.4，190 页，25 开（交通杂志社丛书 3）

　　本书为《铁路经济学纲要》的另一译本。

　　收藏单位：广东馆、国家馆、吉林馆、江西馆、南京馆、首都馆、天津馆、浙江馆、中科图

11129

铁路经营学纲要 汪桂馨编著

南京：正中书局，1935.7，290 页，25 开

上海：正中书局，1947，290 页，25 开

　　本书共 12 章，内容包括：铁路之特长与功效、铁路之建设、铁路事务之组织、铁路之营业、运费总说、运输事业之竞争、铁路营业之协商与联合等。附总理十万英里铁道计划撮要、阵中要务令关于铁路输送之规定、铁路运输经济学史略。

　　收藏单位：重庆馆、广东馆、广西馆、贵州馆、国家馆、河南馆、湖南馆、江西馆、辽大馆、南京馆、陕西馆、上海馆、天津馆、浙江馆

11130

铁路警察 李古春编

沈阳区铁路警务处，1948.2，128 页，36 开
（铁路警察丛书 1）

　　本书共 3 编：绪论、总论、分论。前两编阐明铁路与国家的关系、铁路警察与铁路的关系、警察与铁路警察的概念及应有的品德修养等问题；末编分别论述铁路行政警察（包括交通警察、经济警察、卫生警察、消防警察、外事警察）、铁路司法警察、铁路警备警察、铁路特种警察的概念、意义、编制、职责。附各国铁路警察制度概要。

　　收藏单位：安徽馆、广东馆、国家馆、南京馆、天津馆、浙江馆

11131

铁路警察常识讲义 粤汉区铁路管理局警务处警察教练所编

粤汉区铁路管理局警务处警察教练所，1947，18 页，32 开

　　收藏单位：广东馆

11132

铁路警察大意 王祖岐编　吴贯因校阅

北京：内务部编辑处，1920，42+14 页，18 开

　　本书共两编：总论、分论。第 1 编共 8 章，内容包括：铁路警察学之意义、铁路警察学之性质及其归属、铁路警察之观念、铁路警察之分类、铁路警察机关、铁路警察之作用等；第 2 编共 3 部：铁路保安警察、铁路营

业警察、军事输送警察。

　　收藏单位：国家馆、首都馆

11133

铁路救亡汇刊　全国铁路协会编

全国铁路协会，1919.3，111页，18开

全国铁路协会，1919.5，64页，18开

　　本书收录报告、演说、专电、资料、论文共25篇，内容包括：《铁路协会第一次开会关副会长之报告词》《法京陆专使来电》《论铁路统一与共同管理铁路》《亡国政策与统一全国铁路》《驳英文京津时报论铁路问题》《对于相对的赞成统一铁路问题之批评》《铁路救亡篇》等。由全国铁路协会于当年3月第1次发布，于当年5月增订后第2次发布。

　　收藏单位：国家馆、近代史所、天津馆

11134

铁路救亡篇（一名，统一铁路问题）　吕瑞庭著

出版者不详，[1919—1937]，20页，18开

　　本书为文言体，加圈点。内容包括：各国铁路之政略、共同统一中国铁路、与各方面之主张、著者救亡之意见等。

　　收藏单位：国家馆

11135

铁路局会计处检查课办事手续　何炳星著

湘鄂铁路管理局会计处检查课，[1934]，44页，16开

　　本书共5编：客运、货运、登记营业进款总簿及填列会计处平准表之手续、统计、票据之领发及登记结帐手续。

　　收藏单位：国家馆

11136

铁路会计处综核课办事规则　[国民政府铁道部规定]

[国民政府铁道部]，[1928—1937]，[62]页，16开

　　本书共9章：文牍及庶务、制造表单、稽核单据、登记帐簿、员司保证金、员工储蓄金、点查材料、编制预算、决算报告及统计。

附点查材料规则。

　　收藏单位：贵州馆、国家馆

11137

铁路会计统计年报　统一铁路会计委员会编

统一铁路会计委员会，[1930]，1册，13开，精装

　　收藏单位：广东馆

11138

铁路会计统计年报（第11—13次 民国十四至十六年分）　沪杭甬铁路局造

外文题名：Chinese government railways Shanghai-Hangchow-Ningbo railway annual report

沪杭甬铁路局，[1926]，18+48页，9开

　　本书正文部分为英文，表格部分为汉英对照。内容包括：产业所担之债务、借款、资本扩充改良详细表、车辆分类等。

　　收藏单位：浙江馆

11139

铁路会计学　李懋勋著

上海：商务印书馆，1924.7，333页，25开

上海：商务印书馆，1926.6，再版，333页，25开

上海：商务印书馆，1930，3版，333页，25开

上海：商务印书馆，1933.3，国难后1版，333页，25开

上海：商务印书馆，1935，国难后2版，333页，32开

上海：商务印书馆，1935，国难后增订3版，2册（17+663页），20开

上海：商务印书馆，1940，国难后增订4版，663页，25开

　　本书共3章，介绍铁道会计学的基本原理、营业进款帐目、营业用款帐目。增订后共7章：会计之原理、资本帐、营业帐、岁计帐计算书、总平准表帐、会计上编制之统计、其他会计纲要。

　　收藏单位：安徽馆、重庆馆、广东馆、广西馆、国家馆、湖南馆、江西馆、辽宁馆、南京馆、宁夏馆、首都馆、天津馆、浙江馆

11140

铁路会计则例汇编 国民政府铁道部规定

国民政府铁道部，1934.7，1 册，25 开，活页装

国民政府铁道部，1935.7，再版，1 册，32 开

本书收录铁路总平准表分类则例、铁路岁计帐则例、铁路盈亏帐则例、铁路盈亏拨补帐则例、铁路营业进款分类则例、铁路营业用款分类则例、铁路资本支出分类则例等。

收藏单位：重庆馆、广西馆、贵州馆、近代史所

11141

铁路劳工问题 徐协华著

北平：东方书局，1931.6，232 页，32 开

本书共 9 章：绪论、铁路劳工概况、路工工资和工作时间、路工生活费、路工福利设施、路工组织、路工罢工、路工法规、结论。

收藏单位：国家馆、近代史所、首都馆

11142

铁路实用统计 ［王道荣著］

王道荣［发行者］，[1934]，34 页，32 开

本书共 5 章：总务统计、工务统计、机务统计、车务统计、会计统计。

收藏单位：国家馆

11143

铁路述要 浙江省杭江铁路工程局编

浙江省杭江铁路工程局，1929.8，18 页，32 开

本书收文两篇：《铁路浅说》《杭江铁路进行之概略》。

收藏单位：绍兴馆

11144

铁路岁计帐则例·盈亏帐则例·盈亏拨补帐则例

外文题名：The income account·The profit and loss account·The surplus appropriation account

交通部，1915.3，41 页，22 开

交通部，1920，修正版，41 页，22 开

交通部，1928.4，5 版，41 页，22 开

本书为"交通部规定铁路会计则例汇编"之一。

收藏单位：国家馆、南京馆、首都馆

11145

铁路通论 聂肇灵著

上海：商务印书馆，1930，127 页，32 开

上海：商务印书馆，1933，国难后 1 版，127 页，32 开

上海：商务印书馆，1934.4，国难后 2 版，127 页，32 开

本书共 10 章，内容包括：铁路之重要、铁路之创兴、铁路之种类、铁路之制度、铁路之组织等。附国有铁路局职员薪级对照表、国民政府铁道部组织法、铁路员工服务规则等。

收藏单位：广东馆、贵州馆、国家馆、河南馆、湖南馆、江西馆、辽宁馆、南京馆、山西馆、上海馆、天津馆、浙江馆

11146

铁路同人教育会章程 铁路同人教育会编

铁路同人教育会，[1918.1]，[38] 页，18 开

本书共 8 章：总则、职掌、会员及会友、执行部、董事部、会期、经费、附则。

收藏单位：国家馆

11147

铁路统计概要 王道荣著

商务印书馆，1929.8，18 页，22 开

本书分 5 章，概述铁路统计原则、铁路统计定义、铁路统计使用单位、统计分类及部颁铁路会计统计年报之现行表格。

收藏单位：重庆馆、国家馆

11148

铁路统一问题（全案原委之披露） 林长民著

出版者不详，[1919]，36 页，16 开

本书共 9 部分，内容包括：中国境内铁路之形势与各国之势力范围、统一铁路问题之发端及外交委员会之提案与呈文、反对论之发端及反对论中各系之变化等。为亚洲文明协会出版的《时事旬刊》第 7 期抽印本。

收藏单位：国家馆、首都馆

11149

铁路文书处理之设计 吴绍曾主编
湘桂铁路理事会，1941.8，238 页，23 开

本书共 9 章，内容包括：收文、发文、档卷、刊物、图书等。附管理局暨各处署档卷分类说明、津浦铁路整理档卷纪要。

收藏单位：上海馆

11150

铁路问题讨论集 沈奏廷著
上海：商务印书馆，1936.9，228 页，22 开（交通大学丛书）

本书收文 30 篇，内容包括：《论铁路货站外部之组织与吾国铁路应有之改进》《改革吾国铁路货站支配货车制度之商榷》《过去吾国铁路之错误与今后新路建设之方针》《两路特价之研究》《改善吾国铁路联运运价之我见》《对于吾国铁路牲畜运价之批评》《改订吾国铁路六等基本运价之检讨》等。

收藏单位：重庆馆、东北师大馆、广东馆、广西馆、桂林馆、国家馆、黑龙江馆、湖南馆、吉林馆、江西馆、南京馆、内蒙古馆、山西馆、首都馆、浙江馆

11151

铁路问题之管窥 郑宝照著
郑宝照 [发行者]，[1932]，107 页，16 开

本书收录有关铁道组织、管理、调度、业务等方面论文。

收藏单位：上海馆

11152

铁路协会会报拔萃（中华民国元、二年度）
铁路协会编辑部编
北京：铁路协会编辑部，1914.7，[804] 页，18 开，精装

本书收录原载于《铁路协会会报》的论文、资料等，分 6 类：政策、经济、计画及事实、工事及材料、杂类、参考。

收藏单位：国家馆、近代史所、首都馆

11153

铁路协会会报特刊（英庚款筑路问题） 庚款筑路期成会编译股编
铁路协会书报经理部，1926.6，[286] 页，16 开

本书共 18 部分，内容包括：插画、宣言、专件、社论、英国国会纪事录、本会函件、公牍选登等。书脊题名：铁路协会会报第 165 期英庚款筑路问题特刊。

收藏单位：近代史所、山西馆

11154

铁路协会会员录 [中华全国铁路协会编]
中华全国铁路协会，1919，增订版，50 页，32 开

本书全部为表。书中题名：中华民国全国铁路协会会员录追加。

收藏单位：国家馆

11155

铁路与抗战及建设 金士宣著
上海：商务印书馆，1947.3，177 页，32 开

本书共 9 章，内容包括：铁路在全面抗战以前之积极准备、抗战开始以后铁路之任务与政策、发挥运力奋勇迎战、赶筑西南西北新路持久抗战、战后铁路建设及管理问题等。

收藏单位：重庆馆、广东馆、桂林馆、国家馆、吉林馆、近代史所、辽宁馆、南京馆、内蒙古馆、上海馆、浙江馆

11156

铁路与中国之需要 高祖武著
高祖武，1923.10，46 页，21 开

本书共 3 章：铁路之功用、中国之现状、兴筑铁路之提议。书前有绪言。书后有结论。

收藏单位：上海馆

11157

铁路预算暂行规程及细则 中央人民政府铁道部编
北平：中央人民政府铁道部，1949，44 页，32 开

收藏单位：国家馆

11158

铁路员工服务例·工会法及工会施行法　京沪沪杭甬铁路管理局编

京沪沪杭甬铁路管理局，1935.10，86 页，窄 36 开

11159

铁路员工服务条例应行解释事项

出版者不详，[1911—1949]，18 页，24 开

收藏单位：重庆馆、南京馆

11160

铁路运价　刘传书著

南京：交通杂志社，1935，326 页，25 开

本书共 5 章：铁路运价与一般经济关系、规定铁路运价原理、全体运价高度、货物运价构造、各种重要特殊货物运价。各章末均附参考书目。

收藏单位：国家馆

11161

铁路运价之理论与实际　沈奏廷著

上海：商务印书馆，1935.10，178 页，22 开，精装（大学丛书 教本）

长沙：商务印书馆，1938，再版，178 页，22 开，精装（大学丛书 教本）

本书共 16 章，内容包括：普通物价与铁路运价之异同、铁路运价原理、铁路运价方式、铁路货物分等之要素、国有铁路货等之现状及其改进、铁路运输成本之计算、吾国铁路运价之现状等。

收藏单位：重庆馆、广西馆、国家馆、湖南馆、江西馆、辽大馆、南京馆、内蒙古馆、上海馆、首都馆、西南大学馆、浙江馆

11162

铁路运输（第 1 编 总论）　金士宣著

天津北宁铁路管理局编译课，1929.9，66 页，16 开

本书共 6 章，分述水陆运输的性质、功能与经济价值，并追溯中国铁路的历史及清代与民国时期的铁路政策和修筑计划等。

收藏单位：国家馆

11163

铁路运输经验谭　金士宣编著

重庆：正中书局，1943.3，123 页，32 开

上海：正中书局，1947.5，123 页，32 开

本书为作者在浙赣路车务司讲训班的演讲记录。共 9 讲，内容包括：怎样管理京沪路的站务、怎样发展京沪路的客运、怎样加强北宁路的运输组织和人事管理、怎样创办杭江路的运输、怎样革新平绥路的运输等。

收藏单位：重庆馆、东北师大馆、广东馆、贵州馆、国家馆、辽大馆、南京馆、宁夏馆、上海馆、浙江馆

11164

铁路运输学　金士宣著

上海：商务印书馆，1948，24+488 页，25 开

本书共 8 编，内容包括：运输之功能及运输网之组成、中国铁路发展之过程与今后建设计划、运输能力、运输业务、财务管理等。

收藏单位：重庆馆、桂林馆、国家馆、黑龙江馆、南京馆、内蒙古馆

11165

铁路运输学　金士宣著

出版者不详，1923，352+120 页，18 开

收藏单位：国家馆

11166

铁路运输学

军事委员会军事交通研究所，[1911—1949]，136 页，16 开

收藏单位：国家馆

11167

铁路运输学

出版者不详，1929，3 册，25 开

本书分 3 卷，共 6 编：总论、铁路输送之要项、战时铁路输送机关、铁路输送之计划、铁路输送之实施、铁路输送之妨碍。书后有附录。

收藏单位：重庆馆

11168

铁路运输业务　金士宣著

天津：大公报馆出版部，1932，40+426 页，22 开，精装

本书共 4 编：运输原理、货物运输业务、旅客运输业务、联络运输业务。

收藏单位：广西馆、国家馆、南京馆、上海馆、首都馆、浙江馆、中科图

11169

铁路运转办理须知　华北交通股份有限公司编

华北交通股份有限公司，[1945.1]，1 册，32 开

本书共 6 章：总则、运转、闭塞、号志、事故之处置、杂则。

收藏单位：国家馆

11170

铁路运转经济论丛　刘传书著

汉口：粤汉区铁路管理局附业处，1948.12，2 册（92+242 页），22 开，精装

本书共 13 部分，内容包括：铁路运输能力总论、中国铁路行车事变之检讨及其防范方法之研究、编制铁路行车时刻表之研究、减少我国铁路货车停站时间之研究、整理中国铁路之我见等。书前有《铁路运转经济》序。

收藏单位：国家馆、湖南馆、中科图

11171

铁路站帐　王道荣著

[汉口]：中华印务公司，1932.8，[66] 页，22 开

本书共 12 章，内容包括：客运、包裹及杂项客运、货运、运价、客货运之补票及罚款、溢收及短收等。

收藏单位：国家馆

11172

铁路职务揽要　（英）韦燕编著

外文题名：Railway traffic management

上海：商务印书馆，1918.8，98 页，25 开，精装

上海：商务印书馆，1922.10，再版，98 页，22 开，精装

本书为中国铁路职工学习用书。共 7 章：铁路小史、铁路之人工、单路线行车法、车务概论、站务监督管理法、车务总管公事室、结论。附中西名目表。

收藏单位：广西馆、国家馆、湖南馆、南京馆、陕西馆、首都馆、浙江馆

11173

铁路职业指导　黄逸峰著

上海：商务印书馆，1936.7，173 页，50 开

本书内容包括：全国铁路概况、铁路组织概述、论各路过去用人行政制度、各路招考章程一束、车务常识问答等。

收藏单位：重庆馆、广东馆、贵州馆、国家馆、河南馆、辽宁馆、内蒙古馆

11174

铁路组织法　李青编

上海：启智书局，1929，[148] 页，28 开

本书分两部分：铁路组织法、铁路公益制度。第 1 部分共 4 章：总论、铁路之组织、职权之规定、普通规则；第 2 部分共 3 章：总论、养恤制度、保险制度。

收藏单位：重庆馆、江西馆

11175

铁展沪会讲演录　铁道部全国铁路沿线出产货品展览会编订

铁道部全国铁路沿线出产货品展览会，1933.4，82 页，25 开

本书内容包括：《工商界对于铁路应有之认识》（俞棪）、《铁路运货工商界须知之手续》（谭耀宗）、《农工商界与铁路合作之必要》（俞棪）、《铁路合作之利益及方法》（谭沛林）、《铁路运价政策今后之方针》（俞棪）等。

收藏单位：国家馆、南京馆

11176

通车独山纪念手册　黔桂铁路工程局编

黔桂铁路工程局，1943，27 页，横 18 开

收藏单位：南京馆

11177

通令、通函 平汉铁路车务处编

平汉铁路车务处，[1933]，1 册，16 开，活页精装

本书收录该处处长 1932—1933 年签发的通令（含附件）378 件、通函（含附件）68 件。

收藏单位：国家馆

11178

同记矿路股份有限公司建筑晋柏铁路计划书

[同记矿路股份有限公司编]

[同记矿路股份有限公司]，[1936.4]，22 页，18 开

本计划书为解决该矿煤外运而拟订。共 10 部分，内容包括：本公司历史、矿量及其副产品、销路与竞争、建筑晋柏铁路之必要、晋柏铁路筑成后之利益等。

收藏单位：国家馆、首都馆

11179

同情京沪区铁路员工呼吁合理调整票价运价并同时调整员工待遇的旅客签名录

出版者不详，1947.5，90 页，32 开

收藏单位：国家馆

11180

统一铁路会计委员会议事录（民国二年至三年） 统一铁路会计委员会编

统一铁路会计委员会，1933.6 重印，38+244 页，16 开

本书为该委员会在北京召开的第 1—4 届会议的议事录。

收藏单位：国家馆、上海馆

11181

亡国之统一铁路政策 锷铮著

出版者不详，[1913—1925]，36 页，32 开

本书为文言体，加圈点。揭露美英帝国主义国家提出"成立万国铁路团、统一管理中国铁路"等主张的侵略本质，主张我国应设立银公司、发行铁路债券，以筹集地方财力，实行自办铁路自救。

收藏单位：国家馆

11182

维持商办川汉铁路财政计划书 李相识著

北平：中国印刷局，1928，8 页，21 开，环筒页装

收藏单位：重庆馆

11183

我国国有铁道之会计统计 林襟宇著

立法院统计处，1929.10，[25] 页，16 开

本书共 4 篇：建筑费用、营业进款、营业用款、盈余比较。为《统计月报》抽印本。

11184

我国铁路会计制度之研究 徐济良著

出版者不详，1928，158 页，18 开

本书共 11 章，内容包括：普通会计与特别会计、铁路会计之统一、营业进款帐、营业用款帐、岁记帐等。

收藏单位：广东馆

11185

吾社之事业 南满洲铁道株式会社编

大连：南满洲铁道株式会社，[1924—1949]，46 页，32 开

本书共 7 部分：铁道业、矿业就中抚顺及烟台煤矿之开采、水运业、电气业、仓库业、在铁道附属地土地及房产之经营、其他由政府许可之营业。

收藏单位：国家馆

11186

五年后之湘鄂铁路 李世仰著

粤汉铁路湘鄂段管理局编查课，1930.8，42 页，24 开

本书内容包括：导言、整理计划、实施经费、结论。附粤汉铁路湘鄂段略述、粤汉铁路湘鄂段工程状况、湘鄂铁路载运主要货物表。

收藏单位：南京馆、上海馆

11187

湘桂黔铁路 行政院新闻局编
行政院新闻局，1948.4，28页，32开

本书共4部分：前言、湘桂黔铁路之修筑、战时之破坏及合并改组修复后概述、结语。

收藏单位：安徽馆、重庆馆、大庆馆、广东馆、广西馆、贵州馆、桂林馆、国家馆、湖南馆、吉林馆、江西馆、近代史所、南京馆、宁夏馆、上海馆、首都馆、天津馆、浙江馆

11188

湘桂铁路管理局第四周年纪念特刊 湘桂铁路管理局总务处编
湘桂铁路管理局总务处，1942.10，92页，16开

本书收录该局总务、工务、车务、机务、财务、警卫、防空、福利的工作报告等。附大事记。

收藏单位：国家馆、南京馆

11189

湘桂铁路衡桂段管理局第二周年纪念特刊 湘桂铁路衡桂段管理局总务课编
湘桂铁路衡桂段管理局总务课，1940.10，104页，16开

本书介绍该局路线扩展、组织概况、设备概况、财政概况、工作概况等。附大事记、刊后语。

收藏单位：南京馆

11190

湘桂铁路衡桂段管理局人事统计撮要 湘桂铁路衡桂段管理局总务课编
[湘桂铁路衡桂段管理局总务课]，1940.6，1册，12开

收藏单位：南京馆

11191

湘桂铁路衡桂工程处职员录

出版者不详，1938，76+13页，36开，环筒页装

本书收录处长室、秘书室、总务课、工务课、会计课等机构职员名录。附检名表。

收藏单位：重庆馆

11192

湘路文电辑要 湘路股款清理处编
湘路股款清理处，1915.8，2册（188+170页），18开

本书汇集1896年至1915年8月有关粤汉铁路湘路部分股权清理的文电、奏折、章程等材料。

收藏单位：湖南馆、首都馆

11193

详查浙赣铁路联合公司理事会三十四年度及三十五年上半年度帐目报告书 立信会计师上海事务所编
上海：立信会计师上海事务所，1946，44页，16开

11194

新法铁路中日往复照会 东北问题研究会编
北平：东北问题研究会，1933.3，再版，12页，32开（东北问题研究会丛书）

本书收录照会日本林使新法铁路事、照会日本阿部使新法铁路事连前照并见复由、日本阿部代使照会一件。

收藏单位：重庆馆、国家馆、南京馆

11195

新宁铁路公司十七年度岁入岁出报告书 整理新宁铁路委员会编
整理新宁铁路委员会，[1929]，20页，18开

收藏单位：国家馆

11196

新宁铁路整理之经过 新宁铁路总务课编著
新宁铁路总务课，1928.12，52页，32开

本书共25部分，内容包括：委员会延期之原因与股东历次开会及选举详细情形、北街宁城两车站落成、车务运输情形、规定行

车时间表、十六年度委员会任内收支状况等。

11197

行车时刻表　铁道部直辖北宁铁路车务处编

铁道部直辖北宁铁路车务处，[1930]，[44]页，10开

本书为汉英对照。自1930年6月1日起实行。

收藏单位：国家馆

11198

行车时刻表（4）　平津区铁路管理局编

平津区铁路管理局，1948，80页，64开

本书内容包括：平津区铁路概况、平津区铁路沿线主要名胜、平津区简明行车时刻表、旅客须知、本路站名及营业里程表等。

收藏单位：国家馆

11199

修正铁道部直辖国有铁路编制概算及执行预算暂行规程　铁道部编

铁道部，[1928—1937]，36页，16开

本书附营业用款概算数目计算方法表、国有铁路年度岁入岁出概算书格式、国有铁路年度概算应附之四种分预算格式之说明。

收藏单位：国家馆、南京馆

11200

修正铁路职员服制规则　[交通部编]

交通部，[1921.2]，[48]页，22开

本书收录铁路员工服饰照片22幅及服制规则等文字资料。

收藏单位：国家馆

11201

修筑陇海路西兰段轻便铁道计划书　郑礼明
　郭维屏著

西北问题研究会，1934，12页，16开（西北问题研究会论文）

收藏单位：重庆馆、南京馆

11202

叙昆铁路概况

出版者不详，[1911—1949]，油印本，2页，大16开

收藏单位：上海馆

11203

一二八事变京沪铁路车务纪要　郑宝照编

[京沪铁路车务处]，[1932]，[64]页，16开

本书为"一·二八"事变中，京沪路遭日军飞机轰炸的实录。内容包括：序文、日记、舆论摘录、编余等。附京沪铁路本年与上年营业比较表、员工因公伤亡表、敌机破坏京沪线各站表等。

收藏单位：广东馆、上海馆、首都馆

11204

一个五年间之京沪沪杭甬铁路总务行政　京沪沪杭甬铁路管理局编

京沪沪杭甬铁路管理局，1940.4，183页，16开

本书总结1933—1937年该路局的设施、事迹及工作程序与方法。内容包括：机构篇、文书篇、人事篇、事务篇。附八一三前后的京沪沪杭甬铁路。

收藏单位：重庆馆、国家馆、南京馆、上海馆

11205

一年来稽核工作之概要　驻胶济铁路总稽核室编

驻胶济铁路总稽核室，1933.5，12+17+13页，32开

本书共4部分：稽核工作之摘述、胶济铁路过去十年间营业收支统计之分析、改造铁路预算之管见及预计营业收支之方式、稽核铁路材料之管见。

11206

一年来日本在东北新筑的铁路

出版者不详，[1930—1939]，64页，16开

本书共5章：东北铁路大观、纵贯东北满的图佳线及其意义、新义线完成与葫芦岛开港、梅辑线与平梅线、宁墨线鲁北线森林铁道与新线建设计划。

11207

因津镇铁路事上政府书

出版者不详，[1911—1949]，45 页，22 开

本书附津镇铁路经由地图等。

收藏单位：上海馆

11208

英国铁路最近经济政策　詹文忠著

南京印刷公司，1932.7，120 页，24 开

本书共 6 章：铁路原始与发达、铁路法令之通过、铁路经济之需要、铁路分区计划、合并之程序、合并之经济。附铁路合理化之最近消息。

收藏单位：南京馆

11209

应用铁路会计学　张辑颜著

上海：商务印书馆，1934.5，246 页，25 开

上海：商务印书馆，1935.4，再版，246 页，22 开

上海：商务印书馆，1937，4 版，增订本，276 页，25 开

上海：商务印书馆，1938，5 版，246 页，25 开

长沙：商务印书馆，1938，5 版，增订本，276 页，25 开

本书总论铁路会计学之意义、特质、概论，并分两章论述铁路建筑时期、营业时期之会计。

收藏单位：重庆馆、广东馆、国家馆、黑龙江馆、湖南馆、辽大馆、南京馆、西南大学馆、浙江馆

11210

玉萍铁路概况　[浙赣铁路管理局编]

浙赣铁路管理局，[1935.3]，4 页，22 开

本书着重介绍赣东玉山至赣西萍乡线路情况。附南昌市中正桥工程纪略。

收藏单位：国家馆

11211

粤汉区铁路管理局运输处文书处理及稽核办法　粤汉区铁路管理局运输处编

粤汉区铁路管理局运输处，1948.12，32 页，

32 开

本书共 3 章：总则、处理、稽核。附拟稿须知、档卷目录编订办法。

收藏单位：国家馆

11212

粤汉区铁路全线复路通车特刊　粤汉区铁路局编

广州：粤汉区铁路局，1946，8 页，32 开

11213

粤汉区铁路与美国依利诺铁路运输效能之比较　刘传书著

出版者不详，1948.3，26 页，32 开（粤汉半月刊专刊 2）

本书共 4 节：引言、粤汉铁路上年各月运输统计之检讨、美国依利诺铁路运输统计格式之说明与比较、粤汉铁路与美国依利诺铁路运输统计中相同单位之比较。

11214

粤汉铁路　行政院新闻局编

行政院新闻局，1947.9，22 页，32 开

本书共 6 部分：前言、粤汉铁路之修筑经过、战时铁路之破坏与战后之修复、通车情况、业务与行车之改进、结语。

收藏单位：安徽馆、重庆馆、广东馆、广西馆、桂林馆、国家馆、河南馆、黑龙江馆、湖南馆、吉林馆、江西馆、近代史所、辽宁馆、南京馆、内蒙古馆、上海馆、首都馆、天津馆、浙江馆、中科图

11215

粤汉铁路备览　彭楚珩著

长沙：洞庭印务馆，1937.10，22+553 页，32 开

本书共 6 章：总论、筑路历史、工程概况、沿途物产、名胜古迹、旅运便览。

收藏单位：重庆馆、贵州馆、桂林馆、国家馆、湖南馆、吉林馆、南京馆、天津馆、西南大学馆

11216

粤汉铁路广韶段史略 粤汉铁路广韶段管理局机要课编辑室编

粤汉铁路广韶段管理局庶务课印务室，1931.1，190 页，16 开

本书共 8 部分：沿革、总务、路线、建设、行车、运输、财政、附记。

收藏单位：国家馆

11217

粤汉铁路南段管理局路政报告书 粤汉铁路南段管理局编

粤汉铁路南段管理局，1934，102 页，16 开

本书内容包括：整理经过、沟通中国南北当中本路之整个发展程序、史略等。

收藏单位：国家馆

11218

粤汉铁路南段史

铁道部第四届全国铁路沿线出产货品展览会，1935，48 页

收藏单位：近代史所

11219

粤汉铁路通车后之情况及整理之步骤 凌鸿勋著

粤汉铁路管理局，1936.12，23 页，22 开

本书内容包括：株韶段赶工之经过、通车前湘鄂段与南段之状况、甫告通车即行合并、组织之变更、通车时之重大任务、民国二十六年之主要工作、章制与人事之整理等。

收藏单位：南京馆、上海馆

11220

粤汉铁路湘鄂段工务统计暨状况 工务处工务课编

工务处工务课，1933，1 册，9 开

收藏单位：国家馆

11221

粤汉铁路湘鄂段养路规则汇编 粤汉铁路湘鄂段管理局工务处工务课编

粤汉铁路湘鄂段管理局工务处工务课，[1934.

10]，修正版，68 页，36 开

本书共 6 章：总则、组织、职务、工作、使用摇车平车规则、附则。附湘鄂铁路工务处手摇车临时使行规则、国有铁路行车规章、弯道表等。

收藏单位：国家馆

11222

粤汉铁路湘鄂线暂行运输章程

出版者不详，[1918.9]，74 页，22 开

本书共 4 章：总则、旅客运输、行李运输、货物运输。附价目条规、运输各种价目表。

收藏单位：国家馆

11223

粤汉铁路湘鄂线主要状况一览表 工务处工务课编

工务处工务课，1933.8，[16] 页，12 开

本书内容包括：沿革、创立费、组织状况、从业员工人数、本路主要货物、本路各站出产品、本路各站名胜古迹等。

收藏单位：国家馆

11224

粤汉铁路株韶段民国二十四年工作之回顾 粤汉铁路株韶段工程局编

长沙：粤汉铁路株韶段工程局，[1936]，60 页，16 开

本书报告该铁路当年建筑情况。附粤汉铁路全线图、株洲至韶关各段工程进度简图。

收藏单位：桂林馆、国家馆、南京馆

11225

粤汉铁路株韶段通车纪念刊 杨裕芬等编

粤汉铁路株韶段工程局，1936，[207] 页，16 开

本书收录论文 9 篇、工作纪要 12 篇。论文包括：《完成粤汉铁路之重大意义》（曾养甫）、《对于粤汉铁路完成之感想》（叶恭绰）、《痛定思痛之粤汉路》（关赓麟）等；工作纪要包括：粤汉铁路建筑之起因及株韶段完成之经过、株韶段三年来工务述要、株韶段机务概

况等。附株韶段沿线矿产调查报告、调查湘粤两省稻米产销情形报告。

收藏单位：重庆馆、东北师大馆、贵州馆、国家馆、湖南馆、南京馆、西交大馆、中科图

11226

粤汉铁路株洲至乐昌段一年来工作概要 粤汉铁路株韶段工程局编

粤汉铁路株韶段工程局，1934.6，24页，16开

本书共14部分，内容包括：总论、一年来发包之工程、一年来订购之材料、包工、工人、卫生、治安、交通、组织与行政等。

收藏单位：国家馆

11227

云南民营个碧铁路公司史略 个碧铁路公司编

个碧铁路公司，1937.3，10页，32开

11228

云南省政府整理个碧铁路公司委员会报告书

云南省政府整理个碧铁路公司委员会编

云南省政府整理个碧铁路公司委员会，1935，[233]页，16开，精装

本书介绍个碧铁路路线概况、桥梁、营业运输、资产设备等情况。共9部分：序、照片、图、表、法规、公牍、议案、报告、事件。

收藏单位：重庆馆、国家馆

11229

运价与生产 平绥铁路管理局编

平绥铁路管理局，1935.5，19页，32开

本书叙述平绥铁路沿线特产的产销情况与运价的改订问题。

收藏单位：国家馆

11230

运输规则汇览 京汉铁路管理局编

京汉铁路管理局，1922.5，366页，18开，活页装

本书共两卷：各路通用中华国有铁路运输通则、京汉铁路附则暨各项价目表。

收藏单位：国家馆、首都馆

11231

运送货物稽囤声明暂行规则

国内运输股，[1922.10]，油印本，4页，大16开，环筒页装

收藏单位：国家馆

11232

载运火药类规章

国内运输股，[1922.3]，油印本，3页，大16开，环筒页装

收藏单位：国家馆

11233

暂行货运规章 胶济铁路管理局车务处商务课续订

胶济铁路管理局车务处商务课，[1926.2]，[195]页，23开

本书共9部分：整车货物运输规则、整车货物运输细则、零担货物运输规则、零担货物运输细则、单行章程汇编、减收运费之货物一览表、通告类摘要、附件、本路公务运输章程。

11234

寨西店、东长寿、正定站经济调查 平汉铁路管理局经济调查组编

汉口：平汉铁路管理局经济调查组，1937，1册，16开（平汉丛刊 经济类 1 干线各站经济调查特辑）

收藏单位：广东馆、近代史所

11235

战后第一期铁道计划 行政院新闻局编

行政院新闻局，1947.11，66页，32开

本书收录抗战胜利后西北、西南、东南等地的铁道发展计划。

收藏单位：安徽馆、重庆馆、东北师大馆、广东馆、广西馆、桂林馆、国家馆、河南馆、湖南馆、江西馆、近代史所、柳州馆、

南京馆、内蒙古馆、宁夏馆、上海馆、首都馆、天津馆、浙江馆、中科图

11236

战时的铁路　孟广厚编

上海：中华书局，1936.2，222 页，32 开（国防丛书第 9 种）

上海：中华书局，1939.8，再版，222 页，32 开（国防丛书第 9 种）

上海：中华书局，1941.1，3 版，222 页，32 开（国防丛书第 9 种）

　　本书共 12 章，内容包括：铁路之军事上的应用略史、美国南北战争中铁路之功用、战时铁路之破坏保护与修复、德国战时铁路管理之组织及其发展、战时铁路军事运输之调节与统制等。书前有编者的话。

　　收藏单位：重庆馆、广东馆、贵州馆、国家馆、河南馆、黑龙江馆、湖南馆、吉林馆、江西馆、辽宁馆、南京馆、宁夏馆、上海馆、天津馆、浙江馆

11237

战时交通之设施与建设　张嘉璈讲

[中央训练团党政训练班]，[1939]，31 页，36 开

　　本书为 1939 年 4 月 25 日中央训练团党政训练班报告。内容包括：战时交通运输之重要性、抗战中之交通设施概况及建设计划、战时交通设施与建设之以往经验等。

　　收藏单位：重庆馆、广东馆、南京馆

11238

漳厦铁路图说　林荣向著

出版者不详，1928.2，34 页，16 开

　　收藏单位：首都馆

11239

浙赣路讯　浙赣铁路局出版委员会编

浙赣铁路局出版委员会，1947.7—1948.6，1 册，16 开

　　本书为《浙赣路讯》的合订本。所涉时间为 1947 年 7 月至 1948 年 6 月。

　　收藏单位：安徽馆、长春馆、重庆馆、大

庆馆、广东馆、广西馆、桂林馆、国家馆、河南馆、湖南馆、吉林馆、江西馆、近代史所、辽宁馆、南京馆、内蒙古馆、宁夏馆、山西馆、上海馆、首都馆、天津馆、武大馆、浙江馆

11240

浙赣铁路东段管理处主管人员简明录　浙赣铁路东段管理处人事室编

浙赣铁路东段管理处人事室，1945，24 页，56 开，环筒页装

　　本书收录浙赣铁路东段管理处组织系统表及处长室、总务组、工务组、事务组等主管人员名录。

　　收藏单位：重庆馆

11241

浙赣铁路复路通车金华纪念册　[浙赣铁路管理局编]

浙江文化印刷公司，1947.3，30 页，32 开

　　本书内容包括：浙赣铁路建筑史料、杭金段复路概述、钉道的回忆、里程到达表、杭金段沿线胜迹等。

　　收藏单位：国家馆、南京馆、绍兴馆、浙江馆

11242

浙赣铁路杭玉段会计统计年报（二十三年度）　会计课编

出版者不详，1935，140 页，10 开，精装

　　本书收录民国二十三年度路事纪要总报告、会计报告、工务报告、运输报告、铁路历史等。

　　收藏单位：广东馆

11243

浙赣铁路货物专价特价表　浙赣铁路运输课编

浙赣铁路运输课，[1935.2]，49 页，25 开，活页装

　　本书共两部分：货物专价表、货物特价表。自 1935 年 2 月 1 日起实行。

　　收藏单位：国家馆

11244

浙赣铁路局训练委员会训练所第十一期车务班通讯录　浙赣铁路局员工训练所编制

浙赣铁路局员工训练所，1947.11，44 页，32开

　　本书收录训练委员会、训练所（教务组、训育组、事务组）等机构职员录。

　　收藏单位：浙江馆

11245

浙赣铁路局训练委员会训练所第十二期会计车务话务班通讯录　[浙赣铁路局员工训练所编制]

[浙赣铁路局员工训练所]，1948，42 页，64开

　　收藏单位：重庆馆

11246

浙赣铁路客车运输附则暨行李包裹客车杂项运输等运价及各种杂费表　浙赣铁路运输课编

浙赣铁路运输课，[1936]，34 页，25 开，活页精装

　　本表自 1936 年 1 月 1 日起实行。

11247

浙赣铁路会计统计年报（民国二十四至二十五年）　浙赣铁路局会计处编

浙赣铁路局会计处，1937，2 册（[191]+230页），16 开

　　本书介绍浙赣铁路历史（本路各段建筑完成日期、变迁事迹）、各段产业所担之债务、车辆分类等资料。

　　收藏单位：浙江馆

11248

浙赣铁路联合公司职员录　[浙赣铁路联合公司编]

[浙赣铁路联合公司]，1935.1，214+16 页，25 开

[浙赣铁路联合公司]，1937.2，372+22 页，25 开

浙赣铁路联合公司，1946.12，181 页，32 开

本书收录理事会、理事会秘书处、总工程司、南昌办事处等机构全体职员名录。

　　收藏单位：国家馆、绍兴馆、首都馆、浙江馆

11249

浙赣铁路联合公司总报告（民国二十三、二十四至二十五年）　浙赣铁路联合公司编

浙江省立图书馆印行所，1935—1936，2 册（74+17+138 页），16 开

　　本书内容包括：工务、机务、业务、财务、购料、总务等。所涉时间分别为：1934年 4—12 月、1935 年 7 月至 1936 年 6 月。

　　收藏单位：国家馆、南京馆、上海馆、首都馆、浙江馆

11250

浙赣铁路南浔段复路通车纪念册　侯家源等著

南昌：江西大中华印刷厂，[1947.7]，44 页，32 开

　　本书共 15 部分，内容包括：本段沿革、破坏情形、修复计划、运输业务、经费概述等。书前有《本路南浔段复轨概述》（侯家源）、《南浔段劫后复兴》（项志达）、《南浔铁路督工感想》（郭彝）。

　　收藏单位：国家馆、吉林馆、江西馆、浙江馆

11251

浙赣铁路统计年报（中华民国三十五年）　浙赣铁路秘书室统计课编

出版者不详，1947，160 页

　　本书共 6 编：组织与人事、营业、工务、机务及车务、运输、其他。

　　收藏单位：近代史所

11252

浙赣铁路要览　浙赣铁路理事会编

浙赣铁路理事会，1935.12，100 页，42 开

　　本书全部为表。共 8 部分：引言、组织、工务、机务、运务、财务、总务、附录。

　　收藏单位：广东馆、国家馆、南京馆、上

海馆、浙江馆

11253

**浙江省杭江铁路工程局萧常线江边至兰溪段
建筑经费预算书** 浙江省杭江铁路工程局编

浙江省杭江铁路工程局，[1931]，60 页，16
开

本书大部分为表，内容为该路段 1930—
1931 年度的会计预算。

收藏单位：国家馆

11254

浙江省杭江铁路规章汇编

出版者不详，[1911—1949]，1 册，大 32 开，
活页装

收藏单位：南京馆

11255

**浙江省杭江铁路会计统计年报（二十一至
二十二年度）** 浙江省杭江铁路局会计课编

[浙江省杭江铁路局会计课]，[1933—1934]，
2 册（[187]+127 页），10 开

本书内容包括：铁路历史、会计报告等。
统计时间为当年 7 月至次年 6 月。

收藏单位：广东馆、浙江馆

11256

**浙江省杭江铁路运输课车务股章则令告汇编
（第1—4集）** 浙江省杭江铁路运输课车务股
编辑

浙江省杭江铁路运输课车务股，1933.10，1
册，25 开，精装

本书收录该车务股抄转本路局及本课所
发有关总务、营业、行车 3 类的章则令告共
125 件。

收藏单位：广东馆

11257

整顿宁省铁路意见书 侯镇平编

出版者不详，1926.10，18 页，32 开

本书收录整顿南京下关至城内铁路的意
见。

11258

整理平汉铁路工务计划书

出版者不详，[1911—1949]，晒印本，1 册，
13 开

收藏单位：国家馆

11259

整理全国铁路业务联运计划书 俞棪编

铁道部业务司，1933.8，12+160 页，25 开

本书共 6 章：绪言、营业之整理、运输之
整理、联运之整理、人事之整理、结论。

收藏单位：国家馆、吉林馆、近代史所、
南京馆、上海馆

11260

正太铁路报告册（中华民国十三至二十年）
[正太铁路管理局编]

正太铁路管理局，1924—1931，8 册，10 开

本报告册为汉法对照，全部为表。内容
包括：新设展长路线、扩充改良、资本支出、
岁记账计算书等。

11261

正太铁路货车运输附则 正太铁路管理局车
务处订

正太铁路管理局车务处，1935，再版，88 页，
25 开，精装

本书共 3 章：总纲、整车货物运输、零担
货物运输。附货车装载逾量处罚办法、轻笨
货物计算运费办法、专价特价货物表等。

收藏单位：宁夏馆、山西馆、上海馆

11262

止太铁路货车运输价章 [正太铁路管理局
编]

正太铁路管理局，1921，37 页，18 开

本书内容包括：货车运输价目、货车运输
通则等。自 1921 年 1 月 1 日起实行。

收藏单位：国家馆

11263

正太铁路接收纪念刊 王寿南总纂

正太铁路管理局，1933.5，160 页，16 开，精

装

本书共 8 章，内容包括：正太铁路略史、接收前组织概况、筹备接收情形、接收典礼、点收状况等。末章附正太铁路借款合同、正太铁路行车合同。

收藏单位：广东馆、国家馆、南京馆、中科图

11264

正太铁路接收周年纪念刊　正太铁路接收周年纪念刊编纂委员会编

正太铁路管理局，1934，632 页，16 开，精装

本书总结正太铁路接收一年来的工作。共 17 章，内容包括：总论、总务、工务、车务、机务、会计、材料、购料事项等。

收藏单位：重庆馆、广东馆、国家馆、近代史所、南京馆

11265

正太铁路接收三周年纪念特刊　正太铁路管理局编

正太铁路管理局，1935，32 页，16 开

收藏单位：南京馆

11266

正太铁路接收第四周年纪念特刊　正太铁路管理局秘书室编

正太铁路管理局，1936.10，70 页，16 开

本书共 8 章：总务、工务、车务、机务、会计、警务、本路员工消费合作事业、本路名胜志要。

收藏单位：国家馆、浙江馆

11267

正太铁路客车运输附则　正太铁路管理局车务处订

正太铁路管理局车务处，1935.6，104 页，25 开，精装

本书内容包括：总纲、旅客运输、行李运输、包裹运输、牲畜类运输等。附邮员半价乘车办法、监察委员半价乘车办法、客票价目表等。

收藏单位：上海馆

11268

正太铁路统计图表　正太铁路局总务处编

正太铁路局总务处，1935.10，[10] 页，8 开

本书收录资本支出、营业收支、岁计、盈亏、员工人数、薪金等彩色比较图 10 种。

收藏单位：国家馆

11269

正太铁路载客运货价章　[正太铁路管理局编]

正太铁路管理局，1915，78 页，18 开

本书分上、下两卷。上卷共 3 篇：总纲、杂费、规例；下卷为各款价单。于 1915 年 1 月 1 日刊定。

收藏单位：国家馆

11270

中东暨西伯利亚铁路共同监管委员会会议纪录（3—4 编）　管理中东暨西伯利亚铁路共同监管委员会编

出版者不详，1919，1 册，精装

收藏单位：国家馆

11271

中东路的过去与现在

出版者不详，[1911—1949]，24 页，16 开

收藏单位：江西馆

11272

中东铁路各站调查书　[中东铁路特区路警处编]

中东铁路特区路警处，[1930]，1 册，16 开

本书为对中东铁路沿线各站状况、自然条件、物产、传闻、古迹等所作的调查。共 3 卷：东路、西路、南路。

收藏单位：国家馆、近代史所

11273

中东铁路路警处报告书（民国十年份）　中东铁路路警处编

中东铁路路警处，[1922]，117 页，16 开

本书主要收录各项有关的档牍资料。共 6 章：总纲、公牍、调查、警察、卫生、图表。

11274

中东铁路问题的检讨 李荣达著

北平：李荣达 [发行者]，1934.7，186 页，22 开

本书共 9 章：绪论、中东铁路的起原、中东铁路的经济状况、中东铁路和各国的关系、中东铁路已往的交涉、日俄在中东铁路最近的纠纷、出售中东铁路会议的经过、各国所抱态度的剖视、结论。

收藏单位：国家馆、湖南馆、近代史所、上海馆

11275

中东铁路问题之研究 傅角今编著

上海：世界书局，1929.11，117 页，32 开

本书共 11 节，内容包括：中东路创设之原起、中东路局之组织、中东路之经济概况、中东路与我国权利之损失、中东路与日本等。附中俄合办东省铁路公司合同全文、中东铁路公司章程、中俄解决悬案大纲协定等。

收藏单位：重庆馆、东北师大馆、广东馆、广西馆、国家馆、河南馆、湖南馆、近代史所、南京馆、陕西馆、上海馆、天津馆、浙江馆

11276

中国长春铁路工作概要 中国长春铁路管理局企画处编

沈阳：中央日报社承印部，1947.10，266 页，16 开

本书共 13 部分，内容包括：本路沿革简史、日本投降后的接收经过、组织概况、运务概况、机务概况等。

收藏单位：重庆馆、国家馆、辽宁馆

11277

中国长春铁路货物等级表 [中国长春铁路管理局编]

哈尔滨：中长铁路印刷所，1946.1，119 页，23 开

本书附中国长春铁路货物运则别表。

收藏单位：国家馆

11278

中国的铁路 陈鹤琴 陈选善主编

上海：民众书店，1939.11，23 页，32 开（中国历史故事 40）

收藏单位：重庆馆、国家馆

11279

中国国家津浦铁路运货价章

天津：怡泰印务局，1915.9，4 版，1 册，18 开

本书共 8 部分：运货规则三十二条、货物分类表、特等货物、普通货物运价表等。自 1915 年 9 月 1 日起实行。

收藏单位：国家馆

11280

中国国家京汉铁路总规章 唐士清编

出版者不详，[1911—1949]，109 页，25 开

本书共 5 卷：论人员之职责任、论列车之配合、论列车来往路上及各站、论号志、电报电话传递章程。

收藏单位：国家馆

11281

中国国家京张铁路行车养路机车巡警电报规则

出版者不详，[1911—1919]，53 页，25 开

本书共 33 章，内容包括：公守规则十条、车务段长规则十条、正副站长规则十四条、售票司事规则六条、车守规则二十一条等。

收藏单位：国家馆

11282

中国国有平绥铁路之沿革及工务之概况 邱泽同著

天津：工商学院工科土木工程系，1939，石印本，27 页，16 开

本书共 10 章，简略介绍该路的沿革、线路、轨道、桥梁、涵洞、车站、机厂、号志等情况及有关的工务。

收藏单位：国家馆

11283

中国铁道便览 铁道部业务司编

上海：商务印书馆，1934.3，246页，50开，精装

　　本书内容包括：路政大事年表、铁道部组织、路线、各铁路管理局会、各路设备、货商须知、货物负责联运、旅客须知、旅客联运须知、首都铁路轮渡、铁路与公路联运、各路沿线著名物产一览等。

　　收藏单位：安徽馆、广东馆、国家馆、河南馆、湖南馆、吉林馆、江西馆、南京馆、内蒙古馆、上海馆、天津馆、浙江馆、中科图

11284

中国铁道建设 张嘉璈著 杨湘年译

外文题名：China's struggle for railroad development

重庆：商务印书馆，1945.11，[19]+228页，25开

上海：商务印书馆，1946.7，[19]+228页，25开

　　本书共6编：七十年中国铁道进展之回顾、中国铁路新借款之筹募、恢复债信及战时准备、抗战中之铁道运输、抗战中之新路建设、战后铁道之发展。附关于货币折换率之说明、敌人在占领我国领土上之铁路建设、全国铁路里程表等。

　　收藏单位：安徽馆、重庆馆、东北师大馆、广西馆、国家馆、河南馆、湖南馆、江西馆、辽大馆、辽宁馆、南京馆、内蒙古馆、山西馆、上海馆、首都馆、浙江馆、中科图

11285

中国铁道史 谢彬著

上海：中华书局，1929.12，12+480+82页，22开（史地丛书）

上海：中华书局，1934.5，再版，12+480+82页，25开（史地丛书）

上海：中华书局，1940，3版，12+480+82页，25开（史地丛书）

　　本书共16章，内容包括：铁道兴筑沿革、列强在华侵略路权机关、铁道与列强之交涉、建设铁道法令、铁道财政、铁道借款合同要项、已成国有铁道、现修国有铁道、已成民业铁道等。附孙中山先生中国铁道建设计划、全国各路站名里程总表。

　　收藏单位：安徽馆、重庆馆、东北师大馆、甘肃馆、广东馆、广西馆、贵州馆、国家馆、河南馆、黑龙江馆、湖南馆、江西馆、辽大馆、南京馆、上海馆、天津馆、浙江馆、中科图

11286

中国铁路概述 铁道部秘书厅编译室编

铁道部秘书厅编译室，1932.11，21页，32开（铁道部丛刊5）

　　本书共10部分，内容包括：中国铁道之起原、铁道行政机关之沿革、国内铁道之发展、今后筑路之计划、借款兴筑各路之收回等。

　　收藏单位：南京馆

11287

中国铁路货运业务问题 沈奏廷著

出版者不详，[1935—1949]，52页，28开

　　本书共14部分，内容包括：免费保管期限与保管费、联运过轨车辆之车租与延期费、运费之收取方法、整车货物之中途装卸、到达货物之交付方法、货物之保险、待装空车之调配等。

　　收藏单位：江西馆

11288

中国铁路简史 东北铁路学院编委会编

[东北铁路学院缮印室]，[1945]，油印本，1册，18开

　　本书共4编：绪论、我国筑路沿革、路政、路线。

　　收藏单位：国家馆

11289

中国铁路建设问题 凌鸿勋著

出版者不详，[1946]，19页，32开

本书共 5 部分：旧路整理之重要、关于新路之建筑、筑路计划中应顾及之事、铁路建设的资金问题、经营制度之商榷。

收藏单位：广西馆、国家馆、南京馆、上海馆

11290

中国铁路借款合同全集　王景春等编

外文题名：Railway loan agreements of China

北京：铁路协会，1916.4，[831] 页，22 开

北京：铁路协会，1922，2 册（30+496+446 页），13 开，活页精装

本书为汉英对照。按签订顺序收录各借款合同及其他垫款函约。附交通部长期借款一览表。

收藏单位：重庆馆、广东馆、国家馆、近代史所、辽大馆、宁夏馆、上海馆、首都馆、中科图

11291

中国铁路借款合同续集　张竞立编

南京：仓颉印务有限公司，1931，11+339 页，13 开，活页精装

本书为汉英对照。收录借款合同及相关文件共 79 件。

收藏单位：广东馆、国家馆、南京馆

11292

中国铁路会计学　叶崇勋著

上海：商务印书馆，1935.12，10+489 页，25 开（大学丛书 教本）

上海：商务印书馆，1936.2，再版，10+489 页，25 开，精装（大学丛书 教本）

上海：商务印书馆，1938.3，3 版，10+489 页，25 开（大学丛书 教本）

长沙：商务印书馆，1938.11，4 版，10+489 页，25 开（大学丛书 教本）

本书共 16 章：概论、会计科目、帐簿组织、资产与负债、资本支出、营业收入及支出、岁计收入及支出、盈亏及盈亏之拨补、决算及报告、站帐、材料帐、工厂帐、建筑帐、铁道资产之折旧问题、铁道预算问题、铁道会计之审核问题。

收藏单位：安徽馆、重庆馆、东北师大馆、广东馆、贵州馆、国家馆、黑龙江馆、湖南馆、吉林馆、江西馆、辽大馆、辽宁馆、南京馆、上海馆、首都馆、浙江馆、中科图

11293

中国铁路会计之资产折旧问题　吴英豪著

中国计政学会，1935.4，78 页，32 开（中国计政学会丛刊）

本书共 12 部分，内容包括：引言、中国铁路资产之现行折旧办法、推行折旧之困难、我国铁路资产之分析、美国铁路资产之办理折旧情形、折旧之登记等。

收藏单位：南京馆

11294

中国铁路联运事业之过去现在与将来　俞棪讲

出版者不详，1935.4，[22] 页

本书共 4 部分：铁路联运之重要性、过去之中国铁路联运事业、现在之中国铁路联运事业、将来之中国铁路联运事业。

收藏单位：近代史所、南京馆

11295

中国铁路史　曾鲲化著

北京：新化曾宅，1924，2 册（14+26+954 页），22 开

本书共 3 编：绪论、路政、路线。第 1 编共 4 章：铁路之肇兴、铁路之东渐、反对派之纷起、清廷之定议筑路；第 2 编共 6 章：总务、建设、运输、财政、法规、交涉；第 3 编共 3 章：国有铁路、民业铁路、外国承办铁路。材料多取自晚清政府及北京政府交通部、局档牍资料。

收藏单位：安徽馆、重庆馆、东北师大馆、广东馆、贵州馆、国家馆、黑龙江馆、湖南馆、近代史所、辽大馆、辽东学院馆、南京馆、内蒙古馆、宁夏馆、上海馆、首都馆、天津馆、浙江馆、中科图

11296

中国铁路问题　陈心镜著

上海：新知书店，1936.12，146 页，22 开

本书共 5 章：中国铁路发展的特质及当前的危机、中国铁路的殖民地化、外资怎样瓜分中国铁路、中国铁路与国民经济、中国铁路需要强烈的新政策。附中国铁路总延长里数表、各国在华铁路投资主要机关表。

收藏单位：重庆馆、广东馆、广西馆、桂林馆、国家馆、湖南馆、吉林馆、南京馆、陕西馆、上海馆、天津馆、浙江馆

11297

中国铁路问题论文集　金士宣著

外文题名：China's railway problems

南京：交通杂志社，1935.4，370 页，22 开（交通杂志社丛书 5）

本书共 4 编：铁路建设与整理、铁路组织与管理、铁路运输与运价、东北及西北铁路交通问题。收录著者历年发表在报刊上的论文 33 篇。

收藏单位：国家馆、近代史所、南京馆、中科图

11298

中国铁路现势地图附表　张鸿藻著

上海、北京：中华书局，1915.11，110 页，16 开

本书收录中国行政区域表、中国已成现筑拟筑预期各铁路表、中国电报局所区域等次表、中国邮务局所区域表、中国各省及边疆界址表等。

收藏单位：国家馆、首都馆

11299

中国铁路现势纪要　张鸿藻著

北京：中华全国铁路协会，1918.1，10+342 页，18 开

本书内容包括：国有、民业、国际已成铁路，国有、民业现筑铁路，国有、民业拟筑铁路，国有、民业、国际预期铁路，高线铁路，已成、拟筑轻便铁路等。

收藏单位：安徽馆、国家馆、湖南馆、吉林馆、近代史所、首都馆、天津馆、中科图

11300

中国铁路现势通论

出版者不详，[1911—1949]，373 页，22 开

收藏单位：广东馆

11301

中国铁路转运公司　刘金泉著

北平：国立交通大学研究所北平分所，1936.7，210 页，16 开（铁路问题丛书 3）

本书共 11 章，内容包括：绪论、转运公司之性质及起源、转运公司资本类别及组织、转运公司之业务及设备、转运公司之运费及进款来源等。

收藏单位：国家馆

11302

中国铁路总公司条例　中国铁路总公司编

中国铁路总公司，[1913.3]，[10] 页，16 开

本书为汉英对照。

11303

中华国有京绥铁路行车时刻全表　[京绥铁路管理局编]

北京：京绥铁路管理局，1923.7，重订版，27 页，18 开

本书为汉英对照。附行车简要规则。

收藏单位：国家馆

11304

中华国有铁路北宁线货场管理规则　[北宁铁路管理局编]

[北宁铁路管理局]，1931.1，51 页，25 开

北宁铁路管理局，1932.9，修订版，50 页，25 开

本规则自 1931 年 1 月 1 日起实行。修订版自 1932 年 9 月 1 日起实行。

收藏单位：国家馆

11305

中华国有铁路北宁线货车负责运输通则　[北宁铁路管理局编]

北宁铁路管理局，1932.9，26 页，25 开

本通则自 1932 年 9 月 1 日起实行。

收藏单位：国家馆

11306

中华国有铁路北宁线货物运价表　[北宁铁路管理局运输处编]

北宁铁路管理局运输处，1931.1，3 版，135 页，25 开

北宁铁路管理局运输处，1936.6，35+34+52 页，25 开

　　本表为汉英对照。附距离表。1931 年版自当年 1 月 1 日起实行。1936 年版自当年 6 月 1 日起实行。

　　收藏单位：国家馆、上海馆

11307

中华国有铁路北宁线货运特价表　[北宁铁路运输处编]

北宁铁路运输处，1931.1，14 页，25 开

11308

中华国有铁路北宁线货运专价表　[北宁铁路运输处编]

北宁铁路运输处，1931.1，20 页，25 开

11309

中华国有铁路北宁线客车运输附则　北宁铁路管理局编

北宁铁路管理局，1933，2 版，172 页，22 开，活页精装

　　本书共 8 章，内容包括：总纲、旅客运输、行李运输、包裹运输等。附定期乘车票规则、回数乘车票规则、代收包裹货价章程。自 1933 年 8 月 1 日起实行。

　　收藏单位：国家馆

11310

中华国有铁路北宁线蓬布绳索使用规则　北宁线铁路管理局编

北宁线铁路管理局，[1931]，19 页，25 开

　　本规则共 19 条。自 1931 年 5 月 15 日起实行。

　　收藏单位：国家馆

11311

中华国有铁路北宁线押货警押运货物规则及报告手续　[北宁铁路运转处编]

北宁铁路运转处，[1931]，12 页，25 开

　　本规则自 1931 年 2 月 1 日起实行。

　　收藏单位：国家馆

11312

中华国有铁路北宁线沿途积合整车零担车处理规则　[北宁铁路运输处编]

北宁铁路运输处，[1931]，15 页，25 开

　　本规则自 1931 年 1 月 1 日起实行。

　　收藏单位：国家馆

11313

中华国有铁路北宁线运费及杂费规则　[北宁铁路运输处编]

北宁铁路运输处，[1931]，20+28 页，25 开

　　本规则自 1931 年 1 月 1 日起实行。

11314

中华国有铁路第九次国内联运会议纪录　交通部铁路联运事务处编

交通部铁路联运事务处，[1921]，[97] 页，18 开

　　本书收录该会议的会员录、议案录、会议纪录。附国内旅客联运成绩报告表及有关的信函、章则、报告等。该会议于 1921 年 5 月在北京召开。

　　收藏单位：国家馆、南京馆

11315

中华国有铁路第十二次国内联运会计会议纪录　交通部铁路联运事务处编

交通部铁路联运事务处，[1924]，[7] 页，18 开

　　本书收录该会议的会员录、会议纪录。

　　收藏单位：国家馆

11316

中华国有铁路各线客票价目表

出版者不详，[1911—1949]，1 册，10 开

　　本书收录京沪线、沪杭甬线、胶济线等

线路的价目及时刻表。

收藏单位：重庆馆

11317

中华国有铁路国内联运规章 ［铁道部联运处编订］

外文题名：Chinese national railways, rules and regulations in connection with domestic through traffic

［铁道部联运处］，1928.5，354 页，22 开

铁道部联运处，1931.5，354 页，22 开

本书为汉英对照。附各种规章、办法及表式等。1928 年版自当年 5 月 1 日起实行。1931 年版自当年 5 月 1 日起实行。

收藏单位：国家馆、黑龙江馆、南京馆、上海馆、中科图

11318

中华国有铁路沪杭甬线货车运输附则暨各种运价表 ［沪杭甬线车务处长订］

泰兴印务局，1931.1，2 版，82 页，22 开

本书共 12 部分，内容包括：运输规则、运价及其他费用、报装运输及提取货物办法、杂项、囤存栈地租费、装卸费、分等运价表等。自 1931 年 1 月 1 日起实行。

收藏单位：国家馆、上海馆

11319

中华国有铁路货车运输普通货物分等表

出版者不详，1921，120 页，18 开

本书为各种货物名称的汉英法分类对照表。

收藏单位：国家馆

11320

中华国有铁路货车运输通则　交通部路政司营业科编

［交通部路政司营业科］，1921，160 页，22 开

［交通部路政司营业科］，1922.11，2 版，160 页，22 开

交通部路政司营业科，［1923］，3 版，112+13 页，22 开

交通部路政司营业科，1926.2，4 版，修订本，

28 页，25 开

本书共 4 节：总纲、运送办法、运价及其他费用规则、托运装载及交货手续。附货物分等表。由交通部核定，自 1921 年 1 月 1 日起第一次实行，自 1923 年 1 月 1 日起第二次修正实行。

收藏单位：国家馆、南京馆、上海馆、天津馆

11321

中华国有铁路货车运输通则附录广九铁路运货价章　广九铁路管理局订

广九铁路管理局，［1921.1］，26 页，25 开

本书内容包括：运货价目表、公斤运价表、公吨运价表、整车运价表、特别运价表等。附交通部直辖广九铁路各站相距公里表。自 1921 年 1 月 1 日起实行。

收藏单位：国家馆

11322

中华国有铁路货物联运价目表　交通部铁路联运事务处清算所编

交通部铁路联运事务处清算所，［1923］，［288］页，22 开

本书为汉英对照。内容包括：联运货物运费计算法、货物联运途径表、普通货物价目表（按公斤装运、按零吨装运、按整车装运）、牲畜车轿及灵柩等件价目表等。附价目表修正通知书。自 1922 年 12 月 1 日起实行。

收藏单位：国家馆

11323

中华国有铁路吉长线职员录

出版者不详，［1922］，30 页，25 开，环筒页装

出版者不详，［1923］，32 页，25 开，环筒页装

本书收录吉长县铁路总务处、代表室、运输处、工务处等机构全体职员名录。

收藏单位：国家馆

11324

中华国有铁路暨东省铁路经由南满铁道旅客

联运规章汇览 铁路联运事务处编

铁路联运事务处，1926.1，[50]页，23开

[铁路联运事务处]，1930.11重刊，1册，16开，精装

本书1926年版编者题：交通部铁路联运事务处。1930年重刊本编者题：铁道部联运处。

收藏单位：南京馆

11325

中华国有铁路暨东省铁路经由南满铁道旅客联运合同 [交通部铁路联运事务处编]

交通部铁路联运事务处，[1921]，10页，16开

本书收录1921年10月24日铁路联运事务处代表与日、苏代表共同签署的联运合同全文。附该路旅客联运各项帐目之清理及登记结算规则。

收藏单位：国家馆

11326

中华国有铁路暨东省铁路经由南满铁道旅客联运会议记录（第1—3次） 交通部铁路联运事务处编

交通部铁路联运事务处，1921—1925，3册（16+[81]+[76]页），16开

本书内容包括：参会者名录、会议记录、议案等。第1—3次会议召开时间分别为：1921、1923、1925年。

收藏单位：国家馆

11327

中华国有铁路暨东省铁路经由南满铁道旅客联运旅客票价及行李运价

出版者不详，1922，22页，10开

本书为汉英对照。收录该铁路旅客联运票价计算方法，自奉天至中华国有铁路各站、南满铁道、长春及东省铁路各站的单程票价及行李运价表，天津及北京往返折程票价表，联运各路分配表等。

11328

中华国有铁路胶济线货物运输附则暨运价表

及各种杂费表 [胶济铁路管理局编]

胶济铁路管理局，[1936]，[232]页，22开，活页装

本书共17部分，内容包括：附则、基本运价、整车运价表、不满整车运价表、特价表、专价表等。自1936年6月1日起实行。

收藏单位：国家馆

11329

中华国有铁路津浦线货车运输附则 津浦铁路管理委员会车务处编

[津浦铁路管理委员会车务处]，[1921]，[76]页，22开

津浦铁路管理委员会车务处，[1934]，修正版，[170]页，25开

本书为汉英对照。1921年版共10节，内容包括：总纲、运送规则、运价及其他费用规则、记账运货价章、货物装卸价目表等。自当年1月1日起实行。1934年版内容包括：凡例、增加或修正一览表、中华国有铁路津浦线货车运输附则、中华国有铁路津浦线货车运输暂行办法、中华国有铁路津浦线货车运输各种运价。由铁道部核定，自当年11月1日起实行。目录页题名：中华国有铁路津浦线货车运输附则附暂行办法暨各种运价。

收藏单位：国家馆、上海馆

11330

中华国有铁路津浦线收受暨运输铁路负责货物办事细则

出版者不详，[1921.1]，20页，22开

本书共4部分：起运站之手续、运送手续、终止站收受及交货之手续、总则。附浦口车站及港务办公室收交货物办事细则、警备队关于运输负责货物应尽职务章程。自1921年1月1日起实行。

收藏单位：国家馆

11331

中华国有铁路津浦线营业一览（民国九年分）

津浦铁路管理局总务处编查课编

津浦铁路管理局总务处编查课，1921.12，1册，21×31cm

本书收录该线营业、运输、里程、车辆、工程、职工等各类统计图表54种。

收藏单位：国家馆

11332

中华国有铁路津浦线职员录 津浦铁路管理委员会编

津浦铁路管理委员会，1934，340页，25开，环筒页装

津浦铁路管理委员会，1937，1册，30开，环筒页装

本书收录该铁路秘书室、总务处、工务处、车务处、机务处、会计处、驻津办事处等机构全体职员名录。目录页题名：津浦铁路管理委员会职员录。逐页题名：津浦铁路职员录。

收藏单位：重庆馆、国家馆

11333

中华国有铁路京奉路线货车运输通则 ［京奉铁路管理局编］

京奉铁路管理局，1921，84+21页，22开

本书为汉英对照，全部为表。收录该线每五十公斤运价、每吨运价、整车运价。附运价并里数表。

收藏单位：国家馆、南京馆

11334

中华国有铁路京奉线职员录 京奉铁路管理局编

京奉铁路管理局，1921.1，156+[24]页，25开，环筒页装

本书收录该线局长室、副局长室、总务处、警察处、车务处、机务处、会计处等机构人员名录。附姓名便查、电话号数表。

收藏单位：国家馆

11335

中华国有铁路京汉京绥线职员录 京汉京绥铁路管理局编

京汉京绥铁路管理局，1920.1，[614]页，25开

本书收录该线总务处、工务处、车务处、

机务处、材料处、会计处等机构全体职员名录。

收藏单位：国家馆、首都馆

11336

中华国有铁路京汉铁路会计统计年报（民国四至十四年份） ［京汉铁路管理局编］

京汉铁路管理局，1916—1926，11册，10开，精、平装

本书为汉法对照。收录1915—1925年各年度资本支出、营业路线里数之细别、车辆分类、岁记账计算书、旅客业务之细别、货运业务之细别等。

收藏单位：国家馆

11337

中华国有铁路京汉线客货车运输附则

京汉铁路总务处印刷所，1923.3，206页，23开，活页精装

京汉铁路总务处印刷所，1927.3，[390]页，23开，活页精装

本书为汉法对照，大部分为表。附暂行运价等。

收藏单位：国家馆

11338

中华国有铁路京沪沪杭甬线客车运输附则 国民政府铁道部编

国民政府铁道部，1937.1，[33]页，25开，活页精装

本规则由国民政府铁道部核定，自1937年4月1日起实行。

收藏单位：上海馆

11339

中华国有铁路京绥线建置纪略 交通部直辖京绥铁路管理局编

交通部直辖京绥铁路管理局，[1921]，38页，22开

本书为纪念京绥路全线通车而作。内容包括：本路建筑缘起、本路工程经过情形、本路组织沿革、本路建筑经费、本路历年营业收支数目比较表、本路车站一览表、本路与

他路之联络、本路附属事业等。

收藏单位：重庆馆、国家馆、吉林馆、近代史所、首都馆

11340

中华国有铁路京绥线会计统计年报（民国六至九、十二至十六年份）

出版者不详，[1918—1928]，9册，10开

本书为汉英对照。收录京绥线各年度资本支出、营业路线公里数之细别、车辆分类、岁记账计算书、旅客业务之细别、货运业务之细别等统计资料。

收藏单位：国家馆、南京馆

11341

中华国有铁路京绥线运货递减价目表 中华国有铁路京绥线编

外文题名：Chinese government railways Peking-Suiyuan line tapering rate table for goods traffic

中华国有铁路京绥线，1926.10，重订版，[60]页，16开

本书全部为表。共3部分：五十公斤运价表、零吨运价表、整车吨运价表。附公里数表。

收藏单位：广东馆、国家馆、辽宁馆、上海馆

11342

中华国有铁路京绥线运输负责货物暂行办事细则

出版者不详，[1921]，10页，18开

本书共4部分：总则、起运站、到达站交货手续、货仓。附路警对于运输负责货物应尽职务暂行章程。自1921年1月1日起实行。

收藏单位：国家馆

11343

中华国有铁路京张线会计统计年报

北京：北京日报，[1915]，2册（47+48页），10开

本书为汉英对照彩色图表。为1915年上、下半年合订本。

收藏单位：国家馆、南京馆

11344

中华国有铁路客车运输通则 交通部路政司营业科 [编]

交通部路政司营业科，[1921]，54页，22开

交通部路政司营业科，1922.11，修正版，54页，22开

交通部路政司营业科，[1926]，4版，修订本，54页，25开

本书共19节，内容包括：总纲、旅客票价及座位、发售客票、车票之有效期间、旅客行李、优待旅行团体、包裹、保险等。附中华国有铁路定期乘车票发行规则、中华国有铁路回数乘车票发行规则。

收藏单位：国家馆、辽宁馆、天津馆

11345

中华国有铁路客货车运输通则 交通部编

交通部，1926.2，[1167]页，25开，精装

本书为汉英对照。

11346

中华国有铁路会计统计汇编（民国四年至民国十八年） 铁道部统计处编

外文题名：Statistics of Chinese national railways: 1915—1929

铁道部统计处，1931，261页，36开

本书为汉英对照。收录统计表14种，内容包括：营业公里表、车辆类别表、营业百分率表、列车及机车公里表、旅客统计表、货物统计表等。

收藏单位：重庆馆、国家馆、上海馆

11347

中华国有铁路会计统计总报告（民国九年至二十一年） 铁道部总务司统计科编

铁道部总务司统计科，[1921—1933]，2册，10开，环筒页装

本书内容包括：总务司呈部长文、统计报告说明、统计表等。1926年及1927年报告为汉英对照。

收藏单位：国家馆、南京馆、上海馆

11348

中华国有铁路联运规章汇览（1） 交通部铁
路联运事务处编

交通部铁路联运事务处，1919，132 页，25
开，精装

　　收藏单位：南京馆

11349

**中华国有铁路联运会第一至第九次会计会议
纪录** 交通部铁路联运处编

交通部铁路联运处，[1919]，148 页，18 开

　　本书封面题：中华国有铁路联运会第一至
第九次会计会议记录。所涉 9 次国内联运会计
会议召开时间为 1913 年 10 月至 1919 年 10 月。

　　收藏单位：国家馆

11350

中华国有铁路联运会议纪录（第一至七次）
交通部铁路联运事务处编

交通部铁路联运事务处，[1918—1919]，2 册
（284+[264] 页），18 开

　　本书收录 1913—1919 年在北京召开的 7
次联运会议的与会者名录、决议案、会议纪
录等。附有关联运事宜的报告单、章程规则
等。

　　收藏单位：国家馆、首都馆

11351

中华国有铁路联运货物适用之特别运价 交
通部铁路联运事务处清算所编

交通部铁路联运事务处清算所，1922，33 页，
16 开

　　本书为汉法对照。共 3 部分：货物目录、
商行名单、特别货物运价。

11352

**中华国有铁路民国八年暨五年以来营业状况
简略报告** 交通部路政司编

交通部路政司，1920，[16] 页，25 开

　　本书为汉英对照。

11353

中华国有铁路南浔线客货车运输附则 南浔

铁路车务处编

南浔铁路车务处，1931.7，[66] 页，23 开

　　本书共两部分：南浔铁路客车运输附则、
南浔铁路货车运输附则。附客票价目表，整
车货物运率总表、分表，不满整车货物运率
总表、分表等。

　　收藏单位：上海馆

11354

中华国有铁路平汉线客货车运输附则 [平汉
线运输科编]

平汉线运输科，1929.9，122+47 页，25 开

平汉线运输科，1932，172+47 页，25 开

　　本书大部分为表。共两章：客运、货运。
第 1 章共 3 部分：客票运价、各项减价票价、
行李包裹运价；第 2 章共 3 部分：附则、普通
货物六等运价、普通货物专价。

　　收藏单位：上海馆、首都馆

11355

**中华国有铁路平汉线会计统计年报（民国
十八、二十四年份）** 平汉铁路管理委员会编

[汉口]：平汉铁路管理委员会，[1930—
1936]，2 册（56+14+140 页），8 开

　　本书为汉英对照，大部分为表。

　　收藏单位：国家馆

11356

**中华国有铁路平绥线客车运输附则暨各种单
行办法及客票价目表** 中华国有铁路平绥路
局编

中华国有铁路平绥路局，[1936]，39 页，25
开

　　本书共 6 章：总纲、旅客运输、行李包裹
及杂项客运、路订各种单行办法、部颁各种
单行办法、客运价目及公里表。自 1936 年 4
月 1 日起实行。

　　收藏单位：国家馆

11357

**中华国有铁路平绥线行车时刻表、客车价目
表** 平绥铁路管理局车务处营业课编

平绥铁路管理局车务处营业课，1936.10，1

册

11358

中华国有铁路四洮线职员录

出版者不详，1921.3，37 页，25 开，环筒页装

出版者不详，1923.5，54 页，25 开

　　本书收录该线总务处、工务处、车务处、会计处等机构全体职员名录。

　　收藏单位：国家馆、山西馆

11359

中华国有铁路统计资料　铁道部总务司统计科编

铁道部总务司统计科，[1933]，1 册，25×30cm

　　本书为汉英对照。

　　收藏单位：国家馆

11360

中华国有铁路统计总报告（民国十九至二十三年）　铁道部总务司统计科编

铁道部总务司统计科，[1931—1934]，5 册，10 开，环筒页装

　　本书大部分为统计图表。

　　收藏单位：广东馆、国家馆、南京馆、内蒙古馆、浙江馆

11361

中华国有铁路统计总报告（民国二十三至二十四年度）　铁道部秘书厅研究室编

铁道部秘书厅研究室，1934—1935，2 册（217+167 页），9 开

　　收藏单位：国家馆、近代史所、南京馆、上海馆

11362

中华国有铁路湘鄂铁路管理局客车、货车运输附则　中华国有铁路湘鄂铁路管理局编

中华国有铁路湘鄂铁路管理局，[1932]，8 版，85 页，20 开

　　本书收录湘鄂铁路管理局客车运输附则 9 条、货车运输附则 18 条。附各站距离公里表、客票价目表、整车货物运费表等。自 1932 年 7 月 1 日起实行。

11363

中华国有铁路营业成绩统计表（民国四年至二十年）　铁道部总务司统计科编

[铁道部总务司]，1933，18 页，22 开

　　本书为汉英对照。

　　收藏单位：国家馆

11364

中华国有铁路粤汉线客车运输附则　粤汉铁路营业处编

粤汉铁路营业处，[1937]，10 页

　　本附则自 1937 年 4 月 1 日起实行。

11365

中华国有铁路粤汉线（湘鄂段）客车、货车运输附则（第 2 号）

出版者不详，[1921]，1 册，22 开

　　本书收录湘鄂铁路管理局客车运输附则 9 条、货车运输附则 18 条。附各站距离公里表、客票价目表、普通货物运费表等。自 1921 年 1 月 1 日起实行。

　　收藏单位：国家馆

11366

中华国有铁路运输会议纪录（第 2—4、6 次）
　　[交通部铁路运输会议编]

交通部铁路运输会议，[1920—1925]，4 册，22 开

　　本书收录历次会议人员名单、会议纪录、审查会审查报告、议案等。

　　收藏单位：国家馆、南京馆、首都馆

11367

中华国有铁路张绥线会计统计年报（民国四年分）　张绥铁路局编

外文题名：Chinese government railways Chang-Sui line semi-yearly report

张绥铁路局，[1916]，1 册，10 开，精装

　　本书为上、下半年合订本。汉英对照，全部为表。

收藏单位：国家馆、南京馆

11368

中华国有铁路中日旅客联运价目表　交通部
铁路联运事务处编
交通部铁路联运事务处，1924.1，59 页，10
开
　　本书为汉英对照。
　　收藏单位：重庆馆

11369

**中华国有铁路中日旅客联运·中东经由南满
铁道旅客联运·华北旅客联运价目表汇编**
交通部铁路联运事务处编
交通部铁路联运事务处，[1926]，135 页，22
开，活页装
　　本书为汉英对照。自 1925 年 9 月 1 日起
实行。
　　收藏单位：国家馆

11370

**中华国有铁路中日旅客联运·中东经由南满
铁道旅客联运·华北旅客联运价目表汇编**
铁道部铁路联运处编
铁道部铁路联运处，[1931]，159 页，25 开，
活页精装
　　本书为汉英对照。自 1931 年 10 月 1 日
起实行。
　　收藏单位：国家馆、上海馆

11371

中华国有铁路株萍线客车、货车运输附则
出版者不详，[1921]，[50] 页，22 开
　　本书收录株萍铁路客车运输附则 10 条、
货车运输附则 19 条。附普通货物运费表、客
票价目表、各站距离公里表。
　　收藏单位：国家馆

11372

中华民国国有铁路车站帐目则例
出版者不详，1936，342 页，32 开，活页装
　　本书共 3 部分：增修方法之说明、车站帐
目则例、各种站帐格式之印制纸质装订方法

及保存期限表。由铁道部规定，自 1936 年 1
月 1 日起实行。
　　收藏单位：重庆馆、国家馆、上海馆

11373

中华民国国有铁路机务统计（十四年一月）
路政司考工科编
路政司考工科，[1925]，1 册，16 开
　　本书全部为表。
　　收藏单位：国家馆

11374

中华民国国有铁路统计图解　铁道部秘书厅
统计室编
铁道部秘书厅图书室，[1934]，10 页，9 开
　　本书据各线管理局造送的会计、统计月
报及年报所载有关营业、盈亏、设备、运输、
员工等项主要统计数字编制。统计年份多为
1933 年度。
　　收藏单位：国家馆

11375

**中华民国吉长铁路管理局运输处全路行车时
刻表**　吉长铁路管理局运输处编
吉长铁路管理局运输处，1917.11，改订版，
[16] 页，25 开
　　本书收录快客车、客货合车、例行货车、
便开货车的列车号次、行车摘要。1917 年 11
月 25 日改订。
　　收藏单位：国家馆

11376

中华民国津石铁路借款合同
出版者不详，1937，油印本，[5] 页，16 开，
环筒页装
　　本书收录该借款合同条款 18 条。附中华
民国津石铁路借款还本表。
　　收藏单位：国家馆

11377

中华民国铁道行车统计：车务人员应守规则
国民政府铁道部编
外文题名：Instructions for traffic insectors, station

matters, guards and others concerned

国民政府铁道部，1929，74 页，25 开

本书为汉英对照。共 3 部分：列车日程单、列车统计日报单、货车挂出日报单。附简写表、客车座位数目表、行车统计名词等。于 1929 年 7 月 1 日公布。

收藏单位：国家馆、南京馆、上海馆

11378

中华民国铁路工会全国联合会第一次会员代表大会特刊 大会秘书处编

南京：中华民国铁路工会全国联合会第一次会员代表大会秘书处，1948.1，35 页，16 开

本书内容包括：代表大会宣言、开幕词、孙副主席训词、大会会议纪录、大会通过之铁联会章等。

收藏单位：国家馆

11379

中华民国铁路国内联运规则 交通部制订

出版者不详，1946.12，6 版，262 页，23 开

本书共 12 编，内容包括：会议、旅客联运、客运通务、货物联运、互通车辆、互用篷布绳索、铁路与公路联运、铁路与航空联运、会计规则等。

收藏单位：重庆馆、河南馆、中科图

11380

中华民国铁路国内联运规章 铁道部联运处编订

铁道部秘书厅，1935.7，4 版，307 页，22 开

铁道部秘书厅，1936.11，5 版，222 页，22 开

收藏单位：安徽馆、国家馆、湖南馆、南京馆、上海馆

11381

中华民国铁路国内联运会议纪录汇编（上册第 1—9 次） 铁道部联运处编

铁道部联运处，1936 重印，715 页，16 开

本书收录 1913—1921 年 9 次铁路国内联运会议的会员录、议决案、会议纪录、附录。

11382

中华民国铁路国内联运简明时刻表及票价里程表 铁道部联运处编

铁道部联运处，1937.5，[21] 页，42 开

11383

中华民国铁路沪杭甬铁路会计统计年报（第 18 次 中华民国二十一年份）

外文题名：Chinese national railways Shanghai-Hangchow-Ningpo railway annual report. 1932

出版者不详，[1933.9]，48 页，8 开

本书为汉英对照，大部分为统计表。

收藏单位：国家馆、南京馆

11384

中华民国铁路货车负责运输办事细则

出版者不详，1932，68 页，25 开，环筒页装

出版者不详，1933，再版，81 页，25 开，环筒页装

出版者不详，1934，3 版，83 页，25 开

本书共 4 章：总则、车站办理货运人员之分配及职掌、货场管理及办理货运手续、附则。附零担车处理办法、铁路警察押运负责货车办法、篷布绳索使用保管办法。由国民政府铁道部核定，于 1932 年 8 月 26 日公布。

收藏单位：国家馆、南京馆

11385

中华民国铁路货车负责运输单据表册格式

出版者不详，[1932]，1 册，25 开

本书全部为折叠式表。共 34 种 43 张，内容包括：货位凭单、托运单、货票、货车车牌、整车货物托运日报单等。由国民政府铁道部核定，于 1932 年 8 月 26 日公布。

收藏单位：国家馆、南京馆、上海馆、浙江馆

11386

中华民国铁路货车负责运输通则

出版者不详，1932.7，3 版，22 页，25 开

出版者不详，1934.7，4 版，24 页，24 开

本书共 7 章：总纲、托运及承运、负责运价及杂费、装运及交货、铁路与货商之责任、

赔偿损失办法、附则。

　　收藏单位：国家馆、南京馆、上海馆

11387

中华民国铁路货车运输规则

出版者不详，1934，7 版，160 页，21 开

出版者不详，1937，8 版，160 页，21 开

出版者不详，1940，9 版，160 页，21 开

11388

中华民国铁路货车运输通则　交通部路政司营业科编

出版者不详，1929.1，5 版，52 页，25 开

出版者不详，1930.7，6 版，37+14 页，25 开

出版者不详，1934，7 版，18 页，25 开

出版者不详，1937，9 版，40 页，25 开

出版者不详，1943，11 版，30 页，21 开

　　收藏单位：安徽馆、贵州馆、桂林馆、国家馆、上海馆

11389

中华民国铁路货物分等表

国民政府铁道部，[1937.1]，7 版，304 页，25 开

国民政府铁道部，1940.10，8 版，282 页，25 开

　　本书共两部分：普通货物分等表、危险货物分等表。普通货物分等表内容包括：矿产门、农产门、森林门、禽畜门、工艺门。附牲畜运价表等。自 1937 年 1 月 1 日起实行。

　　收藏单位：安徽馆、国家馆、黑龙江馆、湖南馆、南京馆、山西馆、上海馆

11390

中华民国铁路货物联运运价表汇编　铁道部联运处清算股编订

出版者不详，1935.1，320 页，25 开，精装

出版者不详，1935.4，2 版，290 页，27 开，精装

出版者不详，1937.7，3 版，150 页，25 开，精装

　　本书全部为表。内容包括：联运运费各项计算方法、联运各路联轨站一览表、货物联运路径表、不满整车运价表、整车运价表等。

　　收藏单位：南京馆、上海馆、浙江馆

11391

中华民国铁路货物运输办事细则

出版者不详，1936，4 版，133 页，25 开

出版者不详，1943，5 版，119 页，25 开

出版者不详，1946，5 版，133 页，25 开

　　本书共 15 章，内容包括：总纲、货运人员之分配及职掌、货场货棚及仓库之管理、货物到达之处理、零担车之处理等。附货运单据表册格式等。封面题名：中华民国铁路货车运输办事细则。

　　收藏单位：安徽馆、重庆馆、国家馆、上海馆

11392

中华民国铁路货物运输通则

[国民政府铁道部]，[1935]，52 页，25 开，环筒页装

　　收藏单位：东北师大馆、湖南馆、南京馆、上海馆

11393

中华民国铁路货物运输通则

中央军校成都分校交通训练班，[1936]，45 页，32 开

　　本书共 10 章，内容包括：总纲、铁路与货商之责任、货等运价及其他费用、托运及承运、运输之变更换票及阻滞等。由铁道部核定，自 1935 年 10 月 1 日起实行。

　　收藏单位：重庆馆

11394

中华民国铁路津浦线货物运输附则暨运价表及各种什费表　津浦铁路管理局车务处编

津浦铁路管理局车务处，[1936]，[318] 页，23 开，活页精装

　　本书共 5 章：总则、托运及承运、运费、杂费计算规则、其他。附基本运价、整车运价表、不满整车运价表等。自 1936 年 4 月 1 日起实行。

11395

中华民国铁路京沪铁路会计统计年报（第18次 中华民国二十一年份）

出版者不详，[1933.9]，48页，8开

　　本书统计表为汉英对照。书前有黄伯樵所写英文前言。

　　　　收藏单位：上海馆

11396

中华民国铁路客车运输规则　国民政府交通部 [编]

国民政府交通部，1936，7版，62页，22开

国民政府交通部，1943.7，8版，60页，25开

　　本书共7章：总纲、旅客运输、行李运输、包裹运输、牲畜类运输、车轿类运输、金银货币及其他有价证券运输。附定期乘车票发行办法、回数乘车票发行办法、来回票发行办法等。

　　　　收藏单位：重庆馆、国家馆、上海馆

11397

中华民国铁路客车运输通则　国民政府铁道部 [编]

国民政府铁道部，1929，5版，54页，25开

国民政府铁道部，1930，6版，119页，25开

　　　　收藏单位：桂林馆、国家馆、南京馆、上海馆

11398

中华民国铁路列车及车辆统计暂行规则　国民政府铁道部公布

[国民政府铁道部]，1936，65页，22开

　　本书内容包括：列车及车辆统计规则、旅客列车报单说明、旅客列车统计说明、客车统计说明、货物列车统计说明、货车统计说明等。

　　　　收藏单位：国家馆

11399

中华民国铁路陇海线货物运输附则暨运价表及各种杂费表　陇海铁路管理局编

陇海铁路管理局，1936，[280]页，32开，活页装

11400

中华民国铁路旅客联运票价表汇编

出版者不详，1931.11，3版，99页，25开

出版者不详，[1934]，4版，[219]页，25开，活页精装

出版者不详，1936.7，5版，238页，25开

　　本书内容包括：联运站名、普通客票价目及里程表、行李运价、包裹运价等。由国民政府铁道部联运处检定，第3版自1931年11月1日起实行，第4版自1934年6月1日起实行，第5版自1936年7月1日起实行。

　　　　收藏单位：国家馆、湖南馆、南京馆、上海馆

11401

中华民国铁路平绥线货物运输附则暨运价表及各种杂费表　[平绥铁路管理局编]

平绥铁路管理局，[1936]，[168]页，25开，活页精装

　　本书共12部分，内容包括：附则、基本运价、整车运价表、不满整车运价表、特价表、减价表、各种杂费等。附特种轻笨货物名称表、车站名称英文简写表。自1936年4月1日起实行。

　　　　收藏单位：国家馆、上海馆

11402

中华民国铁路普通货物分等表　国民政府铁道部编

国民政府铁道部，1930，5版，154页，25开

国民政府铁道部，1934.11，6版，73+86页，25开，精装

国民政府铁道部，1937，7版，304页，25开

　　本书为汉英对照。共5门：矿产门、农产门、森林门、禽畜门、工艺门。附爆炸及危险物品分等表、货车运输牲畜舟车币钞等价目表。

　　　　收藏单位：重庆馆、国家馆、南京馆、上海馆

11403

中华民国铁路普通货物分等表暂订增加修改表　[国民政府铁道部编]

[国民政府铁道部]，1931.6，31+154 页，25 开

　　本书为汉英对照。内容包括：货等运价委员会议决各方提议修改货物分等表内各种货物等级一览表、增加货物分等表内各种货物一览表。附中华民国铁路普通货物分等表（第 5 版）。

　　收藏单位：国家馆、上海馆

11404

中华民国铁路统计规则　国民政府铁道部公布

国民政府铁道部，1937.1，18+161 页，23×31cm

　　本书共两部分：规则、表格。分别收录营业、运输、机车、工务、材料、财务、总务统计。附铁道部秘书厅研究室第二组职掌规程、中华民国国有铁路承办统计人员考成办法。

　　收藏单位：国家馆、南京馆、上海馆

11405

中华民国铁路员司车辆车站电传减写表　铁道部主编

出版者不详，1935.5，2 版，122 页，20 开

　　收藏单位：重庆馆

11406

中华民国铁路粤汉线货物运价表　粤汉铁路营业处编

粤汉铁路营业处，[1936]，496 页，25 开

　　本书共两部分：整车货物运价表、不满整车货物运价表。自 1936 年 9 月 1 日起实行。

　　收藏单位：重庆馆、国家馆、湖南馆

11407

中华民国铁路粤汉线湘鄂段客票价目表

出版者不详，1934.11，10 版，42 页，16 开

　　本书共 6 部分：徐家棚株洲北间客票基本运价表、徐家棚株洲北间各站客票价目表、第四段客票基本运价表、第四段客票价目表、行李包裹每件装卸费表、接送随身行李包件搬运费表。

　　收藏单位：湖南馆、南京馆

11408

中华全国铁路协会第一次报告　中华全国铁路协会编辑部编

北京：中华全国铁路协会事务所，1912.8，85 页，18 开

　　本书共 9 部分，内容包括：章程、分部办事细则、大会会则、第一次大会记事录、职员录、会员录等。

　　收藏单位：国家馆、天津馆

11409

中华全国铁路协会本部第二次报告　中华全国铁路协会编辑部编

北京：中华全国铁路协会本部事务所，1913.6，143 页，32 开

　　本书共 8 部分，内容包括：职员录、章程、大会会则、评议员会议事规则、暂行会计规则等。

　　收藏单位：国家馆

11410

中华全国铁路协会第四次定期大会建议案并说明书　中华全国铁路协会编

中华全国铁路协会，[1917]，40 页，20 开

　　本书收录本会第四第五两年度会务情形报告、浦口架设长江铁桥以便联运互通车辆建议案、转运公司收归自办建议案、建全国铁路协会大会所意见书等。

　　收藏单位：国家馆

11411

中华全国铁路协会第五次定期大会建议案

中华全国铁路协会编

中华全国铁路协会，[1918]，32 页，18 开

　　本书收录各种建议案共 23 种，内容包括：关于铁路各学校宜兼注重德育案、北京宜亟设无轨电车建议案、各省会及通商大埠宜架设无线电话建议案、改良客车座位之建议、铁路之统一三策等。

　　收藏单位：国家馆

11412

中华全国铁路协会二十三年大会报告 铁路协会月刊编辑委员会编辑

南京：铁路协会月刊发行股，1934.9，1册，16开

本书为《铁路协会月刊》第6卷第9期专号。

收藏单位：浙江馆

11413

中华全国铁路协会规程 中华全国铁路协会编

中华全国铁路协会，1919.6重印，22页，18开

本书内容包括：中华全国铁路协会章程、增订会费数则、中华全国铁路协会分科办事规则、中华全国铁路协会支部通则、铁路协会本部职员录等。

收藏单位：国家馆

11414

中华全国铁路协会会员录 ［中华全国铁路协会编］

中华全国铁路协会，[1911—1949]，150页，32开

收藏单位：东北师大馆、浙江馆

11415

中华全国铁路协会建议请速定政策草案 中华全国铁路协会编

出版者不详，[1911—1949]，1册

收藏单位：国家馆

11416

中华全国铁路协会章程 中华全国铁路协会编

中华全国铁路协会，1919，22页，18开
中华全国铁路协会，1929，8页，25开

本章程共6章：总则、会员、组织、会期、经费、附则。

收藏单位：国家馆

11417

中日俄竞争下之东北铁道网 黄文焘著

上海：南京书店，1932.5，324页

本书共3章：东北之铁路网系概说、既成铁路、未成铁路。附新大陆开拓与满蒙铁道等。

收藏单位：黑龙江馆、近代史所

11418

中日联运规章汇览 交通部铁路联运事务处编

交通部铁路联运事务处，[1919]，321页，18开

交通部铁路联运事务处，1921.10，重订版，1册，18开

交通部铁路联运事务处，1922.11，3版，169页，22开

交通部铁路联运事务处，1925，4版，216页，25开

交通部铁路联运事务处，1926.3，6版，228页，25开

交通部铁路联运事务处，1928.3，7版，215页，22开

本书为中、日铁路与轮船联运合同、章则及办法的汇编。

收藏单位：国家馆、首都馆

11419

中日联运规章汇览 铁道部联运处编

铁道部联运处，1931.8，8版，230页，22开

收藏单位：国家馆、中科图

11420

中日联运会议协定书（第6—15次） ［交通部铁路联运事务处编］

交通部铁路联运事务处，[1918—1926]，10册（[74]+80+92+56+64+202+30+76+102+[152]页），18开

本书收录会议议案等。

收藏单位：重庆馆、国家馆、辽宁馆、首都馆

11421

中日铁路关系各问题 东北问题研究会编

北平：东北问题研究会，1933.3，再版，12页，32 开（东北问题研究会丛书）

本书共 5 部分：南满洲铁路、关于铁路权益协定、纠纷之铁路问题、铁路资本关系、满铁并行线及包围线。

收藏单位：国家馆

11422

中日铁路联络运输会会议记事录（第 1—5次） [交通部铁路联运事务处编]

[交通部铁路联运事务处]，[1914—1917]，5册（84+86+[84]+[84]+[146] 页），18 开

本书为汉英对照。收录该会会议日程、议案、记事录等资料。

收藏单位：国家馆

11423

中日铁路联运会第一至第五次会议协定书
交通部铁路联运事务处编

交通部铁路联运事务处，[1913—1919]，226 页，18 开

本书收录 1913—1917 年该会历次会议所议旅客、行李及货物联运事宜。参会者包括：中华民国京奉铁路局、朝鲜总督府铁路局、日本铁道院等。

收藏单位：国家馆

11424

株萍铁路规章汇览（第 2 期 民国二年上半期）
株萍铁路管理局总务课文牍处编

株萍铁路管理局总务课文牍处，1914.6，[104]页，18 开

本书收录规章 18 种。共 5 部分：通则、总务、营业、电气、会计。

收藏单位：国家馆

11425

最近满蒙铁路大势纪要 刘树藩 邹恩元著
苏州：振新书社，辽源：庆泰祥，1928.9，[19]+83 页，22 开，精装

本书共 3 编：已成之路、进行之路、预期

之路。书中涉及路权及重要事项的均为有眉批。附日本提出二十一条原文摘要等。

收藏单位：国家馆、首都馆、浙江馆

11426

最近三年铁路减低运价述略 俞棪著

[铁道部业务司联运处]，1935.6，38 页，25开

收藏单位：广东馆、吉林馆、南京馆、上海馆

11427

最近重要工作报告 京沪沪杭甬铁路管理局总务处编

京沪沪杭甬铁路管理局总务处，1934.8，[40]页，32 开，环筒页装

本书为该路局局长黄伯樵、副局长吴绍曾为出国考察所准备的对外工作报告。共 6 部分：关于组织者、关于运输者、关于营业者、关于设备者、关于财产者、关于员工福利者。书前有该铁路管理局组织系统表、行政会议一览表、铁路分段一览表、铁路概况表。

收藏单位：国家馆

11428

最新京汉路局燃犀录 新华日报社编

北京：新华日报社，1922.10，184 页，32 开

本书主要论述京汉铁路局所存在的路政问题。内容包括：图咏、评论、纪要、弊端、笑柄等。

收藏单位：国家馆

11429

最新实用铁路簿记 孙寿恩著

上海：商务印书馆，1914，254 页，21 开，精装

本书共 3 编：总论、本论、附录。第 1 编共两章：铁路簿记之意义、贷借；第 2 编共11 章，内容包括：铁路局会计科之组织、账簿及表式、工程时代例题、结算、营业时代例题、贮藏品整理法等；第 3 编共两章：铁路局之组织、铁路预算格式。

收藏单位：天津馆

11430

最新铁道簿记学　杨震华编著

北京：共和印刷公司，1913，2 册，22 开

　　本书分两册：理解、表式。上册论述铁道簿记学原理及实务，共 3 卷：通论门、核算门、附录门；下册收录铁道簿记应用表式 6 种，内容包括：资本类、营业收入类、营业支出类等。

　　收藏单位：国家馆、吉林馆、南京馆、首都馆

陆路、公路运输经济

11431

安徽省道计划书　程振钧著

出版者不详，[1925]，209 页，16 开

　　本书为安徽省公路建设计划。共 8 章，内容包括：定线、筑路之分类与分期、筑路工程之设计、分期筹款、摩托车之营业等。

　　收藏单位：安徽馆、近代史所、上海馆、首都馆、中科图

11432

安徽省公路局职员录　安徽省公路局编

安徽省公路局，1935，[78] 页，22 开，环筒页装

　　本书收录安徽省公路局、安蚌路安合段工程处、皖西各路工程处、殷屯路殷青段工程处、省殷路工程处等机构职员名录。

　　收藏单位：国家馆

11433

安徽省全省公路管理处工作报告　安徽省全省公路管理处编

安徽省全省公路管理处，[1930]，[347] 页，16 开

　　本书收录处务进行概况、业务报告、法规、调查、特载等。附安徽全省公路管理处职员表等。所涉时间为 1929 年 7 月至 1930 年 2 月。

　　收藏单位：天津馆

11434

安徽省驿运管理处施政概况　安徽省驿运管理处编

安徽省驿运管理处，1944.5，16 页，16 开

　　收藏单位：南京馆

11435

安徽驿运一览　安徽省驿运管理处编

安徽省驿运管理处，1942.10，石印本，[13]+107 页，16 开

安徽省驿运管理处，1943.3，50 页，36 开

　　本书收录该省驿运机构、路线、伕具、运价、概算、收支等统计资料。附职员录 3 种。

　　收藏单位：安徽馆、重庆馆

11436

察哈尔交涉署兼办出入口汽车管理处成绩要览（第 1 期）　察哈尔交涉公署编

察哈尔交涉公署，1926.12，128 页，18 开

　　本书共 17 部分，内容包括：张库张多京张三路线总图、汽车管理处成立之经过、张库线之历略、张多线之历略、京张线之历略、公文摘要、特载等。

　　收藏单位：国家馆

11437

察哈尔省建设厅汽车管理处组织大纲及各项规则　察哈尔省建设厅汽车管理处编

察哈尔省建设厅汽车管理处，1936.5，14 页，18 开

　　本书收录规则、办法、条例 11 种，内容包括：察哈尔省汽路管理大纲、察哈尔建设厅汽车管理处组织规程、察哈尔建设厅汽车管理处检查汽车办法等。

　　收藏单位：国家馆

11438

长潼汽车公司筹办处一览　长潼汽车公司筹办处编

西安：长潼汽车公司筹办处，1923.1，94 页，18 开

　　本书收录该处路线全图、组织系统表、

暂行简章、办事细则、载客运货章程、办事通则等。

　　收藏单位：国家馆

11439

成渝马路计划书　乐爱人编

北京印刷局，1922，再版，34 页，16 开

　　本书分上、下两编。上编介绍四川在中国之地位与国际上之关系，成渝马路的重要性；下编介绍路政筹备处的成立、资金筹集、路线勘定、工程核算等情况。

　　收藏单位：重庆馆

11440

承筑余临省道汽车股份有限公司创办概况

承筑余临路公司编

承筑余临路公司，1924.4，1 册，16 开

承筑余临路公司，1926，136 页，16 开

　　收藏单位：浙江馆

11441

承筑余武省道汽车股份有限公司整股股东名册（民国十五年份）

出版者不详，[1911—1949]，9+6 页，16 开

　　收藏单位：浙江馆

11442

重建灵桥纪念册　改建老江桥筹备委员会编

宁波：改建老江桥筹备委员会，[1936]，[160] 页，16 开

　　本书共 10 部分：题字、铜图、沿革、灾变、碑记、筹备经过、会议记录、工程概况、财产目录、跋。

　　收藏单位：广东馆、上海馆

11443

出席第七次国际道路会议报告　赵祖康编

出版者不详，1935.4，1 册，13 开

　　收藏单位：上海馆

11444

川滇东路之工务　交通部公路总局川滇东路工务局编

交通部公路总局川滇东路工务局，1944.3，40 页，32 开

　　本书介绍川滇东路工务局沿革、工程与管理、沿线物产、名胜古迹、风俗民情等。附该局沿革表等 10 张。

　　收藏单位：重庆馆、国家馆、南京馆

11445

川滇西路运输局卅一年度重要工作设施报告

出版者不详，1936.10，油印本，58 页，16 开

　　收藏单位：南京馆

11446

川黔两省公路交通之概观

出版者不详，[1935—1949]，18 页，32 开

　　本书共 3 部分：二十四年以前川黔两省公路交通概况、川黔两省公路交通之今昔观、川黔两省公路交通前途之展望。

　　收藏单位：重庆馆

11447

川陕公路川段两年来改善经过与彻底改善计划之商榷　[川陕公路川段编]

川陕公路川段，1942，油印本，21 页，16 开

　　本书共两部分：改善经过、彻底改善计画。第 1 部分介绍该路段改善工程路线长度、起始时间、经费、完成成果；第 2 部分内容包括：路基、路面、桥涵、渡口、路线防护等。

　　收藏单位：国家馆

11448

川陕公路川段桥渡示意图　交通部公路总管理处制

出版者不详，1940.10，1 册，32 开

　　收藏单位：上海馆

11449

川中公路概况　交通部川中公路工程处编

出版者不详，1941，9 页，32 开

11450

道路丛刊（第 1 集）　中华全国道路建设协会编

上海：道路月刊发行部，1925.5，[1577] 页，32 开，精装

本书共 10 编：论说、工程、法令、特件、实录、公牍、纪事、游记、长途汽车公司章则表册、附录。

收藏单位：重庆馆、广东馆、国家馆、近代史所、南京馆、中科图

11451

道路运动宣传纲要

中国国民党中央执行委员会宣传部，1929，66 页，32 开

收藏单位：广东馆

11452

德国汽车道概观　窦燕山编译

上海：国民图书编译社，[1940—1949]，50 页，36 开

本书共 16 部分，内容包括：汽车的时代、新纪元的开始、理想的实现、路工的新型待遇、环游德国汽车道、中途的停车场所、载货汽车日夜不断等。

收藏单位：广东馆、国家馆、浙江馆

11453

邓尉区风景交通整理特刊　江苏省省会建设工程处编

江苏省省会建设工程处，1940，71 页，16 开

本书记述整理该区交通的经过情况。内容包括弁言、公牍及有关记录资料。

11454

第二公路工程督察区工作报告（三十一年度）
　吴文华编

第二公路工程督察区，[1942]，1 册，窄 21 开

本书共 4 章，主要记载有关川康、川滇西路、川陕路分段的督察工作，康青路康玉段与雅富路的修筑，其他各路段的维修、保养经过。并收录有关工款、工程方面的统计资料，总务、人事情况的报告与建议等。目录页题名：第二公路工程督察区三十一年度工作报告。

收藏单位：重庆馆

11455

第二区公路工会筹备工作纪要　第二区公路工会筹备委员会编

第二区公路工会筹备委员会，1946.12，64 页，32 开

本书共 10 部分，内容包括：本区公路工会筹备经过、设计委员名单、法规、命令、本会历次委员会议录等。

收藏单位：国家馆

11456

第四年之西南公路　西南公路工务局编

西南公路工务局，[1942]，85 页，16 开

本书记载 1941 年该路局所辖五大干线的主要工作情况。内容包括：概述、工程、管理、财务、材料等。

收藏单位：重庆馆、广东馆、南京馆、上海馆、中科图

11457

第四区公路工会第二届会员代表大会特刊
熊其难　彭裕敬主编

第四区公路工会，1948.8，54 页，16 开

本书收录大会宣言、电文、会务报告、会议纪录、议案等。

收藏单位：国家馆

11458

第一运输处南京分处移交清册

第一运输处南京分处，1949，油印本，1 册，16 开，环筒页装

收藏单位：国家馆

11459

滇缅公路行车现状及改进建议　（美）安斯丹等著

战时运输管理局，1941.8，78 页，32 开

本书为中国政府所聘美国公路运输专家的视察报告建议书。内容包括：目前状况、管理当局、管理、行驶滇缅路各政府机关之连系、装货须用适当之方法等。

收藏单位：重庆馆、国家馆

11460

滇缅路　宋自节等译著　今日新闻社编

成都：今日新闻社，1945.7，80页，36开（今日丛刊1）

　　本书共4部分：滇缅路略图、滇缅路、滇缅铁路、记滇缅路。

　　收藏单位：重庆馆、吉大馆、吉林馆、近代史所、南京馆

11461

东南各省驿运联席会议汇刊　东南各省驿运联席会议编

东南各省驿运联席会议，[1943]，56页，18开

　　本书共9部分：筹备经过、开会经过、报告、会议纪录、决议案一览、演词、电文、特载、附录。该驿运会议于1943年6月1—4日在福建永安召开。

　　收藏单位：国家馆、南京馆

11462

督造苏浙皖三省联络公路报告书　全国经济委员会筹备处编

全国经济委员会筹备处，1932.10，8页，16开

　　本书报告督造三省公路经过，并对道路建筑工作加以探讨。

　　收藏单位：国家馆、南京馆、上海馆

11463

二年来之台湾公路交通　台湾省公路局编

台湾省公路局，1948.8，76页，16开

　　本书共7章：概述、局营业务、公路行政、机务与材料、会计与财务、员工福利、结论。附台湾省公路图。

　　收藏单位：广东馆、国家馆、吉大馆、南京馆、上海馆、天津馆、浙江馆、中科图

11464

飞云江义渡大纪念（改良十年成绩书）　吴之翰识

出版者不详，1915.12，石印本，1册，22开

　　本书内容包括：十年成绩之冠、义渡改良会简章、改良十年成绩之大纲、改良十年成绩之细目等。

　　收藏单位：浙江馆

11465

福建公路概况　张锡安　郭涟清编

厦门：风行印刷所，[1933]，18页，32开

　　本书内容包括：福建省公路一览表、福建省公路各期完成里数比较表等。所收录资料截至1932年。

　　收藏单位：福建馆、广西馆、国家馆、浙江馆

11466

福建护法区建筑公路计划书　冯重熙编

出版者不详，[1920.9]，[29]+[22]页，18开

11467

福建省公路承租办法　[福建省公路局编]

[福建省公路局]，[1911—1949]，10页，32开

　　本办法共20条。附福建省公路局向某汽车公司借款及还本付息合约9条。

　　收藏单位：福建馆

11468

福建省公路管理局三十六年度工作总报告

福建省公路管理局编辑

福建省公路管理局，1948.1，64页，16开

　　本书共8部分：弁言、总述、公路工程、公路运输、机料概况、总务、人事、计政。

　　收藏单位：福建馆

11469

福建省驿运管理处驿运章则　福建省驿运管理处编

福建省驿运管理处，1941.7，84页，18开

　　本书收录驿运章则25种，内容包括：交通部驿运总管理处组织规程、各省驿运管理处组织通则、福建省驿运管理处组织规程（草案）、全国驿运段站组织通则、中华民国

驿运行车通则等。附第三战区司令长官司令部水陆联运管理总处组织大纲、水陆交通统一检查条例等。

收藏单位：福建馆

11470

福建省驿运管理处永安区业务概况 福建省驿运管理处编

福建省驿运管理处，[1943]，26 页，21 开

本书介绍该区驿运沿革、水道及业务情况等。

11471

福建省驿运管理处职员须知 [福建省驿运管理处编]

[福建省驿运管理处]，1943.5，72 页，64 开

本书共 4 部分：弁言、须知、区站设备与站务人员应注意事项、附录。

收藏单位：福建馆

11472

福建省运输公司办理人力运输及合组闽南闽东两人力运输股份有限公司之经过及今后改进计划报告书 [福建省运输公司编]

[福建省运输公司]，[1940]，油印本，1 册，大 16 开

本书共 3 部分：运输公司办理人力运输之动机、运输公司办理人力运输之经过、人力运输办理之困难及今后改进计划。附福建省运输公司人力运输处组织章则、闽南人力运输股份有限公司章程、闽东人力运输股份有限公司章程等。

收藏单位：福建馆

11473

福建省运输公司第一次运输会议全案汇刊 [福建省运输公司第一次运输会议编]

[福建省运输公司]，[1940]，126 页，25 开

本书共 15 部分，内容包括：本会议暂行议事规程、本会议出席人员录、第一次大会会议程序、第一次大会会议纪录等。

收藏单位：福建馆

11474

福建省运输公司人力运输营业暂行章程 福建省运输公司编

福建省运输公司，[1940.12]，18 页，25 开，环筒页装

本书共 7 章：总则、运送办法、货运责任、运价及其费用、运输处理、赔偿责任、附则。

收藏单位：国家馆

11475

福建省运输公司驿运（肩挑）运输业务收付费率计算办法

福建省运输公司，1940.12，26 页，32 开

收藏单位：南京馆

11476

福建省之公路建设 [福建省政府秘书处编]

福建省政府秘书处，[1939]，46 页，25 开（闽政丛刊）

本书共 4 章：概说、本省公路进展过程、公路修养、今后进展计划。附彩色折图。

收藏单位：重庆馆、福建馆、广东馆、国家馆、南京馆、浙江馆

11477

各省公路概况（内外类编） 军委会委员长南昌行营[编]

[军委会委员长南昌行营]，1934，142 页，22 开

本书附七省联络公路最近进展状况表。

收藏单位：广西馆

11478

各省市公路工程应用材料价格表 调查科编制

出版者不详，1939，3 页，10 开

收藏单位：国家馆

11479

各省驿运管理处组织通则 交通部驿运总管理处编

出版者不详，[1911—1949]，5 页，32 开

收藏单位：南京馆

11480

公路车务管理　徐笑清编著

长沙：商务印书馆，1940.9，206 页，32 开

上海：商务印书馆，1947.6，再版，206 页，32 开

本书为职业学校教科书。共 28 章，内容包括：筑路的设施、公路管理局、选购车辆、站务之处理、车票之处理、货物运输、行车、车辆之修理、会计等。

收藏单位：重庆馆、国家馆、江西馆、辽大馆、南京馆、内蒙古馆、人大馆

11481

公路法规　赵松龄编

重庆：汽车书报出版社，1947，178 页，32 开

本书共 5 部分：组织规程、车辆管理、驾驶人及持工管理、运输法规、工务法规。

收藏单位：重庆馆

11482

公路会议特刊　全国公路会议编纂委员会编

全国公路会议编纂委员会，[1947]，1 册，22 开

本书共 7 部分：议程日志、训词、演讲、报告、答词、公路会议提案及决议、专论。该会议于 1947 年 1 月召开。

收藏单位：国家馆

11483

公路计划表　交通部公路总局设计考核委员会编

交通部公路总局设计考核委员会，1947.6，[14] 页，16 开

本书全部为表。内容为战后公路建设计划。

收藏单位：国家馆

11484

公路交通　全国经济委员会公路处编

全国经济委员会，1934.6，[93] 页，22 开

本书论述公路行政、财政、材料、测量、定线、排水及路床、桥梁涵洞、路面、养路、车辆、运输等。共 3 部分：汽车概述、汽车驾驶概述、汽车运输概述。

收藏单位：广东馆、南京馆、上海馆、天津馆

11485

公路交通管理条例草案　全国公路交通委员会编

全国公路交通委员会，1936.11，46 页，25 开

本书共 9 章，内容包括：总则、通则、汽车及机器脚踏车、公共汽车、其他车辆、肇事及处罚、附则等。附公路交通管理条例名词、各种道路及车辆名称图解表、驾驶人分类图解表等。

收藏单位：广东馆

11486

公路交通规章图表汇编　全国公路交通委员会编

全国公路交通委员会，1936.7，[214] 页，25 开

本书收录有关组织、管理、运输等章则 26 种、各种图表 32 种。附前苏浙皖京沪五省市交通委员会历次常会决议案摘要 76 件。

收藏单位：广东馆、南京馆、宁夏馆

11487

公路客货运输业务

中央军校成都分校交通训练班，[1935—1949]，150 页，16 开

本书共 4 编：总论、组织、旅客运输、货物运输。

收藏单位：重庆馆

11488

公路会计　彭信征著

交通部公路局第七区公路工程管理局，1947.5，146 页，18 开

本书共 9 章：总述、簿记组织系统、会计科目、会计凭证、会计簿记、会计报告、会计事务处理程序、预算书表之编制、附编。

收藏单位：国家馆、吉林馆、南京馆

11489

公路里程一览表 军事委员会运输统制局车务管理组第三科绘制

军事委员会运输统制局车务管理组第三科，1949，晒印本，1 册，横 8 开

　　收藏单位：国家馆

11490

公路汽车运货通则 交通部西南公路运输管理局编

交通部西南公路运输管理局，[1929]，8 页，16 开

　　本书附交通部西南公路运输管理局运货附则。自 1929 年 7 月起实行。

11491

公路汽车载客运货通则 贵州公路局编

贵州公路局，[1937]，[78] 页，25 开

　　本通则于 1937 年 7 月 15 日全国公路交通委员会第三次常会修正。附贵州公路汽车载客运货附则。

　　收藏单位：重庆馆、贵州馆

11492

公路特刊 广东建设厅编辑处编

广州：人民印务局，1931.12，1 册，16 开

　　本书共 17 部分，内容包括：特载、论著、计划、报告、译述、法规、公牍、纪录等。附路树须知。

　　收藏单位：国家馆

11493

公路特刊 云南全省公路总局总务科编

云南全省公路总局，1936.10，1 册，16 开

　　本书介绍云南公路概况。内容包括：专件、论著、议案、法规、公牍、报告、文艺、表册等。

　　收藏单位：国家馆、南京馆

11494

公路统计年报（民国三十三至三十五年度）

交通部公路总局统计室编

[交通部公路总局统计室]，1947，2 册，18

开，精装

　　本书收录交通部公路总局下属各单位业务资料。共 6 项：人事、工务、运务、机料、监理、财务。民国三十三、三十四年为 1 册。

　　收藏单位：重庆馆、国家馆、湖南馆、吉林馆、辽大馆、辽宁馆、南京馆、宁夏馆、山西馆、天津馆

11495

公路问题 彭学沛讲

出版者不详，1940.5，107 页，32 开

　　本书共 12 部分，内容包括：公路交通之进展及其趋势、战时公路交通之重要性、全国现有路线、公路设备、公路管理等。附关于公路工程及管理机关之组织、关于公路运输机关之组织、关于汽车及驾驶人技工之管理、关于运输之管理调度。

　　收藏单位：国家馆

11496

公路行政与财政 全国经济委员会公路处编

全国经济委员会公路处，1933，[51] 页，22 开（全国经济委员会公路工程司短期训练班讲义）

　　本书论述有关公路行政及其机关组织与财政筹款等各项问题，介绍英、德、法、意等国的情况。

　　收藏单位：国家馆、南京馆、宁夏馆、上海馆

11497

公路一览 江西公路处编

江西公路处，1932.9，[29] 页，32 开

　　本书收录江西省各大十线里程表、站名表等共 29 种。附折图。

　　收藏单位：国家馆

11498

公路运输 杨得任等编

交通部交通技术人员训练所，1940.1，油印本，1 册，16 开

　　收藏单位：南京馆

11499

公路运输调查　李谟炽 [编]

李谟炽 [发行者], [1940]，油印本，41 页，
16 开

　　收藏单位：国家馆

11500

公路运输管理　吴琢之著

南京：江南汽车股份有限公司，1935.12，240
页，16 开（江南丛书 1）

南京：江南汽车股份有限公司，1936，再版，
242 页，16 开（江南丛书 1）

　　本书共 3 编：总论、实体组织、应用管
理。第 1 编共 4 章，内容包括：交通概论、公
路事业之进行、公路与行驶汽车等；第 2 编共
7 章，内容包括：组织之意义、监督公路运输
之机关、公司业务管理之职权等；第 3 编共
16 章，内容包括：管理概论、选购车辆、厘
定票价、营业、车务、建造与修理、处理材
料等。

　　收藏单位：重庆馆、广东馆、国家馆

11501

**关于处理接收原公路总局及其附属机关的报
告**

出版者不详，[1946]，油印本，1 册，13 开，
环筒页装

　　收藏单位：国家馆

11502

广东全省公路概况表　广东建设厅第四科技
术室编

广东建设厅第四科技术室，1931.3，59 页，
16 开

　　本书收录东、南、西、北路各县公路表，
各县公路里数表。

11503

广东全省公路交通会议纪要　广东建设厅公
路处编

广东建设厅公路处，1937.8，58 页，16 开

　　本书共 8 部分，内容包括：本会议组织大
纲（附大会职员表）、出席人员名表（附审查

组出席人员名表）、开会典礼、报告、会议记
录决议案等。附各代表提案原文、大会秘书
处通告原文、省市交通统制及准备工作方案
原文。

　　收藏单位：南京馆

11504

广东全省公路里程表　广东省公路处编

[广东省公路处]，1937，72 页，16 开

　　本书共 5 部分：东区、南区、西区、北
区、崖琼区。附全省公路总长。

　　收藏单位：近代史所、南京馆

11505

广西公路管理局一年来局务概况　广西公路
管理局编

广西公路管理局，1937.4，78 页，16 开

　　本书共 4 章，介绍该局组织及行政、养
路工程之进行、营业运输等。所涉时间为
1936 年 5 月至 1937 年 4 月。

11506

广西省公路管理局三十七年度工作计划

出版者不详，[1948]，9 页，16 开

　　收藏单位：广东馆

11507

贵州公路局汽车司机服务规则　贵州公路局
编

出版者不详，[1938]，24 页，32 开

　　本书共 5 章，收录行车、工作时间、请
假、薪饷等方面的规则 54 条。自 1938 年 2
月起实行。

　　收藏单位：重庆馆

11508

贵州省公路修筑及运输管理　贵州建设厅车
务总段编

贵州建设厅车务总段，1937.7，39 页，25 开

　　本书介绍贵州公路的沿革、路线修筑、
营运状况、交通管理、养路、电讯等方面情
况。

　　收藏单位：重庆馆

11509

贵州省政府建设厅车务总段各路行车时刻里程及客运价目表

出版者不详，1937，66页，25开

11510

国道网 行政院新闻局编

行政院新闻局，1947.9，62页，32开

本书介绍全国的国道网及沿线经济概况、物产。共6部分：基线国道、经线国道、纬线国道、经线国道支线、纬线国道支线、国道网各线里程表。

收藏单位：安徽馆、重庆馆、大庆馆、广东馆、广西馆、国家馆、河南馆、湖南馆、吉林馆、江西馆、近代史所、辽宁馆、南京馆、内蒙古馆、上海馆、首都馆、天津馆、浙江馆

11511

国际道路会议考察美国道路报告书 花莱峰著

贵州省建设厅，1931.6，[64]页，20开

本书收录第6次国际道路会议经过报告书、考查美国道路报告书。

收藏单位：贵州馆、南京馆

11512

杭徽公路通车纪念刊 全国经济委员会编

全国经济委员会，1933.11，[31]页，22开

本书为汉英对照。共7部分：引言、建筑经过、工程概况、沿路设备、沿路物产、名胜古迹、行旅须知。附全路里程表。

收藏单位：国家馆、南京馆、中科图

11513

河北省公路调查表（中华民国三十二年度） 河北省政府建设厅编

河北省政府建设厅，1943，油印本，93页，横8开

收藏单位：国家馆

11514

河北省公路运输之研究 王学愚著

北京：交通大学北平铁道管理学院，[1934]，手写本，1册，16开，环筒页装

收藏单位：国家馆

11515

河南省长途汽车营业部周年纪念特刊 河南省建设厅长途汽车营业部编

开封：河南省建设厅长途汽车营业部，1932.7，1册，16开

本书收录1928年冬至1936年9月底公布的有关法规及附件等，包括章则17种、公文60件、通告38件及一年来的业务报告、统计图表、各站情况调查、旅行指南、附录等。

收藏单位：国家馆、南京馆、浙江馆

11516

河南省路政概况 建设总署公路局调查科[编]

建设总署公路局调查科，[1942]，油印本，2册，16开

本书共5章：河南省路政之沿革、河南省路款之来源、筑路与养路、管理、修筑道路占用之土地。

收藏单位：国家馆

11517

河南省修筑公路征收土地章程·兴办交通、水利工程征用义务劳工暂行条例

出版者不详，1931，[20]页，32开

本书附实施细则。所收章程、条例等由河南省第36次省务会议通过。

11518

后方主要公路里程表 军事委员会战时运输管理局公路工务处编

军事委员会战时运输管理局公路工务处，1945.3，[24]页，32开

本书收录西南、川康、西北地区战时主要公路里程表。

收藏单位：国家馆

11519

湖北省公路管理局章则汇编　湖北省公路管理局编

湖北省公路管理局，1936.6，118+[192]+80+50页，32开

本书共5编：总务、车务、机务、工务、会计。收录该局章则、办法、法令等，并附各种表报。

收藏单位：广东馆、国家馆、南京馆

11520

湖嘉公路长途汽车股份有限公司章程　湖嘉公路长途汽车股份有限公司编

湖嘉公路长途汽车股份有限公司，[1911—1949]，15页，窄32开

11521

湖南第三汽车路局民办期间总报告书　湖南第三汽车路局编

湖南第三汽车路局，[1929]，2册，16开

本书分上、下两册。上册内容包括：弁言、湘南汽车路线图、车辆一览表、本路沿革、局务报告等；下册共6部分：规章、文电辑要、会议纪要、党务纪要、职员一览表、移交项目。

收藏单位：国家馆

11522

湖南公路辑览　湖南公路局编

[长沙]：湖南公路局，1931.7，1册，16开

长沙：湖南公路局，1932.9，再版，增订本，1册，16开

长沙：湖南公路局，1937，3版，增订本，1册，16开，精装

本书共6编：沿革、法规、工务、营业、会计、附录。增订版内容有增改。

收藏单位：重庆馆、广东馆、国家馆、湖南馆、南京馆、上海馆

11523

湖南公路局二十二年度营业情况统计图表　湖南公路局管理科编制

[长沙]：湖南公路局管理科，[1933]，96页，

18开

11524

湖南公路局二十一年度收支暨营业情形各项统计表　湖南公路局管理科计核股编

[长沙]：湖南公路局管理科计核股，[1930—1939]，[23]页，16开

本书收录湖南公路局1932年资本收入、工程支出、营业收入、营业支出、行车修理及养路材料消费等统计表。

收藏单位：上海馆

11525

湖南公路局决算报告书　湖南公路局编

[长沙]：湖南公路局管理科，[1933]，316页，16开

本书大部分为表。内容包括：贷借对照表、资产负债表、历年度损益总表等。所涉时间为1929—1933年。

收藏单位：国家馆

11526

湖南公路局业务统计　湖南公路局编

[长沙]：湖南公路局，[1935]，75页，18开

本书全部为表。所涉时间为1934年7月至1935年6月。

11527

湖南公路局运输规程　管理科运输股编

长沙：湖南公路局，1934，2版，104页，18开

本书共4章：总纲、客运、货运、附则。附湖南公路局行李包裹负责运输细则、湖南公路局旅客包用快车细则。本规程于省政府委员会第403次常会通过，1934年10月1日公布实行。

收藏单位：湖南馆、上海馆

11528

湖南公路旅行指南　湖南公路局编

长沙：湖南公路局，1933.9，[179]页，22开

本书共6章：沿革、组织、规程、车站、南岳、联运。附鄂湘粤铁路公路水程联络情

形调查记。

收藏单位：重庆馆、国家馆、湖南馆、上海馆、首都馆

11529

湖南公路养路概况   湖南公路局业务科养路股编辑

长沙：湖南公路局业务科养路股，1937.2，18页，25开

本书共 6 部分：养路组织、养路里程、养路经费、养路工事之实施、各项统计、结论。附折图表。

收藏单位：国家馆、上海馆

11530

沪杭公路图说   全国经济委员会筹备处道路股编

全国经济委员会筹备处，1932.10，15页，22开

本书内容包括：引言、建筑经过、沿路设备、工商物产、行旅须知等。附沪杭公路及其互通汽车各公路里程表、沪杭公路里程表、沪杭各路交通标志图。

收藏单位：广东馆、国家馆、南京馆、人大馆、上海馆、浙江馆

11531

华北公路运输总局工作情况   华北公路运输总局编

华北公路运输总局，[1949]，36页，16开

本书共 3 部分：一般情况、公路建设、运输事业。所涉时间为 1948 年 8 月至 1949 年 8 月。

收藏单位：国家馆

11532

华东区公路工作报告   桂揠清报告

全国航务公路会议大会秘书处，1949，14页，16开

收藏单位：国家馆

11533

嘉渠马路路政纪实（第 1 期）

出版者不详，[1928]，1 册，16 开

本书共两部分：广岳县道马路局、嘉渠马路总局。书前有各路段路线图、照片。

收藏单位：重庆馆、河南馆、江西馆、南京馆

11534

建设首都道路工程处业务报告   建设首都道路工程处编

南京：建设首都道路工程处，1930.3，[115]页，16开

本书共 8 编，内容包括：组织、公牍、中山路工程、中山桥工程、逸仙桥工程等。

收藏单位：国家馆、南京馆、上海馆

11535

建设总署公路局工作图表目录及说明   建设总署公路局编

建设总署公路局，1939.3，14页，25开

本书共 10 部分，内容包括：公路模型、道路标志图、道路改良十年计画图、道路建造计画路线图、一年来公路工程一览表等。

收藏单位：国家馆

11536

建设总署修治道路收用土地给价标准   [建设总署编]

建设总署，[1937—1945]，2页，16开，环筒页装

本标准共 10 部分，内容包括：田地、水地、坟墓、房屋、树木等。

收藏单位：国家馆

11537

建设总署修治道路收用土地暂行章程   [建设总署编]

建设总署，[1937—1945]，2页，16开，环筒页装

本章程共 26 条。

收藏单位：国家馆

11538

建筑中华南、华中马路征信录   广州市工务

局 广州市商务会编
广州市工务局、广州市商务会，1932.3，124页，16开

本书共 5 部分：图画、序文、表式、文件择要、附录。

收藏单位：国家馆

11539

江南长途汽车股份有限公司第一年度报告
江南长途汽车股份有限公司编
江南长途汽车股份有限公司，1932.12，1 册，16 开

本书收录 1931 年 5 月至 1932 年 4 月该公司筹备期间与营业情况。共 5 部分：图影、文字报告、数字报告、章则、附录。

收藏单位：国家馆、上海馆、浙江馆

11540

江南汽车股份有限公司报告（第三至四年度）
江南汽车股份有限公司编
江南汽车股份有限公司，1934—1935，2 册（17+[72] 页），16 开

收藏单位：南京馆

11541

江南汽车股份有限公司二十六年度至三十五年度十年业务报告 江南汽车股份有限公司编
江南汽车股份有限公司，1947.8，81 页，16开

本书共 9 部分，内容包括：图片、十年业务概况一览表、组织系统表、职别系统表、第六次股东会报告书等。

收藏单位：国家馆、南京馆

11542

江南汽车股份有限公司工作报告（南京市参议会第一届第二次大会）
出版者不详，[1947.4]，21 页，16 开

收藏单位：上海馆

11543

江苏建设厅省会建设工程处筑路报告 江苏
建设厅省会建设工程处编
江苏建设厅省会建设工程处，1931，1 册，23开

本报告所涉路段均位于镇江。内容包括：金山路、林隐路、中山路、中正路等。

收藏单位：南京馆

11544

江苏省各县筑路亩捐半数解省办法述要 江苏省建设厅编
江苏省建设厅，[1911—1949]，10 页，20 开

本书共 7 部分，内容包括：筑路亩捐之缘起、历年保管存支办法、数年来省县筑路概况及其缺点等。

收藏单位：上海馆

11545

江苏省公路局工作报告 江苏省公路局编
江苏省公路局，1946，19 页，16 开

11546

江苏省公路局年刊（民国十九年） 江苏省公路局编
江苏省公路局，1931.8，[248] 页，16 开

本书共 7 部分：照片、江苏省公路路线图、绪言、本局沿革及概况、章则、本局大事记、业务报告。附江苏省公路局职员录。

收藏单位：国家馆

11547

江苏省公路局沿革及概况 江苏省公路局编
江苏省公路局，1931.2，6 页，22 开（公路丛刊第 2 号）

本书逐页题名：江苏省公路局之沿革及概况。

收藏单位：国家馆、南京馆、陕西馆

11548

江苏省公路局组织规程 江苏省公路局编
江苏省公路局，1931.2，12+22 页，22 开（江苏省公路局公路规程 2）

本书收录江苏省公路局组织规程、办事细则、职员请假及考勤规则、各路工程处养

路处职员请假及考勤暂行办法等。

收藏单位：国家馆、南京馆

11549

江苏省会建设工程处办事细则、请假规则

出版者不详，1931，50 页

本书附试行建设区之计划、土地整理之进行计划等。

收藏单位：南京馆

11550

江苏省会建设进行概况 江苏建设厅编

江苏建设厅，[1933]，3 页，16 开

本书简述镇江的道路、桥梁、街道等修建情况。

收藏单位：南京馆、上海馆

11551

江苏省建设厅江南公路干支各线联合通车纪念刊 江苏省建设厅编

江苏省建设厅，1934.7，272 页，20 开，精装

本书介绍该公路工程、交通概况、长途汽车及沿途风景等。

收藏单位：南京馆

11552

江西公路处工作报告（民国二十一至二十三年份） 江西公路处编

江西公路处，[1933—1934]，3 册，16 开

本书大部分为表。共两部分：工程、车务。统计 1933 年至 1934 年 6 月有关路面、路基、电话、测量、养路等项工程及线路、车站、车场、车辆业务工作情况。

收藏单位：国家馆、南京馆

11553

江西公路处规章汇编 江西公路处编订委员会编

江西公路处总务科编查股，1934.3，1 册，16 开，环筒页装

本书共 6 部分：普通、工程、车务、会计、警务、附载。前 5 部分收录该处制订的地区性规章，"附载"部分收录全国经济委员

会等机构颁布的中央法规。

收藏单位：广东馆、贵州馆、国家馆、吉林馆、江西馆、南京馆

11554

江西公路处机务概况汇刊（民国二十四年上半年份） 江西公路处机务科编

[江西公路处机务科]，[1935]，185 页，16 开

本书共 15 章，内容包括：沿革及组织、机务修理厂、车场、车辆概况、行车状况、行车材料消耗之概况、各项登记及稽核等。

收藏单位：重庆馆

11555

江西公路处汽车运输成本计算 [江西公路处车务科编]

江西公路处车务科，1935.6，再版，8 页，32 开

本书共 7 部分，内容包括：预定事项、固定费用、运输成本等。

收藏单位：贵州馆

11556

江西公路处三十年度业务计划书 江西公路处编

江西公路处，[1941]，28 页，22 开

本书共 4 部分：总论、运输业务计划、养路计划（附概算）、公路工程计划（附概算）。

收藏单位：国家馆

11557

江西公路处三十五年度会计科目 江西公路处会计室编

江西公路处会计室，1947，36 页，50 开

收藏单位：江西馆

11558

江西公路处完成六大干线计划书 江西公路处编

江西公路处，[1932]，5 页，18 开

本书收录赣湘、赣浙、赣闽、赣粤、赣皖、赣鄂 6 大干线工程计划书。共 4 部分：干线网、各种工程标准之规定、工程进行之程

序、工费之负担。

收藏单位：国家馆

11559

江西公路处业务报告（二十一及二十二年）

江西公路处编订委员会编

江西公路处，1934.7，[236] 页，16 开，环筒页装

本报告共 5 章：总务、工程、车务、会计、特载。

收藏单位：国家馆、江西馆、上海馆、首都馆

11560

江西公路处业务报告（二十七至三十、三十二、三十四年） 江西公路处编

江西公路处，[1939—1946]，6 册，22 开

本报告共 6 类：工务报告、机务报告、车务报告、交通管理报告、会计报告、总务报告。

收藏单位：广东馆、国家馆、江西馆、南京馆、浙江馆

11561

江西公路处业务简报 [江西公路处编]

[江西公路处]，[1939]，1 册，16 开

本书附本期业务负责重要职员表。所涉时间为 1938 年 1 月至 1939 年 6 月。

收藏单位：南京馆

11562

江西公路交通管理手册 江西公路处编

江西公路处，1941.10，[218] 页，23 开，活页装

本书内容包括：车辆之管理、驾驶人及技工之管理、汽车行之管理、汽车材料行厂之统制等。附汽车牌名、著名机器脚踏车牌名表、市区交通管理规则等。

11563

江西公路交通管理章则辑要 江西公路处编

江西公路处，1942.1，146 页，23 开，活页装

本书共 8 章：章制、人事、组织、稽查、

牌照、征收、取缔、运输。收录 1928 年冬至 1936 年 9 月底公布的有关法规及附件共 186 种、有关章则 67 种。附折表。

11564

江西公路旅客便览 江西公路处车务科编

江西公路处车务科，1933.4，再版，60 页，32 开

江西公路处车务科，1935.6，5 版，88 页，32 开

本书收录江西全省公路图、汽车载客章程、客运价目总表、各线分站客运诸表等。

收藏单位：国家馆、上海馆

11565

江西公路旅行须知 江西公路处编

江西公路处，1941.5，再版，8 页，13 开

本书介绍江西公路概况、汽车驾驶人须知、公路沿途膳宿须知、本处对公路旅客之服务、本处欢迎旅客批评及合作。附江西公路处里程票价时间简表、浙赣湘桂粤汉各铁路里程票价时间简表。

收藏单位：国家馆

11566

江西公路最近三年工程统计图集 江西公路处 [编]

江西公路处，1941，10 页，4 开

本书收录 1938—1940 年间该处的工程统计图 10 种，内容包括：兴修路线工程统计图、整理路线工程统计图、养路工程经费统计图、军事抢修工程统计图等。

收藏单位：国家馆

11567

江西省公路处修治六大干线实施计划书 胡嘉诏编著

江西省公路处，1928.6，石印本，16 页，长 18 开，环筒页装

本书收录赣湘、赣浙、赣闽、赣粤、赣皖、赣鄂 6 大干线实施计划书。书前有江西全省公路计划图。

11568

江西省公路概况 江西省政府秘书处编

江西省政府秘书处，1935，22页，22开（江西事业丛刊2）

本书共6部分：绪言、江西设立公路机关之沿革、江西公路处之组织、路线计划、工程状况、车务状况。

收藏单位：重庆馆、国家馆、江西馆、上海馆

11569

江西省公路局业务报告（三十五至三十六年） 江西省公路局编纂股编

江西省公路局，1947.1—1948.2，2册，25开

收藏单位：国家馆、南京馆、浙江馆

11570

江西省公路运营概况 中支建设资料整备委员会编

上海：中支建设资料整备事务所编译部，1940.12，复印本，76页，25开（编译汇报 第44编）

收藏单位：江西馆

11571

江西省驿运管理处工作及收支简报 江西省驿运管理处编

江西省驿运管理处，1942.1，10页，32开

本书共5部分：工作、征收驿运管理费之法令根据、收支、结论、图表。附江西省驿站路线图、江西省驿站管理处三十年度运量概况、江西省管理处自有车船伕畜登记数量统计表等。

收藏单位：重庆馆

11572

江西省中正桥通车纪念刊 江西省政府中正桥工程监督处编

江西省政府中正桥工程监督处，1937，30页，16开

本书共4部分：概论、计划概说、工程纪实、经费。附馥记承包本桥工程合同原文。

收藏单位：国家馆、江西馆

11573

交通部部辖公路营业里程表 公路运输总局业务组编

公路运输总局业务组，1941，19页，横32开

本书内容包括：滇缅公路里程表、中国运输公司里程表、西北公路里程表、四川公路局里程表、川中公路运输局里程表、东南联运处公路里程表等。

收藏单位：重庆馆、南京馆

11574

交通部川滇公路管理处成立周年纪念刊 交通部川滇公路管理处编

交通部川滇公路管理处，[1940]，120页，16开

本书共9部分：沿革、组织、管理、工务、会计、警务、兼办运输业务、法规、附录。

收藏单位：国家馆

11575

交通部川滇公路管理处工作述况 马轶群述

出版者不详，[1911—1949]，油印本，10页，16开

收藏单位：南京馆

11576

交通部川中公路工程报告书 交通部川中公路工程处编

交通部川中公路工程处，[1941]，1册，13开

收藏单位：国家馆

11577

交通部第一公路工程督察区一年来工作概况

出版者不详，1941.6，19页，36开

本书共8部分：缘起、组织、职掌、一年来工作推进情形、今后工作计划、协办乐西公路事项、本区辖境内重要公路概况、成都风景名胜。附本区路线图、川康两省重要公路里程表、成都交通机关一览表、成都地图。

收藏单位：贵州馆

11578

交通部公路总管理处章则汇编 交通部公路总管理处编

交通部公路总管理处，1940.3，1 册，16 开，精装

收藏单位：南京馆

11579

交通部公路总局第八区工作报告 [交通部公路总局第八区公路工程管理局编]

交通部公路总局第八区公路工程管理局，[1946]，138 页，16 开

本书收录各机构沿革、接收、机务、人事等情况及统计资料。内容包括：第八区公路工程管理局、第八区公路工程管理局运输处、平津区汽车修配总厂、汽车器材总库平津区供应处等。所涉时间为 1945 年 10 月至 1946 年 9 月。

收藏单位：国家馆、近代史所、南京馆、上海馆、首都馆、天津馆

11580

交通部公路总局第七区公路工程管理局职员录 交通部公路总局第七区公路工程管理局编

交通部公路总局第七区公路工程管理局，1946.5，169 页，32 开

本书收录该局局长室、秘书室、总工程司室、总务科、工务科、材料科、会计室、人事室等机构职员名录。

收藏单位：国家馆

11581

交通部公路总局第三区公路工作报告（民国三十五、三十七年） 王节尧著

交通部公路总局第三区公路工程管理局，[1947—1948]，2 册（116+76 页），16 开

本书各分册所涉时间分别为：1946 年 5 月至 1947 年 6 月、1947 年 7 月至 1948 年 6 月。

收藏单位：国家馆、华东师大馆、南京馆、浙江馆

11582

交通部公路总局第五区公路工程管理局第二周年纪念特刊 交通部公路总局第五区公路工程管理局编

交通部公路总局第五区公路工程管理局，[1948]，78 页，16 开

本书共 3 部分：论著、特写、工作概况。附本局设计考核委员会工作概况、本局福利委员会工作概况。

收藏单位：国家馆

11583

交通部公路总局第五区公路工程管理局职员录 交通部公路总局第五区公路工程管理局编

交通部公路总局第五区公路工程管理局，1949，63 页，36 开，环筒页装

收藏单位：重庆馆

11584

交通部公路总局第一区公路工程管理局三十五年度工作报告 第一区公路工程管理局编

第一区公路工程管理局，[1946]，50 页，16 开

本书收录 1946 年该局所辖 11 条公路的工务、材料、会计、人事、总务等项的工作报告。附路线表。

11585

交通部公路总局第一运输处三年工作报告

交通部公路总局，[1949]，44 页，16 开

本书共 5 部分：绪言、组织及人事、业务、机料、会计。附组织系统表、员工人数统计表、三年来行车路线增减表等。所涉时间为 1945 年 12 月至 1948 年 12 月。

收藏单位：国家馆

11586

[交通部公路总局第一运输处资产移接清单手册] [交通部公路总局第一运输处编]

[交通部公路总局]，1949，油印本，1 册，16 开，环筒页装

本书内容包括：交通部公路总局第一运输

处南京分处档案印信清册、南京分处员工名册、南京分处现金及存款清册、南京分处帐册传票清册、南京分处产业设备清册、南京分处机具器材清册等。

收藏单位：国家馆

11587

交通部公路总局各运输处业务检讨会议专辑

交通部公路总局各运输处业务检讨会议编

出版者不详，1947，78 页，32 开

本书内容包括：出席人员名单、会议日程、长官训词、主管致词、业务报告等。

收藏单位：重庆馆

11588

交通部公路总局公路营业里程表 公路总局运务处编制

公路总局运务处，1948，92 页，32 开

本书收录本局各运输处现辖营业国道里程及营业路线起讫地点。附分区辖线简图。

收藏单位：重庆馆

11589

交通部公路总局统计年报提要（三十二年度）

交通部公路总局统计组编

交通部公路总局统计组，[1944]，126 页，16 开

本书全部为表。共 8 部分：总务类、工务类、运务类、监理类、材料类、财务类、其他、附录。

收藏单位：广东馆、吉林馆、南京馆、上海馆、首都馆

11590

交通部公路总局西北公路工务局职员录 交通部公路总局西北公路工务局编

交通部公路总局西北公路工务局，1943.7，石印本，[112] 页，24 开，环简页装

收藏单位：重庆馆、国家馆

11591

交通部西北公路运输管理局货物分等表 交通部西北公路运输管理局业务科编

出版者不详，[1935—1949]，44 页，大 32 开

收藏单位：南京馆

11592

交通：地方自治实施法 陆世益编

出版者不详，[1911—1949]，94 页，32 开

收藏单位：南京馆

11593

交通建设实施要领讲义 广西省地方行政干部训练委员会编

广西省地方行政干部训练委员会，1941，150 页，36 开（广西省地方行政干部训练团教材）

本书共 6 部分：公路之部、铁路之部、航务之部、通讯之部、航空之部、运输之部。附交通建设章则。

收藏单位：重庆馆

11594

京杭公路 江苏省公路局编

江苏省公路局，1931.2，10 页，22 开（公路丛刊第 5 号）

本书共 5 部分：测量及分段经过、设计情形、建筑经过、开采石料及运输情形、建筑费之统计。

收藏单位：国家馆

11595

京芜公路 江苏省公路局编

江苏省公路局，1931.2，6 页，22 开（公路丛刊第 7 号）

本书共 4 部分：测量及分段经过、设计情形、建筑经过、经费统计。

收藏单位：国家馆

11596

京芜、宣长两公路通车纪念刊 全国经济委员会编

全国经济委员会，1933.6，22+18 页，22 开

本书为京芜（南京至芜湖）、宣长（宣城至长兴）两公路建成通车纪念刊。共 7 部分：引言、建筑经过、工程概况、沿途设备、工商物产、名胜古迹、行旅须知。

收藏单位：国家馆

11597
军事委员会委员长行营整理川黔康三省公路经过　[行营公路监理处编]
重光凹凸彩印厂，[1938]，45 页，16 开
　　本书为行营公路监理处计划、指导、监督整治三省公路工程的总结。共 3 部分：工程、营运管理、结论。
　　收藏单位：重庆馆、国家馆

11598
抗战八年来江西公路工作简报　过守正编拟
江西公路处，1946.1，1 册，16 开
　　收藏单位：南京馆

11599
抗战期中江西公路统计提要　过守正编
江西公路处，1946.1，1 册，16 开
　　收藏单位：南京馆

11600
抗战三年之江西公路　江西公路处编
江西公路处，1941，[412] 页，25 开
　　本书介绍 1938—1940 年江西公路概况。共 6 部分：工务、机务、车务、交通管理、会计、总务。
　　收藏单位：重庆馆、贵州馆、国家馆、江西馆、南京馆、中科图

11601
抗战四年来之贵州公路　贵州省公路管理局编
贵州省公路管理局，[1941]，[122] 页，16 开
　　本书共 10 章：沿革、工程、养路、电讯、交通管理、业务、车务、机务、材料管理、财务。
　　收藏单位：重庆馆、贵州馆、国家馆、湖南馆、上海馆、浙江馆、中科图

11602
拉卜楞实验简报（修筑岷夏公路专号）　黄正清等著
出版者不详，[1911—1949]，油印本，31 页，32 开，环筒页装
　　本书收文 3 篇：《岷夏公路修筑之经过及其展望》（黄正清）、《岷夏公路视察日记》（李永瑞）、《藏边考察纪要》（绳景信）。书前有岷夏公路路线图。
　　收藏单位：重庆馆

11603
来多公路（即，斯蒂威尔公路）（美）渥尔廓特著
外文题名：The Ledo road (Alias Stilwell road)
上海：国际出版社，1945.11，6+6 页，32 开（地理丛刊 1）
上海：国际出版社，1946.5，再版，1 册，32 开
　　本书报道抗战期间所建来多公路（也称史迪威公路、斯蒂威尔公路）的修筑过程。附英文原文。原载于美国商务部的《商务周刊》。
　　收藏单位：南京馆、上海馆

11604
乐西西洋通车后川康滇之交通与经济
出版者不详，1933.11，油印本，1 册，16 开
　　收藏单位：南京馆

11605
两年来四川驿运工作简报　四川省驿运管理处编
[四川省驿运管理处]，1942，油印本，1 册，16 开，环筒页装
　　本书介绍 1940—1942 年四川驿运的营运、管理及今后工作的展望。
　　收藏单位：重庆馆

11606
两年来之第七区公路（民国卅五、六年）　交通部公路总局第七区公路工程管理局　交通部公路总局第七区运输处编
交通部公路总局第七区公路工程管理局、交通部公路总局第七区运输处，[1947]，143

页，16 开

本书介绍第七区（以兰州为中心，辖甘肃、绥远、宁夏、陕西、湖北、四川、新疆诸省）公路管理工作概况。共 13 部分，内容包括：序言、沿革史略、工务、监理、运务、机料、人事、会计、总务等。

收藏单位：国家馆、吉林馆、南京馆、上海馆

11607

路工概说——修路之新趋势　陆世益著

出版者不详，[1920.4]，6 页，18 开（省建设政略）

本书为文言体，加圈点。系著者发表于报刊题作《路工概说》第 1 章的抽印本。

收藏单位：国家馆

11608

路市丛书（第 1 集）　吴山总纂

上海：中华全国道路建设协会，1931，1 册，32 开，精装

本书收录有关筑路与市政规划方面资料。共 6 编：论著、法规章则、工程、建议与计划、特载、统计。

收藏单位：重庆馆、广东馆、国家馆、黑龙江馆、江西馆、南京馆、内蒙古馆、上海馆、浙江馆、中科图

11609

路政概况（中华民国二十年至二十二年）　河北省第一省路局编

河北省第一省路局，[1934]，182 页，16 开

本书共 14 部分，内容包括：河北省建设厅建设省路计画、各路里程表、各路概况表、行政纪要、车务纪要、工程纪要、测绘纪要、收支纪要、特殊事项等。附接收第二省路局事务概略、各路特产名胜古迹表。书脊题名：中华民国二十年至二十二年路政概况。

收藏单位：国家馆、湖南馆、江西馆、南京馆

11610

马督办视察甘新公路记　凉州河西日报社编

凉州：河西日报社，1940.4，2 版，12+64 页，25 开

本书收录 1938 年 7 月马步青视察甘新公路时报社记者对沿途情况的报导。内容包括：视察甘新路线略图、由凉出发、永昌剪影、夜抵张掖、欢迎马督办大会、酒泉各界的欢迎会、玉门沿途所见等。

收藏单位：重庆馆、国家馆、南京馆

11611

民国三四年度公路事业预算书　公务总署公路局编

公务总署公路局，1945，4 页，16 开，环筒页装

本书全部为表。

收藏单位：国家馆

11612

某某省公路调查报告　[全国经济委员会编制]

全国经济委员会，[1931—1949]，[13] 页，8 开

本书为全国经济委员会公路处要求各省公路主管部门填报的表格样式。共 3 部分：组织、工程、运输。

收藏单位：国家馆

11613

南京市公共汽车管理处工作报告（南京市参议会第一届第二次大会）

出版者不详，1947.3，1 册，16 开

收藏单位：南京馆

11614

南京市军管会交通接管委员会公路部接管南京器材库交接清册

南京市军管会交通接管委员会公路部，1949，手写复印本，1 册，13 开，环筒页装

收藏单位：国家馆

11615

内务部提议寓兵于工修治全国道路案　内务部编

[内务部]，[1924]，44 页，18 开

本书收录该部提交"善后会议"的寓兵于工修治全国道路案。并收录待议决施行的附件 9 种，内容包括：修治道路条例、修治道路条例施行细则、商办道路规则等。

收藏单位：国家馆

11616

拟订统一公路处理材料账目暂行办法之商榷

彭信征著 战时运输局西北公路管理局编

战时运输局西北公路管理局，[1930—1939]，10+52 页，18 开（西北公路月刊丛书）

本办法共 11 部分，内容包括：总则、预算、购料、收料、发料等。附该局所造空白报表、单据格式。

收藏单位：国家馆

11617

欧美现代重要交通道路概况 方棣棠编译

上海：民智书局，1933.6，204 页，32 开

本书共 9 章，内容包括：道路交通的调查、道路工程专门学、法国重要交通的道路问题、英国重要交通的道路问题、美国重要交通的道路问题、德国重要交通的道路问题等。

收藏单位：重庆馆、广西馆、国家馆、河南馆、浙江馆

11618

平辽支路之竣工 端端著

[上海申报]，[1921]，9 页，22 开

本书收文两篇：《平辽支路之竣工》（原载于 1921 年 10 月《申报》）、《纪汾军汽车路落成纪念会》（原载于 1921 年 11 月《山西日报》《来复报》）。

收藏单位：国家馆

11619

普通陆运工具数量及运费统计 福建省政府秘书处统计室编

福建省政府秘书处统计室，1938，油印本，18 页，13 开（非常时期统计资料丛刊 第 6 号）

收藏单位：国家馆

11620

汽车管理规则

交通部汽车拍照管理所，[1939]，石印本，[24] 页，16 开，环筒页装

收藏单位：南京馆

11621

汽车与公路 何乃民编著

重庆：商务印书馆，1944.8，110 页，32 开

重庆：商务印书馆，1945.3，再版，110 页，32 开

重庆：商务印书馆，1945.10，3 版，110 页，32 开

上海：商务印书馆，1946.7，110 页，32 开

上海：商务印书馆，1947.2，再版，110 页，32 开（新中学文库）

上海：商务印书馆，1947.5，3 版，110 页，32 开（新中学文库）

本书共 3 卷：讲话、游记、剪报。第 1 卷共 9 部分，内容包括：做司机的条件、汽车肇祸、与造车工程人员讲话、坦克车保护领土的权威、农业工业化与农用汽车等；第 2 卷共 6 部分，内容包括：祁连山下国际路、西兰公路、川滇东路等；第 3 卷共 6 部分，内容包括：汽油、汽车及坦克车、公路等。

收藏单位：安徽馆、长春馆、重庆馆、甘肃馆、广东馆、广西馆、贵州馆、国家馆、黑龙江馆、湖南馆、江西馆、辽东学院馆、辽宁馆、南京馆、山西馆、上海馆、首都馆、天津馆、浙江馆

11622

汽车运输管理 黄育西编

上海：商务印书馆，1935.7，12+245 页，22 开（现代商业丛书）

上海：商务印书馆，1935，再版，12+245 页，22 开（现代商业丛书）

上海：商务印书馆，1937，3 版，12+245 页，22 开（现代商业丛书）

成都：商务印书馆，1945，12+245 页，22 开（现代商业丛书）

本书共 10 章，内容包括：运输之重要、汽车运输之特长、运输必具之要件、汽车运输之组织、管理规则等。附修正五省市公路联运办法、长途汽车代运邮件规则、上海市管理汽车行规则等。

收藏单位：重庆馆、广东馆、广西馆、贵州馆、国家馆、湖南馆、吉林馆、辽大馆、南京馆、内蒙古馆、宁夏馆、山西馆、上海馆、首都馆、天津馆、西南大学馆、浙江馆、中科图

11623

汽车运输经济论　苏秉彝编著

上海：大光书局，1936，219 页，32 开（现代交通丛书）

本书共 12 章，内容包括：汽车发达之历史、汽车发达之影响、载客汽车之经营姿态、运货汽车之经营姿态、汽车运输之公营及铁道兼办、汽车运输之创办及组织、汽车运价、汽车保险等。

收藏单位：重庆馆、上海馆、浙江馆

11624

汽车运输学　（美）怀特（Percival White）著　蒋凤五译

外文题名：Motor transportation of merchandise and passengers

上海：商务印书馆，1928.6，240 页，25 开

上海：商务印书馆，1929.10，再版，240 页，25 开

本书共 20 章，内容包括：运货汽车之构造、运货汽车之给养、汽车运输公司、公共汽车公司之营业等。

收藏单位：重庆馆、广东馆、广西馆、国家馆、河南馆、湖南馆、江西馆、辽大馆、山西馆、上海馆、绍兴馆、天津馆、浙江馆

11625

汽车运输学　徐志达编述

陆军大学，[1946.12]，144 页，25 开

本书共 11 章，内容包括：汽车运输、内燃机、汽车性能、军事汽车运输之类别、装载及卸载、行车、运输效程计算等。

收藏单位：广东馆

11626

汽车运输要义　黎维信　郝明波编著

朝报印刷厂，1940.10，38 页，大 32 开

本书共 7 章：概论、车队之编制、运输部队之指挥、行车、宿营、汽车部队之防空、运输勤务。

收藏单位：南京馆

11627

汽车运输之监察　梅格尔讲

中央训练团监察官训练班，1948.1，10 页，25 开（教字 16）

本书论述战时对汽车及兽力运输的监督管理。共 3 部分：引言、汽车之视察、汽车停车场之视察。

收藏单位：国家馆、内蒙古馆

11628

桥辉公路土石方表　桥辉筑路委员会工务股制

出版者不详，[1911—1949]，1 册，16 开

收藏单位：南京馆

11629

青沪长途汽车股份有限公司三十五年度决算报告　青沪长途汽车股份有限公司编

青沪长途汽车股份有限公司，[1947]，2 张，14 开

本书共 3 部分：损益计算表、资产负债表、财产目录。

11630

琼崖公路建筑近况　陈汉光公布

出版者不详，[1934.7]，9 页，25 开

本书著录事项不全。附琼崖公路路线图。

11631

全国公路交通委员会第一次常会会议记录

全国公路交通委员会编

全国公路交通委员会，1936.9，[212] 页，25 开

本书内容包括：会议情况、讨论事项、临

时提案、有关章则附件等。附前苏浙皖京沪五省市交通委员会及全国公路交通委员会历次会议情形一览表。

收藏单位：南京馆

11632

全国公路交通委员会第二次常会会议记录

全国公路交通委员会编

全国公路交通委员会，1937.2，100页，25开

收藏单位：南京馆

11633

全国公路里程表（单位：公里） 运输统制局公路工务总处编

运输统制局公路工务总处，1942.3，148页，32开

本书收录国际路线，西南区、西北区、东南区干线及各省区路线的公路里程表。

收藏单位：重庆馆、国家馆、南京馆、内蒙古馆

11634

全国公路统计 中央统计处编

南京：中央统计处、正中书局，1935.1，110页，16开

本书全部为图表。收录各省公路干支线图、干支线名称及里程表。

收藏单位：重庆馆、广东馆、广西馆、国家馆、黑龙江馆、湖南馆、南京馆、宁夏馆、上海馆、天津馆、中科图

11635

全国公路展览会特刊 中国旅行社编

中央青年印刷所，1944.3，88页，32开

本书内容包括：西南公路概述、川陕公路概况、川滇东路鸟瞰、川滇西路纪要等。

收藏单位：重庆馆、广东馆、国家馆、南京馆

11636

全国经济委员会督造各省联络公路章程、管理公路基金章程 全国经济委员会编

全国经济委员会，[1934.9]，[12]页，16开，环筒页装

本章程附借用公路基金申请书式样等。于1934年9月4日由国民政府核准备案。

收藏单位：广东馆、国家馆

11637

全国经济委员会公路处公路调查报告格式及应用表格 [全国经济委员会公路处编]

全国经济委员会公路处，[1934.10]，[36]页，8开

收藏单位：国家馆

11638

全国经济委员会公路处章则汇编 全国经济委员会公路处编

全国经济委员会公路处，1934.8，173页，16开

全国经济委员会公路处，1939，304页，16开

本书为全国经济委员会公路处参考书。收录该处组织规程、公路工程准则、越境筑路办法等有关章则28种。附各省市公路用地征免赋税章程等19种。

收藏单位：广东馆、国家馆、南京馆

11639

全国经济委员会西北国营公路管理局章则汇编 全国经济委员会西北国营公路管理局编

全国经济委员会西北国营公路管理局，1937.4，194页，16开

本书内容包括：组织、普通、工程、运输、会计等类。收录1928年冬至1936年9月底公布的有关法规及附件共186种、有关章则43种。附折图。

收藏单位：甘肃馆、上海馆

11640

三年来之西北公路运输（民国二十七至二十九年） [宋希尚编]

西北公路运输管理局，[1941]，142页，18开，环筒页装

本书叙述横跨甘、陕、宁、青、新、川、鄂7省的西北公路各线情况。共13章：沿革及组织、各路概况、业务、机务、材料、工务、会计、总务、员工福利、训练、视察摘

要、工会筹备、附录。

收藏单位：广东馆、国家馆、南京馆、上海馆、首都馆

11641

三年来之西南公路（民国二十七年至二十九年） 交通部西南公路管理处编订

交通部西南公路管理处，[1941]，188 页，16 开

本书共 11 章：本路史的回顾、接管各路情形、业务、机务、工务、财务、管理、材料、电讯、训练、员工福利事业。

收藏单位：重庆馆、广东馆、贵州馆、国家馆、湖南馆、近代史所、上海馆

11642

山东省公路统计 山东省建设厅秘书室统计股编

济南：华北印刷社，1935，1 册，25 开

收藏单位：首都馆

11643

山东省建设厅烟潍区汽车路局周年工作报告 山东省建设厅烟潍区汽车路局编

山东省建设厅烟潍区汽车路局，[1933]，78 页，16 开

本书收录 1928 年冬至 1936 年 9 月底公布的有关法规及附件共 186 种及法规、公牍、人员任免、事务、机务、财务、会计等资料。附折图。附本局沿革概略等。所涉时间为 1932 年 10 月至 1933 年 10 月。

11644

山西修路记 陆世益编著

外文题名：Road construction in Shansi

出版者不详，1921，56 页，22 开

本书为文言体，加圈点。内容包括：修路之动机、修路计画大纲、路工总局之设立、工程之概略、枝路承修条例等。附修治道路条例、修理道路桥梁规则、补修省路规例等。

收藏单位：国家馆、山西馆

11645

陕甘车驮运输一览 [顾耕野编]

[陕甘车驮运输所]，1941.5，108 页，16 开

本书共 4 部分：调查、营运设施、本所沿革、本所一年来之工作概况。

收藏单位：国家馆

11646

陕潼汽车路特刊 河南陕潼汽车路工程总事务所编

河南陕潼汽车路工程总事务所，1929.5，[54] 页，16 开

本书收录吴山所撰文章 5 篇：《陕潼汽车路落成序》《筑路经验谈》《全国道路植树简法草案》《提前建筑六大干线案》《全国道路分区底建设计划》。并收录训令、章则、公牍、纪事等资料。附陕潼汽车路线工程报告及总事务所收支报告表等。

收藏单位：广西馆

11647

陕西省公路局各路段距离里程表

陕西省公路局，1947.1，1 册，小 16 开

收藏单位：南京馆

11648

陕西舆程考 马渥天编

西安：华西书局，1926.4，64 页，32 开

本书摘取有关记载并作注释，考证全省主要交通要道的路程、城廓、地形状况等。多取材于该省各州县地志。

收藏单位：国家馆

11649

陕西之公路 [西北公路运输管理局编]

西北公路运输管理局，1942，24 页，32 开

本书共 5 章：概说、进展过程、养护、管理、今后进展计划。

收藏单位：国家馆、南京馆

11650

[商车商运计划]

出版者不详，[1939]，[6] 页，18 开

本书共 8 部分：绪言、沿革、现状、目的、实施办法、工作进度、经费预算、成绩预期。

收藏单位：国家馆

11651

上海市工务局恒丰桥落成纪念册 上海市工务局编

上海市工务局，1948.6，12页，16开（上海市工务局专刊1）

收藏单位：上海馆

11652

上海市公共交通公司筹备委员会员工福利会业务报告

出版者不详，1947.9，62页，32开

本书共 7 部分，内容包括：本会组织章程、本会组织系统表、本会理事一览表、本会经费、本会业务等。

收藏单位：上海馆

11653

省句公路 江苏省公路局编

江苏省公路局，1931.2，4页，22开（公路丛刊第6号）

本书共 4 部分：分段经过、设计情形、建筑经过、经费统计。

收藏单位：国家馆

11654

十年来江西公路之概况 谭炳训著

江西公路处，1941，18页，25开

本书共 5 部分：概述、工务、车务、机务、交通管理。

收藏单位：重庆馆、国家馆

11655

四川公路 四川工程学会编

四川工程学会，[1911—1949]，手抄本，1册，16开

本书为四川工程师学会报告。

收藏单位：广东馆

11656

四川公路局报告 四川公路局编

四川公路局，1943，8页，16开

本书所涉时间为 1943 年 5—10 月。

收藏单位：重庆馆

11657

四川公路局各行车时刻里程及客货运价目表 四川公路局车务处编

四川公路局车务处，1936，1册，18开

收藏单位：重庆馆

11658

四川陆上交通规划书 四川公路总局工务处制

四川公路总局工务处，1934，37页，16开

本书共两编。前编介绍道路网之设计，干线、支线、联络线的分布；后编介绍工程标准、工程经费估计、分期建筑程序。附四川公路总局工程标准。

收藏单位：重庆馆

11659

四川省龚滩镇至酉阳县道路工程计划书 熊述碬计划

出版者不详，[1911—1949]，手写本，8页，16开

本书详细论证修建道路的可行性。共 6 章，内容包括：概论、交通调查、计划之先决条件、道路的选定等。

收藏单位：重庆馆

11660

四川驿运 四川省驿运管理处编

四川省驿运管理处，1941.7，20页，64开

收藏单位：重庆馆

11661

苏嘉公路通车纪念刊 全国经济委员会编

全国经济委员会，1933.6，[30]页，22开

本书为汉英对照。共 7 部分：引言、建筑经过、工程概况、沿路设备、工商物产、名胜古迹、行旅须知。

收藏单位：广东馆、国家馆、南京馆

11662

苏浙皖京沪五省市公路汽车运货通则

苏浙皖京沪五省市交通委员会，1934，15+39页，22开

本书共6章：总纲、运送办法、公路与货主之责任、运价及其他费用、托运装载及交付手续、附则。附苏浙皖京沪五省市公路货物分等表、货物价目标准表。于1934年6月第7次会议议决通过，自1935年1月1日起各省市同时实行。

收藏单位：国家馆

11663

苏浙皖京沪五省市公路汽车载客通则

苏浙皖京沪五省市交通委员会，[1936]，24页，22开

本书共6章：总纲、旅客运输、行李运输、包裹运输、金银货币或其他有价证券运输、附则。附客运价目标准表。自1935年1月1日起各省市同时实行。

收藏单位：国家馆

11664

苏浙皖京沪五省市互通汽车章则汇编　苏浙皖京沪五省市交通委员会编

苏浙皖京沪五省市交通委员会，1933.2，88页，32开（苏浙皖京沪五省市交通委员会丛刊1）

本书共4部分：苏浙皖京沪五省市互通汽车暂行章程、苏浙皖京沪五省市交通委员会组织规程、苏浙皖京沪五省市交通委员会办事处章程、苏浙皖京沪五省市互通汽车附捐解款付款办法。附筹办五省市互通汽车纪略、筹办五省市互通汽车案件汇览。

收藏单位：国家馆

11665

苏浙皖京沪五省市交通委员会会议纪录（第1—9、11、13次常会）　苏浙皖京沪五省市交通委员会编

苏浙皖京沪五省市交通委员会，[1933—1936]，11册，22开（苏浙皖京沪五省市交通委员会丛刊）

本书收录历次会议的报告事项、讨论事项、临时提案。第5—9次会议时间分别为：1933年11月、1934年2月、1934年6月、1934年10月、1935年2月。

收藏单位：广东馆、国家馆、南京馆、上海馆

11666

苏浙皖京沪五省市交通委员会会议纪录汇编　苏浙京沪五省市交通委员会编

苏浙京沪五省市交通委员会，1935—1936，2册，25开，精装

本书共4部分：成立缘起及两年来工作概况、五省市互通汽车筹办纪略、第一次至第八次常会及第一次临时会议纪录、各次议案分类摘要。附苏浙皖京沪五省市公路旅行指南。

收藏单位：广东馆、国家馆、南京馆、上海馆

11667

苏浙皖京沪五省市交通委员会三年来工作概述　苏浙皖京沪五省市交通委员会编

苏浙皖京沪五省市交通委员会，1936.1，68页，22开

本书共13部分，内容包括：历次会议及办事处组织情形、划一交通法规及施行情形、统一各省市交通管理情形、协助各省市办理安全卫生设备情形、召集公路运输会议情形等。

收藏单位：广东馆、国家馆、南京馆、陕西馆、上海馆、西交大馆、中科图

11668

绥远省省道建筑汽车路计划书　绥远省政府建设厅编

绥远省政府建设厅，1930，38页，16开

本书收录绥清路、隆武路、归武路、绥托路、包武路等10条公路建筑计划。

收藏单位：国家馆、山西馆

11669

台湾省公路业务概述　台湾省公路局编

台湾省公路局，1947.5，14 页，23 开

本书内容包括：本省公路之沿革、业务设施、公路行政设施、汽车业之督导等。

收藏单位：上海馆

11670

统一公路会计科目 全国公路交通委员会编

全国公路交通委员会，1936.12，132 页，32 开

收藏单位：贵州馆、湖南馆、南京馆

11671

统一公路会计科目草案 苏浙皖京沪五省市交通委员会编

苏浙皖京沪五省市交通委员会，1936.5，82 页，32 开

本书共 6 部分：资本支出帐、营业收入帐、营业支出帐、盈亏帐、盈亏拨补帐、资产负债帐。

收藏单位：广东馆、国家馆、湖南馆、南京馆、上海馆、浙江馆

11672

统一公路会计制度

出版者不详，1945.1，68 页，16 开

本书共 7 章，内容包括：会计科目、会计凭证、会计报告、会计事务处理程序等。附预算书表 5 种。于 1944 年 11 月召开的全国公路会计会议讨论修订。

收藏单位：重庆馆、国家馆、南京馆

11673

统一公路会计制度设计委员会第四次常会会议纪录

出版者不详，1937，油印本，1 册，16 开

收藏单位：国家馆

11674

伪交通部公路总局组织章规汇编

出版者不详，[1937—1949]，抄本，[57] 页，16 开

本书收录交通部公路局组织法、交通部公路总局各区工程总局组织规程、交通部公路总局各运输处组织规程、交通部公路总局所属运输处分处组织法等。

收藏单位：重庆馆

11675

我之参加西南运输工作的回顾 苏从周著

川滇东路运输局，[1942—1945]，32 页，42 开，环筒页装（军事委员会运输统制局川滇东路运输局丛书 3）

本书为著者自叙参加运输工作的经历。

收藏单位：南京馆

11676

西北公路便览 西北公路工务局编

出版者不详，[1931]，石印本，37 页，44 开

11677

西北公路概览 交通部公路总局第七区公路工程管理局编

交通部公路总局第七区公路工程管理局，1946.5，19 页，32 开

本书共 5 部分：引言、各线客车及联运车班期表、西北公路沿线胜迹举要、到西北去、第七区公路工程管理局沿革。

收藏单位：国家馆

11678

西北公路管理处年刊 西北公路管理处编

西北公路管理处，1941.12，51 页，18 开

本书内容包括：西北公路管理处组织之经过、西北公路兴筑沿革略述、一年来工务概述、一年来推广事业概述等。

收藏单位：国家馆

11679

西北公路运输 [交通部西北公路运输管理局编]

[交通部西北公路运输管理局]，[1939]，226 页，22 开，环筒页装

本书共 7 部分：业务、机务、材料、工务、会计、总务、司机训练班。附纪念周演讲选录、一年来本局大事记等。所涉时间为 1938 年 9 月至 1939 年 9 月。

收藏单位：广东馆、国家馆

11680

西兰公路视察报告书　全国经济委员会西北公路管理局筹备处编

全国经济委员会西北公路管理局筹备处，1934，119 页，16 开

11681

西南公路概况　交通部西南公路管理处 [编]

交通部西南公路管理处，1940，油印本，1册，16 开

收藏单位：国家馆

11682

西南公路史料　交通部公路总局西南公路工务局编

交通部公路总局西南公路工务局，1944，39页，32 开（西南丛书 1）

本书共 7 章：绪言、各线沿革、统一管理之经过、组织变迁、工程及管理机构配备、工作概况、附录。

收藏单位：重庆馆、贵州馆

11683

西南公路业务概况　交通部公路总局西南公路工务局编

交通部公路总局西南公路工务局，1944，24页，32 开（西南丛书 2）

本书共 7 部分：前言、改进工程、养路设备、新路工程、管理、今后之展望、尾语。

收藏单位：国家馆、南京馆

11684

西南之公路铁路　中国人民解放军西南服务团研究室编

中国人民解放军西南服务团研究室，1949，54 页，32 开

本书内容包括：西南各重要公路行车情形、西南各重要公路工程概况表、西南各重要公路特殊大桥表、西南各省公路路线表、区公路局组织系统表、区工程管理局及其附属机关主管名册、各省养路工程划分表等。

11685

锡沪长途汽车公路之我见　卢寿联著

卢寿联 [发行者]，[1911—1949]，9 页，16 开

本书内容包括：路线之选择、筑路设站之研究、科学管理之特长等。

11686

锡沪长途汽车股份有限公司营业报告书（民国二十四年份）　锡沪长途汽车股份有限公司编

锡沪长途汽车股份有限公司，1935，[44] 页，20 开，环筒页装

收藏单位：上海馆

11687

新驿运运动　薛光前等著

上饶：战地图书出版社，1940.11，84 页，32开（战地文化综合小丛书）

本书共 7 部分，内容包括：抗战新时期的交通问题、新驿运运动的意义、怎样推行新"驿运"等。书前有蒋中正的有关讲话 3 篇、潘公展的论文 1 篇。

收藏单位：国家馆、吉林馆、江西馆、近代史所、南京馆、上海馆

11688

行政院善后救济总署湖南分署邵新公路通车纪念　邵新公路工程处编

邵新公路工程处，1947，22 页，16 开

收藏单位：广东馆

11689

修正广东公路规程　广东省政府建设厅 [编]

广东省政府建设厅，[1932]，23 页，18 开

本规程于 1932 年 3 月 11 日由广东省政府第六届委员会第 68 次会议议决修正通过。

11690

修正贵州省政府建设厅公路管理机关组织及办事规程

贵州建设厅车务总段，1937.8，20 页，25 开

本规程于 1937 年 8 月 6 日由第 354 次贵州省务会议修正通过。

收藏单位：重庆馆

11691

修筑江苏省公路计划草案

出版者不详，[1911—1949]，4 页，16 开

收藏单位：南京馆

11692

修筑江西全省县道计划书 [江西省政府编]

江西省政府，[1932]，1 册，16 开

本书为江西省修筑联络各县的道路计划，大部分用图表说明。书前有江西全省公路干线及县道计划图。

收藏单位：国家馆

11693

一年来之汽车牌照管理 交通部汽车牌照管理所编

交通部汽车牌照管理所，1940，1 册，16 开

收藏单位：南京馆

11694

一年来之台湾公路交通 台湾省公路局编

台湾省公路局，1947.7，46 页，16 开

本书共 5 章：本省公路概述、本局接办经过、本局成立以来之设施、综合检讨、结论。书前有台湾省公路局机构分布情形图。附台湾省公路图。

收藏单位：国家馆、吉林馆、南京馆、山西馆、上海馆、天津馆、浙江馆

11695

鄞奉长途汽车股份有限公司组织条例暨各部办事章则 鄞奉长途汽车股份有限公司编

鄞奉长途汽车股份有限公司，[1911—1949]，69 页，32 开

11696

永川县义务征工整理成渝公路工作汇编 沈鹏编

出版者不详，[1936.3]，84 页，32 开

收藏单位：重庆馆

11697

余临路公司创办概况 承筑余临路公司编

承筑余临路公司，1925.12，136 页，16 开

本书介绍浙江余杭临安省道汽车公司文书章则及概况。

收藏单位：上海馆、浙江馆

11698

豫鄂皖赣江浙湘七省公路会议纪录 豫鄂皖赣江浙湘七省公路会议编

豫鄂皖赣江浙湘七省公路会议，[1932.11]，1 册，横 8 开

本书内容包括：公路会议纪略、总司令训词、公路会议议决案一览、豫鄂皖赣江浙湘七省公路联络干线表、公路工程标准说明表等。

收藏单位：广东馆、国家馆

11699

豫南公路工作报告 河南省建设厅第九区筑路处编辑委员会编

河南省建设厅工务处驻潢办事处，1934.5，2 册（24+[226]+230 页），16 开

本书内容包括：题序、摄影、报告、计划、图样、统计、纪事、章程、公牍、论述、附录、编余。"报告"共 10 部分，内容包括：沿革、路网、组织、经济、撰拟、卫生等；"计划"共 9 种，内容包括："京陕干线信潢段、潢商段、商叶段工程计划简要说明书""汴粤干线潢小段工程计划简要说明书"等；"图样"共两部分：工程标准图、特种设计图；"统计"共两部分：总务统计图表、工程统计图表。

收藏单位：国家馆、南京馆

11700

云南全省公路统计册 云南省政府秘书处统计室编

云南省政府秘书处统计室，1934，石印本，14 页，16 开

本书统计时间截至 1933 年末。

收藏单位：广东馆、国家馆、湖南馆、浙

江馆

11701

云南省人力及畜力运输概况　赵德民调查

出版者不详，1940，油印本，42 页，18 开，
环筒页装

　　收藏单位：国家馆

11702

云南之公路　国民经济研究所纂辑

出版者不详，1940，油印本，67 页，18 开，
环筒页装

　　收藏单位：国家馆

11703

**运输统制局公路总管理处实施工程招标发包
暂行章则草案**

运输统制局公路总管理处，1941，10 页，32 开

　　收藏单位：南京馆

11704

运输统制局三十年度工作成绩考察报告总评

出版者不详，[1941]，油印本，1 册，16 开

　　收藏单位：南京馆

11705

运输文摘（第 1—2 辑）　运输周刊社广州分
社编

广州：运输周刊社广州分社，1946.10—1948.3，
2 册（33+56 页），36 开（运输小丛书 1）

　　本书收文 30 篇，内容包括：《论战后公路
运输政策》《公路运输的危机》《为什么商车
赚钱》《公营运输能够自给自足吗？》《公商汽
车运输的合作》《公路运输公营乎？民营乎？》
《从运输看社会经济》《香港的侧影》《论公路
运输行政》《论华南公路干线》《整顿广州市公
共汽车》《漫谈广东公路》《汽车运输在贵阳》
《加强美国公路网的道路建筑计划》等。摘自
《交通部公路会议特刊》及《运输周刊》。

　　收藏单位：国家馆

11706

造路　中国国民党浙江省执行委员会编

浙江省党部，1933.2，70 页，32 开

　　本书共 5 部分，内容包括：总理关于造路
之遗教、本省之造路事业、本省公路之管理
与营业等。

　　收藏单位：国家馆

11707

造路运动宣传纲要　中国国民党中央执行委
员会宣传部编

中国国民党中央执行委员会宣传部，1929.5，
66 页，32 开

[中国国民党中央执行委员会宣传部]，1931
印，74 页，32 开

　　本书共 4 章："造路运动的意义""造路的
常识""造路应有设施""结论——标语"。另
收录《总理关于造路的遗教》。

　　收藏单位：安徽馆、重庆馆、国家馆、河
南馆、湖南馆、江西馆、宁夏馆、浙江馆

11708

战时公路交通　李灵芝编著

桂林：国防书店，1938.6，194 页，32 开

　　本书共 11 章：战时公路、战时汽车、战
时汽车统制、战时员工之登记训练、战时汽
车队、战时汽车及员司之征调、战时公路之
运输、战时汽车驾驶、战时交通设施、战时
"简慢"交通工具、战时行路。据作者在广州
司机训练所授课讲义增订。

　　收藏单位：贵州馆、国家馆、天津馆

11709

战时交通员工之精神训练　谭炳训讲　江西
公路处编

江西公路处，[1941.12]，198 页，22 开

　　本书收录作者于 1938—1940 年间对江西
公路处员工的讲话 42 篇，内容包括：《战时公
路处之任务与今后之施政方针》《最近十日之
重要工作报告》《今后本处业务应有之动向》
等。附公路工程标准图与数值手册序。为民
国三十年第 1—3 卷合订版，其中 1—2 卷内
容曾于 1939 年 12 月单行出版。

　　收藏单位：国家馆、江西馆

11710

张淄道路建设工事竣工记录册　建设总署济南公路工程局编

建设总署济南公路工程局，1938.12，24页，16开

　　本书共5部分：筹备经过、工程队编成式、工事实施经过、竣工式纪录、实支经费一览表。

　　收藏单位：国家馆

11711

浙江公路运输公司各段里程暨客运价目表

出版者不详，1939.9，1册，23×30cm

　　收藏单位：浙江馆

11712

浙江省公路管理局各路段行车时刻表　营运科营业股编

营运科营业股，[1935]，石印本，[52]页，16开，活页装

　　本书所收时刻表自1935年4月4日起实行。

11713

浙江省公路管理局章则汇编　浙江省公路管理局编

浙江省公路管理局，1933.8，4册，16开

　　本书内容包括：合同、契约、章程等。附各项单表等应用说明、会计书表帐簿格式及说明。

　　收藏单位：国家馆、南京馆、上海馆、浙江馆

11714

浙江省公路局汇刊（1929—1930）　浙江省公路局编

浙江省公路局，1929—1930，2册，16开

　　本书收录当年统计图表、论著、报告、纪事、章则、公牍、附载等。

　　收藏单位：国家馆、浙江馆

11715

浙江省公路统计　浙江省政府建设统计委员会编

外　文　题　名：A statistical report on highways in Chekiang

浙江省政府建设统计委员会，1933.5，38页，横16开

　　本书共10部分，内容包括：概况、省公路机关之组织及其事业、省办各公路建筑费、养路费、商办各公路、车辆、公路计划及县道等。所收资料自1924年1月至1932年12月。

　　收藏单位：广东馆、广西馆、国家馆、辽宁馆、上海馆、天津馆、浙江馆、中科图

11716

浙江省公路运输公司章则汇编　浙江省公路运输公司编

浙江省公路运输公司，[1940—1949]，338页，28开

　　本书内容包括组织、人事、业务、契约、附载等类，收录该省或该公司制订的章程、规则、合同、契约及有关的谈话记录等71件。附全国公路交通委员会等政府机关公布的有关规则办法41种，多在1930年或1940年通过或颁布实行。

11717

浙江省管理汽车司机人暂行章程　[浙江省建设厅编订]

浙江省建设厅，1933.11，10页，32开

　　本章程共15条。

　　收藏单位：国家馆

11718

浙江省管理汽车暂行章程　[浙江省建设厅编订]

[浙江省建设厅]，1933.11，24页，32开

　　本章程共9章86条，内容包括：总则、登记规则、检验规则、纳捐规则、行车规则、罚则等。

　　收藏单位：国家馆

11719

浙江省路政章则辑要　浙江省政府建设厅编

浙江省政府建设厅，1929.6，222 页，32 开

本书内容包括：浙江省公路公债券条例、浙江省公路公债基金保管委员会章程、浙江省公路公债解收存支办法、浙江省公路局规程、预测路线规则、浙江省各县修筑街道规则等。特载土地征收法。附载商办汽车公司章程、公路之计划与调查。

收藏单位：国家馆、浙江馆

11720

浙江省之路政　浙江省建设厅第六科编译编
浙江省建设厅，1935.6，1 册，16 开

本书概述生产建设与工程问题、实施经济建设之原则等。

收藏单位：浙江馆

11721

浙江之公路（第 1 集）　浙江省建设厅第六科编
浙江省建设厅第六科，1930.5，38 页，16 开（统计报告 1）

本书大部分为表。为该省省办、商办公路事业之第一次报告。共 7 部分，概述旧式道路与全省公路路线网、公路局及其事业、商办各公路、车辆，各公路工程状况及员司情况等。收录统计材料自 1922 年省道局成立至 1929 年 11 月底止。

收藏单位：国家馆、浙江馆

11722

镇江大口门土地重划及征费计划书　许行成等拟
江苏省建设厅，1933，48 页，18 开

本书内容包括：镇江大口门地段填河筑路征用民地另拨新地偿还、向享受筑路利益的地主征收受益费等。

11723

整理江西公路营运管理计划　熊大惠编
[上海]：熊大惠 [发行者]，1936.7，300 页，25 开

本书共 7 编：总论、现行营运管理概况、沿线客货运及经济之调查、客货运业务之招揽、营运开支之经济、营运管理之改善、结论。附苏浙皖鲁湘五省公路业务考察报告。

收藏单位：国家馆、江西馆

11724

整理路政处长会议执行办法草案程式　民国交通部编
出版者不详，1927.8，1 册

收藏单位：国家馆

11725

指导湘鄂边区公路建设概况　国民政府军事委员会委员长行辕第三处编
武昌：国民政府军事委员会委员长行辕第三处，1936.5，12 页，23 开（鄂西政治丛刊 4）

本书介绍湘鄂边区的情况及公路概况、修路计划等。附公路计划图。

收藏单位：广东馆

11726

中国公路交通图表汇览　全国经济委员会公路处编
全国经济委员会公路处，1935，[84] 页，16 开
全国经济委员会公路处，1936，增订版，[84] 页，16 开

本书为汉英对照。共 45 部分，内容包括：公路摄影、公路沿革、全国各省公路里程统计表、中国各省已通车及已兴工公路统计图、每公里公路工程概算标准表等。

收藏单位：重庆馆、广东馆、国家馆、辽宁馆、南京馆、山西馆、上海馆、首都馆、中科图

11727

中国煤气车公司成立三周年纪念特辑
中国煤气车公司，1944，油印本，1 册，18 开，环筒页装

收藏单位：国家馆

11728

中国人力车夫的研究　伍锐麟　白铨著
岭南大学社会学系社会调查所，1939.11，16

页，16 开

本书共 6 部分：中国人力车的史略、中国人力车在都市分布情形、中国人力车夫总数的估计、近年来中国各地人力车夫增加的缘因、中国各地的人力车制度、中国各地人力车夫生活概况。有注释。

收藏单位：国家馆

11729

中华民国公路汽车客货运通则

交通部公路总局第五运输处，1948，46 页，32 开

本书共 10 章，内容包括：总则、公路运输机关与货主之责任、货物运输及杂货、托运及承运、装运及提取、变更运输及运输阻滞等。

收藏单位：重庆馆

11730

中华民国公路汽车运货通则　交通部公路总局编

交通部公路总局，1943，26 页，32 开

收藏单位：上海馆

11731

中华民国公路汽车载客通则　交通部公路总局编

交通部公路总局，1943，30 页，32 开

11732

中华全国道路建设协会第五届征求会员大会特刊　道路月刊社编

上海：中华全国道路建设协会，1926.6，[45] 页，16 开

本书内容包括：第五届征求大会宣言、中华全国道路建设协会章程、各部职员表、全国路政成绩、摘录历届已办重要事由等。

11733

中华全国道路建设协会第八届征求会员大会特刊　道路月刊社编

[上海]：道路月刊社，1929，1 册，16 开

收藏单位：广东馆、首都馆

11734

中华全国道路建设协会第十二周年纪念征求会员大会特刊　道路月刊社编

上海：道路月刊社，1932.9，37 页，18 开

本书共 3 部分：专件、路市建设、会务纪要。

收藏单位：广东馆、国家馆

11735

中华全国道路建设协会第十四周年征求会员大会简章　中华全国道路建设协会订

上海：中华全国道路建设协会，[1934]，12 页，32 开

本书收录该次大会宣言、简章及 1934 年 8 月修正的协会章程。

11736

中华全国道路建设协会工作及计划报告　中华全国道路建设协会编

[上海]：中华全国道路建设协会，1934，14 页，36 开

本书为汉英对照。介绍该会之缘起及加入国际道路协会之经过、该会之组织、历届会员、经费、工作情况及道路调查等项。

收藏单位：上海馆

11737

中华全国道路建设协会会员录　中华全国道路建设协会编

[上海]：中华全国道路建设协会，[1935—1937]，136 页，32 开

本书所涉时间为 1935 年 3 月至 1937 年 5 月 31 日。

收藏单位：上海馆、浙江馆

11738

中华全国道路建设协会路市展览会议特刊　道路月刊社编

上海：中华全国道路建设协会，1931.10，[94] 页，18 开

本书收录路市展览大会参观纪实、路市展览大会开幕纪盛、路市展览大会国内外陈列品汇录、路市展览大会门券赠号揭晓、全

国路市会议纪录。该展览会议由中华全国道路建设协会于 1931 年 9 月 12 日在上海举办。

收藏单位：国家馆

11739

中华全国道路建设协会十周年纪念路市展览大会 路市展览大会执行委员会编

上海：路市展览大会执行委员会，[1931]，[22] 页，12 开

本书为汉英对照。会议于 1931 年 9 月 12 日至 10 月 2 日在上海举行。

11740

中华全国道路建设协会十周年纪念征求会员大会特刊 道路月刊社编辑

上海：中华全国道路建设协会，1930.3，87 页，16 开

11741

中华全国道路建设协会浙江分会第一届会员录 中华全国道路建设协会浙江分会编

中华全国道路建设协会浙江分会，[1920—1929]，90 页，16 开

本书内容包括：该分会第一届特捐会员、永久会员、名誉会员、维持会员、赞成会员、赞助会员、普通会员名录、本会职员录等。

收藏单位：上海馆、绍兴馆、浙江馆

11742

中华全国路市展览大会贵州特刊 贵州建设厅编

贵州建设厅，1931.9，21 页，18 开

本书为该省举办路市展会的文字说明汇集。共 4 部分：弁言、概论、路政概要（附贵州全省公路图、贵阳市街图）、物产概要（附产品一览表、制品一览表）。

收藏单位：国家馆

11743

筑路救闽 林荣向拟

南京：华东印务局，1932，16 页，16 开

本书详述建筑福建公路计划。附福建公路计划图。

收藏单位：重庆馆、南京馆

11744

资中县马路局造报收支各款清册 资中县马路局财务科 [编]

资中县马路局，1931，1 册，23 开，环筒页装

本书为资中县马路局财务科会计股和庶务股一同造报民国十九年 9 月收支数目的清册。

收藏单位：重庆馆

11745

自动车路线表 华北交通株式会社自动车局编

华北交通株式会社自动车局，1928.9，[14] 页，16 开

本书内容包括：路线总括表、本营业运行路线、临时营业路线、本营业运休路线等。

收藏单位：国家馆

11746

最近江苏公路之状况 江苏省建设厅编述

江苏省建设厅，1932.10，18 页，50 开

本书介绍江苏主要公路省道、县道概况及修筑计划。所涉时间为 1932 年 7—9 月。

收藏单位：国家馆、上海馆

11747

最近江苏省省办公路工程费单价之比较 江苏建设厅编述

江苏建设厅，1933.9，10 页，16 开

本书大部分为表。

水路运输经济

11748

安徽省战时各县航运工具统制委员会组织规则 [安徽省战时各县航运工具统制委员会编]

安徽省战时各县航运工具统制委员会，[1937—

1945]，油印本，2 页，大 16 开，环筒页装

收藏单位：国家馆

11749

北方大港之现状及初步计划 建设委员会编

[南京]：建设委员会，1929.11 印，38 页，18 开

本书介绍孙中山《实业计划》中提出的拟于大沽口与秦皇岛间建设北方大港现状。共 5 章：北方大港地址之现在情形、北方大港之规划大纲、北方大港经费及工款之概算、筹款办法、施工后之利益。

收藏单位：国家馆、南京馆、宁夏馆、上海馆、天津馆

11750

北方大港之现状及初步计划 交通部、铁道部北方大港筹备委员会编

交通部、铁道部北方大港筹备委员会，1935.7，32 页，16 开

收藏单位：国家馆

11751

北平通航计画草案 北平特别市工务局编

北平特别市工务局，[1928—1949]，8 页，18 开

本书共 7 部分，内容包括：通航之目的、路线之选择、渠身切面之决定、引水方法之研究、工程之类别等。

收藏单位：国家馆

11752

被侵害之中国航权 李云良讲

出版者不详，[1930]，30 页，32 开

本书共 4 节：列强侵略下之中国航况、航权丧失经过、被侵害之影响、挽回航权方策。

收藏单位：国家馆、上海馆

11753

茶房须知 [民生实业股份有限公司编]

民生实业股份有限公司，1936，55 页，50 开

本书内容为该公司轮船服务员在态度、举止等方面应注意之事项。

11754

查验手册 四联、裕国、川盐盐运保险查验总管理处编

四联、裕国、川盐盐运保险查验总管理处，1945.3，82 页，16 开

本书为川江航运盐糖粮经保险船只查验手册。内容包括：查验方法、手续、地点及管理服务设施等。

收藏单位：重庆馆

11755

长江区江湖航线公里里程表 交通部长江区航政局编

交通部长江区航政局，1947，1 册，36 开

交通部长江区航政局，1948，2 版，56 页，36 开

本书按航线公里里程表分 7 区编订。内容包括：川江、宜沪、湖南、湖北、江西等。

收藏单位：重庆馆

11756

撤免李国杰文电汇刊

出版者不详，[1930—1949]，54 页，32 开

本书收录有关撤免李国杰轮船招商局下属积余公司经理职位的文电资料。

收藏单位：上海馆、浙江馆

11757

乘客便览 轮船招商局总管理处编

外文题名：Handbook on China coastal & river steamers

上海：轮船招商局总管理处，1929，[72] 页，22 开

本书为汉英对照。内容包括：航线图、招商局轮船一览表、招商局轮船乘客须知、分局经售各轮客票规则等。

收藏单位：国家馆、近代史所

11758

乘客须知 民生实业公司编

民生实业公司，1936，20 页，50 开

本书共 3 章：出发、在船上、码头须知。附由上海到四川游历所需时日及费用预算表、

重庆市较大旅馆一览表、宜昌旅馆调查表等。

收藏单位：重庆馆

11759

重庆轮渡股份有限公司扩充计划 重庆轮渡股份有限公司编

重庆轮渡股份有限公司，1942，油印本，15页，16开，环筒页装

本书介绍该公司现有情况及计划充实、改善之航线，渡轮增建后可能兼营之副业。

收藏单位：重庆馆

11760

川江民船商业同业公会、船员工会联合会筹备委员会参考法规汇编 川江民船商业同业公会 川江船员工会联合会筹备委员会编

川江民船商业同业公会筹备委员会、川江船员工会联合会筹备委员会，1942，26页，32开

本书收录规程、办法15种，内容包括：川江民船商业同业公会筹备委员会组织规程、川江民船船员工会联合会筹备委员会组织规则、非常时期人民团体组织法、人民团体整理办法、四川省水道木船货物运价标准章程等。

收藏单位：国家馆

11761

川江民船商业同业公会联合会、船员工会联合会筹备委员会工作总报告 川江民船商业同业公会联合会 川江船员工会联合会筹备委员会编

川江民船商业同业公会联合会筹备委员会、川汀船员工会联合会筹备委员会，1943.10，74页，16开

本书介绍该会的筹建、组织、训练、福利、业务、总务等。附有关组织章程、代表大会会议录等13种。

收藏单位：国家馆、南京馆

11762

川路轮船公司轮船码头房产图说

中华书局，1917，[26]页，16开

本书收录大川轮船、利川轮船、巨川轮船、济川轮船、重庆码头、重庆堆栈、宜昌事务所及码头、宜昌堆栈、重庆白象街房产等图片及说明。

收藏单位：重庆馆

11763

船舶运输学讲义 姚铁编

运输学校印刷所，1948.8，150页，32开

本书为初级班用书。共6章：概论、航业政策、吨位、军品之积载、平时水路军运勤务、战时水路军运勤务。

收藏单位：广东馆、国家馆、首都馆

11764

船员名簿（第2期） 交通部航政司编

交通部航政司，1934，202页，16开

本书收录1928年7月至1933年12月经考核领有交通部颁发的商船职员证书及轮船船员证书者名录，包括甲种驾驶员、甲种轮机员、乙种驾驶员、乙种轮机员。

收藏单位：广东馆、国家馆、浙江馆

11765

帝国主义者在华航业发展史 张心澂著

上海：日新舆地学社，1930.6，186页，36开

本书以1927年在华船舶进出口吨数多少为序，分述各国在华轮船所属公司、航线、船数、吨数等情况。逐页题名：帝国主义在华航业发展史。

收藏单位：重庆馆、桂林馆、国家馆、湖南馆、江西馆、南京馆、天津馆

11766

第四期营业报告书 上海内河轮船股份有限公司[编]

出版者不详，[1941]，21页，32开

本书所涉时间为1940年11月1日至1941年3月31日。

收藏单位：南京馆

11767

东方大港之曙光 建设委员会编

[南京]：建设委员会，[1929]，8页，32开
（建设小丛书1）

本书论述根据孙中山《实业计画》在杭州湾北岸建设东方大港的前景。共6部分：东方大港之地位、港湾之形势、气候、建设之必要、与上海港口比较之优劣、工程概略及步骤。

收藏单位：国家馆、南京馆

11768

东方大港之现状及初步计划 建设委员会编

[南京]：建设委员会，[1935]，14页，16开

本书附东方大港形势图、东方大港水道计画图、东方大港测量成绩图。

收藏单位：广东馆、国家馆、南京馆、中科图

11769

佛罗利氏航海记 许云樵译注 南洋编译所编辑

外文题名：The voyage of Peter Floris

新加坡：南洋书局有限公司，1947.9，46页，32开（南洋研究丛书3）

本书内容包括：历航波离迦帝鞞多波梨摩苏梨城万丹北大年及暹罗、白古暹罗柔佛北大年诸国异遇记、滞留摩苏黎城之纠纷及归航。

收藏单位：国家馆

11770

滏阳河通航计划概况

出版者不详，[1930—1931]，油印本，[6]页，13开，环筒页装

本书内容包括：河流来源及流域、通航计划之先决问题及应需工作、通航计划实现后之利益等。附滏阳河及其流域经过各县之面积人口出产河流情形说明。

收藏单位：国家馆

11771

复兴高雄港意见书 台湾省政府交通处高雄港务局编

台湾省政府交通处高雄港务局，1947.6，15

页，16开

收藏单位：国家馆

11772

复员期间之长江区航运与航政 王洸著

[交通部长江区航政局]，1947.1，24页，16开

本书总结抗战胜利后长江区一年来的航运与航政工作情况。附各项统计表30余种。

收藏单位：重庆馆、国家馆、湖南馆、南京馆

11773

复员一年来上海区航政概况 交通部上海航政局编

交通部上海航政局，[1946.9]，[24]页，32开

11774

港埠经济论 邰光谟编译

出版者不详，1931.3，94页

本书共10章，内容包括：港埠与港湾、船坞与码头、船舶之轮转、港埠之服务、港埠之收入等。

收藏单位：近代史所

11775

港务统计年报（中华民国十八至二十三年）
青岛市港务局编

外文题名：The annual statistical returns for 1929—1934

青岛市港务局，[1930—1935]，6册，16开

本书为汉英对照。共4编：青岛港概况、码头大港之部、码头小港之部、港务之部。书脊题名：青岛市港务局统计年报。

收藏单位：北师大馆、广东馆、国家馆、近代史所、南京馆

11776

港政纪要 青岛市港务局编

青岛：新华兴印书馆，1931.7，4册，16开

本书共6部分：插图、工程事项、整理事项、公牍摘要、拟办事项、贸易状况。

收藏单位：安徽馆、广东馆、广西馆、国

家馆、湖南馆、近代史所、南京馆、上海馆

11777

高雄港纪略　高雄港务局编

高雄港务局，1948，13 页，32 开

　　本书介绍该港形势，船舶停泊情形，仓库、港湾设备，挖泥船、航业与航政，港务管理等。

11778

高雄港务报告书　台湾省政府交通处高雄港务局编

台湾省政府交通处高雄港务局，1947.6，76 页，16 开

　　本书共 6 部分，内容包括：组织、财产、经济状况、事业复旧扩展计划等。附海事工程事务所概况及扩充计划、高雄港平面图、美军扩修高雄港计划图等。

　　收藏单位：国家馆、近代史所

11779

各国航业竞争　国民外交丛书社编　左舜生校阅

上海：中华书局，1926.9，55 页，50 开（国民外交小丛书）

上海：中华书局，1927.9，再版，55 页，50 开

上海：中华书局，1928，3 版，55 页，50 开（国民外交小丛书）

上海：中华书局，1929.9，4 版，55 页，50 开（国民外交小丛书）

　　本书概述英、美、法、意、日诸国航海政策。共 3 部分：绪论、各国航海政策、结论。

　　收藏单位：重庆馆、广东馆、广西馆、国家馆、黑龙江馆、吉林馆、山西馆、上海馆、首都馆、浙江馆

11780

各国航业政策实况与收回航权问题　郭寿生著

上海：华通书局，1930.3，274 页，22 开

　　本书共 11 章，内容包括：航业政策的研究、各国航业政策、各国航业实况及其竞争

形势、太平洋航业之争霸、世界航业比较与统计、中国航业状况等。附中国现行之海商法、世界主要海事年表。

　　收藏单位：安徽馆、重庆馆、广西馆、国家馆、湖南馆、近代史所、辽宁馆、南京馆、上海馆、天津馆、西交大馆、浙江馆、中科图

11781

股份有限公司华北轮船联营社章程　股份有限公司华北轮船联营社编

股份有限公司华北轮船联营社，[1941—1945]，14 页，16 开

　　本章程共 6 章：总则、股份、股东总会、董事监察人、计算、附则。

　　收藏单位：国家馆

11782

广东全省港务管理局两年来港务工作报告

广东全省港务管理局编

广东全省港务管理局，1935.5，276 页，25 开

　　本书共 10 章，内容包括：本局之设立、收回本省各海关管理船舶事权、收回本省三成船钞附捐、两年来本局港务航务行政工作等。附广东省政府建设厅管理港务船舶暂行规程、轮拖渡雇用替渡计划、交通部发给船牌办法及船牌式样等。

11783

国籍轮船明细表　上海市轮船业同业公会编

上海市轮船业同业公会，1935，256 页，16 开，精装

　　本书为汉英对照。收录 256 艘中国籍轮船之船名、所有者、吨位、速率、机器、设备等资料。

11784

国民政府清查整理招商局委员会报告书　国民政府清查整理招商局委员会编

国民政府清查整理招商局委员会，[1927]，2 册（254+192 页），大 16 开

　　本书为清查委员会对招商局 1912—1926 年的工作清理报告。上册共 3 编：公文、清查

报告书、统计；下册共 3 编：整理方案、招商局大事记、附录。

收藏单位：广东馆、广西馆、国家馆、南京馆、上海馆、首都馆、浙江馆

11785

国营招商局产业总录　国营招商局编

国营招商局，1947，324 页，18 开，精装

本书共 9 章，内容包括：房地产业历年之购置及最近之整理、战前向银行抵押借款及胜利后清偿债务之经过、局产总录、接收敌伪房地产及运用概况、船舶分类及价值表等。附本局史略、本局投资台湾航业公司之经过、本局投资中国油轮公司之经过等。

收藏单位：国家馆、南京馆、上海馆

11786

国营招商局船舶内容表（江轮及海轮）　国营招商局编

国营招商局，1947.7，[34] 页，18 开，蝴蝶页装

本书收录统计资料 20 余项，内容包括：船名、船型、船质、等级、建造年月、建造地点、吨位、运率、尺度、吃水、载重、油舱容量、装货容积、乘客定额等。

收藏单位：国家馆、南京馆、上海馆

11787

国营招商局船员服务须知　国营招商局编

国营招商局，1946.11，152 页，23 开，精装

本书共 14 章，内容包括：船员职务、待遇、制服、驾驶、船舶与船具之保管与使用、无线电台、船用消耗品、船具之遗失及注销、客货、海滩、船内卫生等。附旗帜之式样及尺寸等。

收藏单位：上海馆

11788

国营招商局七十五周年纪念刊　国营招商局七十五周年纪念刊编辑委员会编

上海：国营招商局七十五周年纪念刊编辑委员会，1947，301+128 页，18 开

本书内容包括：肖像、题词、插图、本局之过去与现在、论文、国外实习报告、统计图表等。

收藏单位：安徽馆、东北师大馆、广东馆、广西馆、国家馆、湖南馆、江西馆、南京馆、内蒙古馆、首都馆、天津馆、西南大学馆、浙江馆、中科图

11789

国营招商局业务手册　国营招商局编

国营招商局，1947.9，246 页，22 开

本书共 4 部分：职掌、工作程序、文书处理、各项须知。

收藏单位：国家馆、吉林馆、上海馆

11790

国营招商局整理报告（第 1 号）　国营招商局编

国营招商局，1936.10，26 页，22 开，环筒页装

本书主要说明该局 1932 年 12 月改组前后的情况变化。共 15 部分，内容包括：改组前后总局组织系统表、改组前后职员人数比较图、二月至六月与上年同期轮驳维持费比较、总局管理费比较等。

收藏单位：广东馆、国家馆、湖南馆、近代史所、南京馆、上海馆

11791

国营招商局组织章程

国营招商局，1933.8，[18] 页，32 开

收藏单位：国家馆

11792

哈尔滨戊通航业股份有限公司航务报告（第 1 次）　戊通航业股份有限公司编

哈尔滨：戊通航业股份有限公司，1919.11，52 页，18 开

本报告共 10 节，介绍松花江、黑龙江、乌苏里江、嫩江、额尔古纳河等航线的口岸、里数、江道标识、税关、通航及该公司的船舶情况等。

收藏单位：上海馆

11793

海港与开港计划 夏开儒著

重庆：青年书店，1940.6，148 页，32 开（三民主义丛书通俗读物）

本书共 4 章：内地海港之现况、东北海港概述、总理之开港计划、抗战期间利用之国际海港。

收藏单位：重庆馆、广东馆、国家馆、吉林馆、南京馆、上海馆、首都馆

11794

海洋运输原理 胡继瑗著

上海：商务印书馆，1935.6，[10]+326+18 页，22 开（大学丛书 教本）

上海：商务印书馆，1935.12，再版，[10]+326+18 页，22 开，精装（大学丛书）

本书分 3 编：船舶论、航路论、业务论。第 1 编共 6 章，内容包括：汽船进化之沿革、船舶结构概论、吨位之说明、船级社之概说等；第 2 编共 5 章：公海概论、航路、国际运河、商港、中国航路与商港之概况；第 3 编共 9 章，内容包括：海运业概论、业务管理与组织、船提单之说明、租船合同之说明、航运公会之研究等。附船壳各组成物名词之释义、美国船舶院租船合同、世界航运公会会员名单等。

收藏单位：重庆馆、东北师大馆、广东馆、广西馆、贵州馆、国家馆、河南馆、黑龙江馆、湖南馆、江西馆、辽大馆、南京馆、内蒙古馆、山西馆、上海馆、首都馆、天津馆、浙江馆

11795

海员须知 孙德全 黄迺穆编

上海市航业同业公会，1933，866 页，36 开

本书共 4 编。论述船员职责、纪律、服务，船长职权及海运防险、营业等。

收藏单位：国家馆、南京馆、上海馆、天津馆

11796

海员之路 杨啸天讲述

上海：长风出版社，1946.9，54 页，32 开（海洋丛书）

本书共 14 部分，内容包括：我国应成为一个海洋国家、从抗战到建国、祝首届海员节、海员四要、海运界当前的三大课题、加强海洋建设的文化工作、海员训练班同学录序等。

收藏单位：重庆馆、广东馆、国家馆、黑龙江馆、吉林馆、南京馆、上海馆、天津馆

11797

航船须知 陈广起著

哈尔滨：黑河日报社，1927.1，14+78+18 页，16 开

本书适用于松、黑两江。共 8 章，内容包括：行船通则、挂灯规则、江道之施设及行船者对于江道应有之注意等。附交通部法令、各江航线图及里数表。所收须知参考阿穆尔水道局现行航章、我国海关公布各种临时条例及中俄航船之习惯事项编写。

收藏单位：国家馆、黑龙江馆

11798

航道网 行政院新闻处编

行政院新闻处，1947.12，48 页，32 开

本书介绍如何开辟航道网。共 5 部分：引言、原则、标准、计划、结论。

收藏单位：安徽馆、重庆馆、东北师大馆、广东馆、广西馆、贵州馆、国家馆、河南馆、湖南馆、江西馆、近代史所、辽宁馆、南京馆、宁夏馆、上海馆、首都馆、天津馆、浙江馆

11799

航海安旅会十周纪念特刊 航海安旅会十周纪念大会筹备委员会编

上海：航海安旅会，1937，76 页，16 开

本书内容包括：纪念文辑、论著、专载、会务插图等。安旅会系由沪甬线各轮专司服务职责之茶房、工友组成。

11800

航海联义会纪念特刊 航海联义会编

上海：航海联义会，[1933—1939]，125 页，

25 开

本书收录航海联义会施诊所简章，航海联义会成立宣言，王永盛等人纪念文章、航业专论，并收录执行理事会议记录及有关章程等。

收藏单位：国家馆

11801

航旅馆之友（第 1 号） 轮船招商局总管理处营业科编

外文题名：Travellers' guide

上海：轮船招商局总管理处营业科，1928.10，70 页，32 开

本书内容包括：招商局创办人照片、招商局创办人小传、最近整顿概况、所有轮船一览表、各线客舱价目表、各线沿岸名胜简介及风景照片等。

收藏单位：近代史所、上海馆

11802

航业复员及建设意见书 中国航业学会编

中国航业学会，[1943.4]，[7] 页，16 开，环筒页装

本书提出船舶复员、恢复航运、建设造船业、培养人才、设管理机构等意见。

收藏单位：国家馆、南京馆

11803

航业年鉴（中华民国二十四至二十五年） 上海市轮船业同业公会全体执行委员编辑

上海市轮船业同业公会，1936.6—1937.8，2 册，16 开

本书内容包括：论说栏、译述栏、专载栏、法规栏、调查栏、统计栏等。附上海市轮船业同业公会组织系统、章程、办事细则等。原载于《航业月刊》第 3 卷第 12 期扩大号。

收藏单位：重庆馆、广东馆、国家馆、湖南馆、近代史所、南京馆、上海馆、浙江馆、中科图

11804

航业与航权 王洸著

上海：学术研究会，1930.11，183 页，32 开

本书共 3 篇：中国航业现状、航业政策、收回航权之实施方策。

收藏单位：北师大馆、重庆馆、广东馆、国家馆、江西馆、上海馆、天津馆、浙江馆

11805

航业政策 王洸著

南京：交通杂志社，1934.12，106 页，22 开（交通杂志社丛书 2）

本书共 3 章：总论、各国航业政策、中国航业政策论。附中国航政制度。

收藏单位：广东馆、广西馆、国家馆、河南馆、吉林馆、江西馆、南京馆、清华馆、陕西馆、天津馆、浙江馆

11806

航运 行政院新闻局编

行政院新闻局，1947.11，34 页，32 开

本书共 5 部分：前言、战前航运、战时航运、战后航运、结语。

收藏单位：安徽馆、重庆馆、东北师大馆、广东馆、广西馆、国家馆、河南馆、湖南馆、江西馆、近代史所、辽宁馆、柳州馆、南京馆、内蒙古馆、上海馆、首都馆、天津馆、浙江馆

11807

航政特刊 广东建设厅编辑处编

广东建设厅编辑处，1931.8，1 册，16 开

本书共 16 部分，内容包括：论著、报告、设计、调查、法规、公牍等。

收藏单位：国家馆

11808

河北省南北运河河务局各闸启闭管理章程

河北省南北运河河务局编

河北省南北运河河务局，1940，油印本，1 册，16 开，环筒页装

本书收录该河务局下属捷地减河进水闸、龙凤河节制闸、筐儿港减河泄水闸、苏庄调节水量水闸等各闸管理章程。

收藏单位：国家馆

11809

黑龙江十年航政报告书 张寿增著

哈尔滨：黑河道尹公署，1930.1，68+60 页，16 开，精装

本书记述 1918 年中国收回黑龙江航权以来航运情况。共 11 章，内容包括：阿穆尔江（黑龙江）各流域气候、航务行政、中俄国际河流外交之经过等。附历年协议原文 12 种。

收藏单位：长春馆、重庆馆、近代史所、辽宁馆

11810

葫芦岛 祁仍奚编

祁仍奚 [发行者]，1930.7，36 页，32 开

本书共 6 部分，内容包括：葫芦岛之地势、葫芦岛筑港计画之沿革、葫芦岛开港与热河之关系等。

收藏单位：广东馆、国家馆、湖南馆、近代史所、辽大馆、南京馆、上海馆、天津馆

11811

葫芦岛建设实录 张含英编辑

交通部、铁道部北方大港筹备委员会，1934.6，102 页，16 开（交通部、铁道部北方大港筹备委员会辟港参考丛书）

本书共 3 编：葫芦岛筑港之历史、十九年兴修之计划及成绩、葫芦岛市初步计划草案。

收藏单位：国家馆、清华馆、天津馆、中科图

11812

葫芦岛筑港开工典礼纪念册 北宁铁路管理局编

北宁铁路管理局，1930.7，[60] 页，32 开

本书内容包括：葫芦岛全图、葫芦岛筑港开工典礼秩序单、葫芦岛之形势、葫芦岛筑港之沿革、葫芦岛筑港工程计画之概况、建筑葫芦岛海港合同等。

收藏单位：国家馆、近代史所、上海馆、浙江馆

11813

湖北建设厅航政处工作概要 湖北建设厅航政处编

湖北建设厅航政处，1932.12，[120] 页，16 开

本书收录该处航政、规划设计、章则、表册、命令、公牍等资料。附李厅长报告建华轮建造经过情形等 8 种。

11814

湖北省政府建设厅航政处民国二十二年总报告 湖北省政府建设厅航政处编

湖北省政府建设厅航政处，[1934]，36 页，16 开

本书共 3 部分：报告、统计、附录。第 1 部分共 8 类，内容包括：略史、停止小轮检丈、移交汉口码头管理权、轮渡营业报告等；第 2 部分共 5 种，内容包括：武汉轮渡历年收入比较图、武汉轮渡本年各码头收入比较图、本处轮船一览表等；第 3 部分共 7 种，内容包括：售票员服务须知、渡轮派班表式样、本处职工全体名录等。

收藏单位：国家馆

11815

湖北省政府建设厅航政处整理内河航轮报告（第 1 期） 湖北省政府建设厅航政处编

湖北省政府建设厅航政处，1934.6，60 页，16 开，环筒页装

本书共 3 部：报告、统计、附录。第 1 部共 7 部分，内容包括：已往情形、省政府整理议决案、接管经过、整理情形等；第 2 部共 4 部分：营业收入分析表、各轮一览表、票价表、货价表；第 3 部共 7 种，内容包括：管理员服务须知、售票员服务须知、售票员缴款小法等。原载于《汉口市商会月刊》第 1 卷第 3 期。

收藏单位：国家馆

11816

华胜轮船股份有限公司民国二十七年至三十六年报告 [华胜轮船股份有限公司董事会编]

[华胜轮船股份有限公司]，[1947—1949]，[24] 页，30 开

本书内容包括：营业报告书、资产负债表、损益计算书、盈余分配案等。

11817

黄埔港计划 李文邦设计

广州：广东治河委员会，1936.9，12+170 页，16 开

本书共 4 编：概论、测量、黄埔港市计划、分期实施之程序计划预算及筹款办法。附图 40 种，附表 25 种。该计划于 1934 年 2 月 8 日由治河委员会第 2 届第 58 次会议议决通过，并呈国民政府备案。

收藏单位：贵州馆、国家馆、上海馆、浙江馆、中科图

11818

基隆港 基隆港务局编

台湾省政府交通处基隆港务局，1946.11，114 页，18 开

台湾省政府交通处基隆港务局，1947.11，207 页，18 开

台湾省政府交通处基隆港务局，1948.11，150 页，18 开

本书共 5 章：绪论、基隆港之过去、基隆港之现状、基隆港之将来、基隆港务局管辖各港概况。附各种资料表与统计表 42 种。

收藏单位：广东馆、国家馆、湖南馆、近代史所、南京馆、山西馆、上海馆、首都馆、浙江馆、中科图

11819

基隆港务局业务统计提要（三十六年度） 台湾省交通处基隆港务局统计室编

台湾省交通处基隆港务局统计室，[1948.2]，43 页，18 开

本书全部为图表。共 7 类：港务类、航政类、工务类、财务类、人事类、检疫类、参考类。

收藏单位：国家馆、近代史所、南京馆

11820

基隆市港湾起卸业职业工会改组成立周年纪念特刊 杨蔓清等编

基隆市港湾起卸业职业工会，1948，36 页，16 开

本书内容包括：本会沿革、本会概况、一年来会务概况、基隆市港湾起卸业职业工会章程、福利设施概况等。

收藏单位：国家馆

11821

冀鲁区引水公会周年纪念册 冀鲁区引水公会编

天津：冀鲁区引水公会，1948.8，232 页，32 开

本书为纪念天津港收回引水主权、成立引水公会的周年纪念专辑。内容包括：本会沿革与概况、论文、图表与统计、法令与附录等。

收藏单位：重庆馆、广东馆、国家馆、黑龙江馆、吉林馆、内蒙古馆、上海馆、天津馆、浙江馆、中科图

11822

建筑葫芦岛海港合同 北宁铁路管理局编

北宁铁路管理局，1930，56+93 页，22 开，精装

本书为汉英对照。共 16 条，内容包括：总则、付款、特别担保、保证、存款等。合同由北宁铁路管理局奉国民政府铁道部之令与荷兰治港公司于 1930 年 1 月 24 日在天津签订。

收藏单位：国家馆

11823

江苏省内河航运货物运价及分等折吨实施附则 江苏省人民政府交通厅编

出版者不详，[1911—1949]，155 页，16 开

收藏单位：南京馆

11824

江亚轮惨案专集 东方日报编辑室编辑

上海：明州出版社，1949，76 页，16 开

本书收录 1948 年 12 月 3 日招商局江亚轮在吴淞口外失事沉没事件相关资料。内容包括：罹难旅客已获未获统计表、罹难旅客年

龄统计表、失事原因、失事经过及善后等。

收藏单位：安徽馆、国家馆、湖南馆、上海馆

11825
蒋尊簋为招商局问题告各界电 蒋尊簋著
出版者不详，[1911—1931]，5 页，32 开

11826
交通部长江区航政局绞滩管理委员会成立四周年纪念特刊 交通部长江区航政局绞滩管理委员会编
交通部长江区航政局绞滩管理委员会，1942，220 页，16 开，精装
本书内容包括：绞滩建设之回顾与前瞻、内河航运与滩险、本会四年来绞滩工程实施概况、本会组织章程等。

收藏单位：重庆馆、南京馆

11827
交通部长江区航政局统计年报（中华民国三十一、三十五至三十六年度） 交通部长江区航政局统计室编
交通部长江区航政局统计室，[1943—1947]，油印本，3 册，16 开，环筒页装
本书内容包括：船舶、船员、航业、港务、运价、组织及人事等。

收藏单位：安徽馆、重庆馆、国家馆、湖南馆、南京馆、上海馆

11828
交通部长江区航政局辖区内现有轮船船名录（第八期） 交通部长江区航政局统计室编
交通部长江区航政局秘书室，1948.9，[60]页，8 开
本书收录 1948 年 9 月底止之长江各港行驶长江区船舶。版权页题名：交通部长江区航政局第八期船名录。

11829
交通部促进航业讨论会、航政讨论会会议汇刊 交通部促进航业讨论会编
交通部促进航业讨论会，1934，164 页，16

开

11830
交通部汉口航政局暨附属机关职员录
汉口航政局，1940.6，油印本，10 页，18 开，环筒页装

收藏单位：国家馆

11831
交通部汉口航政局局务汇刊 汉口航政局编
汉口航政局，1932.1，1 册，16 开
本书内容包括：局务纪要、本局大事记、公牍、统计图表、专载、论著等。附交通部汉口航政局职员录。

收藏单位：广东馆、国家馆、南京馆、浙江馆

11832
交通部上海航政局成立一周年总报告书 交通部上海航政局编
交通部上海航政局，1941.5，1 册，16 开
本书共两部分：言论撮要、工作报告。第 1 部分内容包括：就职训话、航政成立一周年工作概况、关于和建问题等；第 2 部分共 5 章：总务、会计、技术、登记、考核。

收藏单位：国家馆

11833
交通部上海航政局职员录 交通部上海航政局编
交通部上海航政局，1934.9，19 页，25 开，环筒页装

收藏单位：国家馆

11834
交通部扬子江水道整理委员会章则汇刊 交通部扬子江水道整理委员会编
交通部扬子江水道整理委员会，1934.8，30 页，25 开

收藏单位：南京馆

11835
交通部招商局监督处对于整顿招商局各办法

意见书　陈孚木著述

出版者不详，[1927—1931]，63页，24开

　　本书共两部分：报告事略、整理方案。内容包括：招商局沿革述略、财政概况、组织演变、清理债务等。

11836

交通部注册船名录（中华民国二十至二十三年）　交通部航政司编

交通部航政司，1932—1935，4册，横16开

　　本书收录经交通部颁发国际证书或执照的小轮船名录，包括船号、吨位、尺度、机器制造、航路、船主姓名等项。

　　收藏单位：广东馆、国家馆、南京馆、上海馆、浙江馆

11837

交通史航政编　交通部交通史编纂委员会铁道部交通史编纂委员会编辑

交通部交通史编纂委员会、铁道部交通史编纂委员会，1931.7，6册（82+2946+26页），18开，精、平装

　　本书共6章：总务、航业、航务、工程、涉外事项、外人在华航业。附中西文对照表、参考书一览表。所收资料自清同治十一年由李鸿章奏办招商局起至国民政府成立前止。

　　收藏单位：重庆馆、甘肃馆、广东馆、国家馆、吉林馆、近代史所、辽大馆、辽宁馆、南京馆、山西馆、上海馆、首都馆、西交大馆、浙江馆

11838

接管招商局两周年纪念刊　招商局编

招商局，[1930]，82页，16开

　　本书共24部分，内容包括：改组二周纪念感言、国民政府交通部两年前接管招商局纪实、总管理处办公室概况、招商局最近两年营业状况及整理经过述略、招商局重要文电附录等。

　　收藏单位：国家馆、南京馆、上海馆、浙江馆

11839

解决今日招商局问题之意见　李国杰著

李国杰[发行者]，[1927—1930]，34页，32开

11840

抗战八年来湖南航业界生活痛苦与船员损失惨重情形战后复员计划　曾国珍编

出版者不详，1945.5，24页，32开

　　收藏单位：南京馆

11841

李国杰破坏整理招商局及把持营私之供状

出版者不详，[1927—1949]，26页，18开

　　本书介绍李鸿章在北洋总督任内拨借官款并办招商局、李国杰反抗国府第一次接管之表功、李国杰反抗监督处接管之表白、李国杰将仁济和独立谋积余脱离之手段等内容。

　　收藏单位：上海馆、浙江馆

11842

列年海事提纲　孙德全编

[招商局]，[1929]，26页，22开

　　本书为世界航海运输编年大事记。记载内容从宋代至1928年。

　　收藏单位：国家馆、浙江馆

11843

轮船货物运价表

出版者不详，[1947]，35页，21开

　　本书收录长江、南洋、北洋等线货运价目表及里程表。由交通部核准，自1947年3月25日起实行。

11844

轮船招商局营业概况　轮船招商局总管理处营业科编

[上海]：轮船招商局总管理处营业科，[1929]，22页，22开

　　本书共6部分：未设总管理处以前营业科之状况、营业科与沪局合并时代、专设营业科以后、改组后水脚收入大概、八月来营业状况、营业之新计划。所涉时间为1928年

3—10 月。

收藏单位：国家馆

11845

轮船招商局营业新章汇编·新会计制度方案

俞凤韶等撰拟·李云良撰拟

出版者不详，[1929]，320 页，18 开

本书为合订本。《轮船招商局营业新章汇编》共 5 章：营业科办事状况、管理业务主任规章、乘客业务、运货业务、航务，由俞凤韶等人于 1928 年 6—12 月草拟，经总管理处核定。《新会计制度方案》共 5 编，内容包括：会计规程、总局会计制度、分局会计制度与货栈会计制度等，由李云良于 1928 年 3—6 月草拟，经改良会计委员会审定。

11846

轮船招商局职员录　轮船招商局编

[上海]：轮船招商局，1930.7，152 页，32 开

11847

码头及货栈管理　李耀慈编

出版者不详，[1911—1949]，86 页，16 开

收藏单位：南京馆

11848

宁绍商轮公司民国二十三年度第二十六届营业报告　宁绍商轮股份有限公司编

[宁绍商轮股份有限公司]，[1935]，4 页，18 开

本书内容包括：资产负债表、损益表等。

收藏单位：浙江馆

11849

起死回生之招商局　李国杰著

出版者不详，[1932]，63 页，24 开

本书共 3 部分：赊购新船之利益、码头借款之利益、建筑借款之利益。附呈交通部招商局监督处文、整理招商局借款说明书、交通部招商局监督处指令等。

11850

前汉时代海上交通考　郑师许著

出版者不详，1934，16 页，16 开

本书内容包括：论吾国交通陆路先于海上、论秦汉以后海运始开、研究前后海上交通当以《汉书》为说、前汉海上交通之动机、前汉时代海上交通之情形、近世史学家考古家所发见关于此事之新材料等。为《交大季刊》第 14 期抽印本。

收藏单位：上海馆、浙江馆

11851

青岛港务辑览　青岛市港务局编

[青岛]：新华兴印书馆，1933.6，22+50+94 页，16 开

本书内容包括：组织、建筑、设备、运输、行政、贸易状况等。附该港港务法规 27 种。

收藏单位：广西馆、国家馆、湖南馆、近代史所、南京馆、上海馆、天津馆、中科图

11852

青岛港务行政述要　郑肇经报告

出版者不详，1930，19 页，36 开

收藏单位：重庆馆

11853

青岛港政统计年表（中华民国十一至十七年）

胶澳商埠港政局编

外文题名：The annual statistical for 1922—1928

出版者不详，[1924.3—1929]，7 册，16 开

本书为汉英对照。共 4 编：青岛港概况、码头大港之部、码头小港之部、港务之部。

收藏单位：重庆馆、国家馆、湖南馆、南京馆、上海馆、中科图

11854

青岛市港务规划

青岛市政府，[1930]，14 页，36 开

本书为汉英对照。由青岛市政府于 1930 年 7 月 4 日公布。

11855

青岛市港务局统计概况

青岛市港务局，[1932]，451 页，16 开

本书共 4 编：青岛港概况、码头大港之部、码头小港之部、港务之部。

收藏单位：国家馆

11856

青岛市港务行政年刊（中华民国二十三至二十四年度） 青岛市港务局编

青岛市港务局，1935—1936，2 册（[107]+116 页），16 开

本书内容包括：插图、行政计划、行政事项（包括法规、港政、埠务、地租、工程等）、贸易及作业状况等。

收藏单位：国家馆、南京馆、浙江馆、中科图

11857

青岛市码头规则 ［青岛市港务局编］

青岛市港务局，[1931.3]，38 页，32 开

青岛市港务局，1946.2，修订版，35 页，32 开

收藏单位：国家馆、南京馆、天津馆

11858

清代漕运之研究（上编） 董继瑚著

天津：天津书局，1944.1，78 页，32 开（经济史研究丛书）

本书共 3 章：清代漕运之沿革、清代漕运之组织、清代漕运之征收。

收藏单位：国家馆、近代史所

11859

商办轮船招商局董事会重要文件录 李国杰手辑

出版者不详，[1928—1929]，2 册（134+108 页），16 开

本书收录 1922—1929 年招商局董事会的呈文，有函件。

收藏单位：国家馆、上海馆

11860

上海港口大全（译件） ［查利编］

上海浚浦总局，1921.4，88 页，13 开

上海浚浦总局，1930.2，5 版，135 页，大 16 开

上海浚浦总局，[1934.10]，159 页，大 16 开

本书共 4 部分：地理上之形势、港口之容积并相连之水陆各道、上海商埠经济上及商务上之活动、上海港口之管理。附太平洋沿岸港口之深浅、上海邻近海口情形、扬子江各埠之情形等。

收藏单位：重庆馆、国家馆、湖南馆、吉林馆、近代史所、辽大馆、南京馆、西南大学馆、浙江馆、中科图

11861

上海港口将来进步之报告（译件） 海德生等著

上海浚浦总局，[1911—1949]，32 页，大 16 开

本书共 5 章，内容包括：旅客运输之目的与方法、远东各口岸之竞争、建设港口于扬子江技术上之需要及其形势等。

收藏单位：国家馆、浙江馆

11862

上海港之将来 赵曾珏编著

上海：商务印书馆，1949.3，469 页，25 开

本书收录上海市都市计划委员会、编者本人、上海市公用局等发表在报刊上的有关上海港的发展规划、方案、章则、报告。共 6 编：总论、港务机构、港区及港道、码头仓库及岸线、轮渡、附录。

收藏单位：重庆馆、广东馆、广西馆、国家馆、吉林馆、近代史所、辽大馆、辽宁馆、南京馆、内蒙古馆、宁夏馆、上海馆、首都馆、天津馆

11863

上海浚浦局最近工作概况 上海浚浦局编

外文题名：The present phase of the Whangpoo conservancy

上海浚浦局，[1946—1947]，2 册，18 开

本书为汉英对照。各分册所涉时间分别为：1945 年 9 月至 1946 年 8 月、1946 年 9 月至 1947 年 12 月。

收藏单位：国家馆、上海馆

11864

上海内河航业复员与整理初步方案　上海市内河轮船商业同业公会拟具

出版者不详，1945.9，1 册，25 开

收藏单位：上海馆

11865

上海区登记注册船名录　交通部上海航政局编

出版者不详，1948.1，88 张，9 开

收藏单位：上海馆

11866

上海市吴淞江码头调查表　上海市公用局编制

上海市公用局，1947.10，[25] 页，12 开

本书内容包括：码头名称、地址、码头业主、结构、面积及状况等。附蕴藻浜、日晖港。

11867

上海特别市港务局业务报告　上海特别市港务局编

上海特别市港务局，1930，186 页，16 开，环简页装

本书共 9 部分，内容包括：组织、政纲、章则、纪事、行政、事业等。附上海特别市港务局职员录。所涉时间为 1928 年 12 月 22 日至 1929 年 6 月底。

收藏单位：国家馆、南京馆

11868

水道运输学　王洸著

重庆：商务印书馆，1945.10，143 页，25 开

上海：商务印书馆，1946.8，143 页，25 开

上海：商务印书馆，1947.2，再版，143 页，25 开（新中学文库 106）

本书共 20 章，内容包括：轮船之发明及其进步、船舶之种类、航业之种类及其营业管理、航业公司之组织、政府对于航业之监督、我国沿海航线、我国长江航线、最近各国之航业政策、战时我国航政等。

收藏单位：安徽馆、长春馆、重庆馆、东

北师大馆、广东馆、广西馆、贵州馆、国家馆、河南馆、黑龙江馆、湖南馆、江西馆、辽大馆、辽东学院馆、辽宁馆、柳州馆、南京馆、内蒙古馆、上海馆、首都馆、天津馆、浙江馆、中科图

11869

水路运输业统一会计科目　国民政府主计处会计局编

国民政府主计处会计局，1943.5，20 页，32 开

收藏单位：重庆馆、吉林馆、南京馆

11870

四川全省各要地水陆程站

出版者不详，[1911—1949]，1 册，16 开，环简页装

本书共两部分：陆路、水路。

收藏单位：重庆馆、南京馆

11871

四川省轮船运价章程　交通部汉口航政局运输股编

交通部汉口航政局运输股，1939，24 页，16 开

本书内容包括：客货运价标准章程、旅客票价表、货物运价表、轻浮货物名称表、特种货物计费重量表、轮船航线海里表等。

收藏单位：重庆馆

11872

四年来之航政　交通部编

交通部，1931，28 页，25 开

本书总结 1927—1930 年海事航政工作。内容包括：收回航权、收回航权后之收纳外轮办法、编订航政法规、救济航业金融、兴办国营航业等。

收藏单位：贵州馆、国家馆、南京馆、上海馆

11873

松黑两江船政刍言　邢契莘编

哈尔滨：东北造船所，1930.10，70 页，16 开

本书内容包括：近五年来松黑两江沿岸土产增加概况、现有航线与航线可延长之数、造船之价目及航业之收支等。附调查哈埠新置船舶报告书、东北造船所各厂机器明细表等。

收藏单位：国家馆、辽宁馆

11874

淞沪港务局章程草案 淞沪港务局编

淞沪港务局，[1927—1949]，[14] 页，16 开

本书为汉英对照。

收藏单位：天津馆

11875

苏联内河航运之建设 （苏）沙斯可夫（З. А. Шашков）著 彭仲文译

北京：大众书店，1949，48 页，32 开（大众知识译丛）

本书共 5 部分：苏联的水利资源及其在过去之利用、布尔塞维克党为改造河运的斗争、保卫祖国战争期间的河运、在新五年计划中河川运输的基本任务、走向更高的发展。著者原题：沙史可。

收藏单位：重庆馆、东北师大馆、国家馆、湖北馆、江西馆、辽宁馆、南京馆、天津馆、云南馆

11876

塘沽新港 行政院新闻局编

行政院新闻局，1947，22 页，32 开

本书共 3 部分：塘沽新港的地理环境、塘沽新港兴筑经过、三年计划。

收藏单位：安徽馆、重庆馆、大庆馆、东北师大馆、广东馆、广西馆、国家馆、河南馆、湖南馆、江西馆、近代史所、南京馆、内蒙古馆、宁夏馆、陕西馆、上海馆、首都馆、天津馆、浙江馆

11877

天津特别市港务局业务报告 天津特别市港务局编

天津特别市港务局，[1929.10]，[262] 页，16 开

本书共 6 部分，内容包括：组织、行政、计画、测勘等。附大红桥投标章程、工程合同、堤工作法单、工程单位价目表、投标标价一览表。目录页题名：天津特别市港务局一周年业务报告。所涉时间为 1928 年 7 月至 1929 年 8 月。

收藏单位：国家馆

11878

填筑厦门筼筜港报告书 周醒南编著

厦门市政会，[1923]，56 页，22 开

本书共 4 编：计画、预算、征信录、继续填港之意见。书前有厦门全市图、筼筜港新市区图。

收藏单位：国家馆

11879

外人在华沿岸及内河航行权问题 鲍明钤著

[上海]：中国太平洋国际学会，1932.8，26 页，18 开（中国太平洋国际学会丛书）

本书共 3 部分：外人获得航行权之历史、各国在华航业势力之比较、外人在华航行权应收回之理由。

收藏单位：东北师大馆、国家馆、吉大馆、南京馆、上海馆、天津馆、浙江馆

11880

维护航权文电辑要 上海市轮船业同业公会整理委员会编

上海市轮船业同业公会整理委员会，1946.4，20 页，大 32 开

收藏单位：南京馆

11881

温台护航记录

浙江省外海护航委员会，[1946]，[288] 页，32 开

本书概述关于收编浙江温州、台州地区海盗，组织护航队，向渔民征收护航费及缩编遣散的前后经过纪事。附有关军火、款项收支等项清册表报。所涉时间为 1943 年 6 月至 1946 年 6 月。

11882

温州港航务统计专刊　交通部上海航政局温州办事处编

交通部上海航政局温州办事处，1934，89 页，横 16 开

本书全部为统计图表。附航政法规一览、航政机关组织系统、全国各航政局及办事处管辖区域表、本处职员一览。统计时间为 1932 年 1 月至 1934 年 6 月。

收藏单位：国家馆

11883

戊通汇刊　戊通航业公司编

戊通航业公司，1922.7，1 册，22 开，精装

本书共 14 章，内容包括：沿革、公司大体规章、员工事务、行船事务、运输事务等。

收藏单位：国家馆

11884

现代航政问题　王洸著

南京：正中书局，1937.7，353 页，32 开

本书收录著者发表在杂志上论述中外航政的专著、资料 27 篇。共 7 个专题：航业行政、战时航业统制、航运业务、航业保护政策、航政法规、航政制度、商港与港政。

收藏单位：贵州馆、国家馆、湖南馆、南京馆、浙江馆

11885

许沅筹浚吴淞江下游计划说明书　许沅著

江南水利局，1923.10，10 页，32 开

本书为苏州河筹浚工程计划说明书。

11886

扬子江航业　朱建邦著

上海：商务印书馆，1937.2，165 页，22 开（现代商业丛书）

本书共 6 编：扬子水道、扬子流域其他交通道路、发展扬子流域经济与交通之法律的及商业政策的前提、扬子商埠、扬子航运、扬子航行企业之经济的演进。原著为德文，曾刊于《东方舆论》杂志。

收藏单位：重庆馆、广东馆、国家馆、湖南馆、江西馆、近代史所、辽宁馆、南京馆、内蒙古馆、山西馆、陕西馆、上海馆、首都馆、西南大学馆、浙江馆、中科图

11887

一九三九年日本之海运　李竹溪翻译　刘铁孙审查　刘大钧核定

出版者不详，1940.3，晒印本，5 张，大 16 开（中国经济统计研究所 总字第 363 号 经济门国际类 第 21 号）

收藏单位：上海馆

11888

云南航路问题　丁怀瑾编

云南官印局，1915.9，[14] 页，18 开，环筒页装

本书收录作者呈云南省政府，建议开辟小金沙江航路的文章。

11889

云南之水运　李秀芝编写

出版者不详，[1940]，油印本，9 页，16 开

本书叙述云南滇池、洱海、异龙湖、沅江、南盘江的轮船和民船之水运概况。

收藏单位：国家馆

11890

运输船舶之年龄

出版者不详，[1911—1949]，油印本，1 册，16 开

收藏单位：南京馆

11891

战后中国航业建设问题　中国商船驾驶员总会编纂组编

中国商船驾驶员总会，1943，112 页，18 开

本书收录论文资料 13 篇，内容包括：《如何维护航权发展航业》《战后中国船舶吨位补充大纲》《关于航业利用外资等问题向政府条陈摘要》《本国各港水道深度等表》《中国战后三年内各路航线船只的配备》《革新航政机构论》等。

收藏单位：国家馆、上海馆

11892

湛江建港计划　湘桂黔铁路来湛段粤境工程
处编

湘桂黔铁路来湛段粤境工程处，1947，33 页，
16 开

　　本书共 6 部分：概论、湛江港市计划、军
港计划、筑港器材及配备、实施方案、结论。
附湛江港位置及交通图、湛江港腹地图等。

　　收藏单位：国家馆、南京馆、上海馆

11893

招商局的历史　[俞凤韶讲演]

出版者不详，1928.8，10 页，32 开

　　本书为作者在俭德储蓄会上所作的演讲
稿。

　　收藏单位：南京馆、浙江馆

11894

招商局法律事实之真相·整理招商局之商榷
　　[李国杰著]

出版者不详，[1911—1949]，2 册（[8+8] 页），
22 开

　　本书为合订本。

　　收藏单位：首都馆

11895

招商局改组后一年来之概况　招商局改组总
管理处编

招商局改组总管理处，[1929.1]，1 册，16 开

　　本书介绍一年来的局务整顿、业务发展、
营业收支统计等情况。共两部分：未改组前
之情形、改组后之情形。所涉时间为 1928 年
2—12 月。

　　收藏单位：重庆馆、广东馆、国家馆

11896

招商局轮船股份有限公司　行政院新闻局编

行政院新闻局，1948.11，46 页，32 开

　　本书共 4 部分：七十五年奋斗史、船舶简
述、产业概况、营业状况。

　　收藏单位：广东馆、国家馆、南京馆、上
海馆、浙江馆

11897

招商局三大案　李孤帆著

上海：现代书局，1933.1，211 页，25 开

　　本书共 3 部分：汉口分局清查报告、天津
分局清查报告、积余公司清查报告。附招商
局总管理处控告汉口分局前局长施省之刑事
诉状、工商交通两部会呈行政院文等。

　　收藏单位：重庆馆、广东馆、国家馆、吉
林馆、近代史所、辽大馆、南京馆、上海馆、
天津馆、西交大馆、浙江馆

11898

招商局史稿　孙慎钦编

出版者不详，[1925]，42 页，23 开

　　本书内容包括：沿革、组织、设备、航
线、运输、财政等。由交通史编纂委员会征
集史料编写，内容截至 1925 年 6 月。

　　收藏单位：南京馆、浙江馆

11899

招商局文电摘要

出版者不详，[1930]，137 页，32 开

　　本书收录何应钦、赵铁桥、张人杰、吴
稚晖等人的有关著述及该局行政、业务函电、
文告、各部门工作报告。内容包括：粤闽股东
代表上交通部长函、招商局股东呈清积弊文、
董事会长呈监督处文、招商局董事停职查办
令、对于招商局最低限度的希望、总务科业
务报告等。

　　收藏单位：国家馆、南京馆、上海馆、浙
江馆

11900

招商局现行规章（第 1—2 集）　招商局总管
理处编

招商局总管理处，[1928]，2 册（50+105 页），
18 开

　　本书共两集。第 1 集收录商办轮船招商
局暂行规则 26 条、轮船招商局职员服务规则
49 条、轮船招商局会计规程 69 条等，第 2 集
收录分局章程附组织系统表、船员任免章程 5
条、分局等会计科目等。

　　收藏单位：浙江馆

11901

招商局新会计制度方案　招商局改良会计委员会编订

招商局改良会计委员会，1928.9，144页，16开

　　本书共5编，内容包括：会计规程、总局会计制度、分局会计制度等。附总局旧会计制度大要及其缺点、沪局旧会计制度大要及其缺点、实行改良会计程序节略等。

　　收藏单位：上海馆、浙江馆

11902

招商局营业新章汇编　俞凤韶等撰拟

出版者不详，1929，175页，16开

　　本书共5章：营业科办事状况、管理业务主任规章、乘客业务、运货业务、航务。

　　收藏单位：国家馆、河南馆、近代史所、上海馆、首都馆、浙江馆

11903

招商局总管理处八个月业务概略　招商局总管理处编

招商局总管理处，1928，[12]页，16开

　　本书所涉时间为1928年3—10月。

　　收藏单位：重庆馆、上海馆

11904

招商局总管理处汇报　招商局总管理处编

招商局总管理处，1929，444页，16开

　　本书共两编：改组前之招商局、改组后之招商局。第1编共6章：沿革、组织、设备、航线、运输、财政；第2编共6部，内容包括：大事记、现行各种章程及方案、十七年度决算实录等。

　　收藏单位：重庆馆、国家馆、南京馆、上海馆、浙江馆、中科图

11905

招商局最近三年来之革新　蔡增基著

香港：商务印书馆，1940.2，121页，22开（社会经济参考丛书）

　　本书共7部分：组织之革新、业务之整理、轮舶之整理及添建新船之计划、码头货栈之整理、房地产业之整理、护航警队之整理、结论。附政记轮船公司讼案概略。

　　收藏单位：重庆馆、国家馆、南京馆、上海馆、西南大学馆

11906

浙江省船舶管理局现行章则汇编

出版者不详，[1911—1949]，70页，32开

　　本书收录浙江省船舶管理办法、管理局组织规程，各江办事处及各地船舶管理站组织通则、办事细则、管理规则、征收牌照费数目简明表等。

　　收藏单位：浙江馆

11907

浙江省航政之概况　唐有烈著

浙江航政局，1930.9，84页，32开

　　本书内容包括：航政之沿革、航路之现状、船舶之种类、航业团体之统计等。

　　收藏单位：浙江馆

11908

浙江省现行航政章则汇编　宋复编辑

浙江省政府建设厅，1929.11，1册，16开

　　本书收录浙江省管理船舶各区事务所章程、规则、管辖区域分配表、办事细则、分所办事细则等。

　　收藏单位：浙江馆

11909

镇江私立瓜镇义渡局自二十七年至三十五年九年收支报告书　镇江私立瓜镇义渡局编

镇江私立瓜镇义渡局，[1947]，46页，22开

　　本书附城市地产所有权状被毁后补领一览表、何宇池任镇江私立瓜镇义渡局事十年整理事略等。

　　收藏单位：国家馆

11910

整理航业刍言　上海市内河轮船商业同业公会编辑

上海市内河轮船商业同业公会，1946，再版，43页，32开

11911

整理嘉陵江航道后运费节省预测　陕西省水利局编

陕西省水利局，1939，晒印本，1册，横16开

收藏单位：国家馆

11912

整理招商局两年情形要略报告

出版者不详，[1911—1949]，24页，32开

收藏单位：南京馆

11913

整理招商局之蠡见　李国杰编

李国杰[发行者]，1932.7，[17]页，23开

收藏单位：南京馆

11914

中国船员录（第3期）　交通部航政司编

交通部航政司，1935，276页，22开

本书收录商船职员及轮船船员证书名录。共5部分：甲种驾驶员、乙种驾驶员、丙种驾驶员、甲种轮机员、乙种轮机员。证书经考核由交通部颁发，所涉时间自1928年7月至1934年12月31日。

收藏单位：国家馆

11915

中国船员名簿　交通部航政司编辑

交通部航政司，1933，188页，16开

收藏单位：国家馆

11916

中国海权之过去与将来　林遵编

国防研究院，1944，52页，32开

收藏单位：广东馆

11917

中国海事建设协会成立大会特刊　中国海事建设协会编

上海：中国海事建设协会，1948.9，70页，18开

本书收录杜月笙等人所写短文5篇，以及该会章程、大会记录、会员一览等资料。

11918

中国航权问题　王建平著

上海：大东书局，1931.11，132页，32开

本书共15章，内容包括：航业与诸种事业之关系、中国航权丧失史略、中外航业势力概观、中国航业最近概况、最近国人收回航权运动等。附交通部航政奖励条例（民国九年由北京交通部公布）。

收藏单位：安徽馆、重庆馆、国家馆、湖南馆、江西馆、近代史所、辽宁馆、南京馆、西南大学馆、浙江馆

11919

中国航权问题　中国商船驾驶员总会编

中国商船驾驶员总会，1942，[58]页，18开，环筒页装

本书收文8篇，内容包括：《收回航权建议书》（中国商船驾驶员总会）、《建立国防第一道防线必先收回引水权》（黄慕宗）、《复兴中国必须先收回航权》（唐应铿）、《航权为吾国之生命线》（秦铮如）等。另有补白两篇：《检讨吾航界的自病》（郁舜宾）、《收回航权后的准备工作》（秦铮如）。

收藏单位：重庆馆、国家馆、近代史所、南京馆、上海馆

11920

中国航业　王洸著

上海：商务印书馆，1929，159页，32开（万有文库第1集653）（商学小丛书）

上海：商务印书馆，1933.7，159页，32开（商学小丛书）

上海：商务印书馆，1934.1，再版，159页，32开（商学小丛书）

上海：商务印书馆，1934.7，再版，159页，32开（万有文库第1集653）（商学小丛书）

本书共9章，内容包括：中国轮船公司之沿革及状况、中国历年船只吨数之统计、中国各大公司轮船之统计、中外航业之比较、整顿航政计画等。附起除沉船章程、航业奖励条例等。

收藏单位：安徽馆、重庆馆、大理馆、大连馆、东北师大馆、广东馆、广西馆、贵州

馆、国家馆、河南馆、黑龙江馆、湖南馆、惠州馆、吉林馆、江西馆、近代史所、辽大馆、辽师大馆、柳州馆、南京馆、内蒙古馆、宁夏馆、上海馆、首都馆、天津馆、西南大学馆、浙江馆

11921

中国航业（建设专号） 王洸主编

重庆：中国航空学会，[1943]，63页，21开（商学小丛书）

本书收文13篇，内容包括:《对于中国航业学会之期望》（曾养甫）、《航政建设纲领》（王洸）、《建设航业及复员意见书》（魏文翰）、《航业复员准备之要点》（徐学禹）等。

收藏单位：国家馆、南京馆

11922

中国航业经营论 杨佩文编著

上海：杨佩文 [发行者]，1939.5，236页，16开，精装

本书共3编。首编叙各轮船公司、船员、码头仓库组织；次编述及船舶、运送契约、货物运输、船票、货记包装与点数方法、货物装载与起卸、货损原因与赔偿规则、船舶进口手续与结关手续、船舶碰撞与共同海损、码头仓库、关栈等业务；末编专论会计，包括成本会计、公司会计与栈埠会计。附上海理船厅章程、修正长江通商章程、内港行轮章程、航行长江轮船电船拖带船只暂行章程。

收藏单位：广东馆、国家馆、上海馆

11923

中国航业论 王洸著

南京：交通杂志社，1934.12，144页，22开（交通杂志社丛书）

本书共4章：总论、国人自营航业、外人在华航业、航路之概况及船舶之配置。

收藏单位：广东馆、广西馆、国家馆、河南馆、吉林馆、江西馆、南京馆、陕西馆、天津馆、浙江馆

11924

中国航业学会草拟复兴航业大纲意见 中国

航业学会编

中国航业学会，[1911—1949]，138页，16开，环筒页装

本书叙述抗战前及战时航业情形，提出战后恢复与发展航业的设想。

收藏单位：吉林馆

11925

中国航运建设论 谢海泉著

中国军事交通学会，1942.3，112页，32开（航政丛书1）

本书概述航运沿革、管理、港务、水上教育等问题。

收藏单位：重庆馆、南京馆、西南大学馆

11926

中国航政建设 高廷梓著

上海：商务印书馆，1947.12，135页，25开

本书共7章，内容包括：确立航业政策实施航政计画、改进国营水运鼓励民营航业、振兴造船企业达成船舶自给、培养海事人才提高航行技术等。

收藏单位：安徽馆、重庆馆、广东馆、广西馆、国家馆、湖南馆、吉林馆、近代史所、南京馆、内蒙古馆、上海馆、首都馆、天津馆、浙江馆

11927

中国水运之现状

出版者不详，[1916]，31页，23开

本书叙述中国内河、外海航运事业概况。

11928

中国邮船有限公司年结

出版者不详，1919，128页，25开

收藏单位：广东馆

11929

中国油轮有限公司概况 中国油轮公司编

中国油轮公司，1947.9，20页，28开

本书介绍中国油轮有限公司的组织概要、工作情况及世界油轮简史。

11930

中华民国轮船商业同业公会联合会议定货物运价表　招商局轮船股份有限公司编

招商局轮船股份有限公司，[1948]，14 版，25 页，22 开

　　本书共 19 部分，内容包括：长江线货物运价表、汉湘线货物运价表、上海出口、宁波出口、温州出口、福州出口、笨重货物附加费率表等。自 1948 年 12 月 6 日起实行。

　　收藏单位：国家馆、南京馆

11931

中华民国轮船商业同业公会全国联合会成立大会决议案执行情形报告　李云良编

上海：中华民国轮船商业同业公会全国联合会，1948.7，18 页，28 开

　　收藏单位：天津馆

11932

中华民国轮船商业同业公会全国联合会成立大会特刊　中华民国轮船商业同业公会全国联合会编

上海：中华民国轮船商业同业公会全国联合会，[1947]，69 页，16 开

　　本书收录大会文摘、议事录、提案摘要、报纸评论等资料。该会于 1947 年 7 月在上海召开。

11933

中华民国轮船商业同业公会全国联合会第一年度工作报告　李云良编

[上海]：中华民国轮船商业同业公会全国联合会，[1948]，6 页，28 开

　　本书内容涉及保护我国长江航权、战后对日本航业的政策、组织海外航运业务、调整运价、拟订轮船业营业税、简化稽征办法等。所涉时间为 1947 年 7 月至 1948 年 6 月。

11934

中华民国轮船同业公会联合会、上海市轮船商业同业公会议事录汇编　中华民国轮船同业公会联合会　上海市轮船商业同业公会编

中华民国轮船同业公会联合会、上海市轮船商业同业公会，1948.7，208 页，28 开

　　本书内容包括：沪会会员大会议事录、沪会常务理事会议议事录、船联理监事联席会议议事录等。

　　收藏单位：上海馆、天津馆

11935

中华民国驿运行船通则

出版者不详，[1941]，14 页，32 开

　　本通则由交通部公布，自 1941 年 1 月 9 日起实行。

　　收藏单位：南京馆

11936

中华商轮名录　（日）儿岛千治编

上海：中华商轮名录发行所，1929.12，124 页，16 开，精装

　　本书为汉英对照。名录限收 800 吨以上的轮船。

11937

中兴轮船惨案纪念刊　陈山明等编

中兴轮船惨案善后委员会，1948，80 页，16 开

　　本书内容包括：惨案发生经过、中兴轮之构造及其登记状况、善委会工作概况、劫匪缉办情形等。附中兴轮惨案善后委员会收支报告书、惠安旅厦同乡会救济金收支征信录。

　　收藏单位：国家馆

11938

中兴轮船股份有限公司章程　中兴轮船股份有限公司编

上海：中兴轮船股份有限公司，1946.8，9 页，50 开

航空运输经济

11939

场站建设（交通部民用航空局场站处三十六年度业务报告）　交通部民用航空局编

交通部民用航空局，1948.1，32 页，12 开

本书内容包括：工作报告、急待办理之工程实施计划、设计标准、法规等。

收藏单位：国家馆

11940

筹办西南民用航空公司计划书

出版者不详，1931，石印本，20 页，14 开，环筒页装

本书共两篇：绪言、进行之步骤与资本之筹集。

收藏单位：重庆馆

11941

对于中国极宜建设欧亚航空线之首先建议并欲促其成者

出版者不详，[1928—1929]，14 页，32 开

本书共 3 部分：中国与国际航空交通、欧洲与东亚之航空线、德国汉沙公司之史略及其成绩。

收藏单位：国家馆、首都馆

11942

发展航空计划书   刘献捷著   李扶夫校

实业部，1934.5，56 页，22 开

本书共 12 部分，内容包括：通论、划分航空军区、各省宜速设航空处、各省设立航空协会、人材训练之建议等。

收藏单位：国家馆

11943

法国之航空   郑汉生编

上海：商务印书馆，1937，2 册（640 页），25 开

长沙：商务印书馆，1939.1，2 册（640 页），22 开

本书共 17 章，内容包括：法国之航空部、法国之航空军、法国之军用飞行机、法国空军之设备、法国之海军航空等。

收藏单位：重庆馆、广东馆、贵州馆、国家馆、内蒙古馆、西南大学馆

11944

飞行员手册   周至柔著

[重庆]：青年出版社，1943.12，129 页，32 开（五项建设手册 1）

[南京]：青年出版社，1946.8，再版，130 页，32 开（五项建设手册 1）

本书共 6 章：总论、我国航空的过去现在及将来、青年与空军、中国飞行员应具备的条件、投考须知、飞行员的教育概况。

收藏单位：安徽馆、重庆馆、东北师大馆、广东馆、国家馆、湖南馆、吉林馆、辽宁馆、南京馆、内蒙古馆、上海馆、西南大学馆

11945

福建省捐机献寿征信录   中国航空建设协会福建省分会编

[福州]：中国航空建设协会福建省分会，[1911—1949]，109 页，18 开

本书为捐献统计名录。共两部分：公务员部分、民众部分。

收藏单位：福建馆

11946

航空会议汇编   全国航空会议秘书处编

全国航空会议秘书处，1931，430 页，16 开，精、平装

本书内容包括：序言、题字、法规、论著、演讲词、报告、专件、纪录、议案、全国航空会议宣言等。该会议于 1931 年 4 月 20—25 日召开。逐页题名：全国航空会议汇编。

收藏单位：国家馆、江西馆、上海馆

11947

航空经济政策论   余寄编

上海：商务印书馆，1934.9，220 页，22 开（现代商业丛书）

本书共两编：通论、本论。第 1 编共 5 章：航空发展政策论、航空机效用论、空域法理论、航空条约论、航空者之责任论；第 2 编共 6 章：现代交通机关论、航空运输比较价值论、航空运输条件论、航空运输论、航空运

输公司论、对于我国航空事业之希望。

收藏单位：重庆馆、广东馆、贵州馆、国家馆、河南馆、黑龙江馆、湖南馆、吉林馆、辽大馆、南京馆、上海馆、浙江馆、中科图

11948

航空救国的意义　中国航空协会宣传组编
中国航空协会宣组处，[1933]，10 页，50 开

本书为动员群众参加航空协会的宣传小册子。书前有小引。附中国航空协会章程摘要。

收藏单位：国家馆

11949

航空救国给奖纪念刊　中国航空协会编
中国航空协会，1934.12，51 页，16 开

本书为中国航空协会征募航空救国基金纪念刊。共 13 部分，内容包括：本会今后之使命、得奖团体及个人姓名录、征募成绩报告、中国航空协会捐机记等。

收藏单位：国家馆

11950

航空署职员录　总务处考绩科编
[航空署] 总务处考绩科，1924.8，54 页，大32 开

收藏单位：南京馆

11951

航空条约
出版者不详，[1920—1949]，98 页，16 开

本书共 6 部分：函件、缘起、正约、附件、签约国代表、附约 8 种。该条约于 1919年 10 月 13 日在巴黎订立。

收藏单位：国家馆

11952

航空与建设　陶叔渊编
上海：中华书局，1936，144 页，32 开

本书共 9 章：绪论、空运的特点、空运对于各方面的关系、各国民用航空的建设、航空场站的建设、航线的配置、航空的安全、航空的法制、航空的转运。

收藏单位：广东馆、国家馆、黑龙江馆、湖南馆、吉林馆、江西馆、辽宁馆、南京馆、陕西馆、上海馆、天津馆、浙江馆

11953

航空运输概论　徐同邺编著
[上海]：世界书局，1948.3，74 页，32 开

本书共 4 章：概论、航空运输之种类、航空建设、航空保险。

收藏单位：国家馆、辽宁馆、南京馆、宁夏馆、上海馆

11954

航空运输业统一会计科目　国民政府主计处会计局编
国民政府主计处会计局，1943.5，20 页，32开

本书共两部分：总分类帐科目、明细分类帐科目。第 1 部分共两类：资产负债类、损益类；第 2 部分共 7 类：产业及设备类、运输费用类、维持费用类、推广费用类、管理及总务费用类、财务收入类、财务费用类。

收藏单位：重庆馆、南京馆

11955

交通部民用航空局龙华机场南北道竣工纪念
　交通部民航局龙华机场修建工程处编
交通部民航局龙华机场修建工程处，1947，[2] 页，16 开，蝴蝶页装

收藏单位：南京馆

11956

交通史航空编　交通部交通史编纂委员会
铁道部交通史编纂委员会编辑
交通部交通史编纂委员会、铁道部交通史编纂委员会，1930.11，12+398 页，18 开

本书共 7 章：总务、法规、教育、路线、设备、业务、涉外事项。所收资料自试办航空之时起至 1925 年 6 月 30 日止。

收藏单位：广东馆、广西馆、国家馆、黑龙江馆、吉林馆、近代史所、辽宁馆、南京馆、宁夏馆、山西馆、上海馆、天津馆、浙江馆、中科图

11957

京沪通航纪略　航空署编

[北京]：京华印书局，1921.7，32页，18开

本书为1921年北京政府开辟北京—上海空航纪略。内容包括：最初预定京沪航空线之计画、京沪航空线委员会之设立、京沪航空线设置之必要等。

收藏单位：国家馆、近代史所、浙江馆

11958

空运物资接转处第六次会议纪录　[空运物资接转处编]

出版者不详，1944.2，油印本，4页，13开，环筒页装

本书共3部分：主席报告、叶副总站长报告、兵工署王代表报告。该会议于1944年2月26日在滇缅公路运输局第一运输段会议室召开。

收藏单位：国家馆

11959

空运物资接转处第七次会议纪录　[空运物资接转处编]

出版者不详，1944，油印本，4页，13开，环筒页装

收藏单位：国家馆

11960

空中交通管制员检定给照暂行规则　交通部民用航空局编

交通部民用航空局，1947，6页，16开

收藏单位：广东馆、贵州馆

11961

民营航空与和平　（美）J. Parker van Zendt 原著　张澍霖译

外文题名：Civil aviation and peace

重庆：商务印书馆，1946.3，116页，32开（美国面临航空时代丛书 第2种）

上海：商务印书馆，1947，116页，32开（美国面临航空时代丛书 第2种）

本书共8章，内容包括：关于民营航空事业之基本论争、何谓民营航空、民营航空与

空中威权、现有之管制建议、空运及国际经济安定等。

收藏单位：重庆馆、国家馆、辽宁馆、南京馆、宁夏馆、上海馆、首都馆

11962

民用航空　行政院新闻局编

行政院新闻局，1947.10，18页，32开

本书共3部分：我国民用航空简史、民用航空局成立后之工作及计划、结语。

收藏单位：安徽馆、重庆馆、广东馆、广西馆、国家馆、河南馆、湖南馆、吉林馆、江西馆、近代史所、辽宁馆、南京馆、上海馆、首都馆、天津馆、武大馆、浙江馆、中科图

11963

民用航空器标志暂行规则　交通部民用航空局编

交通部民用航空局，1947，4页，16开

收藏单位：广东馆

11964

民用航空器适航证书请领规则　交通部民用航空局编

交通部民用航空局，1948，3页，16开

收藏单位：广东馆、贵州馆

11965

民用航空统计资料（1946—1947）　交通部民用航空局统计室编

外文题名：Statistical handbook of civil aviation

交通部民用航空局统计室，[1948]，20页，16开

本书内容包括：航路通讯机构及联络线路图、军用机场划归民用概况图、航线概况、飞行公里、客运、货运、邮运等。

收藏单位：国家馆、南京馆

11966

欧亚航空公司二十五年营业概况

出版者不详，[1911—1949]，11+11页，32开

本书为汉英对照。共5部分：绪言、航线

经营现状、技术事务之改进、业务概况、将来之计划。

收藏单位：上海馆

11967

欧亚航空公司开航四周年纪念特刊　欧亚航空公司编

上海：欧亚航空公司，1935，148+7 页，16 开

本书收文 23 篇，内容包括：《办理欧亚航空事业之意义及其进行概况》（李景枞）、《关于民用航空的中德合作事业》（华德）、《欧亚航空公司四年来的营运事业》（廖观玄）等。附欧亚航空公司组织系统表、现行飞行时刻表、载客暂行章程等。

收藏单位：安徽馆、国家馆、近代史所

11968

清政府开放民航兼论两航空公司应出售民营　中国民航建设协进会编

南京：中国民航建设协进会，1948.9，16 页，32 开

收藏单位：南京馆

11969

全国航空建设会工作报告　全国航空建设会秘书处编

全国航空建设会秘书处，1936.2，80 页，16 开

本书共 10 部分：法令、人事、捐款、捐机、奖励、奖券、交案、会议、经费、文件。

收藏单位：国家馆、上海馆

11970

全国航空建设会经收飞机捐款专册　全国航空建设会编

全国航空建设会，1936.9，242 页，16 开

本书全部为表。记录 1933 年 5 月成立全国航空建设会起三年内捐款情况。共 3 部分：总登记、分登记、附录。第 1 部分共两种：本会经收、中央银行代收；第 2 部分共 5 类：党务机关、中央政治机关、地方政治机关、军事机关、民众捐款；第 3 部分共 3 种：全国各界捐机一览表，举办救国飞机捐先后各法令，本会委员姓名表、秘书处职员姓名表。

收藏单位：国家馆、上海馆

11971

日本航空近况　外交部情报司编

训练总监部军学编译处，1935.5，34 页，32 开

本书共 5 部分：日本航空行政、日本航空工业近况、日本民有航空事业概观、日本航空公司近况、日本民众航空热。附日本航空近况要图。

收藏单位：国家馆、南京馆

11972

日本航空全貌　李拯之编著

成都：铁风出版社，1941，120 页，32 开

本书共 5 编：日本航空发达史、日本航空现况、日本之航空教育、日本之航空工业、附录。

收藏单位：重庆馆、广东馆、国家馆、黑龙江馆

11973

商业航空建设　邓孤魂著

上海：商务印书馆，1933.3，167 页，32 开（百科小丛书）

上海：商务印书馆，1933.12，167 页，32 开（万有文库第 1 集 665）（商学小丛书）

上海：商务印书馆，1934.5，再版，167 页，32 开（商学小丛书）

本书共 10 章：航空略史、商业航空之要务、航线网的组织、飞行场的分配、飞行场的研究、航路设置、航空机、人员、立法、空运。

收藏单位：安徽馆、重庆馆、大理馆、大连馆、东北师大馆、广东馆、广西馆、贵州馆、国家馆、河南馆、黑龙江馆、湖南馆、惠州馆、江西馆、辽大馆、辽师大馆、柳州馆、南京馆、内蒙古馆、宁夏馆、陕西馆、上海馆、天津馆、西南大学馆、浙江馆

11974

世界航空现状　黄幼雄著

上海：生活书店，1933.12，63 页，42 开（时事问题丛刊 17）

　　本书共 6 部分：列强空军政策与其实力、列强航空路线的现状、学术航空之惊异的进展、航空之将来、我国航空事业的勃兴、大家都在预备第二次世界大战。

　　收藏单位：广东馆、国家馆、黑龙江馆、南京馆、上海馆

11975

苏联航空的全貌　（日）泽青鸟著　张白衣译

长沙：商务印书馆，1939.10，15+297 页，32 开

　　本书共 32 章，内容包括：欧洲大战时旧俄帝国的航空队、革命后苏联的航空建设、全苏联中央航空俱乐部、苏联的特殊飞机、著名的长距离飞行、苏联航空输运事业、苏联航空工业的进步等。

　　收藏单位：重庆馆、广西馆、贵州馆、国家馆、湖南馆、吉林馆、江西馆、辽宁馆、上海馆、首都馆、浙江馆

11976

统制经济与中国航业　李云良著

中国经济学会，[1911—1949]，14 页，32 开

　　本书为中国经济学社第十一届年会论文。主张设航业统制委员会以统制航运事业。

11977

外国民用航空器飞航国境机航规则　交通部民用航空局编

交通部民用航空局，1947，2 页，16 开（民用航空规则 第 45 号）

　　收藏单位：广东馆、贵州馆

11978

西南之航运空运　中国人民解放军西南服务团研究室编

中国人民解放军西南服务团研究室，1949，105 页，32 开（西南区参考资料 2）

　　本书分两部分：航运、空运。第 1 部分共

5 章：概况、各水道情况、有关航运各机关情况、各轮船公司情况、重庆港籍船舶详情表；第 2 部分共两章：中国及伪中央航空公司简况、西南重要停用及军用机场。

　　收藏单位：重庆馆、近代史所

11979

西洋航空发达史　（美）戈尔德斯特罗姆（John Goldstrom）著　于熙俭译述

外文题名：A narrative history of aviation

上海：商务印书馆，1937.3，410 页，32 开（航空丛书）

　　本书共 16 章，内容包括：奈特兄弟以前之飞行试验、奈特兄弟发明飞机之经过、早期著名的飞行、欧战与航空、美国空中邮运发达之经过、第一次渡洋的飞行、南北极的探险等。著者原题：哥德斯春。

　　收藏单位：重庆馆、广东馆、贵州馆、国家馆、河南馆、黑龙江馆、湖南馆、吉林馆、江西馆、南京馆、宁夏馆、陕西馆、上海馆、首都馆、浙江馆、中科图

11980

行总空运大队一周年特刊

行总空运大队，[1947]，25+41 页，18 开

　　本书收录《行总空运大队之宗旨及成就》（陈纳德、魏劳尔），并编有该空运大队职员录。为《行总空运大队》半月刊特刊。

　　收藏单位：国家馆、南京馆

11981

演讲特刊　中国航空建设协会宣传处编

中国航空建设协会宣传处，[1932.9]，38 页，25 开

　　本书收演讲稿 5 篇，内容包括：《今后我国之防空计划》《制造飞机之经验》《商用航空》等。

11982

一九三〇年之中国航空　陶叔渊编

上海：飞报社，1931.1，144 页，18 开

　　本书共 8 部分，内容包括：军用方面、民用方面、航空行政、航空协进会之两大工作、

国产飞机等。附航空署飞行规则、军政部航空学校条例等。

收藏单位：上海馆

11983

中法关于补充中越间航空线临时办法增辟昆明河内线换文 中华民国国民政府外交部编

中华民国国民政府外交部，1948.7，8 页，18 开（白皮书第 103 号）

本书为汉法对照。共两部分：中国外交部部长致法国驻华大使照会、法国驻华大使覆中国外交部部长照会。该换文 1948 年 5 月 10 日于南京签换。

收藏单位：广东馆、国家馆、吉林馆、南京馆、上海馆

11984

中法关于修增中越航空线临时办法换文 中华民国国民政府外交部编

中华民国国民政府外交部，1948.1，9 页，18 开（白皮书第 96 号）

本书为汉法对照。共两部分：法国驻华代办西范先生致中国外交部部长王世杰博士照会、中国外交部部长王世杰博士覆法国驻华代办西范先生照会。该换文 1947 年 6 月 28 日于南京签换，1947 年 7 月 1 日生效。

收藏单位：重庆馆、广东馆、国家馆、吉林馆、南京馆、上海馆

11985

中法关于中越航空线临时办法换文 中华民国国民政府外交部编

中华民国国民政府外交部，1948.1，[12] 页，18 开（白皮书第 92 号）

本书为汉法对照。共两部分：中国外交部部长王世杰博士致法国驻华大使梅里霭照会、法国驻华大使梅里霭覆中国外交部部长王世杰博士照会。该换文 1946 年 12 月 14 日签换，1947 年 7 月 1 日生效。

收藏单位：国家馆、吉林馆、南京馆、上海馆

11986

中国航空公司飞航时刻表及客票价值目表

[中国航空公司编]

中国航空公司，[1911—1949]，2 张

本书为汉英对照。

收藏单位：国家馆

11987

中国航空公司概况 中国航空公司编

中国航空公司，1948.3，14 页，21 开

收藏单位：重庆馆

11988

中国航空公司京平汉宜二线开航纪念特刊

中国航空公司编

中国航空公司，1931，1 册，16 开

本书共 5 部分：插图、题词、发刊词、专著、章则。

收藏单位：国家馆、近代史所

11989

中国航空公司业务手册 中国航空公司编

中国航空公司，[1947]，[266] 页，16 开，活页精装

本书介绍该公司机航、邮运、客运、国际客运、货运、财务等。

11990

中国航空建设协会四川省分会工作报告 中国航空建设协会四川省分会编

中国航空建设协会四川省分会，[1940.5]，12 页，16 开

收藏单位：重庆馆

11991

中国航空建设协会章程 中国航空建设协会编

中国航空建设协会，1932.7，16 页，32 开

本章程共 15 条，内容包括：定名、宗旨、会员、会费、选举等。

收藏单位：国家馆

11992

中国航空建设协会直属仰光支会第一周年工作报告书　仰光支会编辑

[中国航空建设协会直属] 仰光支会，1938.12，148 页，18 开

本书共 7 部分：总汇、关于会务方面、关于财务方面、关于航空救国过去工作之检讨、关于倡导工作方面、会议摘录、编后话。所涉时间为 1937 年 9 月 1 日至 1938 年 8 月 31 日。

收藏单位：国家馆

11993

中国航空建设协会总会工作总报告　中国航空建设协会总会编

中国航空建设协会总会，1938.5，259 页，16 开

中国航空建设协会总会，1940.8，92 页，32 开

本书共 8 部分：序言、插图、总汇、关于会务方面、关于财务方面、关于献机祝寿方面、关于倡导工作方面、会议记录。

收藏单位：重庆馆、国家馆

11994

中国航空建设协会总会经收飞机捐款征信录　中国航空建设协会编

中国航空建设协会，1938.5，[378] 页，16 开

本书共 4 部分：公务员飞机捐本会经收部、公务员飞机捐中央银行代收部、航空建设协会总会经收各省市分会解缴会员费、蒋公寿辰各界献机捐款。

收藏单位：重庆馆、国家馆、南京馆

11995

中国航空建设协会总会收款报告　中国航空建设协会总会编

中国航空建设协会总会，[1939]，130 页，16 开

本书内容包括：本会经收各机关解缴飞机捐款、中央银行代收各机关解缴飞机捐款、国内各分会解款、海外直属支会解款、海外侨团解缴捐款等。所涉时间为 1938 年 5 月 1 日至 1939 年 7 月 10 日。

收藏单位：重庆馆、南京馆

11996

中国航空协会成立之经过及其概况　中国航空协会宣传组编

上海：中国航空协会宣传组，1933.3，213 页，32 开

本书共 4 部分：摄影、本会组织之经过、本会会务进行之概况（截至三月一日止）、杂录。

收藏单位：安徽馆、国家馆、上海馆

11997

中国航空协会福建省分会周年工作报告　中国航空协会福建省分会编

福州：中国航空协会福建省分会，1936.6，194 页，16 开

本书共 3 部分：航空专刊、周年工作报告、第一期征求成绩报告。第 1 部分收录《航空技术与现代生活》（陈仪）、《航空与防空》（陈肇英）等；第 2 部分内容包括：总会组织之大概、本会筹组成立经过等；第 3 部分附中国航空协会民国二十五年建设国民航空事业计划书，所涉时间为 1938 年 5 月 1 日至 1939 年 7 月 10 日。

收藏单位：国家馆、近代史所、上海馆

11998

中国航空协会上海市征募成绩总报告　中国航空协会编

中国航空协会，1934，1476 页，16 开

本书为 1933 年航空救国献机运动的报告。内容包括：征募经过之概况、征募成绩总报告表、各队详细成绩等。

收藏单位：广西馆、国家馆、江西馆、南京馆、上海馆、首都馆

11999

中国航空协会新会所落成纪念册　中国航空协会编

上海：仓颉印务有限公司，1936 印，109 页，16 开

本书共 10 部分,内容包括:本会新会所奠基照相、名人题字、本会新会所及陈列馆建筑经过、本会会务概况、本会征募运动经过等。

收藏单位:国家馆、上海馆

12000

中国航空协会浙江省分会周年会务报告书
中国航空协会浙江省分会秘书处编
杭州:中国航空协会浙江省分会秘书处,1936.8,104 页,16 开

本书内容包括:会务、基金保管、征募会员运动、经常费收支报告、附录等。

收藏单位:国家馆

12001

中国人民航空公司货物载运暂行章程
出版者不详,[1911—1949],油印本,1 册,16 开

收藏单位:上海馆

12002

中国之航空　陶叔渊编
中华航空协进会驻沪办公事处,1930.1,24+68 页,18 开

本书共 9 部分:军事方面、交通方面、西湖博览会中之航空陈列及航空演讲与飞机表演、第二届全国航空代表大会及中华航空协进会之改组、统一全国航空权限及统系等。

收藏单位:重庆馆、国家馆、上海馆、浙江馆

12003

中荷空中运输协定　中华民国国民政府外交部编
中华民国国民政府外交部,1948,36 页,18 开(白皮书第 100 号)

本书为汉英对照。协定全文共 14 条。于 1947 年 12 月 6 日在南京签订,同日生效。附双方换文及照会 5 种。

收藏单位:广东馆、国家馆、吉林馆、南京馆、上海馆

12004

中荷空中运输协定及附件暨换文
[中华民国国民政府外交部],1947,油印本,1 册,横 9 开

收藏单位:国家馆

12005

中华航空救国会会章草案　中华航空救国会编
出版者不详,[1933—1949],8 页,32 开

本草案分 7 章。共 26 条。

收藏单位:上海馆

12006

中华航空协进会沪汉线民业航空股份有限公司章程　中华航空协进会沪汉线民业航空股份有限公司筹备处编
中华航空协进会沪汉线民业航空股份有限公司筹备处,1929.1,石印本,[18] 页,18 开,环筒页装

本书附公司招股细则及营业计划预算书。

12007

中华航空协进会组织大纲　中华航空协进会编
中华航空协进会,1929.3,14 页,36 开

12008

中华民国国民政府交通部与美国飞运公司订立合同
出版者不详,[1911—1949],10 页,16 开

收藏单位:南京馆

12009

中美空中运输协定　中华民国国民政府外交部编
中华民国国民政府外交部,1948.1,16+17 页,18 开(白皮书第 93 号)

本书为汉英对照。协定全文共 13 条。于 1946 年 12 月 20 日在南京签订,同日生效。附双方换文。

收藏单位:重庆馆、广东馆、国家馆、吉林馆、南京馆、上海馆

12010

中英空中运输协定 中华民国国民政府外交部编

中华民国国民政府外交部，1948.1，32+26页，18开（白皮书第97号）

本书为汉英对照。协定全文共14条。于1947年7月23日在南京签订，同日生效。附空运设备单、附表、双方换文。

收藏单位：广东馆、国家馆、吉林馆、南京馆、上海馆

12011

中英空中运输协定及附件暨换文

南京：出版者不详，1947，油印本，1册，横9开

收藏单位：国家馆

12012

最近各国航空事业 潘树藩著

上海：商务印书馆，1934.1，242页，32开（航空丛书）

上海：商务印书馆，1937.3，再版，242页，32开（航空丛书）

本书介绍法国、英国、意大利、苏俄、德国、美国、日本、我国之航空事业。附本书主要参考书、本书主要参考杂志。

收藏单位：安徽馆、重庆馆、广东馆、贵州馆、国家馆、黑龙江馆、吉林馆、南京馆、内蒙古馆、陕西馆、首都馆、西南大学馆、浙江馆

12013

最新世界航空大观 日本陆军航空本部第二班编 罗牧 罗为雄译

上海：南京书店，1933，12+422页，22开，精装

本书共3部：航空机篇、军事航空篇、民间航空篇。第1部共5章，内容包括：航空发达史、飞机及发动机的构造、飞机上的设备等；第2部共5章，内容包括：各种飞行队的机能、国土防空、列国空军之现势等；第3部共6章，内容包括：航空运输、空中输送的诸条件、各种飞行与其纪录等。据日本陆军航空本部所编《世界航空大观》节译。

收藏单位：安徽馆、重庆馆、广东馆、国家馆、湖南馆、江西馆、上海馆、首都馆、天津馆、西南大学馆、浙江馆、中科图

城市交通运输经济

12014

宝山交通事务处交通报告（民国十年至十八年） 宝山交通事务处编

宝山交通事务处，1931，194页，16开

本书收录公牍、章则、表件等资料。共4编：行政、工程、经济、行车。

收藏单位：上海馆

12015

北京电车公司铺设轨道及修筑路基工程招标简章及说明书 北京电车公司编

北京电车公司，[1911—1949]，18页，22开

本书共两部分：招标简章、说明书。第1部分共12条，内容包括：工程范围、开标日期及地点、开价、投标保证金等；第2部分共24条，内容包括：工程范围、路线种类及长度、轨间及轨道距离等。

收藏单位：国家馆

12016

北京电车公司招标简章（电杆电车线车身各项设备品、机械车辆钢轨各项设备品） 北京电车公司编

北京电车公司，[1911—1949]，2册（[15]+[14]页），22开

本书为汉英对照。内容包括：设备品种类及说明书、交货地点、开标日期、开标地点、投标保证金、标函内应举事项等。

收藏单位：国家馆

12017

北平电车公司复员周年纪念刊 北平电车公司编

北平电车公司，1946.11，74页，16开

本书内容包括：沿革、组织系统表、复员周年工作概况、统计表、职员录等。

收藏单位：国家馆、近代史所、中科图

12018

北平电车股份有限公司董事会报告书（第14届股东会） 北平电车股份有限公司编

北平电车股份有限公司，1935，29页，22开

收藏单位：国家馆

12019

重庆电车公司计划草案

出版者不详，[1911—1949]，石印本，1册，32开，环筒页装

本书为修建电车路线的计划草案。共4部分：构想三条路线图、所需电车数量、道路的具体修建、电源的来源和线路布置。附电车路线计划图。

收藏单位：重庆馆

12020

重庆公共汽车管理处料账处理手续 王文禄编著

重庆公共汽车管理处，1944.1，油印本，1册，16开

收藏单位：南京馆

12021

筹办北京电车管见 杜道宗著

出版者不详，[1911—1949]，28页，23开

12022

改革北京电车意见书（重要补充及改订） 丁树生拟

出版者不详，1943，油印本，1册，16开

收藏单位：国家馆

12023

公共汽车通车二周年纪念刊 上海市公共交通公司筹备委员会编

上海市公共交通公司筹备委员会，1947.12，233页，16开

本书收录该公司筹委会成立后有关机构设置、人事安排、业务设施、车辆装配、规划线路、物资设备、员工福利等方面的资料，并收录改进该市交通状况的文章6篇。附《我怎样做行车员司》。

收藏单位：广东馆、国家馆、南京馆

12024

公共汽车通车三周年纪念刊 上海市公共交通公司筹备委员会编

上海市公共交通公司筹备委员会，[1948.11]，142页，16开

收藏单位：国家馆

12025

广州市政府公用局交通规则 广州市政府公用局编

广州市政府公用局，1935，20页，16开

本书内容包括：广州市车轿交通规则、车辆肇事处理办法及罚则等。

收藏单位：国家馆

12026

汉口特别市第一次检验人力车辆规则 [汉口特别市政府编]

汉口特别市政府，[1911—1949]，40页，32开

本书为合订本。合订书还有5种：《例期检验车辆规则》《取缔车辆罚则》《整理人行道罚则》《市街交通管理规则》《管理车行规则》。

12027

交通常识 广州市社会局文化课编

广州市社会局，1934.8，10+186页，32开（广州市社会局小丛书）

本书共8章：马路、铁路、轮渡、邮政、电报、电话、近郊公路、民用航空。

收藏单位：国家馆

12028

交通规则 [交通部颁行]

陆军辎重兵学校，1941，1册，36开

本书内容包括：汽车管理规则、全国汽车

肇事报告实施办法、公路征收汽车养路费规则、战时管制经售汽车公司商行及修理厂暂行办法、军运征租商车办法、汽车驾驶人管理规则等。

收藏单位：重庆馆

12029

交通手册 上海市公用局编

上海市公用局，1946.10，118 页，64 开

本书介绍上海市汽车、三轮人力车、脚踏车、人力车、马车、货车、小车等交通工具的管理规则。附交通警察指挥手势图及驾驶人行车手势图。

收藏单位：重庆馆、内蒙古馆、上海馆

12030

陆上交通管理规则

上海市警察训练所，[1940—1949]，15 页，32 开（上海市警察局警察训练所讲义）

本规则于 1945 年 6 月 22 日公布。

12031

南京公共汽车与自来水 江南问题研究会编

江南问题研究会，1949.3，31 页，32 开

本书共两部分：南京市公共汽车、南京市自来水管理处。附南京港码头及船只。

收藏单位：国家馆、南京馆

12032

南京市交通统计 南京市政府统计处编

南京市政府统计处，1948.12，31 页，16 开

收藏单位：南京馆

12033

南京市珠江广州两路工程概况 南京市工务局编

南京市工务局，1935.12，26 页，大 32 开

收藏单位：南京馆

12034

上海市公用局公共汽车管理处开幕纪念刊

上海市公用局公共汽车管理处编

上海市公用局公共汽车管理处，1934，12 页，25 开

本书共 8 部分：引言、路线、筹款、车辆、汽油及机油、厂房设备、管理处组织、结语。

收藏单位：国家馆

12035

上海市轮渡 上海市兴业信托社市轮渡管理处编

上海市兴业信托社市轮渡管理处，1937.6，263 页，16 开，精装

本书共 12 章，内容包括：轮渡市营之意义、沿革、组织、市轮渡服务概要、管理方法等。

收藏单位：广东馆、贵州馆、国家馆、河南馆、湖南馆、吉林馆、江西馆、南京馆、上海馆、首都馆、天津馆、浙江馆、中科图

12036

天津电车电灯公司新旧合同及解决办法 天津（比商）电车电灯公司编

外文题名：Agreement for the concession of the electric tramways and lighting of Tientsin with additional contract and final arrangement in ten articles

天津（比商）电车电灯公司，[1927—1949]，34 页，16 开

本书为汉英对照。内容包括：天津电车电灯公司合同、天津电车电灯公司追加合同、直隶省政府与天津比商电车电灯公司解决办法十条。

收藏单位：国家馆

旅游经济

12037
第一次周游世界旅行通告

[上海]：友声旅行团，[1911—1949]，24 页，32 开

本书介绍友声旅行团第一一八○次旅行。

收藏单位：上海馆

12038
二年半来中国旅行社社务概况　中国旅行社编

中国旅行社，[1940]，19 页，16 开

本书所述时间为 1937—1939 年。

收藏单位：上海馆

12039
屈巡按使巡视两浙文告　屈映光著

北京：亚东制版印刷局，1915，136 页，18 开

收藏单位：浙江馆

12040
四川公路游览指南　四川公路局编

四川公路局，1937，40 页，16 开

本书内容包括：全川公路路线图、川黔公路、川陕公路、川鄂公路、川湘公路、四川公路路线概况表等。

收藏单位：重庆馆

12041
探梅　京沪沪杭甬铁路管理局 [编]

京沪沪杭甬铁路管理局，1935.2，14 页，25 开

本书共 5 部分：探梅旅行的旨趣、探梅的佳境、探梅的办法、探梅摄影竞赛详细办法、探梅游程。

收藏单位：国家馆

12042
新生活俱乐部萍踪旅行团征求特刊　萍踪旅行团编

上海：萍踪旅行团，1947.6，40 页，32 开

本书为该团征求团员特刊。

12043
游览事业之理论与实际　佘贵棠编著

桂林：中国旅行社，1944.3，238 页，32 开（中国旅行社游览事业丛书 1）

本书共两篇：总论、中国游览事业论。上篇共 11 章，内容包括：游览名词诠释、游览事业之意义、游客之接待等；下篇共 3 章：中国人之游览观、中国游览事业之回顾、中国游览事业之展望。附托马斯·柯克事略、外国游览事业大事表、参考书目。

收藏单位：重庆馆、贵州馆、南京馆、上海馆

12044
游览之倡导　平绥铁路管理局编

平绥铁路管理局，1935.5，9 页，32 开

本书介绍沿线名胜古迹 11 处，内容包括：潭柘寺、明陵、居庸关、长城、青冢等。并说明该铁路为提倡游览旅行采取的 3 种措施：改善客车、拟定优待旅行办法、编印旅行读物及印制风景片。

收藏单位：国家馆

12045
友声旅行团简史　友声旅行团编

上海：友声旅行团，1947，30 页，32 开

本书内容包括：本团三十一年来经过之概况、各支团部史略、大事记、本团历届职员表、章程等。

收藏单位：桂林馆、国家馆、南京馆、上海馆

12046
友声旅行团征求特刊（第 5—6、10、12—13届） [友声旅行团编]

上海：[友声旅行团]，1929—1947，5 册（[24]+14+17+22+20 页），32 开

本书收录该团宣言、简章及职员录等。其他题名：友声旅行团征求新团员大会特刊、友声旅行团征求大会特刊。

收藏单位：上海馆

12047

中国发展游客事业之机会 安立德著 秦理斋译述

出版者不详，[1930—1935]，油印本，21 页，13 开

收藏单位：国家馆

12048

中国旅行社报告书 陈湘涛著

中国旅行社，[1933]，26 页，16 开

本书略述该社历史、业务组织及工作情况。有英文附件。报告日期为 1933 年 10 月间。

收藏单位：上海馆

12049

中国旅行社承办西北公路沿线招待所及附设之旅行社概况 中国旅行社编

中国旅行社，[1940—1949]，23 页，14 开

本书介绍 1938—1940 年之间兰州等地招待所及附设之旅行社概况。共 7 部分：引言、承办缘起、合同签约经过、管理状况、各所状况、附设旅行社情形、结论。

收藏单位：上海馆

12050

中国旅行社承办西南公路沿线招待所食堂概况（二十七年度报告书） 中国旅行社编

中国旅行社，[1930—1939]，76 页，14 开

12051

中国旅行社衡阳会议记录 中国旅行社编

中国旅行社，[1948—1949]，40 页，16 开

本会议日期为 1948 年 4 月。附该社常务董事会核议意见。

12052

中国旅行社华北东北社务会议记录 中国旅行社编

中国旅行社，[1948—1949]，8 页，16 开

本会议于 1948 年 7 月 19—20 日在北平中国旅行社招待所召开，王振旅等人参加。会议商讨是否应继续保持邮电印花业务案等 12 项内容。

收藏单位：上海馆

12053

中国旅行社会计手续要览 中国旅行社编

中国旅行社，1938.6，32 页，18 开

本书为中国旅行社内部会计手续规则。

收藏单位：上海馆

12054

中国旅行社文书处理办法 中国旅行社编

中国旅行社，1948.1，7 页，16 开

本办法于 1948 年 1 月 1 日修正实行。

12055

中国旅行社西南运输会议记录 中国旅行社编

中国旅行社，1949.3，22 页，16 开

本书内容包括：报告事项、讨论事项等。该会于 1949 年 3 月 11—12 日在贵阳召开。

收藏单位：上海馆

12056

中国旅行社浙赣线社务会议记录 中国旅行社编

中国旅行社，1948.6，12 页，16 开

本书内容包括：报告事项、讨论事项、各社所提议等。该会于 1948 年 6 月 1—2 日在南昌洪都招待所召开。

收藏单位：上海馆

12057

中国汽车偕行社一九三五年参考书 中国汽车偕行社编

[上海]：中国汽车偕行社，[1936]，154 页，32 开

本书为汉英对照。内容为该社导游手册。

12058

中国汽车偕行社一九三六年参考书　中国汽车偕行社编

上海：中国汽车偕行社，[1937]，217 页，32 开

　　本书内容包括：中国汽车偕行社章程、特约旅馆等。

　　收藏单位：国家馆

12059

中旅二十三年　唐渭滨著

中国旅行社，[1946—1949]，10 页，16 开

　　本书介绍中国旅行社成立以来的活动。原载于 1946 年 1 月出版的《旅行杂志》第 20 卷第 1 号。

　　收藏单位：上海馆

邮电经济

12060

交通部邮电学校教职员通信录 交通部邮电学校编

交通部邮电学校，[1911—1949]，石印本，1册，22开，环筒页装

    收藏单位：国家馆

12061

交通部邮电学校一览 交通部邮电学校编

北京：交通部邮电学校，1920.12，102页，32开

    本书收录沿革、规章、大事记、名录等。

邮政

12062

从会计学上观察邮政会计 张心澂著

中国计政学会，[1911—1949]，18页，32开

    收藏单位：广西馆、桂林馆、南京馆

12063

投考信差须知 姚企才编著

上海：中华邮工函授学校，1937.4，62页，32开（邮政丛书3）

    本书内容包括：信差之待遇、应考之资格、应考之手续、考试科目等。附初级邮务员及其以下邮政人员考试办法。

    收藏单位：浙江馆

12064

投考邮局海关指南 奚惠廉 奚识之编辑

上海：商业书局，1936.4，[390]页，32开

    本书为参考实用书。内容包括：投考邮局章程、投考邮局须知等。

    收藏单位：广东馆、国家馆、山东馆

12065

投考邮局须知 顾锡章编著

上海：中华邮工函授学校，1936.8，119页，32开（邮政丛书2）

上海：中华邮工函授学校，1936.9，再版，119页，32开（邮政丛书2）

重庆：中华邮工函授学校，1944，270页，36开（邮政丛书2）

重庆：中华邮工函授学校，1944，增订本，276页，32开

上海：中华邮工函授学校，1947，增订再版，270页，32开（邮政丛书2）

    本书共7章，内容包括：我国邮政之组织、我国邮政人员、投考邮局之资格、投考邮局报名手续等。附邮政法规。增订本共8章，增加"投考邮局之准备"。

    收藏单位：重庆馆、河南馆、江西馆、南京馆、上海馆、浙江馆

12066

投考邮局指南大全 奚亚夫 （美）司密斯编纂

上海：振业书局，1924.9，302+55页，32开，精装

上海：振业书局，1931，再版，289页，32开，精装

    本书为汉英对照。内容包括：邮局工作概况、投考及录取后之手续、投考规则、信件格式等。附历届试题及答案等。

    收藏单位：绍兴馆、浙江馆

12067

应考邮局须知 甘纯权编

上海职业指导所，1935.11，39页，32开

    本书内容包括：邮局招考章程、中国邮政之过去与现在、邮政之组织等。

    收藏单位：国家馆

12068

邮票展览国邮简明目录 交通部邮政总局编

交通部邮政总局，1948.3，28页，32开

收藏单位：湖南馆、南京馆

12069

邮务佐试题详解 曹震 王建中编

曹震［发行者］，1936.10，64页，36开

本书为全国22区邮政局历届招考邮务人员试题详解。分国文、史地等部分。

12070

邮政办事手续大全 奚楚明编辑

邮务海关英文专校，1922.8重印，82页，32开

收藏单位：天津馆

12071

邮政常识 顾锡章编著

重庆：全国邮务总工会宣传部，1941.9，246页，32开（邮政丛书3）

重庆：全国邮务总工会宣传部，1941.10，再版，246页，32开（邮政丛书3）

本书是《邮政常识讲义》的修订本。共50讲，内容包括：我国邮政之起源、我国邮政成立之经过、联邮之意义及我国与各国联邮概况、邮政管理局之组织与行政、我国邮政人员之待遇、我国邮政人员之职责、邮政包裹之种类及其寄递手续、邮政储金之种类及其办法、邮政汇兑之种类及其手续等。附邮政常识广播词、邮政法、邮政储金法等邮政法规。

收藏单位：重庆馆、国家馆、江西馆、南京馆、浙江馆

12072

邮政常识讲义 中华邮工函授学校编

出版者不详，［1911—1949］，4册，32开

收藏单位：南京馆

12073

邮政常识问答 张梁任编著

上海：邮政图书出版社，1936.5，3册，32开

上海：邮政图书出版社，1936，再版，3册，32开

上海：邮政图书出版社，1936.8，4版，188页，

32开

本书以问答体裁介绍邮政知识。共3册。第1册共4章：邮政一般、中国邮政之沿革、中国邮政之组织、中国邮政人员，附各种邮政法规；第2册共两章：邮件种类与寄递方法、邮政包裹，附各种邮件尺寸重量限制表、中外长度重量比较表、各类邮件资费表；第3册共4章：邮政汇兑、邮政储金、邮政简易人寿保险、其他业务，附邮政法规。

收藏单位：安徽馆、广东馆、国家馆、湖南馆、江西馆、上海馆、绍兴馆、首都馆、浙江馆

12074

邮政概论 邮务海关学校编

外文题名：General information on postal service

邮务海关学校，［1924］，94页，32开

本书介绍北京、山西、河南、陕西、甘肃等邮区创设邮务历史。

收藏单位：国家馆、南京馆

12075

邮政海关算学大全

上海：私立亚光邮务海关函授学校，1934.9，7版，248页，32开

12076

邮政会计科目 国民政府主计处会计局编

国民政府主计处会计局，1943，18页，36开

本书内容包括：各业统一会计科目实施应行注意事项、总分类帐科目、明细分类帐科目等。

收藏单位：重庆馆、南京馆

12077

邮政人员须知

出版者不详，1943.5，68页，32开

本书共6部分：中国国民党党员守则、国民公约、新生活须知、国民精神总动员纲领、公务员服务法、邮政人事管理章则述要。

收藏单位：重庆馆、国家馆、南京馆

12078

邮政问题详解　顾锡章编著

上海：中华邮工函授学校，1936.5，226页，32开

上海：中华邮工函授学校，1936.8，再版，226页，32开

本书共6章：邮政总论、邮政沿革、邮政行政、邮政人员、邮政业务、邮政经济。附邮政法、邮政总局组织法、邮政总局办事规则等邮政法规。

收藏单位：安徽馆、重庆馆、国家馆、湖南馆、吉林馆、江西馆、浙江馆

电信

12079

6961 9661 1669 6691 密减码表

出版者不详，[1911—1949]，15页，36开

收藏单位：重庆馆

12080

Sydx：B 国音电报词典　应昌期著

台北：台湾银行，1947.9，149页，16开

收藏单位：南京馆、绍兴馆

12081

Sydx：C 国音电报词典　应昌期著

台北：台湾银行，1947.9，149页，16开

收藏单位：南京馆

12082

报务工作人员须知　交通部南京国际支台编

交通部南京国际支台，1948.2，9+13页，32开（无线电报业务知识手册）

本书为无线电报业务知识手册。

12083

长途电话浅说　孔祥鹅著

湖北省政府建设厅，[1928]，60页，32开

12084

成语电码（正编）　交通部编

交通部，1948.10，999页，13开，精装

本书共5部分：编辑例言、电码译法、部首索引、难字寻检表、电码。

收藏单位：重庆馆、广东馆、国家馆、湖南馆、吉林馆、南京馆、山西馆、上海馆、天津馆

12085

成语电码说明书　交通部电信总局编

交通部电信总局，[1948]，6页，32开

本书共5部分：编印动机、编例摘要、电码优点、电码译法、预约办法。

收藏单位：重庆馆、国家馆

12086

电报密码

出版者不详，[1930—1939]，49页，32开，环筒页装

出版者不详，[1930—1939]，100页，50开，环筒页装

出版者不详，1942.9，油印本，384页，32开，环筒页装

本书为军政各机关通用书。

收藏单位：国家馆、南京馆

12087

电报习用辞句简码

教育部，1941.7，88页，小32开

本书专供教育部及直属机关学校应用。按照辞句首字笔画顺序编排。

收藏单位：南京馆

12088

电报新编　华北电信电话株式会社营业部业务科编

[北京]：华北电信电话株式会社，1940.9，134页，32开

本书内容包括：部首索引、本栏、电码代日代时表、难字简易检引表、四角号码难字检查表等。

收藏单位：国家馆、首都馆

12089
电报新编
上海：中华书局，[1913—1949]，[105]页，大64开
　　收藏单位：江西馆

12090
电报易检　萧国华编辑
平民法律事务所，1931，[250]页，32开
　　收藏单位：首都馆

12091
电码讲义及电台通讯常识　顾公林　苏祖圭编著
上海：亚美股份有限公司，1946.10，76页，32开（苏氏丛书）
　　本书共8节，内容包括：电码之起源、电码之组织、大陆电码及符号用法说明、练习电码之方法等。附电信公约摘要、通讯缩语等。
　　收藏单位：重庆馆、辽宁馆、内蒙古馆、上海馆

12092
电码新编
上海：中华书局，[1911—1949]，95+32页，50开
　　本书共两编：电码、电报营业通则摘要。上编共6部分，内容包括：部首索引、电码及电码补遗、电码代日代时表等；下编共10部分，内容包括：电报种类、译费、各项特别业务等。遵照交通部最近颁布电码编制。
　　收藏单位：北师大馆、重庆馆、广东馆、国家馆、河南馆、江西馆、内蒙古馆、上海馆、首都馆、浙江馆

12093
电码新编（明密码）
[上海]：开明书店，[1911—1949]，99页，64开
　　本书含部首索引、电码及电码补遗、电码代日代时表等内容。
　　收藏单位：天津馆

12094
电码译本
出版者不详，[1913—1949]，[119]页，25开
　　收藏单位：江西馆

12095
电信打字教本　张希编著
[上海]：中国无线电工程学校，1935，31页，16开，精装
　　收藏单位：南京馆

12096
电信大意　郁秉坚编述
上海：中国科学图书仪器公司，1949.5，121页，23开（中国电信学会丛书）
　　本书共32讲，内容包括：电信人员应有之修养、中外电信史略、我国电信条例、我国国内电信概况、电信工务之设施与维护、电信业务处理大意、都市之电信设施等。
　　收藏单位：重庆馆、辽宁馆、南京馆

12097
电信大意
军政部陆军铁道人员训练所，1946，208+6页，36开
　　收藏单位：广东馆

12098
订正明密码电报新书
上海：新华书局，[1911—1949]，28+[90]页，50开
　　本书共8部分，内容包括：最近各省电报局名一览、最近电报章程摘要、电报字数计算法、电报各字部首检查表等。
　　收藏单位：国家馆

12099
二二电本　外交部编
外交部，1933，410页，13开，精装
　　本书编于民国二十二年，故称“二二电本”。
　　收藏单位：国家馆

12100
法文译华语电码字汇
出版者不详，[1911—1949]，256 页，16 开
    收藏单位：国家馆

12101
范氏电码手册 范凤源编
上海：科学出版社，[1911—1949]，82 页，32 开（无线电丛书）
    收藏单位：广东馆、上海馆

12102
风雨如晦密 资源委员会秘书处编
资源委员会秘书处，[1945]，100 页，36 开，环筒页装
    本书记载两种角码、四种译法。无正式封面，以书名页所题"风雨如晦"（手书）、"密"（铅印）代书名。
    收藏单位：国家馆

12103
复兴商业公司密码 复兴商业公司编
复兴商业公司，[1911—1949]，100 页，32 开，环筒页装

12104
改良新编明密电码书 张相辅编辑
上海：张相辅 [发行者]，1947.10，99+11 页，32 开
    收藏单位：上海馆

12105
公电密语 [交通部电信总局编]
交通部电信总局，1943，91 页，22 开
[交通部电信总局]，1947，100+45 页，22 开
    本书密语字是用 5 个字母组成。内容包括：收受电报、账务、电报住址、注销、招徕、字数等。
    收藏单位：广东馆、浙江馆

12106
公电密语 资源委员会电信事务所 [编]
出版者不详，1948，油印本，52 页，25 开

收藏单位：广东馆

12107
公文电报密码 [交通部编]
交通部，1942.9，384 页，16 开
    收藏单位：国家馆

12108
公哲电符（中国三字电报书） 陈公哲编
上海：世界书局，1927，144+21 页，22 开，精装
上海：世界书局，1929，3 版，144+21 页，22 开，精装（人造皮面）
上海：世界书局，1932.10，5 版，144 页，25 开，精装（人造皮面）
    本书内容包括：检字、一集电符单用法、二集电符互用法、符节对证等。
    收藏单位：国家馆、江西馆、南京馆、上海馆

12109
公哲电符自编集 陈公哲编
上海：公哲电符发行所，[1930—1939]，24 页，24 开
    收藏单位：国家馆

12110
国民政府外交部十七年新十码密电本
中华民国国民政府外交部秘书处，1928.6，1 册，16 开
    收藏单位：南京馆

12111
国内电报营业通则 交通部电政司编
交通部电政司，1935，52 页，32 开
交通部电政司，1936.9，60 页，32 开
    收藏单位：广东馆、国家馆、南京馆

12112
海洋密 资源委员会秘书处编
资源委员会秘书处，[1945]，100 页，36 开，环筒页装
    本书记载两种角码、四种译法。无正式

封面，以书名页所题"海洋"（手书）、"密"（铅印）代书名。

　　收藏单位：国家馆

12113

横式大字最新电报书　世界书局编

[上海]：世界书局，1943，100 页，32 开

　　本书内容包括：电报代日韵目表、电报部首索引、电报检字索引、电报挂号办法等。其他题名：最新电报书。

　　收藏单位：国家馆

12114

横式大字最新电报书　朱絜如编

上海：大华书局，1934.4，100+16 页，32 开

上海：大华书局，1943.4，[148] 页，32 开

　　本书分上、中、下 3 编。内容包括：电报代日韵目表、电报代月地支表、电报号码、电报挂号办法等。其他题名：最新电报书。

　　收藏单位：江西馆、浙江馆

12115

俭费电码　朱炳棠编

上海：中华新教育社，1929，再版，1 册，32 开

　　收藏单位：广东馆

12116

俭费汉文电码　谭荣光编

香港：及幼斋，1929—1930.8，[414] 页，18 开，精装

12117

简明电码书　美商通讯社编

上海：美商通讯社，1941，[30] 页，16 开

12118

交通部总密电本　俞承霖等编

交通部路政司总务科，1920，102 页，16 开

　　收藏单位：国家馆

12119

李氏电报密码盘　李叔明制

中华书局，1939.5，[4] 页，22 开，精装

　　本书内容包括：概说、构造、用法、实例等。

　　收藏单位：国家馆、上海馆

12120

利用厚生密加码表　资源委员会机要组编

资源委员会机要组，[1911—1949]，[11] 页，36 开

　　收藏单位：重庆馆

12121

密电本　徐文山编辑

福建省公路局总管理处，1941，100 页，18 开

　　收藏单位：福建馆

12122

密电码

出版者不详，[1911—1949]，98 页，50 开

　　收藏单位：广东馆

12123

密减码表

出版者不详，[1911—1949]，[99] 页，18×24cm

　　收藏单位：国家馆

12124

密明码电报书　商务印书馆编

上海：商务印书馆，1934.2，国难后 30 版，[111] 页，大 64 开

　　收藏单位：河南馆、江西馆

12125

明密电码书　张相辅编

上海：张相辅 [发行者]，1947.10，[120] 页，32 开

12126

明密电码新编　交通部编

出版者不详，1946，100 页，50 开

　　收藏单位：广东馆

12127

明密电码新编　交通部电政司编

交通部电政司，1929.10，90 页，32 开

交通部电政司，1933.8，[220] 页，32 开

交通部电政司，1935.8，[277] 页，32 开

交通部电政司，1937.7，[174] 页，32 开

　　本书内容包括：电码新编部首索引、电码正编、电码补遗、难字易检表等。附发寄电报须知、电报挂号办法、国内邮转电报办法等。

　　收藏单位：安徽馆、重庆馆、广东馆、国家馆、河南馆、湖南馆、江西馆、南京馆、内蒙古馆、上海馆、首都馆、浙江馆

12128

明密电码新编

上海：广益书局，1948.11，修正 5 版，130 页，64 开

　　本书介绍电报常识等内容。附四角号码难字检查表。

　　收藏单位：湖南馆

12129

明密简明电报号码书　黄绿明编

上海：大达公司，1941.2，95 页，50 开

　　本书电码按部首排序。

　　收藏单位：国家馆

12130

明密两用电报号码　世界书局编

上海：世界书局，1942，增订新 1 版，93 页，50 开

上海：世界书局，1942.6，增订新 10 版，93 页，大 64 开

　　本书内容包括：发寄电报须知、查问电报须知、电码代日期韵目表、电报代月地支表等。

　　收藏单位：国家馆、南京馆

12131

明密码电报书　梅登校勘

上海东方书局，1935.8，3 版，15+[90] 页，50 开

本书内容包括：电报章程摘要、本国电报价目表、交通部国际电报价目表、电报代日期韵目、简易电码表等。

　　收藏单位：国家馆

12132

明密码电报书　商务印书馆编

上海：商务印书馆，1931，35 版，[85] 页，50 开

上海：商务印书馆，1936，国难后订正 56 版，95 页，50 开

上海：商务印书馆，1937，82+95 页，50 开

上海：商务印书馆，1937，国难后订正 76 版，82+95 页，50 开

长沙：商务印书馆，1938，国难后订正 86 版，82+95 页，50 开

上海：商务印书馆，1939.1，国难后订正 93 版，[179] 页，50 开

上海：商务印书馆，1939.5，国难后订正 94 版，95 页，50 开

商务印书馆，1940，106 版，95+10 页，50 开

商务印书馆，1941.3，重编本，100+23 页，50 开

上海：商务印书馆，1945.11，重编 3 版，[124] 页，50 开，精装

上海：商务印书馆，1948.8，重编 6 版，100+22 页，50 开

　　本书内容包括：发寄电报须知、查问电报须知、密码编制法说明、电码部首索引等。

　　收藏单位：安徽馆、重庆馆、广东馆、广西馆、国家馆、黑龙江馆、江西馆、南京馆、上海馆、绍兴馆、首都馆

12133

明密码电报书　中华书局编

上海：中华书局，[1911—1949]，10+45 页，36 开

　　本书内容包括：电报收发规则、各省电报局名、大北电报公司价目、大东电报公司价目、上海无线电报局收发报章程等。

　　收藏单位：广东馆、浙江馆

12134
明密码电报书
上海：大地书局，[1942]，96 页，50 开
本书电码按部首排序。
收藏单位：重庆馆、广东馆、国家馆、惠州馆

12135
明密码电报书
上海：学生书局，1942，1 册，64 开
上海：学生书局，1945，[94] 页，64 开
本书收录电码表，电报收发规则，挂号办法，邮转办法，各省电报局名，大东、大北、太平洋等公司的价目表，上海无线电报局收发章程等资料。
收藏单位：重庆馆

12136
明密码电报新编 开明书店编
[上海]：开明书店，[1911—1949]，[113] 页，64 开
收藏单位：广东馆

12137
明密码电报新编
上海：百新书店有限公司，1948.10，2 版，112 页，64 开
收藏单位：辽宁馆

12138
明密码电报新编
上海：广益书局，1947.3，增订新版，117 页，50 开
收藏单位：国家馆、江西馆

12139
明密码电报新编
上海：江东书局，1926，石印本，[96] 页，64 开，环筒页装
收藏单位：国家馆、江西馆

12140
明密码电报新书 电政编译所编
上海：电政编译所发行处，1931，90 页，50 开，环筒页装
本书附无线电规程。
收藏单位：重庆馆

12141
明密码电报新书 三民图书公司编辑部编
上海：三民图书公司，1936.5，99+11 页，50 开
本书共 5 部分：例言、明码、密码、罗马字母电码、特载。
收藏单位：国家馆

12142
明密码电报新书
[上海]：大东书局，1938，45 页，50 开
收藏单位：广东馆

12143
明密码电报新书
上海：广益书局，1944，1 册，50 开
收藏单位：广东馆

12144
明密码电报新书
恢恢书店，1939，92 页，50 开
收藏单位：江西馆

12145
明密码电报新书
上海：会文堂新记书局，[1911—1949]，1 册，64 开
收藏单位：广东馆

12146
明密码电报新书（精校袖珍本）
上海书店，[1911—1949]，[10]+90 页，50 开
本书其他题名：电报新书。
收藏单位：重庆馆

12147
明密码电报新书（袖珍本）
北平：文成堂书帖庄，1935.9，订正本，32+

[90] 页，大 64 开

本书共 8 部分：最近各省邮政电报局名一览、最近电报章程摘要、电报字数计算法、电报代月份地支、电报代日期韵目、最近电报价目一览、电报各字部首检查表、电报明密码未文。

收藏单位：国家馆

12148

明密码电码新编

[上海]：开明书店，[1911—1949]，1 册，50 开

本书内容包括：部首索引、电码及电码补遗、电码代日代时表等。

收藏单位：上海馆、浙江馆

12149

明密码邮报新编（精校袖珍本）

上海：云记书局，1916，[98] 页，50 开，环筒页装

12150

明密码中国电报新编

出版者不详，[1911—1949]，49 页，50 开，环筒页装

收藏单位：广东馆、国家馆

12151

明密码最新电报书

[上海]：春明书店，[1911—1949]，94 页，64 开

收藏单位：广东馆

12152

亲民电报汇编　　亲民电报编辑社编

外文题名：The Hsin-Min standard telegraphic code

上海：商务印书馆，1915.8，755 页，16 开，精装

本书为汉英对照。分门编列，分天时、地理、政治、法律、农工、商矿、医药、生理等社会巨细新旧事业。

收藏单位：重庆馆、国家馆、湖南馆、南京馆、山西馆、上海馆、首都馆、浙江馆

12153

亲民电报汇编索引　　亲民电报编辑社编

上海：商务印书馆，1915.11，16+150 页，16 开，精装

本书内容包括：电码变化法、电报挂号办法章程、索引检查须知、索引目录、索引等。

收藏单位：国家馆、内蒙古馆、上海馆

12154

瞿氏电报检字　　瞿重福编

上海：大通公司，1929，45+283 页，32 开

本书内容包括：瞿氏检字法原文、什么是瞿氏检字法、瞿氏电报检字等。

收藏单位：国家馆、南京馆、上海馆

12155

三用电码书（明码·密码·省费罗马字）　　日新出版社编

日新出版社，[1911—1949]，1 册，64 开

本书内容包括：部首索引、难查字笔数索引、代日韵目号码、代日韵目罗马字、编制密码法等。

收藏单位：国家馆

12156

三字电码　　上海商业储蓄银行编

上海商业储蓄银行，[1915—1949]，90 页，25 开

收藏单位：国家馆

12157

史氏成语电码　　史悠明等编

北平：史氏成语电码编辑社，1933，801 页，18 开，精装

北平：史氏成语电码编辑社，1934.3，3 版，801 页，18 开，精装

本书内容包括：用法、电报代日期韵目、本行总分支行电报挂号等。

收藏单位：国家馆、南京馆、天津馆

12158

四角号码电报书　　陈自新　林葆蕙编校

上海：商务印书馆，1930，[307] 页，32 开

本书内容包括：单字同码统计表、词语同码统计表、词语检查速率表、词语排列法、电报章程摘要、电报局名表等。附电报新编。

收藏单位：重庆馆、国家馆、湖南馆、江西馆、上海馆、首都馆

12159

通报英语 晋冀鲁豫通讯学校编

晋冀鲁豫通讯学校，1948，104页，32开

本书为英语电报词汇的通报课本。内容包括：简语和它们的用法、呼叫的字句、发报中的词句、给收报凭据的词句等。

收藏单位：国家馆

12160

通密 资源委员会秘书处编

资源委员会秘书处，[1940]，100页，42开，环筒页装

本书为资源委员会经济部通用书。无正式封面，以书名页所题"通"（手书）、"密"（铅印）字样代书名。

收藏单位：国家馆

12161

万万密电码图说 张延祥创制

香港：国华印务公司，1939.1，36页，36开

收藏单位：南京馆

12162

无线电报务员须知 范凤源编

上海：中国无线电工程学校，1934，212页，32开

上海：中国无线电工程学校，1942，277页，32开

上海：中国无线电工程学校，1947，262页，32开

上海：中国无线电工程学校，1949，262页，32开

收藏单位：安徽馆、重庆馆、国家馆、湖南馆、江西馆、山西馆、上海馆、首都馆、浙江馆

12163

无线电报务员须知

[电讯训练班]，[1939]，油印本，2册，16开，环筒页装

本书收录各种信号之应用、数码信号、电报种类、字数计算等。

收藏单位：重庆馆

12164

五码特别电本（上）

外交部，1917，1册，16开

收藏单位：南京馆

12165

新中电码全书 张延祥著

上海：新中工程股份有限公司，1930.3，68页，长12开

本书内容包括：新中电码说明、新中电码例言、排列次序表、单字部首等。附韵目代日及地支代目电码表、新旧地名对照电码表等。

12166

中国电报新编 华北电信电话股份有限公司编

北平：华北电信电话股份有限公司，1941.5，95页，64开

收藏单位：国家馆、湖南馆、天津馆

12167

中国电报新编

出版者不详，[1911—1949]，25页，16开

收藏单位：国家馆

12168

中国省费电报书 周锡三编

周锡三，1926，68页，16开

本书共两章：冠首（用以指示缩码之位序）、缩码。附电码原文。

收藏单位：国家馆、上海馆、首都馆、中科图

12169

钟伟商用成语电码 钟伟著

上海：钟伟电码公司，1933.11，279 页，16 开，精装

收藏单位：上海馆

12170

最新标准电码本

中华书局，[1911—1949]，101 页，50 开

收藏单位：广东馆

12171

最新订正明密码电报新编 大东书局编译所编译

上海：大东书局，1933.4，54+90 页，50 开

汉口：大东书局，1938，[130] 页，50 开

上海：大东书局，1940，7 版，134 页，50 开

本书内容包括：发寄电报须知、国内电报价目表、香港电报价目表、韵目代日期表等。其他题名：明密码电报新编。

收藏单位：重庆馆、国家馆、绍兴馆、浙江馆

12172

最新订正明密码电报新编 大江书局编译所编译

上海：大江书局，1947，新 1 版，107 页，48 开

本书其他题名：明密码电报新编。

收藏单位：江西馆

12173

最新订正明密码电报新编

天津：成城书店，1947，[109] 页，50 开

本书其他题名：明密码电报新编。

12174

最新订正明密码电报新编

树德书局，1941，订正本，91 页，64 开

本书内容包括：韵目代日期表、地支代月份表、电报密码用法、难字易检表等。其他题名：明密码电报新编。

收藏单位：重庆馆

12175

最新国内明密电码书 世荣编

启新服务社，1944.6，[12]+79 页，32 开

本书内容包括：韵目电码代日表、国内电报价目表、各种电报说明、电语种类与特别业务等。为《国内电报汇编》的简略本。其他题名：国内明密电码书。

收藏单位：国家馆、吉林馆

12176

最新实用密语及缩语 方砚农 汪啸麟编著

上海电信法规研究社，1940.4，增订再版，[230] 页，23 开

本书内容为发电报用的密语及缩写合编。封面题名：最新实用 Code 及缩语。

收藏单位：内蒙古馆

12177

最易翻译两码新电书 刘伯寿 刘维熊编著

福州：启明印刷公司，1933，[116] 页，40 开

世界各国邮电事业

12178

安徽邮区办理小款汇票代办所一览表 安徽邮政管理局编

安徽邮政管理局，1946，78 页，32 开

本书全部为表。收录各汇兑局名和所辖代办所名称。

收藏单位：安徽馆、重庆馆

12179

安徽邮政管理局办事处所辖办理代办所汇票之邮政代办所一览表

出版者不详，1943.7，10 页，32 开

收藏单位：南京馆

12180

巴黎国际邮政公约

中华民国交通部邮政总局，[1947—1949]，1 册，25 开

本书收录 1947 年 7 月在巴黎签订的国际邮政公约全文、国际邮政包裹协定、国际邮政汇兑协定、国际邮政保价信函及箱匣协定、国际邮政代收货价邮件协定。

收藏单位：首都馆

12181

巴黎国际邮政公约暨包裹协定汇兑协定保价信函及箱匣协定及代收货价邮件协定

出版者不详，[1948]，1 册，25 开

本书内容包括：国际邮政公约、国际邮政公约最后议定书、联合国与国际联邮会协定草案、国际邮政公约施行细则等。自 1948 年 7 月 1 日起实行。

收藏单位：广东馆、桂林馆

12182

保定电话局用户号簿 保定电话局编

保定电话局，1932.1，10 页，16 开

收藏单位：国家馆

12183

北京电话番号簿 （日）古屋数一编

北京：中央电话局，1944.7，[214] 页，16 开

收藏单位：国家馆

12184

北京电话号簿 北京电话局编

北京电话局，1938.1，278 页，16 开

本书内容包括：局用电话表、公用电话表、交通部市内电话营业通则、国内长途电话营业通则、市内电话营业价目表、长途通话价目表、分画部等。

收藏单位：国家馆

12185

北京电话局用户号簿 [北京电话局编]

北京电话局，[1921.2]，1 册，16 开

北京电话局，[1922.11]，1 册，16 开

[北京电话局]，[1927.5]，1 册，16 开

本书共 5 部分：电话用法、本局特别启事、电话租用章程、北京用户号数、号数页数对照表。

收藏单位：国家馆

12186

北京邮局驾驶工作统一操作法草稿（第 3 驾驶工作部分）

出版者不详，[1940—1949]，油印本，5 页，25 开，环筒页装

本书内容包括：驾驶、引擎发动注意事项、汽车开动前后注意事项、车辆停用后的整理工作等。

收藏单位：国家馆

12187

北平电话号簿 北平电话局编

北平电话局，[1936]，344 页，16 开

北平电话局，1937.1，344 页，16 开

本书内容包括：局用电话表、公用电话表、交通部市内电话营业通则、市内电话营业价目表、代充小蓄电池暂行规则等。

收藏单位：国家馆

12188

北平电话局用户号簿 北平电话局编

北平电话局，1928.12，[404] 页，16 开

北平电话局，1929.12，[374] 页，16 开

北平电话局，1931.1，[368] 页，16 开

北平电话局，1932.1，[309] 页，16 开

收藏单位：国家馆

12189

北平市邮件投递分区街名一览表 北平邮政管理局编

北平邮政管理局，1947.9，70 页，50 开

收藏单位：桂林馆、国家馆

12190

北平邮区办理代办所汇票之邮政代办所一览表 北平邮政管理局编

北平邮政管理局，1937，30 页，36 开

本书收录大同车站一支局、北平崇文门支局、北平长安街支局等邮政代办所名录。

收藏单位：重庆馆

12191

布诺赛尔国际邮政公约暨包裹协定汇兑协定及保价信函及箱匣协定　中华民国交通部邮政总局编

中华民国交通部邮政总局，[1940]，1 册，25 开

　　本书收录国际邮政公约、国际邮政公约最后议定书、国际邮政公约施行细则、运寄航空函件规则等。自 1940 年 7 月 1 日起实行。

　　收藏单位：重庆馆、广东馆、国家馆、湖南馆、南京馆、上海馆

12192

常熟电话公司号簿　常熟电话公司编

出版者不详，1936.6，70 页，16 开

　　收藏单位：国家馆

12193

成都市内电话号簿　交通部川藏电政管理局编

交通部川藏电政管理局，1936.9，19 页，16 开

　　本书内容包括：紧急电话、局用电话、磁石式电话使用法、市内电话营业简章、用户名称住址电话号码表等。

　　收藏单位：国家馆

12194

重庆电信便览　交通部重庆电信局编

交通部重庆电信局，1944，98 页，16 开

　　本书内容包括：一般事项、章则须知、报话价目、电话号码等。

　　收藏单位：国家馆

12195

筹设南昌电话局经过情形报告书　交通部南昌电话局筹备处编

交通部南昌电话局筹备处，1934.8，[35] 页，16 开

　　本书内容包括：江西商办电话公司之沿革、市内电话之复杂、商业概况、筹建交通大厦等。

　　收藏单位：国家馆

12196

储汇人事章则汇编　邮政储金汇业局编

邮政储金汇业局，1946.9，62 页，16 开

　　本书收录该局有关任免、调遣、考绩、考勤、纪律、待遇、表报等方面的章则及附则。

　　收藏单位：广东馆

12197

处理国内长途电话话务手册　交通部第六区电信管理局编

出版者不详，[1911—1949]，147 页，32 开

　　收藏单位：广东馆

12198

创业五周年　（日）岛本久彦编

北京：华北电信电话株式会社，1943.12，[10] 页，10 开，活页精装

　　收藏单位：国家馆

12199

大北电报公司　大北电报公司编

大北电报公司，[1911—1949]，[27] 页，50 开

　　本书为汉英对照。

12200

大华无线电公司缘起及成绩报告　上海大华无线电公司编

上海大华无线电公司，[1911—1949]，1 册，32 开

　　收藏单位：广东馆

12201

大西洋城国际电信公约　国际电信联合会编

科学书报社，1947，264+70 页，32 开

　　本书收录 1947 年美国大西洋城国际无线电会议所订电信公约及附件。

　　收藏单位：广东馆、国家馆、中科图

12202

丹国大北电报公司收发电报普通规则（译文）

出版者不详，[1920—1929]，[118] 页，23 开

本规则属丹麦 Via Northern 电报公司。自 1926 年 11 月 1 日起实行。

12203

第十二版邮政章程及通邮处所集之补编

出版者不详，1926—1931，2 册，22 开

收藏单位：国家馆

12204

第十三版邮政局所汇编之补编（第 1—5、16 号）

出版者不详，1932—1935，2 册，22 开

本书第 1—5 号为 1 册。

收藏单位：广东馆、国家馆

12205

第十四版邮政局所汇编之补编（第 8 号）

出版者不详，1938，15 页，22 开

收藏单位：广东馆

12206

电报局名表 [交通部电政司编]

交通部电政司，1924.7，1 册，22 开

本书附铁路电报站名表。

收藏单位：国家馆

12207

电报局名簿

出版者不详，1935，217 页，32 开

收藏单位：广东馆

12208

电报省费新章摘要 交通部电政司编

交通部电政司，1934.1，16 页，32 开

本书内容包括：电报寄法及书法、报价及减费办法、来报免费代译、各项特种电报办法等。自 1934 年 1 月 1 日起实行。附查问电报须知。

收藏单位：国家馆

12209

电报事业之中国化 汪启堃著

上海：电流学社，1925.1，168 页，23 开（电流学社丛书）

本书叙述中国电报事业的发展、机构、制度、业务。

12210

电报收发规则

交通部，[1922]，32 页，32 开

本书内容包括：总则、电报种类、电报寄法、电报书法、电报挂号、电语种类、报价、译费、送报等。

收藏单位：国家馆

12211

电报业务须知 交通部武汉电信局编

交通部武汉电信局，1946.4，57 页，36 开

收藏单位：国家馆

12212

电话号簿 北京电话局编

北京电话局，[1915.10]，[24]+204+[34] 页，18 开

北京电话局，[1917.6]，[25]+230+[39] 页，18 开

北京电话局，1918.3，[32]+260+[46] 页，21 开

北京电话局，[1911—1919]，2 册（[260]+ [296] 页），18 开

收藏单位：国家馆、内蒙古馆

12213

电话号簿 北平电话局编

北平电话局，[1933]，[239] 页，18 开

收藏单位：国家馆

12214

电话号码簿 广州市自动电话管理处编

广州市自动电话管理处，1948.6，163 页，16 开

12215

电话号码簿 交通部重庆电信局编

交通部重庆电信局，[1945]，120 页，16 开

本书内容包括：紧要指南、电话号码、一

般事项、章则及价目等。

　　收藏单位：国家馆

12216

电话号码簿　交通部贵阳电信局编

交通部贵阳电信局，1947.1，95页，16开

　　收藏单位：国家馆

12217

电话号码簿　交通部吉林电信局编

交通部吉林电信局，1947.7，[100]页，18开

　　收藏单位：国家馆

12218

电话业概况·电报业概况·电料业概况　潘吟阁编著

上海：中华职业教育社，1930，12页，32开（研究职业分析）（职业概况丛辑21）

　　本书为合订本。内容均包括：本业之历史、本业之组织、本业之团体、本业之成功人等。

　　收藏单位：国家馆

12219

电流学社纪念集　嵇观　王钟麒　阙诏编辑

上海：电流学社，1925.10，[176]页，23开

　　本书收录《吾人对于电政之责任》（周亮才）、《电务员生请示加薪问题》（汪启塈）、《邮电合并之理由与利益》（王镇群）、《节料刍议》（陈增麟）、《电政同人极宜自决自救以救电政》（马瑛）、《全国电报同人应速起组织坚固团体》（李季清）、《国内报费与国际报费之异点》（克训）、《电政会计独立说》（桂宝璋）等论文。附电流学社简章、社员录。

　　收藏单位：上海馆

12220

电务管理大纲　李郁著

北京：中华书局，1923.8，180页，18开

　　本书共12章：绪论、电信源流、中国电政略史、水线交涉纪要、电政管理制度、电务管理机关、局务管理、业务管理、工务管理、材料管理、会计管理、无线电管理。

　　收藏单位：国家馆、天津馆

12221

电务员生调派川资表

出版者不详，1923，88页，22开

　　本书内容为电信机关公务差旅费标准。据全国各电报局调查报告汇编。

　　收藏单位：国家馆

12222

电务员生章程　交通部编

交通部，1923，60页，22开

　　本书收录电务员生考核奖惩章程214条。共12章，内容包括：总则、教育、任用、薪级、奖励、惩戒等。由交通部第四六一号令公布。

　　收藏单位：国家馆

12223

电信　东北物资调节委员会研究组编

[沈阳]：东北物资调节委员会，1948.2，114页，32开，精装（东北经济小丛书16）

　　本书共4章：东北电信之沿革、电信事业、电话事业、广播事业。

　　收藏单位：安徽馆、长春馆、重庆馆、东北师大馆、广东馆、国家馆、河南馆、黑龙江馆、辽大馆、辽东学院馆、辽师大馆、内蒙古馆、山西馆、上海馆、首都馆、天津馆、西南大学馆

12224

电信建设计划概要

出版者不详，[1911—1949]，18页，16开

　　收藏单位：国家馆

12225

电信会计科目

交通部第六区电信管理局，1946，45页，32开

　　收藏单位：广东馆

12226

电信事业　行政院新闻局编

行政院新闻局，1947.8，24 页，32 开

本书共 7 部分：概论、三十年来电信建设概况、电信机构的沿革、现有电信设备、电信业务的进展、最近电信新设施、结论。

收藏单位：安徽馆、长春馆、重庆馆、广东馆、广西馆、贵州馆、国家馆、河南馆、湖南馆、吉林馆、江西馆、近代史所、辽宁馆、南京馆、内蒙古馆、上海馆、首都馆、天津馆、浙江馆、中科图

12227
电信手册　武汉电信局业务处编
武汉电信局业务处，1948，36 页，横 27 开
收藏单位：广东馆

12228
电信业统一会计科目　国民政府主计处会计局编
国民政府主计处会计局，1943，20 页，36 开
本书内容包括：各业统一会计科目实施应行注意事项、总分类帐科目、明细分类帐科目等。
收藏单位：重庆馆、广东馆、南京馆

12229
电信指南　北平电信局编
北平电信局，[1940—1949]，24 页，32 开
本书内容包括：市内电话、自动电话使用要点、自动电话的错号问题、长途电话、电报、业务概况。
收藏单位：国家馆

12230
电讯　朱其清著
中国工程师学会，[1911—1949]，20 页，16 开（中国工程师学会四川考察团报告 6）
本书收录考察范围、区域、内容及建议等。

12231
电讯人员工作须知　交通部公路总局电讯总台编
交通部公路总局电讯总台，1947，112 页，64

开
收藏单位：广东馆

12232
电政附属会计机关会计说明及实例　交通部编
交通部，1937，47 页，32 开
收藏单位：国家馆、上海馆

12233
电政会议提案　交通部编
交通部，1934.9，[560] 页，23 开
本书收录张骧、徐学禹等人的各项提案418 件。
收藏单位：广东馆、南京馆

12234
电政会议提案审查意见　交通部编
交通部，1934.9，[122] 页，23 开
本书收录电报线路、无线电建设与整理、长途电话类等 18 类提案。

12235
电政交涉契约汇编
出版者不详，[1919]，[431] 页，16 开
本书为汉英、汉法对照。收录 1883—1918 年邮电部门与英、法、俄、美、日、丹等国各订立之合同契约 57 种。
收藏单位：国家馆

12236
电政会计问答　交通部编
交通部，1935.5，142 页，16 开
收藏单位：南京馆

12237
电政会计新制推行须知　交通部编
交通部，1934.6，12 页，16 开

12238
电政会计制度　修订电政会计制度委员会编
修订电政会计制度委员会，1934.6，[190] 页，22 开，活页精装

本书收录交通部电政会计规程、会计科目、电政会计营业帐科目及说明、电政会计损益帐科目及说明、簿记规则等。

收藏单位：广东馆、国家馆、南京馆、内蒙古馆、上海馆

12239

电政会计制度实例（甲、乙、丙种） 交通部编

交通部，1934，3 册（[100]+[100]+31 页），16 开

收藏单位：国家馆

12240

电政统计图表 庄智焕编

出版者不详，1929.4，1 册，8 开，精装

收藏单位：上海馆

12241

东北电报局名簿 东北邮电管理总局 [编]

东北邮电管理总局，1949，24 页，32 开

收藏单位：广东馆

12242

东北无线电纪略 东北无线电长途电话监督处业务科编

东北无线电长途电话监督处业务科，1929.12，[42] 页，16 开

本书内容包括：东北无线电及附属事业略史、统计正误表、东北无线电线路联络图、东北长途电话线路联络图等。

收藏单位：国家馆

12243

东川邮区三十四年度通汇邮局及邮政代办所名称表 东川邮政管理局编

[东川邮政管理局]，[1945]，1 册，36 开

本书全部为表。收录重庆陕西街一支、重庆上清寺五支、重庆弹子石十支等邮政代办所名录。

收藏单位：安徽馆、重庆馆

12244

东省铁路哈尔滨自动电话簿

东省铁路印刷所，1928.10 印，[346] 页，18 开

本书内容包括：哈尔滨重要电话、自动电话用法、自动电话合同程式、自动哈伯斯电话价目、自动电话按号数检阅法等。

收藏单位：国家馆

12245

反对中美航空邮务合同特刊 上海邮务职工会邮声社编

上海邮务职工会邮声社，1929.6，72 页，25 开

本书收录该合同全文及有关批评资料。内容包括：《本会反对中美航空邮务合同宣言》《本会为中美航空邮务合同事呈中央党部中央政治会议主席蒋暨交通部文》《对于中美航空邮务合同之批评》《对于中美航空邮务合同质疑》《利用外资与国权》等。附中华航空协进会请愿中央政治会议取消中国航空公司与美国航空公司签订航空邮务合同呈文等。原载于《邮声》第 3 卷第 6 期号外。

12246

方子卫无线电言论集 方子卫编

上海：中国无线电工程学校出版部，1931.10，148 页，16 开

本书收录有关无线电事业的杂著 65 篇，兼收有关电信及无线电的条例、章则等。

收藏单位：上海馆、浙江馆

12247

分部邮政局所汇编

出版者不详，1932，13 版，616 页，25 开

本书共两编：分部通邮处所、分省通邮处所。

收藏单位：重庆馆、浙江馆

12248

奉天电话总局用户号簿（中华民国十六年七月、中华民国十七年七月） 奉天电话总局编

奉天电话总局，[1928]，2 册，16 开

本书内容包括：电话用法、电话租用章程、本局特别启事等。

收藏单位：国家馆

12249

福建电话股份有限公司电话号码簿（第 7 期第 1 号） 福建电话股份有限公司编

福建电话股份有限公司，1935.3，38+37 页，16 开

收藏单位：国家馆

12250

福建电话股份有限公司电话号码簿（第 8 期第 1 号） 福建电话股份有限公司编

福建电话股份有限公司，1936.6，110 页，16 开

收藏单位：国家馆

12251

福建电话号码簿（第 6 期第 2 号） 福建电话公司编

福建电话公司，1934.7，[100] 页，16 开

收藏单位：国家馆

12252

福建电话号码簿（民国三十六年度） 福建电话股份有限公司编

福建电话股份有限公司，[1947]，[50] 页，16 开

收藏单位：国家馆

12253

福建邮区办理代办所汇票之邮政代办所一览表

[福建邮政管理局]，1935.12，16 页，32 开

本书全部为表。附邮政代办所办理代办所汇票应注意事项。

收藏单位：安徽馆

12254

福建邮区办理小款汇票之邮政代办所一览表 福建邮政管理局编

福建邮政管理局，[1911—1949]，6 页，36 开，

环筒页装

本书全部为表。收录邮政代办小款汇票应注意事项及各汇兑局名和所辖代办所名称。

收藏单位：重庆馆

12255

告全体电务人员书 庄智焕著

出版者不详，[1929.5]，6 页，21 开

本书揭发电信界之官僚腐化内幕。

12256

工务处乙、丙种簿记实例 交通部编

交通部，1934，1 册，16 开

收藏单位：上海馆

12257

工作概况 交通部第六区电信管理局编

交通部第六区电信管理局，1948，150 页，16 开

本书介绍交通部第六区电信管理局的工务、业务、总务、财务、会计、人事、视察等内容。

收藏单位：广东馆

12258

工作概况 交通部上海电信局 [编]

交通部上海电信局，1946，30 页，16 开

本书共 5 部分：弁言、插图、沿革、本局之成立与组织、本局一年来之工作。

收藏单位：广东馆、国家馆、陕西馆

12259

巩固邮基方案运动经过报告 中华民国全国邮务总工会编

中华民国全国邮务总工会，1932.11，43 页，18 开

本书共 6 部分：引言、运动略史、巩固邮基方案全文、本会对"邮政经济制度研究委员会专门委员报告书"之修正意见、结论、附录。

收藏单位：北师大馆、国家馆、河南馆

12260

广东全省长途电话概况　广东全省长途电话管理处总务课编

广州：广东全省长途电话管理处庶务股，1935.7，80 页，25 开，精装

本书内容包括：弁言、本省长途电话沿革及概略、我国长途电话事业落后原因及将来补救办法、利用无线电指挥战舰、各国利用无线电话与有线长途电话联通之情况等。

收藏单位：国家馆、中科图

12261

广东邮区办理代办所汇票之邮政代办所一览表　[广东邮政管理局编]

广东邮政管理局，1936.7，22 页，64 开

广东邮政管理局，1937，24 页，36 开

本书全部为表。收录广州广大路支局、广州光复中路支局、汕头商平路支局邮政代办所名录。

收藏单位：重庆馆、黑龙江馆

12262

广东邮区办理小款汇票之邮政代办所一览表　广东邮政管理局编

广东邮政管理局，1946，32 页，32 开

本书全部为表。收录广东邮政管理局通告以及各汇兑局名和所辖代办所名称。

收藏单位：重庆馆

12263

广西区电政管理局职员表

广西区电政管理局，[1935]，石印本，1 册，大 16 开，环筒页装

收藏单位：国家馆

12264

广西省电话局柳州分局电话用户号码簿　广西省电话局柳州分局编

广西省电话局柳州分局，1948，28 页，32 开

收藏单位：广东馆

12265

广西邮区辖下通汇代办所一览表　广西邮政管理局编

广西邮政管理局，[1911—1949]，10 页，32 开

本书收录各汇兑局名和所辖代办所名称。

收藏单位：重庆馆、桂林馆

12266

广州市电话管理处电话簿　广州市电话管理处编

[香港]：[聚珍印务书楼有限公司]，1937.4，1 册，16 开

本书内容包括：急用电话、本处电话、本处紧要启示三则、自动电话用法、市内电话、长途电话等。

收藏单位：国家馆

12267

广州市电话所电话号簿　广州市电话所编

广州市电话所，1929.1，[230] 页，32 开

本书内容包括：广州市电话所电话号数编类、广东电话总局章程、电话用法等。

收藏单位：国家馆

12268

广州市自动电话概况　自动电话管理委员会编

广州市政府，1934，192 页，25 开（广州市政建设丛刊 5）

本书收录规程、纪要及撰述、统计、合约、专载。

收藏单位：国家馆、河南馆、湖南馆、南京馆、陕西馆、上海馆、浙江馆

12269

广州市自动电话管理处电话号码簿　广州市自动电话管理处编

广州市自动电话管理处，1947.7，[178] 页，16 开

收藏单位：国家馆

12270

广州市自动电话号码补遗　电话管理处编

广州电话管理处，1929.9，23 页，16 开

广州电话管理处，1936.9，28 页，16 开
广州电话管理处，1947.9，28 页，16 开
　　收藏单位：国家馆

12271
广州市自动电话号码簿　[广州市自动电话管
理委员会编]
广州市自动电话管理委员会，1929，[152]
页，16 开
广州市自动电话管理委员会，1934，[328]
页，16 开
广州市自动电话管理委员会，1936，[279]
页，16 开
　　收藏单位：国家馆

12272
归绥电话公司电话号簿　归绥电话公司编
归绥电话公司，1933.10，28 页，24 开
归绥电话公司，1936.4，[48] 页，24 开
　　收藏单位：国家馆

12273
规定类纂（华文）　华北电信电话株式会社文
书科编
北京：华北电信电话株式会社文书科，1941—
1943，[1961] 页，25 开，活页装
　　本书共两编：通规、电话。第 1 编内容
包括：法令、定款、组织、文书、人事等；第
2 编内容包括：一般电话、专用电话、临时电
话、华日电话、警备电话等。
　　收藏单位：国家馆

12274
贵州邮区所辖通汇代办所名称一览表　贵州
邮政管理局编
贵州邮政管理局，1946，9 页，32 开
　　本书收录邮政代办小款汇票应注意事项
及各汇兑局名和所辖代办所名称。
　　收藏单位：重庆馆

12275
桂林市电话号码簿　广西省电话局编
广西省电话局，1947.5，8 页，16 开

　　收藏单位：国家馆

12276
国际代收货价邮件协定
出版者不详，[1947]，10 页，16 开
　　本书为 1947 年 7 月 5 日在巴黎签订的国
际邮政公约的补充协定。附国际代收货价邮
件协定施行细则。
　　收藏单位：国家馆、南京馆

12277
国际电报金法郎基本价目详表
上海：国际电台，1949，油印本，1 册，18 开
　　收藏单位：广东馆

12278
国际电报营业员手册　交通部国际电台编
交通部国际电台，1948，增订本，油印本，1
册，9 开
　　收藏单位：广东馆

12279
国际电话营业通则　交通部上海电话局编
交通部上海电话局，1936.2，[10] 页，16 开
　　本书为汉英对照。
　　收藏单位：内蒙古馆

12280
国际电信公约　电友月刊社译
南京：电友月刊社，1936，206 页，32 开
　　收藏单位：广东馆

12281
国际电信公约　交通部电政司译
交通部电政司，1934.6，206 页，32 开
　　本书共 3 部分：无线电信普通（附属无线
电规则）规则、无线电信附加规则、无线电
报会议附加议定书。自 1924 年 1 月 1 日起实
行。
　　收藏单位：国家馆、吉林馆、南京馆

12282
国际电信公约　交通部电政司译

上海：亚美股份有限公司，1935.7，205 页，
32 开

上海：亚美股份有限公司，1939.9，再版，
154 页，32 开

　　收藏单位：重庆馆、广东馆、国家馆

12283

国际电信公约

[上海]：中国文化服务社，[1948]，46 页，22
开

　　本书共 7 章，内容包括：公约及规则之适
用、与联合国及与各国际组织之关系、关于
电信之一般规定、最后条文等。附国际电信
公约内各用语之定义、国际电信公约附属一
般规则等。

　　收藏单位：国家馆、南京馆

12284

国际电信公约附属电报规则

上海：三极无线电传习所，1938，再版，212
页，32 开

　　本书为 1932 年 12 月 10 日在马德里签订
的关于国际电报业务的国际公约全文中译本。
共 32 章 98 条。附最后议定书等。自 1934 年
1 月 1 日起实行。

12285

国际无线电报公约及附属规则 　中华民国建
设委员会无线电管理处译

上海：中华民国建设委员会无线电管理处，
1929，84 页，22 开

　　本书所涉公约为 1927 年华盛顿修正本。

　　收藏单位：重庆馆、国家馆、浙江馆

12286

国际无线电公约 　范凤源 陈体乾译著

上海：建华电机材料公司编辑部，1933.6，95
页，25 开

上海：建华电机材料公司编辑部，1933.10，3
版，95 页，25 开

　　本书共 4 部分：国际无线电报公约、普通
规则、附加规则、新增。

　　收藏单位：上海馆、浙江馆

12287

国际无线电新公约手册 　范凤源译

上海：范凤源电化实验室，1946.12，142 页，
32 开

　　本书内容包括：拍发船舶电报前之注意、
特种电报、其它规定等。封面题名：无线电新
公约。

　　收藏单位：南京馆

12288

国际无线电新公约手册 　范凤源译

上海：中国无线电工程学校，1947，26+142
页，32 开

　　收藏单位：甘肃馆、黑龙江馆、内蒙古馆

12289

国际邮约 　冯农编

军事委员会军事交通研究所，1929，46+102
页，16 开

　　本书共 5 部分：邮约之性质、邮约之功
用、邮约沿革与我国之加入邮约、国际邮约
之种类、国际邮约内容之概要。附伦敦国际
邮政公约、国际邮政汇兑协定、国际邮政互
换包裹协定等。

　　收藏单位：国家馆

12290

国际邮政包裹协定 　中华民国国民政府外交
部编

外文题名：Parcel post agreement, Cairo, 1934

中华民国国民政府外交部，1937.1，137+219
页，16 开

　　本书为汉英法对照。收录 1934 年在开罗
签订的国际邮政包裹协定及其最后议定书、
施行细则，航空运寄包裹之规定及其最后议
定书，批准文件。

　　收藏单位：重庆馆、国家馆

12291

国际邮政包裹协定 　中华民国国民政府外交
部编

中华民国国民政府外交部，[1947]，10+50
页，16 开

本书收录 1947 年在巴黎签订的国际邮政包裹协定及其最后议定书、施行细则。

收藏单位：国家馆、吉林馆、南京馆

12292

国际邮政保险信函及箱匣协定 中华民国国民政府外交部编

外文题名：Agreement concerning insured letters and boxes, Cairo, 1934

中华民国国民政府外交部，1937.1，81+63 页，16 开

本书为汉英法对照。收录 1934 年在开罗签订的国际邮政保险信函及箱匣协定及其最后议定书、施行细则、批准文件。

收藏单位：重庆馆、国家馆

12293

国际邮政公约 中华民国国民政府外交部编

外文题名：Universal postal convention, Cairo, 1934

中华民国国民政府外交部，1937.1，190+311 页，16 开

本书为汉英法对照。收录 1934 年在开罗签订的国际邮政公约全文及其最后议定书、施行细则，航空运寄信函邮件之规定及其最后议定书，批准文件。

收藏单位：重庆馆、国家馆

12294

国际邮政公约 [中华民国国民政府外交部编]

[中华民国国民政府外交部]，[1947]，14+86 页，16 开

本书收录 1947 年 7 月在巴黎签订的国际邮政公约全文及其最后议定书、施行细则，运寄航空函件规则及其最后议定书。

收藏单位：国家馆、河南馆、南京馆

12295

国际邮政汇兑协定 中华民国国民政府外交部编

外文题名：Agreement concerning money orders, Cario, 1934

中华民国国民政府外交部，1937.1，100+169 页，16 开

本书为汉英法对照。收录 1934 年在开罗签订的国际邮政汇兑协定、国际邮政汇兑协定施行细则、国际邮政旅行支票之附录、批准文件。

收藏单位：重庆馆、国家馆、上海馆

12296

国际邮政汇兑协定 [中华民国国民政府外交部编]

[中华民国国民政府外交部]，[1947]，28 页，16 开

本书收录 1947 年 7 月 5 日在巴黎签订的国际邮政汇兑协定、国际邮政汇兑协定施行细则、国际邮政旅行支票之开发。

收藏单位：国家馆、南京馆

12297

国际邮政汇兑协约

出版者不详，[1920—1949]，[29] 页，18 开，环筒页装

本书收录 1920 年在马德里签订的国际邮政汇兑协约、国际邮政汇兑协约施行详细规则。

12298

国内长途电话值机规则 [交通部编]

交通部，1939，248 页，36 开

本书共 7 章，内容包括：总则、长途用语、双方记录、单方记录、接转记录接续等。

收藏单位：重庆馆

12299

国内长途电话值机规则

出版者不详，[1911—1949]，214 页，36 开

收藏单位：广东馆

12300

国内电报价目表 [交通部编]

交通部，[1935]，14 页，32 开

本书共 7 部分：电报价目、华文电报减费办法、译费、外线经转电报价目、各项特别

业务附加费价目、纳费公电价目、查阅或录送电底费价目。附香港电报价目表、澳门电报价目表。自1935年9月1日起实行。

收藏单位：国家馆

12301
国内电报统计图表（民国二年度、八至十年度） 交通部电政司编
交通部电政司，1923.2—1924.4，4册（38+[96]+[100]+[100]页），16开

本书为汉英对照。

收藏单位：首都馆

12302
国内航空邮务发展史 金德章编著
南京：现代邮政月刊社，1948，83页，32开（现代邮政丛刊2）

本书共11章，内容包括：中国航空公司、历年来国内航线之兴革、两次邮航会议之经过等。

收藏单位：重庆馆、广东馆

12303
国内交际电报业务规章汇编 交通部电信总局编
交通部电信总局，1948，50页，32开

收藏单位：广东馆

12304
国内交际夜信电报规章 重庆电信局编
重庆电信局，[1948]，24页，32开

本书收录国内交际电报规则、交际电报附赠礼卷办法、交际电报现成辞句、国内夜信电报办法等。

收藏单位：重庆馆

12305
国音电报暂行规则
出版者不详，[1911—1949]，[7]页，32开

12306
国邮要目 党恩来编
重庆：业余集邮社，1943，1册，横50开

本书内容包括：各类正常邮票、限地方贴用邮票、特种邮票等。

收藏单位：重庆馆

12307
杭州市电话号簿 浙江省电话局编
浙江省电话局，1933.1，[258]页，16开

收藏单位：国家馆

12308
杭州市邮件投递分区地名一览表 浙江邮政管理局编
浙江邮政管理局，1948，48页，50开

收藏单位：浙江馆

12309
河南省电话管理局要览 河南省电话管理局编
河南省电话管理局，1934.4，[90]页，16开

本书内容包括：沿革、法规、专载、二十二年工作报告、业务、统计、计画、公牍等。

收藏单位：国家馆、河南馆、上海馆

12310
河南省电话管理局用户号簿 河南省电话管理局编
河南省电话管理局，[1934]，[64]页，16开
河南省电话管理局，[1935]，[42]页，16开

收藏单位：国家馆

12311
河南省电话管理局职员录
河南省电话管理局，1936，[4]页，13开，环筒页装

收藏单位：国家馆

12312
河南省电话管理总局用户号簿 河南省电话管理总局编
河南省电话管理总局，[1911—1949]，[37]页，横16开

收藏单位：国家馆

12313

湖北邮区通汇邮政代办所一览表 湖北邮政管理局编

湖北邮政管理局，1946，12 页，36 开

　　本书收录各汇兑局名和所辖代办所名称。

　　　收藏单位：重庆馆

12314

湖南省长途电话工程处职员录

[湖南省长途电话工程处]，1936，油印本，4 页，10 开，环筒页装

　　　收藏单位：国家馆

12315

湖南邮区办理小款汇票之邮政代办所一览表 湖南邮政管理局编

湖南邮政管理局，1946，15 页，36 开，环筒页装

　　本书收录邮政代办小款汇票应注意事项及各汇兑局名和所辖代办所名称。

　　　收藏单位：重庆馆

12316

华府无线电会议及我国之电政前途观 李郁著

北京：行健庐，1928.5，124 页，16 开

　　本书共 6 编。第 1—4 编记述世界电气通信协会（原"万国无线电报公会"）召开的历届国际无线电报会议概况及该届华盛顿会议议程、重要议案等，第 5 编专论我国应负之国际责任及我国电政事业的发展问题，第 6 编为著者赴美途中见闻、参观小记、会议杂感等。

　　　收藏单位：国家馆、浙江馆

12317

吉林电话局用户号簿 吉林电话局编

吉林电话局，1928.12，[47] 页，16 开

　　本书内容包括：电话用法、本局特别启事、电话租用章程（附赔偿价目表、电话费用价目表、长途通话价目表）等。

　　　收藏单位：国家馆

12318

济南电话公司电话号簿 济南电话公司编

济南电话公司，1925，[153] 页，18 开

济南电话公司，1929，[106] 页，18 开

济南电话公司，1934，[158] 页，18 开

济南电话公司，1935，158 页，18 开

济南电话公司，1936，162 页，18 开

　　　收藏单位：国家馆、内蒙古馆

12319

济南电话公司用户号簿 济南电话公司庶务股编

济南电话公司，1928.1，[36]+62 页，16 开

　　本书内容包括：电话用法、特别启事、电话租用章程、军界电话号数、洛口用户号数等。

　　　收藏单位：国家馆

12320

济南电话号簿 交通部济南电信局编

交通部济南电信局，1947，[78] 页，16 开

　　　收藏单位：国家馆

12321

冀鲁晋察绥电信交通接收两周年纪念册 [陈鎏编]

[第七区电信管理局]，1947.10，44 页，16 开

　　本书共两编。上编共 4 章：接收前伪华北电信电话股份公司情形、接收经过情形、接收后整理情形、将来设施计画；下编共两章：全区工作概况、接收归绥省府电话局情形。附第七区电信管理局组织系统、直辖各电信局组织系统、北平电信局工作概况。

　　　收藏单位：国家馆、南京馆、首都馆

12322

甲戌邮票会第一届邮展目录 甲戌邮票会编

甲戌邮票会，1937，36 页，16 开

　　本书收录甲戌邮票会委员及候补委员名录等。

　　　收藏单位：重庆馆

12323

建设委员会办理国营无线电事业之经过　建设委员会无线电管理处编

建设委员会无线电管理处，[1929]，[198] 页，18 开

本书共 14 章，内容包括：创办、施政大纲、办理国内通讯事宜、办理国际通讯事宜、办理船舶通讯事宜、制造事项等。书前有插图。附国际无线电台购机合同、中美无线电报务合同、国内无线电报价目表等。所涉时间为 1928 年 6 月至 1929 年 7 月。

收藏单位：广东馆、国家馆、上海馆、天津馆、浙江馆

12324

建设委员会无线电管理处处务报告（第 4 期）　建设委员会无线电管理处编

建设委员会无线电管理处，1929.6，68 页，25 开

12325

江苏省省办电气事业进行概况　江苏省建设厅编

江苏省建设厅，[1933]，2 页，16 开

本书共 3 部分：长途电话、自动电话、无线电台。

收藏单位：上海馆

12326

江西省电务局业务概况图表　江西省电务局统计室编制

南昌：中国兴业出版公司印刷厂，1947.1，10 页，16 开

本书共 10 部分，内容包括：绪言、江西省电务局无线电台分布及联络图、江西省电务局电话线路图、江西省电务局南昌市内电话图、完成江西电讯网沿革表等。

收藏单位：重庆馆、国家馆、南京馆

12327

江西省通讯概况　江西省政府建设厅编

江西省政府建设厅，1938.6，40 页，22 开（经济建设丛书 6）

江西省政府建设厅，1941，修正版，40 页，25 开（经济建设丛书 6）

本书共 4 部分：邮政、有线电报、无线电报、有线电话。

收藏单位：重庆馆、广东馆、国家馆、江西馆

12328

江西邮区办理小款汇票之邮政代办所一览表　江西邮政管理局编

江西邮政管理局，1947，20 页，36 开

本书收录各汇兑局名和所辖代办所名称。

收藏单位：重庆馆

12329

交通部报务员章程　交通部编

[西安]：中国文化服务社陕西分社，1942.3，31 页，32 开

本书共 10 章：总则、任用、薪给、考绩、奖励、惩戒、请假、川旅、恤养、附则。书前有电务技术、报务员章程施行须知。

收藏单位：国家馆

12330

交通部北平电话局号簿（民国二十四年份）　[交通部北平电话局编]

交通部北平电话局，[1935]，245+71 页，16 开

本书共 19 部分，内容包括：本局营业章程、交通部电话局公用电话营业通则、市内电话收发电报办法、电话用法、分画部检字表、分画部、分类部等。

收藏单位：国家馆

12331

交通部北平电信局北平电话号簿（中华民国三十六年度）　[交通部北平电信局编]

交通部北平电信局，[1947]，234 页，16 开

本书共 9 部分，内容包括：本局营业处表、本局业务电话、通告、营业规章、检字表、用户分画部等。

收藏单位：国家馆

12332

交通部北平电信局电话追加号簿（三十六年份） 交通部北平电信局编

交通部北平电信局，1947，37 页，16 开

收藏单位：国家馆

12333

交通部蚌埠电报局蚌埠电话号簿（民国二十五年春季） 交通部蚌埠电报局编

交通部蚌埠电报局，[1936]，86 页，16 开

本书内容包括：急用电话、局用电话、市内电话营业通则、市内电话营业价目表、国内电报营业通则、分画部、分类部、对照部等。

收藏单位：国家馆

12334

交通部长沙电话局号簿 交通部长沙电话局营业股编

交通部长沙电话局，1936.9，[90] 页，16 开

本书共 19 部分，内容包括：急用电话表、局用电话表、公用电话表、交通部市用电话营业通则、机件赔偿价目表等。

收藏单位：国家馆

12335

交通部长沙电信局新厦落成纪念刊

出版者不详，1948，28 页，16 开

收藏单位：广东馆、湖南馆

12336

交通部成都电信局电信便览（三十七年度）

出版者不详，[1948]，[108] 页，16 开

收藏单位：国家馆

12337

交通部重庆电话局电话号码簿 交通部重庆电话局编

交通部重庆电话局，1942.9，74 页，16 开

本书收录紧急电话、业务、工务、电话用法及叫接、电话摘要表、公用电话零售处一览表、市内电话价目表、交通部长途电话等。

收藏单位：国家馆

12338

交通部第六区电信管理局暨所辖专员处及段队站职员录

出版者不详，1946，32 页，16 开

收藏单位：广东馆

12339

交通部第六区电信管理局三十六年度工作概况 交通部第六区电信管理局编

交通部第六区电信管理局，[1947]，86 页，16 开

本书共 8 部分：工务、业务、会计、财务、人事、视察、总务、附录。

收藏单位：广东馆、国家馆

12340

交通部第六区电信管理局职员录

出版者不详，1948，55 页，32 开

收藏单位：广东馆

12341

交通部第六区电信管理局指挥局工业检讨会议专刊 交通部第六区电信管理局指挥局编

交通部第六区电信管理局指挥局，1947.9，30 页，16 开

本书大部分为表。收录该区所辖闽、粤、桂等省电信管理局各项业务统计资料及会议提案等。

收藏单位：广东馆、国家馆

12342

交通部第六区电信局局名簿

出版者不详，[1911—1949]，[68] 页，16 开

收藏单位：广东馆

12343

交通部电报传习所章程 交通部电报传习所编

交通部电报传习所，1923，18 页，22 开

本书共 7 章：总则、班等及学科课程、入学、试验成绩及毕业、退学及除名、学期及

休业、附则。

收藏单位：国家馆

12344

交通部电报局名簿 交通部电政司编

外文题名：Ministry of Communications list of telegraph offices

交通部电政司，1940.5，186 页，32 开

交通部电政司，1947，130 页，32 开

本书收录电报局名首字易检表、电报局名表、罗马字拼音电报局名表、分省电报局名表。

收藏单位：重庆馆、广东馆、广西馆、国家馆、吉林馆、南京馆

12345

交通部电信总局电信人员北平训练所一九四七年同学录

北平电训所，[1948]，1 册，16 开

本书内容包括：毕业纪念合影、生活照片、年刊委员会组织、全体同学师长及职员通讯处、文艺等。

收藏单位：国家馆

12346

交通部电信总局电信人员上海训练所毕业纪念刊（民国三十六年复兴第一届） 交通部电信总局电信人员上海训练所编

交通部电信总局电信人员上海训练所，[1940—1949]，22 页，16 开

本书收录该所校史、组织大纲、复兴一年大事记、教职员名录、毕业学员名录等资料。

收藏单位：广东馆

12347

交通部电信总局印刷品号码

出版者不详，[1911—1949]，1 册，16 开

收藏单位：广东馆

12348

交通部电政会议报告集 交通部电政会议秘书处编

交通部电政会议秘书处，1941.11，84 页，32 开

收藏单位：南京馆

12349

交通部电政机关机线务佐章程 湖南电政管理局 [编]

湖南电政管理局，1942，22 页，32 开

收藏单位：广东馆

12350

交通部电政同人公益会规章汇编 交通部电政同人公益会编

交通部电政同人公益会，1934，27 页，32 开

本书共 10 章，内容包括：总则、会员、会务、组织及职权、会员之义务及权利、选举、会议等。

收藏单位：国家馆

12351

交通部电政债务史 交通部电政司编

上海：正中书局，1936，324 页，25 开

本书共 3 编：清理旧债、新订债款、结论。收录清偿建设国际无线电台借款、清理日商中日实业公司债务、建设京沪长途电话专线工程押款等。附有关交通部借款、垫款的合同、协定等 36 件。

收藏单位：北师大馆、国家馆、湖南馆、浙江馆

12352

交通部规定国音电报汇编（甲种） 交通部拼音电报研究会编

交通部拼音电报研究会，[1911—1949]，424 页，32 开

收藏单位：广东馆

12353

交通部国际电台 交通部国际电台编

交通部国际电台，[1934.6]，19 页，23 开

本书介绍该台对国外直达通报线路及建台五年中的业务发展概况。

收藏单位：国家馆

12354

交通部国际电台回沪复业一周年 交通部国际电台编

交通部国际电台，1946.9，16 页，32 开

本书介绍抗战前后国际电台概况、胜利后上海国际通讯状况与改进计划等。附交通部上海海岸无线电台概况。

12355

交通部国际电台回沪复业贰周年 [交通部国际电台编]

[交通部国际电台]，[1947]，1 册，32 开

收藏单位：上海馆

12356

交通部国际电台统计概要（民国二十至二十三年份） 交通部国际电台编

交通部国际电台，1932.6—1935.7，4 册（[64]+[73]+82+179 页），16 开

本书全部为图表。统计各年工务、业务、事务、机务等概况。

收藏单位：国家馆、华东师大馆、上海馆

12357

交通部国际电台中英直达电路开幕纪念册 交通部国际电信局编

交通部国际电信局，[1930—1939]，[90] 页，16 开

本书收录《国际电台建设回溯》（温毓庆）、《国际电台三年来扩充线路及改进收发报速率》等。附温毓庆的英文译稿。

收藏单位：国家馆

12358

交通部杭州电信局电话号簿 交通部杭州电信局编

交通部杭州电信局，1946.12，[132] 页，16 开

收藏单位：国家馆

12359

交通部江都电话局民国二十四年电话号簿 交通部江都电话局编

扬州：业勤文化社，1935 印，[46] 页，16 开

本书收录急用电话表、本局启事、局用电话表、电话营业章程、用户分类索引、号码检查对照表等。

收藏单位：国家馆

12360

交通部昆明国际无线电支台概况 赵德民调查 国民经济研究所纂辑

国民经济研究所，1940，油印本，6 页，16 开，环筒页装

本书共 8 部分：成立经过、组织、职工人数、设备、国际无线电报之分类、通报地点、无线电报价目、本支台收支概况。

收藏单位：国家馆

12361

交通部南昌电话局电话号簿 交通部南昌电话局编

交通部南昌电话局，1934，1 册，16 开

本书内容包括：收发电报常识、紧急电话号码、本局营业章程、检字表、电话号码表等。

收藏单位：国家馆

12362

交通部南京电话局用户号簿 交通部南京电话局编

交通部南京电话局，1929.4，[138] 页，16 开

收藏单位：国家馆

12363

交通部南京电信局市内电话号码簿（民国三十六年度） [交通部南京电信局编]

交通部南京电信局，[1947]，178 页，16 开

本书共 4 部分：紧要指南、电话号码、一般事项、章则及价目。

收藏单位：国家馆

12364

交通部南京电信局手册 交通部南京电信局编

交通部南京电信局，1947，218 页，72 开，

精装

本书为客户使用手册,介绍南京电信局业务项目,并载有南京市电话号码。

收藏单位:国家馆

12365

交通部青岛电话局号簿 [交通部青岛电话局编]

交通部青岛电话局,1933.1,[309] 页,23 开

[交通部青岛电话局],1935,212 页,16 开

交通部青岛电话局,1936.1,206 页,16 开

本书收录急用电话表、局用电话、电话营业章程、中文用户检字表、日文用户检字表等。

收藏单位:国家馆

12366

交通部青岛电话局职员录 交通部青岛电话局编

交通部青岛电话局,1935,7 页,22 开,环筒页装

收藏单位:国家馆

12367

交通部青岛电信局便览(三十五年度) 交通部青岛电话局编

交通部青岛电话局,[1946],180 页,16 开

收藏单位:国家馆

12368

交通部青岛电信局电信便览(电话用户异动册 第 1—2 期) 交通部青岛电话局编

交通部青岛电话局,[1947],15+23 页,16 开

本书所涉时间为 1946 年 10 月至 1947 年 5 月。

收藏单位:国家馆

12369

交通部清苑电话局号簿(二十四年份) 交通部清苑电话局编

交通部清苑电话局,[1935],30 页,16 开

本书收录电话用法、本局营业章程、交通部长途电话营业通则、市内电话收发电报

办法、用户分画部、用户分类部等。

收藏单位:国家馆

12370

交通部全国民有电气事业统计图表(民国十三年) 交通部电政司编

[交通部电政司],1926,1 册

本书收录电灯、电话的统计图、统计表。

收藏单位:近代史所

12371

交通部山西电政管理局职员录

山西电政管理局,[1911—1949],1 册,10 开,环筒页装

收藏单位:国家馆

12372

交通部陕西电政管理局长安电话号簿 交通部陕西电政管理局编

交通部陕西电政管理局,1936.7,[124] 页,16 开

本书共 27 部分,内容包括:局用电话表、公用电话表、交通部长安市内电话营业章程、交通部长途电话营业通则、国内电报营业通则、分画部、分类部等。

收藏单位:国家馆

12373

交通部上海电话局春季电话簿 交通部上海电话局编

交通部上海电话局,1935,1 册,16 开

本书内容包括:紧急电话、问事及修理、装设电话章程、电话用法、本局各区电话通话方法、长途电话、公用电话、检字表等。

收藏单位:国家馆

12374

交通部上海电话局秋季电话号簿 交通部上海电话局编

交通部上海电话局,1933,[124] 页,16 开

交通部上海电话局,1936,1 册,16 开

本书内容包括:急用电话、问事及修理、电话用法、本局各区电话通话方法、市内电

话、长途电话、国际电话、公用电话等。

收藏单位：国家馆

12375

交通部上海电话局业务概况（民国二十二至二十四年度） 交通部上海电话局编

交通部上海电话局，[1934—1936]，3 册（132+144+92 页），16 开

本书共 4 部分：插图、记述、工务、事务。

收藏单位：贵州馆、国家馆、河南馆、湖南馆、华东师大馆、江西馆、南京馆、上海馆、浙江馆

12376

交通部上海电话局用户电话号簿 交通部上海电话局编

交通部上海电话局，1932，[188] 页，16 开

收藏单位：国家馆

12377

交通部上海电信局复兴二周年纪念刊 交通部上海电信局编

交通部上海电信局，1947，23 页，16 开

本书内容包括：两年来的上海电信局、本局同人福利会概况、本局各部份组织概述、职工名录等。

收藏单位：上海馆

12378

交通部上海电信局工作概况（三十五至三十六年度） [交通部上海电信局编]

[交通部上海电信局]，[1946—1948]，2 册（28+31 页），16 开

收藏单位：广东馆、南京馆、陕西馆、上海馆

12379

交通部上海无线电总台事务员同益会一周年纪念刊 陆仲陶等编

出版者不详，[1911—1949]，1 册，32 开

收藏单位：南京馆

12380

交通部沈阳电信局电话号簿 沈阳电信局编

沈阳电信局，1947.12，[135] 页，16 开

收藏单位：国家馆

12381

交通部首都电话局号簿（上期 民国二十三至二十五年） 交通部首都电话局编

交通部首都电话局，[1934—1936]，3 册，16 开

收藏单位：国家馆

12382

交通部首都电话局用户号簿 交通部首都电话局编

交通部首都电话局，1932，[377] 页，横 16 开

交通部首都电话局，1933.8，[390] 页，16 开

交通部首都电话局，1936，[264] 页，16 开

交通部首都电话局，1937，178 页，16 开

收藏单位：国家馆

12383

交通部首都电话局职员录 交通部首都电话局文书股编

交通部首都电话局文书股，1934，10 页，22 开，环筒页装

收藏单位：国家馆

12384

交通部苏州电话局号簿 苏州电话局编

苏州电话局，1924.1，[136] 页，16 开

苏州电话局，[1934]，116 页，16 开

收藏单位：国家馆

12385

交通部苏州电话局用户电话号码簿 苏州电话局编

苏州电话局，1929，1 册，16 开

苏州电话局，1930.1，[139] 页，16 开

收藏单位：国家馆

12386

交通部所管邮政题名录

外文题名：Postal service list

邮政总局所属上海供应股，1914，174 页，18 开

邮政总局所属上海供应股，1918，7 版，115 页，18 开

邮政总局所属上海供应股，1920，10 版，130+ 150 页，16 开

邮政总局所属上海供应股，1921，11 版，181 页，18 开

邮政总局所属上海供应股，1924，14 版，181 页，18 开

邮政总局所属上海供应股，1925，15 版，210 页，18 开

邮政总局所属上海供应股，1926，16 版，210 页，18 开

邮政总局所属上海供应股，1927，17 版，181 页，18 开

　　本书为汉英对照。收录各地各级邮政人员名录。

　　收藏单位：重庆馆、广东馆、国家馆、黑龙江馆

12387

交通部台北电信局电话号码簿　交通部台北电信局编

交通部台北电信局，1946.12，73 页，16 开

交通部台北电信局，1948.3，[185] 页，16 开

　　收藏单位：国家馆

12388

交通部台北电信局三十七年工作概况　交通部台北电信局编

交通部台北电信局，1949，1 册，16 开

　　收藏单位：广东馆

12389

交通部台湾邮电管理局三十五年度工作总报告　交通部台湾邮电管理局编

交通部台湾邮电管理局，1947.5，12+147 页，25 开

　　本书概述总务、邮政、电信、储汇、人事、财务、会计、福利各项工作情况。附台北长途电话交换机现有设备表、台北电信局有无线电路概况表。

　　收藏单位：广东馆、国家馆、南京馆

12390

交通部天津电报局　天津电报局编

天津电报局，1935，30 页，22 开

　　本书内容包括：弁言、天津电报局沿革史略、津局通各处线条数目及调度情形等。

　　收藏单位：国家馆

12391

交通部天津电话局工务年鉴（民国二十四、二十五年）　交通部天津电话局编

交通部天津电话局，[1937]，2 册（98+186 页），16 开

　　本书内容包括：专记、分类记事、专案工程表、经常工程表、机线资产表、材料统计、电力消耗表、收发文统计等。

　　收藏单位：国家馆

12392

交通部天津电话局号簿（民国二十四至二十五年）　交通部天津电话局编

交通部天津电话局，[1935—1936]，2 册（[425]+ 340 页），16 开

　　本书内容包括：局用电话、通告、交通部天津电话局营业章程、自动电话价目表、人工电话价目标、用户分画部检字表、罗马字拼音检字表、用户分画部、用户分类部等。

书脊题名：天津电话局号簿。

　　收藏单位：国家馆

12393

交通部天津电话局要览　交通部天津电话局编

交通部天津电话局，1929.12，108 页，16 开

　　收藏单位：国家馆

12394

交通部天津电信局电话号簿（中华民国三十七年度）　交通部天津电信局编

交通部天津电信局，[1948]，30+202 页，16 开

本书共 4 部分：一般事项、电话业务、电报业务、电话号码。

收藏单位：国家馆、天津馆

12395

交通部天津电信局电信便览   交通部天津电信局编

交通部天津电信局，[1947]，234 页，16 开

收藏单位：国家馆

12396

交通部天津电信局两年来服务概况

[交通部天津电信局]，1947，1 册，25 开

收藏单位：广东馆

12397

交通部芜湖电话局号码簿   交通部芜湖电话局编

交通部芜湖电话局，1933.12，[45] 页，16 开

收藏单位：国家馆

12398

交通部武汉电话局号簿   交通部武汉电话局编

交通部武汉电话局，1929.7，[152] 页，横 16 开

交通部武汉电话局，1932.8，[136] 页，横 16 开

交通部武汉电话局，1934.1，[278] 页，横 16 开

收藏单位：国家馆

12399

交通部武汉电信局复局二周年纪念刊   交通部武汉电信局编

[交通部武汉电信局]，1948.2，26 页，16 开

收藏单位：南京馆

12400

交通部武汉电信局市内电话号码簿   交通部武汉电信局编

交通部武汉电信局，1947，[50] 页，16 开

交通部武汉电信局，1948，134 页，16 开

收藏单位：国家馆

12401

交通部新闻电报章程   交通部编

交通部，[1922]，6+6 页，22 开

本章程为汉英对照。自 1922 年 1 月 1 日起实行。

收藏单位：国家馆

12402

交通部修改及补充电政会计制度法令汇刊   广东电政管理局编

广东电政管理局，1936.5，40 页，16 开

12403

交通部烟台电话局电话号簿   交通部烟台电话局编

交通部烟台电话局，1933.10，1 册，16 开

交通部烟台电话局，1935，1 册，16 开

交通部烟台电话局，1936，74 页，16 开

收藏单位：国家馆

12404

交通部烟台电话局员工录

交通部烟台电话局，1936.5，油印本，7 页，22 开，环筒页装

收藏单位：国家馆

12405

交通部阳曲电话局号簿（民国二十四年份）

交通部阳曲电话局编

交通部阳曲电话局，1935，20+10 页，16 开

本书共 13 部分，内容包括：交通部市内电话营业通则、长途电话价目表、电话号码代替收报人住址办法、本局收取月租办法、电话用法、分划部检字表、分划部等。

收藏单位：国家馆

12406

交通部邮电储金暂行规则

[交通部]，[1911—1949]，8 页，16 开

收藏单位：国家馆

12407
交通部邮电员工制服图式 交通部制订
[交通部]，[1935]，6 页，16 开
收藏单位：广东馆、国家馆、湖南馆、南京馆、天津馆

12408
交通部邮政储金汇业总局暨分局职员录 交通部邮政储金汇业总局总务处编
交通部邮政储金汇业总局总务处，1935.4，26页，24 开，环筒页装

12409
交通部邮政局与财政部印刷局订立承印邮票合同
出版者不详，[1915—1919]，[12] 页，18 开
收藏单位：国家馆

12410
交通部邮政职员录 交通部邮政总局编
交通部邮政总局，1929，18 版，238 页，18 开
交通部邮政总局，1930.6，19 版，223 页，24开
交通部邮政总局，1932，21 版，223 页，18 开
交通部邮政总局，1936，22 版，2 册（223+446页），24 开
本书收录部长、常务次长、邮务长、外籍邮务员、邮务员、邮务佐等人名录。
收藏单位：重庆馆、广东馆、国家馆、上海馆、首都馆

12411
交通部邮政总局通令汇编 交通部邮政总局编
交通部邮政总局，[1949]，7 册，22 开
本书所涉时间为 1947—1949 年。
收藏单位：广东馆

12412
交通部邮政总局职员录 交通部邮政总局编
交通部邮政总局，1934，24 页，22 开

交通部邮政总局，1935.1，26 页，22 开
本书收录该局视察室、秘书室、总务处、会计处、供应处等机构全体职员录。
收藏单位：国家馆

12413
交通部邮政总局职员录 交通部邮政总局考绩处编
交通部邮政总局考绩处，1943，15 页，32 开，环筒页装
本书收录该局秘书室、总务室、收发课、缮校课等机构职员名录。
收藏单位：重庆馆

12414
交通部云南电政管理局概况 赵德民调查
出版者不详，1940，油印本，12 页，18 开，环筒页装
本书共 8 部分，内容包括：沿革、各分局开办时期、电报分类及价目、廿八年本局来去转电次数统计、员工统计等。
收藏单位：国家馆

12415
交通部镇江电报局电话用户号簿 交通部镇江电报局编
交通部镇江电报局，1936，162 页，16 开
交通部镇江电报局，1937，130 页，16 开
本书内容包括：镇江电报局局用电话表、交通部市内电话营业通则、用户分期缴纳保证金及预缴租费办法、市内电话收发电报办法、公用电话一览表、用户分画部、分类部等。
收藏单位：国家馆

12416
交通部镇江电话局号码簿 交通部镇江电话局编
交通部镇江电话局，1933，[60] 页，横 16 开
交通部镇江电话局，1934，[60] 页，16 开
收藏单位：国家馆

12417

交通部直辖电报局机务规则 交通部编

交通部，[1911—1949]，60+58 页，22 开

　　本书为汉英对照。共 45 条，内容包括：值报主旨、接替班务、机器管理、电码符号、电报类别、电报目次、公务通讯等。

　　收藏单位：国家馆

12418

交通部直辖上海电话局用户电话号簿 交通部直辖上海电话局编

交通部直辖上海电话局，1926.1，13+61 页，16 开

　　收藏单位：国家馆

12419

交通史电政编 交通部交通史编纂委员会铁道部交通史编纂委员会编辑

交通部总务司，1936.11，3 册（[27]+760+[202]+[670] 页），16 开

　　本书共 6 章：总务、有线电、电话、无线电、涉外事项、电气事业。所收资料自清光绪五年有电政起至国民政府成立止。

　　收藏单位：安徽馆、广东馆、国家馆、湖南馆、南京馆、上海馆、中科图

12420

交通史邮政编 交通部交通史编纂委员会铁道部交通史编纂委员会编辑

交通部交通史编纂委员会、铁道部交通史编纂委员会，1930，4 册（16+18+1648 页），18 开

　　本书共 5 章：总务、业务、邮政储金、财政、涉外事项。附中西文对照表、参考书一览表。所收资料自 1876 年起至国民政府成立前止。

　　收藏单位：重庆馆、东北师大馆、甘肃馆、广东馆、广西馆、国家馆、河南馆、黑龙江馆、近代史所、南京馆、山西馆、上海馆、武大馆、浙江馆、中科图

12421

胶澳商埠电话局电话号簿 胶澳商埠电话局营业科编

青岛：胶澳商埠电话局，1926，13+176 页，21 开

青岛：胶澳商埠电话局，1928，[192] 页，21 开

青岛：胶澳商埠电话局，1929，[200] 页，21 开

　　收藏单位：国家馆

12422

解放后的人民邮政 天津市军事管制委员会交通接管处邮政管理局编

天津市军事管制委员会交通接管处邮政管理局，1949.5，50 页，32 开

　　本书介绍 1949 年 1 月 15 日天津市解放以后的邮政概况。内容包括：业务恢复和开展的情况、我们是怎样进行学习的、邮政职工新的劳动姿态剪影等。

　　收藏单位：国家馆

12423

今日邮政 行政院新闻局编

行政院新闻局，1947，24 页，32 开

　　本书共 5 部分：邮政简史、邮政业务概况、邮政经济、公众服务、结语。

　　收藏单位：安徽馆、长春馆、重庆馆、大庆馆、广东馆、广西馆、贵州馆、国家馆、湖南馆、吉林馆、江西馆、近代史所、辽宁馆、南京馆、陕西馆、上海馆、首都馆、天津馆、浙江馆、中科图

12424

晋冀鲁豫边区邮寄章程 晋冀鲁豫边区政府颁布

晋冀鲁豫边区邮务管理总局，1946.3，修订版，38 页，32 开

　　收藏单位：国家馆

12425

九江电报局电话号码簿

九江电报局，1937.6，石印本，1 册，22 开

　　收藏单位：国家馆

12426

开罗国际邮政包裹协定 国际联邮会编

[国际联邮会]，[1934]，88页，16开

本书收录1934年3月20日在开罗签订的国际邮政包裹协定、国际邮政包裹协定最终协议书、国际邮政包裹协定施行细则、航空运寄包裹之规定、航空运寄包裹之规定最后协定书。

收藏单位：广东馆、湖南馆、吉林馆、上海馆、中科图

12427
开罗国际邮政保险信函及箱匣协定 国际联邮会编
国际联邮会，[1934]，40页，16开

本书收录国际邮政保险信函及箱匣协定、国际邮政保险信函及箱匣协定最后议定书、国际邮政保险信函及箱匣协定施行细则。

收藏单位：广东馆、湖南馆、上海馆、中科图

12428
开罗国际邮政公约 国际联邮会编
国际联邮会，[1934]，140页，16开

本书收录1934年3月20日在开罗签订的国际邮政公约、国际邮政公约最后议定书、国际邮政公约施行细则、航空运寄信函邮件规定之最后议定书。

收藏单位：广东馆、湖南馆、上海馆、中科图

12429
开罗国际邮政汇兑协定 国际联邮会编
[国际联邮会]，[1934]，42页，16开

本书收录1934年3月20日在开罗签订的国际邮政汇兑协定、国际邮政汇兑协定施行细则、国际邮政旅行支票之附录。

收藏单位：重庆馆、广东馆、湖南馆、吉林馆、上海馆、中科图

12430
考察广西电讯报告暨改造该省长途电话网计划 赵曾珏编
中国工程师学会广西考察团，[1936]，114页，16开

本书共7部分，内容包括：广西之概观、广西电讯交通之现况、改造广西长途电话之建议、改进其他电信交通之意见等。

收藏单位：桂林馆、国家馆、南京馆、上海馆

12431
昆明市电话号码簿 云南全省电话局营业处编
中国旅行社，1944，70页，32开

收藏单位：国家馆

12432
昆明邮政储金汇业分局第二次业务报告 昆明邮政储金汇业分局编
昆明邮政储金汇业分局，[1944]，28页，23开

本书所涉时间为1943年9月至1944年6月。

收藏单位：重庆馆

12433
兰州电话号码簿 交通部第八区电信管理局编
交通部第八区电信管理局，1947.1，72页，16开

收藏单位：国家馆

12434
黎城乡邮线是怎样组织起来的 太行邮政管理局编
太行邮政管理局，1946.9，油印本，35页，32开

收藏单位：国家馆

12435
沦陷区敌伪电讯统制概况 中央调查统计局特种经济调查处编
中央调查统计局特种经济调查处，1944.9，油印本，10页，18开，环筒页装

本书共两部分：敌伪对于电讯事业之经营、敌伪电讯政策。

收藏单位：国家馆

12436

美国政府发表之中美无线电密约及美国费德拉公司与合众公司之内容

出版者不详，1924，67+70 页，22 开

本书为汉英对照。共 9 部分，内容包括：中美无线电问题之真相、上海方面之舆论、中国政府与加省合众电信公司协定原案、附众议院质问查办各案原文等。

收藏单位：国家馆、辽大馆、上海馆

12437

民国元年份至七年度电政收支决算报表 交通部电政司主计科编制

交通部电政司主计科，[1918]，57 页，8 开，精装

本书为汉英对照。

收藏单位：国家馆

12438

南京地名分区编号一览表 江苏邮政管理局编

江苏邮政管理局，1947.3，70 页，32 开

本书按路、港、里、桥、村等分类，在地名下注相关的投递区号，供邮件投递工作用。

收藏单位：国家馆、吉林馆、南京馆

12439

南京电话号簿 交通部南京电话局编

交通部南京电话局，[1926.4]，[76] 页，18 开

本书附下关电话分局、浦口电话分局。

收藏单位：国家馆

12440

南京电信局与中央广播电台 江南问题研究会编

江南问题研究会，1949.3，16 页，32 开（南京调查资料 公用事业篇 2）

本书共 3 部分：伪南京电信局、伪南京第二区电信管理局、伪中央广播电台。附南京各电台一览表。

收藏单位：国家馆、人大馆

12441

南宁电话簿 广西电话局编

南宁：广西印务局，1934.1，62 页，32 开

收藏单位：国家馆

12442

南宁自动电话簿 [广西电话管理局编]

南宁：广西印刷厂，1935 印，[54] 页，32 开

本书收录广西电话管理局南宁市自动电话用法、简章、号码编订法，南宁市自动电话分画、分类检号索引，南宁市自动电话分画、分类检号表等。

收藏单位：国家馆

12443

欧美各国邮政概况 霍锡祥编著

南京：现代邮政月刊社，1948.12，104 页，32 开（现代邮政丛刊 1）

本书介绍英国、美国、法国、比利时、瑞士、荷兰的邮政概况。附罗马来鸿。

收藏单位：安徽馆、重庆馆、国家馆、江西馆、近代史所

12444

拍发国内电报须知 交通部上海电报局编

交通部上海电报局，1935，152 页，50 开

本书内容包括：本局业务概况、收发报处地图、上海电报局各收发处地点及营业时间表、电报价目简明表、电报收发章程问答等。附交际电报规则等。

收藏单位：南京馆、陕西馆、上海馆

12445

番禺县电话专刊 番禺县长途电话所编

番禺县长途电话所，1935.1，1 册，16 开

本书大部分为表。共 5 部分：插图、表册、公牍、征信录、附录。所涉时间为 1933 年 8 月至 1934 年 12 月。

收藏单位：国家馆

12446

平地登云 尤醒行编校

上海：合作印刷社，1936，98 页，32 开

本书为宣传邮政储金救国的小册子。收录致富图强之捷径、邮储普及各国早已收伟效、团体储金举例等。

12447

平湖电话公司号簿 平湖电话公司编

平湖电话公司，1936，[43] 页，16 开

收藏单位：国家馆

12448

青岛市电话号簿（中华民国三十七年度） 交通部青岛电信局编

交通部青岛电信局，1948，270 页，16 开

本书共 5 部分：紧要指南、市区电话号码、沧口李村区电话号码、一般事项、业务章则及价目。

收藏单位：国家馆

12449

请拨退还庚款创设国际通讯机关向国民会议建议书

出版者不详，[1911—1949]，16 页，16 开

本书共 7 节：建议理由、组织概要、设社实施程序、工作计划、预算概要、经费筹集办法、基金之保管及其动用条件。

收藏单位：重庆馆

12450

全国邮务总工会第五次全国代表大会会议记录 全国邮务总工会第五次全国代表大会秘书处编

全国邮务总工会第五次全国代表大会秘书处，[1947—1949]，130 页，32 开

本书收录 1947 年 12 月 6 日于上海举行的该会各次会议记录。

收藏单位：广西馆、上海馆

12451

全国邮运航空实施计划书 周铁鸣著

外文题名：Plan for the operation of China air-mail service

南京：周铁鸣 [发行者]，1930，226 页，16 开

本书为沪蓉、京哈、沪滇、岭平、沪黑五大邮运航空干线设计草案。共 8 部分：总纲、航线图、线路及空港设计、修理工厂、航空教练所、飞机制造厂、航空站及飞机场建筑图案、汽油价目及程式比较。

收藏单位：重庆馆、广东馆、国家馆、南京馆、上海馆、浙江馆

12452

日俄在东北电信事业侵略概况 辽宁省国民外交协会编

辽宁省国民外交协会，1931.4，36 页，16 开

本书概述日、俄侵略我东北电信事业的历史与现状，介绍收回东铁电权经过以及东北地方当局与日俄交涉的一般情况。

12453

三四等报局支局会计说明及实例

交通部，1935，57 页，16 开

12454

山东省建设厅长途电话管理处第二次工作报告 山东省建设厅长途电话管理处编

山东省建设厅长途电话管理处，1935.10，90 页，16 开

本书大部分为图表。收录总务类、工务类、营业类统计数字。所涉时间为 1932—1934 年。

收藏单位：国家馆

12455

山东省建设厅长途电话管理处第一次局长会议记录 山东省建设厅长途电话管理处编

山东省建设厅长途电话管理处，[1933]，84 页，16 开

本书收录会议议决案、演讲词及名录等资料。该会议于 1932 年 4 月 18—22 日召开。

收藏单位：国家馆

12456

山东省建设厅长途电话管理处章则汇编　山东省建设厅编

山东省建设厅，1933.10，1 册，大 16 开，精装

本书共 3 部分：总务类、工务类、营业类。

收藏单位：国家馆、首都馆

12457

山东省、县有长途电话统计图表　山东省建设厅编

山东省建设厅，1934.1，[18] 页，16 开

本书共 8 部分，内容包括：山东省有长途电话一览表、山东省有长途电话线路图、山东各县县有长途电话一览表等。

收藏单位：国家馆

12458

山东省有长途电话志　山东省建设厅电机组编

山东省建设厅编辑股，1935.11，262 页，16 开

本书共 4 部分：图画、总论、山东省有电话工程实施情形、章则。

收藏单位：贵州馆、国家馆

12459

山东邮区办理代办所汇票之邮政代办所一览表　[山东邮政管理局编]

山东邮政管理局，1937，1 册，32 开，折叠装

本书全部为表。收录济南院前大街支局、青岛广西路支局、威海卫城内支局等邮政代办所名录。

收藏单位：重庆馆

12460

山西邮工正义之斗争（新闻剪辑）　邱林生杨铁汉剪辑

正义书局，1947，77 页，16 开

本书收录山西邮局邮务工会反对汉奸曹鉴庭任山西邮政管理局局长的文章及有关记叙。

收藏单位：国家馆

12461

山西邮区办理代办所汇票之邮政代办所一览表　[山西邮政管理局编]

山西邮政管理局，1937，18 页，36 开

本书全部为表。收录大宁午城镇、口泉镇、太谷子洪镇、太原（南）小店镇等邮政代办所名录。

收藏单位：重庆馆

12462

陕西省各区县环境电话历年设施状况调查统计表

出版者不详，1939，晒印本，13 页，横 16 开

收藏单位：国家馆

12463

陕西邮区办理代办所汇票之邮政代办所一览表　陕西邮政管理局编

陕西邮政管理局，1936，13 页，32 开

本书全部为表。收录邮政代办所办理代办所汇票应注意事项，各汇兑局名、所辖代办所名称。

收藏单位：重庆馆

12464

陕西邮区办理小款汇票之邮政代办所一览表　陕西邮政管理局编

陕西邮政管理局，1946，16 页，32 开

本书全部为表。收录邮政代办所办理小款汇票应注意事项，各汇兑局名、所辖代办所名称。

收藏单位：重庆馆

12465

上海电话番号簿

上海电话总局，1943.7，1 册，16 开

收藏单位：上海馆

12466

上海电话公司电话簿　上海电话公司编

上海电话公司，1932，[842] 页，16 开

上海电话公司，1933，[532] 页，16 开

上海电话公司，1936，22+284+88 页，16 开

上海电话公司，1937，20+252+90 页，16 开

上海电话公司，1938，[317] 页，12 开

　　本书内容包括：紧急电话、公用电话、钟点服务、关于服务事件接打公司电话、电话使用法、代答电话服务、长途电话及价目表等。

　　收藏单位：国家馆

12467

上海电话公司电话号码及购买指南（民国二十八年夏季本、三十二年冬季本） 上海电话公司总办事处编

上海电话公司总办事处，[1943]，2 册（[541]+[676] 页），大 16 开

　　收藏单位：国家馆

12468

上海电话公司战后电话服务问题之报告（译文） 欧少甫编

出版者不详，1947.9，20+20 页，22 开

　　收藏单位：上海馆

12469

上海电话号簿及购买指南 [上海电话公司编]

上海电话公司，1947，367+455 页，12 开

上海电话公司，1949，300+418 页，16 开

　　收藏单位：国家馆、上海馆

12470

上海各街所属投递区检查表 上海邮政管理局编

上海邮政管理局，1947.3，1 册，64 开

　　收藏单位：南京馆

12471

上海市内电话交涉纪要 上海市公用局编

上海市公用局，1933.6，石印本，51 页，16 开，环筒页装

　　本书内容包括：绪言、签订电话临时合约、

摄影、通话合同附件译文、公用局对于通话合同期满前之意见、电话临时合约草案大纲等。

　　收藏单位：国家馆

12472

上海邮务工会新厦落成纪念册 孟树修等编辑

[上海]：[上海邮务工会]，1947.3，88 页，16 开

　　本纪念册介绍上海邮务工会工作情况。

　　收藏单位：安徽馆、广东馆、上海馆

12473

盛泽电话公司号簿 盛泽电话公司编

吴江（苏州）：盛泽电话公司，1936.5，[43] 页，22 开

　　收藏单位：国家馆

12474

十年来之江西省营电讯 江西省电务局编

江西省电务局，1948.8，1 册，16 开

　　本书共 10 章，内容包括：题词、照片、前言、组织、业务、电讯事业之展望、员工状况、本局同人纪念文摘述等。

　　收藏单位：广东馆、贵州馆、湖南馆、浙江馆

12475

首都军用电话号码簿 联合勤务总司令部通信署编

联合勤务总司令部通信署，1947.3，134 页，50 开

　　本书收录电话大队所设总机用户号码区分表、国民政府、主席官邸、国防部、联合勤务总司令部、首都卫戍司令部等首都军用电话用户电话号码表。

　　收藏单位：广东馆、国家馆、吉林馆

12476

首届电信纪念日特辑（三十六年十二月廿八日） 交通部电信总局编

交通部电信总局，1947.12，45 页，16 开

本书收录《首届电信纪念日献词》（钱其琛）、《中国电信事业之起源》（郭世鑅）、《吾国境内海底电线之沿革》（华士鉴）、《中国电信事业史话》（张家钰）、《吾国电报机械进步史》（沈保南）等。附六十年来电政大事年表。

收藏单位：安徽馆、重庆馆、广东馆、贵州馆、国家馆、南京馆、首都馆

12477

书邮加价抗议纪略 ［张世鎏编］

上海市书业同业公会，1934，141页，32开

本书内容包括：上海邮政管理局加价通告、上海书业及外埠书业抗议文电、立法院质问结果及舆论一般、学术界抗议文电等。附为书邮加价事书业招待新闻界、对于邮政局之希望、上海邮务工会职工会提出巩固邮基具体方案等。

收藏单位：国家馆、上海馆

12478

属局经办节约建国储蓄券简则　邮政储金汇业局制

邮政储金汇业局，[1911—1949]，14页，32开

本书共两部分：甲种储蓄券、乙种储蓄券。

收藏单位：重庆馆

12479

四年来电话之改良与建设　交通部编

交通部，1931，10页，32开

本书总结1927—1930年电话通信建设工作。内容包括：统一各局组织、改善设备、推广长途电话、争取收回租界电话经营权等项。

收藏单位：广西馆、国家馆、南京馆

12480

四年来无线电之建设　交通部编

交通部，1931，14页，25开

本书简述电信事业发展情况。共7部分，内容包括：筹办短波无线电及成立无线电通信网、规定全国无线电呼号、筹办国际通信大

电台、试办传真电报、设计无线电话等。

收藏单位：广西馆、国家馆、南京馆

12481

四年来邮运航空之建设　交通部编

交通部，[1931]，6页，25开

本书记录1928年交通部开办空邮以来4年间的业务建设。

收藏单位：广西馆、贵州馆、桂林馆、国家馆

12482

四年来邮政与储金　交通部编

交通部，1931，14页，32开

本书记录1927年收回邮权经过及对四年来邮政员工组织、职工待遇、邮票式样、邮区、邮政法规、储汇等各项工作的改进。

收藏单位：重庆馆、广东馆、广西馆、桂林馆、国家馆、南京馆

12483

四年来有线电之整理与建设　交通部编

交通部，[1931]，20页，32开

收藏单位：广西馆、国家馆、吉林馆、上海馆

12484

苏州电话局用户号簿　苏州电话局编

苏州电话局，1926，40+30页，16开

本书共10部分，内容包括：电话租用章程、沪锡长途电话章程、电话用法、电话号码、追加新用户等。

收藏单位：国家馆

12485

苏州五洲邮票社卖品目录　五洲邮票社编

苏州：五洲邮票社，1935，重订版，76页，32开

本书内容包括：本社之略史、紧要通告、邮购章程、特别注意、中外各种邮票目录等。

收藏单位：重庆馆、湖南馆

12486

台湾省电话号码簿　交通部台湾邮电管理局编

交通部台湾邮电管理局，1947.1，[181] 页，16 开

　　　　收藏单位：广东馆、国家馆

12487

太原电话局用户号簿　太原电话局编

太原电话局，1933.4，80 页，36 开

　　　　收藏单位：国家馆

12488

天津电报挂号一览表　交通部电政司编

交通部电政司，1923，20+23 页，18 开

　　本书为汉英对照。共两部分：电报挂号办法摘要、电报挂号住址一览表。

　　　　收藏单位：国家馆

12489

天津电报局业务年鉴（民国二十年）　李季清编

天津电报局业务长室，1931.12，278 页，16 开

　　本书收录该局历史沿革、布置设备、组织机构、业务概况、员工名录、章程规则等资料。内容包括：铜板照相、年鉴内容、图画表单、补白杂载。

　　　　收藏单位：国家馆、吉林馆、近代史所、中科图

12490

天津电话局号簿　[天津电话局编]

[天津电话局]，1931，20+206+10 页，16 开

　　本书内容包括：紧急电话、局用电话、电话租用章程、各种价目表、用户分类目录、用户号数追加页等。

　　　　收藏单位：国家馆

12491

天津电话局用户号簿　天津电话局编

天津电话局，1922.10，1 册，16 开

天津电话局，1925.12，182+46 页，16 开

天津电话局，1927.3，222+50 页，16 开

天津电话局，1929.1，1 册，16 开

天津电话局，1933.1，1 册，16 开

　　本书内容包括：电话用法、电话章程、本局特别启事、安机移机价目表、长途传话价目表等。

　　　　收藏单位：国家馆

12492

通讯报告书　东北科学技术学会编

东北科学技术学会，1945，油印本，104 页，16 开

　　　　收藏单位：广东馆

12493

推行标准信笺信封说明书　交通部邮政总局编

交通部邮政总局，1947.2，15 页，50 开

　　本书内容包括：标准信笺信封之优点、标准信笺信封种类及尺度、标准信笺信封式样及印制使用方法等。

　　　　收藏单位：广西馆、国家馆、南京馆

12494

完成江西全省无线电讯网简报　江西省政府建设厅编

江西省政府建设厅，1942.4，8 页，25 开

　　　　收藏单位：重庆馆

12495

无锡电话公司用户号簿　无锡电话公司编

无锡电话公司，1926，35 页，32 开

无锡电话公司，1932.1，18+47+22 页，横 16 开

　　　　收藏单位：国家馆

12496

无线电公约　建设委员会无线电管理处译　范凤源重编

上海：建华电机材料公司，[1927]，91 页，25 开

　　本书共 4 部分：国际无线电报公约、普通规则、附加规则、新增。

　　　　收藏单位：国家馆

12497

无线电管理权问题 全国电局职工代表团编
全国电局职工代表团，1929.2，12 页，32 开
　　本书共 5 部分，内容包括：有线电与无线电之历史及其现状、有线电与无线电合分之利弊、有线电与无线电应归交通部管理之理由等。
　　收藏单位：国家馆

12498

无线电规则 国际电信联合会辑
上海：科学出版社，1947，264+70 页，32 开
　　本书收录国际电信公约附属无线电规则 47 条、无线电规则附录、附加无线电规则、附加协定书。
　　收藏单位：广东馆、江西馆、南京馆

12499

无线电与中国 王崇植　恽震著
南京：王崇植 [发行者]，1931，185 页，16 开
　　本书共 10 章，内容包括：初期之无线电、欧战中之无线电、近十年来之无线电、中国无线电过去之纠纷、今后中国国内无线电的整理与建设等。附参考书目录、中国全国商用及专用电台调查表、中国全国船舶电台调查表等。
　　收藏单位：广东馆、国家馆、南京馆

12500

吴县电话号簿 交通部吴县电信局编
交通部吴县电信局，1946，[133] 页，16 开
　　本书内容包括：紧急电话表、本局业务电话表、吴县电信局公用电话所在地一览表、检字表、分划部、分类部等。
　　收藏单位：国家馆

12501

吴兴商办电话公司号簿 [吴兴电话公司编]
吴兴电话公司，1936.7，[55] 页，18 开
　　收藏单位：国家馆

12502

武汉电话号簿 交通部武汉电话总局编

交通部武汉电话总局，1936.1，260 页，16 开
交通部武汉电话总局，1937.1，241 页，16 开
交通部武汉电话总局，1938.1，210 页，16 开
　　本书内容包括：急用电话表、局用电话表、市内电话收发电报办法、电话号码代替收报人住址办法、公用电话一览表、用户分画部、用户分类部等。
　　收藏单位：国家馆

12503

武汉电话局用户号簿 武汉电话局编
武汉电话局，1925.1，1 册，16 开
　　本书共 11 部分，内容包括：电话用法、租用电话通则、附加章程、特别启事、挂号费年租费价目表等。
　　收藏单位：国家馆

12504

武进电话公司电话号簿 武进电话公司编
武进电话公司，1936.6，[69] 页，18 开
　　收藏单位：国家馆

12505

西安电话号簿 交通部第一区电信管理局编
交通部第一区电信管理局，1947.7，69 页，16 开
　　收藏单位：国家馆

12506

西川邮区办理小款汇票之局所一览表 西川邮政管理局编
西川邮政管理局，1946，20 页，36 开
　　本书全部为表。收录邮政代办所办理代办所汇票应注意事项，各汇兑局名、所辖代办所名称。
　　收藏单位：重庆馆

12507

西南之电信 中国人民解放军西南服务团研究室编
中国人民解放军西南服务团研究室，1949，74 页，32 开（西南区参考资料 4）
　　本书介绍伪交通部电信总局第四区、第

五区业务状况、电信设备概况。

　　收藏单位：重庆馆

12508

西南之邮政　中国人民解放军西南服务团研究室编

中国人民解放军西南服务团研究室，1949，62 页，32 开（西南区参考资料 3）

　　本书概述西南地区的邮政、邮务、邮路。分区介绍东川邮区、西川邮区、云南邮区、贵州邮区的组织、人事、设备等情况。

　　收藏单位：重庆馆

12509

厦门电话号码簿　[厦门电话公司编]

厦门电话公司，1937，1 册，横 16 开

　　本书收录电话迟延及障碍种类、交通部国内长途电话营业通则、定时通话暂时收费办法、厦门电话股份有限公司租用章程等。

　　收藏单位：国家馆

12510

香港电话有限公司电话用户录　香港电话有限公司编

香港电话有限公司，1938，338 页，16 开

　　本书内容包括：用电话法、安设新电话、迁移电话、退用电话、新界电话分局、长途电话章程、用户名称住址及电话号码录等。

　　收藏单位：国家馆

12511

香港九龙电话号码簿　香港电话有限公司编

香港电话有限公司，1936，300 页，16 开

　　本书内容包括：用电话法、装设电话、新界电话、香港广州长途电话章程、字画检查录等。

　　收藏单位：国家馆

12512

新编邮政要览

上海：邮友出版社，1947，131 页，32 开

　　收藏单位：南京馆、首都馆

12513

新订国际电报计字收费办法　交通部国际电信局编

交通部国际电信局，[1934]，[20] 页，42 开

　　本书为汉英对照。内容包括：明语、暗语、缀字、通例。自 1934 年 1 月 1 日起实行。

　　收藏单位：国家馆

12514

新光邮票会章程　新光邮票会编

上海：新光邮票会，[1940]，修订版，1 册，32 开

　　本书内容包括：新光邮票会会则（二十九年九月理事会常会修订）、新光邮票会拍卖部章程、新光邮票会审查部章程、新光邮票会三十年份职员录等。

　　收藏单位：重庆馆

12515

新中国的无线电建设　建设委员会编

[南京]：建设委员会，[1920—1929]，[30] 页，27 开（建设小丛刊 2）

　　本书共 4 部分：新中国的无线电建设、建设委员会无线电管理处概况、国际电台筹办之经过、无线电浅说。

　　收藏单位：南京馆、天津馆

12516

袖珍电话号码簿　交通部南京电信局编

交通部南京电信局，1946.11，90 页，64 开

12517

徐州市邮电局电话号簿　江苏省徐州市邮电局编

江苏省徐州市邮电局，1949.6，36 页，16 开

　　收藏单位：国家馆

12518

异哉所谓全国电政总局　王之钧著

王之钧 [发行者]，1927，[40] 页，32 开

　　本书为对政府设立全国电政总局之意见。书中题名：一个吃电政饭的小意见供献于革命

的同志们。

12519

英商上海华洋德律风有限公司电话用户名簿
　上海华洋德律风有限公司编
上海华洋德律风有限公司，1928.4，订正本，
18+400+58 页，16 开
　　　收藏单位：国家馆

12520

营业员服务手册　交通部电信总局编
交通部电信总局，1937，16 页，32 开
　　　收藏单位：广东馆

12521

邮递史讲义　何清华编
军事委员会交通研究院，[1911—1949]，136
页，16 开
　　　本书共 4 篇：导言、邮递之源泉、邮递之
创设、邮递之推广。
　　　收藏单位：重庆馆

12522

邮电加价抗议　[上海书业商会编]
上海书业商会，[1922.12]，106 页，48 开
　　　本书收录刊载各界对邮电加价的抗议书、
函电以及中外舆论等。附邮局增费通告、交
通部通告、中华邮政宣言。
　　　收藏单位：辽大馆、上海馆

12523

邮工手册　顾锡章编著
重庆：全国邮务总工会宣传部，1943.5，10+
466 页，32 开（邮政丛书 4）
　　　本书共 8 章：邮政、我国邮政历史、我
国邮政组织、邮政人事行政、邮政业务行政、
邮政财务行政、邮政事务行政、邮政会计。
书前有编前小志、邮政概貌。附邮政重要华
美名称对照、邮政法。
　　　收藏单位：重庆馆、国家馆、河南馆、南
京馆、上海馆

12524

邮区属局帐务手册　交通部邮政总局编
交通部邮政总局，1946，56 页，32 开
　　　本书共 16 章，内容包括：总则、单式簿
记记帐办法、票款之请领及登记、公款之调
拨、存放银行款项、支付款项、表报之编造
等。附帐务人员办事简则、邮政代办所帐务。
　　　收藏单位：安徽馆、国家馆、河南馆

12525

邮务技术制度　晋冀鲁豫边区邮务管理总局
编
晋冀鲁豫边区邮务管理总局，[1946.9]，102
页，32 开（邮政业务丛书）
　　　本书内容包括：如何办理挂号邮件、收寄
包裹、汇兑业务，封发、收件、邮票管理等
各项制度。

12526

邮务局代转国内电报章程　交通部编
[交通部]，1919，11+10 页，25 开
　　　本书为汉英对照。收录章程 19 条。
　　　收藏单位：国家馆

12527

邮务视察人员手册
出版者不详，1942，1 册，32 开，活页装
　　　本书共 5 部分，内容包括：邮务视察规
则、各项查视局所报告询词及空白单式格式、
邮务视察事务法令摘录等。
　　　收藏单位：国家馆

12528

邮务业概况　中华职业教育社编
上海：中华职业教育社，1928，10 页，32 开
（研究职业分析）（职业教育研究丛辑 12）
上海：中华职业教育社，1930，再版，10 页，
32 开（研究职业分析）（职业概况丛辑 12）
　　　本书收录《中国之邮务业》（吴埜厚）、
《邮务业习业概要》（浦增璧）。
　　　收藏单位：国家馆

12529

邮运汽车事务规章汇编

赣县（赣州）：中华正气出版社印刷厂，1942.9，84页，16开

本书共22部分，内容包括：车站分段组织办法、车站收发物料规则、报告站须知、修理厂组织办法、零件总库办事规则、购运油料须知等。附通代电目录、半公通函目录、通令目录。

收藏单位：国家馆

12530

邮政 交通部编

交通部，1930，60页，16开

收藏单位：南京馆

12531

邮政 王柽著

上海：商务印书馆，1931，137页，32开（万有文库 第1集361）（百科小丛书）

上海：商务印书馆，1933.5，137页，32开（百科小丛书）

上海：商务印书馆，1935，再版，137页，32开（百科小丛书）

本书共6章：邮政之沿革、邮政储金与邮政汇兑、邮寄资例、邮票、联邮、驿站民信局与客邮。

收藏单位：重庆馆、大理馆、大连馆、大庆馆、东北师大馆、广东馆、广西馆、贵州馆、国家馆、河南馆、黑龙江馆、湖南馆、江西馆、辽大馆、辽师大馆、南京馆、内蒙古馆、宁夏馆、上海馆、首都馆、天津馆、西南大学馆、浙江馆

12532

邮政便览 浙江邮政管理局编

[浙江邮政管理局]，[1911—1949]，44页，25开

本书共10章，介绍国内邮政局所、邮件种类、邮票、邮资、投递、查询、邮政储金、邮政汇兑等项业务。附邮政出版物一览表。

收藏单位：浙江馆

12533

邮政储汇 行政院新闻局编

行政院新闻局，1947.12，22页，32开

本书共4部分：机构简史、业务演进、手续述要、业务检讨与改进。

收藏单位：安徽馆、长春馆、大庆馆、广东馆、广西馆、贵州馆、国家馆、河南馆、湖南馆、江西馆、近代史所、辽宁馆、南京馆、山西馆、陕西馆、上海馆、首都馆、天津馆、浙江馆

12534

邮政储汇局非邮班同人之呼吁 邮政储汇局编

邮政储汇局，1947.5，28页，36开

本书为该局非邮班职工因被裁撤而提出的交涉和呼吁书。附谷局长告同人书及新闻摘要。

收藏单位：上海馆

12535

邮政储金办事规则（第1卷 中华民国八年至十七年） 交通部邮政总局驻沪储金供应处编

交通部邮政总局驻沪储金供应处，1929，1册，16开

收藏单位：广东馆

12536

邮政储金规则 交通部公布

[交通部]，1947，22页，36开

本书摘录《邮政规则》第6章第368—484条。于1947年6月6日由邮字第150号交通部令修正公布。

收藏单位：安徽馆、重庆馆、广东馆、贵州馆

12537

邮政储金汇业局 江南问题研究会编

江南问题研究会，1949.3，12页，32开

本书共4部分：沿革、总局及分支机构地址、组织概况与人事配备、财务概况。附在南京房地产、行动储汇局。

收藏单位：国家馆

12538

邮政储金汇业局会计规程 会计处编

会计处，1946.9，1 册，16 开

收藏单位：江西馆

12539

邮政储金汇业局三十六年度业务报告书 邮政储金汇业局编

邮政储金汇业局，[1947]，78 页，16 开

本书共两部分：一般金融大势、本局业务概况。附战前及现在全国银行表、三十六年各月份全国各种存款统计表等。

收藏单位：广东馆、国家馆

12540

邮政储金汇业局营业处通函 [邮政储金汇业局编]

[邮政储金汇业局]，[1948]，170 页，16 开

本书所涉时间为 1945 年 7 月 31 日至 1947 年 3 月 22 日。

收藏单位：安徽馆、广东馆

12541

邮政储金汇业总局经过概况 邮政储金汇业总局编

上海：邮政储金汇业总局，[1932]，13 页，25 开

本书共 5 节，内容包括：邮政储金汇兑的起源、该总局成立的意义、成绩及与邮政总局的关系等。末节收录有关法规 3 种。所收资料截至 1932 年。

收藏单位：国家馆、浙江馆

12542

邮政储金条例及施行细则（中华民国十八年）

[上海]：邮政储金汇业总局，[1937]，15 页，64 开

本书所收条例于 1929 年 5 月 16 日由国民政府府令公布，所收细则于同年 6 月 8 日由交通部令公布，于 1931 年 6 月 29 日公布废止，另颁邮政储金法。

收藏单位：广东馆、国家馆、首都馆

12543

邮政代办所规则及邮政代办人须知

出版者不详，1936.6，34 页，25 开

出版者不详，[1943]，34 页，25 开

本书共 3 部分：邮政代办所规则、邮政代办人须知、邮政代办所及信柜收寄"要密"公文办法。

收藏单位：安徽馆、重庆馆、国家馆

12544

邮政代办所规则及邮政代办所办事细则 中华民国交通部邮政总局公布

中华民国交通部邮政总局，1946，38 页，28 开

本书共两部分：邮政代办所规则、邮政代办所办事细则。分别于 1935 年 11 月 20 日、1944 年 5 月 20 日由交通部令公布。

收藏单位：安徽馆、重庆馆、贵州馆

12545

邮政地理 戴瑜编

交通管理人员训练班，1946.10，78+50 页，32 开（中央训练团讲义）

本书内容包括：绪论、地图与时间知识、自然地理基础、经济地理基础、人文地理基础、中国邮政通信网、邮政物流网络建设与发展、邮政服务网点布局等。

收藏单位：浙江馆

12546

邮政服务 江苏邮政管理局编

江苏邮政管理局，[1947]，24 页，32 开

本书介绍该局服务项目。

收藏单位：广东馆、国家馆、吉林馆、南京馆

12547

邮政服务与业务 陕西邮政管理局编

陕西邮政管理局，[1948]，44 页，32 开

本书为向公众介绍该局邮政服务业务的宣传品。

收藏单位：国家馆

12548

邮政纲要　交通部邮政总局编

交通部邮政总局，[1945]，3 册（29+110+20 页），32 开

　　本书每辑 1 册，共 3 辑：电报汇兑办事细则、国内普通汇兑办事细则、小款汇兑办事细则。

　　收藏单位：安徽馆、贵州馆、国家馆、湖南馆、辽宁馆、南京馆

12549

邮政纲要（第 2 编 第 1—2 卷）　交通部邮政总局编

交通部邮政总局，1940 重印，2 册，16 开

　　本编为局务办法。内容包括：邮区及邮务局所门、邮路及运送方法门、局务门、文牍门、册报门、邮用单式门、供应门、各类邮件门、事件门等。

　　收藏单位：安徽馆、广东馆、广西馆、辽宁馆、山西馆

12550

邮政规程　[交通部邮政总局编]

[交通部邮政总局]，1936.10，141 页，25 开

[交通部邮政总局]，1944.9，修正版，136 页，25 开

　　本书共 8 章，内容包括：总则、邮票及戳记、邮件、邮件之特别处理、储金等。附各类邮件资费表，国内、国际包裹资费表等。于 1936 年 10 月 30 日由交通部令公布，自 1936 年 11 月 1 日起实行。修正版共 9 章，于 1944 年 9 月 12 日由交通部令修正公布。

　　收藏单位：安徽馆、重庆馆、广东馆、贵州馆、国家馆、湖南馆、江西馆、南京馆、上海馆、首都馆、浙江馆

12551

邮政会议汇编　国民政府交通部邮政司编辑

[交通部]，1934.12，268 页，16 开

　　本书共 19 部分，内容包括：邮政会议开幕摄影、邮政会议简则、召集邮政会议部令、邮政会议全体职员名录、第一次会议记录等。

　　收藏单位：重庆馆、广东馆、广西馆、国家馆、湖南馆、江西馆、南京馆、上海馆、首都馆、天津馆、浙江馆

12552

邮政经济检讨图表及说略

邮政总局设计考核委员会，1947.4，45 页，16 开，精装（邮政总局设计考核委员会专门委员研究丛刊 1）

　　收藏单位：南京馆

12553

邮政局所汇编　中华民国华北政务委员会邮政总局编

中华民国华北政务委员会邮政总局，1941.4，74 页，32 开

　　收藏单位：国家馆

12554

邮政局所汇编

交通部邮政总局驻沪供应处，1932，13 版，524 页，25 开，精、平装

交通部邮政总局驻沪供应处，1937，14 版，322 页，25 开，精装

交通部邮政总局驻沪供应处，1947，15 版，408 页，25 开

　　本书全部为表。共 4 部分：局所名称、邮区、等级、最近电局名称。附全国各级邮局及邮政代办所数目一览表、各邮区邮亭一览表、兼办邮务各电局名称一览表等。

　　收藏单位：重庆馆、广东馆、国家馆、河南馆、辽宁馆、南京馆、内蒙古馆、上海馆、绍兴馆、首都馆、天津馆、浙江馆

12555

邮政零存整付储金办事规程　华北邮政总局编

[北京]：华北邮政总局，1943，14 页，25 开

　　本书附邮政零存整付储金要纲。

　　收藏单位：国家馆

12556

邮政汽车工作竞赛概况　工作竞赛推行委员会编

工作竞赛推行委员会，1942.6，28 页，32 开
（工作竞赛丛刊）

　　本书共 4 部分：本会与交通部配合推行邮政汽车工作竞赛之经过、邮政汽车工作竞赛纪实、竞赛成效及检讨、结论。附工作竞赛推行委员会邮政汽车工作竞赛原则等。

　　收藏单位：重庆馆、广东馆、国家馆、吉林馆、南京馆

12557

邮政人事管理规则

出版者不详，[1943]，50+31 页，16 开

　　本书为汉英对照。共 9 章：考试与甄拔、任免、服务、薪给、考绩、请假、差旅费、养恤、福利。于 1943 年 6 月 1 日由交通部公布实行。

　　收藏单位：重庆馆、国家馆、南京馆

12558

邮政事务总论（中华民国元年至十五年）

[交通部邮政总局编]

外文题名：Report on the working of the Chinese post office

交通部邮政总局，1913—1927，13 册，10 开

交通部邮政总局，1913，汉英对照版，6 册，13 开

交通部邮政总局，1921，汉法对照版，120+71 页，13 开

　　本书有汉语版、汉英或汉法对照版。

　　收藏单位：安徽馆、重庆馆、广东馆、广西馆、国家馆、河南馆、湖南馆、江西馆、辽宁馆、南京馆、宁夏馆、上海馆、首都馆、浙江馆

12559

邮政研究丛书（第 2 辑）　邮政总局编

奉天邮电总局，1941，116 页，22 开

　　本书内容包括：调查之目的、调查之概要、通电力与基本人口、杂录等。

　　收藏单位：国家馆

12560

邮政业务　江苏邮政管理局编

江苏邮政管理局，[1947]，8 页，32 开

　　本书用照片及文字说明的方式，介绍该局邮电业务的新设备。

　　收藏单位：广东馆、国家馆、南京馆

12561

邮政章程　交通部邮政总局编

交通部邮政总局，1916，5 版，222 页，24 开，环筒页装

交通部邮政总局，1917，6 版，228 页，36 开，环筒页装

交通部邮政总局，1920，修正版，528 页，25 开，环筒页装

交通部邮政总局，1920，9 版，528 页，32 开

交通部邮政总局，1922，10 版，564 页，32 开

交通部邮政总局，1923，11 版，170 页，25 开

交通部邮政总局，1926，12 版，270 页，25 开

交通部邮政总局，1934，修正版，142 页，25 开

　　本书共两部分：邮政章程、通邮处所。

　　收藏单位：安徽馆、重庆馆、广东馆、广西馆、国家馆、黑龙江馆、湖南馆、近代史所、南京馆、内蒙古馆、上海馆、天津馆、浙江馆

12562

邮政章程附通邮处所之补编

出版者不详，[1911—1949]，1 册，22 开

　　收藏单位：浙江馆

12563

邮政章程通邮局所汇编　[交通部邮政总局编]

[交通部邮政总局]，1912，187 页，22 开

　　本书共两编：邮政章程、通邮局所。

　　收藏单位：广东馆、国家馆

12564

邮政总局总办通谕

出版者不详，1915，1 册，16 开

　　收藏单位：广东馆

12565

邮转电报邮电局名汇编　[交通部电政司编]

[交通部电政司]，1925.3，修订版，[267]页，
16开

本书为汉英对照，全部为表。

收藏单位：国家馆

12566

云南全省电话局概况　国民经济研究所纂辑

出版者不详，1940，油印本，6页，18开，
环筒页装

收藏单位：国家馆

12567

云南之邮政　赵德民调查

出版者不详，1940，油印本，18页，18开，
环筒页装

本书共5部分：云南全省邮政局所统计、
云南之邮路、邮件统计、收支统计（储汇局
除外）、职员及邮差统计。

收藏单位：国家馆

12568

怎样处理电信业务　王英桥　沈宗括　邱关
瑾编

台北：电信月刊社，1947.4，295页，24开（电
信界丛书3）

本书共6部分：前言、怎样处理营业、怎
样处理报务、怎样处理话务、怎样处理表册、
后记。

收藏单位：重庆馆、国家馆、绍兴馆

12569

张家口电话公司电话号簿　张家口电话公司
编

张家口电话公司，1936.4，20+22页，横21
开

本书内容包括：租用电话章程、租用电话
价目、使用电话规则、电话号码代替收报人
住址办法、电话号码等。

收藏单位：国家馆

12570

浙江电政年鉴　浙江电政监督处编

浙江电政监督处，1923.11，158页，16开

本书内容包括：绪言、电报局所地址及成
立年月表、电报线路图、电报线路表、各局
各报房电报机数表、关于改组电牍汇存等。

收藏单位：浙江馆

12571

浙江省长途电话局报告　浙江省长途电话局
编

浙江省长途电话局，1929.9，20页，32开

本书介绍该局概况。附组织系统表等。

12572

浙江省电话局电话号簿　浙江省电话局编

[浙江省电话局]，1934.1，[295]页，16开

收藏单位：国家馆

12573

浙江省电话局号簿　浙江省电话局编

浙江省电话局，1937，1册，16开

本书内容包括：自动电话机用法、南支局
用户磁石式电话用法、交换规则、市内电话
营业简章、杭州市合用电话租用章程等。

收藏单位：国家馆

12574

浙江省电话局号簿增编　浙江省电话局编

浙江省电话局，1933，22页，16开

浙江省电话局，1934，12+20页，16开

浙江省电话局，1936，22页，16开

浙江省电话局，1937，22页，16开

收藏单位：国家馆

12575

浙江省电话局事业报告　浙江省电话局编

浙江省电话局，[1936]，15+285页，16开

本书共14部分，内容包括：沿革、组织、
长途电话工程、杭州市电话、无线电台、电
话材料、业务等。附本局成立后之主管当局、
本局现任重要职员录等。

收藏单位：广东馆、国家馆、湖南馆、南

京馆、上海馆、首都馆、浙江馆

12576

浙江省电话局职员录　浙江省电话局人事股编

浙江省电话局人事股，1933.6，40 页，18 开，环筒页装

　　本书收录浙江省电话局工务科、业务科、会计科、总务科等机构职员录。

　　收藏单位：国家馆、浙江馆

12577

镇江电话簿　交通部镇江电话局编

交通部镇江电话局，1946，60 页，16 开

交通部镇江电话局，1948.1，90 页，16 开

　　收藏单位：安徽馆、国家馆

12578

整理全国电政计划刍议

出版者不详，[1911—1949]，44 页，32 开

　　收藏单位：南京馆

12579

整理全国电政之我见　黄树芬著

出版者不详，1934.5，56 页，32 开

　　收藏单位：南京馆

12580

郑县电话号簿　交通部郑县电报局编

交通部郑县电报局，1936.1，65 页，16 开

　　本书内容包括：急用电话、局用电话、市内电话营业通则、公用电话营业通则、长途电话营业通则等。

　　收藏单位：国家馆

12581

中国地方邮政

上海：柳树样品印刷厂，1940.12，142 页，16 开，精装

　　收藏单位：南京馆

12582

中国电报局名表

出版者不详，1914，[68] 页，22 开

　　本书为汉英对照。

　　收藏单位：首都馆

12583

中国电政意见书　（日）中山龙次著　陆家骕等译

北京：亚东制版印刷局，1919.1，12+534 页，18 开

　　本书收录著者于 1913—1918 年间就任北京政府交通部顾问时撰写的有关邮电交通的建议及调查报告。共 3 篇：行政、技术、调查报告书。

　　收藏单位：国家馆、近代史所、上海馆、天津馆、中科图

12584

中国国际交通统计（电政　中华民国十七至十八、十九年）　交通部编

外文题名：Statistics of China's international communications. Telegraphs

交通部，[1930—1931]，2 册（65+63 页），16 开

　　本书为汉英对照，全部为表。附中国国际电信水线表等。

　　收藏单位：广东馆、国家馆、湖南馆、南京馆、上海馆

12585

中国国际交通统计（邮政　中华民国十七至十八、十九、二十年）　交通部编

交通部，[1930—1932]，3 册（109+60+58 页），横 16 开

　　本书为汉英对照。附国际联邮局所数、国际联邮之关系、国际邮政公约及协定。

　　收藏单位：广东馆、国家馆、南京馆、上海馆

12586

中国国家武汉电话总局　中国国家武汉电话总局编

中国国家武汉电话总局，1925，1 册，18 开

　　本书为汉英对照。

收藏单位：国家馆

12587
中国全国商业邮务航空路建设拾年计划　袁宗铎著

袁宗铎 [发行者]，1928.8，重订版，21 页，16 开

　　本书收录建设十年计划、广州上海邮务商业试验航空队初议。

12588
中国邮戳纪略　谢鄂常　张包子俊编撰

杭州：新光邮票研究会出版部，1931.12，88 页，32 开（集邮丛书 1）

　　本书共 4 部分：小叙、普通邮戳（附图六十四）、特种邮戳（附图七十二）、副用邮戳（附图四十五）。附平津邮局怠工记事（附图二十八）。

　　收藏单位：上海馆、浙江馆

12589
中国邮电航空史　谢彬著

上海：中华书局，1928.9，262 页，25 开（史地丛书）

上海：中华书局，1933.10，再版，262 页，22 开（史地丛书）

　　本书共 17 章，内容包括：旧式邮政沿革、新式邮政沿革、各邮区发达略史、现代邮政组织、邮政事务、财政及营业状况、海底电线等。

　　收藏单位：安徽馆、重庆馆、东北师大馆、甘肃馆、广东馆、广西馆、贵州馆、桂林馆、国家馆、黑龙江馆、湖南馆、吉林馆、江西馆、辽大馆、南京馆、宁夏馆、山西馆、上海馆、首都馆、天津馆、浙江馆、中科图

12590
中国邮票图集　王汉强编辑

[王汉强]，1934.1，46 页，16 开，精装

[王汉强]，1936.8，2 版，40 页，16 开，精装

　　收藏单位：国家馆、上海馆

12591
中国邮票印刷专属权问题（第 2 辑） [财政部印刷局编]

财政部印刷局，[1911—1949]，[69] 页，18 开

　　本书内容包括：上陆海空军副司令张呈文、交通部长请查办林实呈文、致天津《益世报》等。

12592
中国邮驿发达史　楼祖诒著

昆明：中华书局有限公司，1940.8，17+497 页，22 开，精装

　　本书内容包括：前编、正编、副编。前编介绍驿政胚胎时代；正编内容包括：驿政初期、进步、全盛时代，清驿述略；副编收录中国邮驿志。附邮政法、邮政总局组织法等。

　　收藏单位：长春馆、重庆馆、广东馆、广西馆、贵州馆、国家馆、河南馆、黑龙江馆、湖南馆、江西馆、近代史所、辽大馆、辽宁馆、南京馆、山西馆、上海馆、天津馆、浙江馆、中科图

12593
中国邮政　张梁任著

上海：商务印书馆，1935—1936，3 册（252+312+240 页），22 开（大学丛书 教本）

上海：商务印书馆，1936，再版，3 册（252+312+240 页），22 开（大学丛书 教本）

　　本书共 3 卷：中国邮政行政、中国邮政业务、中国邮政经济。上卷共 4 编：中国邮政之沿革、中国邮政之行政组织、中国邮政人员、中国邮政人员之组织；中卷共 4 编：邮政局所及邮路里程、邮讯传递、财货流通、其他业务；下卷共 5 编：中国邮政收支概论、中国邮政收入之分析、中国邮政支出之分析、中国邮政之资本支出及资助其他机关、各邮区收支概况。

　　收藏单位：重庆馆、广东馆、广西馆、贵州馆、桂林馆、国家馆、河南馆、黑龙江馆、湖南馆、吉林馆、江西馆、近代史所、辽大馆、辽宁馆、辽师大馆、南京馆、内蒙古馆、上海馆、首都馆、天津馆、西南大学馆、浙江馆、中科图

12594

中国邮政概述

出版者不详，1941.6，93 页，32 开

　　本书共 4 章，概述中国邮政事业的沿革、组织、业务、邮件处理程序等。附邮政法。

　　收藏单位：陕西馆、上海馆

12595

中国邮政统计　王仲武著

出版者不详，[1930—1939]，25 页，16 开

　　本书为著者提交东京国际统计协会第 19 次会议的论文。介绍民国以后中国邮政统计情况与统计方法。所收资料截至 1929 年。

　　收藏单位：上海馆

12596

中国之电信事业　赵曾珏著

重庆：商务印书馆，1943，80 页，36 开

上海：商务印书馆，1946.3，80 页，32 开

上海：商务印书馆，1947，再版，80 页，32 开

　　本书共 7 章，内容包括：电信建设之原则、中国电信交通发展之过程、电信业务、电政财务等。

　　收藏单位：安徽馆、重庆馆、广东馆、广西馆、贵州馆、国家馆、河南馆、黑龙江馆、湖南馆、江西馆、辽东学院馆、辽宁馆、柳州馆、南京馆、内蒙古馆、上海馆、绍兴馆、首都馆、浙江馆、中科图

12597

中国之邮政事业　赵曾珏编

重庆：商务印书馆，1945.9，78 页，32 开

上海：商务印书馆，1945.12，78 页，32 开

上海：商务印书馆，1946.7，再版，78 页，32 开

上海：商务印书馆，1947.3，再版，78 页，25 开

重庆：商务印书馆，1947，78 页，32 开（新中学文库）

　　本书共 12 章，内容包括：邮政简略沿革、邮政组织概况、国内业务、邮政运输、国际业务、边疆邮务等。

　　收藏单位：安徽馆、长春馆、重庆馆、甘肃馆、广东馆、广西馆、贵州馆、国家馆、河南馆、黑龙江馆、湖南馆、江西馆、近代史所、辽东学院馆、柳州馆、南京馆、内蒙古馆、宁夏馆、山西馆、上海馆、首都馆、天津馆、浙江馆、中科图

12598

中华民国二十一年度邮政事业年报

交通部邮政总局驻沪供应处，[1933]，13 版，1 册，16 开

　　收藏单位：南京馆

12599

中华民国交通部邮政储金汇业总局邮政储金汇业事务年报（第 1—4、6 期）　中华民国交通部邮政储金汇业总局编

中华民国交通部邮政储金汇业总局，[1931—1936]，5 册，大 16 开

　　本书全部为表。

　　收藏单位：重庆馆、广东馆、国家馆、河南馆、湖南馆、南京馆

12600

中华民国交通部邮政总局布诺赛尔国际邮政公约

交通部邮政总局驻沪供应处，[1940]，118 页，22 开

　　本书内容包括：国际邮政公约、国际邮政公约最后议定书、国际邮政公约施行细则、运寄航空函件规则之最后议定书等。封面题名：布诺赛尔国际邮政公约。

　　收藏单位：安徽馆、国家馆、湖南馆、江西馆、南京馆、宁夏馆

12601

中华民国交通部邮政总局布诺赛尔国际邮政公约译文　交通部邮政总局编

交通部邮政总局，[1940]，293 页，22 开

　　本书封面题名：布诺赛尔国际邮政公约暨包裹协定汇兑协定及保价信函及箱匣协定。自 1940 年 7 月 1 日起实行。

　　收藏单位：国家馆

12602

中华民国交通部邮政总局通邮处所集 交通部邮政总局编

交通部邮政总局所辖驻沪供应股，1923印，11版，477页，25开

交通部邮政总局所辖驻沪供应股，1926印，12版，232页，25开

本书共两编：分部通邮处所、分省通邮处所。上编按各通邮处所在地地名部首排列，下编按各通邮处所所属省、市、县等行政区域顺序排列。附全国各行政城邑所辖地方之人口数目表。

收藏单位：安徽馆、广东馆、桂林馆、国家馆、南京馆、内蒙古馆、上海馆、首都馆、天津馆、浙江馆

12603

中华民国交通部邮政总局邮政便览

交通部邮政总局，1935，122页，32开

本书共11章，内容包括：邮政局所、各种邮件、邮票及邮费、邮件之交寄及撤回、邮政汇兑等。附邮政出版物一览表、邮件收发纪录等。

收藏单位：安徽馆、广东馆、桂林馆、国家馆、湖南馆、南京馆、浙江馆

12604

中华民国交通部邮政总局邮政储金事务年报（民国十四至十六、十八至十九年） 中华民国交通部邮政总局编

交通部邮政总局，1925，7版，41页，大16开

交通部邮政总局，1926，8版，44页，大16开

交通部邮政总局，[1927]，9版，35页，16开

交通部邮政总局，[1929]，11版，34页，人16开

交通部邮政总局，1930，12版，29+26页，大16开

收藏单位：重庆馆、广西馆、国家馆、江西馆、近代史所、南京馆、首都馆

12605

中华民国交通部邮政总局邮政储金事务总论
中华民国交通部邮政总局编

交通部邮政总局所辖驻沪储金供应股，[1919]，36页，13开

交通部邮政总局所辖驻沪储金供应股，[1920]，2版，70页，13开

交通部邮政总局所辖驻沪储金供应股，[1921]，3版，62页，13开

交通部邮政总局所辖驻沪储金供应股，[1922]，4版，37页，13开

交通部邮政总局所辖驻沪储金供应股，[1923]，5版，38页，13开

交通部邮政总局所辖驻沪储金供应股，[1924]，6版，41页，13开

本书收录有关邮政储金事务的各类报表、统计图，以说明该事务施行经过、发展状况及取得的成绩。统计数字截至当年12月31日。

收藏单位：广东馆、国家馆、南京馆

12606

中华民国交通部邮政总局邮政事务年报（民国十六至三十二年度） 交通部邮政总局编

交通部邮政总局驻沪供应处，[1928]，24版，80页，22开

交通部邮政总局驻沪供应处，[1929]，25版，56页，22开

交通部邮政总局驻沪供应处，1930，26版，66页，22开

交通部邮政总局驻沪供应处，[1931]，27版，51页，22开

交通部邮政总局驻沪供应处，[1931]，28版，53页，22开

交通部邮政总局驻沪供应处，[1932]，29版，57页，22开

交通部邮政总局驻沪供应处，[1933]，30版，59页，22开

交通部邮政总局驻沪供应处，[1934]，31版，57+45页，大16开

交通部邮政总局驻沪供应处，[1935]，32版，70+57页，大16开

交通部邮政总局驻沪供应处，[1936]，33版，68+58页，大16开

交通部邮政总局驻沪供应处，[1937]，34版，63页，大16开

交通部邮政总局驻沪供应处，[1939]，35 版，
[130] 页，大 16 开

交通部邮政总局驻沪供应处，[1940]，36 版，
67+80 页，12 开

交通部邮政总局驻沪供应处，[1943]，37 版，
[108] 页，大 16 开

交通部邮政总局驻沪供应处，[1944]，38 版，
42 页，大 16 开

　　本书内容包括：组织、业务、联邮、财
务、资产、设备、员工等。附英文译文。目
录页题名：邮政事务年报。

　　收藏单位：重庆馆、广东馆、广西馆、贵
州馆、国家馆、河南馆、近代史所、南京馆、
上海馆、浙江馆

12607

中华民国交通部邮政总局邮政章程　交通部
邮政总局编

交通部邮政总局所辖驻沪供应股，1918，7
版，230 页，22 开，环筒页装

交通部邮政总局所辖驻沪供应股，1926，12
版，270 页，25 开

　　本书共两部分：邮政章程、通邮处所。

　　收藏单位：重庆馆、广西馆、国家馆、南
京馆、内蒙古馆、上海馆、首都馆、浙江馆

12608

**中华全国邮务总工会第一次代表大会宣言章
程及决议案**

出版者不详，[1920—1929]，26 页，32 开

　　本书内容包括：政治报告决议案、职工运
动报告决议案、教育宣传问题决议案、工作
计划决议案等。

　　收藏单位：浙江馆

12609

中华邮社一周年告社员书　中华邮社编

中华邮社，1937，油印本，1 册，18 开，环
筒页装

　　收藏单位：国家馆

12610

中华邮政国内包裹资费表

出版者不详，1939，2 版，60 页，16 开

　　收藏单位：广东馆、河南馆

12611

中华邮政前清宣统三年事务总论　[交通部邮
政总局编]

交通部邮政总局，1912，54 页，13 开

交通部邮政总局，[1912]，汉英对照版，54+3
7 页，13 开

　　本书内容包括：概论、办理之详细情形、
邮差民船轮船火车各邮路、民局、整顿办法
情形等。

　　收藏单位：广西馆、国家馆

12612

中华邮政舆图　交通部邮政总局 [编]

交通部邮政总局，1919，84 页，4 开，精装

交通部邮政总局，1933，137 页，4 开，精装

交通部邮政总局，1936，4 版，30 页，4 开

　　本书其他题名：中华民国邮政舆图。

　　收藏单位：广东馆、近代史所、南京馆

12613

中日互换包裹协定　刘符诚 （日）小幡酉吉
签订

出版者不详，1921，1 册，18 开

　　本书为汉日英对照。

　　收藏单位：国家馆

12614

中日互换保险信函箱匣协定　刘符诚 （日）
小幡酉吉签订

出版者不详，1922，1 册，18 开

　　本书为汉日英对照。

　　收藏单位：国家馆

12615

中日互换汇票协定　刘符诚 （日）小幡酉吉
签订

出版者不详，1922，1 册，18 开

　　本书为汉日英对照。

　　收藏单位：国家馆

12616

中日互换邮件协定　刘符诚　（日）小幡酉吉
签订

出版者不详，1922，1 册，18 开

　　本书为汉日英对照。

　　收藏单位：国家馆

12617

最近之我国电政　交通部电政司编

交通部电政司，1929.3，62 页，16 开

　　本书总结近年来电报、无线电通讯、电
话等电政工作。附历年所欠电政外债表。

　　收藏单位：国家馆、上海馆

12618

最近之邮政进步　俞大维著

[交通部]，[1911—1949]，10 页，32 开

　　收藏单位：重庆馆、南京馆、首都馆

12619

最新邮递便览　徐耀彭编辑

上海：绿园出版社，1947.7，149 页，32 开

　　本书内容包括：南京市邮件投递分区简
图、各类邮件资费表、最近邮政之进步、上
海市邮件分区街名一览表、邮局新设施等。

　　收藏单位：国家馆、内蒙古馆、上海馆、
首都馆、浙江馆

12620

最新邮电快览　方秩音编

上海：大方书局，1936，102 页，32 开

　　收藏单位：广东馆、河南馆

贸易经济

12621

北平私立商业专科学校章程 商业专科学校编

北平：商业专科学校，1931.8，14页，22开

本书内容包括：组织大纲、各项规则等。

收藏单位：国家馆

12622

川沙县私立培德商业学校十周年纪念刊 川沙培德商业学校编

川沙培德商业学校，[1930.12]，100页，16开

本书封面题名：川沙私立培德学校成立十周年纪念。

12623

俄林贸易理论 （日）谷口重吉著 汤元炳译

上海：商务印书馆，1937.2，430页，32开（社会科学小丛书）

上海：商务印书馆，1937.4，再版，430页，32开（社会科学小丛书）

本书是对瑞典经济学家俄林现代贸易学说的研究。共两篇：地域贸易论、国际贸易论。第1篇共8章，内容包括：地域贸易成立之条件、地域贸易之效果、商品之地域的移动费、一般定位论、资本之地域的移动与价格之调节等；第2篇共13章，内容包括：生产要素之国际的比较、国际贸易之基本原理、国际贸易之变动、国际价格关系、劳动及资本之国际的移动等。

收藏单位：重庆馆、广东馆、广西馆、贵州馆、国家馆、江西馆、辽大馆、辽宁馆、南京馆、首都馆、浙江馆

12624

福建省立南平高级商业学校三周年纪念刊

福建省立南平高级商业职业学校编

南平：福建省立南平高级商业职业学校，1943，34页，16开

本书内容包括：校史、校况等。

12625

国立武昌商业专门学校第一次同学录 国立武昌商业专门学校编

武昌：国立武昌商业专门学校，1919，1册，18开

本书内容包括：校园照片、师生照片、师生一览表等。

收藏单位：国家馆

12626

杭州市私立中山商科职业学校同学录

出版者不详，[1911—1949]，1册，25开

收藏单位：浙江馆

12627

湖南省立商业专科学校教职员及同学录

出版者不详，1942，20页，25开

收藏单位：广东馆

12628

集美高级商业职业学校概况 集美学校编

集美学校，1947.7，27页，16开

本书共7部分，内容包括：本校史略、本校组织系统图、教务实施概况、训育实施概况等。附现任教员职一览表。

收藏单位：重庆馆、国家馆

12629

集美商业学校第十组毕业纪念刊 福建私立集美商业学校编

福建私立集美商业学校，1932，134页，25开

本书内容包括：校史、组史、照片、小史等。书前有序。

收藏单位：国家馆

12630

江苏公立商业专门学校十周纪念册 江苏公

立商业专门学校编

江苏公立商业专门学校，[1925.10]，152页，24开

　　本书内容包括：大事记、人员一览表、毕业生报告等。

　　　收藏单位：南京馆

12631

江西省立南昌高级商业职业学校一览　欧阳恂编

南昌：中国兴业出版公司，1947印，80页，16开

　　本书共21部分，内容包括：奠基文、本校校址平面图、本校略史、战时概况、复员后概况、最近重要校务、规章、大事记、在校各年级学生姓名录等。

　　　收藏单位：江西馆

12632

江阴尚仁商科职业学校一周纪念册　江阴私立尚仁初级普通商科职业学校编

无锡：江阴私立尚仁初级普通商科职业学校，1936.6，32页，16开

　　本书内容包括：开办经过志略、现任校董一览表、学校概况等。

　　　收藏单位：国家馆

12633

昆山县立乙种商业学校汇刊　昆山县立乙种商业学校编

昆山：昆山县立乙种商业学校，1915，66页，32开

　　本书内容包括：商业簿记之概目、商业道德之概目、赏罚内规等。

12634

绿洲　三余初级商业职业学校学生自治会编辑

吴兴（湖州）：三余初级商业职业学校学生自治会，1937.9，56页，32开

　　本书内容包括：商学生的地位及其责任、选择商业的方法与态度、中国商业前途的发展等。

　　　收藏单位：浙江馆

12635

民众商业须知

上海：启智书局，1934，29页，32开

　　本书共6部分：概论、立身之方法、处世之方法、服务之方法、卫生之方法、上进之方法。

　　　收藏单位：广东馆

12636

宁波商报诞生特刊　宁波商报编

宁波商报，[1932]，58页，16开

　　本书收录商贸论文20余篇，内容包括：《宁波商报之地位及其今后担荷之使命》（缪德渭）、《商人与警察》（俞济民）、《商人与建设》（倪维态）、《商人对于现社会应有之认识》（庄禹梅）等。

　　　收藏单位：国家馆

12637

劝业及公共营业讲义　周成编纂　内务部编

上海：泰东图书局，1922.4，[300]页，32开（地方自治讲义8）

上海：泰东图书局，1923.10，8版，1册，32开（地方自治讲义8）

　　本书共4编：劝业、公共营业、信托公司、交易所。

　　　收藏单位：安徽馆、广西馆、国家馆、河南馆、吉林馆、江西馆、上海馆

12638

山西公立商业专门学校规则　山西公立商业专门学校编订

山西公立商业专门学校，[1912—1930]，44页，18开

　　本书附本校附设甲种商业规则、教职员姓名履历簿、本校地址平面图。

　　　收藏单位：广东馆

12639

山西商业专门学校十周年纪念录　山西商业专门学校编

山西商业专门学校，1922，210 页，18 开

12640

山西省立商业专科学校二十周年纪念假设全省商业经济会议特刊　山西省立商业专科学校编

山西省立商业专科学校，[1930—1939]，[164] 页，18 开

　　本书内容包括：法规、大会记录、金融系提案、计理系提案、商工管理系提案、普通商业系提案等。附省银行应扩大资本从新改组案、筹备委员名录、假设山西全省商业经济会议代表姓名录。

　　收藏单位：国家馆

12641

山西省立商业专科学校一览　山西省立商业专科学校编

山西省立商业专科学校，[1932]，344 页，16 开

　　本书内容包括：摄影、沿革、校址平面图、组织、章则、经费、设备、职教员、学生等。

　　收藏单位：国家馆

12642

商大生活十周年纪念特刊　国立武昌商科大学编

国立武昌商科大学，1926，[38] 页，16 开

　　本书收录该校校园、师生照片。附本校缘起及沿革。

　　收藏单位：国家馆、浙江馆

12643

商会　洪浔邮 [著]

上海：中华书局，1948.6，20 页，32 开（中华文库 民众教育 第 1 集）

　　收藏单位：贵州馆、上海馆

12644

商人宝鉴　张士杰编

上海：商务印书馆，1915.7，38+538 页，32 开，精装

上海：商务印书馆，1915，再版，38+538 页，32 开，精装

上海：商务印书馆，1915.12，3 版，38+538 页，32 开，精装

上海：商务印书馆，1922，增广 5 版，1 册，32 开，精装

上海：商务印书馆，1923.5，增广 6 版，1 册，32 开，精装

上海：商务印书馆，1927.1，增广 7 版，1 册，32 开，精装

上海：商务印书馆，1935.5，国难后增订 1 版，11+1272 页，32 开，精装

上海：商务印书馆，1936.12，国难后增订 2 版，1272 页，32 开，精装

上海：商务印书馆，1937.2，国难后增订 3 版，11+1272 页，32 开，精装

长沙：商务印书馆，1938.6，国难后增订 4 版，11+1272 页，32 开，精装

长沙：商务印书馆，1938.11，国难后增订 5 版，11+1272 页，32 开，精装

　　本书内容包括：商店经营法、实用广告术、商业习惯法、商业尺牍、商业簿记等。各版内容有增删。

　　收藏单位：重庆馆、广东馆、广西馆、国家馆、黑龙江馆、湖南馆、江西馆、近代史所、南京馆、宁夏馆、首都馆、浙江馆

12645

商人快览　董坚志编

出版者不详，[1920—1929]，石印本，[1140] 页，27 开，环筒页装

　　本书共 12 部分：商业经营、销售货术、雇佣伙友、实用广告、写信研究、笔算捷径、珠算秘诀、新式簿记、鉴定银元、酬世文件、商人法律、邮电汇编。

12646

商人快览　席灵凤编

上海：文业书局，1936.9，207 页，32 开

上海：文业书局，1937.1，再版，207 页，32 开

　　本书内容包括：商业经营指导、商业章程、商业应用文件、商业法律、邮电常识、

度量衡及商业机关等。

收藏单位：江西馆、首都馆、天津馆

12647

商人通识 张国栋编订

山西省公署，[1937]，152 页，16 开

本书共 7 编：经商要素、经商组织、经商方法、经商用具、补助商业机关、商人团体制度、商事法规。

收藏单位：国家馆

12648

商人万宝全书 商业研究会编辑

上海：大陆图书局，1920.1，6 册（[538] 页），32 开

本书介绍商业经营基本知识。共 16 类：修养、组织、布置、经营、广告、交易、招徕、招待、交际、服务、管理、经验、学问、稳健、补救、成效。

收藏单位：湖南馆、山东馆、上海馆

12649

商人学校 汉口特别市政府教育局编

汉口特别市政府教育局，1929，14 页，32 开

本书共 4 部分：筹办商人补习教育的缘起、商人补习教育计划纲要、商人补习学校计划大纲及实施方案、现有商人补习学校的概况。

收藏单位：广东馆、国家馆

12650

商务指南 （美）乔治（Henry George）[著] 马林译

外文题名：Protection or free trade

上海：美华书馆，1914，261 页，25 开

本书共 30 章，内容包括：言保商之失、保商通商大略、论事之真因应、论保商人之注意、论真自由通商之至理等。

收藏单位：国家馆

12651

商业常识 曼真编著

上海：乐华图书公司，1936，97 页，32 开（新

儿童生活丛书）

收藏单位：重庆馆

12652

商业常识 王雨生编著

上海：大东书局，1931.3，3 版，146 页，25 开
上海：大东书局，1931.9，4 版，146 页，25 开
上海：大东书局，1933.1，5 版，146 页，25 开

本书共 8 部分，前 5 编讲授普通商人应具有的常识，后 3 编专述银行、保险、运输上的各种专门知识。

收藏单位：广西馆、国家馆、河南馆、湖南馆、江西馆、南京馆、首都馆、浙江馆

12653

商业成功指导 （美）亚伦著 中华新教育社校订

上海：中华新教育社，1934.2，60 页，32 开

本书共两部分：成功秘钥、成功捷径。

收藏单位：安徽馆、浙江馆

12654

商业工作参考资料（第 2 辑） 中原临时人民政府商业部编

中原临时人民政府商业部，1949，54 页，32 开

收藏单位：国家馆

12655

商业教育 李权时著

上海：商务印书馆，1933.2，93 页，32 开（万有文库 第 1 集 310）（师范小丛书）
上海：商务印书馆，1933.12，93 页，32 开
上海：商务印书馆，1933，再版，93 页，32 开（师范小丛书）

本书共 6 章：经济的教育观、商业教育之性质、初等商业教育、中等商业教育、高等商业教育、社会的商业教育。

收藏单位：安徽馆、重庆馆、大理馆、大连馆、东北师大馆、广东馆、广西馆、贵州馆、国家馆、河南馆、黑龙江馆、湖南馆、惠州馆、吉林馆、江西馆、辽大馆、辽师大馆、南京馆、内蒙古馆、宁夏馆、陕西馆、

上海馆、首都馆、天津馆、武大馆、西南大学馆、浙江馆

12656

商业论说文范（下册）　杨公炎选编

上海市私立中国商业函授学校，1935.7，42页，32开

　　本书收录该校学员撰写的论述商业的短文36篇，内容包括：《我国商法根据何来》《近时捐税层见叠出而国用仍不足说》《问商人何以有纳税之义务》《雇工与训练之我见》《工商宜何联络说》等。

12657

商业浅说　高伯时编

上海：中华书局，1930.11，20页，36开，精装

上海：中华书局，1932.9，再版，20页，36开

上海：中华书局，1936.2，3版，20页，36开

　　收藏单位：长春馆、重庆馆、广东馆、吉林馆、江西馆、内蒙古馆、上海馆

12658

商业实践　李涵真　张廷衡编

出版者不详，[1911—1949]，108页，22开

　　本书论述商业事务整理法、会计之整理等。附识银讲义。

　　收藏单位：浙江馆

12659

商业实践　盛在珦编　刘大绅校订

上海：商务印书馆，1916.5，[12]+172页，25开

上海：商务印书馆，1922.4，4版，[12]+172页，25开

上海：商务印书馆，1927.5，7版，[12]+172页，25开

　　本书为商业学校用书。共4编：总论、零卖业、批发业、媒介商业。文中附有交易和会计实例多则。附合伙议据式、出推议据式、天津近六年每月行市平均表等。

　　收藏单位：广西馆、国家馆、河南馆、黑

龙江馆、江西馆、南京馆、首都馆、浙江馆

12660

商业实习报告　江苏省立上海中学出版委员会编

江苏省立上海中学，1932.10，64页，22开（江苏省立上海中学五周年纪念特刊9）

　　本书共3部分：本校商科参观及实习办法、五年来商业实习之状况、迁校后之商业实习计划。

　　收藏单位：国家馆、南京馆

12661

商业实用全书　周剑云主编　郑鹧鸪校订

上海：新民图书馆，1919.12，2册（[135]页），23开

　　本书分两卷。第1卷共5部分：钱业、金业、漆业、面业、纺织业；第2卷共5部分：棉业、布业、茶业、蚕桑业、绸缎业。

　　收藏单位：国家馆、浙江馆

12662

商业手册　罗礼嘉编著

南平：天行社总社，1944.1，83页，32开（天行丛书复版 第17号）

　　本书附商业登记法。

　　收藏单位：安徽馆、南京馆

12663

商业晚报年刊（又名，商业特刊）　商业报馆编辑部编

上海：商业报馆发行部，1943.1，108页，25开

　　本书收录1942年度上海及国内外商业、金融状况的文章14篇。

12664

商业新闻年刊　上海商业新闻社编

上海商业新闻社，1947.1，255页，16开

　　本书内容包括：发刊词、专论、工商经济法规、三十五年金融工商大事记、各业实况介绍、中美商约全文、各业专载等。"专论"收录《今后金融事业之展望》（魏友乐）、《贸

易管理之回顾》（张一凡）、《中国工业的透视》（冯子明）、《当前吾国之币制问题》（汤心仪）、《一年来的商业》（阮静如）等，"法规"收录公司法、印花税法、所得税法、营业税法、货物产条例等。

　　收藏单位：国家馆、近代史所

12665

商业新知识全书　上海南星书店编辑所编辑
　梁凤楼主编　林隐民校订

上海：南星书店，1930.3，6 册（[1278] 页），32 开

上海：南星书店，1931.6，再版，增订本，6 册（[1278] 页），32 开

上海：南星书店，1933.4，3 版，6 册，32 开，精装

　　本书分 16 编介绍商业习惯、法律、文件、交际、税费、理财、尺牍、簿记、算法、广告、陈设、调剂、诉讼、保险、交通运输等。附小本经商指导。

　　收藏单位：国家馆、河南馆、湖南馆、江西馆、浙江馆

12666

商业学程纲要　江苏省立上海中学校教务处编

江苏省立上海中学校教务处，1930.5，98 页，32 开（学程纲要 7）

　　本书共 32 部分，内容包括：商事要项、商业簿记、商业算术、珠算、经济学、会计学、银行簿记、高等商算、统计学等。

　　收藏单位：国家馆、湖南馆

12667

商业学问答　吴拯寰编　秦瘦鸥校阅

上海：三民公司，1931.11，65 页，36 开
　　本书内容为以问答体裁简介商业常识。

　　收藏单位：国家馆

12668

商业学校校刊　姚肖廉主编

赣县商会商业学校，[1941.9]，86 页，25 开
　　收藏单位：江西馆

12669

商业知识　张遵时著

上海：新中国报社，1945.6，3 版，126 页，32 开

　　本书讲述商业组织、管理，商贩营业步骤，税务、资金运用，商业惯例等知识。

　　收藏单位：上海馆、浙江馆

12670

上海市商会商业夜校英文科第十九届毕业刊
　上海市商会商业夜校编

商夜十九毕业刊筹备会，1934.3，230 页，16 开，精装

　　本书内容包括：中英文论说、通讯录、广告等。

　　收藏单位：浙江馆

12671

上海市商会商业职业学校第二届毕业纪念刊
　上海市商会商业职业学校编

上海市商会商业职业学校，1937，88 页，16 开，精装

12672

上海市商会商业职业学校第三届毕业刊　上海市商会商业职业学校毕业纪念刊出版委员会编

上海市商会商业职业学校毕业纪念刊出版委员会，1938，[154] 页，16 开

12673

上海私立金业乙种商业学校十二周纪念杂志
　上海私立金业学校编

上海：上海私立金业学校，1917.7，302 页，23 开

　　本书内容包括：学校记事、旅行记事、科学、著作、讨论等。

　　收藏单位：吉林馆

12674

实用商业辞典　陈稼轩主编

上海：商务印书馆，1935.10，1 册，32 开，精装

上海：商务印书馆，1935.11，再版，[1662]页，
32 开，精装

上海：商务印书馆，1936.6，3 版，[1662]页，
32 开，精装

上海：商务印书馆，1937.3，4 版，[1662]页，
32 开，精装

本辞典选用中国古代、现代及欧美日本之商业名词约一万条。非中国所固有或已为国际通用的名词，加注英文或德文。

收藏单位：安徽馆、长春馆、重庆馆、广西馆、贵州馆、国家馆、河南馆、湖南馆、吉林馆、江西馆、近代史所、南京馆、内蒙古馆、宁夏馆、山西馆、上海馆、首都馆、天津馆、浙江馆

12675

私立求精商业专科学校立校三周年纪念刊
私立求精商业专科学校编
重庆：私立求精商业专科学校，1943，22 页，
16 开

本书共 4 部分：创立本校趣旨、教务处概况、训导处概况、总务处概况。附校董录、三十一年度下学期教职员表、第一届毕业学生表、编后记。

收藏单位：重庆馆、国家馆

12676

私立上海商科大学章程　上海商科大学编
上海：上海商科大学，[1921—1949]，12 页，
28 开

本书附各科系课程一览。

12677

私立西南商业专科学校概览
出版者不详，1943，120 页，22 开
本书为创校周年纪念。
收藏单位：广东馆

12678

天津公立商科职业学校同学录　[天津公立商科职业学校同学录编辑委员会编]
[天津公立商科职业学校]，1933.6，154 页，
32 开

收藏单位：首都馆

12679

天津私立商业学校同学录及第一次毕业纪念册合刊　[天津私立商业学校编]
出版者不详，1927，56 页，18 开
收藏单位：首都馆

12680

吴县私立实用初级商科职业学校十年概况
蒋志杰编
[吴县私立实用初级商科职业学校]，1934，1
册，16 开

本书内容包括：立校史乘、现况彻览、学生生活等。

收藏单位：南京馆

12681

务商中学章程　务商中学编
上海：务商中学，[1911—1919]，37 页，22 开
本书内容包括：务商中学缘起、董事、职员、章程。
收藏单位：国家馆

12682

新华商业专门学校同学录（第 1 期）　[新华商业专门学校编]
北京：新华商业专门学校，1915，30 页，22
开
收藏单位：国家馆

12683

业务参考资料（第 2、4、6 辑）　华中贸易总公司编
华中贸易总公司，1949，3 册（51+36+73 页），
32 开

本书收录相关文章及报道，内容包括：《学习苏联合作社底成功经验》《现阶段的苏联消费合作社》《上海经济斗争初步获胜物价转趋平稳》《南京解放以来的物价》《关于商业部门调查研究工作的意见》《论统计学》等。

收藏单位：国家馆

12684

浙江省立高级商业职业学校校友录 浙江省立高级商业职业学校编

杭州：浙江省立高级商业职业学校，1947，57页，32开

本书内容包括：现任教职员、在校学生、历届毕业校友姓名、三十一年改组后毕业校友等。

收藏单位：南京馆、浙江馆

12685

中国商业函授学校课艺（第3、8册） 杨公英等评选

上海：中国商业函授学校，[1915—1936]，2册（80+80页），32开

收藏单位：南京馆

12686

中国商业函授学校学生成绩书 罗梯云等评选

上海：中国商业函授学校，[1919.5]，40页，25开

收藏单位：江西馆

12687

中华英汉商业辞典 李天注编

外文题名：Chung Hwa commercial dictionary

上海：中华书局，1923.4，再版，217页，64开，精装

上海：中华书局，1930.10，3版，217页，64开，精装

本书收录商界通用之英文名词、术语等，按英文字母顺序排列。附汉文注释。

收藏单位：上海馆

国内贸易经济

12688

百货公司会计 卜文俊编著

上海：世界书局，1943.9，87页，32开

上海：世界书局，[1947]，再版，87页，32开

本书共4章：进货、销货、出纳、会计。

收藏单位：广东馆、广西馆、浙江馆

12689

办办消费合作社（下册） 徐志亮编著

上海：儿童书局，1938.6，3版，34页，32开（儿童半角丛书）

本书共3部分：经营时的工作、结束时的工作、其他应有的工作。

收藏单位：国家馆

12690

陈列浅说 高伯时编

上海：中华书局，1930.11，21页，36开（民众商业丛书）

上海：中华书局，1932，再版，21页，36开（民众商业丛书）

收藏单位：重庆馆、吉林馆、江西馆、内蒙古馆、上海馆、首都馆、天津馆

12691

初级商业簿记教科书 陈文麟 施仁夫编

上海：立信会计图书用品社，1936.7，4版，195页，25开（立信会计丛书）

重庆：立信会计图书用品社，1943.7，2版，7+212页，32开（立信会计丛书）

重庆：立信会计图书用品社，1946，7版，7+212页，25开（立信会计丛书）

上海：立信会计图书用品社，1946，13版，212页，32开

上海：立信会计图书用品社，1947.2，修订14版，[12]+220页，32开（立信会计丛书）

上海：立信会计图书用品社，1947，15版，7+212页，32开（立信会计丛书）

上海：立信会计图书用品社，1947.7，修订16版，212页，32开（立信会计丛书）

重庆：立信会计图书用品社，1947，9版，7+212页，32开（立信会计丛书）

上海：立信会计图书用品社，1948.1，19版，7+212页，32开（立信会计丛书）

重庆：立信会计图书用品社，1948，10版，7+212页，25开（立信会计丛书）

上海：立信会计图书用品社，1949.1，修订后

1 版，220 页，32 开（立信会计丛书）

本书讲述商业簿记基础知识。内容包括：绪论、总帐和帐户、借和贷、过帐、试算表、商品帐户、资产负债帐户等。各章节后有习题。各版本章节有增减。

收藏单位：重庆馆、广东馆、国家馆、黑龙江馆、江西馆、辽大馆、南京馆、山西馆、绍兴馆、浙江馆

12692

初级商业簿记教科书 陈文麟 施仁夫编

上海：商务印书馆，1935.6，195 页，23 开（立信会计丛书）

上海：商务印书馆，1935.8，再版，195 页，25 开（立信会计丛书）

上海：商务印书馆，1936，4 版，195 页，22 开（立信会计丛书）

上海：商务印书馆，1936.9，5 版，195 页，25 开（立信会计丛书）

长沙：商务印书馆，1938，14 版，195 页，23 开（立信会计丛书）

上海：商务印书馆，1940.1，17 版，195 页，22 开（立信会计丛书）

长沙：商务印书馆，1940.11，20 版，195 页，32 开（立信会计丛书）

长沙：商务印书馆，1941，195 页，23 开（初级商业簿记丛书）

上海：商务印书馆，1943，9 版，195 页，25 开（立信会计丛书）

收藏单位：重庆馆、广东馆、国家馆、江西馆、南京馆、绍兴馆、首都馆、天津馆

12693

初级商业簿记教科书习题答解 立信会计图书用品社编

上海：立信会计图书用品社，[1941—1949]，油印本，131 页，18 开（立信会计丛书）

收藏单位：辽大馆、天津馆

12694

初级商业簿记教科书习题详解 储宝敏编纂

上海：商务印书馆，1937.4，60 页，15 开（立信会计丛书）

收藏单位：广西馆、国家馆、湖南馆、吉林馆、浙江馆

12695

初级商业簿记习题答解

[上海]：立信会计图书用品社，[1941—1949]，油印本，58 页，16 开，环筒页装（立信会计丛书）

收藏单位：重庆馆

12696

窗饰术 （英）费尔（L. M. Feery）著 朱武叔译

外文题名：Modern window display

上海：商务印书馆，1925，102 页，27 开

上海：商务印书馆，1930.10，95 页，32 开（万有文库第 1 集 670）（商学小丛书）

上海：商务印书馆，1934，国难后 1 版，95 页，32 开（商学小丛书）

上海：商务印书馆，1935.5，国难后 2 版，95 页，32 开（商学小丛书）

长沙：商务印书馆，1938.11，国难后 3 版，95 页，32 开（商学小丛书）

本书介绍商店橱窗的布置方法。共 3 编：陈列之原理、橱窗陈列术、店前问题。1925 年版题名：近世窗饰术。

收藏单位：安徽馆、重庆馆、大理馆、大连馆、东北师大馆、广东馆、广西馆、贵州馆、国家馆、黑龙江馆、湖南馆、惠州馆、吉林馆、江西馆、辽大馆、辽宁馆、辽师大馆、柳州馆、南京馆、内蒙古馆、宁夏馆、上海馆、首都馆、天津馆、西南大学馆、浙江馆

12697

纯粹商业论 林天枢著

北平：好望书店，1933，246 页，25 开

本书共 12 节，内容包括：商业之解释、微信用、商业机关、商品、商业经营、商业计算、商业广告等。

收藏单位：东北师大馆、国家馆

12698

店员的新生活 王汉良著

南京：正中书局，1934.5，66 页，50 开（新生活丛书）

南京：正中书局，1937.1，6 版，66 页，50 开（新生活丛书）

本书共 10 章，内容包括：绪言、新生活运动之发动及其意义、什么叫新生活、怎样实行新生活、新生活运动与店员等。

收藏单位：重庆馆、广西馆、贵州馆、桂林馆、国家馆、湖南馆、吉林馆、江西馆、辽宁馆、南京馆、浙江馆

12699

店员须知 陈铭勋著

上海：商务印书馆，1917，92 页，42 开

上海：商务印书馆，1925.12，92 页，42 开

上海：商务印书馆，1930.4，75 页，32 开（万有文库第 1 集 669）（商学小丛书）

上海：商务印书馆，1931，8 版，92 页，42 开

上海：商务印书馆，1933.3，国难后 1 版，75 页，32 开（商学小丛书）

上海：商务印书馆，1934，国难后 2 版，75 页，32 开（商学小丛书）

上海：商务印书馆，1934，国难后 3 版，75 页，32 开（万有文库 第 1 集 669）（商学小丛书）

上海：商务印书馆，1935.5，国难后 4 版，75 页，32 开（商学小丛书）

长沙：商务印书馆，1938，国难后 5 版，75 页，32 开（商学小丛书）

本书共 14 章，内容包括：商店售货人职务之关系、近世贩卖新法、商店政策之变更、上级伙友之修养法、商品之研究等。

收藏单位：安徽馆、重庆馆、大理馆、大连馆、东北师大馆、广西馆、贵州馆、国家馆、河南馆、黑龙江馆、湖南馆、江西馆、辽大馆、辽师大馆、南京馆、内蒙古馆、宁夏馆、上海馆、首都馆、天津馆、西南大学馆、浙江馆

12700

堆栈业经营概论 丁振一著

上海：商务印书馆，1931.4，142 页，32 开（万有文库第 1 集 667）（商学小丛书）

上海：商务印书馆，1934，142 页，32 开（商学小丛书）

上海：商务印书馆，1934.7，再版，139 页，32 开（商学小丛书）

[上海]：商务印书馆，[1937]，139 页，32 开

长沙：商务印书馆，1939，3 版，139 页，32 开，精装

本书为职业学校教科书。共 7 章，内容包括：堆栈业之概念、堆栈业之发达、堆栈业之业务、堆栈寄托契约、堆栈证券等。

收藏单位：安徽馆、重庆馆、大理馆、大连馆、东北师大馆、广东馆、广西馆、贵州馆、国家馆、河南馆、黑龙江馆、湖南馆、惠州馆、吉大馆、吉林馆、江西馆、辽大馆、辽师大馆、南京馆、内蒙古馆、宁夏馆、陕西馆、上海馆、天津馆、西南大学馆、浙江馆

12701

发财之道 马秉文著

北京：金城书店，1941.12，103 页，32 开

本书共 15 章，内容包括：怎样运用贮金、土地经营和营利秘诀、房产的收益和经营、小商店开办法、银行邮局贮金活用法、怎样计算利息、新兴事业与投资等。

收藏单位：安徽馆、国家馆

12702

饭店实用侍应学 卢寿联 张丹子著

[上海]：国际出版社，1935.8，157 页，32 开

本书为上海国际饭店设立侍应生训练所而编。共 4 篇：总论、做侍应生基础的预备、房间部分的工作、餐厅部分的工作。

收藏单位：上海馆、浙江馆

12703

贩卖合作社 中国合作学社编

上海：中国合作学社，1932，12 页，50 开（通俗合作丛书 5）

收藏单位：重庆馆、南京馆

12704

贩卖合作社浅说

益都县合作社指导所，1932.3，石印本，4 页，32 开，环筒页装（益都县合作社指导所宣传丛刊第 9 号）

　　本书共 3 部分：引言、贩卖合作社的意义、农民所得到的利益。

　　收藏单位：国家馆

12705

贩卖合作提要　童玉民著

上海：新学会社，1929.6，52 页，50 开（合作丛书 2）

　　本书共 8 章，内容包括：贩卖合作社之意义、贩卖合作社之效用、贩卖合作社之原理、事业之经营、业务之分担等。

　　收藏单位：国家馆、江西馆、南京馆

12706

分支店会计　程守中著

程守中 [发行者]，1930.1，58 页，32 开

12707

复式商业簿记　章祖源编

上海：中华书局，1923.10，185 页，22 开，精装

上海：中华书局，1928.10，4 版，185 页，22 开

上海：中华书局，1932，7 版，185 页，22 开

上海：中华书局，1936.12，9 版，185 页，22 开

上海：中华书局，1940.6，10 版，185 页，22 开

　　本书共两编：总说、复式簿记。第 1 编共 4 章：簿记之意义、簿记之学与术、簿记之种类、商业簿记之意义；第 2 编共 7 章，内容包括：复式原理、会计科目、帐簿组织、结算等。据《商业簿记》（吉田良三）等书编辑。

　　收藏单位：广东馆、广西馆、国家馆、黑龙江馆、湖南馆、江西馆、辽大馆、辽宁馆、南京馆、天津馆、浙江馆

12708

复式商业簿记讲义　查子森编

上海：中国商业函授学校，[1915—1949]，2 册（52+54 页），32 开

　　本书为汉英对照。第 1 册收录讲义的第 1—2 章，第 2 册收录讲义的第 3 章。

12709

改良商业簿记　朱庆堂　倪希明著

[南京]：大公会计师事务所，1946.10，169 页，25 开

　　本书共两编：改良商业簿记（中式之部）、改良商业簿记（西式之部）。第 1 编共 5 章，介绍税务机关对改良商业簿记之规定、会计科目、簿记组织、改良商业簿记实例、记帐规则；第 2 编共 3 章，介绍西式簿记之特点、复式簿记之基本认识、西式簿记实例。

　　收藏单位：广西馆

12710

改良商业簿记与报税　贾得泉著

北京：得泉簿记学校，1940.8，216 页，32 开

北京：得泉簿记学校，1942，再版，228 页，32 开

　　本书共 5 章：概论、旧帐记法举例、改良簿记之前提、设计改良簿记制度登记实例、报税。附修正所得税暂行条例等。

　　收藏单位：国家馆

12711

改良商业帐法与所得税问题　韩祖德讲述

杭州：韩祖德 [发行者]，[1937]，7 页，32 开（韩祖德会计师讲演稿 1）

　　本书讨论为适应政府实行所得税制，对商业簿记进行改良的方法。

　　收藏单位：国家馆

12712

改良中国商用账簿　赖角乡编著

梅县（梅州）：中华大书局，1942.4，216 页，32 开

　　收藏单位：南京馆

12713

改良中式商业簿记讲义　秦庆钧著

出版者不详，[1927—1949]，50 页，32 开

　　收藏单位：广东馆

12714

改良中式实用商业簿记　龙宗藩编著

长沙：商务印书馆，1939.7，147 页，32 开

上海：商务印书馆，1940，3 版，147 页，32 开

上海：商务印书馆，1946.11，4 版，147 页，32 开

　　本书共 5 章：总论、帐簿、编表、报税、帐单。附习题解答。

　　收藏单位：广东馆、广西馆、国家馆、江西馆、辽大馆、南京馆、首都馆、天津馆

12715

高级商业簿记　童传中著

上海：中华书局，1930，3 版，252 页，25 开

上海：中华书局，1930，4 版，252 页，25 开

上海：中华书局，1933，8 版，252 页，25 开

上海：中华书局，1935.8，10 版，252 页，25 开，精装

上海：中华书局，1939.9，12 版，252 页，25 开

　　本书共 5 编。第 1 编共 14 部分，内容包括：单式与复式、借贷、帐簿、总帐、帐目性质等；第 2 编共 9 部分，内容包括：银行往来、钱庄往来及记帐法、票据、损益帐目、资本帐目等；第 3 编共 8 部分，内容包括：多栏式银钱簿、零款、商品帐户之改组、票据簿等；第 4 编共 8 部分，内容包括：总帐之分组、批发商帐册、代理商帐册等；第 5 编共 8 部分，内容包括：记帐单位、无限公司之会计、两合公司之会计、股分有限公司之会计、股分两合公司之会计等。

　　收藏单位：安徽馆、重庆馆、广东馆、贵州馆、国家馆、湖南馆、南京馆、浙江馆

12716

高级商业簿记教科书　潘序伦编著

上海：立信会计图书用品社，1941，国难后 20 版，413 页，25 开（立信会计丛书）

桂林：立信会计图书用品社，1942.4，第 3 次修订本，410 页，25 开（立信会计丛书）

重庆：立信会计图书用品社，1942，新 1 版，第 3 次修订本，413 页，25 开（立信会计丛书）

重庆：立信会计图书用品社，1944.5，4 版，第 3 次修订本，413 页，25 开（立信会计丛书）

重庆：立信会计图书用品社，1946，7 版，第 3 次修订本，413 页，25 开（立信会计丛书）

重庆：立信会计图书用品社，1947.7，8 版，第 4 次修订本，420 页，25 开（立信会计丛书）

上海：立信会计图书用品社，1947.7，第 4 次修订本，420 页，25 开（立信会计丛书）

上海：立信会计图书用品社，1948，3 版，第 4 次修订本，420 页，25 开（立信会计丛书）

上海：立信会计图书用品社，1948.6，4 版，第 4 次修订本，420 页，25 开（立信会计丛书）

　　本书内容包括：簿记会计之基本概念、簿记之方式、帐户及分类簿、交易之借贷、日记簿、过帐、试算、结帐、决算表、商品帐户等。

　　收藏单位：安徽馆、重庆馆、广东馆、贵州馆、国家馆、湖南馆、江西馆、南京馆、天津馆

12717

高级商业簿记教科书　潘序伦编著

上海：商务印书馆，1930.8，2 册（500 页），25 开

上海：商务印书馆，1934，3 版，451 页，25 开（立信会计丛书）

[上海]：商务印书馆，1936—1938，第 2 次修订本，421 页，25 开（立信会计丛书）

上海：商务印书馆，1938，4 版，420 页，32 开（立信会计丛书）

重庆：商务印书馆，1939，第 3 次修订本，410 页，25 开（立信会计丛书）

[上海]：商务印书馆，1940，第 3 次修订本，413 页，25 开（立信会计丛书）

　　收藏单位：重庆馆、广东馆、国家馆、湖

南馆、内蒙古馆、浙江馆

12718

高级商业簿记教科书　王思方　朱公言编著

上海：兴业会计师事务所，1940.1，199页，23开（兴业实用会计丛书）

　　收藏单位：重庆馆

12719

高级商业簿记教科书（实习题用）　潘序伦编

[商务印书馆]，[1934]，1册，9开

　　本书共8类：普通总帐、进货客户总帐、销货客户总帐、试算表、附表、十栏式结帐计算表、资产负债表、损益计算书。

　　收藏单位：国家馆

12720

高级商业簿记教科书（实习题用　原始簿）　潘序伦编

[商务印书馆]，[1934]，1册，9开

　　本书分7类：分录簿、进货簿、销货簿、现金簿、应收票据簿、应付票据簿、零用现金簿。

　　收藏单位：国家馆

12721

高级商业簿记教科书（实习题用　支票簿）　潘序伦编

[商务印书馆]，[1934]，1册，22开

　　收藏单位：国家馆

12722

高级商业簿记教科书习题答解　立信会计图书用品社编

上海：立信会计图书用品社，[1941—1949]，油印本，188页，18开（立信会计丛书）

　　收藏单位：辽大馆、天津馆

12723

高级商业簿记教科书习题详解　潘序伦编

上海：商务印书馆，1934，石印本，107页，23开（立信会计丛书）

上海：商务印书馆，1937，3版，石印本，

111页，16开

　　收藏单位：重庆馆、国家馆、黑龙江馆、南京馆

12724

高级商业簿记教科书习题详解　杨国树编

立信会计图书用品社，[1941—1949]，1册，16开（立信会计丛书）

　　收藏单位：南京馆

12725

各种消费合作事业会计制度概要　谢允庄著

重庆：军政部陆军经理杂志社，1942.9，126页，32开

　　本书介绍杂货零售合作社、合作食堂等的会计制度。

　　收藏单位：重庆馆、广东馆、南京馆

12726

供给合作概要　新民合作社中央会编辑股编　步毓森校阅

北京：福生印刷局，1929.4，8页，32开（新民合作社中央会丛刊第1类）（合作丛书）

　　本书共4章：绪论、供给合作之本质、供给事业之经营、结论。

　　收藏单位：国家馆、首都馆

12727

供求与物价　（美）奈特（F. H. Knight）著　李培恩译　徐安珍记

之江大学商学院，[1931—1949]，28页，32开

　　本书简述供求与物价之间的关系。

　　收藏单位：上海馆

12728

广告　陆梅僧著

上海：商务印书馆，1940，198页，32开（实用商业丛书）

上海：商务印书馆，1947.2，再版，198页，32开（新中学文库）

　　本书为职业学校教科书。共6篇：广告的原理、广告的制作、广告的排列与印刷、广

告之登载、广告的工作部份、广告道德。

收藏单位：安徽馆、长春馆、重庆馆、广西馆、贵州馆、国家馆、黑龙江馆、湖南馆、江西馆、辽大馆、辽东学院馆、辽宁馆、柳州馆、南京馆、内蒙古馆、山西馆、陕西馆、首都馆、天津馆、浙江馆

12729

广告法 筹办巴拿马赛会出品协会事务所编译

筹办巴拿马赛会出品协会事务所，[1914]，10页，21开

本书简述广告的种类、适用范围和方法。

12730

广告经济学 孙孝钧编

南京：南京书店，1931.2，128页，25开

本书共12章，内容包括：广告学之意义及其效能、广告之媒介、引人注目要则之研究、撰拟广告文之要则、引起欲望之稿文等。

收藏单位：安徽馆、重庆馆、国家馆、上海馆、天津馆

12731

广告浅说 高伯时编

上海：中华书局，1930.11，20页，36开（民众商业丛书）

上海：中华书局，1932，再版，20页，36开（民众商业丛书）

本书简述广告的意义、功效、种类等。

收藏单位：重庆馆、黑龙江馆、吉林馆、江西馆、南京馆、内蒙古馆、山西馆、上海馆、首都馆

12732

广告实施学 叶心佛编著

上海：中国广告学社，1935，58页，32开

本书内容包括：商业广告的意义和要素、广告家之责任、广告之种类、广告之作风、广告的各方面等。

收藏单位：江西馆、南京馆、上海馆、首都馆、浙江馆

12733

广告心理学 （日）井关十二郎著 唐开斌译述

上海：商务印书馆，1925.11，125页，32开（商业丛书10）

上海：商务印书馆，1931，再版，125页，32开（商业丛书）

本书共14章，内容包括：广告与广告心理学、人类之原始的要求、商品之分解、联合及联想之成立、印象之连续与确保等。

收藏单位：重庆馆、广东馆、广西馆、国家馆、河南馆、湖南馆、内蒙古馆、上海馆、首都馆、天津馆

12734

广告心理学 （美）史可德（W. D. Scott）著 吴应图译述

外文题名：Psychology of advertising

上海：商务印书馆，1926.2，187页，25开

上海：商务印书馆，1927.7，再版，187页，32开

上海：商务印书馆，1932.8，国难后1版，187页，32开

本书讲授广告心理学的理论与应用问题。共17章，内容包括：绪论、记忆、感情与情绪、人类之本能、暗示、行动之种类、阅读广告之习惯、进步的思考法等。

收藏单位：重庆馆、广东馆、国家馆、湖南馆、江西馆、南京馆、浙江馆

12735

广告须知 甘永龙编译

上海：商务印书馆，1918.6，106页，32开（商业丛书1）

上海：商务印书馆，1921.11，5版，106页，32开（商业丛书1）

上海：商务印书馆，1924.9，6版，106页，32开（商业丛书1）

上海：商务印书馆，1925，7版，106页，32开（商业丛书1）

上海：商务印书馆，1927.7，8版，106页，32开，精装（商业丛书1）

上海：商务印书馆，1933.7，国难后1版，106

页，32 开（商业丛书 1）（商学小丛书）

上海：商务印书馆，1935.4，国难后 2 版，106 页，32 开（商学小丛书）

　　本书为文言体，加圈点。共 22 章，内容包括：近世商品披露法、何谓广告、稿本为广告之魂魄、广告中之射的法、图书广告之价值、杂志与新闻纸、街车广告、户外广告、广告代理等。

　　收藏单位：安徽馆、重庆馆、广东馆、广西馆、贵州馆、国家馆、湖南馆、吉林馆、江西馆、山西馆、首都馆、浙江馆

12736

广告学　丁馨伯著

重庆：立信会计图书用品社，1944，162 页，32 开（立信商业丛书）

上海：立信会计图书用品社，1946.8，再版，162 页，25 开（立信商业丛书）

　　本书共 4 编：广告原理、广告制作论、广告媒介物的研究、广告计划。

　　收藏单位：重庆馆、广东馆、国家馆、黑龙江馆、辽大馆、南京馆、内蒙古馆、天津馆

12737

广告学　冯鸿鑫编

上海：中华书局，1948.2，108 页，32 开（中华文库 初中第 1 集）

　　本书共 10 章，内容包括：广告的组织方式、作广告的研究、广告与文字、广告的媒介、广告与印刷等。

　　收藏单位：重庆馆、广东馆、广西馆、桂林馆、国家馆、黑龙江馆、湖南馆、惠州馆、江西馆、南京馆、内蒙古馆、上海馆

12738

广告学　刘葆儒著

[上海]：中华书局，1930.4，124 页，32 开

上海：中华书局，1932，124 页，25 开

上海：中华书局，1936.5，再版，124 页，25 开

　　本书共 5 章：导言、引起注意、保持注意、坚定联念、激起反应。

　　收藏单位：安徽馆、长春馆、重庆馆、广东馆、广西馆、贵州馆、国家馆、湖南馆、江西馆、辽大馆、辽宁馆、南京馆、内蒙古馆、山西馆、上海馆、首都馆、天津馆、浙江馆

12739

广告学　王贡三编著

上海：世界书局，1933.6，153 页，窄 25 开（高中商科教本）

长沙：世界书局，1938，153 页，窄 25 开（高中商科教本）

　　本书共 8 章：绪论、作广告前应有之智识、广告之构成、各种媒介物之研究、商标与广告、广告与印刷、广告组织与计划、广告与道德。附全国注册局注册条例、商标法、商标法施行细则。

　　收藏单位：重庆馆、国家馆、南京馆、首都馆

12740

广告学　吴铁声　朱胜愉编译

重庆：国立编译馆，1946.1，394+14 页，22 开（部定大学用书）

上海：国立编译馆，1946.12，再版，394+14 页，22 开（部定大学用书）

　　本书共 14 章：广告的定义和演进、现代广告的趋势、广告的机能、广告心理、广告稿本等。

　　收藏单位：重庆馆、广西馆、贵州馆、国家馆、辽大馆、辽宁馆、南京馆、上海馆、天津馆、浙江馆

12741

广告学　赵君豪编

上海：私立申报新闻函授学校讲义，[1935—1936]，160 页，36 开（上海市私立申报新闻函授学校讲义）

　　本书共 26 章，内容包括：广告之发展、广告之功用、出品与市场、现在发生效力之广告、广告之设计、商品之口号等。

　　收藏单位：黑龙江馆、上海馆

12742

广告学 ABC　蒯世勋著

上海：世界书局，1928，101 页，32 开，精装

上海：世界书局，1929，再版，101 页，32 开

上海：世界书局，1933.3，3 版，101 页，32 开

上海：世界书局，1935，4 版，101 页，32 开

　　本书共 13 章，内容包括：广告之意义与功效、广告之种类、广告之构成、广告与文字、广告与图画等。

　　收藏单位：安徽馆、重庆馆、广西馆、国家馆、河南馆、湖南馆、江西馆、辽大馆、辽宁馆、南京馆、内蒙古馆、宁夏馆、山西馆、上海馆、绍兴馆、首都馆、天津馆、浙江馆

12743

广告学概论　苏上达著

上海：商务印书馆，1929.10，63 页，25 开（万有文库 第 1 集 671）（商学小丛书）

上海：商务印书馆，1931.4，63 页，32 开（万有文库 第 1 集 671）（商学小丛书）

上海：商务印书馆，1934，63 页，32 开（商学小丛书）

上海：商务印书馆，1934，再版，63 页，32 开（商学小丛书）

长沙：商务印书馆，1940，3 版，63 页，32 开（商学小丛书）

　　本书共 7 部分，概述广告学基本理论、广告的结构与技术等。

　　收藏单位：安徽馆、重庆馆、大理馆、大连馆、东北师大馆、广东馆、广西馆、贵州馆、国家馆、黑龙江馆、湖南馆、惠州馆、江西馆、辽大馆、辽宁馆、辽师大馆、南京馆、内蒙古馆、宁夏馆、山西馆、陕西馆、首都馆、天津馆、西南大学馆、浙江馆

12744

广告学纲要　苏上达编纂

上海：商务印书馆，1930.9，393+20 页，22 开（现代商业丛书）

　　本书共 5 篇：总论、市场、广告方法、制作广告之方法、广告之媒介。附全国注册局注册条例、商标法、商标施行细则。

　　收藏单位：重庆馆、湖南馆、江西馆、南京馆、上海馆

12745

广告与人生　［曹志功编］

上海：申报馆，[1918—1949]，32 页，32 开

　　本书介绍广告的功效及与日常生活的关系，分类广告的经济性质、范围、体例、利弊及投登手续等。

　　收藏单位：上海馆

12746

广告作法百日通　罗宗善编著

上海：世界书局，1933，174 页，25 开

　　本书共 3 编：广告学概述、广告制作基本论、广告制作分析论。

　　收藏单位：安徽馆、重庆馆、广东馆、广西馆、贵州馆、国家馆、南京馆、内蒙古馆、山西馆、上海馆、首都馆、天津馆、浙江馆

12747

合作供销业务之研究　狄格琵（Margaret Digby）著　陈仲明　罗虔英译

外文题名：Producers and consumers

重庆：中国合作学社，1943.12，198 页，32 开（世界合作名著译丛）（农村合作丛书）

　　本书共 11 章，内容包括：英国的合作政策、生产合作企业、批发合作社及其供应业务、农业合作社与批发合作社、消费合作社与农民、海外的互相贸易等。书中题名：生产者与消费者。

　　收藏单位：重庆馆、国家馆、内蒙古馆、上海馆、浙江馆

12748

合作会计　（美）徐尔著　章鼎峙译

外文题名：Co-operative accounting

南京：中国合作学社，1928，38 页，32 开（合作小丛书 实施之部 2）

南京：中国合作学社，1929.12，再版，38 页，32 开（合作小丛书 实施之部 2）

南京：中国合作学社，1933.11，3 版，38 页，32 开（合作小丛书 实施之部 2）

本书共两编：合作商店记录与会计科目、合作簿记。

收藏单位：重庆馆、广东馆、广西馆、国家馆、黑龙江馆、江西馆、南京馆、内蒙古馆、上海馆、天津馆、浙江馆

12749

合作商店　中国合作学社编

南京：中国合作学社，1934.12，再版，15页，50开（通俗合作丛书 3）

本书共两部分：我们日常生活的大问题、合作商店是解决日常生活问题的方法。

收藏单位：国家馆、南京馆

12750

合作商店的研究　彭惠秀编

上海：中华书局，1936.5，48页，32开

本书内容包括：一个疑问、分头调查、几种报告、方老师的讲演等。

收藏单位：内蒙古馆、浙江馆

12751

合作商店管理法　程君清著

上海：中国合作学社，1930.3，40页，32开（合作小丛书 实施之部 4）

本书共 10 章，内容包括：社员职员之管理、会计及各种纪录、资本之运用、货物之出售、联合政策等。附消费合作社办事细则规范、合作商店职员必须身体力行的几件事。

收藏单位：重庆馆、国家馆、湖南馆、浙江馆

12752

合作商店经营论　哈里斯（E. P. Harris）著　寿勉成译

上海：中国合作学社，1930.11，78页，32开（合作丛书）

南京：中国合作学社，1936，再版，78页，32开

本书共 9 章，内容包括：唤醒消费者的重要、伙友的录取和训练、开始营业的时期和地点、消费合作社的筹划等。据 *Cooperation, the hope of consumers* 中第 3 编译出。

收藏单位：安徽馆、重庆馆、广东馆、广西馆、国家馆、吉林馆、江西馆、南京馆、内蒙古馆、上海馆、首都馆、浙江馆

12753

合作商店实施法　王世颖编

上海：中国合作学社，1928，48页，32开（合作小丛书 实施之部 1）

上海：中国合作学社，1929，再版，48页，32开（合作小丛书 实施之部 1）

上海：中国合作学社，1930，3 版，48页，32开（合作小丛书 实施之部 1）

上海：中国合作学社，1933.2，3 版，48页，32开（合作小丛书 实施之部 1）

本书共 44 部分，内容包括：组织合作商店的第一步、筹备工作、章程和附则、集合资本的方法、股票的价值、借贷资本、商店经理、经理的职务、簿记法等。附合作商店怎样会失败的。

收藏单位：安徽馆、重庆馆、国家馆、吉林馆、江西馆、南京馆、内蒙古馆、浙江馆

12754

货物推销法　程本同　孔士谔编著

上海：商务印书馆，1934.8，173页，32开

上海：商务印书馆，1934.10，再版，173页，32开

长沙：商务印书馆，1938.3，5 版，173页，32开

长沙：商务印书馆，1938.10，6 版，173页，32开，精装

[长沙]：商务印书馆，1939.8，7 版，173页，32开，精装

长沙：商务印书馆，1940，8 版，173页，32开

本书为职业学校教科书，由职业教科书委员会审查通过。共 16 章，内容包括：营业方针、定价、服务、广告、放账与收账、营业规划、货物销售之途径、市场调查、推广营业等。

收藏单位：安徽馆、重庆馆、广东馆、广西馆、贵州馆、国家馆、湖南馆、吉大馆、吉林馆、江西馆、辽大馆、辽宁馆、南京馆、

内蒙古馆、陕西馆、上海馆、首都馆、天津馆、浙江馆

12755
价格经济学 赵迺抟著
北平：北京大学，[1946—1949]，[36] 页，18 开

本书共 5 部分：绪论、价格之定义、十九世纪之价格经济学、二十世纪之价格经济学、结论。为《北京大学社会科学季刊》第 5 卷第 3 期抽印本。

收藏单位：国家馆、南京馆

12756
价格统制论 （日）河合良成著 薛学海译述
上海：商务印书馆，1937.1，11+189 页，22 开
长沙：商务印书馆，1940，再版，11+189 页，23 开

本书共 7 章：总论、价格统制与货币制度、应借国家统制权直接实施价格统制之范围、标准价格之公定及公认、价格之自治统制、输出商品之价格统制、价格统制与金融统制。附价格统制附论。

收藏单位：重庆馆、广东馆、贵州馆、国家馆、河南馆、黑龙江馆、湖南馆、吉林馆、江西馆、辽大馆、南京馆、上海馆、浙江馆、中科图

12757
简易改良商业簿记 韩占元编著
天津：韩占元会计师事务所，1940.9，104 页，16 开

收藏单位：国家馆

12758
简易商业簿记 张竹云著
上海：生活·读书·新知上海联合发行所，1949.6，95 页，32 开（新中国百科小丛书）

本书共 13 部分，内容包括：什么叫做簿记、资产和负债、收益和损失、交易的发生、簿记的种类、中式簿记的收付、记帐的次序等。

收藏单位：重庆馆、国家馆、吉林馆、辽宁馆、南京馆、内蒙古馆

12759
交易论 李权时著
上海：东南书店，1929.3，218 页，23 开（经济丛书）
上海：东南书店，1929.7，再版，218 页，22 开（经济丛书）

本书共 9 章，内容包括：交易的意义起因和工具、价值与价格论、价值之起因、供需律、货币论等。

收藏单位：重庆馆、国家馆、陕西馆、上海馆

12760
交易市场解说 （日）久保勘三郎著 尹健鹏译
北平：久保勘三郎 [发行者]，1942.12，30 页，32 开

本书共 8 部分，内容包括：交易今昔谈、市场之由来、市场之发达、交易市场之长处、交易市场之二作用等。

收藏单位：国家馆

12761
进货术 吴东初著
上海：商务印书馆，1930.4，179 页，32 开（万有文库第 1 集 661）（商学小丛书）
上海：商务印书馆，1931.4，179 页，32 开（万有文库第 1 集 661）（商学小丛书）
上海：商务印书馆，1933.3，国难后 1 版，179 页，32 开（商学小丛书）
上海：商务印书馆，1934.1，国难后 2 版，179 页，32 开（商学小丛书）
十海：商务印书馆，1934.6，国难后 3 版，179 页，32 开（商学小丛书）
上海：商务印书馆，1934.7，再版，179 页，32 开（商学小丛书）
上海：商务印书馆，1939.9，国难后 4 版，179 页，32 开（商学小丛书）
上海：商务印书馆，1947.7，5 版，179 页，32 开（商学小丛书）

本书共 16 章，内容包括：进货概论、货物来源、货物种类、进货计划、货质研究、定价与计利、货物流转、货物盘存、货物保

管与记录等。

收藏单位：安徽馆、重庆馆、大理馆、大连馆、东北师大馆、广西馆、贵州馆、国家馆、河南馆、黑龙江馆、惠州馆、江西馆、辽大馆、辽师大馆、柳州馆、南京馆、内蒙古馆、宁夏馆、上海馆、天津馆、西南大学馆、浙江馆

12762

近世商业簿记学　袁际唐著

上海：东南书店，1929.5，168 页，22 开

收藏单位：广东馆、广西馆、河南馆、湖南馆、江西馆

12763

近世应用簿记　潘上元编辑

[丽水]：元庆会计师事务所，1940.4，4 版，116 页，22 开

[丽水]：元庆会计师事务所，1941.10，6 版，138 页，22 开

本书共 13 章，内容包括：概论、借贷原理、会计科目、帐簿、单式簿记等。

收藏单位：江西馆

12764

经商方略　孙雪窗编

商业研究社，1932，142 页，32 开，环筒页装

本书收录介绍经商之法的短文 16 篇，内容包括：《环境给予我深切的教训》《学徒应有的努力》《伙友的要诀》《柜友应有的手腕》《账房的责任》《女子应急求自立》《经济调剂法》等。

12765

经商实习研究　吴云高编著

上海：世界书局，1929.12，138 页，32 开

上海：世界书局，1931.11，再版，138 页，32 开

本书内容包括：修养之要素、经营之研究、贸易之大势、商事之商榷、珠算学习法等。附商店练习生之八宝、职业修养语等。

收藏单位：重庆馆、广东馆、广西馆、国

家馆、江西馆、南京馆、内蒙古馆、绍兴馆、天津馆、浙江馆

12766

经商要素　张慰中编著

上海：泰东图书局，1920.10，2 册，25 开

本书共 4 卷，内容包括：总论、各论、商人通例外论、公司条例外论。

收藏单位：重庆馆、河南馆、首都馆

12767

经商指导　余尚清编著

上海：远东印书馆，1947，86 页，32 开（青年成功丛书）

收藏单位：广东馆

12768

经营宝笈　汪应卢等编

上海：普益书局，1931.4，156 页，25 开

本书为《职业宝鉴》之一种，分述商业、工业、农业三种主要职业的经营方法，以备人们在经营事业参考。

收藏单位：重庆馆、江西馆、首都馆、浙江馆

12769

开店　翟耀珍编

上海：中华书局，1948，22 页，32 开（中华文库 民众教育 第 1 集）

本书共 8 部分，内容包括：开店的地方和店屋、要办商业登记、怎样办货、怎样招待顾客、记帐的方法等。

收藏单位：东北师大馆、辽宁馆

12770

零售经验谈　金刚公司人事处编

[上海]：金刚公司人事处，1946，22 页，32 开

本书介绍售货员做生意的经验。

12771

零售学　吴东初著

上海：商务印书馆，1923.1，113 页，25 开

上海：商务印书馆，1924，再版，113 页，25 开

上海：商务印书馆，1926，3 版，100 页，25 开

上海：商务印书馆，1927.11，4 版，113 页，32 开（商业概要 1）

上海：商务印书馆，1930.4，100 页，32 开（万有文库 第 1 集 662）（商学小丛书）

上海：商务印书馆，1931.9，5 版，113 页，32 开

上海：商务印书馆，1933，国难后 1 版，100 页，32 开（商学小丛书）

上海：商务印书馆，1934.2，国难后 2 版，100 页，32 开（万有文库 第 1 集 662）（商学小丛书）

上海：商务印书馆，1934.7，再版，100 页，32 开（商学小丛书）

上海：商务印书馆，1935.7，国难后 3 版，100 页，32 开（商学小丛书）

本书共 46 部分，内容包括：零售概论、店友专论、商业知识、买客三种、售卖之四步、行销专论、利益专论等。

收藏单位：安徽馆、重庆馆、大理馆、大连馆、东北师大馆、广东馆、广西馆、贵州馆、国家馆、河南馆、黑龙江馆、湖南馆、江西馆、辽大馆、辽师大馆、内蒙古馆、宁夏馆、上海馆、天津馆、武大馆、西南大学馆、浙江馆

12772

旅馆实务　叶生　张望编著

中国旅行社旅馆科，1946.8，67 页，32 开

本书介绍旅馆侍应生的业务知识。

收藏单位：广西馆、吉林馆、上海馆

12773

旅业服役常识　缥缈居士编

上海：大方饭店，1933.6，85 页，32 开

本书为汉英对照。主要收录有关饮食、用具、钱币、节日、数字等的常用语。

12774

贸易　（英）班恩（Ernest J. P. Benn）著　陈长津译

外文题名：Trade

上海：商务印书馆，1932.11，109 页，32 开（商学小丛书）

上海：商务印书馆，1933，109 页，32 开（万有文库 第 1 集 350）（商学小丛书）

本书共 5 章：贸易的复杂情形、贸易领导其他贸易、政治和生产、生产和分配、结论。

收藏单位：安徽馆、重庆馆、大理馆、大连馆、东北师大馆、广东馆、广西馆、贵州馆、国家馆、河南馆、黑龙江馆、湖南馆、惠州馆、江西馆、辽大馆、辽师大馆、南京馆、内蒙古馆、宁夏馆、陕西馆、上海馆、首都馆、天津馆、西南大学馆、浙江馆

12775

贸易法　江季子编著　李定夷审订

上海：中华编译社，1918.9，158 页，22 开

本书介绍商店的经营和管理方法。共 12 章，内容包括：经商法、招徕法、货物营利法、广告实用法、商店组织法、商界联合法等。

收藏单位：国家馆

12776

贸易术浅说　高伯时编

上海：中华书局，1930.11，20 页，36 开（民众商业丛书）

上海：中华书局，1932，再版，20 页，36 开（民众商业丛书）

本书共 10 部分，内容包括：时间性和时代的关系、地域的关系、社会的习尚、资本的预算等。

收藏单位：长春馆、重庆馆、黑龙江馆、湖南馆、江西馆、首都馆、天津馆

12777

贸易统制之原理与实际　沈光沛编

上海：中华书局，1939.9，12+425 页，22 开（社会科学丛书）

本书共两编：总论、各论。上编共 12 章，内容包括：从统制经济到贸易统制、输出统制诸问题等；下编共 9 章，内容包括：美国之贸易统制策、英国贸易政策之演变、输入定额

制与法兰西经济等。

收藏单位：重庆馆、东北师大馆、广东馆、国家馆、湖南馆、吉林馆、江西馆、辽大馆、南京馆、上海馆、天津馆、浙江馆

12778
能干的小商人　张九如　周鬶青编
上海：中华书局，1929.10，再版，181 页，32 开（儿童课余服务丛书 第 5 种）
上海：中华书局，1930.11，3 版，181 页，32 开（儿童课余服务丛书 第 5 种）
上海：中华书局，1933.5，4 版，181 页，32 开（儿童课余服务丛书 第 5 种）
　本书用小说体裁编写，叙说商店组织法、管理法、商事实践法、记账法、广告法、销货法等商业上重要的知识技能。共 32 部分，内容包括：十七种商业的老祖宗出世了、出卖存货的好法子、好一位广告大家、一目了然的社中各物、一片拍卖货声、市议会通过新办法、儿童商社的销货妙计等。书前有《编辑儿童课余服务丛书旨趣》。
　收藏单位：重庆馆、国家馆、黑龙江馆、湖南馆、吉林馆、内蒙古馆、上海馆、浙江馆

12779
农产物价学　郑林宽著
上海：新农企业股份有限公司，1948.12，208 页，22 开（新农丛书）
　本书为大学教本。共 3 编：总论、物价构成论、物价统制论。
　收藏单位：安徽馆、重庆馆、广东馆、国家馆、江西馆、辽大馆、辽宁馆

12780
农产物之贩卖统制　江西省政府经济委员会编译
江西省政府统计室，1935.4，248 页，22 开（江西省政府经济委员会丛刊 9）
　本书共 10 章，内容包括：贩卖第一主义、农产物之贩卖统制、改善贩卖之必要条件、合作经营上应有之努力等。据《农产物之贩卖统制》（川村芳次）翻译。

收藏单位：重庆馆、广东馆、贵州馆、国家馆、吉林馆、江西馆、南京馆、上海馆、浙江馆

12781
农产运销合作经营论　陈仲明校阅
[中央合作指导人员训练所]，[1935—1949]，48 页，22 开（中央合作指导人员训练所讲义）
　本书内容包括：农产运销合作之概念、农产运销合作的重要性、农产运销合作社的意义和效用等。
　收藏单位：安徽馆、浙江馆

12782
农产运销学　张德粹著
南京：中国经济书刊生产合作社，1948.3，190 页，25 开（中央大学农业经济研究丛书）
　本书共 8 章，内容包括：运销职能、运销市场与区域、运销商、运销成本等。
　收藏单位：重庆馆、贵州馆、国家馆、湖南馆、上海馆、首都馆、浙江馆

12783
农村运销合作社经营法　侯哲安著
南京：中国合作学社，1934.9，92 页，32 开
　本书共 8 章，内容包括：农村运销合作社的本质、组织、事业方法、资金运用、加工事业等。附保证责任运销合作社章程。著者原题：侯哲荽。
　收藏单位：安徽馆、重庆馆、广东馆、国家馆、湖南馆、吉林馆、江西馆、南京馆、内蒙古馆、上海馆、首都馆、西南大学馆、浙江馆

12784
农村运销合作社是什么？　江西省农村合作委员会编
江西省农村合作委员会，[1928—1949]，14 页，32 开
　本书共 4 部分：运销合作社的意义、运销合作社的原则、运销合作社的利益、农民应有的认识和努力。

收藏单位：重庆馆、国家馆、南京馆

12785

农民消费合作浅说 河南中山大学农业推广部编辑股编

河南中山大学农业推广部，1930，5 页，32 开（农业丛书 18）

12786

批发合作浅说 侯厚培著

上海：中国合作学社，1929.8，38 页，32 开（合作小丛书 总部之部 5）

本书共 5 章：批发合作的意义及功用、起源、发展、业务、组织。

收藏单位：安徽馆、重庆馆、国家馆、湖南馆、吉林馆、江西馆、近代史所、南京馆、天津馆、浙江馆

12787

普通商业复式簿记 王重威编

上海：民友社，1914，86 页，22 开

收藏单位：首都馆

12788

禽产推销学 黄中成编译 黄中允助编

上海：德园家禽函授学校，1931，2 册（162+110 页），32 开（德园家禽函授学校讲义 第18 科）

上海：德园家禽函授学校，1940.9，4 版，2 册（272 页），32 开（德园家禽函授学校讲义 第18 科）

本书上册内容包括：鲜蛋的地位、注意广告的宣传、鸡蛋的组织成分、设施费的预算、平均产额、销售蛋产的方法等；下册内容包括：种鸡与种卵推销学引言、鲜蛋与种鸡兼营论、经营标准鸡种的性质、营业政策、创办的步骤、销售出品问题、广告问题等。

收藏单位：重庆馆、广西馆、湖南馆、内蒙古馆、上海馆、天津馆

12789

青年服务与修养 黄警顽编

上海：经纬书局，1935.3，20+118 页，32 开

上海：经纬书局，1936.2，再版，[29]+221 页，32 开

本书共 11 章，内容包括：职业的价值、择业的重要、商业的意义、店友的意义、失业的原因等。

收藏单位：重庆馆、国家馆、首都馆、浙江馆

12790

人人可以致富

上海：大风书社，[1919—1949]，25 页，32 开

本书共 6 部分：为心想致富者进一言、陶朱公《致富全书》、沈万三致富考、中国五大富人成功史、西洋四大富人成功史、科学的致富方法。

收藏单位：重庆馆

12791

三百六十行发财宝鉴 姚文祺编

上海：广文书局，1919，88 页，22 开

收藏单位：河南馆、首都馆

12792

商店店员应有知识 黄警顽 赵锦华编著

上海：国光书店，[1941—1947]，94 页，32 开

上海：国光书店，1947，3 版，94 页，32 开

本书共 12 章，论述店员性格和业务方面的修养。

收藏单位：上海馆、浙江馆

12793

商店店员应有知识 尹汐编辑

[新京（长春）]：文化社，1942，111 页，32 开（青年丛书）

本书共 12 章，内容包括：健全自己全在修养、职业青年生活的调整、要成一个社交的能手等。

收藏单位：辽宁馆

12794

商店管理 胡道远著

上海：商务印书馆，1934.4，119 页，32 开（商

学小丛书）

上海：商务印书馆，1934.12，再版，119 页，32 开（商学小丛书）

长沙：商务印书馆，1940.6，6 版，119 页，32 开（商学小丛书）

上海：商务印书馆，1947.7，7 版，119 页，32 开（商学小丛书）

　　本书共 16 章，内容包括：商店组织原则、办货、招徕顾主要诀、货物定价法、赊欠与讨账、货物分部方法、店中账记等。

　　收藏单位：安徽馆、重庆馆、广东馆、贵州馆、国家馆、江西馆、辽大馆、南京馆、内蒙古馆、上海馆、首都馆、天津馆、浙江馆

12795
商店规章例述　郑世贤编著
上海：新业书局，1947.5，168 页，32 开

　　本书共两编：导论、商店规章例述。上编共 5 部分，内容包括：商店规章的意义与功效、商店规章与内部组织、怎样拟定商店规章等；下编共 30 部分，内容包括：公司董事会规程、组织系统表、组织大纲、业务会议章程、文书处理规则、人事陈述规则、中小商店章程等。

　　收藏单位：近代史所

12796
商店经营法　张一梦编著
长沙：商务印书馆，1939，185 页，32 开（商学小丛书）
上海：商务印书馆，1947.7，3 版，185 页，32 开（商学小丛书）

　　本书共 14 章，内容包括：商店经营之要诀、广告效力及其运用、如何发展营业、商店之设施与顾客、店员与售货效率等。

　　收藏单位：广西馆、国家馆、辽大馆、上海馆

12797
商店经营法　周永谦编
新京（长春）：新京商工公会，1939.7，100 页，32 开

　　本书共 22 部分，内容包括：商业之种类、商业之组织、店铺、开店之三要件、商品之研究、店员管理法、精勤增加法等。

　　收藏单位：国家馆、吉林馆

12798
商店习业指南　王定九编
上海：中央书店，1935.1，66 页，25 开，精装

　　收藏单位：广东馆、江西馆

12799
商店销货术　（美）柏列斯可（N. A. Brisco）原著　戴昌藻译
外文题名：Retail salesmanship
上海：中华书局，1935.8，264 页，32 开
上海：中华书局，1936.12，再版，264 页，32 开
[上海]：中华书局，1939.5，3 版，264 页，32 开

　　本书共 22 章，内容包括：近代商店及销货术之发展、商店销货术之需要、销货员之卫生及食料、心的要素、服务、人的关系、商店训练等。

　　收藏单位：广东馆、广西馆、贵州馆、国家馆、湖南馆、江西馆、辽大馆、辽宁馆、南京馆、内蒙古馆、上海馆、首都馆、天津馆、浙江馆

12800
商店学生须知　大东书局编
上海：大东书局，1921.5，83 页，50 开（青年商业丛书）
上海：大东书局，1925.2，4 版，83 页，50 开（青年商业丛书）

　　本书为青年商业从业员修养读物。共 6 部分：概论、立身之方法、处世之方法、服务之方法、卫生之方法、上进之方法。

　　收藏单位：广西馆、河南馆、上海馆、浙江馆

12801
商店学生应有知识　黄警顽　赵锦华著

上海：国光书店，1942.9，再版，87 页，32 开

上海：国光书店，1947.3，3 版，87 页，32 开

本书为青年商业从业员修养读物。共 9 章，内容包括：怎样理解商业、服务商业、修养身心、登记簿记、研究商品等。

收藏单位：重庆馆、南京馆、内蒙古馆、浙江馆

12802

商店学业指南 大东书局编

上海：大东书局，1919.2，[182] 页，42 开（青年商业丛书）

上海：大东书局，1919.5，再版，1 册，50 开（青年商业丛书）

上海：大东书局，1921.9，4 版，1 册，50 开（青年商业丛书）

上海：大东书局，1924.2，5 版，1 册，50 开（青年商业丛书）

本书讲解商店店员之修养常识与服务、经营方法。共 12 部分：修养常识、服务南针、经营锦囊、招徕秘术、交际经络、珠算入门、看洋捷径、习字要诀、尺牍规范、簿记初步、谈话研究、商业格言。

收藏单位：广西馆、首都馆

12803

商店组织法 汪筱谢著

上海：商务印书馆，1930.4，86 页，32 开（万有文库 第 1 集 663）（商学小丛书）

上海：商务印书馆，1933.5，国难后 1 版，86 页，32 开（商学小丛书）

上海：商务印书馆，1934，国难后 2 版，86 页，32 开（商学小丛书）

上海：商务印书馆，1934.7，再版，86 页，32 开（商学小丛书）

上海：商务印书馆，1934.7，国难后 3 版，86 页，32 开（商学小丛书）

上海：商务印书馆，1937，国难后 4 版，86 页，32 开（商学小丛书）

上海：商务印书馆，1941，国难后 5 版，86 页，32 开（万有文库 第 1 集 663）（商学小丛书）

本书共 9 章，内容包括：普通公事室之建筑、公事室之布置、公事室之器具、公事室职员、选择办事人法等。

收藏单位：安徽馆、长春馆、重庆馆、大理馆、大连馆、东北师大馆、广东馆、广西馆、贵州馆、国家馆、黑龙江馆、湖南馆、吉大馆、辽大馆、辽师大馆、南京馆、内蒙古馆、宁夏馆、上海馆、天津馆、武大馆、西南大学馆、浙江馆

12804

商店组织管理法 汪筱谢编译

上海：商务印书馆，1918.7，151 页，32 开（商业丛书 4）

上海：商务印书馆，1919.2，3 版，2 册（151+140 页），32 开（商业丛书 4）

上海：商务印书馆，1924，6 版，2 册（151+140 页），32 开（商业丛书 4）

上海：商务印书馆，1926，7 版，2 册（151+140 页），32 开（商业丛书 4）

上海：商务印书馆，1928.7，8 版，2 册（151+140 页），32 开（商业丛书 4）

上海：商务印书馆，1930.10，9 版，2 册（151+140 页），32 开（商业丛书 4）

本书共两编：公事室之组织法、公事室之管理法。第 1 编内容包括：普通公事室之建筑、公事室之布置、公事室之器具、公事室职员、选择办事人法等；第 2 编内容包括：经理人及其责任、职员训练法、个人监察法、办事人之鼓励、定货制等。

收藏单位：重庆馆、广东馆、广西馆、贵州馆、黑龙江馆、内蒙古馆、上海馆、首都馆、天津馆、浙江馆

12805

商品通信推销法 朱茜茜编

上海：世界书局，1943，113 页，36 开

本书共 20 章，内容包括：文牍上的推销术、推销信的有效法、个别通信的步趋、个别通信的催促、连催信的效用、新业务的发展法等。

收藏单位：重庆馆、广东馆、辽大馆、内蒙古馆、上海馆、浙江馆

12806

商情预测学（第 1 编 划线之方法与应用） 马
识途著

上海：金融研究会，1941.8，15+145+[32] 页，
32 开，精装

本书共 28 章，内容包括：划线之意义与
线之含蓄、商情预测与划线之效用、划线与
消息之关系、划线观察之注意、日线与月线
等。

收藏单位：安徽馆、国家馆、内蒙古馆、
上海馆

12807

商人广告术 叶心佛编辑

上海：国光书店，1941.3，再版，58 页，25
开

本书共 8 章：商业广告的意义和要素、广
告家之责任、广告之性质、广告之种类、广
告之作风、广告的各方面、广告的工具、广
告代理商概论。

收藏单位：长春馆、江西馆、浙江馆

12808

商人立业指导 （美）马尔腾（Orison Swett
Marden）著 李天白译

上海：中华新教育社，1934，152 页，32 开

本书共 4 编 23 章，讲述商业者的职业修
养。著者原题：迈腾。

收藏单位：安徽馆、广东馆、国家馆、浙
江馆

12809

商事要项 刘大绅编 蒋维乔校订

上海：商务印书馆，1915，122 页，25 开

上海：商务印书馆，1919，6 版，122 页，25 开

上海：商务印书馆，1921.8，9 版，122 页，25
开

上海：商务印书馆，1922，10 版，122 页，25
开

上海：商务印书馆，1928，15 版，122 页，25
开

上海：商务印书馆，1930.12，16 版，122 页，
32 开

本书为商业学校用书。共两编：总论、分
论。共 8 章，内容包括：商事、管理、银行、
堆栈、运送、保险等。

收藏单位：广东馆、广西馆、湖南馆、首
都馆、天津馆、浙江馆

12810

商事要项 吴忠果编

出版者不详，[1911—1949]，3 册，22 开

本书内容包括：商业之意义、商业之沿
革、商业之类别、媒介商业、辅助商业等。

收藏单位：浙江馆

12811

商业 刘大绅编纂

上海：商务印书馆，1915—1916，3 册，25 开

本书为师范学校本科用教科书。共上、
中、下 3 卷。

收藏单位：首都馆

12812

商业簿记 封振声编著

上海：世界书局，1933，272 页，窄 25 开（高
中商科教本）

本书共 17 章，内容包括：复式簿记的基
础观念、总账、日记簿、结账、会计科目、
分栏式记帐法、决算、决算报告表、记账单
位研究等。

收藏单位：重庆馆、国家馆、湖南馆、上
海馆、浙江馆

12813

商业簿记 甘允寿编

上海：立信会计图书用品社，1941.7，331 页，
32 开

重庆：立信会计图书用品社，1941.10，331 页，
32 开（立信会计丛书）

重庆：立信会计图书用品社，1942，4 版，328
页，32 开

重庆：立信会计图书用品社，1943，6 版，331
页，32 开

重庆：立信会计图书用品社，1944，7 版，331
页，32 开

上海：立信会计图书用品社，1946.12，5 版，331 页，32 开（立信会计丛书）

上海：立信会计图书用品社，1947，13 版，331 页，32 开（立信会计丛书）

重庆：立信会计图书用品社，1948，12 版，331 页，32 开（立信会计丛书）

本书适用于高级中学及职业学校。共 30 章，内容包括：簿记的大意、帐户和分类簿、日记簿、资产帐户、负债帐户、资本帐户、损益表、现金收入簿、现金付出簿等。

收藏单位：重庆馆、广东馆、国家馆、吉林馆、南京馆、浙江馆

12814

商业簿记 军需学校编

军需学校，1933，369 页，32 开

收藏单位：南京馆

12815

商业簿记 李崇德著

重庆商余公司，1931，[24]+238 页，25 开（重庆市市立商人夜课学校丛书）

收藏单位：重庆馆

12816

商业簿记 李宣韩编

上海：商务印书馆，1915.2，2 册（375 页），25 开

上海：商务印书馆，1915.12，再版，2 册（375 页），25 开

上海：商务印书馆，1919.11，6 版，375 页，25 开

上海：商务印书馆，1921.9，8 版，2 册（375 页），32 开

上海：商务印书馆，1922.9，9 版，2 册（375 页），25 开

上海：商务印书馆，1924.9，修订版，259 页，32 开

上海：商务印书馆，1925.5，259 页，25 开

本书为商业学校用书。共 3 编：单记式簿记、复记式簿记、传票及纸片式散页式。

收藏单位：广西馆、国家馆、河南馆、湖南馆、江西馆、南京馆、首都馆、浙江馆

12817

商业簿记 罗大凡编

出版者不详，[1929—1949]，268 页，16 开

本书为上海法政学院商业簿记教科书。

12818

商业簿记 秦开编 高伯时修改 王祖廉校

[上海]：新国民图书社，1929.9，134 页，32 开

收藏单位：湖南馆、南京馆

12819

商业簿记 屠补山编

浙江财务人员养成所，1931.6，92 页，大 16 开

本书内容包括：帐簿之组织、现金簿、现金簿之结算、进货簿与销货簿等。

收藏单位：浙江馆

12820

商业簿记 王凤来编著

私立建业会计学校，[1941—1949]，油印本，1 册，36 开，环筒页装

本书讲述一般商业会计原理及其应用。

收藏单位：国家馆

12821

商业簿记 杨端六编

上海：商务印书馆，1925.2，再版，226 页，25 开

上海：商务印书馆，1926.9，3 版，222 页，25 开

上海：商务印书馆，1927，4 版，226 页，25 开

上海：商务印书馆，1928.9，5 版，230 页，32 开

上海：商务印书馆，1930，6 版，230 页，22 开

本书共 10 章，内容包括：本书之范围、复式簿记之原理、帐簿之组织、分录与过帐、票据与券据、试算、结算等。附公司会计、货币问题、关于会计之法律等。

收藏单位：重庆馆、广东馆、国家馆、河

南馆、黑龙江馆、湖南馆、江西馆、辽宁馆、南京馆、绍兴馆、浙江馆

12822
商业簿记　杨汝梅著
上海：中华书局，1935.4，16 版，254 页，32开

　　本书共 12 章，内容包括：总论、单式簿记、复式簿记原理、复式簿记组织及登记实例、决算、会计科目之分类解说、会计师等。

　　收藏单位：南京馆

12823
商业簿记　杨兆熊著
上海：世界书局，1934.4，330 页，26 开
　　本书为高级商科职业学校教科书。

　　收藏单位：重庆馆、国家馆、湖南馆

12824
商业簿记　杨兆熊　葛慕周编著
上海：正中书局，1948.7，176 页，16 开

　　本书共 19 章，内容包括：借贷原理和应用、会计科目和帐户、簿记的组织和程序、分录和分录簿、过帐和分类帐、结帐、决算报告等。

　　收藏单位：安徽馆、重庆馆、国家馆、南京馆

12825
商业簿记　曾牖编
私立浙江法政专门学校，[1912—1918]，322页，23 开（私立浙江法政专门学校政治部讲义录）

12826
商业簿记　张玉蠕著
上海：中华书局，1948.1，135 页，32 开（中华文库 初中第 1 集）

　　本书共 10 章，内容包括：簿记的意义及功用、会计事项及其记载的方法、特种日记帐、帐目的结算、决算表等。

　　收藏单位：重庆馆、广东馆、广西馆、桂林馆、国家馆、黑龙江馆、湖南馆、吉林馆、

江西馆、南京馆、内蒙古馆、上海馆、首都馆

12827
商业簿记　张忠亮著
上海：黎明书局，1933.5，10+386 页，32 开
上海：黎明书局，1933，再版，10+386 页，32开
上海：黎明书局，1934，3 版，10+386 页，32开（黎明商业丛书）
上海：黎明书局，1935.9，增订 4 版，10+390页，32 开（黎明商业丛书）
上海：黎明书局，1937，增订 5 版，10+390 页，32 开（黎明商业丛书）

　　本书共 23 章，内容包括：簿记的大意、交易、借贷法则、分录簿、总帐、试算表等。

　　收藏单位：重庆馆、广东馆、广西馆、国家馆、河南馆、南京馆、首都馆、浙江馆

12828
商业簿记（下册）　王凤来编著
华北新华书店，1947.1，103 页，32 开（建业会计丛书 3）

　　本书讲述一般商业会计原理及其应用。共 8 编，内容包括：预算与计算、现金出纳、总务会计、中式簿记、总账之废除等。

　　收藏单位：国家馆、山东馆

12829
商业簿记（下册）　王凤来编著
建业会计学校，1947，111 页，32 开（建业会计丛书 9）

　　收藏单位：国家馆

12830
商业簿记纲要　李兆萱　顾正光著
兰州：国立甘肃学院银会学会，1945.7，120页，32 开

12831
商业簿记教程　军需学校军需训练班编
军需学校军需训练班，[1930—1939]，280页，25 开

本书为军需学校军需训练班教程。

收藏单位：国家馆、南京馆

12832

商业簿记教程习题答解 顾荫丞著

[上海]：立信会计图书用品社，[1941—1949]，油印本，110 页，16 开，环筒页装（立信会计丛书）

本书收录习题 91 道、复习题 5 道。

收藏单位：重庆馆

12833

商业簿记教科书 （日）佐野善作著 汪廷襄译

上海：商务印书馆，1912，7 版，235 页，22 开

上海：商务印书馆，1913.5，9 版，235 页，23 开

上海：商务印书馆，1914，11 版，235 页，25 开

上海：商务印书馆，1920.4，13 版，235 页，32 开

上海：商务印书馆，1922.3，15 版，235 页，22 开

上海：商务印书馆，1925，16 版，235 页，22 开

本书共 3 部分：绪论、本论、附录。本论部分共 3 编：原理及计算之顺序、账项之分类及其记入法、账簿之组织及其记入法。

收藏单位：广东馆、湖南馆、南京馆、首都馆、天津馆、浙江馆

12834

商业簿记例题及解答 杨汝梅著

北京：杨汝梅[发行者]，1922.3，3 版，石印本，28 页，18 开，环筒页装

收藏单位：国家馆

12835

商业簿记练习题 韩汝庚编译 白连甫校订

北京：簿记讲习所，1923，54 页，22 开

收藏单位：国家馆、辽宁馆、首都馆、天津馆

12836

商业簿记习题答解 立信会计图书用品社编

上海：立信会计图书用品社，[1941—1949]，油印本，134 页，18 开（立信会计丛书）

收藏单位：辽大馆、天津馆

12837

商业簿记指导 沈耀宗编著

上海：中华新教育社，1934，130 页，32 开

收藏单位：广东馆、国家馆

12838

商业常识 陈文 张英阁编著

重庆：立信会计图书用品社，1942，178 页，32 开

重庆：立信会计图书用品社，1942.10，再版，141 页，32 开

重庆：立信会计图书用品社，1944，3 版，修订本，141 页，32 开

重庆：立信会计图书用品社，1945，4 版，修订本，141 页，32 开

上海：立信会计图书用品社，1947.4，7 版，修订本，146 页，32 开

上海：立信会计图书用品社，1947，9 版，修订本，146 页，32 开（立信商业丛书）

重庆：立信会计图书用品社，1949，10 版，146 页，32 开（立信商业丛书）

上海：立信会计图书用品社，1949.1，12 版，146 页，32 开

本书内容包括：绪论、商业组织、商业管理、币与度量衡、票据、商业的法定设施及经营、国际贸易等。各版本章节有增删。

收藏单位：重庆馆、贵州馆、国家馆、江西馆、辽大馆、南京馆、内蒙古馆、天津馆、浙江馆

12839

商业常识 冯鸿鑫编

上海：中华书局，1948.1，109 页，32 开（中华文库 初中第 1 集）

本书共 14 章，内容包括：商业组织、商业管理、进货与销货、商业机关、货币与票据、保险、国际贸易、商业簿记与统计等。

收藏单位：重庆馆、广东馆、广西馆、桂林馆、国家馆、黑龙江馆、湖南馆、惠州馆、江西馆、辽大馆、南京馆、内蒙古馆、上海馆、绍兴馆、首都馆

12840
商业常识　孔士谔著
[上海]：商务印书馆，[1936]，178 页，32 开（商学小丛书）
上海：商务印书馆，1936.10，再版，178 页，32 开（商学小丛书）
上海：商务印书馆，1938，3 版，178 页，32 开（商学小丛书）
长沙：商务印书馆，1941，6 版，[10]+178 页，32 开（新中学文库）（商学小丛书）
上海：商务印书馆，1947.2，7 版，179 页，32 开（新中学文库）（商学小丛书）

本书共 20 章，内容包括：总论、商业、商人及商业使用人、商业之资本、商业管理、商业设备等。

收藏单位：安徽馆、长春馆、重庆馆、广东馆、广西馆、贵州馆、国家馆、河南馆、黑龙江馆、湖南馆、江西馆、辽大馆、辽东学院馆、南京馆、内蒙古馆、首都馆、天津馆、浙江馆

12841
商业常识　施伯珩著
上海：商业珠算学社出版社，1934.8，10+170 页，25 开（商学丛书 4）

本书共 10 编：绪论、商人、商业、商店、商业机关、钱庄业、银行业、信托业、运输业、保险业。

收藏单位：国家馆、南京馆、浙江馆

12842
商业常识　阎文栋编
西安：西北青年会计学校，1942.10，116 页，32 开（青年会计丛书 2）

收藏单位：重庆馆

12843
商业道德　盛在珣著

上海：商务印书馆，1915，88 页，32 开
上海：商务印书馆，1915.12，再版，76 页，25 开
上海：商务印书馆，1916，3 版，88 页，32 开
上海：商务印书馆，1919.6，5 版，88 页，32 开
上海：商务印书馆，1923.5，9 版，88 页，32 开
上海：商务印书馆，1925.10，11 版，88 页，32 开
上海：商务印书馆，1931.4，12 版，76 页，25 开
上海：商务印书馆，1933.5，国难后 1 版，75 页，32 开
上海：商务印书馆，1934.12，国难后 3 版，75 页，32 开
上海：商务印书馆，1935，国难后 4 版，76 页，32 开

本书为商业学校用书。共两编：绪论、原论。第 1 编共 4 章，内容包括：商业道德之意义、商业与道德之关系等；第 2 编共 25 章，内容包括：爱国、立志、良心、对于顾客之道德、成功与道德之关系等。

收藏单位：重庆馆、广东馆、贵州馆、国家馆、江西馆、南京馆、上海馆、首都馆、浙江馆

12844
商业道德论　陈维藩著
出版者不详，1936.8，46 页，25 开（江西中学丛书）

本书介绍商业道德的意义、宗旨、范围，商业与商业道德的关系，商业道德与法律的关系，商人的商业道德等。

收藏单位：国家馆

12845
商业概论　陈文编著
重庆：立信会计图书用品社，1944，2 册（361+405 页），32 开（立信商业丛书）
上海：立信会计图书用品社，1946.4，再版，[361+405] 页，32 开（立信商业丛书）
重庆：立信会计图书用品社，1947，3 版，

[361+405] 页，32 开（立信商业丛书）

重庆：立信会计图书用品社，1948，4 版，2 册（361+405 页），32 开（立信商业丛书）

本书共 16 章，概述商业的意义、商业的组织、管理及商业的活动范围，分述货币、票据、商税、银行业、信托业及其他各类商业，介绍商业调查统计和国际贸易问题。

收藏单位：重庆馆、东北师大馆、广东馆、吉大馆、吉林馆、辽大馆、辽宁馆、南京馆、内蒙古馆、绍兴馆、天津馆

12846

商业概论 周宪文编

上海：中华书局，1937，3 版，492 页，25 开

本书共两编：总论、各论。上编内容包括：商业、商人与商业使用人、商品、市场与物价、商业设备、商业机关、货币、票据、广告等；下编内容包括：买卖业、日用品市场、百货商店、消费合作社、经济业、银行业、信托业等。

收藏单位：广东馆

12847

商业概论讲义 商务印书馆函授学校商业科编

[上海]：商务印书馆函授学校商业科，[1923—1941]，2 册（116 页），36 开

本书讲述商业原理与业务。内容包括：商业组织、管理、度量衡、货币与票据、商品、进货、广告等。

12848

商业概要（第 2 卷 进货学） 吴东初著

上海：商务印书馆，1923，210 页，25 开

上海：商务印书馆，1926.4，再版，210 页，窄 25 开

上海：商务印书馆，1928.8，3 版，210 页，25 开（商业概要）

上海：商务印书馆，1930.11，4 版，210 页，25 开

本书共 16 章，内容包括：进货概论、货物来源、货物种类、进货计划、为竞争进货、定价与计利、货物流转等。

收藏单位：重庆馆、广东馆、广西馆、贵州馆、国家馆、湖南馆、江西馆、辽大馆、辽宁馆、内蒙古馆、上海馆、首都馆、浙江馆

12849

商业管理 李权时著

上海：黎明书局，1934，178 页，32 开（黎明商业丛书）

上海：黎明书局，1937.4，再版，178 页，32 开（黎明商业丛书）

本书共 10 章，内容包括：绪论、企业家与自然环境、企业家与生产技术问题、企业家与市场问题等。

收藏单位：安徽馆、长春馆、重庆馆、广东馆、广西馆、国家馆、河南馆、湖南馆、吉林馆、江西馆、南京馆、陕西馆、上海馆、首都馆、浙江馆

12850

商业管理 刘荫生编

上海：中华书局，[1931]，158 页，22 开

上海：中华书局，1932，再版，158 页，23 开

上海：中华书局，1934.4，3 版，158 页，22 开

上海：中华书局，1936，4 版，158 页，22 开

昆明：中华书局，1940.5，5 版，158 页，32 开

本书共 21 章，内容包括：商业组织与管理、人员专部、雇用、训练、待遇、店址之选择等。

收藏单位：重庆馆、广东馆、广西馆、贵州馆、国家馆、湖南馆、吉林馆、江西馆、辽大馆、辽宁馆、南京馆、内蒙古馆、上海馆、绍兴馆、天津馆、浙江馆

12851

商业管理概论 吴云高编

上海：中华书局，1930.11，17 页，36 开（民众商业丛书）

上海：中华书局，1932.9，再版，17 页，36 开（民众商业丛书）

收藏单位：长春馆、重庆馆、湖南馆、吉林馆、江西馆、内蒙古馆、上海馆、首都馆

12852

商业管理员专册　孔士谔编

上海：商务印书馆，1937.8，631 页，32 开，精装

　　本书共 17 部分，内容包括：簿记与会计、公司财政、一般管理、邮政、电报、铁路运输、商业统计、商业算术、国内外汇兑、广告与推销等。

　　收藏单位：重庆馆、广东馆、贵州馆、南京馆、上海馆、天津馆

12853

商业管理指导　中华新教育社编译

上海：中华新教育社，1934.2，148 页，32 开

　　本书内容包括：商业管理、工厂组织、商店陈设、商品推销、商业心理、商业广告等。

　　收藏单位：广东馆、国家馆、浙江馆

12854

商业教本　曾牗编

上海：中华书局，1918.8，3 版，2 册，32 开

　　收藏单位：南京馆

12855

商业经　社会部编

湖南青年图书馆，1943.8，100 页，64 开

　　收藏单位：南京馆

12856

商业经济　柳准编

上海：商务印书馆，1916.4，56 页，25 开

上海：商务印书馆，1919.8，3 版，56 页，27 开

上海：商务印书馆，1920，4 版，56 页，25 开

上海：商务印书馆，1926.8，8 版，56 页，27 开

　　本书为商业学校用书。阐述经济学的定义及贸易、货币、银行、国外汇兑等理论与实践问题。共两编：经济通论、商业经济。

　　收藏单位：重庆馆、河南馆、南京馆、陕西馆、首都馆

12857

商业经济概论　（日）户田海市著　周佛海郭心崧译

上海：商务印书馆，1928.7，412 页，22 开（现代商业丛书）

上海：商务印书馆，1932.11，国难后 1 版，412 页，21 开（现代商业丛书）

上海：商务印书馆，1935.5，国难后 2 版，412 页，22 开（现代商业丛书）

　　本书共两篇：内国商业、外国贸易。第 1 篇共 5 章：批发商业、零售商业、日用品市场、投机商业、不正竞争；第 2 篇共 4 章：外国贸易的性质、贸易政策的理论、贸易政策的手段、贸易政策实行的手续。书前有总论。

　　收藏单位：安徽馆、重庆馆、东北师大馆、贵州馆、国家馆、河南馆、湖南馆、吉大馆、江西馆、辽大馆、辽宁馆、南京馆、上海馆、天津馆、浙江馆

12858

商业经济指导　（美）黎乾著　中华新教育社编译

上海：中华新教育社，1934.2，70 页，32 开

　　本书共 4 部分：商业要论、银行须知、商业票据、汇兑述要。

　　收藏单位：安徽馆、广东馆、国家馆、浙江馆

12859

商业经营 ABC　王澹如著

上海：ABC 丛书社，1931.3，127 页，32 开（ABC 丛书）

上海：ABC 丛书社，1932.11，再版，127 页，32 开（ABC 丛书）

　　本书共 16 章，内容包括：营业组织、窗饰与店柜的设备、商号商标与市招的采用、店员的运用与事务的分配、进货、货物的陈列、广告等。

　　收藏单位：安徽馆、重庆馆、广东馆、国家馆、湖南馆、辽大馆、南京馆、内蒙古馆、上海馆、首都馆、浙江馆

12860

商业科讲义　范彦矧讲述

平民义务教育同志社，1917.2，1 册，32 开

　　本书由商业讲义第 1 种《商业事项》、第

3 种《商业历史》、第 8 种《推广营业法》合订成册。

　　收藏单位：国家馆

12861
商业理财　刘望苏著

上海：商务印书馆，1936.1，344 页，22 开（现代商业丛书）

上海：商务印书馆，1936.7，再版，344 页，22 开（现代商业丛书）

　　本书共 14 章，内容包括：商业组织、自有资本、短期借用资本、流动资本、投资、企业的合并等。附中国营业股份有限公司章程、江南铁路公司发行公债章程、公司法、票据法、破产法等。

　　收藏单位：安徽馆、重庆馆、广西馆、贵州馆、国家馆、湖南馆、辽大馆、南京馆、陕西馆、上海馆、首都馆、天津馆、浙江馆

12862
商业理财学　商务印书馆著

上海：商务印书馆，1913.12，再版，83 页，22 开

上海：商务印书馆，1915，3 版，83 页，25 开

　　本书共 12 章，内容包括：商业例言、释进出口之统计、国外贸易、金银币之定差、论任商与保商之利害等。

　　收藏单位：湖南馆、首都馆、浙江馆

12863
商业谋事常识　时希圣著

上海：新民书局，1935.3，121 页，32 开

上海：新民书局，1935.3，再版，121 页，32 开

　　本书共 11 章，内容包括：职业的价值、择业的重要、商业的意义、店友的意义、失业的原因、服务要件等。

　　收藏单位：重庆馆、广东馆、河南馆、南京馆、山东馆、首都馆

12864
商业事务常识　李培恩编著

外文题名：Office management

上海：商务印书馆，1932.11，240 页，32 开（商学小丛书）

上海：商务印书馆，1933.12，240 页，32 开（万有文库 第 1 集 647）（商学小丛书）

上海：商务印书馆，1934.2，再版，204 页，32 开（商学小丛书）

上海：商务印书馆，1934.7，3 版，204 页，32 开（商学小丛书）

上海：商务印书馆，1934.7，4 版，202 页，32 开（商学小丛书）

上海：商务印书馆，1935.5，5 版，204 页，32 开（商学小丛书）

长沙：商务印书馆，1938.9，6 版，204 页，32 开（商学小丛书）

　　本书共 14 章，内容包括：现代事务部、事务部之组织及管理、事务室家具与设备、事务用机器、档案制度、交通方法、工作报告等。

　　收藏单位：安徽馆、重庆馆、大理馆、大连馆、大庆馆、东北师大馆、广东馆、广西馆、贵州馆、国家馆、河南馆、黑龙江馆、湖南馆、吉林馆、江西馆、辽大馆、辽师大馆、南京馆、内蒙古馆、宁夏馆、上海馆、首都馆、天津馆、西南大学馆、浙江馆

12865
商业数学

北平：交通大学，[1927—1937]，368 页，16 开

　　收藏单位：首都馆

12866
商业算术　褚凤仪编著

上海：商务印书馆，1933，245 页，32 开

上海：商务印书馆，1934.3，再版，245 页，32 开

上海：商务印书馆，1935，4 版，236 页，32 开

上海：商务印书馆，1937.6，8 版，311 页，32 开

长沙：商务印书馆，1938.10，10 版，311 页，32 开

长沙：商务印书馆，1939.3，11 版，311 页，32 开，精装

长沙：商务印书馆，1940，14 版，245 页，32
开，精、平装

上海：商务印书馆，1941，15 版，311 页，32
开

上海：商务印书馆，1946，19 版，311 页，32
开

上海：商务印书馆，1947，20 版，311 页，32
开

上海：商务印书馆，1948.8，21 版，311 页，32
开

　　本书为职业学校教科书。共 8 编：复名数
法、百分法、利息、活期存款、连锁法、股
票及债权、按分法、级数。附我国度量衡、
中外货币、计算面积体积之公式等。

　　收藏单位：重庆馆、广东馆、广西馆、贵
州馆、国家馆、湖南馆、江西馆、南京馆、
内蒙古馆、山西馆、上海馆、天津馆、浙江
馆

12867
商业算术　顾询编著
重庆：立信会计图书用品社，1949.2，[13]+
350+22 页，32 开（立信会计丛书）

　　本书共两编：算术之复习、商业算术。第
1 编内容包括：加法减法、乘法除法、分数、
小数与省略算、复名数等；第 2 编内容包括：
定价与折扣、商品成本、手续费及佣金、损
益计算、利息、年金、所得税等。附日数推
算表、复利终值表、年赋金表等。

　　收藏单位：重庆馆、内蒙古馆

12868
商业算术　黄邦柱著
上海：群益书社，1917.12，再版，246 页，32
开

上海：群益书社，1920.11，246 页，32 开，精
装

　　收藏单位：江西馆

12869
商业算术　骆师曾编著
上海：世界书局，1934，307+12 页，25 开

　　收藏单位：重庆馆、广西馆、国家馆、浙

江馆

12870
商业算术　王丙辰编著
西安：西北会计学校，[1942]，72 页，36 开
（青年会计丛书 3）

　　本书共 5 部分：复名数法、百分法、利
息、股票及债券、按分法。

　　收藏单位：重庆馆

12871
商业算术　徐任吾著
上海：商务印书馆，1933，221 页，32 开（万
有文库 第 1 集 689）（商学小丛书）

上海：商务印书馆，1934.1，221 页，32 开（商
学小丛书）

上海：商务印书馆，1934，再版，221 页，32
开（商学小丛书）

上海：商务印书馆，1935.5，3 版，221 页，32
开（商学小丛书）

上海：商务印书馆，1940，6 版，221 页，32
开（商学小丛书）

　　本书共 5 章：单利息及单利贴现、复利
息、确定年金、年金问题、债务分期拨还。
附日数计算表、复利表、现值表等。

　　收藏单位：安徽馆、重庆馆、大连馆、东
北师大馆、广东馆、广西馆、贵州馆、国家
馆、河南馆、黑龙江馆、湖南馆、吉大馆、
江西馆、辽大馆、辽师大馆、内蒙古馆、宁
夏馆、山西馆、上海馆、天津馆、西南大学
馆、浙江馆

12872
商业算术　曾牖　吴宗焘编
上海：商务印书馆，1915，再版，2 册（161+
107 页），25 开

上海：商务印书馆，1916，3 版，2 册（161+
107 页），25 开

上海：商务印书馆，1920.4，6 版，2 册（159+
107 页），25 开

上海：商务印书馆，1924.11，2 册（159+107
页），25 开

上海：商务印书馆，1925，再版，2 册（159+

107 页），25 开

上海：商务印书馆，1928.8，4 版，2 册（159+107 页），25 开

上海：商务印书馆，1930，5 版，2 册（159+107 页），25 开

　　本书为高级商业学校教科书。共 9 编：四基法、复名数法、分厘法、利息法（上、下）、按分法、外国汇兑、买卖计算书、级数。

　　收藏单位：长春馆、重庆馆、广东馆、广西馆、国家馆、河南馆、湖南馆、吉大馆、江西馆、内蒙古馆、首都馆、浙江馆

12873

商业算术习题详解　褚凤仪编

上海：商务印书馆，1935.11，193 页，32 开

[上海]：商务印书馆，1940.9，3 版，249 页，32 开

　　本书为职业学校教科书。

　　收藏单位：重庆馆、贵州馆、国家馆、河南馆、湖南馆、江西馆、辽宁馆、南京馆、陕西馆

12874

商业通论　侯厚培　侯厚吉编

上海：黎明书局，1933.8，10+532 页，22 开

上海：黎明书局，1934.8，再版，510 页，22 开（黎明商业丛书）

上海：黎明书局，1939，3 版，10+532 页，22 开（黎明商业丛书）

上海：黎明书局，1941.9，4 版，10+532 页，22 开（黎明商业丛书）

上海：黎明书局，1943.2，6 版，532 页，22 开（黎明商业丛书）

　　本书共 12 章，内容包括：商业种类、商业组织、商业管理、事务管理、职工管理、商业经营、商业理财等。附公司法、公司法施行法、公司登记规则等。

　　收藏单位：安徽馆、长春馆、重庆馆、广东馆、广西馆、贵州馆、国家馆、河南馆、湖南馆、江西馆、辽大馆、南京馆、内蒙古馆、山西馆、绍兴馆、首都馆、天津馆、西南大学馆、浙江馆

12875

商业通用簿记　王德昌著

出版者不详，[1911—1949]，石印本，40 页，18 开

12876

商业统计　李权时编纂

上海：商务印书馆，1933，国难后 1 版，283 页，32 开，精装（商业科讲义）

　　收藏单位：广东馆

12877

商业统计　林光澄著

上海：商务印书馆，1929.10，176 页，32 开（万有文库 第 1 集 648）（商学小丛书）

上海：商务印书馆，1933.9，176 页，25 开（商学小丛书）

上海：商务印书馆，1934.1，再版，176 页，32 开（商学小丛书）

上海：商务印书馆，1934.8，3 版，176 页，32 开（商学小丛书）

上海：商务印书馆，1937，4 版，176 页，32 开（万有文库 第 1 集 648）（商学小丛书）

上海：商务印书馆，1939.12，176 页，25 开（万有文库 第 1、2 集简编 500 种 108）（商学小丛书）

　　本书共两编：总论、各论。首编内容包括：统计之略史、统计之性质、统计材料之来源、分类及制表等；次编内容包括：销售统计、管理统计、物价指数等。

　　收藏单位：安徽馆、长春馆、重庆馆、大理馆、大连馆、东北师大馆、广东馆、广西馆、贵州馆、国家馆、河南馆、黑龙江馆、湖南馆、惠州馆、江西馆、辽大馆、辽师大馆、南京馆、内蒙古馆、宁夏馆、陕西馆、上海馆、天津馆、武大馆、西南大学馆、浙江馆

12878

商业投资投机　（美）鲁意斯刚直著　彭兆良译

上海：中华新教育社，1934.2，72 页，32 开

　　本书共两章：投资论、投机论。

收藏单位：安徽馆、国家馆

12879

商业心理学 （日）大野辰见著　高书田译

上海：商务印书馆，1928，112 页，32 开（新智识丛书）

上海：商务印书馆，1933，国难后 1 版，112 页，32 开（商学小丛书）

上海：商务印书馆，1935.4，国难后 2 版，107 页，32 开（商学小丛书）

本书共 5 章：绪论、知觉与记忆、注意与感情、意志与能力、个性与职业。

收藏单位：安徽馆、重庆馆、广东馆、广西馆、贵州馆、国家馆、河南馆、吉林馆、江西馆、辽大馆、辽宁馆、南京馆、内蒙古馆、上海馆、天津馆、浙江馆

12880

商业心理学 （美）斯诺（A. J. Snow）著　刘炳藜编译

外文题名：Psychology in business relation

上海：中华书局，1936.5，398 页，32 开

本书共 5 编：消费者之心理、市场心理、广告心理、售卖心理、雇用心理。

收藏单位：长春馆、重庆馆、贵州馆、国家馆、黑龙江馆、吉林馆、江西馆、辽大馆、辽宁馆、南京馆、内蒙古馆、上海馆、首都馆、天津馆、浙江馆

12881

商业学 罗宗善编著

上海：世界书局，1931.4，181 页，32 开

上海：世界书局，1931，再版，181 页，32 开

上海：世界书局，1931.11，3 版，181 页，32 开

上海：世界书局，1933.3，5 版，181 页，32 开

本书共 37 部分，内容包括：商业是什么、商业的效用、商业的起源、商业和农工业、商店的组织、个人商店、公司、怎样招徕生意、货币、票据、合作社等。

收藏单位：重庆馆、广东馆、广西馆、国家馆、河南馆、黑龙江馆、湖南馆、吉林馆、江西馆、辽大馆、辽宁馆、南京馆、首都馆、

天津馆、浙江馆

12882

商业学 王贡三编

上海：南京书店，1933.8，170 页，23 开

本书为新学制高中商科教科书。共 18 章，内容包括：绪论、商人、商品、营业要略、银行、保险、堆栈、铁路、海运等。

收藏单位：南京馆、上海馆、浙江馆

12883

商业学大纲 罗宗善编著

上海：世界书局，1934.8，245 页，25 开

上海：世界书局，1935，再版，245 页，25 开

本书共 17 章，内容包括：通论、我国商业的过去现在和将来、商业的组织（工厂同）、商业的管理、商业的经营、货币、票据、度量衡、国际贸易与商业政策等。

收藏单位：安徽馆、重庆馆、广东馆、广西馆、贵州馆、国家馆、河南馆、湖南馆、吉大馆、吉林馆、江西馆、辽大馆、辽宁馆、南京馆、陕西馆、天津馆、浙江馆

12884

商业学概论 陈国桢编

上海：商务印书馆，1927.3，142 页，25 开

上海：商务印书馆，1928，再版，142 页，25 开

上海：商务印书馆，1929，3 版，142 页，25 开

上海：商务印书馆，1933，国难后 2 版，157 页，32 开

长沙：商务印书馆，1938.7，国难后 11 版，157 页，25 开

长沙：商务印书馆，1938.8，10 版，157 页，32 开

上海：商务印书馆，1946，17 版，142 页，32 开

本书为商业学校用书。共 7 编：总论、关税、仓库业、银行、铁路、海运、保险。

收藏单位：重庆馆、广东馆、国家馆、河南馆、湖南馆、辽大馆、南京馆、浙江馆

12885

商业学概论　孔士谔编纂

上海：商务印书馆，1933.2，231 页，32 开

上海：商务印书馆，1934，5 版，231 页，32 开

上海：商务印书馆，1937，7 版，231 页，32 开

长沙：商务印书馆，1938.8，10 版，231 页，32 开

长沙：商务印书馆，1940.2，12 版，231 页，32 开

重庆：商务印书馆，1943.4，176 页，32 开

赣县（赣州）：商务印书馆，1944，231 页，32 开

重庆：商务印书馆，1947，再版，176 页，36 开

　　本书为高级商业学校教科书。共 17 章，内容包括：商业之鸟瞰、商业组织、商业管理、货币与票据、商业机关、银行、堆栈、运输、市场交易与零售商、国际贸易、商业簿记等。

　　收藏单位：重庆馆、广东馆、国家馆、湖南馆、江西馆、辽大馆、南京馆、内蒙古馆、绍兴馆、浙江馆

12886

商业应用会计学　曾子唯　赵云朗编著

上海：商务印书馆，1948，158 页，32 开

　　本书为职业学校教科书。共 16 章，内容包括：会计及会计学、借贷及四柱原理、会计科目、分录与过帐、试算、结算报告表、商法与会计等。

　　收藏单位：长春馆、重庆馆、国家馆、湖南馆、吉林馆、江西馆、辽大馆、辽宁馆、南京馆、宁夏馆、浙江馆

12887

商业预算　杨镜航著

上海：商务印书馆，1931.5，210 页，22 开（现代商业丛书）

上海：商务印书馆，1933.1，国难后 1 版，211 页，22 开（现代商业丛书）

上海：商务印书馆，1935，国难后 2 版，211 页，22 开（现代商业丛书）

　　本书共 19 章，内容包括：商业预算之重要、商业预算之利弊、销售预算、广告费预算、生产预算、原料预算、行政报告等。

　　收藏单位：安徽馆、重庆馆、广东馆、广西馆、国家馆、江西馆、辽大馆、南京馆、内蒙古馆、上海馆、首都馆、天津馆、浙江馆

12888

商业之改造　许鸣达编著

上海：世界书局，1929.11，118 页，32 开（经济学丛书）

　　本书共 6 章：总论、消费和生产、现代经济组织下之罪恶、合作主义、网状经济协展主义、结论。

　　收藏单位：重庆馆、广西馆、国家馆、河南馆、湖南馆、江西馆、辽大馆、南京馆、陕西馆、上海馆、浙江馆

12889

商用决算报表编制法　陈其祥编

南京：大公会计师事务所，1932.10，46 页，32 开

　　收藏单位：南京馆

12890

生意经　戴蔼庐著

上海：现代书局，1929.9，248 页，32 开

　　本书介绍各行业的商业知识与经营方法。内容包括：钱业略史、更拆与划头、长期存放、钱业簿记、米、洋木、炭等。

　　收藏单位：重庆馆、广西馆、国家馆、吉林馆、江西馆、近代史所、上海馆、首都馆、浙江馆、中科图

12891

十年抛砖录（上集）　郑世贤著

上海：立立社出版部，1936.4，230 页，32 开

　　本书收录有关从业人员的修养及专业知识的介绍文章。

　　收藏单位：国家馆、南京馆

12892

实验推广百货秘诀　广文书局编译所编辑

上海：世界书局，1921.6，石印本，1 册，25
开

　　本书共 4 部分：广告法、销售法、赠品
法、廉价法。附维系顾客法。

　　收藏单位：浙江馆

12893
实用高级商业簿记　吴志华编
梅县（梅州）：广东省立岭东商业职业学校，
1942.11，346 页，窄 23 开（省商丛书）

　　本书讲述商业会计原理与应用。

　　收藏单位：重庆馆

12894
实用高级商业算术　杜穆编
北平：大学出版社，1935，317 页，32 开

　　收藏单位：国家馆、首都馆、浙江馆

12895
实用广告学　（美）赫罗尔德（L. D. Herrold）
著　李汉荪　华文煜编译
外文题名：Advertising for the retailer
天津：新中国广告社，1932.5，250 页，32 开
（新中国广告社丛书）

　　本书介绍广告术的含义和广告的内容，
说明如何选择销售点并设计大型广告和窗饰。

　　收藏单位：广西馆、山西馆、首都馆、天
津馆、浙江馆

12896
实用广告学　蒋裕泉编
外文题名：Practical advertising
上海：商务印书馆，1925.10，61+20 页，32 开
（商业丛书）
上海：商务印书馆，1926.3，再版，61+20 页，
32 开
上海：商务印书馆，1931，3 版，61 页，32 开
（商业丛书）

　　本书为新学制高级商业学校教科书。共 9
章，内容包括：中国之广告史、广告之意义、
广告之价值、广告之种类、广告与文字等。
附吾国民律草案对于广告之规定、上海市公
所颁发修订征收广告税章程、上海广告事业

之调查等。

　　收藏单位：重庆馆、国家馆、湖南馆、江
西馆、南京馆、上海馆、浙江馆

12897
实用商业簿记　高鹤龄著
[新京（长春）]：益智书店，1941.9，5 版，
263 页，22 开

　　本书共 16 章，内容包括：总论、复式簿
记原理、帐项及帐位、帐簿及其记法等。

　　收藏单位：国家馆

12898
实用商业簿记　王禹臣编
出版者不详，[1911—1949]，104 页，22 开

　　本书内容包括：簿记之意义、簿记之效
用、簿记之目的、簿记之种类等。

　　收藏单位：浙江馆

12899
实用商业簿记　余天栋　徐觉世编译
上海：商务印书馆，[1920]，254 页，25 开
上海：商务印书馆，1923.12，4 版，254 页，22
开
上海：商务印书馆，1925.5，5 版，254 页，25
开
上海：商务印书馆，1927，6 版，254 页，25
开
上海：商务印书馆，1930.4，8 版，254 页，32
开
上海：商务印书馆，1932，国难后 1 版，254
页，25 开
上海：商务印书馆，1934，4 版，订正本，254
页，28 开
上海：商务印书馆，1939，国难后 8 版，254
页，25 开

　　本书共 4 编。第 1 编共 8 章，内容包括：
帐簿之组织、银钱簿、进货簿等；第 2 编共 5
章，内容包括：汇票、票据簿、分录簿等；第
3 编共 5 章，内容包括：论总帐、各种特别帐
簿、公司之会计等；第 4 编共 3 章，内容包
括：单记式之帐簿、单记式之结算、原始簿之
增加过帐栏。

收藏单位：安徽馆、重庆馆、广东馆、国家馆、湖南馆、江西馆、辽宁馆、南京馆、首都馆、天津馆、浙江馆

12900

实用商业簿记 朱执诚著

[北平等]：新中国书局，1949.4，再版，88页，32开（财政经济丛书）

本书共9章：簿记的概念、簿记的方法、科目、日记帐、分类帐、试算表、传票、票据、结帐。

收藏单位：国家馆、吉林馆、辽大馆、辽宁馆、宁夏馆、首都馆

12901

实用商业簿记大全 查子森著

上海：汉文正楷印书局，1933.6，152页，23开

收藏单位：重庆馆、国家馆

12902

实用商业学进修课本 陈文 张英阁编著

昆明：进修出版教育社，1944.3，113页，22开（进修丛书5）

本书共60章，内容包括：商业的起源及其意义、商业的效用、商业的分类、商人、商业使用人等。

收藏单位：贵州馆

12903

实用运销合作 （美）麦凯（Andrew William McKay）（美）雷因（Charles Homer Lane）著 金陵大学农学院经济系译

外文题名：Practical cooperative marketing

上海：商务印书馆，1937.3，10+347页，25开

本书共上、中、下3编：合作社之性质任务组织及经营、优良运销合作社之实施与政策、运销合作社成败之原因。

收藏单位：安徽馆、重庆馆、东北师大馆、广东馆、广西馆、贵州馆、国家馆、黑龙江馆、湖南馆、吉林馆、辽大馆、辽宁馆、南京馆、宁夏馆、上海馆、首都馆、武大馆、浙江馆

12904

市场分配学 高晋原著

上海：商务印书馆，1937.6，172页，22开（现代商业丛书）

长沙：商务印书馆，1939.10，再版，172页，22开（现代商业丛书）

本书共6章：绪论、市场之概念、市场分配之机能、市场分配组织、市场价格、商人排除问题。

收藏单位：重庆馆、广东馆、广西馆、贵州馆、国家馆、吉林馆、辽大馆、南京馆、内蒙古馆、陕西馆、上海馆、浙江馆

12905

市场学 侯厚吉编

上海：黎明书局，1935.8，260页，22开（黎明商业丛书）

本书共24章，内容包括：市场的职能、农产品的市场、原料品的市场、制造品的市场、直接运销、零售商、运输、储藏等。

收藏单位：安徽馆、重庆馆、广东馆、国家馆、湖南馆、吉林馆、江西馆、辽大馆、南京馆、陕西馆、上海馆、首都馆、天津馆、西南大学馆、浙江馆

12906

市场学大纲讲义

时代印刷出版社，[1911—1949]，76页，36开

本书共16章，内容包括：绪论、聚货职务、分级职务、运输职务、散货职务、负险职务、金融职务、调查职务、价格与定价、市场之改造等。书中题名：重华学院市场学大纲讲义。

收藏单位：重庆馆

12907

市场学原理 丁馨伯编译

上海：世界书局，1934.8，10+324页，25开

上海：世界书局，1947.6，再版，324页，25开

本书共30章，内容包括：消费者购买动机之分析、市场功用及其制度、直接推销法、百货商店与函售公司、农产批发市场、进货问题、运输问题、商品储藏、市场效能论等。

收藏单位：重庆馆、广东馆、广西馆、贵州馆、国家馆、河南馆、湖南馆、江西馆、辽大馆、辽宁馆、南京馆、内蒙古馆、陕西馆、上海馆、天津馆、浙江馆

12908

适用商业簿记　张心澂著

桂林计能出版合作社，1947.5，1 册，32 开

本书共 11 章：总论、会计科目、单据、传票、会计簿籍、日记簿、分类帐、备查簿、报表、寄销和承销的簿记、支店簿记。

收藏单位：广西馆、桂林馆

12909

适用商业簿记之增修及刊误　[张心澂著]

[桂林计能出版合作社]，[1947—1949]，1 册，32 开

收藏单位：广西馆

12910

售货术 ABC　张家泰著

上海：ABC 丛书社，1929.4，119 页，32 开（ABC 丛书）

上海：ABC 丛书社，1930，119 页，32 开（ABC 丛书）

上海：ABC 丛书社，1933，3 版，119 页，32 开（ABC 丛书）

上海：ABC 丛书社，1934.11，5 版，119 页，32 开（ABC 丛书）

上海：ABC 丛书社，1936.10，6 版，119 页，32 开（ABC 丛书）

本书共 7 章，内容包括：引论、售货部的组织、售货上的管理、笼络顾客的方法等。

收藏单位：重庆馆、广东馆、贵州馆、国家馆、河南馆、湖南馆、江西馆、辽大馆、内蒙古馆、宁夏馆、绍兴馆、首都馆、天津馆、浙江馆

12911

售货术原理与应用　吴学慰著

长沙：商务印书馆，1940，10+190 页，32 开

上海：商务印书馆，1940，再版，10+190 页，32 开

本书共 17 章，内容包括：总论、售货人的资格、说服与劝诱、理由与暗示的应用、如何应付异议、商品论、人性之研究等。

收藏单位：广东馆、国家馆、辽大馆、上海馆、天津馆

12912

售货学　欧炳光编纂

香港：特信广告公司，1941.6，37 页，32 开

本书共 34 部分，内容包括：售货时应有效劳观念、工作时应有之热诚、切勿多人聚谈、招呼应当敏捷欢迎、留意候人招呼之顾客、认识顾客及其姓名、报告与献议等。

收藏单位：国家馆

12913

图绘经商献曝录　丁方镇编

甬东（舟山）：寿世草堂，1930，103 页，32 开，环筒页装

本书为从事商业者讲解个人修养。共 42 章，内容包括：负笈从师、莫忘师恩、勤俭为立身之本、谨守店规、不可贪小利以损名誉等。

12914

推销问题　程守中编著

出版者不详，1933.1，32 页，16 开

本书共 4 部分：推销之重要及与生产之关系、推销之途径、科学管理法下之推销、推销国货之刍议。

收藏单位：国家馆、上海馆

12915

物价管制讲话　白之美著

南平：产建社，1943.10，28 页，32 开

本书共 7 章：物价论、通货论、生产论、土地论、产业论、交通论、人口论。

收藏单位：浙江馆

12916

物价继涨的经济学　吴大业著

重庆：商务印书馆，1945.6，11+209 页，25 开（南开大学研究所丛书）

上海：商务印书馆，1946.6，209 页，25 开（南开大学研究所丛书）

上海：商务印书馆，1947.7，再版，11+209 页，25 开（南开大学研究所丛书）

　　本书研究物价持续上涨的因素和影响。共 14 章，内容包括：分配、消费、投机、垄断、中国战时的生产、就业、财政货币与信用等。

　　收藏单位：安徽馆、长春馆、重庆馆、东北师大馆、广东馆、广西馆、贵州馆、国家馆、黑龙江馆、江西馆、近代史所、辽大馆、辽宁馆、南京馆、上海馆、首都馆、天津馆、浙江馆

12917

物价论　郭大力著

赣县（赣州）：中华正气出版社，1943.11，56 页，25 开

　　本书共 5 部分：总论、物价的旋律、货币的价值及其决定、战时商人的权利及其限界、掌握物资的理论。

　　收藏单位：广东馆、广西馆、江西馆、南京馆

12918

物价论　杨蔚著

[重庆]：文史丛书编辑部，1940.12，156 页，32 开（文史丛书 26）

　　本书共 9 章，内容包括：物品购买力与其变动、供给与物价、需要与物价、物价统制等。

　　收藏单位：重庆馆、东北师大馆、广东馆、国家馆、湖南馆、南京馆、上海馆、浙江馆

12919

物价统制论　刘长宁著

重庆：财政评论社，1943.7，136 页，22 开（财政评论社丛书）

　　本书共 3 篇：论物价统制的方法、各国战时物价统制、各国平时物价统制。

　　收藏单位：重庆馆、广东馆、广西馆、国家馆、吉林馆、辽宁馆、南京馆、内蒙古馆、

上海馆、天津馆、浙江馆

12920

物价统制论　伍启元编著

金华：正中书局，1941.10，140 页，32 开（中国人文科学社丛刊）

重庆：正中书局，1943.1，3 版，140 页，32 开（中国人文科学社丛刊）

　　本书共 10 章，内容包括：物价变动的影响、物价统制的几个理论问题、物价统制的范围与宗旨、评定价格的原则、中国战时物价统制等。附经济建设之基本原则、中国物价统制法规、日本物价统制大纲、战后物价问题。

　　收藏单位：安徽馆、重庆馆、东北师大馆、广东馆、广西馆、贵州馆、国家馆、湖南馆、吉林馆、辽大馆、辽宁馆、南京馆、上海馆、武大馆、浙江馆

12921

物价问题　周佛海著

上海：商务印书馆，1924.10，115 页，32 开（百科小丛书 64）

上海：商务印书馆，1926.11，再版，115 页，窄 36 开（万有文库 第 1 集 229）（百科小丛书 64）

上海：商务印书馆，1930.10，95 页，32 开（万有文库第 1 集 229）（百科小丛书）

上海：商务印书馆，1933，国难后 1 版，95 页，32 开（百科小丛书）

上海：商务印书馆，1934.12，国难后 2 版，115 页，32 开（百科小丛书）

　　本书共两编：物价涨落之原理、物价政策。上编内容包括：物价及物价问题之意义、物价测定的方法、物价涨落的直接原因、物价涨落的间接原因；下编内容包括：物价腾贵之影响及物价政策之意义、治标的物价政策、治本的物价政策。

　　收藏单位：安徽馆、重庆馆、大理馆、大连馆、大庆馆、东北师大馆、广东馆、广西馆、贵州馆、国家馆、河南馆、黑龙江馆、湖南馆、吉林馆、江西馆、辽大馆、辽师大馆、南京馆、内蒙古馆、宁夏馆、山东馆、

上海馆、绍兴馆、首都馆、天津馆、西南大学馆、浙江馆

12922

物价问题之研究　徐青甫著

重庆：邮政储金汇业局，1944.9，180 页，25 开（金融知识丛书）

　　本书共 4 章："物价机构概述""劳、物、币之交互关系及其影响""物价内容之分析及其变动之真象""物价变动下之社会谬误与纷扰"。

　　收藏单位：重庆馆、广东馆、国家馆、湖南馆、吉林馆、南京馆、上海馆

12923

物价与物价指数　周伯棣著

桂林：文化供应社，1942.1，55 页，50 开（青年新知识丛刊）

　　本书共 4 章：从价值说到物价、物价与经济、物价的划定、物价的趋势。

　　收藏单位：重庆馆、广西馆、桂林馆、国家馆、湖南馆、南京馆、浙江馆

12924

物价涨落原理　沈锡良著

文怡书局，1941.10，13+116 页，22 开（经济丛书）

　　本书共 4 编：绪论、货物本身价值问题、货币本身的价值问题、稳定物价的方法。

　　收藏单位：重庆馆、国家馆、吉林馆、近代史所、上海馆

12925

物价指数　盛俊讲

中央统计联合会，1934.2，17 页，16 开（中央统计联合会联合演讲 8）

　　本书介绍物价指数的定义及编制方法。

　　收藏单位：上海馆

12926

物价指数编制法　芮宝公著

上海：中华书局有限公司，1936.4，104 页，32 开（新文化丛书）

　　本书共 10 部分，内容包括：物价指数之意义及性质、物价指数之种类、物品之选取及分类、指数公式之六类、公式之配合等。附我国现有之物价指数、参考书籍。

　　收藏单位：安徽馆、重庆馆、广东馆、国家馆、河南馆、江西馆、辽大馆、辽宁馆、南京馆、首都馆、天津馆、浙江馆

12927

物价指数论提要　赵人俊著

财政部驻沪调查货价局，[1928]，16 页，16 开（经济统计丛书 1）

　　本书共 10 部分，内容包括：指数之意义、货物之数目及种类、价格之类别、加重之理论及方法、基本时期及基本价格等。

　　收藏单位：南京馆、内蒙古馆、中科图

12928

物价指数浅说　金国宝著

上海：商务印书馆，[1925]，100 页，36 开（商学小丛书）

上海：商务印书馆，1926，121 页，36 开（百科小丛书 103）

上海：商务印书馆，1930.4，100 页，32 开（万有文库第 1 集 230）（商学小丛书）

上海：商务印书馆，1931，再版，121 页，48 开（百科小丛书 103）

上海：商务印书馆，1933.11，国难后 1 版，100 页，32 开（商学小丛书 103）

上海：商务印书馆，1939.12，100 页，25 开（万有文库 第 1、2 集简编 500 种 82）（商学小丛书）

上海：商务印书馆，1947.2，5 版，100 页，32 开（新中学文库）（商学小丛书）

　　本书共 17 部分，内容包括：上海之物价指数、物价指数之定义、物价指数之历史、编制之方法、相对价格与实在价格、物品之数目与种类、加权问题等。

　　收藏单位：安徽馆、长春馆、重庆馆、大理馆、大连馆、东北师大馆、甘肃馆、广东馆、广西馆、贵州馆、国家馆、河南馆、黑龙江馆、湖南馆、江西馆、近代史所、辽大馆、辽师大馆、柳州馆、南京馆、内蒙古馆、

宁夏馆、山东馆、上海馆、绍兴馆、首都馆、天津馆、西南大学馆、浙江馆、中科图

12929

物价指数之理论与实际 （日）森田优三著 许亦非译

长沙：商务印书馆，1939，478 页，32 开

长沙：商务印书馆，1941.3，再版，478 页，32 开，精装

本书共 3 编：指数方法之基础知识、物价指数之经济理论、物价指数之实际。附中外重要物价指数表、索引。

收藏单位：东北师大馆、广西馆、贵州馆、国家馆、江西馆、辽大馆、南京馆、内蒙古馆、上海馆、首都馆、浙江馆

12930

现代店友常识 黄警顽编

上海：经纬书局，1935.3，150 页，32 开

上海：经纬书局，1935.5，再版，150 页，32 开

上海：经纬书局，1936，增订再版，118 页，32 开

上海：经纬书局，1937.7，再版，221 页，32 开

上海：经纬书局，[1937.8]，221 页，32 开

本书共 11 章，内容包括：职业的价值、择业的重要、商业的意义、店友的意义、失业的原因、服务要件等。

收藏单位：国家馆、内蒙古馆、山东馆、上海馆

12931

现代经商指导 曼真著

上海：大方书局，1941.10，再版，97 页，32 开

上海：大方书局，1947.3，再版，97 页，36 开

本书共 18 部分，内容包括：出卖存货、广告、货物的鉴定、订立章程、招股法、注册、商社的地位等。

收藏单位：广西馆、辽宁馆、南京馆

12932

现代青年经商指导 朱鸿富著

上海：教育书店，1937.1，574 页，32 开，精装

上海：教育书店，1937.6，再版，408 页，32 开

上海：教育书店，1939，再版，408 页，32 开

上海：教育书店，1940，再版，386 页，32 开

本书讲述有关经商的修养与常识。共 16 卷，内容包括：修养、组织、布置、经营、广告等。

收藏单位：重庆馆、江西馆、南京馆、首都馆、浙江馆

12933

现代青年经商指导（上） 黄曼青编

奉天（沈阳）：艺声书店，1940.12，312 页，32 开

本书共 13 卷，内容包括：修养类、布置类、广告类、经营类、交际类、管理类、经验类、服务类等。

收藏单位：辽宁馆

12934

现代商业经营法 过耀根编纂

上海：商务印书馆，1918.7，188 页，32 开（商业丛书 3）

上海：商务印书馆，1919，3 版，189 页，32 开（商业丛书 3）

上海：商务印书馆，1922.4，5 版，189 页，32 开（商业丛书 3）

上海：商务印书馆，1924，6 版，189 页，32 开（商业丛书 3）

上海：商务印书馆，1927，8 版，189 页，32 开（商业丛书 3）

上海：商务印书馆，1931.7，9 版，189 页，32 开（商业丛书 3）

本书共 10 章，内容包括：最近商界之倾向与其特征、零卖及批发界之变化、时势之剧变与现代经营式、现代式经营之本质与精神、促进的贩卖手段及贩卖方法等。

收藏单位：重庆馆、广东馆、广西馆、湖南馆、江西馆、南京馆、内蒙古馆、绍兴馆、

首都馆、浙江馆

12935

现代推销术 （美）夫累得利克（J. G. Frederick）
原著　余天希译
外文题名：Modern salesmanship
上海：世界书局，1946.10，173 页，32 开

　　本书共 33 部分，内容包括：推销员的自我分析和志向、推销员成功的重要品质、现代推销术的真义、最新式的购买技术和对于推销术的影响、完善的推销员测验等。

　　收藏单位：重庆馆、广东馆、国家馆、辽大馆、南京馆、山西馆、上海馆、浙江馆

12936

消费合作 江西省地方行政干部训练团编
江西省地方行政干部训练团，1940，94 页，32 开（分组训练教材 76）

　　本书内容包括：消费市场、消费合作之定义目的及组织、零售业务、会计制度等。附各县消费合作社管理办法草案。

　　收藏单位：重庆馆

12937

消费合作 王效文著
上海：商务印书馆，1929.10，67 页，32 开（万有文库 第 1 集 203）（百科小丛书）
上海：商务印书馆，1933.4，国难后 1 版，67 页，32 开（百科小丛书）
上海：商务印书馆，1934.7，再版，67 页，32 开（百科小丛书）
上海：商务印书馆，1935，国难后 2 版，67 页，32 开（百科小丛书）

　　本书共 10 章，内容包括：消费合作之起源、目的、思想、资本、销售等。

　　收藏单位：安徽馆、重庆馆、大理馆、大连馆、大庆馆、东北师大馆、广东馆、广西馆、贵州馆、国家馆、河南馆、黑龙江馆、湖南馆、江西馆、辽大馆、辽师大馆、柳州馆、南京馆、内蒙古馆、宁夏馆、上海馆、首都馆、天津馆、西南大学馆、浙江馆

12938

消费合作 中国国民党浙江省执行委员会宣传部编
杭州：中国国民党浙江省执行委员会宣传部，1930.12，104 页，32 开（合作丛书）

　　本书共 10 章，内容包括：消费合作的起源、意义、种类、资本、经营方法等。附浙江省合作社规程、合作社章程式样、组织合作社应用文件等。

　　收藏单位：上海馆、浙江馆

12939

消费合作簿记 河南省训练团编
河南省训练团，1947.3，102 页，32 开

　　本书概述会计之基本概念、交易、帐户、交易分录法等。

　　收藏单位：国家馆

12940

消费合作簿记 谢允庄编著
上海：正中书局，1947.7，233 页，32 开（合作指导丛书）

　　本书为消费合作及合作会计人员训练用书。共 4 编：中式簿记、复式簿记、节工分工、兼营簿记。

　　收藏单位：重庆馆、国家馆、吉林馆、辽宁馆、南京馆

12941

消费合作概论 张振平著
上海：现代书局，1927.9，70 页，36 开

　　本书共 7 章，内容包括：消费合作之起源、消费合作之目的和性质、消费合作之原则、各国消费合作事业之概况、消费合作之组织及其经营等。

　　收藏单位：河南馆、黑龙江馆、陕西馆、首都馆、浙江馆

12942

消费合作概要 新民合作社中央会编辑股编
　　步毓森校阅
北京：福生印刷局，1939.6，30 页，32 开（新民合作社中央会丛刊 第 1 类）（合作丛书

5）

本书共 6 章：消费合作的意义、消费合作的功用、消费合作社的组织、消费合作社的经营、会计制度、农村消费合作。

收藏单位：国家馆

12943

消费合作纲要 王效文编译

上海：商务印书馆，1924.4，77 页，32 开（百科小丛书 37）

上海：商务印书馆，1926.6，再版，77 页，36 开（百科小丛书 37）

上海：商务印书馆，1931，3 版，77 页，32 开（百科小丛书 37）

本书共 10 章，内容包括：消费合作之起源、目的、思想、资本、销售等。据《消费合作论》（季特）与《消费合作运动》（韦勃）两书编译。

收藏单位：重庆馆、广东馆、广西馆、国家馆、河南馆、湖南馆、江西馆、南京馆、上海馆、首都馆、天津馆

12944

消费合作简论 邢琬著

上海特别市合作运动宣传周委员会，[1927—1930]，16 页，32 开

12945

消费合作经营论 侯哲安著

上海：太平洋书店，1930.2，11+297 页，32 开

本书共 8 章，内容包括：消费合作的意义、消费合作的功用、消费合作社的组织、消费合作社的经营、消费合作社的会计制度等。著者原题：侯哲莽。

收藏单位：重庆馆、广西馆、国家馆、河南馆、湖南馆、南京馆、内蒙古馆、上海馆、首都馆、天津馆、浙江馆

12946

消费合作经营论 吴藻溪著

重庆：农村科学出版社，1940.7，47 页，32 开（农业合作丛书）

本书共 3 章：消费合作社的特质、消费合作社的经营、消费合作社和商人。

收藏单位：重庆馆、国家馆、南京馆

12947

消费合作论 （日）山村乔著 刘侃元译

上海：大江书铺，1930.7，159 页，32 开

本书共 8 章，内容包括：发达史概观、消费合作社的本质、消费合作社的事业与组织、消费合作的限界、消费合作之社会的意义等。

收藏单位：重庆馆、广东馆、广西馆、国家馆、河南馆、吉林馆、江西馆、南京馆、上海馆、首都馆、天津馆、浙江馆

12948

消费合作浅说 ［北平特别市社会局编］

北平特别市社会局，1930.2，46 页，36 开（北平特别市社会局合作运动宣传品 1）

本书共 8 章，介绍消费合作社的意义、组织、功用、业务、经营及发展状况。附北平市灯市口消费合作社简章、北平碧云自治村合作社简章、江苏省政府消费有限合作社章程、辽宁安东消费公社简章。

收藏单位：国家馆、首都馆、浙江馆

12949

消费合作浅说 河南省农村合作委员会编

河南省农村合作委员会，[1928—1949]，14 页，32 开

本书为合作讲习教材。分 3 节介绍什么叫消费合作社、为什么要组织消费合作社、如何去经营消费合作社。附购货折式样。

收藏单位：重庆馆

12950

消费合作浅说 侯厚培著

南京：中国合作学社，1929.4，36 页，32 开（合作小丛书 总论之部 4）

南京：中国合作学社，1930，36 页，32 开（合作小丛书 总论之部 4）

南京：中国合作学社，1930.7，再版，36 页，32 开（合作小丛书 总论之部 4）

南京：中国合作学社，1934.12，3 版，35 页，32 开（合作小丛书 总论之部 4）

本书共 8 章，内容包括：消费合作的意义及其目的、消费合作社的种类、消费合作的起源、消费合作社的社员、消费合作社的资本等。

收藏单位：安徽馆、重庆馆、广东馆、广西馆、国家馆、河南馆、湖南馆、吉林馆、江西馆、南京馆、天津馆、浙江馆

12951

消费合作浅说　上海市社会局编

上海市社会局，[1930—1949]，15 页，32 开

本书介绍消费合作社的意义、目的、作用、起源、经营、组织步骤等。

收藏单位：重庆馆、国家馆、南京馆、上海馆

12952

消费合作浅说　实业部劳工司编

实业部，1931.5，12 页，16 开

本书共 12 节，内容包括：什么叫消费合作社、怎样组织消费合作社、消费合作社和普通商店有什么不同等。

收藏单位：国家馆、湖南馆、辽宁馆

12953

消费合作社簿记　谢允庄编

社会部合作事业管理局全国合作社物品供销社，[1941]，148 页，32 开

本书分 3 编。共 13 章，内容包括：记帐概说、记帐实务、试算及月结、兼营簿记的要点、往来社报表等。

收藏单位：重庆馆、国家馆、南京馆

12954

消费合作社的组织和经营　社会部合作事业管理局　全国合作社物品供销处编

社会部合作事业管理局、全国合作社物品供销处，1941.10，22+60 页，21 开

社会部合作事业管理局、全国合作社物品供销处，1942.8，修订版，22+60 页，21 开

本书共 4 章：概说、消费合作社的组织、消费合作社的经营、怎样使消费合作社办理成功。附消费合作社章程、消费合作社会计

规则、消费合作社的发票。

收藏单位：重庆馆、国家馆、南京馆

12955

消费合作社的组织与经营　[社会部合作事业管理局　全国合作社物品供销处编]

陕西省合作供销业务代营局，1941，50 页，32 开（陕西省合作供销业务代营局丛刊）

收藏单位：重庆馆、国家馆、南京馆

12956

消费合作社发票制度之研究　章鼎峙著

上海：中国合作学社，1930.3，32 页，32 开（合作小丛书 实施之部 5）

上海：中国合作学社，1933.4，再版，32 页，32 开（合作小丛书 实施之部 5）

本书共 13 部分，内容包括：发票的意义、发票制度对于消费合作社之重要、筹码制度、买货记录簿制度、印花制度等。

收藏单位：重庆馆、广东馆、广西馆、国家馆、湖南馆、吉大馆、吉林馆、南京馆、首都馆、浙江馆

12957

消费合作社概要　江苏省农矿厅合作事业指导委员会编

江苏省农矿厅合作事业指导委员会，1929.8，18 页，32 开

收藏单位：南京馆

12958

消费合作社经营法　福建省政府建设厅合作事业管理局编

福建省政府建设厅合作事业管理局，1939.7，28 页，25 开（福建省合作训练小丛书）

本书共两章：消费合作的理论、消费合作社的经营。附各项用表 11 种。

收藏单位：安徽馆、国家馆

12959

消费合作社经营论　潘鼎元著

南京：中国合作学会，1941.10，44 页，32 开（中国合作学会丛书）

本书共 10 章，内容包括：消费合作的意义、消费合作的起源、消费合作社的组织、消费合作社的资本、消费合作社的进货等。

收藏单位：国家馆、南京馆

12960
消费合作社模范章程 美国合作联合会著 朱懋澄译

上海：青年协会书局，1925.5，18 页，32 开（合作运动丛刊 2）

收藏单位：南京馆

12961
消费合作社模范章程 王世颖译

上海：中国合作学社，1929.10，18 页，36 开（合作小丛书）

上海：中国合作学社，1933.2，再版，18 页，36 开（合作小丛书）

本书内容包括：定名、宗旨、会员、资本、借款、提款等。据美国合作联合会印行的小册子译出。

收藏单位：重庆馆、国家馆、吉林馆、南京馆、浙江馆

12962
消费合作社模范章程

南京特别市政府社会局合作事业指导委员会，1929，10 页，6 开

收藏单位：南京馆

12963
消费合作社之理论与实际 于树德著

上海：中华书局，1932.11，232 页，32 开

上海：中华书局，1933.9，再版，10+232 页，32 开，精装

上海：中华书局，1936.9，3 版，10+232 页，32 开

本书共 3 编：消费合作社之理论、消费合作社之经营、消费合作社应用规程及书类。附上海特别市消费合作社暂行通则、河北省合作社暂行条例、消费合作社模范章程。

收藏单位：安徽馆、长春馆、重庆馆、东北师大馆、广东馆、广西馆、贵州馆、国家

馆、黑龙江馆、湖南馆、江西馆、辽大馆、南京馆、内蒙古馆、首都馆、天津馆、浙江馆、中科图

12964
消费合作社之组织和经营

合作事业管理局，1940.5，28 页，25 开

合作事业管理局，1941.10，22 页，25 开

本书共 4 部分：概说、消费合作社的组织、消费合作社的经营、怎样使消费合作社办理成功。附县村消费合作社章程、消费合作社簿记组织系统图等。

收藏单位：国家馆

12965
消费合作原理 侯哲安编著

上海：大东书局，1929.11，86 页，32 开

本书共 7 章，内容包括：消费合作的意义、消费合作发生的原因、消费合作的价值等。编著者原题：侯哲莽。

收藏单位：重庆馆、国家馆、河南馆、湖南馆、江西馆、南京馆、上海馆、天津馆、浙江馆

12966
消费合作运动 （日）本位田祥男著 林骙 唐敬杲译

外文题名：Cooperative movement in the various countries

上海：商务印书馆，1924.7，255 页，32 开

上海：商务印书馆，1927.10，再版，255 页，32 开

本书共 8 章，内容包括：正待改造的现代经济组织、英国消费合作运动、德国的消费合作社、比利时的消费合作社运动、日本的消费合作社运动等。

收藏单位：重庆馆、东北师大馆、广东馆、广西馆、国家馆、河南馆、湖南馆、吉林馆、江西馆、南京馆、天津馆、浙江馆

12967
消费合作运动之理论与实践 中国国民党平绥铁路特别党部筹备委员会宣传科编辑

中国国民党平绥铁路特别党部筹备委员会宣传科，1932.5，76 页，32 开（宣传小丛书 2）

本书讲述消费合作社的组织、经营原则及价值等。

收藏单位：南京馆

12968

消费合作之经营 屠绍祯编著

上海：正中书局，1947.7，180 页，32 开（合作指导丛书）

本书为指导员及消费合作人员训练用书。共 13 章，内容包括：消费合作社设立的条件、组织、社务、职工管理、业务、消费合作与生产等。附消费合作社章程、消费合作社会计规则、普设消费合作社计划书。

收藏单位：安徽馆、重庆馆、国家馆、河南馆、湖南馆、吉林馆、辽大馆、南京馆、上海馆、西南大学馆、浙江馆

12969

消费合作之路 郑厚博著

重庆市消费合作社联合社，[1944]，24 页，32 开

本书论述有关消费合作社组织与经营的问题。为《消费合作》抽印本。

收藏单位：重庆馆、广西馆、国家馆、吉林馆、南京馆

12970

消费合作之研究 陈维藩著

上海：教育日报馆，1936.7，16+106 页，25 开（江西中学丛书）

本书共 40 部分，内容包括：消费合作的意义、消费者的种类、消费合作的宗旨、消费合作与民生主义、消费合作社组织的步骤、消费合作社的资本等。附消费合作社办事细则模范、合作社法、中国消费合作社之统计等。

收藏单位：安徽馆、重庆馆、国家馆、上海馆

12971

消费协社 （法）吉德（Charles Gide）著 楼

桐荪 于能模译

上海：商务印书馆，1927.6，359 页，22 开，精装（经济名著 8）

上海：商务印书馆，1930.12，再版，359 页，22 开，精装（经济名著 8）

上海：商务印书馆，1932.10，国难后 1 版，359 页，22 开，精装（经济名著 8）

上海：商务印书馆，1935.7，国难后 2 版，359 页，22 开，精装（经济名著）

本书共 16 章，内容包括：消费协社的目的是什么、协作计画、消费协社的历史、各种出售的方法、赢利的分配、各种消费协社、协社与社会主义等。著者原题：季特。

收藏单位：安徽馆、重庆馆、东北师大馆、广东馆、广西馆、贵州馆、国家馆、河南馆、黑龙江馆、湖南馆、吉林馆、江西馆、辽大馆、南京馆、宁夏馆、山西馆、首都馆、天津馆、浙江馆、中科图

12972

销货法五百种 蔡文森译述

上海：商务印书馆，1918，164 页，32 开（商业丛书 5）

收藏单位：上海馆、首都馆、浙江馆

12973

销货法五百种 （日）井关十二郎著 蔡文森译

上海：商务印书馆，1919.2，3 版，12+164 页，32 开（商业丛书 5）

上海：商务印书馆，1923.1，6 版，12+164 页，32 开（商业丛书 5）

上海：商务印书馆，1924，7 版，164 页，32 开（商业丛书 5）

上海：商务印书馆，1926.3，8 版，164 页，25 开（商业丛书 5）

上海：商务印书馆，1927.9，9 版，164 页，32 开（商业丛书 5）

上海：商务印书馆，1931.3，10 版，164 页，32 开（商业丛书 5）

本书共 12 章，内容包括：猜度法、投票贩卖法、竞技法、包装销售及宝袋法、利用儿童之销售法、广告及销售之共同方法等。

收藏单位：重庆馆、广东馆、广西馆、贵州馆、国家馆、河南馆、湖南馆、江西馆、南京馆、内蒙古馆、上海馆、浙江馆

12974

小本经商指导 梁凤楼编辑

上海：南星书店，1931.6，126页，25开

上海：南星书店，1933.2，再版，126页，25开

本书共 16 编，内容包括：小本经商类、小本贩卖类、小本拍卖类、小本工艺类、制造玩具类、小本摆摊类等。

收藏单位：河南馆、湖南馆、江西馆、南京馆、浙江馆

12975

小资本营业指南 殷师竹编著

上海：大通图书社，1929.11，101页，32开

上海：大通图书社，1936.5，101页，32开

本书讲解小资本经营商业之筹备与经营等方面应注意的问题及经营各种行业小店的秘诀。

收藏单位：浙江馆

12976

新课程商业课本（第2册） 高伯时编

上海：世界书局，1932.8，再版，32页，32开

上海：世界书局，1932.8，4版，32页，32开

本书共 16 部分，内容包括：商品的分类、商品包装法、商品陈列法、物价的研究、商业管理等。

收藏单位：广东馆

12977

新奇广告术 董坚志编辑 中西书局校

上海：中西书局，1925.10，1册，25开

收藏单位：江西馆

12978

新商人之修养 谷剑尘著

上海：少年宣传团，1922.3，13+66页，32开（社会丛书 1）

本书概述新商人之学问、存养、持躬、立行、择友、解放、改造等。

收藏单位：上海馆、浙江馆

12979

新式贩卖术 华文祺编

上海：商务印书馆，1918.7，175页，32开（商业丛书 2）

上海：商务印书馆，1919，175页，32开（商业丛书 2）

上海：商务印书馆，1919.2，3版，175页，32开（商业丛书 2）

上海：商务印书馆，1920.4，4版，175页，32开（商业丛书 2）

上海：商务印书馆，1922，5版，175页，32开（商业丛书 2）

上海：商务印书馆，1926，7版，175页，32开（商业丛书 2）

上海：商务印书馆，1931.4，8版，175页，25开（商业丛书 2）

本书共 10 章，内容包括：新式贩卖术之名称与伟力、新式贩卖术之意义、暗示之应用与贩卖增加力、新式贩卖术及其准备事项、新式贩卖术之理论与实际等。

收藏单位：重庆馆、广西馆、国家馆、湖南馆、南京馆、绍兴馆、首都馆、浙江馆

12980

新式经商致富法 黄励农编译

上海：生活研究社，1920，84页，22开，环筒页装（实用丛书 4）

收藏单位：河南馆、首都馆

12981

新式经营零卖商店营业法 大陆图书公司编辑

上海：大陆图书公司，1923.10，16+208页，32开

本书共 24 章，内容包括：零卖商店新式经营之必要、陈列式商店与顾客之关系、陈列式商店经营法、陈列窗装饰法、新式广告法等。版权页题名：零卖商店营业法。

收藏单位：河南馆、南京馆

12982

新式商业簿记 杨汝梅编

杨汝梅 [发行者]，1913.6，增订 5 版，114+18 页，22 开

杨汝梅 [发行者]，1915，增订 6 版，114+40 页，22 开

收藏单位：安徽馆、首都馆

12983

新式商业簿记 杨汝梅编

上海：中华书局，1922.3，254 页，22 开（中国计政学会丛书）

上海：中华书局，1922.5，再版，254 页，22 开（中国计政学会丛书）

上海：中华书局，1923.6，3 版，254 页，22 开（中国计政学会丛书）

上海：中华书局，1925.6，4 版，254 页，22 开（中国计政学会丛书）

上海：中华书局，1926，5 版，254 页，22 开（中国计政学会丛书）

上海：中华书局，1928.8，7 版，254 页，22 开（中国计政学会丛书）

上海：中华书局，1930.10，11 版，254 页，22 开（中国计政学会丛书）

上海：中华书局，1933.10，15 版，254 页，22 开（中国计政学会丛书）

上海：中华书局，1936，17 版，254 页，22 开（中国计政学会丛书）

上海：中华书局，1940，18 版，254 页，22 开（中国计政学会丛书）

本书共 12 章，内容包括：单式簿记、复式簿记原理、决算、会计科目之分类解说、会计师等。

收藏单位：安徽馆、广东馆、广西馆、国家馆、河南馆、湖南馆、江西馆、南京馆、首都馆、浙江馆

12984

新式商业簿记 朱执诚编著

胶东新华书店，1948.1，87 页，32 开

收藏单位：南京馆、山东馆

12985

新式商业算术 吴宗焘编著

上海：商务印书馆，1934.8，2 册（400 页），32 开

上海：商务印书馆，1935，修订再版，2 册（410 页），32 开

上海：商务印书馆，1938，修订 3 版，2 册（410 页），32 开

长沙：商务印书馆，1939.8，修订 5 版，2 册，32 开

长沙：商务印书馆，1941，修订 7 版，2 册（252+197 页），32 开

重庆：商务印书馆，1944.11，修订版，2 册（252+197 页），32 开

重庆：商务印书馆，1946，修订 3 版，2 册（252+197 页），36 开

上海：商务印书馆，1947.6，修订 8 版，2 册（252+197 页），32 开

上海：商务印书馆，1947.6，修订 9 版，2 册（252+197 页），32 开

本书为职业学校教科书。共 27 章，内容包括：因数及倍数、分数、小数、损益、定价法、折扣法、利息、租税、股票与债券、年金、保险、汇兑等。

收藏单位：安徽馆、重庆馆、广东馆、广西馆、国家馆、河南馆、湖南馆、南京馆、绍兴馆、首都馆

12986

新式商业招揽法 吴中雄编

上海：文明书局，1921.11，126 页，32 开

上海：文明书局，1930.8，再版，126 页，32 开

本书共 8 章。概述商业招揽定义、学识、手段、时机，介绍欧洲、日本的招揽方法，中国旧式、新式的商业招揽方法，各业招揽的方法，招揽致富的实例。

收藏单位：广西馆、内蒙古馆、首都馆

12987

新体商业讲义 盛在珣编

上海：商务印书馆，1929，7 版，44 页，32 开

收藏单位：广东馆

12988

新中华商业簿记　秦开编　高伯时修改

上海：新国民图书社，1929.9，134 页，32 开

上海：新国民图书社，1931，5 版，134 页，32 开

上海：新国民图书社，1933，7 版，134 页，32 开

上海：新国民图书社，1933，8 版，134 页，32 开

上海：新国民图书社，1934.12，12 版，134 页，32 开

上海：新国民图书社，1940，14 版，134 页，32 开

　　本书为初中程度学校用书。共 3 编 12 章，内容包括：绪论、复式簿记、单式簿记等。

　　收藏单位：安徽馆、重庆馆、广东馆、广西馆、江西馆、南京馆、浙江馆

12989

新中华商业概论　高伯时编

上海：新国民图书社，1932.4，146 页，32 开

上海：新国民图书社，1932.8，再版，146 页，32 开

　　本书为初中程度学校用书。共两编。首编概述商业原理及其范围，次编分述银行、铁路、航业、交易所、保险、堆栈等与商业密切相关的实际业务。

　　收藏单位：重庆馆、广东馆、江西馆、辽大馆

12990

新中华商业概论　周宪文编

上海：新国民图书社，1932.8，20+492 页，25 开

上海：新国民图书社，1932.9，再版，20+492 页，25 开

　　本书为高级中学商科用书。分上、下两编：总论、各论。上编共 16 章，内容包括：商业、商人与商业使用人、商业资本及商业信用、商品、市场与物价等；下编共 16 章，内容包括：买卖业、日用品市场、银行业、信托业、堆栈业、邮电、保险业等。

　　收藏单位：重庆馆、贵州馆、国家馆、河南馆、湖南馆、江西馆、南京馆、上海馆、绍兴馆、首都馆、浙江馆

12991

新中华商业实践　高伯时编著　周宪文校

上海：新国民图书社，1932.8，236 页，25 开

　　本书为中学程度学校用书。

　　收藏单位：重庆馆、湖南馆、江西馆、南京馆、浙江馆

12992

修订商业簿记　李宣韩编　李泽彰修订

上海：商务印书馆，1930，4 版，修订本，[10]+259 页，25 开

上海：商务印书馆，1934，国难后 2 版，修订本，[10]+259 页，32 开

　　本书为商业学校用书。共两编：单记式簿记、复记式簿记。内容包括：会计科目之分类、账簿及记账法、决算、账簿之格式等。

　　收藏单位：重庆馆、广东馆

12993

营业报告的使用方法　韩祖德译

杭州：衡平会计师事务所，1932.5，71 页，32 开

　　本书共 6 部分，内容包括：会计在商业上的地位、贷借对照表的内容、营业成绩表的内容、报告表在商业上的用处等。

　　收藏单位：国家馆、浙江馆

12994

营业指南　杨尊贤编著

上海：幸福书局，1933.7，43 页，25 开

上海：幸福书局，1935，再版，43 页，25 开

　　本书共 32 章，内容包括：店主的公正与待遇、店员的责任与尽心、生意上三个要件、做生意的条规、商品陈列与装饰等。

　　收藏单位：国家馆、江西馆

12995

运销合作经营论　贵州省地方行政干部训练委员会编

贵州省地方行政干部训练委员会，1941.5，79
页，42 开

本书共 13 章，内容包括：运销合作的效
能、组织的条件、组织的范围和机构、经营
的方式、资金的筹划等。

收藏单位：国家馆

12996

运销合作经营论　吴藻溪著
重庆：农村科学出版社，1940.7，74 页，42
开（农村合作丛书）

本书共 9 章：绪论、运销合作社的经营、
共同计算、运销合作社发达的前提条件等。

收藏单位：重庆馆、广东馆、国家馆、南
京馆、浙江馆

12997

运销合作社经营法　福建省建设厅合作事业
管理局编
福建省建设厅合作事业管理局，1939.7，12
页，25 开（福建省合作训练小丛书）

本书共 4 章：运销品之收集、运销品之检
查及分等、包装及运销、货价清算。

收藏单位：国家馆

12998

运销合作社浅说　四川省农村合作委员会编
四川省农村合作委员会，[1928—1949]，78 页，
32 开（训练丛书 4）

本书共 5 部分：运销合作社的意义、运销
合作社的效能、运销合作社的组织、运销合
作社的业务、经营运销合作社之困难及其解
决。

收藏单位：重庆馆、国家馆

12999

运销合作之经营　唐启宇编
江苏省政府农工厅合作社指导员养成所，1928.6，
52 页，16 开（江苏省政府农工厅合作社指导
员养成所丛书 4）

本书共 18 部分，内容包括：运销合作社
的重要、农产运销合作社的根本原则、农民
与运销合作社的关系、规约与表决权、合作

发达的问题等。附农产运销合作社模范章程、
江苏省合作社推行计划。

收藏单位：北师大馆、南京馆

13000

运销合作之组织与经营
出版者不详，[1928—1949]，88 页，22 开

本书共 4 章：运销合作总论、运销合作社
之组织、运销合作社之经营、加工事业。

收藏单位：国家馆、南京馆

13001

运销有限合作社模范章程
江苏省农矿厅，1930.6，10 页，32 开

收藏单位：南京馆

13002

怎样办理消费合作社　徐树焜著
南宁：民团周刊社，1939.5，22 页，32 开（丙
种丛刊 第 2 种）（基层建设丛刊 第 4 辑 5）
南宁：民团周刊社，1941，22 页，36 开（丙
种丛刊 第 2 种）（基层建设丛刊 第 4 辑 5）

本书共 3 部分：消费合作社的意义和效
用、组织和经营、盈余和结算。

收藏单位：重庆馆、广西馆、国家馆

13003

怎样经商　陈和祥编
上海：民众教育研究社，1932.6，70 页，42 开
（注音符号民众万有丛书 商业类）
上海：民众教育研究社，1933，再版，70 页，
50 开（注音符号民众万有丛书 商业类）

收藏单位：重庆馆、江西馆、首都馆

13004

怎样经营农村运销合作社　湖北省农村合作
委员会编
湖北省农村合作委员会，[1928—1949]，14
页，32 开

本书共两章：运销合作社的业务与经营、
运销合作社发生的两大困难及其解答。

收藏单位：重庆馆、南京馆

13005

怎样经营运销合作社 贵州省农村合作委员会编

贵州省农村合作委员会，[1928—1949]，20 页，40 开（训练小丛书 8）

　　收藏单位：重庆馆

13006

怎样开店 郑世贤著

上海：世界书局，1939.9，147 页，32 开

上海：世界书局，1941.7，再版，147 页，32 开

上海：世界书局，1946，3 版，147 页，32 开

　　本书共 8 章，内容包括：创立时期、登记与注册、有系统的组织起来、正式开幕的前夜、新张时期等。

　　收藏单位：安徽馆、重庆馆、广东馆、贵州馆、国家馆、江西馆、上海馆、天津馆、浙江馆

13007

怎样使你经商成功 红风编著

上海：博文书店，1940，212 页，32 开

上海：博文书店，1941，152 页，32 开

上海：博文书店，1946.12，152 页，32 开

　　本书共 8 章，内容包括：经商的意义、经商的准备、在开幕的时候、经商的奋斗时期、进入成功的时期等。

　　收藏单位：广东馆、广西馆、国家馆、南京馆、首都馆、浙江馆

13008

知识界人怎么经商 黄大夏著

北平：大树馆美术社，[1941]，53 页，32 开

　　收藏单位：国家馆、天津馆

13009

致富秘诀 马秉文著

上海：急流书店，1944.6，3 版，103 页，32 开

　　本书介绍怎样运用资金和放款营利、怎样开办小商店和计算利息等。

　　收藏单位：国家馆

13010

致富全书 佟政编

新京（长春）：广益书店，1941.12，205 页，32 开

　　本书共 3 编：白手致富术、稳妥的小投资、不公开的技术。

　　收藏单位：首都馆

13011

专卖扩张论

出版者不详，[1911—1949]，22 页，36 开

　　本书共 3 节：战后财政上的租税与专卖、专卖之本质、专卖范围及其扩张。

　　收藏单位：南京馆

13012

专卖通论 吴立本编著

重庆：正中书局，1943.7，272 页，25 开（社会科学丛刊）

　　本书共 6 章：总论、专卖政策与经营、各国专卖制度概述、中国专卖物品的选择、中国专卖制度的沿革、中国专卖问题。附现行专卖条例。

　　收藏单位：安徽馆、重庆馆、东北师大馆、贵州馆、国家馆、湖南馆、吉林馆、近代史所、辽大馆、南京馆、上海馆、西南大学馆、浙江馆

13013

专卖制度之研究 高庆丰著

重庆：独立出版社，1941.12，88 页，32 开

　　本书共 12 章，内容包括：专卖制度之沿革、专卖制度之利弊、中国实行专卖之商榷、食盐专卖之研讨、火柴专卖之研讨等。

　　收藏单位：重庆馆、广西馆、国家馆、湖南馆、吉林馆、南京馆、上海馆、西南大学馆、浙江馆

13014

最新高级商业簿记 陈文 黄逸羲编著

上海：商学研究社，1940.5，6 版，348 页，24 开

　　本书共 15 章，介绍合伙经营会计、公司

会计、银行会计、合作会计等各业会计程式。

13015

最新商业簿记 陈文编著

上海：商学研究社，1935.9，再版，146 页，23 开

上海：商学研究社，1936.3，3 版，增订本，160 页，22 开

重庆：商学研究社，1940.4，8 版，160 页，32 开

重庆：商学研究社，1941.8，10 版，增订本，160 页，23 开

本书为职业学校用书。讲述商业会计原理。

收藏单位：国家馆、黑龙江馆、南京馆、上海馆、浙江馆

13016

最新商业簿记 （日）吉田良三著 杨蕴三译

上海：群益书社，1914，292 页，22 开，精装

上海：群益书社，1919.9，再版，292 页，24 开

收藏单位：安徽馆、首都馆、浙江馆

13017

最新商业簿记 杨汝梅编

出版者不详，[1913]，114+40 页，22 开

本书共 5 章，内容包括：簿记计算之要素、帐簿及记录法、结算等。附新式会计、会计士论、中日英簿记用语对解。

收藏单位：国家馆

13018

最新商业簿记教科书 杨汝梅编

汉口：明昌公司，1913.6，改版增订本，377+18 页，22 开

本书内容包括：簿记计算之要素、款项名目之类别、帐簿之组织、中国簿记等。

收藏单位：浙江馆

13019

最新商业簿记精华 赵灼编著

广州实用高级会计科职业学校，1947.3，再

版，180 页，25 开（会计学丛书 第 2 种）

本书共 3 编：总论、复式簿记、商业簿记之进化。介绍簿记之基础的概念、复式簿记之原理、帐簿、记帐举例、决算、分录簿之进化、帐户之简化、多栏式之利用、委托买卖簿记、支店簿记、记帐凭证及传票等。

收藏单位：广西馆

13020

最新商业算术 黄邦柱编

上海：群益书社，1915，246 页，22 开，精装

上海：群益书社，1917.12，再版，246 页，22 开，精装

收藏单位：安徽馆、江西馆、首都馆

13021

最新商业学 吴江 王言纶编

上海：中国图书公司和记，1916，2 册（112+167 页），25 开

本书共两编：通论、各论。上编共 12 章，内容包括：商业及商品、商人、公司、商业资本等；下编共 6 章：银行业、堆栈业、铁路业、海运业、保险业、商业机关。

收藏单位：国家馆、河南馆、首都馆

13022

最新商业学 张英阁 陈文编著

上海：商学研究社，1936.8，148 页，23 开

本书为职业学校用书。介绍商业的基本知识，如商业的起源、功用、分类、组织、管理等。

中国国内贸易经济

13023

1946 年度供给标准规定

晋绥边区行政公署，1945.10，油印本，12 页，32 开

收藏单位：国家馆

13024

1947 年上半年物价初步总结 晋冀鲁豫贸易
总局晋冀鲁豫贸易公司编
晋冀鲁豫贸易总局晋冀鲁豫贸易公司，1947.8，
11 页，32 开
　　收藏单位：国家馆、山东馆

13025

47 年 12 月份金融物价情况 晋绥贸易公司
营业科编
晋绥贸易公司营业科，1948.1，油印本，3+5
页，32 开
　　收藏单位：国家馆

13026

安定物价稳定经济案意见
出版者不详，[1940—1949]，油印本，1 册，18
开，环筒页装
　　本书收录意见 11 份，内容包括：卫生署
对于安定药价之意见、山西省政府对于安定
物价案之意见、河南省政府对于安定物价案
之意见、西康省政府对于安定物价之意见、
江苏省政府对于安定物价案之意见等。
　　收藏单位：国家馆、南京馆、上海馆

13027

**安徽祁门平皇村坳里村无限责任信用茶业运
销合作社调查报告** 金陵大学农学院农业经
济系编制
[南京]：[金陵大学农学院农业经济系]，
1934，油印本，1 册，16 开（豫鄂皖赣四省
农村经济调查初步报告 第 1 号）
　　收藏单位：广东馆

13028

按照加工程度分类之上海趸售物价指数 财
政部国定税则委员会编
外文题名：Index numbers of wholesale prices in
Shanghai, classified by stages of production
财政部国定税则委员会，1937.3，16 页，16
开（经济统计丛刊 12）
　　本书全部为图表。内容包括：上海趸售物
价总指数及分类指数图、上海天津趸售物价

总指数图、上海趸售物价指数表等。
　　收藏单位：广东馆、国家馆、湖南馆、南
京馆、上海馆、天津馆

13029

办理合作社承销食盐手册 云南省合作事业
管理处编
昆明：云南省合作事业管理处，1944，102
页，64 开
　　本书共 9 部分，内容包括：基本认识、有
关法规摘要、实施大纲及程序、申请手续及
领运盐等。
　　收藏单位：重庆馆、南京馆

13030

**半年来全国物价波动概述（民国三十年下半
年）** 行政院经济会议秘书处编
行政院经济会议秘书处，1941.12，10 页，16
开
　　本书内容包括：半年来全国物价波动概
述、五年来七城市零售物价总指数表等。
　　收藏单位：国家馆、南京馆

13031

半年来之甘肃贸易公司 甘肃省政府编
甘肃省政府，1942.2，36 页，32 开
　　本书共 9 部分，内容包括：兰州的物价及
其危机、政府对于物价的对策、甘肃贸易公
司的创立、半年来之业务状况、贸易公司成
立后对于物价之影响等。附本公司章程草案、
三十一年度公司组织系统表、三十一年度业
务计划、三十年度盈余分配表。
　　收藏单位：重庆馆、甘肃馆、广东馆、国
家馆、吉林馆、南京馆、西南大学馆

13032

宝大祥南号十周纪念特刊 程镜清等编
上海：宝大祥绸布庄，1936.2，再版，[159]
页，16 开
　　本书收录各界的题词、赞颂及宣传文字。

13033

保证责任上海市中央银行员工消费合作社三

十七年度业务报告书　上海市中央银行员工消费合作社编

上海市中央银行员工消费合作社，1949.1，[40] 页，16 开

13034

保证责任首都消费合作社三十五年度工作报告　首都消费合作社编

南京：首都消费合作社，1947，19 页，32 开

收藏单位：南京馆

13035

北京批发物价指数　中国联合准备银行编

中国联合准备银行，[1946]，油印本，1 册，16 开

本书收录 1941 年 12 月上旬至 1945 年 2 月上旬北京批发物价指数表。

收藏单位：国家馆

13036

北京平粜管理委员会报告书　北京平粜管理委员会编

北京平粜管理委员会，1938.6，96 页，16 开

本书内容包括：缘起及概述、规章、会议录、文牍等。

收藏单位：国家馆

13037

北京市商品交易价额之推测　中国联合准备银行编

[北京]：中国联合准备银行，1939.8，76 页，22 开

本书共 8 章：米面及杂粮、其他食料及嗜好品、布匹及其原料、金属类、燃料类、建筑材料类、杂项、总结。

收藏单位：国家馆

13038

北京杂粮　北京特别市公署社会局编

北京：琉璃厂东门荣古斋南纸印刷局，1939.2，56 页，16 开

本书共 6 章，内容包括：杂粮的种类及来源、杂粮的价格、杂粮的输入与输出、杂粮的消费与储存等。附本市杂粮粮栈一览表。

收藏单位：国家馆

13039

北平庙会调查报告（侧重其经济方面）　民国学院编

北平：民国学院，1937.5，72 页，16 开（经济调查丛刊 1）

本书共 8 章：庙会的词义、庙会的起源、庙会的历史（一、二）、庙会的分布、庙会的场所、庙会的商业、总结。

收藏单位：重庆馆、广东馆、国家馆、湖南馆、近代史所、南京馆、上海馆、天津馆、武大馆、中科图

13040

北平清华消费合作社之研究

出版者不详，[1928—1949]，1 册，32 开

本书讲述清华大学校史、清华大学消费合作社等内容。

收藏单位：浙江馆

13041

北平市茶庄业公会报告书（民国二十五至二十六年度）　魏子丹著

北平市茶庄业公会，[1936—1937]，2 册（50+22 页），16 开

本书内容包括：发文摘要、收文摘要、议案摘录、经费收支、本会职员表等。

收藏单位：近代史所

13042

北平市场产展览会参观指导

出版者不详，1935.4，106 页，25 开

收藏单位：浙江馆

13043

北平市民食调配委员会配售章则汇编　北平市民食调配委员会编

北平市民食调配委员会，[1945—1949]，128 页，32 开

本书收录京、沪、平、津、穗五市配售通则，北平市美国救济物资配售委员会章则，

北平市民食调配委员会章则。

　　收藏单位：国家馆

13044

北平市民食调配委员会四月份工作总报告
北平市民食调配委员会编
北平市民食调配委员会，1948.6，32 页，24×30cm

　　本书为汉英对照。大部分为图表。收录1948 年 4 月 18 日民食调配委员会成立至 5 月15 日普配初期的业务情况。内容包括：配购证与配购票、北平城区配售店分布图、北平郊区配售店分布图、宣传工作实施概况报告表等。

　　收藏单位：国家馆

13045

北平市商会会员录　北平市商会秘书处调查科编
北平市商会秘书处，1934.10，[890] 页，16 开

　　本书共 7 部分：序、赘述、图画、表格、纪载、字目名称表格页数对照表、编后语。

　　收藏单位：国家馆

13046

北平市市场概况　北平市政府统计室编
[北平市政府统计室]，1946，油印本，49页，16 开，环筒页装

　　本书概述 18 类物品的市场概况。内容包括：蔬菜市场、鲜鱼市场、棉花市场、估衣市场、百货市场、煤炭市场、五金市场、电料市场、木料市场等。

　　收藏单位：广东馆、国家馆

13047

北平市书业同业公会划一图书售价实施办法
　　[北平市书业同业公会编]
北平：大业印刷局，[1936—1939] 印，17 页，32 开

　　本书收录北平市社会局转行教育部划一图书售价训令及办法（1936 年 4 月颁布）、北平市书业同业公会公告、上海市书业同业公会划一图书售价实施办法。

　　收藏单位：国家馆

13048

北平市物产展览会参观指南　北平市物产展览会编
北平市政府社会局救济院，1935.4，106 页，36 开

　　本书内容包括：北平市物产展览会组织规则、北平市物产展览会征集出品规则、参观规则、展品及出品家一览等。

　　收藏单位：国家馆

13049

北平市物产展览会汇刊　北平市物产展览会编查股编
北平：[北平市物产展览会编查股]，1935.10，[300] 页，16 开，精装

　　本书共 10 部分，内容包括：摄影、章则、公文、会议纪录、出品图说、图表等。

　　收藏单位：国家馆、近代史所

13050

北平总商会行名录　北平总商会编
北平总商会，1928，重订版，[360] 页，18 开
　　本书专载各行商董、各行商会商董资料。

　　收藏单位：国家馆

13051

北宋物价的变动　全汉升著
出版者不详，[1942]，[58] 页，18 开

　　本书共 6 部分：概说、宋初物价的下落、西夏战争爆发后物价的上涨、王荆公新法实行后物价的下落、北宋末年物价的上涨、结论。

　　收藏单位：国家馆、南京馆

13052

本国商业地理　王仁爽编辑
上海：世界书局，1932.5，188 页，25 开

　　本书分两编：总论、分论。共 10 章，内容包括：商业地理的概念、我国的地势和产业、我国的气候和产业、我国的人口和产业、长江流域的产业、黄河流域的产业、西北高

原的产业等。

收藏单位：广西馆、吉大馆

13053

本国商业历史　王仁夔编辑

上海：世界书局，1932.5，135 页，26 开

上海：世界书局，1932.8，再版，135 页，25 开

本书为职业学校教科书。内容包括：上古中古期、近古期、现代期。

收藏单位：重庆馆、广西馆

13054

编制上海物价指数论丛　盛俊辑

外文题名：The Shanghai wholesale price index number

财政部驻沪调查货价处，1925.8，75+55 页，32 开（财政部驻沪调查货价处丛书）

本书共 5 部分：上海标准物价表旨趣书、上海物价表修正理由书、上海物价表编制之经过、上海物价指数之作法及内容、著作界绍介上海物价指数表之评论。

收藏单位：重庆馆、广西馆、国家馆、河南馆、上海馆

13055

财产目录表

裕华商店，1946.8，1 册，横 27 开

收藏单位：国家馆

13056

财政部国家专卖事业管理总局组织规程草案

出版者不详，[1940—1949]，9 页，23 开

13057

财政部国家专卖事业设计委员会办事细则

出版者不详，[1940—1949]，12 页，23 开

13058

财政部国家专卖事业设计委员会组织规程

出版者不详，[1940—1949]，8 页，23 开

13059

财政部汇编主管各国营事业三十八年度营业

概算　财政部编

出版者不详，1949，1 册

本书共两部分：金融部分、盐务部分。附审查意见。

收藏单位：近代史所

13060

财政部火柴专卖公司会计制度草案

财政部火柴专卖公司，[1942]，油印本，1 册，16 开

本书共 8 部分，内容包括：总说明、簿记组织系统图、会计科目、会计凭证、会计事务处理程序等。附会计事项记载方法举例等。

收藏单位：国家馆

13061

财政部贸易委员会财务行政概况　财政部贸易委员会编

财政部贸易委员会，[1940]，22 页，32 开（业务丛书）

本书介绍该会的资金概况、财务机构、会计制度、检查制度、财务人员等情况。

收藏单位：重庆馆、南京馆

13062

财政部贸易委员会工作概况　财政部贸易委员会编

财政部贸易委员会，1938.9，23+10 页，18 开

财政部贸易委员会，1939.7，13 页，16 开

本书共 9 部分，内容包括：组织、调整工作、管理茶叶出口贸易、自行营运、国货运销等。附维护生产促进外销办法、商人运货出口及售结外汇办法等。

收藏单位：国家馆、南京馆

13063

财政部贸易委员会民国二十七年工作报告

财政部贸易委员会编

财政部贸易委员会，1939.2，206 页，16 开

本书共 9 章：绪论、茶叶、桐油、纤维、畜产品、国货运销、运输、仓储、出口外汇管理。

收藏单位：重庆馆、广东馆、国家馆、南

京馆、上海馆、天津馆

13064

财政部贸易委员会三十一年度一至六月工作概况

[财政部贸易委员会]，[1942—1949]，油印本，1册，16开

　　收藏单位：南京馆

13065

财政部贸易委员会浙江办事处工作报告书（6） [财政部贸易委员会浙江办事处编]

财政部贸易委员会浙江办事处，1941，油印本，11页，16开，环筒页装

　　收藏单位：国家馆

13066

财政部贸易委员会中国茶叶公司砖茶督制报告书 总技师驻安办公室编

总技师驻安办公室，1944.9，[27]页，16开

　　本书内容包括：产制机构、生产设备、原料收购、砖茶压制、砖茶交运、会计概况等。

　　收藏单位：国家馆、南京馆

13067

财政部烟类专卖局董事会会议纪录（第3—4、7、10、12—13、16次）

出版者不详，[1944—1949]，油印本，7册，16开

　　收藏单位：南京馆

13068

财政部驻沪调查货价处底性质和职务（第1回 特刊） 财政部驻沪调查货价处编

财政部驻沪调查货价处，1924.12，24页，32开

　　本书内容包括：调查货价、物价和物价统计、货值调查等。

　　收藏单位：国家馆、上海馆

13069

财政部驻沪调查货价处章程规则 财政部驻沪调查货价处编

财政部驻沪调查货价处，1925.10，26页，32开

　　本书共6部分：沿革述略、简章、办事规则、办事细则、调查员服务规则、职员录。

　　收藏单位：上海馆

13070

财政部专卖事业机关人事管理暂行办法 财政部编

[财政部]，[1943—1949]，10页，24开

13071

财政经济紧急处分令前后昆明市物价统计简报 云南省政府统计处编

云南省政府统计处，1948.9，油印本，1册，16开

　　收藏单位：南京馆

13072

茶商须知 财政部贸易委员会编辑

[财政部贸易委员会]，1939.2，22页，32开（茶商指导丛刊）

　　本书为财政部贸易委员会办理茶叶统销的宣传品。

　　收藏单位：贵州馆、国家馆、南京馆、上海馆、浙江馆

13073

茶业 上海市商会商务科编

上海市商会，1935.6，129页，22开（上海市商会商业统计丛书）

　　本书介绍1932—1934年茶业进出口、营业概况、集资性质等。共4编：洋庄茶业、制茶业、毛茶业、茶叶店业。另收文两篇：《论中国茶业须政府实施救济》（俞瑾明）、《华茶在国际市场之危机》（陈翊周）。附《中国茶叶的出口》《一年来之华茶贸易》《华茶滞销海外之原因》等。

　　收藏单位：广东馆、国家馆、近代史所、上海馆

13074

查禁敌货及禁运资敌物品 江西省政府建设

厅编

江西省工商管理处，1940.4，110 页，25 开（经建参考资料）

收藏单位：湖南馆、南京馆、浙江馆

13075

查禁敌货暨禁运资敌物品汇编 江西省工商管理处编

江西省工商管理处，1940.3，112 页，25 开

收藏单位：江西馆、浙江馆

13076

长沙市米谷调查 赵德民调查

赵德民 [发行者]，1937，油印本，52 页，16 开

本书内容包括：引言、米谷之集中数量、运输方法等。

收藏单位：国家馆

13077

长沙市提倡国货运动大会专刊 长沙市提倡国货运动大会编

长沙市提倡国货运动大会，1933.10，32 页，16 开，环筒页装

本书收录大会宣言、大会程序表、本会筹备经过、一周间之概况、本市中等以上学校学生提倡国货演讲调查表等。

收藏单位：国家馆

13078

长沙市销售之煤 赵德民调查

出版者不详，1939，18 页，13 开

本书内容包括：本地销售之总数量、来源及其数量、运输方法、采办与销售之商行等。

收藏单位：国家馆

13079

长沙市之漆业 赵德民调查

出版者不详，1938，6 页，13 开（商业门漆类第 1 号）

本书内容包括：漆的运输方法及采购方式、漆的市场、漆的销售等。

收藏单位：国家馆

13080

长泰县粮食消费调查范例 福建省秘书处统计室编

福建省秘书处统计室，[1936]，10 页，16 开

本书共 3 部分：调查方法、分析结果、结论。

收藏单位：重庆馆、福建馆、国家馆

13081

成都市莝售物价指数（第 2 卷 三十年七至十二月） 四川省物价调整委员会编

四川省物价调整委员会，1942，158 页，18 开

本书内容包括：成都市半年来之物价、成都市莝售物价指数表（1937—1941 年）、成都市莝售物价表（1941 年 7—12 月）等。

收藏单位：国家馆

13082

成都市木材燃料之需给 朱惠方著

中央林农业实验所，1944，63 页，23 开（农林部中央林业实验所研究专刊 2）

本书共 11 部分，内容包括：研究之经过、成都之人口概况、木材燃料之供给情况、木材燃料之消费情况等。

收藏单位：国家馆

13083

成都市商业概览 成都市银行公库总务科编

成都市银行公库总务科，1942.6，[346] 页，18 开

本书共 14 部分，内容包括：成都市银行、银号钱庄、公司、各业公会概览等。

收藏单位：重庆馆、国家馆

13084

成都市实施限价后半年来工作之检讨 中央银行经济研究处编

中央银行经济研究处，1943，12 页，16 开（经济情报丛刊第 18 辑）

本书共 4 部分：前言、各种物价之核定、限价实施后之影响、限价失败之原因及补救办法。附成都市各项商品之限价与市价比较。

收藏单位：国家馆、南京馆

13085

成都市物价指数变动说明 四川省物价调整委员会编

四川省物价调整委员会，1941，1册，16开

本书收录1941年1—6月的成都市半年来之物价、成都市趸售物价、成都市趸售物价定期指数表等。

收藏单位：重庆馆

13086

重庆趸售物价

出版者不详，[1939]，复写本，1册，横10开

本书全部为表。收录民生用品物价编制指数。所涉时间为1938年9—12月。

收藏单位：重庆馆

13087

重庆趸售物价指数及趸售物价汇编 四川省政府建设者厅驻渝办事处编

四川省政府建设者厅驻渝办事处，[1938]，1册，16开

本书全部为表。收录重庆趸售物价指数各月份涨落比较表、重庆各项趸售物价（自二十六年至二十七年八月）、重庆各项趸售物品价格指数（自十六年一月至二十七年八月）、民国二十七年重庆趸售物价指数各月变动说明（自一月至八月）等。

收藏单位：重庆馆、南京馆

13088

重庆棉货市场及市价之研究 杨蔚 陈敬先编著

重庆：中央银行经济研究处，1944.2，150页，32开（中央银行经济研究处丛刊）

本书内容包括：市场概况、供给来源、销路及用途、价格、购买力、统制等。书中大量表格为1932—1942年间的统计数据资料。

收藏单位：重庆馆、广东馆、贵州馆、国家馆、吉林馆、近代史所、南京馆、内蒙古馆、首都馆

13089

重庆市各业概况调查（1 煤炭商业） 中央银行经济研究处编

中央银行经济研究处，1943，44页，16开（经济情报丛刊 第13辑）

本书内容包括：重庆市煤炭商号成立年度分期统计表、家数资本统计表、雇佣人员支薪统计表、分区销量统计表等。书前有重庆市煤炭商业最近概况。

收藏单位：国家馆、南京馆

13090

重庆市各业概况调查（2 国药商业） 中央银行经济研究处编

中央银行经济研究处，1943，30页，16开（经济情报丛刊 第17辑）

本书内容包括：重庆市国药商号调查统计提要、区分比较表、所在地家数详明表、资本统计表、组织统计表等。书前有重庆市国药商业概况说明。

收藏单位：国家馆、南京馆

13091

重庆市粮食管理委员会工作报告 重庆市粮食管理委员会编

重庆市粮食管理委员会，[1941]，油印本，30页，10开，环筒页装

本书共4部分：管理米粮、管理面粉、办理合作社协助粮食管制、奉令办理供给平价米。附重庆市粮食管理委员会组织规程、重庆市粮商罚金提奖办法等。所涉时间为1940年9月至1941年2月。

收藏单位：重庆馆

13092

重庆市棉花商业同业公会九二火灾本业损失之前因后果 [重庆市棉花商业同业公会编]

[重庆市棉花商业同业公会]，[1948]，28页，36开

本书所述火灾于1948年9月2日发生于重庆市区。

收藏单位：重庆馆

13093

重庆市七种日用品调查初步报告 国民政府
主计处统计局编

国民政府主计处统计局，1941，油印本，51
页，16开，环筒页装

本书共10部分：绪论、米、面粉、植物
油、盐、布、煤、纸、运输、结论。

收藏单位：重庆馆、南京馆

13094

重庆市日用必需品公卖处二周年纪念刊

重庆市日用必需品公卖处，1942.7，18页，
16开

收藏单位：南京馆

13095

重庆市商会工作报告（民国三十年度） 重庆
市商会编

重庆市商会，1942.1，36页，16开

本书附本会改组当选委员表、本市薪俸
阶级生活费指数表、本市为提存特别准备办
法呈经济部文等16种。

收藏单位：重庆馆

13096

重庆市商会卅三年度春季会员大会报告材料
重庆市商会编

重庆市商会，[1944]，油印本，1册，16开，
环筒页装

本书收录本会会员大会议事简则、本会
三十三年度第一次定期会员大会提案执行结
果总检查表、重庆各业公会会员名额及资本
总额统计表等。

收藏单位：重庆馆

13097

重庆市商会章程草案

[重庆市商会]，[1937—1945]，9页，36开

本章程草案依据非常时期人民团体组织
法修正商会法施行细则制订。规定商会的任
务、会员、组织及职权、会议、经费及会计、
附则。

收藏单位：重庆馆

13098

重庆市商业互助社社章

出版者不详，[1927]，14页，50开

本书共6部分：总则、社员、会议、社
务、经济、附则。附第五届全体大会宣言、
组织系统表等。

收藏单位：重庆馆

13099

重庆市食盐问答 财政部盐务总局编

财政部盐务总局，1944，32页，32开

本书介绍重庆市食盐专卖的各项规定与
有关事项。

收藏单位：国家馆、南京馆

13100

重庆市市场概况调查举例 国民政府主计处
统计局编

国民政府主计处统计局，1942.12，1册，16
开

收藏单位：南京馆

13101

重庆市物价年报 重庆市政府统计处编

重庆市政府统计处，1947，油印本，28页，
23×30cm

收藏单位：广东馆

13102

重庆市物价指数及其变动 高德超撰

出版者不详，[1941]，油印本，21页，16开，
环筒页装

本书为中国统计学社年会论文。内容包
括：重庆市物价指数的编制、编制物价指数时
所感觉的困难、重庆市物价指数变动概况等。

收藏单位：重庆馆、浙江馆

13103

**重庆市物品批发价格比较（民国三十三年下
半年、三十四年）** 全国合作社物品供销处
[编]

全国合作社物品供销处，[1945—1946]，油印
本，2册，横8开

收藏单位：国家馆

13104

重庆市消费合作社联合社向市合作金库借入中农行转贷紧急贷款国币捌仟万元运用结果报告及偿还计划

出版者不详，1946，油印本，9 页，16 开

　　收藏单位：重庆馆

13105

重庆市消费合作社联合社业务报告（民国三十一年度） 重庆市消费合作社联合社编

重庆市消费合作社联合社，1943，18 页，16 开

　　本书共 3 部分：社务概况、业务概况、辅导概况。附本社社员名册、本社职员名录。

　　收藏单位：重庆馆、西南大学馆

13106

重庆市政府核定物价运价工资汇编 重庆市政府编

重庆市政府，1943.1，1 册，32 开

[重庆市政府]，1943.3，修正本，1 册，32 开

　　本书共 3 编：物价类、运价类、工资类。第 1 编共 8 部分，内容包括：粮食及其他食物、衣着、建筑材料、燃料等；第 2 编共 5 部分，内容包括：板车、渡船、运轮等；第 3 编共 21 部分，内容包括：面粉、油漆、纺纱、印刷、人力车等。

　　收藏单位：重庆馆、国家馆、南京馆、上海馆

13107

重庆市之药材业 赵永余调查　国民经济研究所具拟

[国民经济研究所]，1938，油印本，31 页，13 开（总第 83 号 商业门药材类 第 1 号）

　　本书共 6 部分：药材在四川出口贸易中之地位、主要药材之来源及其销场、市场之交易、运输概况及战时所受之影响、政府之稳定外汇及鼓励出口、前途之展望。

　　收藏单位：国家馆

13108

重庆市之油业 赵永余调查　国民经济研究所具拟

[国民经济研究所]，1938，油印本，11 页，13 开（总第 74 号 商业门植物油类 第 1 号）

　　本书共 5 部分：来源、本地销售数量、市价、运销方法与机构、采办与运销时之付款与借款方式。

　　收藏单位：国家馆

13109

重庆市主要物品限价更动表

出版者不详，[1945]，3 页，18 开

　　本书收录燃料、米、盐、花纱布、油、纸张、糖及火柴等物品。所涉时间为 1943 年 1 月至 1945 年 5 月。

13110

重庆太平洋大药房同人须知 重庆太平洋大药房编

重庆：太平洋大药房，1936，1 册，32 开，环筒页装

　　本书收录该药房组织大纲、营业部、会计部、货务部、事务部、广告部办事细则、门市规则、店员通则等。

　　收藏单位：重庆馆

13111

重庆桐油贸易近况研究 李华飞著

出版者不详，[1938—1939]，37 页，16 开

　　本书共 5 章：绪论、抗战前的桐油贸易、抗战后的桐油贸易、贸易委员会调整重庆桐油出口概论、改进战时重庆桐油贸易刍议。

　　收藏单位：重庆馆、国家馆、南京馆

13112

重庆物价变动之原因及其解救办法 朱祖晦编

出版者不详，[1928—1949]，1 册，16 开

　　收藏单位：南京馆

13113

重庆物价专刊 王仲武主编　西南经济建设

研究所　邮政储金汇业局编

西南经济建设研究所、邮政储金汇业局，1942.6，133 页，16 开

　　本书大部分为表。共 5 部分：编制说明、重庆市趸售物价指数各分类指数图表、五年来重庆市趸售物价变动之分析、重庆市各项商品趸售物价及价比表、附录。所收资料为 1937 年 1 月至 1941 年 12 月。

　　收藏单位：重庆馆、国家馆、近代史所、南京馆

13114

重庆物价专刊（第 2 编）　王仲武主编　邮政储金汇业局编

邮政储金汇业局，1945.2，245 页，16 开

　　本书共 5 章，内容包括：重庆市趸售物价指数改编说明、三年来重庆市趸售物价变动之分析、重庆市物价上涨原因之研究、三年来重庆市之物价统制等。附战时重要物价法规、重庆各类物价指数汇编、重庆市各项商品趸售物价及价比表。所涉时间为 1942 年 1 月至 1944 年 12 月。

　　收藏单位：重庆馆、国家馆、浙江馆

13115

重庆蔗糖贸易调查　甘蔗试验场编

出版者不详，[1935—1949]，12 页，16 开

　　本书共 3 部分：引言、抗战以前重庆之蔗糖贸易、非常时期之蔗糖业。

　　收藏单位：南京馆

13116

重庆之米价　中央银行经济研究处编

中央银行经济研究处，1941，13 页，16 开（经济情报丛刊第 8 辑）

　　本书共 7 部分：近十五年来重庆上等河熟米之价格变动、米价之季节性、米之购买力、粮食生产量与米购买力、产地米价与重庆米价之关系、米价与杂粮价格之关系、米价统制。

　　收藏单位：国家馆、南京馆

13117

绸缎业概况　潘吟阁编著

上海：中华职业教育社，1929，8 页，32 开（研究职业分析）（职业教育研究丛辑 20）

　　本书内容包括：本业之货物、本业之工作、本业之现状与将来、本业之交易、本业之成功人等。

　　收藏单位：国家馆

13118

筹办消费合作社的一个实例　广西省立民众教育馆生计部编辑

南宁：广西省立民众教育馆研究部，1933.9，69 页，50 开（辅导小丛书第 3 种）

　　本书介绍南宁市苦力工会会员消费合作社实况。

　　收藏单位：上海馆、浙江馆

13119

筹办烟酒公卖之经历（一名，烟酒公卖之理论与实验）　顾澄著

顾澄，[1918]，2 册，18 开（元健斋丛书 15）

　　本书共上、中、下 3 篇。上篇为烟酒公卖总论（全国之烟酒公卖），讨论烟酒税法、公卖办法和法规的制定等；中篇为京兆之烟酒公卖，介绍北京地区烟酒公卖制度实施的状况、问题和税务工作。

　　收藏单位：国家馆

13120

创办消费合作社的步骤　江苏省政府农矿厅合作事业指导委员会编

江苏省政府农矿厅合作事业指导委员会，1928.12，22 页，32 开（江苏省政府农矿厅合作事业指导委员会小册 1）

　　本书内容包括：江苏省政府消费有限合作社章程草案、消费合作社理事监事选举条例、细则等。

13121

创导节约推行国货为中国当前之急务　王克宥著

出版者不详，[1931—1945]，4 页，16 开

收藏单位：上海馆

南京馆、上海馆、浙江馆

13122

春季国货展览会开幕特刊 实业部国货陈列馆编辑

南京：实业部国货陈列馆，1935.5，40页，32开

本书内容包括：春季国货展览会开幕告同胞书、防止现银流出惟有提倡国货、本届展览会临时售品厂商一览表等。

收藏单位：国家馆

13123

慈溪县棉花运销合作社联合社二十五年概况报告书 慈溪县棉花运销合作社联合社编

慈溪：慈溪县棉花运销合作社联合社，1937，26页，32开

收藏单位：浙江馆

13124

大中华运销国煤合作公司宣言、大纲、草章 大中华运销国煤合作公司筹备会编

大中华运销国煤合作公司筹备会，[1911—1949]，[10]页，24开，环筒页装

本书为该公司招股印刷品。

收藏单位：上海馆

13125

当前的物价问题 伍启元著

重庆：独立出版社，1943.5，157页，36开

本书共6章：当前物价问题的性质、物价变动对各阶层的影响、物价变动的原因、解决物价问题的方法、当前的租税问题、当前的物资问题。附事业膨胀还是事业紧缩。

收藏单位：安徽馆、重庆馆、广东馆

13126

当前的物价问题 伍启元著

重庆：商务印书馆，1943.5，157页，32开

赣县（赣州）：商务印书馆，1943.7，157页，32开

收藏单位：东北师大馆、广西馆、贵州馆、国家馆、湖南馆、吉林馆、近代史所、

13127

敌伪对华北物产与贸易之统制 中央银行经济研究处编

中央银行经济研究处，1941.9，37页，16开（经济情报丛刊 第7辑）

本书共4章：敌伪统制华北物品之种类、敌伪统制华北物产之政策及机构、敌伪对华北贸易之统制、敌伪统制下之华北贸易动向。

收藏单位：国家馆、南京馆

13128

第二届湘粤桂赣四省限政联席会议提案汇编

出版者不详，1943，油印本，1册，16开，环筒页装

收藏单位：国家馆

13129

第六届香港中国货品展览会特刊 中华厂商联合会编

[香港]：中华厂商联合会，1948，80页，16开

本书内容包括：发刊献词、中国货品展览会感言、香港工业发展的前途、国货展览与振兴工业、香港工业诸问题等。

收藏单位：近代史所

13130

第六战区政工会议关于平定物价问题决议案 第六战区司令长官司令部编

第六战区司令长官司令部，1940.11，5页，32开

本书简述物价高涨的原因和平定物价的方法。

13131

第三回福建省统计年鉴（物价类） 福建省政府统计室编

福建省政府统计室，1944，190页，16开

本书叙述福建省的物价指数、生活费指数、批发物价及零售物价情况。

13132

第三届铁展会津浦馆指南　第三届铁展会编
第三届铁展会，1934，22+5 页，36 开

　　本书共两部分：津浦馆陈列概况、津浦铁路沿线物产一览表。

　　　收藏单位：国家馆

13133

第三战区合作社物品供销联合办事处工作概况（周年纪念）　第三战区合作社物品供销联合办事处编
第三战区合作社物品供销联合办事处，1941.11，6 页，25 开

　　本书共 5 部分：组织、资金、供销业务、产制业务、合作辅导。附中国合作运动大事年表。

　　　收藏单位：国家馆

13134

第四届全国铁路沿线出产货品青岛展览会粤汉馆专刊　第四届铁展会粤汉馆编
第四届铁展会粤汉馆，[1935]，108 页，32 开

　　本书内容包括：粤汉铁路之将来、本路湘鄂段一年来行政计划及工作概况等。

13135

[第四届全国铁路沿线出产货品青岛展览会正太馆专刊]　铁道部第四届全国铁路沿线出产货品青岛展览会正太馆办事处编
铁道部第四届全国铁路沿线出产货品青岛展览会正太馆办事处，[1935]，1 册，22 开

　　本书介绍正太铁路二十二年度客运货运及主要货物运输重量统计、正太馆陈列说明等。

　　　收藏单位：国家馆

13136

第四届铁展会工商一览　青岛工商学会主编
青岛工商学会，1935.9，130+158 页，32 开

　　本书共两部分：厂商概览、货品概览。附铁路沿线重要货品之产销运的情形、铁路货运述要、水陆联运述要等。

　　　收藏单位：国家馆

13137

第四届铁展会开幕特刊　金慕陶主编　青岛市繁荣促进会编
青岛市繁荣促进会，[1935—1936]，52 页，16 开

　　本书收录第四届全国铁路沿线出产货品展览会介绍及商业经济论文多篇。

13138

第一次南北部商业调查报告　国立武昌商业专门学校编
武昌：国立武昌商业专门学校，1919.6，[166] 页，16 开

　　本书介绍该校考察团对我国北方城市，如北平、天津、大连、营口、张家口等地方的商业、金融、财政、贸易、交通等情况的调查报告。

　　　收藏单位：国家馆、湖南馆

13139

第一届全国合作供销业务会议录　全国合作社物品供销处编
全国合作社物品供销处，1946.12，70 页，16 开

　　本书共 7 部分：开幕式、全国合作供销业务会议纪要、各代表业务报告择要、闭幕式、议案分类、专题讨论各专家演词、附录。

　　　收藏单位：国家馆

13140

第一期商业调查大纲　中央银行经济研究处编
中央银行经济研究处，1933.11，23 页，18 开

　　本书收录商业调查应注意事项及表格。

13141

调查长城各口商务状况报告书　张勇年编
外文题名：Report on trade conditions along the Great Wall between Shanhaikwan and Kalgan
上海：海关总税务司署统计科，1934，55+31 页，13 开

　　本书为汉英对照。共 4 部分：长城及长城内外地域概观、山海关张家口间重要关口概

况、结论、建议。

收藏单位：国家馆

13142

东北的贸易　魏铭编

上海：中华书局，1932.6，144页，32开（东北研究丛书）

本书共7章：绪论、大连港的贸易、安东港的贸易、营口港的贸易、哈尔滨的贸易、延吉附近的贸易、结论。封面题名：日本帝国主义侵略下东北的贸易。

收藏单位：重庆馆、东北师大馆、广东馆、广西馆、国家馆、湖南馆、江西馆、近代史所、陕西馆、上海馆、天津馆、浙江馆

13143

东北的贸易　张念之著

上海：东方书店，1948，139页，32开（东北经济丛书5）

本书共11章，内容包括：绪言、东北贸易的沿革与特质、东北对苏联的贸易、东北对欧美的贸易等。

收藏单位：安徽馆、重庆馆、广东馆、广西馆、国家馆、河南馆、黑龙江馆、湖南馆、吉林馆、辽大馆、辽师大馆、南京馆、内蒙古馆、宁夏馆、山西馆、陕西馆、上海馆、天津馆、西南大学馆、浙江馆、中科图

13144

东北物价变动及物资调节　杨绰庵著

[沈阳]：[东北物资调节委员会]，[1947.7]，[80]页，32开

本书内容包括：东北物价变动及物资调节、东北物价调节委员会的工作简报、东北物价调节委员会的检查等。

13145

豆米业概况·海味业概况　潘吟阁编著

上海：中华职业教育社，1929，12页，32开（研究职业分析）（职业教育研究丛辑13）

本书为合订本。《豆米业概况》内容包括：本业之历史、本业之区分与其所经售之货物、本业之交易习惯、本业之团体及领袖、

本业领袖对于学生之意见等。《海味业概况》内容包括：本业之历史、本业之货物、本业之交易习惯、本业之团体及领袖、本业之成功人等。

收藏单位：国家馆

13146

对于柳维垣君建议平定物价办法之意见

出版者不详，[1940]，油印本，15页，13开，环筒页装

收藏单位：国家馆

13147

二十个月来之东南合作供销概况　第三战区合作社物品供销联合办事处编

第三战区合作社物品供销联合办事处，1942.9，12页，22开

本书共4部分：组织、业务、辅导、财务。附第三战区合作社物品供销联合办事处章程。所涉时间为1940年11月至1942年6月。

收藏单位：贵州馆、国家馆

13148

二十六年来江西南城县物价变动之研究　江西省政府秘书处统计室编

江西省政府秘书处统计室，1935.8，44页，16开（江西经济丛刊12）

本书共5部分：绪言、物价之变动与原因、物价之长期趋势、物价季节性之变动、银元兑换率与物价之关系。

收藏单位：广东馆、国家馆、上海馆

13149

二十一年度两广商业店名录　中国南方社编辑

香港：中国南方社，[1932]，[640]页，16开

13150

二十一年二、三月之插补指数　孙超烜述

财政部国定税则委员会，1933.7，17页，16开（财政部国定税则委员会经济统计丛刊7）

本书叙述增补上海漏缺物价指数的计算

方法。共 4 部分：比例法、中数环比法、数学差补法、各种方式插补指数之比较。附统计表。

收藏单位：广东馆、国家馆、南大馆、南京馆、山西馆、上海馆

13151

非常时期之物价问题与纸币政策　马寅初著

出版者不详，[1936]，13 页，16 开

本书论述备战时期之物价制度、战时财政、物价统制方法等。

13152

费供业务须知　江西省农村合作委员会编

江西省农村合作委员会，[1940]，12 页，22 开（区讲习教材 6）

本书介绍江西省农村合作委员会进货、销货须知。

收藏单位：国家馆、江西馆

13153

分区管理特辑　上海糖商合作营业处编

上海糖商合作营业处，1942.8，96 页，18 开

本书收录糖业分区管理大纲、施行细则、上海糖业零售商的国籍、产名、地址的登记材料。

13154

粉麦统制第一年　全国商业统制总会粉麦专业委员会编

上海：全国商业统制总会粉麦专业委员会，1944.5，86 页，16 开

本书内容包括：概说、本委员会之成立、下层机构之组设、统买方案之实施、资金之筹措与贷出、法规等。

收藏单位：广东馆、宁夏馆、上海馆

13155

奉天省城商埠局报告书　[奉天省城商埠局编]

[奉天省城商埠局]，1928，231 页，16 开，精装

本书内容包括：章则、财政事项、教育事

项、卫生事项、交通事项、工程事项等。所涉时间为 1923 年 1 月至 1928 年 6 月。

收藏单位：国家馆

13156

服用土货十讲　太原经济建设委员会经济统制处编

太原经济建设委员会经济统制处，1933.9，10 页，25 开

本书共 10 讲，内容包括：赶速觉悟经济的危机、欲发达生产须大家服用土货、服用土货的意义及目的、一般人与服用土货、各国服用土货的榜样等。附关于倡用土货之质疑及解答。

收藏单位：国家馆、西交大馆

13157

福建促进国货公会有关资料　[福建促进国货公会编]

[福建促进国货公会]，[1928—1949]，1 册，9 开

本书共 3 部分：福建促进国货公会章程、福建促进国货公会征求会员启事、福建促进国货公会会员入会志愿书。

收藏单位：福建馆

13158

福建木炭产销概况　福建省政府秘书处统计室编

福建省政府秘书处统计室，1938，油印本，14 页，16 开，环筒页装（非常时期统计资料丛刊第 7 号）

本书共 6 部分：引言、木炭原料生产、木炭制炼、木炭运销、木炭销售、结论。

收藏单位：国家馆

13159

福建商业　福建省政府秘书处统计室编

福建省政府秘书处公报室，1938，86 页，16 开（福建省统计年鉴分类 9）

本书共两部分：概述、商业情况及对外贸易两栏统计表。

13160

福建省各县合作社供销业务统计　[福建省合作事业管理处编]

[福建省合作事业管理处]，1940，油印本，15页，22开

　　收藏单位：福建馆

13161

福建省工商品展览会特刊　福建省工商品展览会筹备委员会宣传股编辑

福建省政府建设厅，1941.3，10+226+44页，16开

　　本书内容包括：各工厂厂务概况、各县特产产销及工商业概况、工商座谈会记录、展览品一览表及展览品成绩等第表等。附各报记载、大会组织概要、征信录等。

　　收藏单位：广东馆、国家馆、江西馆、辽宁馆、天津馆、浙江馆

13162

福建省际贸易委员会文献　福建省抗敌后援会战时省际贸易设计委员会编

福建省抗敌后援会战时省际贸易设计委员会，1937.2，油印本，1册，大16开

　　本书由多个文件合订而成，内容包括：战时省际贸易设计委员会办事细则、修正细则、委员及干事名单、历次会议录等。

　　收藏单位：福建馆

13163

福建省际贸易问题　福建省政府秘书处统计室编

福建省政府秘书处统计室，1937，油印本，42页，16开，环筒页装（非常时期统计资料丛刊第3号）

　　本书共4部分：导言、各表说明、结语、表目。收录福建省内陆边境贸易总值表、福建省内陆边境贸易输入输出货物分类统计表等。

　　收藏单位：国家馆、近代史所

13164

福建省康乐新村职员村友一览　福建省康乐新村理事会编

福建省康乐新村理事会，1946印，72页，32开

　　本书内容包括：理事会、监事会、临时收容所、村友名录等。

　　收藏单位：福建馆

13165

福建省抗敌后援会战时省际贸易设计委员会职员录　[福建省抗敌后援会编]

[福建省抗敌后援会]，1937.12，油印本，5页，13开

　　收藏单位：福建馆

13166

福建省贸易公司二十八年度业务报告　[福建省贸易公司编]

[福建省贸易公司]，[1940]，油印本，1册，16开

　　本书共4章：沿革与组织、业务概况、营业损益、二十九年度业务方针。附本公司现任董事监察人一览、本公司及分枝机构一览、各种统计表。

　　收藏单位：福建馆、南京馆

13167

福建省贸易公司省营粮食计划草案　[福建省贸易公司编]

[福建省贸易公司]，[1911—1949]，油印本，1册，大16开

　　本书共10部分，内容包括：粮食省营运销机构、粮食运销资金之筹措、粮食采购地点及数量、粮食运输工具及办法、粮食供应之支配等。

　　收藏单位：福建馆

13168

福建省贸易公司业务报告　[福建省贸易公司编]

[福建省贸易公司]，1941，1册，10开

　　本书共3部分：各月份业务概述、全公司进货销货统计、各部处进货销货统计。所涉时间为1941年1—11月。

收藏单位：福建馆

13169

福建省贸易特种股份有限公司概况报告 ［福建省贸易特种股份有限公司编］

［福建省贸易特种股份有限公司］，1942.4，油印本，1册，16开

本书共5部分，内容包括：绪论、本公司业务部各组及各分处主要业务概要、本公司主管人员一览表等。

收藏单位：福建馆

13170

福建省贸易特种股份有限公司三十年度上期业务报告 ［福建省贸易特种股份有限公司编］

［福建省贸易特种股份有限公司］，［1941］，油印本，1册，10开

本书共11部分，内容包括：变更组织及增加资金、训练学员及调整机构、业务概况、火柴部、和济商行等。

收藏单位：福建馆

13171

福建省农产贸易之研究 郑林宽　陈文理著

福建省农业改进处调查室，1946.7，［50］页，16开（农业经济研究丛刊5）

本书共5章：绪论、农产市场组织、农产之交易、农产运销概况，结论及建议。

收藏单位：国家馆、湖南馆、辽宁馆、南京馆、首都馆

13172

福建省物产输出之概况 福建省物产贸易公司编

福州：福建省物产贸易公司，1938.9，7页，32开

本书共3部分：福建省物产输出一览表、货样成本表（运耗未加）、本公司交易办法。

收藏单位：国家馆

13173

福建省墟市调查报告 翁绍耳编

私立协和大学农学院农业经济学系，1941，63页，13开（农业经济调查报告2）

本书共6部分：墟市之形成、墟市之特征、墟市之机能、墟市之分布、墟市之运用、本省各县墟市概况（包括地点、名称、逢墟日期、墟市货品种类、交易方式、交通情况等）。

收藏单位：重庆馆、广东馆、国家馆、辽宁馆、南京馆

13174

福建省一年来合作供运业务概况 福建省政府建设厅合作事业管理局供运股编

福建省政府建设厅合作事业管理局供运股，1939，40页，18开

本书共11部分，内容包括：组织系统、业务范围、资金运用、调查特产运销情形、供运章则及应用书表等。所涉时间为1938年10月至1939年10月。

收藏单位：福建馆、国家馆

13175

福建省政府第二期特种调查（茶木纸）纲要 福建省政府编

福建省政府，［1931—1949］，32页，32开

本书介绍民国前至1931年茶、木、纸3种特产的产量、经营方法、贸易、运输、税捐、成本等。

收藏单位：南京馆、上海馆

13176

福建省政府员工消费合作社三十六年度会计业务工作总报告 ［福建省政府员工消费合作社编］

［福建省政府员工消费合作社］，1947，1册，横16开

本书收录1947年福建省政府员工消费合作社的资产负债平衡表、损益计算表、资产负债明细表等。

收藏单位：福建馆

13177

福建省之农产物价 郑林宽著　福建省农业

改进处调查室编辑

福建省农业改进处调查室，1946印，21页，16开

　　收藏单位：福建馆

13178

福建省之特产产销　福建省政府编

［福建省政府］，［1939］，53页，32开（闽政丛刊15）

　　本书介绍福建特产的产销概况及改进产销实况。共两编：茶叶、纸。

　　收藏单位：重庆馆、福建馆、广东馆、广西馆、国家馆、南京馆、浙江馆

13179

福建物价　福建省物价管制委员会编

福建省物价管制委员会，1944.4印，190页，16开

　　本书全部为图表。内容包括：福州趸售物价指数、主要市县公务员生活费指数、福建省乡村物价指数、主要市县零售物价、各县区零售价物价等。

　　收藏单位：国家馆

13180

福建物价　福建省政府秘书处统计室编

福建省政府秘书处公报室，1938，67页，16开（福建省统计年鉴分类30）

　　本书大部分为表。

13181

福建主要物产产销概况　福建省政府秘书处统计室编

福建省政府秘书处统计室，1938，油印本，68页，16开，环筒页装（非常时期统计资料丛刊第5号）

　　本书共9部分，内容包括：引言、本省特产之分布、茶、木材、纸、香菇等。附福建各县特产分布、福建各种特产产区分布等。

　　收藏单位：国家馆

13182

福州鼓泰十社商事研究所征信丛录　［福州鼓泰十社商事研究所编］

［福州鼓泰十社商事研究所］，1924，74页，16开

　　收藏单位：福建馆

13183

福州粮食运销存储概况　福建省政府秘书处统计室编

福建省政府秘书处统计室，1938，油印本，57页，大16开，环筒页装（非常时期统计资料丛刊第10号）

　　本书共两篇：福州粮食的运出与运入、福州粮食市场的组织。附福州粮食商号、福州碾米工厂、福州粮食存储统计等。

　　收藏单位：国家馆、近代史所

13184

福州批发及零售物价指数　福建省政府秘书处统计室编

福建省政府秘书处统计室，［1940］，6页，23开

　　本书全部为表。所涉时间为1935年6月至1940年12月。

　　收藏单位：国家馆、南京馆

13185

富华公司二十七年度工作报告

香港富华贸易公司，1938，油印本，1册，大16开，环筒页装

　　本书目录页题名：香港富华贸易公司二十七年度工作报告。

　　收藏单位：国家馆

13186

富阳县埠夫业职业公会上塘价目　富阳县埠夫业职业公会编

富阳：商务印书馆，1946.5，1册，25开

　　收藏单位：浙江馆

13187

富阳县迎薰镇埠夫上塘价目表　富阳县商会埠头挑运公会编

富阳：商务印书馆，1936.7，34页，25开

收藏单位：浙江馆

13188

甘肃贸易公司三十一年度业绩报告书　甘肃贸易公司编

甘肃贸易公司，[1942]，16 页，32 开

本书共 4 部分：调整内部组织、资力运用情形、业务经营实况、业务经营结果。

收藏单位：国家馆

13189

甘肃省参加全国国货展览特刊　[甘肃省建设厅编]

[甘肃省建设厅]，[1947.9]，24 页，32 开

本书共 3 章：工业概况、矿产摘要、农林畜牧。附参加全国国货展览会各工厂介绍。

收藏单位：国家馆、南京馆

13190

甘肃省兰州市七年来物价指数　甘肃省政府统计室编

兰州：甘肃省政府统计室，1944.4，98 页，18 开

本书共 4 部分：兰州市物价指数之编制及物价变动说明、指数图、指数、物品价格。

收藏单位：重庆馆、国家馆、近代史所、南京馆、陕西馆

13191

甘肃省贸易公司三周年纪念特刊　甘肃省贸易公司技术室编

甘肃省贸易公司技术室，1944.6，164 页，16 开

本书内容包括：发刊词、论述、资料、法规、章则、纪录、大事记等。

收藏单位：国家馆、吉林馆

13192

甘肃物价管制概况　甘肃省平衡物价委员会编

出版者不详，1943.6，43 页，32 开

本书内容包括：甘肃省战时物价问题之发生、限价办理经过等。附甘肃加强管制物价

方案实施纲领等。

收藏单位：广东馆

13193

甘肃物价管制实施概况　[甘肃省政府编]

甘肃省政府，1944，14 页，16 开

本书共 3 章：绪论、平价工作、限价工作。附兰州市议价范围表、甘肃省重要物品产销估计表等。

收藏单位：国家馆

13194

各地战时物价统计报告（第 4 号）　国民政府主计处统计局编

国民政府主计处统计局，1941.12，油印本，118 页，16 开

本书共 4 部分：各重要城市生活费、各重要城市机关办公用品价格、各重要城市主要物品趸售物价与工资、各主要产地主要产品之趸售物价与工资。

收藏单位：重庆馆、国家馆、南京馆

13195

各省货运调查报告　国防最高委员会　对敌经济封锁委员会编

出版者不详，1941.8，114 页，32 开

本书为经济部及该委员会于 1941 年 2—6 月间对各线进行实地调查后所得的资料汇编。共 3 编：西南线区、东南线区、西北线区。各编内容均包括：货运情形、检查货物情形、查禁敌货情形、统制物资情形等。

收藏单位：国家馆、南京馆

13196

各省粮食运销概况　程炳华编著

重庆：农产促进委员会，1942.7，24 页，18 开（研究专刊 7）

本书共 4 部分：粮食运销之重要、各省粮食分配现状、各省运输工具及运输费用、对于管理粮食运销之意见。

收藏单位：重庆馆、国家馆、陕西馆

13197

各省商会联合会特刊 上海总商会商业月报社编

上海：各省商会联合会，1928.3，[20]+210 页，18 开

上海：各省商会联合会，1928.9，再版，[20]+210 页，18 开

本书为上海总商会发起于 1927 年 12 月 17—25 日在上海召开成立各省商会联合会大会的特刊。共 4 部分：本会筹备及正式预备会议情形、开幕典礼纪要、正式会议、总事务所成立。

收藏单位：安徽馆、国家馆、近代史所、南京馆

13198

各省战时物价统计报告（第 1—3 号 民国二十六年至二十九年） 国民政府主计处编

出版者不详，[1940]，20 页，横 8 开

收藏单位：广东馆

13199

工商部国货陈列馆开幕纪念特刊

出版者不详，[1911—1949]，28 页，16 开

收藏单位：南京馆

13200

工商部上海区燃料管理委员会南京办事处工作总报告 上海区燃料管理委员会南京办事处编

上海区燃料管理委员会南京办事处，[1948]，22 页，16 开，精装

本书共 7 节：本处组织沿革、本处各项章则、业务概况、储运概况、总务图表、会计表报、附录。

收藏单位：国家馆

13201

工商部中华国货展览会纪念册 工商部中华国货展览会编

上海：工商部中华国货展览会，1929.5，60 页，16 开，精装

本书收录有关该展览会的各种照片。

收藏单位：上海馆、浙江馆

13202

工作报告 浙江全省商会联合会编

浙江全省商会联合会，1946.5，38 页，32 开

本书共 4 部分：概述、抗战期内之工作、胜利以后之工作、附录。附录浙江省各县镇商会复员工作纲要、各市县镇区商会一览表、经费收支报告、收发文统计表等。

收藏单位：国家馆

13203

工作概览 第三战区合作社物品供销联合办事处编

第三战区合作社物品供销联合办事处，1941.2，44 页，32 开（合作丛刊 2）

本书共 4 部分：绪言、筹备及成立经过、业务经营、本年度事业计划。

收藏单位：国家馆

13204

公沽局如何实行公买公卖 福建省粮食管理局编

福建省粮食管理局，1941.2，8 页，32 开（福建省粮食小丛书 3）

本书共 4 部分：收购余粮、计口授粮、怎样评价、盈亏分配。

收藏单位：福建馆、广东馆、国家馆

13205

共益会简章

出版者不详，[1912]，1 册，22 开

本简章共 12 章，内容包括：宗旨、性质、名义、地址、入会资格、会友担负、纳款规则等。

收藏单位：国家馆

13206

供给合作社浅说 四川省农村合作委员会编

四川省农村合作委员会，[1935—1949]，46 页，32 开（训练丛书 5）

本书共 5 部分：供给合作社的意义、供给合作社的效能、供给合作社的组织、供给合

作社的业务、经营供给合作社的困难及其解决方法。

收藏单位：重庆馆、国家馆

13207

购买团·运销团 丁鹏翥编

湖南合作协会，[1930—1939]，14 页，32 开（合作讲习会课本 第 15、16 种）

本书为合订本。《购买团》共 4 部分：说明、购买团的组织、永久组织的章程、其他事项。《运销团》共 3 部分：发生的原因、组织经营的方式、合作社的准备。

收藏单位：国家馆、南京馆

13208

关西贸易产业名鉴 中日经济协会编

大阪：中日经济协会，[1911—1949]，60 页，16 开

收藏单位：广东馆

13209

关于热河之蒙盐 梁敬民译

蒙藏委员会，1935.10，76 页，32 开

本书共 9 部分，内容包括：产地、销路、盐商、盐税、盐政、缉私等。

收藏单位：重庆馆、南京馆、人大馆

13210

管制民生必需粮物价格根本办法之实施纲领

出版者不详，[1937—1945]，46 页，32 开

本书共 5 章：总纲、分期平价办法、执行机构、疏导粮物来源、准备事项。

收藏单位：重庆馆、国家馆、南京馆

13211

管制物价法令汇编 浙江省政府编

浙江省政府，1943.2，56 页，32 开

本书分中央部分、浙江省部分。

收藏单位：浙江馆

13212

管制物价简报 国家总动员会议编

国家总动员会议，1943，油印本，8 页，16

开，环筒页装

本书为国家总动员会议秘书长沈鸿烈于1943 年 9 月 23 日在第三届参政会第二次大会上所作的口头报告。共 3 部分：限价办理之经过、限价得失之检讨、今后应有之努力。

收藏单位：国家馆

13213

管制物价浅说 尹耕南著

重庆：国民图书出版社，1943.6，52 页，32 开

本书共 3 章：民生主义与管制物价、管制物价办法及其实施、国民对管制物价应有的认识和努力。

收藏单位：安徽馆、重庆馆、东北师大馆、广东馆、广西馆、贵州馆、国家馆、黑龙江馆、湖南馆、吉林馆、江西馆、辽宁馆、南京馆、陕西馆、上海馆、首都馆、武大馆、西南大学馆、浙江馆

13214

管制物价问题参考资料选辑 中央训练委员会编

中央训练委员会，1943，72 页，32 开

本书内容包括：管制物价问题方案及实施办法、总裁指示、十中全会及国民参政会决议、重庆限价工作实施情形等。

收藏单位：重庆馆

13215

广播与广告 中央广播事业管理处台湾广播电台编

中央广播事业管理处台湾广播电台，1948.10，36 页，25 开

本书介绍该电台两年半来广告播放情况及办理播放广告的手续等。

13216

广东财政厅颁布改良中式实用商业簿记释义
赵灼解说

广州：学群书店，1946.9，4 版，增补本，42 页，32 开

本书共 7 章：改良中式簿记之意旨、帐簿组织、结算、商业帐簿之分管、会计科目、

传票、记帐规则。

　　收藏单位：广西馆

13217

广东工商业　国民政府西南政务委员会国外贸易委员会编著

广州：国外贸易委员会，1934—1935，11 册（32+30+48+33+62+38+46+68+42+32+80 页），32 开（国民政府西南政务委员会国外贸易委员会丛刊）

　　本书共 11 分册，内容包括：爆竹、草席、麦粉、煤、米、水果、丝、土制煤油、咸鱼、烟等。

　　收藏单位：贵州馆、国家馆

13218

广东建设厅国货调查报告　广东建设厅统计股编

广东建设厅统计股，1930.8，232 页，14 开

　　本书大部分为表。收录可替代洋货之国货、无相当洋货可以替代之国货、调查员之报告及意见、我国近六十年来之对外贸易状况等资料。附工业试验所调查洋货代替品报告书、特种工业奖励法、华侨回国兴办实业奖励办法。

13219

广东贸易管理概论　林习经著

乐昌：公益书店，1941.4，72 页，32 开

　　本书共 5 章，内容包括：广东贸易之经济背景、广东贸易概况、管理广东贸易决策等。附中央管理贸易法规 14 种、广东管理贸易法规 5 种。

　　收藏单位：重庆馆、贵州馆、国家馆、吉林馆、南京馆

13220

广东全省商团团务会议记　粤省商团总工所编

广州：粤省商团总工所，1924.6，73 页，22 开

　　本书内容包括：粤省商团团长之题词、各商团代表之拍照纪念全图、本会议召集之缘起、出席会议之各代表姓名、本会议之纪要、

选举会之结果等。

　　收藏单位：首都馆

13221

广东省第一期实施管价粤北十一县市管价物品、工资、运价价格统计　广东省动员会议编

广东省动员会议，1943.1，[17] 页，16 开

　　收藏单位：重庆馆

13222

广东省三十五年度民食调节计划　广东田赋粮食管理处编

广东田赋粮食管理处，1946.11，30 页，32 开

　　本书共 4 部分：粮源之增开、消费之节约、实物之储备、粮食之管理。

　　收藏单位：国家馆

13223

广东省调节民食委员会工作报告书　广东省调节民食委员会秘书处编

广州：广东省调节民食委员会，1937.11，205 页，16 开

　　本书共 10 部分，内容包括：成立缘起、组织内容、经费资金及借款、工作计划、购运米粮经过等。

　　收藏单位：国家馆、湖南馆、上海馆、中科图

13224

广东省物价管制委员会工作总报告书　广东省物价管制委员会编

广东省物价管制委员会，[1944]，22 页，32 开

　　本书共 12 个专题，内容包括：调整各级机构、实施限（议）价地区、物资管制种类、运价管制种类、工资管制种类、宣传与训练、督导与考核等。所涉时间为 1943 年 1 月 15 日至 1944 年 3 月底。

　　收藏单位：国家馆、吉林馆、南京馆

13225

广东省营产物经理处一周年营业统计　广东

省营产物经理处编

广东省营产物经理处，[1935]，[140]页，16
开，精装

　　本书以图表形式说明广东省营各种产物
（钨矿、土敏土、硫酸、糖品、肥田料、纺织
品等）每月售价比较、收入支出、解缴建设
厅款项等情况。所涉时间为 1934 年 5 月至
1935 年 4 月。

　　收藏单位：国家馆、上海馆、中科图

13226

广东省战时贸易管理处二十九年度工作报告
　　广东省战时贸易管理处秘书室编

广东省战时贸易管理处，1941，296 页，32
开

　　本书内容包括：本处成立经过情形、调
查本省与邻省贸易状况、统销土产争取外汇、
广东省战时贸易管理大纲等。

　　收藏单位：重庆馆

13227

广东丝业贸易概况　李泰初编译

广州：中华编译社，1930，105 页，27 开（中
华编译社丛书 3）

　　本书共 5 章："绪论——丝业之重要""粤
丝业之组织""粤丝之生产""粤丝之劲
敌""结论——改良丝业贸易之意见"。

　　收藏单位：江西馆

13228

广东限政统计核定价格之部

出版者不详，[1943]，[22]+43 页，18 开

　　本书全部为表。收录 1943 年份广东省物
价、工资、运价等项战时政府核定统制价格。

　　收藏单位：国家馆、南京馆

13229

广西省各县出入境内大宗货物概况　广西统
计局编

广西统计局，1934.9，141 页，32 开（广西统
计丛书 第 8 种）

　　本书全部为表。共两部分：各县大宗输出
输入货物总值、各县出入境大宗货物概况。

　　收藏单位：重庆馆、桂林馆、国家馆、湖
南馆、浙江馆

13230

广西省简易商店会计组织

广西省政府，1937.3，124 页，16 开

　　本书大部分为表。共 5 部分：总则、帐
户、簿记组织系统、帐簿、书表。

　　收藏单位：桂林馆、国家馆、浙江馆

13231

**广西省柳城、融县、宜山、思恩四县棉业推
广区棉花运销暂行办法**

出版者不详，[1911—1949]，油印本，1 册，
16 开

　　收藏单位：南京馆

13232

广州国货汇刊　广州市社会局编

广州市社会局，[1930—1939]，204 页，16 开

　　本书共 3 部分：国货展览会经过、接收城
隍庙改建国货推销场及陈列馆、提倡国货委
员会之组织及工作。介绍 1931 年在广州举办
的国货展览会情况。

　　收藏单位：国家馆

13233

**广州批发物价指数汇刊（民国十六年至二十
二年）**　黄荫普　罗剑声等编辑

外文题名：The wholesale prices and price indexes
in Canton: 1927—1933

广州：国立中山大学出版部，1934.10，257
页，18 开（国立中山大学经济调查处丛刊）

　　本书全部为表。内容包括：编制广州批发
物价指数说明、广州上海华北批发物价指数、
上海零售物价指数、广州批发物价指数之基
价等。

　　收藏单位：国家馆、上海馆

13234

广州商场年鉴（1946 年度）　陈梓秋主编

广州商场杂志社，1947.8，再版，238 页

　　本书内容包括：商场大事、税则与法令、

交通与货运、调查与统计、自由职业等。

收藏单位：近代史所

13235

广州商业行名录 陆贵福总编辑

出版者不详，1947.6，320 页

本书名录包括：金融业、保险业、洋行、金饰店、银器皿、航业、旅业等。

收藏单位：近代史所

13236

广州商业年鉴（民国二十一至二十二年） 广州市商会宣传科编

广州市商会，1932—1933，2 册，16 开

本书收录相关论著、商事、调查、法规、统计等。

收藏单位：国家馆、南京馆

13237

广州商业人名录 广州商业名录社编

广州商业名录社，1933，570 页，16 开，精装

收藏单位：国家馆

13238

广州市第二次国货展览会会务汇刊 广州市第二次国货展览会编查股编

广州市第二次国货展览会编查股，1932.10，134 页，16 开，环筒页装

本书内容包括：题词、论著、会务概况、公牍、记录等。

收藏单位：国家馆

13239

广州市三十五年度商业年鉴 何国华等编辑

广州市商会商业年鉴出版委员会，1947.6，[600] 页，16 开

本书为 1946 年广州市商会工作报告。内容包括：工商概况、金融概况、粮食概况、对外贸易概况、交通概况、工商法规摘要、各大商号介绍等。

收藏单位：国家馆、吉林馆、近代史所

13240

广州市外来物品价格指数之试编 李泰初编

广东省立勷勤大学商学院经济研究所，[1936]，23 页，16 开（广东省立勷勤大学商学院经济研究报告 2）

本书全部为表。共 4 部分：导言、种类、指数、比较。

收藏单位：国家馆

13241

广州市政府评定物价处理经过及其原则 欧阳驹编

出版者不详，[1931—1948]，1 册，32 开

收藏单位：南京馆

13242

广州盐业调查 广东省银行经济研究室编

广东省银行经济研究室，1937.11，69 页，32 开（广东省银行经济丛刊第 1 种）

本书共 8 部分：粤盐运销之沿革、盐业行号之组织、运销状况、营业情形、盐业金融、捐税、盐业之团体、盐业之今夕观。

收藏单位：重庆馆、国家馆、南京馆、上海馆

13243

广州之米业 顾翊群著

广东省银行经济研究室，1938.1，108 页，32 开（广东省银行经济丛刊第 3 种）

本书共 9 部分，内容包括：广州米之种类、米业行号之组织、米之运销、贸易情形等。附广州批发米价指数表等图表 8 种。

收藏单位：重庆馆、国家馆

13244

广州之杂粮业 广东省银行经济研究室编

广东省银行经济研究室，1938.5，81 页，32 开（广东省银行经济丛刊第 4 种）

本书叙述该省杂粮之种类、运销情形、贸易之机构、杂粮业之金融及其团体等。附广州杂粮行一览表。

收藏单位：重庆馆

13245

贵阳零售物价指数　贵州省政府秘书处统计室编

贵州省政府秘书处统计室，1939.7，23 页，16 开

　　本书共 3 部分：指数编制之目的与经过、指数变动概况、附表。

　　　　收藏单位：国家馆

13246

贵阳县商会成立特刊　贵阳县商会编

贵阳县商会，1931.3，1 册，16 开

　　本书包括贵阳县商会成立的筹备经过等介绍。

　　　　收藏单位：贵州馆

13247

贵州贵阳之米粮贸易业　陈建棠调查　张宗弼审查　刘大钧核定

出版者不详，1939.4，晒印本，6 张，13 开（中国经济统计研究所 总字第 291 号 商业门 食物品类 第 6 号）

　　　　收藏单位：上海馆

13248

贵州省食粮消费之研究　熊良　宋鸿淳编

贵州省粮食增产督导团，[1940]，38 页，16 开

　　本书共 10 章：食粮消费概论、消费者、消费单位之拟定、食粮消费之种类及数量、食粮品质之检讨、食粮经济问题、食粮之其他用途、食粮自给问题、食粮之商品化程度、结论。

　　　　收藏单位：贵州馆、国家馆

13249

贵州之川盐贸易业　陈建棠调查　张宗弼审查　刘大钧核定

出版者不详，1939.6，晒印本，23 张，13 开（中国经济统计研究所 总字第 318 号 商业门 食物品类 第 8 号）

　　　　收藏单位：上海馆

13250

贵州之卷烟贸易业　陈建棠调查　张宗弼审查　刘大钧核定

出版者不详，1939.3，晒印本，9 张，13 开（中国经济统计研究所 总字第 290 号 商业门 食物品类 第 5 号）

　　　　收藏单位：上海馆

13251

贵州之商业　陈建棠等著

国民经济研究所，1938，打印本，25 页，16 开（商业门概况类 第 1 号）

　　　　收藏单位：南京馆

13252

贵州之石油贸易业　陈建棠调查　张宗弼审查　刘大钧核定

出版者不详，1939.4，晒印本，9 张，13 开（中国经济统计研究所 总字第 292 号 商业门 矿产品类 第 2 号）

　　　　收藏单位：上海馆

13253

国货陈列馆规章汇刊　[实业部编]

实业部，[1931]，22 页，16 开

　　本书内容包括：部辖国货陈列馆规程、部辖国货陈列馆征集出品规则、首都国货陈列馆附设商场营业规则、省市国货陈列馆组织大纲等。

　　　　收藏单位：国家馆

13254

国货工商大观　黄逸亭编

出版者不详，1934，123 页，8 开

　　本书收录有关提倡国货的论文 20 篇。

13255

国货鉴　白陈群编

北平各界提倡国货运动委员会，1933.4，[163] 页，8 开，精装

　　本书共两部分：各界提倡国货运动委员会组织之经过、筹办国货展览会经过情形。附国货厂商名单、"九一八"周年大事纪。

收藏单位：国家馆、吉林馆、浙江馆

13256

国货运动 工商部 内政部编

工商部、内政部，1928.8，40 页，50 开

　　本书内容包括：工商部提倡国货运动办法、国货运动周事宜、事前准备须知等。

　　收藏单位：国家馆、南京馆

13257

国货运动 青岛各界国货运动委员会编

青岛各界国货运动委员会，1933.2，[130] 页，22 开

　　本书内容包括：总务、宣传、调查、法规、论文辑要等。附国内国货运动大事记。

　　收藏单位：国家馆

13258

国货运动专刊 上海市国货运动展览大会编

上海市国货运动展览大会，[1932]，20 页，16 开

　　本书收录《国货展览会之意义》等文章11 篇，上海市国货展览大会计划大纲、组织简章、征集出品规则等。展览会于 1932 年 10月开幕。

13259

国货展览会报告书 国货展览会物产品评会编辑

国货展览会物产品评会，[1915—1919]，204页，16 开

　　本书共 6 编：筹备、征集、会场、展览、评奖、结束。

　　收藏单位：国家馆、首都馆

13260

国货展览会鸟瞰

上海：特别市政府社会总局，1928.12，1 册，16 开

　　收藏单位：南京馆

13261

国家总动员会议关于十一中全会切实推行加

强管制物价方案"稳定战时经济案"执行情形报告书

出版者不详，[1944]，油印本，1 册，16 开，环筒页装

　　本书共 7 部分，内容包括：关于增加物资、便利运输、增加收入紧缩开支等。

　　收藏单位：国家馆

13262

国立浙江大学农学院消费合作社章程 国立浙江大学农学院消费合作社编

[杭州]：国立浙江大学农学院消费合作社，[1928—1949]，12 页，32 开

　　本章程共 7 章：总则、股本、职员及会议、业务、盈余分配及损失弥补、入社及出社、附则。

　　收藏单位：国家馆

13263

国民经济互助社简章 国民经济互助社编

上海：国民经济互助社，1935，12 页，32 开

　　本书介绍国民经济互助社以代理商性质为社会服务，举办各种有益社员的经济事业，设产销、互助二部。

　　收藏单位：广东馆

13264

国外公司在中国境内设立支店登记说明书
经济部商业司编

经济部商业司，1945.1，3 页，18 开

　　本书附公司登记规则。

　　收藏单位：南京馆

13265

国营中国茶叶公司统计提要 中茶公司统计室编

中茶公司统计室，[1937—1946]，油印本，1册，8 开

　　收藏单位：南京馆

13266

国展工作报告（第 1 次） 福建省国货展览会编

福建省国货展览会，1933，17 页，32 开

本书介绍福建省国货展览展会的总务股、征集股、陈列股、宣传股等的报告。

13267

汉口贸易统计（第 2 号）

出版者不详，[1911—1949]，100 页，16 开（新汉口副刊 3）

13268

汉口贸易志　张鹏飞著

北京：戊五学会，1918，100 页，25 开

　　收藏单位：国家馆

13269

汉口商号名录　武汉书业公会编纂

武汉书业公会，1920.1，1 册，23 开，精装

武汉书业公会，1920.5，再版，1 册，23 开

　　收藏单位：湖南馆

13270

汉口市国货流动展览会特刊　汉口市国货流动展览会编

汉口市国货流动展览会，[1934.4]，86 页，16 开

　　本书内容包括：提倡国货问题的论文、该展会筹备委员会的组织纲要、征集出品规则、会议记录、参展品一览表等。

13271

汉口市猪鬃交易概况　于锡猷调查

出版者不详，1938，12 页，13 开（商业门猪鬃类 第 1 号）

　　本书内容包括：集中数量、主要来源及其供给数量、运输方法等。

　　收藏单位：国家馆

13272

汉口武穴阳新圻春苎麻贸易情形及产销状况

　　金陵大学农学院农业经济系调查及编制

[南京]：金陵大学农学院农业经济系，1934.6，油印本，1 册，大 16 开（豫鄂皖赣四省农村经济调查初步报告 第 9 号）

本书系豫鄂皖赣四省农民银行委托调查及编制。

　　收藏单位：国家馆

13273

汉口物价（民国三十一年六月份）　汉口特别市政府秘书处编制

汉口特别市政府秘书处，[1942]，14 页，16 开

　　本书收录 1939 年到 1942 年 6 月的物价指数表。内容包括：汉口特别市生活费指数表、汉口特别市工人生活费指数表、汉口物价统制委员会生活必需品限价表等。

　　收藏单位：国家馆

13274

汉口杂粮行调查记　金陵大学农学院农业经济系调查及编制

[南京]：金陵大学农学院农业经济系，1934.6，油印本，5 页，16 开（豫鄂皖赣四省农村经济调查初步报告 第 11 号）

　　收藏单位：国家馆

13275

汉口之粉麦市场　金城银行总经理处汉口调查分部查编

金城银行总经理处汉口调查分部，1938.3，126 页，16 开（商品调查报告 2）

　　本书共两章：小麦之部、面粉之部。第 1 章共 8 节，内容包括："汉口小麦"之来源、"汉口小麦"之交易、"汉口小麦"之销路、"汉口小麦"之市价、"汉口小麦"之运输等；第 2 章共 6 节，内容包括：汉口之面粉厂、"汉口面粉"之生产、"汉口面粉"之销路、"汉口面粉"之运输等。

　　收藏单位：重庆馆、国家馆、吉林馆、近代史所、上海馆

13276

杭州商业名录（民国二十年份）　沈雨苍编纂

杭州商业会社，1931，516 页，32 开

　　本书收录杭州机关团体、学校名录。逐页题名：民国二十年份杭州商业名录。

收藏单位：浙江馆

13277

杭州市国货运动周特刊　杭州市政府社会科编

杭州市政府，1929，[113]页，16开

杭州市政府，1929.10，再版，1册，16开

　本书内容包括：宣言、讲演词、专论、报告及特载等。收录《中国国货事业发展之障碍及其救济之方法》(马寅初)、《新时代之国货与国货之新时代》(寿毅成)等文章。

　收藏单位：国家馆

13278

杭州市民食调节委员会三十七年一至八月份工作报告　杭州市民食调节委员会编

杭州市民食调节委员会，1948，20页，16开

　本书内容包括：前言、组织与人事、粮食购储、粮食配销、经费等。

　收藏单位：浙江馆

13279

杭州市商会会员代表大会各种规程　杭州市商会会员代表大会秘书处编

杭州市商会会员代表大会秘书处，1946.4，22页，32开

　本书内容包括：杭州市商会会员代表大会组织规程、杭州市商会会员代表大会秘书处组织规程等。

　收藏单位：浙江馆

13280

杭州市商会会员代表名册　杭州市商会编

杭州市商会，[1911—1949]，14页，16开

　收藏单位：浙江馆

13281

杭州市商会会员统计一览表　杭州市商会编

杭州市商会，[1911—1949]，8页，16开

　收藏单位：浙江馆

13282

杭州市商业行名录　李修慎编

杭州商业会社，1930.3，330页，32开

13283

杭州市商业行名录（第4—5期 民国二十四至二十五年）　西湖山农编　李修顺助编

浙江商业会社，1935—1936，2册（232+230页），22开，精装

　本书收录该市各商业体名称、地址、电话等内容。

　收藏单位：浙江馆

13284

杭州市烧酒业风潮之经过　杭州商民协会烧酒业分会编

杭州商民协会烧酒业分会，1928.8，46页，16开

　本书介绍杭州市烧酒业行业规则等内容。

　收藏单位：浙江馆

13285

合作社如何经营食盐配销业务

江西省合作事业管理处，1942.9，32页，32开（合作实务丛刊）

　本书共3部分：本省合作社经营食盐的起源、食盐为什么交由合作社经营、合作社经营食盐领运配销业务。附有关法令暨参考资料。

　收藏单位：安徽馆、国家馆、浙江馆

13286

合作社消费供给部业务规则

广东省建设厅合作事业管理处，1941印，4页，32开

　本书共5章：总则、进货、售货、代购物品、附则。

　收藏单位：国家馆

13287

何为物价问题？何为解决方法？

出版者不详，[1937—1945]，16页，32开

　本书简述抗战时期的物价问题及其解决方法。

　收藏单位：国家馆、南京馆

13288

河北省棉花运销合作之第三年 中国华洋义
赈救灾总会编

中国华洋义赈救灾总会，1935.5，100 页，25
开（中国华洋义赈救灾总会丛刊乙种 69）

本书共 3 部分：本会协助棉运概况、各县
联合办理棉运状况、棉花运销合作手册。附
天津商品检验局棉花检验规程、实业部天津
商品检验局查验仓库存棉规则、天津商品检
验局检验棉花之手续。

收藏单位：国家馆、南京馆

13289

河北省棉花运销合作之第四年

[中国华洋义赈救灾总会]，1936，80 页，25
开（中国华洋义赈救灾总会丛刊乙种 78）

本书共两部分：本会协助棉运概况、各县
联合办理棉运状况。附取缔棉花掺水掺杂暂
行条例、实业部天津商品检验局棉花检验施
行细则等。

收藏单位：广东馆、近代史所

13290

河北省棉花运销合作之第五年 中国华洋义
赈救灾总会编

中国华洋义赈救灾总会，1937.12，48 页，25
开（中国华洋义赈救灾总会丛刊乙种 83）

本书共 5 章：引言、各社棉运办理情形、
本会协助经过、棉花之脱售、感想。

收藏单位：国家馆

13291

**河北省正定县食粮供求情形调查报告书（民
国三十二年十一月）** 华北合作事业总会调查
科编

北京：华北合作事业总会调查科，1944.3，20
页，25 开（调查资料 甲 第 8 辑）

本书共 5 部分：引言、粮食供求之情形、
食粮集散情形及流通过程、食粮交易方法与
经纪人之机能、粮商之概况及其营业种类。

收藏单位：国家馆、首都馆

13292

河红一览 廖光庭编

江西省茶业管理处上玉广铅办事处，1940，
油印本，20 页，8 开

本书收录江西省茶业管理处玉广铅办事
处的茶业的统计资料。

收藏单位：重庆馆

13293

**河南各主要县镇物价指数（民国三十至三十
一年）** 河南农工银行经济调查室编

河南农工银行经济调查室，1942.6—1943.6，
石印本，2 册（24+28 页），10 开

本书共 9 部分，内容包括：编制说明、河
南各主要县镇批发物价指数表、河南各主要
县镇批发物价分类指数表、河南各主要县镇
批发物价指数图、零售物价、批发物价等。
版权页题名：河南各主要县镇物价指数年刊。

收藏单位：国家馆、南京馆

13294

河南平籴局报告书 河南平籴局编

河南平籴局，1937，283 页，18 开

本书共 11 部分，内容包括：章则及组织、
命令及呈文、提案、工作报告等。

收藏单位：国家馆

13295

**河南省开封市二十五年、二十九年、三十年
物价统计表**

出版者不详，[1941]，1 册，16 开，环筒页装

本书收录表格 4 幅。

收藏单位：国家馆

13296

河南省战时贸易委员会业务报告

河南省战时贸易委员会，1940.9，石印本，1
册，10 开

收藏单位：南京馆

13297

湖北省各县级合作社配销食盐办法 湖北省
合作事业管理处编

湖北省合作事业管理处，1942.3，22 页，32 开

收藏单位：南京馆

13298

湖北省各县战时食盐购销处组织纲要湖北省各县动员委员会监销食盐办法

湖北省政府秘书处，1940.12，14 页，32 开

收藏单位：南京馆

13299

湖北省棉花营运办法 湖北省政府秘书处编

湖北省政府秘书处，1940.12，4 页，32 开

本书概述本省开放民运的区县、民运方式、营运棉花的路线等。

收藏单位：重庆馆

13300

湖北省平定物价工作纪实（第 1 辑） 湖北省动员委员会编

湖北省动员委员会，[1941—1949]，126 页，32 开

本书共 4 部分：实施概况、法规、文告、言论。

收藏单位：国家馆

13301

湖北省平价物品供应处法令汇编（组织） 湖北省政府编

湖北省政府，[1942]，96 页，36 开（湖北省财政参考资料 财政类 5）

本书内容包括：修正湖北省平价物品供应办法、修正湖北省平价物品供应处组织规程、湖北省平价物品供应处分支处组织通则等。

收藏单位：重庆馆、南京馆

13302

湖北省平价物品供应处统计特辑 业务部调查统计组编

业务部调查统计组，1942，47 页，横 16 开

本书收统计表 12 种，内容包括：民享服务部民享服务物物交换及生产贷款统计表、鄂西分处供应生活必需品及物物交换统计表、

食盐部购配食盐统计表、粮食加工部碾米及副产品统计表、花纱杂货部购供花纱杂货统计表、建筑委员会承做工程及购储材料统计表等。所涉时间为 1942 年 7—12 月。

收藏单位：重庆馆、国家馆、南京馆

13303

湖北省平价物品供应处业务概况 湖北省平价物品供应处编

湖北省平价物品供应处，1942.12，20 页，32 开

本书内容包括：购运食盐、办理粮食加工、辅导纺织工业、修造机械、供销服务等。所涉时间为 1942 年 7—12 月。

收藏单位：重庆馆、南京馆

13304

湖北省实施平定物价办法 湖北省政府秘书处编

湖北省政府秘书处，1941.2，12 页，36 开

本书内容包括：湖北省平定物价办法实施之原则及步骤、实施前之准备、实施中之工作等。附《陈主席畅谈平定物价问题》（原载于《新湖北日报》）。

收藏单位：重庆馆、广东馆、吉林馆、南京馆

13305

湖北省物价管制之实施 湖北省政府编

湖北省政府，1943.5，72 页，32 开

本书内容包括：湖北省加强推行民生主义经济政策纲要、管制同业公会议价暂行办法、各县管制物价工资要点、房租房地租限价暂行办法等。

收藏单位：安徽馆、重庆馆

13306

湖北省战时物价统计（第 1 号） [湖北省政府秘书处编]

[湖北省政府秘书处]，1941，油印本，1 册，16 开

本书全部为图表。收录趸售、零售物价指数图、指数、价比。

收藏单位：国家馆

13307

湖南省财政厅物价指数特刊（第 3 期 民国二十三年份） 湖南省财政厅编

湖南省财政厅，1934，[134] 页，16 开

　　本书为汉英对照，全部为表。收录 1934 年湖南省各市、县的物价指数。

　　收藏单位：广东馆、湖南馆、南京馆

13308

湖南省第三区农工产品展览会报告书 湖南省立第一民众教育馆 [编]

湖南省立第一民众教育馆，1940.5，石印本，22 页，16 开

　　本书共 12 部分，内容包括：筹备委员会之组织、章则表格之订定、研究委员会之成立、会场之布置及管理、出品之奖评等。附湖南省第三区农工产品展览会章程、湖南省第三区农工产品展览筹备委员会章程等。

　　收藏单位：国家馆

13309

湖南省第一次贸易会议汇刊 湖南省贸易局编

湖南省贸易局，1940.12，72 页，16 开

　　本书收录该次会议的法规、公牍选录、代表题名、提案、会议纪录、审查报告、演词摘录等。

　　收藏单位：广东馆、国家馆

13310

湖南省各县市普通生活零售物价调查 湖南省政府秘书处第五科编

湖南省政府秘书处，1933.6，151 页，18 开（湖南省政府统计丛刊 9）

　　本书为湖南省长沙市、湘潭县、湘阴县、平江县、浏阳县等县市 1932 年 12 月的普通生活零售物价调查材料。

　　收藏单位：广东馆、国家馆、湖南馆、南京馆

13311

湖南省各县市普通生活零售物价指数（1933年份） 湖南省政府秘书处第五科编

湖南省政府秘书处第五科，1934，72 页，16 开（湖南省政府统计丛刊 28）

13312

湖南省国货陈列馆开幕纪念特刊 湖南省国货陈列馆编

湖南省国货陈列馆编查股，1932.10，[214] 页，16 开，环筒页装

　　本书内容包括：演词、本馆筹备经过、论著、工商消息、转载等。

　　收藏单位：广西馆、国家馆、湖南馆、近代史所、南京馆

13313

湖南省贸易局一周年工作报告 湖南省贸易局调查室编辑

湖南省贸易局，1940.4，[114] 页，16 开

　　本书内容包括：法规、计划、业务概况、运输概况、会计概况等。所涉时间为 1939 年 4 月至 1940 年 3 月。

　　收藏单位：国家馆、南京馆

13314

沪战前后重要商品市况调查报告书 沈真一编

中国银行经济研究室，1937.10，56 页，32 开

　　本书为对“八一三”战事爆发前后上海物价及外埠物价的调查。

　　收藏单位：国家馆

13315

华北物价处理委员会各省市分会代表恳谈会天津特别市报告书 华北物价处理委员会天津特别市分会编

华北物价处理委员会天津特别市分会，1942.10，16 页，18 开

　　本书共两部分：关于进行状况、物价情形。附自肃价格表、本市各商业号售货实行明码制程度比较表、天津市批发物价指数等。

　　收藏单位：国家馆

13316

华北之棉产统制　思淑著

[中国经济研究会],[1940—1949],11页,16开（中国经济研究会丛刊4）

　　本书内容包括：华北棉产统制之历史、华北棉产统制机关之分析、华北棉产统制之新具体案等。

13317

华侨商业联合会章程　华侨商业联合会编

华侨商业联合会,[1911—1949],8页,18开

13318

黄冈县烟叶贸易调查记　金陵大学农学院农业经济系编

南京：金陵大学农学院农业经济系,1934.6,油印本,1册,16开（豫鄂皖赣四省农村经济调查初步报告 第10号）

　　收藏单位：国家馆

13319

黄埔商埠筹办处治港辟埠计划　黄埔商埠筹办处编

外文题名：Reports on the Canton Harbour improvement

广州：黄埔商埠筹办处,1936.1,104+69页,16开

　　本书为汉英对照。内容包括：黄埔治港辟埠筹办意见、广州港埠改善计划报告书、黄埔商埠筹办处编造支付预算书等。

　　收藏单位：国家馆、上海馆

13320

黄埔商埠公司半年来之报告　[冯百砺编辑]

广州：黄埔商埠公司,1928.5,[132]页,16开

　　本书内容包括：论文、文牍、特载、公函等。所涉时间为1927年11月至1928年4月。

13321

会员名簿　哈尔滨特别市道里商会编

哈尔滨特别市道里商会,1936.6,286页,18开

　　收藏单位：国家馆

13322

火柴专卖公司广东省分公司成立一年来工作报告　叶尚志著　火柴专卖公司广东省分公司编

火柴专卖公司广东省分公司,1943,油印本,1册,16开,环筒页装

　　本书介绍火柴专卖公司广东省分公司的成立经过与开展业务的情况。内容包括：工作检讨与工作计划、火柴专卖公司广东省分公司办事细则、财政部火柴专卖公司广东省分公司职员名册等。

　　收藏单位：重庆馆

13323

火柴专卖统计提要特刊　火柴专卖公司会计处编

出版者不详,1944,油印本,84页,16开

　　收藏单位：广东馆

13324

济南华人商工名录　（日）里田条次编

济南：日本商工会议所,1940.8,387页,23开

　　本书共10类：食料品之部、日用品之部、什物杂货之部、布绸衣料类之部、贵金属及金属制品之部、副有机械类之部、建筑料之部、工业之部、土产类之部、杂之部。

　　收藏单位：国家馆

13325

济南商工人名录（华商之部）

济南：日本商工会议所,1928,152页,16开

　　本书共4部分："饮食料品""土产物""机械、器具、金属制品""建筑材料"。

　　收藏单位：国家馆

13326

济南市饭馆业调查统计报告　济南市政府秘书处编

济南市政府秘书处,[1936],58页,16开（统计资料 第4种）

本书内容包括：济南市饭馆业调查报告、济南市各区饭馆业统计表、济南市饭馆业一览表等。调查时间为 1936 年 3 月。

收藏单位：长春馆、上海馆

13327

济南市理发业调查统计报告　济南市政府秘书处编

济南市政府秘书处，[1936]，58 页，16 开（统计资料 第 3 种）

本书调查时间为 1936 年 3 月。

13328

济南市粮业调查统计报告　济南市政府秘书处编

济南市政府秘书处，[1936]，26 页，16 开（统计资料 第 12 种）

本书内容包括：济南市的粮食来源、运销及市价变动等项。调查时间为 1936 年 6 月。

收藏单位：广东馆

13329

济南市零售物价指数　济南市政府秘书处编

济南市政府秘书处，1936.12，122 页，16 开（济南市政府市政统计丛刊 1）

本书全部为图表。所涉时间为 1931 年 1 月至 1935 年 12 月。

收藏单位：国家馆、近代史所、人大馆

13330

济南市旅馆业调查统计报告　济南市政府秘书处编

济南市政府秘书处，1936.2，70 页，16 开（统计资料 第 1 种）

本书内容包括：店号、地址、设立年月、资本、经理姓名、职工人数、房间、二十四年的营业概况等。

13331

济南市煤炭业调查统计报告　济南市政府秘书处编

济南市政府秘书处，[1936]，48 页，16 开（统计资料 第 14 种）

本书报告调查时间为 1936 年。

13332

济南市棉业调查统计报告　济南市政府秘书处编

济南市政府秘书处，1936.7，14 页，16 开（统计资料 第 13 种）

13333

济南市澡塘业调查统计报告　济南市政府秘书处编

济南市政府秘书处，1936.2，[14] 页，16 开（统计资料 第 2 种）

本书内容包括：名称、地址、资本、职工人数、设备、顾客人数、二十四年营业概况等。

13334

济南市照像业调查统计报告　济南市政府秘书处编

济南市政府秘书处，1937，44 页，16 开（统计资料 第 24 种）

13335

冀中贸易分公司通知（为建立健全保管机构加强保管工作由）　冀中贸易分公司颁发

冀中贸易分公司，1948.5，油印本，2 页，32 开

收藏单位：国家馆

13336

冀中区贸易分公司通知　冀中区贸易分公司颁发

冀中区贸易分公司，1948.8，油印本，2 页，16 开

收藏单位：国家馆

13337

冀中区贸易分公司指示　冀中区贸易分公司颁发

冀中区贸易分公司，1948，油印本，2 页，16 开

收藏单位：国家馆

13338

冀中区贸易公司关于建立平津外围战地商店的决定 冀中区贸易公司颁发

冀中区贸易公司，1949.1，油印本，4 页，32 开

　　收藏单位：国家馆

13339

加强吾国战时物价统制刍议 褚一飞著

[中华书局]，[1940.8]，手写本，36 页，18 开，环筒页装

　　本书共 5 部分：导言、战时物价高涨之原因、统制物价之办法、统制物价之机构、余言。

　　收藏单位：国家馆

13340

加强吾国战时物价统制刍议·物价暴涨与公务员薪给问题 褚一飞著

出版者不详，[1940—1949]，[18] 页，16 开

　　收藏单位：国家馆

13341

嘉兴县商会第一期会务报告 嘉兴县商会编

嘉兴县商会，1935，1 册，16 开

　　本书收录嘉兴县商会各业同业公会代表人数比较表等。

　　收藏单位：浙江馆

13342

建设国货营业计划书 任矜苹著

出版者不详，[1931]，17 页，27 开，环筒页装

　　收藏单位：南京馆

13343

江苏第二次省地方物品展览会报告书

出版者不详，1922.5，1 册，16 开

　　收藏单位：南京馆

13344

江苏京沪民食调节协会报告书 江苏省京沪民食调节协会编

镇江：江苏省京沪民食调节协会，[1932.12]，24 页，23 开

　　本书附该会章程。

　　收藏单位：上海馆

13345

江苏全省物品展览会报告 严寿南编辑

江苏省建设厅，1934，[370] 页，18 开

　　本书共 3 部分：特刊之部、会务之部、附载。

　　收藏单位：广东馆、国家馆、近代史所、南京馆、天津馆

13346

江苏省农民银行农产品市价月报表 江苏省农民银行总行调查股编

江苏省农民银行总行调查股，1937，1 册，16 开

　　本书收录 1936 年 7 月至 1937 年 6 月的报表。

　　收藏单位：南京馆

13347

江苏省商业团体一览 江苏省实业厅第三科第三股编辑

江苏省实业厅第三科第三股，1932.11，[189] 页，16 开

　　本书共 3 章：组织商业团体之法则、关于商业团体组织上疑点之解释、商业团体各种统计资料。

　　收藏单位：国家馆

13348

江苏省政府消费有限合作社十八年度概况 江苏省政府编

江苏省政府，[1930]，61 页，22 开

　　本书共 8 部分，内容包括：改组经过、组织系统、各种会议纪录、经营状况等。附各种章则 9 种。

　　收藏单位：国家馆

13349

江苏省最近三年茧行状况 江苏省农矿厅编

江苏省农矿厅，1931.4，102页，16开

本书共4章：茧行与丝业之关系、茧行之限制与开放之经过、茧行之现状、茧行条例及其解释。

收藏单位：国家馆、南京馆、上海馆、浙江馆

13350

江苏武进物价之研究　张履鸾著

金陵大学农学院，1933.5，64页，22开

本书共5部分：研究之目的与范围、农产物价购买力之变迁、各种农产品物价之长期趋势、物价季节性变化与销售多寡之比较、币制与物价之关系。为《金陵学报》第3卷第1期抽印本。

收藏单位：国家馆、上海馆

13351

江苏物价汇编（第2—4期合订本）　江苏省政府统计处编

江苏省政府统计处，1947.12，石印本，130页，18开

本书全部为表。

收藏单位：国家馆、南京馆

13352

江西米谷运销调查报告　江西省农业院农艺部农业经济组编制

[南昌]：[江西省农业院]，[1937]，248页，32开（江西省农业院专刊第4号）

本书共9章：调查方法及经过、市场概述、中间机关、米谷加工机关、仓储机关、运输、米谷价格、米谷贩运费、结论及提要。

收藏单位：江西馆

13353

江西省工商管理处登检工作报告（第1次）　江西省工商管理处编

江西省工商管理处，[1939]，24页，25开

本书共7部分，内容包括：筹办经过、各所组织、办理情形、进出货物、查获敌货暨处理情形等。所涉时间为1939年10—12月。

收藏单位：重庆馆、南京馆、浙江馆

13354

江西省工商管理处会计报告暨工作概况　[江西省工商管理处编]

[江西省工商管理处]，[1911—1949]，30页，22开

本书共两章：会计报告、工作概况。

收藏单位：首都馆

13355

江西省工商管理处战时贸易部规章汇编　江西省工商管理处战时贸易部编

江西省工商管理处战时贸易部，[1941]，138页，22开

本书收录业务、组织、人事、行政、会计、总务等方面的法规、细则。

收藏单位：重庆馆、广东馆、国家馆

13356

江西省工商管理处战时贸易部业务汇报（第1期）　江西省工商管理处战时贸易部编

江西省工商管理处战时贸易部，[1940]，84+50页，22开

本书详细总结该部自1938年10月16日至1939年12月的业务工作情况。共两章：工作报告、会计报告。附资产负债表、损益计算书、存货盘查表等。

收藏单位：国家馆、江西馆、南京馆

13357

江西省会国货展览会特刊　上海国货运动周刊社主编

上海国货运动周刊社，[1928—1949]，35页，16开

本书收有关提倡国货文章20余篇。

13358

江西省贸易概况　江西省政府建设厅编

江西省政府建设厅，1938.6印，34页，22开

本书共5部分：导言、历年经九江关输出输入货物概况、主要输出货物全年生产量估计、主要输入货物全年消费量估计、全省输出输入货物总值估计。

收藏单位：广东馆、国家馆、南京馆、西

南大学馆

13359

江西省日用必需品平价购销处工作报告 江西省日用必需品平价购销处编

江西省日用必需品平价购销处，[1942]，68页，25开

本书共6部分，内容包括：组织、基金、营业项目、售价计算方法等。附本处一年来进销货数量表、本处编制表、业务人员须知等。所涉时间为1941年4月至1942年2月。

收藏单位：国家馆

13360

江西省商业概况 江西省政府建设厅编

江西省政府建设厅，1941.7，88页，22开（经建丛书4）

收藏单位：江西馆

13361

江西特种物品运销统计 江西省政府经济委员会编

[南昌]：江西省政府经济委员会，1934.9，58页，16开（江西省政府经济委员会丛刊7）

本书共4部分：绪言、本省特种物品运销省内及省外数量统计、外省特种物品运销本省数量统计、全年捐收分类统计。

收藏单位：国家馆

13362

江西战时贸易部三十年度业务计划

出版者不详，[1941]，石印本，12页，16开

收藏单位：南京馆

13363

江阴县商会第一届汇刊 江阴县商会编

江阴县商会，1934.1，[163]页，16开

本书内容包括：本会沿革、法令录要、册表、大事记、公牍摘要等。

收藏单位：国家馆

13364

蒋兼院长在第三届参政会开会词暨加强管制

物价方案全文 蒋中正讲

国家总动员会议，1942.10，70页，64开

收藏单位：南京馆

13365

胶济铁路消费合作社结算报告书（第2—5期） 周家骥编

胶济铁路消费合作社，1932—1935，4册（120+[185]+92+130页），16开

本书内容包括：报告、结算及统计表、规章、论述、附载等。

收藏单位：重庆馆、国家馆

13366

解决贵州食盐问题建议书 刘熙乙[编]

出版者不详，[1911—1949]，26页，32开

本书内容包括：对此前盐制的见解、不淡食不贵食的希望、申请盐局特准到产场购运等。

收藏单位：贵州馆

13367

近七年我国十三省五十九处乡村物价调查 杨铭崇编

农林部中央农业实验所，1941.1，259页，18开（农林部中央农业实验所特刊26）

本书为汉英对照。收录1933—1939年物品价格、农民购买力指数、所得物价指数等方面的调查统计。共6编：四川西康两省十处、青海甘肃陕西三省十三处、湖南湖北两省九处、江西福建两省九处、广东广西两省十处、云南贵州两省八处。

收藏单位：重庆馆、东北师大馆、国家馆、吉林馆、近代史所、首都馆

13368

近五年天津棉市概况 王兴周编著

实业部天津商品检验局，1936.5，89页，16开（实业部天津商品检验局丛书）

本书共8部分，内容包括：天津棉花之种类及其品质、近五年天津来棉统计、天津棉花原产地概况、天津棉花贸易状况等。附近五年东河花运津数量统计表、近五年内地运

津棉花历年数量比较表、近五年内地运津棉花分类数量比较等。

　　收藏单位：国家馆、近代史所

13369

晋察冀边区贸易公司关于会计工作几个问题的指示　晋察冀边区贸易公司颁发

晋察冀边区贸易公司，1948.5，油印本，2页，32开

　　本书所收指示由经理兼监委王文波、副理李子直、梁耀签发。

　　收藏单位：国家馆

13370

晋察冀边区贸易公司冀中分公司指示（关于对四月份物价总的情况估计及布棉价格变动和今后掌握中应注意的几个问题）　晋察冀边区贸易公司冀中分公司发颁发

晋察冀边区贸易公司冀中分公司，1948.4，油印本，4页，32开

　　收藏单位：国家馆

13371

晋商盛衰记（一名，晋人生计研究录）　山西商业专门学校编

山西商业专门学校，1923.2，[10]+58+14页，窄18开

　　本书为山西商人在外省经营各业之调查。附1920、1921年海关输入货物分类统计比较表。

13372

京沪沪杭沿线米谷丝茧棉花贩卖费之调查　杜修昌著

实业部中央农业实验所，1935.6，44页，16开（实业部中央农业实验所特刊9）

　　收藏单位：国家馆

13373

京沪沪杭甬两路沿线国货厂商联合会参加青岛铁展会纪念刊　京沪沪杭甬两路沿线国货厂商联合会宣传科编

上海：京沪沪杭甬两路沿线国货厂商联合会，

1935.7，45页，16开

　　本书收有关上海国货厂商小史20余篇及专论国货的短文、消息等资料。

13374

京师总商会行名录　京师总商会工商调查处编

[北京]：京师总商会工商调查处，1921.10，110页，16开

　　收藏单位：国家馆

13375

经济部汉口工商辅导处重要商业调查表　经济部汉口工商辅导处编

经济部汉口工商辅导处，[1947.12]，[86]页，8开，活页装（衡阳市商7）

　　收藏单位：国家馆

13376

经济部平价购销处工作报告　[经济部平价购销处编]

经济部平价购销处，[1942]，油印本，3册，16开，环筒页装

　　本书所涉时间为1940年8月至1942年6月。

　　收藏单位：国家馆

13377

经济部燃料管理处工作报告　经济部燃料管理处编

经济部燃料管理处，[1943]，8页，16开

　　本书内容包括：绪言、增加生产、改进运输、供应概况、核定限价等。附1943年1—7月嘉陵江区、岷江区各矿煤焦产量表等。所涉时间为1943年1—7月。

　　收藏单位：国家馆、南京馆

13378

经济部日用必需品管理处工作报告　经济部日用必需品管理处编

经济部日用必需品管理处，[1944]，13页，16开

　　本书共3部分：食用植物油、纸张、其他

日用品。所涉时间为 1943 年 2 月至 1944 年 6 月。

　　收藏单位：国家馆、南京馆

13379

经济部日用必需品管理处三年工作总报告书
　　经济部日用必需品管理处编
经济部日用必需品管理处，[1946]，26 页，18 开

　　本书共 5 部分：食用植物油、纸张、其他日用品、食糖、公文用纸。

　　收藏单位：国家馆、近代史所、南京馆

13380

经济部调整物价工作概要
经济部，[1940]，油印本，6 页，16 开

　　本书内容包括：评定物价、物品管理、加强生产等。

　　收藏单位：国家馆

13381

经营湘产砖茶十万片运销兰哈计划纲要
出版者不详，[1911—1949]，油印本，5 页，16 开，环筒页装

　　本书内容包括：产制、运输、经销、经营、财务及税费、成本估计等。

　　收藏单位：重庆馆

13382

旧京商票概论　沙伯泉著
北京：沙伯泉 [发行者]，1948.4，再版，25 页，32 开

　　收藏单位：国家馆

13383

开展石家庄商埠计划书　王骧著　谷凤彩等校正
范华印刷厂，1927.8，10 页，18 开

　　本书书前有《开展石家庄商埠计划书缘起》。

　　收藏单位：国家馆

13384

抗战六年来西安物价专刊　陕西省银行经济研究室编
陕西省银行经济研究室，[1942]，33 页，窄 8 开（陕西省银行经济研究室丛刊）

　　本书全部为表。共 5 部分：序言、编制说明、物价与指数、变动分析、附录。所涉时间为 1937 年 6 月至 1942 年 12 月。

　　收藏单位：国家馆、南京馆

13385

抗战期间九江消费品市价调查　于锡猷调查
　　国民经济研究所具拟
[国民经济研究所]，1938.9，油印本，10 页，13 开（总第 64 号 商业门杂项类 第 2 号）

　　本书共 8 部分：主要食粮、烹调料、菜蔬、荤食、衣料、燃料、建筑材料、杂项。

　　收藏单位：国家馆

13386

抗战以来之上海米业
出版者不详，[1937—1945]，晒印本，7 张，大 16 开

　　收藏单位：上海馆

13387

矿产品贸易统计　曹立瀛　杨国铎具拟
出版者不详，1942.6，油印本，1 册，16 开

　　本书所涉时间为 1939—1941 年。

　　收藏单位：南京馆

13388

昆明九教授对于物价及经济问题的呼吁　伍启元等著
求真出版社，1945.7，62 页，32 开

　　本书收录西南联大 9 位教授在重庆《大公报》上发表的呼吁惩治贪污、改善人民生活、取缔通货膨胀、严格统制物价、经济民主的文章 3 篇：《我们对于当前物价问题的意见》《我们对于物价问题的再度呼吁》《现阶段的物价及经济问题》。

　　收藏单位：重庆馆、国家馆、近代史所、南京馆

13389

昆明米价风潮　刘大钧纂辑

出版者不详，1939.12，晒印本，7张，大16开（中国经济统计研究所 总字第350号 农业门食粮类 第21号）

收藏单位：上海馆

13390

昆明市战时物价指数表　昆明市政府秘书室编

昆明市政府秘书室，[1940]，晒印本，5页，横36开（市政统计丛编1）

本书为1937—1939年云南省昆明市物价指数表。

收藏单位：国家馆

13391

兰溪实验县商业概况　兰溪实验县县政府编

兰溪实验县县政府，1936.6，44页，22开（兰溪实验县县政府出版物23）

本书共4部分：引言、各业商店概况、各种主要商业概述、结论。

收藏单位：国家馆、浙江馆

13392

兰州商业调查　萧梅性编著　陇海铁路管理局主编

郑州：陇海铁路管理局，1935.2，124页，22开

本书共7部分：兰州商业、出产种类、进口货物、工业调查、金融状况、捐税概略、运输情况。

收藏单位：国家馆、河南馆、近代史所、上海馆

13393

兰州市物价手册　兰州市政府编

兰州市政府，1948.9，182页，32开

本书为有关物价法令及限价表的汇编本。附取缔违反限价议价条例、非常时期取缔日用重要物品囤积居奇办法等法规5种。

收藏单位：甘肃馆、广东馆、内蒙古馆

13394

兰州五年来之物价　熊德元著

熊德元，[1940]，12页，16开

本书叙述1935—1939年兰州市的物价变动情况。收录兰州五年来趸售物价指数及货币购买力表、兰州五年来趸售物价指数详表、兰州上海重庆昆明南宁桂林趸售物价指数比较表等。

收藏单位：国家馆

13395

兰州物价之研究　刘世超编

兰州：西北经济研究所，1942，84页，16开（西北经济丛刊3）

本书共5章：兰州市批发物价指数编制之经过、抗战以来兰州市物价变动之趋势、战时兰州市物价涨落之原因、战时兰州市物价变动之特征、兰州市评定物价之经过及其批评。

收藏单位：甘肃馆、广东馆、国家馆、南大馆、南京馆、天津馆

13396

丽水城区消费合作社　浙江省建设厅合作事业管理处　浙江省丽水城区消费合作社合编

浙江省建设厅合作事业管理处、浙江省丽水城区消费合作社，1940.12，26页，32开（战时合作事业报告丛刊）

本书共4部分：弁言、社务、业务、附录。

收藏单位：国家馆、浙江馆

13397

理发业分析　舒尧著

江西省实施百业教育委员会，1938.6，26页，32开（百业教育丛刊2）

本书全部为表。内容包括：本业名称、本业沿革、本业性质、进入本业的资格、工作状况、本业工作分部等。

收藏单位：国家馆、江西馆

13398

历年上海物价指数汇刊　财政部国定税则委

员会编

外文题名：Price index numbers in Shanghai

财政部国定税则委员会，1934，15 页，16 开

（经济统计丛刊 11）

  本书内容包括：上海趸售物价指数、上海输出入物价指数、上海生活费指数图等。

  收藏单位：国家馆、南京馆

13399

联营专卖研究与实践 王荩琪编著

金华：正中书局，1941.9，213 页，25 开

重庆：正中书局，1943.11，3 版，213 页，25 开

  本书共 14 章，内容包括：重庆市商品运销概况暨物价调查、国内其他各地重要商品市场运销情形、联营专卖的意义及其范围、近代国家对于企业联合运动的形成及其发展、联营专卖与国家财政等。

  收藏单位：重庆馆、东北师大馆、广东馆、贵州馆、国家馆、吉大馆、辽宁馆、南京馆、内蒙古馆、上海馆

13400

梁邹美棉运销合作社第二届概况报告 山东乡村建设研究院编

山东乡村建设研究院，1933，48 页，16 开

  本书内容包括：沿革、进展、组织、业务、舆论批评、进行计划等。

  收藏单位：吉大馆、南京馆、浙江馆

13401

梁邹美棉运销合作社第三届概况报告 山东乡村建设研究院编

山东乡村建设研究院，1935.3，1 册，18 开

  本书内容包括：组织与训练、业务经营、年度结算、章则及书表、会计规程、会议记录、重要文件等。附赴山东邹平梁邹美棉运销合作社举行棉花分级之经过。

  收藏单位：重庆馆、广东馆、国家馆、南京馆

13402

梁邹美棉运销合作社第四届概况报告 山东乡村建设研究院编

山东乡村建设研究院，1936.4，1 册，16 开

  本书内容包括：该社设立棉花育种场的组织原则、棉种的收集与销售等。

  收藏单位：国家馆

13403

粮情电报手册 粮食部编

粮食部，1942，96 页，36 开

  本书共 4 部分：粮情电报、粮价变动电报、市况旬报及粮价月报、市况调查竞赛。

  收藏单位：重庆馆、南京馆

13404

粮情调查手册 粮食部编

粮食部，1944，68 页，36 开

  本书共 4 部分：电报粮情、粮价变动电报、市况旬报及粮价月报、粮食市况调查工作竞赛通则。

  收藏单位：重庆馆

13405

粮商登记规则

出版者不详，[1942]，9 页，32 开，环筒页装

出版者不详，[1946]，9 页，32 开

  本书收录粮商登记规则 26 条。由粮食部于 1942 年 2 月 13 日公布。

  收藏单位：国家馆、南京馆

13406

两年来南京物价 南京市政府统计处编

南京市政府统计处，1948，64 页，16 开

  本书共 7 部分，内容包括：绪言、物价指数之编制方法、两年来南京物价变动概况等。附历年南京市零售物价指数、南京市金融、院辖市物价及生活费指数等。

  收藏单位：重庆馆、东北师大馆、广西馆、国家馆、吉林馆、近代史所、南京馆、中科图

13407

两年来之全国趸零售物价总指数暨公务员生活费总指数 [主计部统计局编]

[主计部统计局]，[1948]，油印本，1 册，

28×38cm

本书内容包括：全国趸零售物价总指数之变动分析、全国公务员生活费总指数、全国及各地趸零售指数表等。所涉时间为 1946 年 1 月至 1947 年 12 月。

收藏单位：重庆馆、国家馆

13408

辽宁省物价年报　辽宁省政府统计处编

辽宁省政府统计处，1947，1 册，16 开

收藏单位：南京馆

13409

临清事件与国营商业　冀东日报社编

冀东日报社，1949.2，12 页，32 开

本书为新华社社论。批评该市华北、华东两区国营贸易机关违反经济政策、抢购棉绒、刺激物价上涨的错误。

收藏单位：重庆馆、国家馆、吉大馆、宁夏馆、山东馆、天津馆

13410

零卖物价统计表

国务院总务厅统计处，1936.5，4+86 页，16 开

本书内容包括：地方别总物价指数、类别总物价指数、各地平均零卖物价、各地零卖物价指数、惯行度量衡实量换算率等。

收藏单位：东北师大馆

13411

陇海铁路员工消费合作社工作报告（第 1、3—6 届）　陇海铁路员工消费合作社编

陇海铁路员工消费合作社，1932—1937，5 册，16 开

本书内容包括：报告、纪录、专载等。

收藏单位：国家馆、南京馆

13412

陆军大学校学员小组讨论会第六次参考资料

[陆军大学校编]

[陆军大学校]，1942，32 页，25 开

本书内容包括：《在第三届国民参政会致词》（蒋介石）、加强管制物价方案报告书、加强管制物价方案等。

收藏单位：重庆馆、国家馆

13413

旅馆业务之管理概况　杨慎著

出版者不详，[1911—1949]，14 页，32 开

收藏单位：广东馆、湖南馆、南京馆

13414

"满洲"食品价格之统制　刘铁孙纂辑 / 审查

李植泉翻译　刘大钧核定

外文题名：Standard prices for 74 kinds of provisions fixed

出版者不详，1940.7，晒印本，8 张，大 16 开（中国经济统计研究所 总字第 391 号 金融门物价类 第 1 号）

收藏单位：上海馆

13415

贸易　东北物资调节委员会研究组编辑

沈阳：东北物资调节委员会，1948.2，112 页，32 开（东北经济小丛书 20）

本书共 8 章：九一八前之东北贸易状况、经济平衡资金制度、贸易之统制及政策、汇兑管理与贸易之联系、国际收支与贸易等。

收藏单位：安徽馆、长春馆、重庆馆、东北师大馆、广东馆、国家馆、河南馆、黑龙江馆、辽大馆、辽师大馆、宁夏馆、人大馆、上海馆、天津馆、西南大学馆

13416

贸易统计

出版者不详，[1931]，24 页，22 开

本书内容包括：国际贸易统计之发展、吾国国际贸易统计的内容、吾国国际贸易统计之整理等。

收藏单位：国家馆

13417

贸易统制论与中国贸易统制问题　李立侠著

出版者不详，1937.3，18 页，16 开

本书内容包括：历史上贸易政策的演变、

近代各种贸易统制方策及中国实施统制贸易的途径等。

13418

贸易业统一会计科目　国民政府主计处会计局编

国民政府主计处会计局，1943.5，16 页，36 开

收藏单位：重庆馆、广东馆、南京馆

13419

每日商情　中孚工商信托社编

西安：中孚工商信托社，1943，28 张

收藏单位：国家馆

13420

美棉运销合作社经营法　山东乡村建设研究院编

山东乡村建设研究院，1934.1，16 页，32 开（农林丛刊 6）

收藏单位：南京馆

13421

米号业会计制度及账簿格式　葛益栋著

上海：葛益栋会计师事务所，[1911—1949]，64 页，32 开

收藏单位：南京馆

13422

米荒　红笔等著

泉州：大众报社，1939，20 页，32 开

收藏单位：福建馆

13423

棉布业　上海市商会商务科编

上海市商会，1934.5，106 页，22 开（上海市商会商业统计丛书）

本书共 5 部分：序、统计图表、论著、调查、附录。

收藏单位：国家馆、吉林馆、近代史所、上海馆、浙江馆

13424

棉花运销合作概要　新民合作社中央会编辑股编

北京：新民印书局，1939.8，31 页，32 开（新民合作社中央会丛刊 第 1 类）（合作丛书 17）

本书共 6 部分，内容包括：棉花运销合作之功能、棉花运销合作社之组织、棉花运销合作社之经营等。

收藏单位：国家馆

13425

棉花运销合作社　桂少良编

山东省第一民众教育辅导区，1936，37 页，32 开（合作丛刊 6）

本书共 7 章，内容包括：运销合作社的意义与效用、棉花运销合作社的需要、组织与管理、业务的经营等。

收藏单位：国家馆

13426

棉纱联合配销问题　全国纺织业联合会编　章剑慧　钱贯一校阅

上海：全国纺织业联合会，1947.11，54 页，22 开（纺联会刊 第 3 辑 1）

本书共 16 部分，内容包括：战前棉纱产销状况、战时管制情形及其得失、复原后之纺织工业、联合配销之理论、经济部拟试行办法等。

收藏单位：重庆馆、国家馆、南京馆、天津馆、浙江馆

13427

民国二十四年南开指数年刊　南开大学经济研究所编

外文题名：Nankai index numbers,1935

天津：南开大学经济研究所，1936，47 页，16 开

本书为汉英对照。内容包括：华北批发物价指数、华北批发物价、天津零售物价等。

收藏单位：国家馆、天津馆、浙江馆

13428

民国三十一年十、十一、十二月份十四省八

十四处乡村物价指数表
出版者不详，[1942]，油印本，1 册，10 开
　　收藏单位：国家馆

13429
民生消费合作社章程
民生消费合作社，[1930—1949]，3 页，32 开，
环筒页装
　　本书内容包括：合作意义的七大信条、民生消费合作社章程、合作事业的十大功用等。
　　收藏单位：国家馆

13430
民生主义经济政策与物价管制　湖北省政府编
湖北省政府，1943，46 页，32 开
　　本书内容包括：中央宣传部颁发实施限价宣传要点、湖北加强推行民生主义经济政策纲要、陈主席对加强管制物价第一次讲话等。
　　收藏单位：重庆馆、东北师大馆、南京馆、西南大学馆

13431
岷江流域米粮运销调查（彭山、眉山、仁寿、青神、乐山）　四川省稻麦改进所编
[成都]：四川省政府建设厅询问处，1937.10，28 页，16 开（建设周讯小丛书）
　　本书共两部分：五县概述、各县分述。
　　收藏单位：重庆馆、国家馆

13432
闽东之粮运　徐天胎著
福建田赋粮食管理处福州调节处，1943.8，18页，32 开，环筒页装（榕粮丛刊 2）
　　本书论述闽东粮食产区分布、粮食运输及价格、粮食运输机构情况等。
　　收藏单位：重庆馆、国家馆

13433
明代宣大山西三镇马市考　侯仁之著
出版者不详，1938.5，1 册
　　本书共 4 部分：绪论、嘉靖朝之马市、隆庆朝之马市、结论。

　　收藏单位：近代史所、山西馆

13434
南昌市必需品零售价暨批发价统计（民国二十六年）　江西省工商管理处编
江西省工商管理处，1938.3，22 页，16 开
　　本书全部为表。共两部分：南昌市必需品零售价统计、南昌市必需品批发价统计。附南昌市历年零售物价统计、南昌市历年批发物价统计。
　　收藏单位：国家馆

13435
南昌市庆祝商人节纪念特刊　余守真总编
南昌新记合群印刷公司，1936.8，54 页，16开
　　本书为庆祝"商人节"论文及商业夜校学生的作品合刊。

13436
南丰蜜橘之合作运销　金陵大学农学院农业经济系调查及编制
南京：金陵大学农学院农业经济系，1935.8，油印本，1 册，16 开（豫鄂皖赣四省农村经济调查初步报告 第 20 号）
　　本书共 5 部分：引言、产橘区域、南丰蜜橘合作社之组织内容、去年之营业经过、今后改进之管见。
　　收藏单位：国家馆、近代史所

13437
南京安乐酒店股份有限公司股东名簿
出版者不详，[1932—1949]，23 页，16 开
　　收藏单位：南京馆

13438
南京市物价与金融　南京市政府统计处编
南京市政府统计处，1948.6，油印本，1 册，16 开
　　收藏单位：南京馆

13439
南京物价与金融（民国三十七年度）　南京市

政府统计处编

南京市政府统计处，1949，40 页，16 开

　　本书共 8 部分，内容包括：物价变动说明、指数、金融行情、主要物品价格、附录等。

　　收藏单位：国家馆、吉林馆、南京馆

13440

南京中央商场

南京：汉文正楷印书局，[1932—1949]，1 册，32 开

　　收藏单位：南京馆

13441

南京中央商场创立一览　南京中央商场筹备处编

南京中央商场筹备处，[1934—1937]，20 页，16 开

　　收藏单位：南京馆

13442

南开指数专刊（第 1 辑 华北批发物价指数）
国立南开大学经济研究所编

天津：[国立南开大学经济研究所]，1949.4，105 页，横 27 开

　　本书共 7 部分：引言、编制说明、年指数、月指数、周指数、华北批发物价、附录。

　　收藏单位：东北师大馆、近代史所、天津馆

13443

南宋初年物价的大变动　全汉升著

出版者不详，[1942]，[28] 页，16 开

　　本书共 5 节：引言、物价变动的原因、物价变动的情形、物价变动的影响、结论。

　　收藏单位：国家馆、南京馆

13444

南洋劝业会研究会报告书　南洋劝业会研究会编辑

上海：中国图书公司，1913.5，[762] 页，22 开，精装

　　本书共 4 部分：首编、内编、外编、附

编。收录本会经过之事实、速记录、演稿、报告书、说明书、意见书等。

　　收藏单位：东北师大馆、国家馆、河南馆、近代史所、南京馆、上海馆、天津馆、中科图

13445

拟订烟草专卖暂行条例草案·拟订委托制造烟草暂行条例草案（甲、乙）　胡文藻拟

出版者不详，[1943—1949]，10 页，16 开

　　收藏单位：上海馆

13446

拟订烟草专卖暂行条例草案（乙）·拟订委托烟草公司买卖烟草暂行条例草案（乙）　胡文藻拟

出版者不详，[1943—1949]，11 页，16 开

13447

廿件事　谢景亮著

谢景亮，1948，油印本，22 页，32 开，环筒页装

　　本书介绍怎样经营国货流动商场、私人小菜场、小本贷款所等办法、经验。

　　收藏单位：国家馆

13448

念二年度沪西念二社概况　念二社联合通询处编

上海：念二社联合通询处，1934.8，54 页，23 开（沪西念二丛刊 3）

　　本书内容包括：社章、组织系统、概况、土货介绍所委托代销土货办法等。附梵王渡普及教育实验区各团团长服务须知、梵王渡普及教育实验区各团民众须知。

　　收藏单位：重庆馆、南京馆、上海馆

13449

念二运动（由提倡土货到民族复兴的一个具体方案）　念二社联合通询处编

上海：念二社联合通询处，1933.8，影印本，[50] 页，窄 16 开

上海：念二社联合通询处，1933.11，修正 2

版，80 页，22 开

上海：念二社联合通询处，1934.5，3 版，80 页，22 开

上海：念二社联合通询处，1934.8，4 版，80 页，22 开（念二丛刊）

　　本书内容包括：念二运动的意义、提倡土货、实行社会节约、改进民众生活、提倡念二运动的具体办法等。

　　收藏单位：安徽馆、国家馆、吉林馆、近代史所、辽大馆、上海馆

13450

念二运动（由提倡土货到民族复兴的一个具体方案） 念二运动促进会编

上海：教育编译馆，1935，5 版，[10]+80 页，23 开（念二丛刊 1）

　　收藏单位：重庆馆

13451

念二运动评论集（第 1 辑） 念二运动促进会编

上海：念二运动促进会，1934.8，76 页，32 开（念二丛刊 2）

　　本书收文 10 篇，内容包括：《介绍念二社及其出版品》（陶愚川）、《念二运动与新生活运动》（黄纶书）、《评邵爽秋先生的土布运动》（季子）等。

　　收藏单位：重庆馆、近代史所、南京馆、上海馆

13452

宁乡县商会整理办事处工作报告 宁乡县商会编

出版者不详，1943，油印本，41 页，16 开

　　收藏单位：湖南馆

13453

农产（流通篇） 东北物资调节委员会研究组编辑

沈阳：东北物资调节委员会，1948.2，2 册（334+246 页），32 开，精装（东北经济小丛书 3）

　　本书共 10 章，内容包括：农产物出售状况、主要农产物之品质、农产物之保管、检查、输送、价格、统制概要等。

　　收藏单位：安徽馆、重庆馆、东北师大馆、广东馆、国家馆、河南馆、黑龙江馆、吉林馆、辽师大馆、南京馆、宁夏馆、上海馆、首都馆、武大馆、西南大学馆

13454

农产品运销研究的方法 曲直生编

北平：社会调查所，1933.2，38 页，22 开

　　本书共 3 部分：中国为甚么需要农产品运销的研究、如何研究中国农产品的运销、社会调查所农产品运销研究的工作。

　　收藏单位：安徽馆、重庆馆、广东馆、国家馆、河南馆、吉林馆、南京馆、内蒙古馆、上海馆、天津馆

13455

农村供给合作社意造帐 江西省农村合作委员会编

江西省农村合作委员会，1935.7，30 页，18 开（江西省农村合作委员会丛刊 8）

　　本书全部为表。内容包括：流水帐、总帐、股本帐、货品分类帐、销货分户帐、损益表、试算表等。

　　收藏单位：重庆馆、国家馆、南京馆

13456

农民组织运销合作社以后所得的利益

镇江：新民印刷工业社，1929.9，8 页，32 开

　　收藏单位：南京馆

13457

农商部工商司纪念帖 农商部工商司编

出版者不详，1923，152 页

　　收藏单位：近代史所

13458

农商部商品陈列所一览 农商部商品陈列所编辑

北京：农商部商品陈列所，1918.11，32 页，22 开

　　本书内容包括：沿革、面积建筑及设备、

事业概要、陈列品现况、陈列品总目录等。

收藏单位：国家馆、近代史所、南京馆

13459

农商部商品陈列所征品规则　农商部编辑

农商部，1915.3，3 页，20 开

13460

陪都限价手册　重庆市商会组训科编

重庆：商务日报社、中国文化工业社，[1943.1]，88 页，72 开

本书共 3 部分：物价、运价、工资。书前有重庆市政府公告。

收藏单位：重庆馆、南京馆

13461

平定物价　蒋杏墙著

武功（咸阳）：中国西北植物调查所，1940，油印本，18 页，16 开

收藏单位：南京馆

13462

平定物价问题之根本解决办法　柳维垣著

重庆：建国出版社，1940.10，68 页，32 开（建国丛书 第 2 辑 中国问题 3）

本书共 5 节：过去办理平价之缺点、今后平价应请提前明定之原则、今后平价之步骤、平价之办法、本办法之特点及其运用推行之大要。

收藏单位：国家馆、南京馆、陕西馆、武大馆

13463

平粜须知　邓长耀编

陕西救灾委员会，1929，32 页，36 开

本书内容包括：绪言、历代平粜方法、关于平粜紧要事项等。

收藏单位：国家馆

13464

平稳武汉盐价之经过　张春浩 [著]

[重庆]：南方印书馆，1947.2，24 页，32 开

收藏单位：南京馆

13465

平抑物价的基本方案（由战时经济到民生主义之初步）　孙慕迦著

民生主义计划经济研究所，1941，50 页，32 开（当前经济问题小丛刊 1）

本书共 3 部分：过去平价政策之检讨、平抑物价的基本方案、经济行政机能的调整。

收藏单位：安徽馆、重庆馆、广东馆、国家馆、吉林馆、南京馆

13466

强迫存粮登记报告书　上海市民食调节委员会总务组编

出版者不详，1937，9 页，32 开

本报告书登记时间为 1937 年 9 月 12—18 日。

收藏单位：广东馆

13467

青岛市广告管理暂行规则　青岛市工务局编辑

青岛市工务局，[1931.4]，13 页，32 开

本书为青岛市 1931 年广告管理暂行规则。

收藏单位：国家馆、浙江馆

13468

青岛市粮食业调查　青岛市社会局编

青岛市社会局，1933，32 页

本书共 9 部分，内容包括：粮食商行、粮食生产情形、粮食价值、进出口情形、食粮统计等。

收藏单位：近代史所

13469

青岛市商店调查　青岛市社会局编

青岛市社会局，1933，[230] 页，16 开

本书内容包括：总论、青岛市商店分类一览表、商店一览等。

收藏单位：国家馆、近代史所、天津馆

13470

青年合作社一周纪念专刊　三民主义青年团

甘肃支团部兰州青年消费合作社编
三民主义青年团甘肃支团部兰州青年消费合作社，1941.8，17页，32开
　　收藏单位：国家馆

13471

青年会推行国货运动专刊　张登瀛编
外文题名：Manual for native goods promotion
上海：中华青年会全国协会，1933，96页，18开
上海：中华青年会全国协会，1933.3，再版，68页，17开
　　本书收录推行国货运动文章，各地国货展览会组织概况、章程、开幕宣言等。内容包括：青年会与国货运动、杭州青年会国货展览会、中国国货暂订标准、为提倡国货运动劝告民众书、上海青年会励行国货运动计划大纲、励行国货会草章、提倡国货的标语等。
　　收藏单位：近代史所、天津馆

13472

清乾隆朝江苏省物价工资统计　盛俊著
出版者不详，[1937]，[31]页，18开
　　本书内容包括：则例之缘起及其内容、改编之江苏省细则、江苏省物料工资价值表等。为《学林》第2辑抽印本。
　　收藏单位：国家馆、南京馆、上海馆、浙江馆

13473

全国电化教育用品供应股份有限公司计划书
　　[全国电化教育用品供应股份有限公司编]
上海：[全国电化教育用品供应股份有限公司]，1936，[16]页，18开
　　本书概述该公司的发起缘由、营业范围、最初两年的营业概算、招股章程。
　　收藏单位：重庆馆

13474

全国国货展览会资源馆展览品目录　资源委员会编
资源委员会，1947.9，13页，32开
　　本书共3部分：资源委员会简史、资源馆

展览内容、参加展览机关一览。
　　收藏单位：国家馆、天津馆

13475

全国花纱布管理委员会三十七年度下半年度业务计划及营业预算　[财政部全国花纱布管理委员会编]
财政部全国花纱布管理委员会，[1948]，[9]页，16开
　　本书共两部分：营业计划、收支概算。
　　收藏单位：国家馆、南京馆

13476

全国商埠考察记　王钟麒等编校
[上海]：世界书局，1926，19+256页，25开（中学世界百科全书 第1集6）
　　本书记述全国108个商埠的开埠历史、商业状况的考察。共48部分，内容包括：考察目标、考察方法、在沪宁道中、溯江而上、泛洞庭入湘江、过三峡、入藏界、行天山南北路、走驿道等。
　　收藏单位：安徽馆、重庆馆、广东馆、广西馆、国家馆、河南馆、湖南馆、辽大馆、上海馆、绍兴馆、首都馆、西南大学馆

13477

全国商会及外洋中华商会一览表　农商部工商司编
农商部工商司，1919.5，128+28页，22开
农商部工商司，[1913—1927]，175页，32开
　　本书为全国各省市县商会称谓及世界各地创立的中华商会名录。
　　收藏单位：国家馆、南京馆

13478

全国商会临时代表大会专刊　中华民国全国商会联合会秘书处编
中华民国全国商会联合会秘书处，1928.11，[472]页，16开
　　本书内容包括：筹备经过、参加商会表、代表姓名录、提案原文、报告等。
　　收藏单位：国家馆、吉林馆、近代史所

13479

全国手工艺品展览会 顾毓琇 [编]

全国手工艺品展览会，[1937]，1 册，大 16 开，精装

本书内容包括：全国手工艺品展览会概览、伪国民经济建设运动委员会令、全国手工艺品展览会征品须知等。

收藏单位：国家馆

13480

全国手工艺品展览会概览 全国手工艺品展览会编辑组编辑

全国手工艺品展览会总务组，1937.5，90 页，32 开

本书共 3 章：本会筹备经过、各省市手工艺产品概述、会场布置一般。

收藏单位：重庆馆、国家馆、近代史所、南京馆、上海馆

13481

全国手工艺品展览会征品须知 全国手工艺品展览会筹备委员会编

全国手工艺品展览会筹备委员会，1936.12，14 页，32 开

13482

全国桐油调节管理暂行办法及施行细则 财政部贸易委员会编

财政部贸易委员会，1942.9，16 页，18 开

本办法及细则由财政部于 1942 年 7 月 27 日公布实行。

收藏单位：国家馆、南京馆

13483

全国桐油统购统销办法施行细则

出版者不详，1940.10，油印本，1 册，16 开

收藏单位：南京馆

13484

全国物价统计表（中华民国九至十六年） 农商部总务厅统计科编

北京：农商部总务厅统计科，1921—1928，7 册（103+103+103+103+103+103+103 页），16 开

本书除民国十五、十六年为 1 册外，其余每年 1 册。统计材料来自京师等 31 处总商会。

收藏单位：广东馆、国家馆、吉林馆、近代史所、南京馆、首都馆、天津馆、浙江馆

13485

泉通总号半年营业报告 广西工商局编

广西工商局，[1934.9]，36 页，32 开（广西工商丛书 第 3 种）

本书介绍广西泉通总号的创设缘起、筹办经过、半年来的营业概况等。所涉时间为 1934 年 1—6 月。

收藏单位：重庆馆、桂林馆、国家馆

13486

劝用国货白话

上海：民友社，[1931—1945]，26 页，32 开

收藏单位：广东馆

13487

人事管理 [江西省工商管理处战时贸易部编]

江西省工商管理处战时贸易部，[1939.9]，64 页，25 开

本书内容包括：战时贸易部人事管理表格用法、江西省工商管理处战时贸易部保证书等。

收藏单位：江西馆、浙江馆

13488

日本统治下的台湾专卖事业 台湾行政干部训练班编

台湾行政干部训练班，1945.4，1 册，32 开

本书为中央训练团台湾行政干部训练班参考资料。共 6 章：总说、鸦片、食盐、樟脑、烟草、酒类。

收藏单位：国家馆

13489

日本专卖研究与我国专卖问题 武梦佐编著

重庆：正中书局，1943.1，184 页，32 开（时

代丛书）

本书共两篇：日本专卖之研究、我国实施专卖问题。附大战前后欧洲各国实施专卖表、实施专卖之国家与品类表、日本专卖法规、中国专卖制度实施计画大纲。

收藏单位：安徽馆、重庆馆、东北师大馆、广东馆、贵州馆、国家馆、吉林馆、南京馆、内蒙古馆

13490

日华商工信用录　上海经济日报社编

上海：经济日报社，1943.12，华中版，881 页，22 开

上海：经济日报社，1944，7 页，22 开

本书内容包括：上海日商之部、上海华商之部、南京、镇江、本社事业案内、本社前景等。

收藏单位：重庆馆、内蒙古馆、上海馆

13491

日煤倾销中之国煤问题　吴半农著

社会调查所，[1930—1939]，[53] 页，16 开

本书介绍日煤倾销情况，国内各地的煤炭供求、成本、运输、煤矿近况。为《社会科学杂志》第 3 卷第 4 期抽印本。

收藏单位：国家馆、南京馆、上海馆、中科图

13492

榕粮六阅月　徐天胎编著

福建田赋粮食管理处福州粮食调节处，1943.11，38 页，32 开，环筒页装（榕粮丛刊 3）

本书内容为 1943 年 5—10 月福州市粮食之供销、价格及组织机构等。

收藏单位：福建馆

13493

榕粮调节（福州市粮食调节处工作概况）

[福州市粮食调节处编]

[福州市粮食调节处]，[1949]，30 页，25 开

收藏单位：福建馆

13494

如何稳定物价　林霖著

[汕头]：钟鑽书社，1947.11，21 页，32 开

本书内容包括：物价膨胀原因的分析、备现政策及发行长期（25 年以上）公债、稳定货币基金等。附美国对华的"不"政策。

收藏单位：国家馆、南京馆

13495

三年物价汇刊　侯作孱编

长沙：商情导报社，1949，154 页

收藏单位：湖南馆、近代史所

13496

三十六年全年台湾物价总报告　台湾省政府财政厅统计室编著

台湾省政府财政厅统计室，[1948]，油印本，16 页，16 开，环筒页装

本书内容包括：本省全年物价鸟瞰、本省卅六年度末期物价与省外之比较、结论等。

收藏单位：广东馆、国家馆、南京馆

13497

三月治要　社会部桂林社会服务处编

出版者不详，[1938—1949]，油印本，4 册

收藏单位：南京馆

13498

沙坪坝消费合作社三周年纪念特刊　重庆市沙坪坝消费合作社编辑

重庆市沙坪坝消费合作社，1943.9，150 页，16 开

本书收录有关消费合作的论文、报告、名录、章则等。

收藏单位：国家馆、西南大学馆

13499

沙市粮食调查　刘端生　胡求真 [编]

湖北省农业改进所，1937.10，28 页，18 开（湖北省农业改进所专刊 2）

本书共 9 部分，内容包括：粮食业之组织、粮食之供给者、粮食业劳动者、交易程序、运销等。

收藏单位：国家馆

13500

纱布交易所结价涉讼案之经过 [叶赓斋等编]

上海：叶赓斋 [发行者]，[1932]，157 页，32 开

本书共 6 部分：弁言、成单（正反两面）、决议揭示、第一审判决书、第二审判决书、第三审上诉状。附第一审原被告各诉状、第二审上诉人及被上诉人各诉状等。

收藏单位：广东馆、国家馆、南京馆

13501

山东第一次全省劝业会议录 山东实业厅编

[山东实业厅]，1920.5，218 页，22 开

本书内容包括：公牍、议场纪要、劝业会议议决案一览表、劝业会合并案一览表、劝业会否决案一览表、议决案、实业讲演录等。

收藏单位：近代史所、辽宁馆

13502

山东第三次全省劝业会议录 山东实业厅编

山东实业厅，1922.12，274 页，22 开

本书内容包括：公牍、议场纪事、议决案一览表、否决案一览表、合并案一览表、不成立案一览表等。

收藏单位：近代史所、辽宁馆、南京馆

13503

山东第一次物品展览会审查报告书 山东展览会报告编辑处编辑

山东展览会报告编辑处，1915.10，[956] 页，16 开

本书共 3 编。收录展会组织及会务纪要资料，展会各业务部门的审查展品报告，展会兼办参加巴拿马万国博览会的组织工作、会务纪要。

收藏单位：国家馆、近代史所、浙江馆

13504

山东各县劝业所十年度成绩报告书 朱增祜编

山东实业厅，1922.11，246 页，23 开

本书共 4 卷，分述山东省各县劝业所 1921 年度的成绩。

收藏单位：国家馆

13505

山东省国货陈列馆国货年刊（民国二十至二十四年） 山东省国货陈列馆编

山东省国货陈列馆，[1932—1936]，5 册，16 开

收藏单位：广西馆、国家馆、江西馆、近代史所、南京馆、浙江馆

13506

山东烟台特区商会民国二十四年份报告书

出版者不详，1936，64 页，23 开

本书记录该年度活动及收支存欠情况。

13507

山西合供 山西省合作社物品供销处编

山西省合作社物品供销处，1947，33 页，18 开

本书内容包括：训词、题词、本处二年来工作概况、章程摘录等。

收藏单位：国家馆

13508

陕西省地方农工出品展览会报告书 陕西省地方农工出品展览会编

陕西省地方农工出品展览会，1928.12，[126] 页，18 开

本书内容包括：陕西省地方农工出品展览会各项章则、获奖出品人名地名等级表、应征出品细目、审查委员会会议纪录等。

收藏单位：国家馆、首都馆

13509

陕西省合作供销业务代营局概览

出版者不详，1942.3，24 页，32 开

本书共 8 部分，内容包括：组织系统、业务经营、服务事项等。附本局三十一年度业务计划、本局职员录。

收藏单位：国家馆、南京馆

13510

商会存废问题之讨论 各省商会联合会编

上海总商会，1927.12，1 册，18 开

本书为《上海总商会月报》临时增刊。

收藏单位：浙江馆

13511

商民的生路 郑拔驾著

福建省党部商民运动委员会，[1927]，16 页，32 开

收藏单位：福建馆

13512

商民协会章程 国民革命军总司令部政治部编

[国民革命军总司令部政治部]，1926，29 页，32 开

[国民革命军总司令部政治部]，1926.3 印，16 页，32 开

[国民革命军总司令部政治部]，1927.3 印，26 页，64 开

[国民革命军总司令部政治部]，1927.4 印，30 页，64 开

本章程是国民革命军机关印行的指导商民运动的纲领性文献。

收藏单位：国家馆、近代史所

13513

商民协会章程释义 韩德光编

上海：中央图书局，1927.4，64 页，50 开

[上海]：中央图书局，1928.10，再版，64 页，50 开

本书附修正上海总商会暂行章程、劳资争议处理法、广州市店员工会章程、广州去留店伴问题解决办法、广东暂行解决工商纠纷条例。

收藏单位：广西馆、吉林馆、陕西馆、上海馆、天津馆

13514

商民协会组织条例 中国国民党中央执行委员会民众训练委员会编

中国国民党中央执行委员会民众训练委员会，

1928.7，16 页，32 开

本书共 4 章：总则、组织、经费、附则。

收藏单位：国家馆、近代史所、陕西馆

13515

商人债务清理暂行条例

出版者不详，[1911—1949]，16 页，16 开

收藏单位：广东馆

13516

商校假设全省商会联合会议案录

出版者不详，[1911—1949]，176 页，18 开

本书为该校十二周年纪念品。内容包括：提议各县宜举行商品展览会以发达商业案、提议招募商业学徒案、提倡职业教育案等。

13517

商业部会计制度 东北行政委员会商业部[编著]

出版者不详，1948，24 页，32 开

收藏单位：黑龙江馆

13518

商业地理讲义 曾牖编

出版者不详，[1922—1949]，318 页，22 开

本书讲述地理、气候、物产、交通与工商业发展的关系、中国商业地理。

收藏单位：浙江馆

13519

商业概览（民国三十七年度） 广东省商会联合会编

广东省商会联合会，[1948—1949]，1 册，16 开

本书共 3 部分：广东省商业概览、水陆交通运输概况、工商法规辑要。其他题名：广东省商业概览。

收藏单位：广西馆

13520

商业行名指南 华人广告行编

[上海]：华人广告行，1947，100 页，32 开

本书内容包括：上海各商行、商号及外商

在沪开设商行的地址、经理姓名等。

13521
商业新年鉴　商业日报社编
北平：商业日报社，[1932]，1册，16开
　　本书为《商业日报》二十周年纪念特刊。共3部分：言论、商业、军政。附壬申年（1932年）农历。
　　收藏单位：国家馆

13522
商业政策　萧伟信编
安徽大学，[1928—1949]，76页，16开
　　收藏单位：南京馆

13523
商业政策　张家骧编
中央政治学校，[1929—1946]，264页，16开
　　收藏单位：南京馆

13524
商业政策问题
中原临时人民政府秘书厅，1949，9页，36开（干部学习材料2）
　　本书为商业部范部长在中原临时人民政府干部大会上的报告。
　　收藏单位：重庆馆

13525
商业指南　杭州妇女学社编辑
杭州妇女学社，1925.10，34页，16开
　　本书内容包括：商业名称、地址、电话等。
　　收藏单位：南京馆、浙江馆

13526
商业注册、公司登记、商标注册概说　公信会计师事务所编
汉口：公信会计师事务所，1934.3，14页，32开
　　本书介绍商业注册、公司登记、商标注册等内容及办理手续。

13527
商业注册暂行规则
出版者不详，[1920—1929]，16页，22开
　　本书所述暂行规则由工商部于1928年12月10日部令公布。
　　收藏单位：国家馆

13528
上海的吃　狼吞虎咽客编
上海：流金书店，1930.3，88页，64开
　　本书介绍上海中、西菜馆的情况及食谱等。

13529
上海的食米问题　中国工业经济研究所编辑
上海：工商经济出版社，1949.3，12页，16开（工业问题丛刊第8号）
　　本书共6部分：米的来源和供应状况、米价波动与米粮管制、计口授粮、米业组织、碾米工业、食米的存底问题。

13530
上海趸售输出输入物价指数之国币基价　财政部国定税则委员会编
外文题名：Basic prices of commodities in the index numbers of the wholesale, export and import prices of Shanghai
财政部国定税制委员会，1934.4，15页，16开，精装（经济统计丛刊10）
　　本书为汉英对照，全部为表。
　　收藏单位：南京馆、上海馆

13531
上海趸售物价指数　经济部统计处编
经济部统计处，1939.11，油印本，1册，16开
　　收藏单位：南京馆

13532
上海趸售物价指数沿革及其计算法之演变　盛俊著
中国统计学社，1937，8页，16开
　　本书为《中国统计学报》第1卷第1期

抽印本。

收藏单位：重庆馆

13533

上海行名录

外文题名：Trade list of Shanghai

出版者不详，1917，1 册，18 开，精装

出版者不详，1947，1 册，18 开，精装

出版者不详，1948，1 册，16 开，精装

本书为汉英对照。收录华商、洋商行名地址及经理姓名。封面题名：上海行名簿。

收藏单位：上海馆

13534

上海华商各业行名簿　同文馆翻译处编

上海：同文馆翻译处，1915，271 页，20 开，精装

本书为汉英对照。

收藏单位：辽宁馆

13535

上海华商纱布交易所股份有限公司营业报告书（第 1—2、7—8 届）　上海华商纱布交易所股份有限公司编

上海华商纱布交易所股份有限公司，[1922—1925]，4 册（52+58+107+84 页），23 开

本书每年两届，第 1 届所记时间为 1921 年 7—12 月，第 8 届为 1925 年 1—6 月。内容包括：职员姓氏录、营业概要、资产负债表、损益表、大事记等。

收藏单位：重庆馆、上海馆

13536

上海麦粉市场调查　社会经济调查所编纂

上海：社会经济调查所，1935.6，57 页，16 开（粮食调查丛刊 5）

本书共 4 章：上海小麦及面粉市场组织、上海小麦及面粉之供求、上海小麦及面粉之市价、运费。

收藏单位：广东馆、国家馆、近代史所、南京馆、陕西馆

13537

上海米价之季节变迁　曹立瀛著

实业部统计处，1937.4，36 页，16 开

本书共 7 部分：米价统计概说、资料来源、季节变迁公式等。

收藏单位：国家馆

13538

上海米市调查　社会经济调查所编

上海：社会经济调查所，[1935]，53 页，16 开（粮食调查丛刊 1）

本书共 6 章：上海米市之概况及组织、上海食米之输入、上海食米之输出、上海食米之销数、上海之米价统计、运费。

收藏单位：重庆馆、广东馆、国家馆、湖南馆、南京馆、首都馆、浙江馆

13539

上海棉纱贸易概况　毕云程编

上海：纱业公所，1918，[114] 页，32 开

本书内容包括：上海棉纱来源、销路及市场情况等。

13540

上海棉业交易所股份有限公司章程　上海棉业交易所股份有限公司编

上海棉业交易所股份有限公司，[1911—1949]，10 页，22 开

本书共 11 章，内容包括：总则、股份及资本、股东会、职员、营业细则等。

收藏单位：国家馆

13541

上海面粉交易所十周年纪念刊　上海面粉交易所编

上海面粉交易所，1932.1，[200] 页，16 开

本书内容包括：沿革史略、十年大事记、十年之营业状况、十年之回顾、历年成交数量表等。

收藏单位：近代史所

13542

上海南京路商界联合会会刊　上海南京路商

界联合会会刊委员会编

上海南京路商界联合会会刊委员会，1930.1，90 页，16 开

　　本书内容包括：该会史略、工作概要、会员录等。

13543

上海女子书店招股章程　上海女子书店制订

上海：女子书店，1932.4，27 页，32 开

　　本书内容包括：女子书店缘起、女子书店股份有限公司章程、女子书店之出版计画、女子奖学金章程、认股之利益等。

　　收藏单位：国家馆

13544

上海皮革业　童岳著

［中国经济研究会］，［1944.2］，43 页，16 开（中国经济研究会工业调查丛刊 4）

　　本书内容包括："八一三"事变前后之变迁、现在概况、革皮销路与商业习惯、统制情形、公会组织等。

　　收藏单位：上海馆

13545

上海青年贸易股份有限公司第十届决算报告（中华民国二十三年）　上海青年贸易股份有限公司编

上海青年贸易股份有限公司，［1930—1939］，8 页，16 开

　　本书收录该公司 1934 年之资产负债表、损益计算书、监察人报告等。

13546

上海商业名录　林震编

外文题名：Commercial directory of Shanghai

上海：商务印书馆，1925.3，增订 4 版，535 页，22 开，精装

上海：商务印书馆，1928.3，增订 5 版，582 页，23 开，精装

　　本书收录上海 12000 余家商号的地址、经理人名、电话等项。附会所、领事、律师等名录。

　　收藏单位：广东馆、广西馆、河南馆、江

西馆、近代史所、南京馆、上海馆、浙江馆

13547

上海商业名录　商务印书馆编

上海：［商务印书馆］，1922，504 页

　　收藏单位：近代史所

13548

上海商业名录　上海工商企业名录编辑部编辑

北京：新华出版社，1928，1 册，18 开，精装

　　本书为《中国工商企业名录》上海分册。

　　收藏单位：重庆馆

13549

上海商业名录　上海商业出版社编

上海商业出版社，［1940—1949］，95 页，18 开，精装

　　本书收录商号、商行的地址、经理姓名等项。

13550

上海商业名录　徐珂编

上海：商务印书馆，1918.7，再版，59+338 页，23 开，精装

上海：商务印书馆，1920.4，95+492 页，23 开，精装

上海：商务印书馆，1921.11，89+504 页，22 开，精装

　　收藏单位：国家馆、河南馆、湖南馆、近代史所、上海馆、天津馆、浙江馆

13551

上海商业名录　中国商务广告公司编

外文题名：Commercial directory of Shanghai，1931

上海：商务印书馆，1931，772 页，22 开，精装

　　本书为汉英对照。按检字及分类名录两部分编排。附本国官署、外国官署、政治团体、宗教团体、公所、会馆、同乡会、慈善机关、医院等机构名录及上海路名表。

　　收藏单位：国家馆、上海馆

13552

上海牲畜市场筹备概况及其他

出版者不详，[1911—1949]，1 册，32 开

本书收录上海牲畜市场筹备概况及其他。

收藏单位：浙江馆

13553

上海食米公仓管理委员会报告（中华民国三十年）　上海食米公仓管理委员会编

上海食米公仓管理委员会，1942.4，20+148页，16 开

本书介绍上海食米公仓管理委员会计划储米 20 万包以调节米市的工作情况。附章程、函电、办米合同等。

收藏单位：国家馆

13554

上海市场（卷 1）　潘忠甲编著

财政部驻沪调查货价处，1925.7，96 页，32开（财政部驻沪调查货价处丛书）

本书共 5 章：纸业、洋杂货业、卷烟业、海味业、麻袋业。

收藏单位：河南馆、南京馆、上海馆

13555

上海市电器商业同业公会会员名册　上海市电器商业同业公会编

上海市电器商业同业公会，1948.5，42 页，16 开

13556

上海市豆米行商业同业公会会员名册　上海市豆米行商业同业公会编

上海市豆米行商业同业公会，[1946]，26 页，16 开，环筒页装

13557

上海市豆米行业同业公会会员统一簿记名称录　上海市豆米行业同业公会编

上海市豆米行业同业公会，[1937—1939]，20页，32 开

13558

上海市桂圆商业同业公会会所落成纪念特刊　上海市桂圆商业同业公会编

上海市桂圆商业同业公会，1948.4，58 页，16 开

本书概述该会所筹建经过，收录《对于本公会会务今后的期望》《发展桂圆荔枝业务刍议》《谈桂圆名称并敬告同业》等有关文章，另有该会章程、业规、会员录等。

13559

上海市国货运动展览会特刊

出版者不详，[1931—1949]，42 页，32 开

本书收录展览会的发刊词、宣言、提倡国货等文若干篇、国货运动展览大会简章等。此次展览会由上海市第一特区市民联合会中华国产厂联合会主办。

13560

上海市国货展览大会纪念刊　上海市国货展览大会宣传组编

上海市国货展览大会宣传组，1933，[112]页，16 开

本书收录《从提倡国产检讨展览会的意义》《国货展览与公用事业》《提倡国货与发扬文化》等文章 10 余篇。

13561

上海市国货展览大会特刊　上海市国货展览大会宣传组编

上海市国货展览大会宣传组，1948.6，24 页，16 开

本书内容包括：大会宣言、国货与国耻、国货发展与公用事业、大会职员一览、参加厂商一览等。

收藏单位：近代史所

13562

上海市国货展览商场纪念册　上海市国货展览商场委员会宣传组编

上海市国货展览商场委员会宣传组，1947.1，74 页，18 开

本书内容包括：商场委员名单、发刊词、

提倡国货与促进生产、国货的自卫运动、国货洋化的商榷等。该展会由中国生产促进会上海分会主办。

收藏单位：国家馆、上海馆

13563

上海市化学原料商业同业公会会员名册　上海市化学原料商业同业公会编

上海市化学原料商业同业公会，[1946]，[22]页，16开，环筒页装

13564

上海市计口配售食米实施细则

出版者不详，[1945—1949]，12页，36开

13565

上海市旅商业同业公会会员名簿　上海市旅商业同业公会编

上海市旅商业同业公会，1946，56页，16开

本书内容为旅馆名录。

13566

上海市米号商业同业公会会员录　上海市米号商业同业公会编

上海市米号商业同业公会，[1947.3]，186页，18开

收藏单位：上海馆

13567

上海市米号业会计制度大纲　葛益栋拟订

上海市米号业同业公会，[1911—1949]，64页，32开

本书介绍一般会计原理及米号业会计制度的特点和记帐方法。

13568

上海市米号业同业公会会刊　上海市米号业同业公会编

上海市米号业同业公会，[1935]，137页，16开

本书收录会务报告、经济报告、章程、业规及职员、会员名册。所涉时间为1933年至1935年6月。

13569

上海市米号业同业公会会员名册　上海市米号业同业公会编

上海市米号业同业公会，[1935]，88页，16开

上海市米号业同业公会，[1939.6]，72页，16开

收藏单位：上海馆

13570

上海市米商业同业公会章程业规　上海市米商业同业公会编

上海市米商业同业公会，[1947]，13页，32开

本书所收章程、业规等于1947年4月27日由第1次会员代表大会修正通过。

13571

上海市棉布商业同业公会会员录　上海市棉布商业同业公会编

上海市棉布商业同业公会，1948.4，[132]页，32开

13572

上海市民食调配概况　上海市民食调配处编

上海市民食调配处，[1940—1949]，35页，32开

13573

上海市民食调配统计汇报　上海市民食调配委员会新闻处编

上海市民食调配委员会新闻处，[1948—1949]，147页，横16开，活页装

本书共10部分，内容包括：组织与人事、印发配证、配拨米油、米油店管理、米油行情等。所涉时间为1948年3—6月。

收藏单位：上海馆

13574

上海市民提倡国货会会史、会章、会务、会员　上海市民提倡国货会秘书处编

上海市民提倡国货会秘书处，[1933]，138页，32开

收藏单位：上海馆

13575

上海市南北市米业市场行客汇刊 上海市南北市米业市场管理委员会编

上海市南北市米业市场管理委员会，[1946]，56 页，18 开

本书收录该营业市场沿革史、简章、组织规程、办事规则以及入场同业一览表等资料。

13576

上海市商会第六届会员代表大会特刊 上海市商会编

上海市商会，[1935]，54+53 页，22 开

本书为代表大会的会议记录。内容包括：大会程序、议事规则、大会职员、本会第六届会员大会会务撮要报告、大会议案等。大会议案截至 1935 年 5 月 31 日。

收藏单位：国家馆

13577

上海市商会商品陈列所开幕纪念特刊

[上海市商会]，1947.11，109 页，25 开

本书收录《商品陈列所向工商界征集出品宣言》《恢复商品陈列所之意义》《倡导国货蹊径》《商品陈列所对工商业之关系》《陈列所对国货之贡献》等有关文章 20 余篇。

13578

上海市商会商品陈列所十五周纪念特刊 上海市商品陈列所编

上海市商品陈列所，1936.12，[150] 页，16 开

本书收录《今后之国货运动》等有关文章 11 篇及上海各工厂小史、十五周纪念国货展览大会特辑等资料。

13579

上海市商会章程 上海市商会编

上海市商会，[1946.6]，[10] 页，32 开

本书共 8 章，内容包括：总则、会员、组织、职权、经费及会计等。于 1946 年 6 月 23 日会员大会通过。

收藏单位：国家馆

13580

上海市书商业同业公会会员名录 上海市书商业同业公会编

上海市书商业同业公会，1948.9，[52] 页，32 开

收藏单位：上海馆

13581

上海市书业同业公会业规

[上海市书业同业公会]，[1936]，16 页，32 开

本规则于 1936 年 12 月由上海市政府社会局核准实行。

收藏单位：广东馆

13582

上海市书业同业公会章程 上海市书业同业公会制订

上海市书业同业公会，1930.7，[24] 页，32 开

本书共 10 章，内容包括：总纲、会务、会员、入会与出会、职员等。

收藏单位：国家馆

13583

上海市糖商业同业公会会员录 上海市糖商业同业公会编

上海市糖商业同业公会，1947.5，[58] 开，环筒页装

收藏单位：上海馆

13584

上海市糖商业同业公会会员录续编 上海市糖商业同业公会编

上海市糖商业同业公会，1947.6，[6] 页，25 开

13585

上海市五金零件材料商业同业公会会员名册 上海市五金零件材料商业同业公会编

上海市五金零件材料商业同业公会，1947.6，64 页，36 开

13586

上海市鞋商业同业公会三十五年度工作报告
　上海市鞋商业同业会编
上海市鞋商业同业会，[1946]，38 页，16 开
　　本书叙述该同业公会之成立经过与各科工作概况。

13587

上海市颜料商业同业公会会员录　上海市颜料商业同业公会编
上海市颜料商业同业公会，[1948]，20 页，25 开

13588

上海市油商业同业公会成立一周会务概况
上海市油商业同业公会编辑
上海市油商业同业公会，1948.11，191 页，16 开
　　本书内容包括：本会沿革史、本会章程、本会办事规则、理事会规则、本会仓库章程等。附祭故常务理事徐公志祥祭文、会员代表石鹤峰告油粮同业书等。
　　收藏单位：上海馆

13589

上海市照相材料同业公议价目表　华昌照相材料行编
上海：华昌照相材料行，1937.3，16 页，25 开
　　本书共 4 部分：干片软片及印像纸、镜箱镜头及其附属用品、药品、杂项用品。附营业纲目、营业信条。
　　收藏单位：国家馆

13590

上海市钟表商业同业公会第一届全体会员录
　上海市钟表商业同业公会编
上海市钟表商业同业公会，1948.3，[16] 页，16 开
　　本书为残本。卷首书名题作：上海市钟表商业同业公会第一届甲级会员名录。

13591

上海市主要物品价格调查统计图表
出版者不详，1947，油印本，37 页，16 开
　　本表内容包括：粮食、食糖、钢铁、棉布、五金等。统计时间为 1947 年 3 月 3—8 日。
　　收藏单位：国家馆

13592

上海书业商会二十周纪念　上海书业商会编
上海书业商会，[1924]，[10]+59 页，22 开
　　本书共 8 部分，内容包括：民国十三年职员摄影及姓氏录、本会最初章程、本会现行章程、本会十周以后至二十周年大事记、本会历任职员录等。
　　收藏单位：国家馆

13593

上海糖商合作营业处报告书　上海糖商合作营业处编
上海糖商合作营业处，1942.8，242 页，16 开
　　本书附折图表。

13594

上海特别市国货运动大会纪念刊　上海特别市农工商局　上海商业杂志社编
上海特别市农工商局、上海商业杂志社，1928.11，[244] 页，16 开
　　本书内容包括：宣言、论说、专著、史料等。
　　收藏单位：国家馆

13595

上海特别市卷烟火柴皂烛号业同业公会会员登记名册　上海特别市卷烟火柴皂烛号业同业公会编
上海特别市卷烟火柴皂烛号业同业公会，1943.7，720 页，16 开

13596

上海特别市商会会务报告　上海特别市商会编
上海特别市商会，1943，21 页，36 开

13597

上海万业录　中国物品推行公司编辑部编

上海：中国物品推行公司图书部，1939.10，113 页，25 开

　　本书为上海各业商号名录。

13598

上海物价年刊（民国二十四至二十六年）　国定税则委员会编

外文题名：An annual report of Shanghai commodity prices. 1935—1937

国定税则委员会，[1936—1938]，3 册（132+126+113 页），16 开

　　收藏单位：广东馆、近代史所、南京馆

13599

上海消费合作社调查　张世文著

北平：燕京大学社会学系，1930.6，85 页，16 开（燕京大学社会学系丛刊丙组 29）

　　本书共 16 部分，内容包括：上海消费合作社的短史、本社章程、入社手续、组织、资本、社员、社中销售货物、营业状况、损失的原因等。原载于 1929 年 6 月《社会学界》第 4 卷。

　　收藏单位：国家馆、南京馆、上海馆

13600

上海新新股份有限公司营业报告书　新新股份有限公司编

上海：新新股份有限公司，1942.2，2 页，32 开

13601

上海学生国货年推行联合会征求会员大会队长题名录　上海学生国货年推行联合会编

上海学生国货年推行联合会，1935，折 42 页，32 开，环筒页装

　　本书内容包括：征求会员大会章程、组织大纲、工作大纲、征求队队长一览表、理事会名录等。

　　收藏单位：上海馆

13602

上海烟兑业　上海市烟兑业同业公会编

上海市烟兑业同业公会，1935.9，[288] 页，23 开，精装

　　本书概述国内外烟叶的产量、安徽浙江产烟状况、上海雪茄业制造之概况，并述及半年来上海银洋钱市和国货卷烟运动等。附国货卷烟运动特刊。

13603

上海永安有限公司注册章程　郭乐编

出版者不详，[1918]，44 页，32 开

　　收藏单位：南京馆

13604

上海鱼市场股份有限公司营业规程　上海鱼市场股份有限公司编

上海鱼市场股份有限公司，1947.7，12 页，32 开

　　本书卷首题有"官商合办上海鱼市场股份有限公司营业规程奉三十六年六月十日农林部令修正备查"字样。

13605

上海之初期物价管理　钱承绪编著

上海：中国经济研究会，[1942]，78 页，16 开

　　本书共 6 部分，内容包括：管理物价之意义及其内幕、管理物价初露之端倪、进口商及制造商协会之组织等。所涉时间截至 1941 年 12 月 8 日。

13606

上海之商业（第 1 辑）　上海市社会局编

上海市社会局，1935.12—1936.7，2 册（510+462 页），16 开

　　本书介绍上海各行业沿革、组织、工作程序、原料、生产、有关之章则等。内容包括：纱业、丝业、绸缎业、米业、糖业、烟业、保险业等。

　　收藏单位：重庆馆、国家馆、南京馆、浙江馆

13607

上海中国国货股份有限公司结算报告（民国三十一年份） 上海中国国货股份有限公司编

上海中国国货股份有限公司，[1940—1949]，8页，30开

本书收录该公司1942年度的损益计算书、资产负债表及1943年2月的证明书。

13608

上海中西行名簿 大华编辑社编

上海：五洲印刷广告公司，1923，[220]页，长18开，精装

本书为汉英对照。收录中外商行之名称、地址、电话等项。

13609

上海总商会概况 上海总商会编

上海总商会，1928.8，32页，32开

本书叙述该会历史、一年来之事迹及入会手续等。

13610

上海总商会会员录 上海总商会编

上海总商会，1928.4，60页，22开

收藏单位：上海馆

13611

上海总商会商品陈列所报告书（第1—3次民国十至十二年） 上海总商会商品陈列所编

上海总商会商品陈列所，1922，3册（[367]+[370]+[361]页），21开，精装

本书内容包括：大事记、展览会记录等。附专门蚕茧丝绸展览会记录。

收藏单位：重庆馆、国家馆、吉林馆、近代史所、南京馆、上海馆、浙江馆

13612

上海总商会新建议事厅开幕纪念 上海总商会编

上海总商会，[1916.3]，[50]页，16开，精装

本书为汉英对照。内容包括：上海总商会大事记、历任总协理及现任正副会长、议董的照片、议事厅的照片等。

13613

韶关市商业指南 陈智亭主编

韶关：英明商情通讯社，1943，104页，16开

本书内容包括:《韶关市商业鸟瞰》《韶关市商业之回顾与前瞻》《五年来韶市商业概谈》、营业税法、报关须知等。

收藏单位：国家馆、南京馆

13614

社会部合作事业管理局全国合作社物品供销处处务报告（第1—4期） 社会部合作事业管理局全国合作社物品供销处编

社会部合作事业管理局全国合作社物品供销处，1941.3—1944.8，4册（44+153+24+44页），22开

收藏单位：重庆馆、广东馆、国家馆、吉林馆、南京馆、西南大学馆

13615

社会部加强管制物价方案实施办法 社会部编

社会部，1943，62页，64开

本书共两部分：限制工资实施办法、加强工商团体管制实施办法。附加强管制物价方案、战时管制工资办法、非常时期工会管制暂行办法等。

收藏单位：重庆馆、国家馆、南京馆

13616

省港澳商业行名录 陆贵福总编

外文题名：Business directory of Hong Kong Canton & Macao

广州商业行名录出版社，1949，320+214+20页，16开，精装

本书为汉英对照。内容包括：香港区行名录、广州区行名录、澳门区行名录等。

收藏单位：国家馆、吉林馆

13617

胜利前后的市情 许涤新著

重庆：集美出版社，1946.1，121页，32开

本书叙述抗日战争胜利前后经济危机、通货膨胀的情况。共4部分：小引、胜利前

夜、狂欢生混乱、物价的回涨。

　　收藏单位：重庆馆、广西馆、国家馆、中科图

13618

实业部北平国货陈列馆一览　实业部北平国货陈列馆编查股编辑

北平：大北印书局，1933.9，45 页，大 32 开，精装

　　本书内容包括：本馆沿革、本馆工作计划、本馆工作概况、本馆规程、本馆征品规则等。

　　收藏单位：南京馆

13619

实业部国货陈列馆第四年度上届展览会纪念特刊　实业部国货陈列馆编辑

[南京]：实业部国货陈列馆，1933.10，136 页，16 开

　　本书共 8 部分：插图、告民众书、论著、报告、纪事、统计、文书摘要、规章。

　　收藏单位：广东馆、国家馆、江西馆、南京馆

13620

实业部国货陈列馆二十四年春季展览会纪念特刊　实业部国货陈列馆编辑

南京：汉文正楷印书局，1935，194 页，16 开

　　本书内容包括：我国国货年之回顾与前瞻、复兴农村必须提倡国货、国货生产之手段和技术、二十四年春季展览会筹备经过、会场纪事等。

　　收藏单位：国家馆、江西馆

13621

实业部国货陈列馆二周年报告　实业部国货陈列馆编

南京：实业部国货陈列馆，1931.9，1 册，16 开

　　本书共 3 部分：绪言、纪事、章则。附二十年工作计划大纲、本馆最近一年中之工作概况等。

　　收藏单位：国家馆

13622

实业部国货陈列馆三周年纪念特刊

出版者不详，[1930—1949]，1 册，16 开

　　本书收录纪念论文 13 篇。书后有国难期中的国货商场附录等。

　　收藏单位：广西馆、南京馆

13623

市民消费合作社　刘兆昌著

北平：立生图书社，[1947]，110 页，32 开

　　本书收文 9 篇：《政治民主与合作》《消费合作浅说》《消费者为什么要合作》《谈市民消费合作社》《平市煤炭配售工作，似应由合作社担任》《合作社的理监事》《市民消费合作社经营上的困难》《各区消费合作社简介》《合作社标语》。附有关章程、细则。

　　收藏单位：国家馆、天津馆

13624

收买棉纱棉布办事处业务报告　收买棉纱棉布办事处编

收买棉纱棉布办事处，1943.12，46 页，16 开

　　本书概述该处成立以来工作概况、内部工作程序，编有分类明细表等。

　　收藏单位：西南大学馆

13625

首都市民消费合作社一览　[首都消费合作社编]

[南京]：[首都消费合作社]，1930，24 页，32 开

　　本书共 6 部分：合作遗训、合作社七大信条十四大功用、首都市民消费合作宣言、章程、组织系统表、职员一览表。

　　收藏单位：浙江馆

13626

首都提倡国货运动特刊　首都提倡国货运动宣传周筹备委员会编

首都提倡国货运动宣传周筹备委员会，1931.5，1 册，16 开

　　收藏单位：南京馆

13627

首都物价手册 工商新闻社编

南京：工商新闻社，1948，46 页，32 开

　　本书内容包括：总统颁布财政经济紧急处分令、金圆券发行办法、人民所有金银外币处理办法、整理财政及加强管制经济办法、金银外币折合表等。

　　收藏单位：国家馆、南京馆

13628

数载呻吟 范崇实著

四川丝业股份有限公司文书股，[1945.3]，52 页，36 开

　　本书收录《再致张岳军主任书》《致国民参政员书》《计划经济刍议》《致总动员会议秘书长张厉生书》《我国统制办法在生产上影响》《致国防会议李专员书》《猪鬃生丝受统制之由来》《生丝授权外销之经过与猪鬃购销价格之比较》等书信及论著 11 篇。

　　收藏单位：重庆馆

13629

丝业概况·茶业概况 潘吟阁编著

上海：中华职业教育社，1929，15 页，32 开（研究职业分析）（职业教育研究丛辑 15）

　　本书为合订本。《丝业概况》内容包括：本业之历史、本业之工作、本业之组织、本业之交易习惯、本业之成功人等。《茶业概况》内容包括：本业之历史、本业之货物、本业之买卖习惯、本业之团体与领袖、本业之成功人等。

　　收藏单位：国家馆

13630

四川茶馆改良之方案 四川地方实际问题研究会编辑

成都：四川地方实际问题研究会，1940.3，19 页，32 开（四川地方实际问题研究会丛刊）

　　本书共 4 部分：茶馆之起源、茶馆之检讨、改善办法、举一个实例。附四川地方实际问题研究会职员一览表。

　　收藏单位：重庆馆、国家馆

13631

四川第十三次劝业会报告书 四川第十三次劝业会编

四川第十三次劝业会，[1934]，1 册，16 开，环筒页装

　　本书收录本次会议文牍、章则、统计表等。

　　收藏单位：重庆馆、国家馆、西南大学馆

13632

四川嘉定战时物价特刊 国立武汉大学经济学会编

国立武汉大学经济学会，1940.12，21 页，16 开

　　本书内容包括：《嘉定战时零售物价指数》（经济学会工商调查委员会）、《物价问题》（刘秉麟）、《嘉定战时物价之动态》（罗崇让）等。

　　收藏单位：国家馆

13633

四川农村物价指数 四川省农业改进所统计室编

四川省农业改进所统计室，1942.3，123+120+20 页，17×24cm

四川省农业改进所统计室，1944.6，油印本，17 页，8 开

　　本书大部分为表。共 5 部分：引言、农民所得物价指数、农民所付物价指数、农民购买力指数、农民生活费用指数。所收资料为1937—1941 年。

　　收藏单位：重庆馆、国家馆、辽宁馆、南京馆

13634

四川省成都市及南充县生丝消费量初步调查报告 孙伯和著

财政部贸易委员会外销物资增产推销委员会，[1945]，16 页，18 开

　　本书共 6 部分：绪言、调查经过、生丝之交易与分配、丝绸业概况、生丝消费量之计算、结论。

　　收藏单位：国家馆、南京馆、浙江馆

13635

四川省第二次劝业会报告书 四川省长公署政务厅实业科编

四川省长公署政务厅实业科，1923，1 册，18 开

本书内容包括：写真、文牍、章则、演讲、调查表等。附四川省第二次劝业会给奖等级标准、四川省第二次劝业会发刊词。

收藏单位：重庆馆、首都馆

13636

四川省廿六市场粮食运销概况调查 四川省粮食管理委员会编

[成都] : [四川省粮食管理委员会]，1938，2 册，16 开

收藏单位：近代史所

13637

四川省廿六市县廿七市场粮食市况调查报告（报告第 5—10 号） 四川省粮食管理委员会编

成都：四川省粮食管理委员会，1938，1 册（17+24+22+18+20+26 页），16 开

本书为报告合辑。每份报告内容包括：前言、粮食市况统计图表、粮食市场之分析等。所涉时间为 1938 年 1—6 月。

收藏单位：国家馆

13638

四川省农村物价 胡国华编辑

重庆：中国文化服务社，1941.11，174 页，16 开（中国农民银行四川省农村经济调查委员会调查报告 第 6 号）

本书共 5 章：研究目的与方法、农村物价指数之变动、农民出售与购买物品价格之变动、农地价格与农工工资、结论。

收藏单位：安徽馆、重庆馆、广东馆、国家馆、湖南馆、近代史所、辽大馆、南京馆、上海馆、首都馆、浙江馆

13639

四川省农村物价统计表 [上海日本大使馆特别调查班编]

上海日本大使馆特别调查班，1943，217 页，25 开

本书全部为表。内容包括：四川省 9 县农民所得物价指数、四川省 5 县农民支付物价指数、四川省 10 县农民玉蜀黍卖出价格等。

收藏单位：国家馆、南京馆

13640

四川省卅六市县卅八市场粮食市况调查报告（报告第 14—15、18 号） 四川省粮食管理委员会编

成都：四川省粮食管理委员会，1938.10—1939.3，3 册，16 开

本书内容包括：前言、二十七年十至十一月份粮食市况统计图表、二十八年二月份粮食市况统计图表、三十六市县三十八市场粮食市况之分述、结论等。

收藏单位：国家馆

13641

四川省物价汇报 四川省政府秘书处统计室编

出版者不详，1940.6，油印本，2 册，16 开

本书内容包括：成都市物价指数、成都市生活费用指数、重庆市零售物价指数等。

收藏单位：南京馆

13642

四川省物价与生活费指数简报 四川省政府统计处编

四川省政府统计处，1943，石印本，1 册，16 开，环筒页装

四川省政府统计处，1944，石印本，1 册，16 开，环筒页装

本书全部为表。内容包括：成渝物价与生活费指数、成都市趸售物价指数、重庆市趸售物价指数、四川省农村物价指数、四川省各市场米价比较等。

收藏单位：重庆馆

13643

四川省主要粮食之运销 潘鸿声主编

重庆：中国文化服务社，1941.12，124 页，16

开（中国农民银行四川省农村经济调查委员会调查报告　第5号）

本书共6章：绪论、主要粮食市场之概况、各市场主要粮食运销实况、主要粮食之运输制度与运输费用、粮食市场之内容、结论与建议。

收藏单位：重庆馆、广东馆、国家馆、黑龙江馆、湖南馆、近代史所、南京馆、上海馆、首都馆

13644

四川省主要农村物品价格表　四川省农业改进所编

四川省农业改进所，[1942]，120页，18开

本书收录1937—1941年的物价表。

收藏单位：重庆馆

13645

四个月平准物价初步计划摘要

出版者不详，[1940—1945]，油印本，10页，16开，环筒页装

本书共4部分：农本局四个月平准花纱布价格计划摘要、工矿调整处纱布及重要日用品四个月增产计划摘要、燃料管理处四个月平准煤价初步计划摘要、食盐产销分配四个月计画摘要。

收藏单位：国家馆

13646

松江米市调查　羊冀成编著

上海：社会部经济调查所，1936.7，48页，16开（粮食调查丛刊7）

本书共8章，内容包括：米业组织、输出数量及其销售地点、运输情形、金融、米价等。

收藏单位：国家馆、近代史所

13647

绥远省物产竞赛会报告辑要　绥远省建设厅编

绥远省建设厅，1934.1，26+24页，16开

本书内容包括：宣言、物产状况、本会之筹备及主要文件章则等。

收藏单位：国家馆

13648

台北市商业录　中国推广公司编

台北：中国推广公司，1947.2，126页，16开

收藏单位：上海馆

13649

台湾商业名录　国功出版社编

台北：国功出版社，1948.7，548+122页，32开

收藏单位：上海馆

13650

台湾省烟酒事业概况　台湾省烟酒公卖局统计室编制

新生印刷厂，1948.6，[221]页，23开，精装

本书内容包括：写真、统计图、概述、统计表等。所涉时间为1946年1月至1947年5月。

收藏单位：国家馆、近代史所、南京馆

13651

台湾烟酒公卖事业　杨家俊编著

商业周报社，1936，372页，25开，精装（工商企业丛书）

收藏单位：广东馆

13652

台湾一年来之专卖事业　台湾省专卖局编

台湾省行政长官公署宣传委员会，1946.11，51页，36开（新台湾建设丛书12）

本书共11部分，内容包括：历史沿革、组织、财务、运输、查缉等。

收藏单位：重庆馆、内蒙古馆

13653

太原市米粟业事务纪略　方有渚著

太原：米粟业公会，1939.12，1册，16开

收藏单位：南京馆

13654

太原市商务会年刊　太原市商务会年刊编辑

处编

太原市商务会年刊编辑处，1940.5，1 册，16
开

　　收藏单位：山西馆

13655

太岳区仓库粮票管理制度

太岳行署财政处，1948.7，石印本，17 页，
32 开

　　收藏单位：国家馆

13656

提倡国货　中国国民党浙江省执行委员会宣
传部编

[杭州]：中国国民党浙江省执行委员会宣传
部，1930.2 印，52 页，32 开

　　本书内容包括：提倡国货运动之意义、提
倡国货运动的史略、提倡国货运动国民应有
之努力等。

　　收藏单位：国家馆、宁夏馆、上海馆、浙
江馆

13657

提倡国货的理论与方法　浙江省党务指导委
员会宣传部 [编]

浙江省党务指导委员会宣传部，[1911—
1949]，142 页，32 开

　　本书选录报刊登载的有关文章。

　　收藏单位：国家馆、浙江馆

13658

提倡国货论　陈震异著

上海：太平洋书店，1928，122 页，32 开

上海：太平洋书店，1929，再版，122 页，32
开

　　本书共两编：提倡国货之标准、提倡国货
之方略。上编介绍各种物产国内产品、市场
及外货输入情况，共 11 章，内容包括：棉纱、
棉布、呢绒、面粉、糖等；下编共 4 章：绪
言、政府提倡国货之方案、实业家提倡国货
之方法、民众提倡国货之要件。

　　收藏单位：安徽馆、重庆馆、广东馆、广
西馆、贵州馆、国家馆、湖南馆、吉林馆、

近代史所、南京馆、陕西馆、天津馆

13659

提倡国货浅说　赵诵轩　黄炎　杨允鸿编

上海：中华书局，1930.4，22 页，36 开（民
众经济丛书）

上海：中华书局，1932.9，再版，22 页，36 开
（民众经济丛书）

　　本书从政治、社会、教育、交通等方面
讨论提倡国货的方法。

　　收藏单位：重庆馆、广东馆、江西馆、内
蒙古馆、上海馆、天津馆

13660

提倡国货宣传大纲　中国国民党中央执行委
员会宣传部编

中国国民党中央执行委员会宣传部，1929.4，
12 页，32 开

　　本书共 6 部分，内容包括：提倡国货是扶
危救亡的唯一出路、提倡国货是雪耻复仇的
根本要图、提倡国货运动标语等。

　　收藏单位：重庆馆、国家馆、山西馆、上
海馆、浙江馆

13661

提倡国货与节约运动　中国国民党广州特别
市党部宣传组编

广州：中国国民党广州特别市党部宣传组，
1930，74 页，32 开（宣传丛书 11）

　　本书共 10 部分，内容包括：提倡国货运
动之意义、何谓节约运动、节约运动之实施
步骤等。

　　收藏单位：东北师大馆、国家馆、南京馆

13662

提倡国货运动　姜丕承等著

[中央政治会议武汉分会秘书处宣传股]，
1929，57 页，32 开（中央政治会议武汉分会
宣传丛书 5）

　　本书收录专论 3 篇：《建设时期之提倡国
货运动》（姜丕承）、《国际贸易与保护政策》
（张秉琰）、《振兴国货之先决问题》（范师
任）。

收藏单位：国家馆、江西馆、近代史所、浙江馆

13663

提倡国货运动宣传大纲

北平各界提倡国货运动大会，1930.3，24 页，64 开

　　本书共 6 部分，内容包括：提倡国货是扶危救亡的唯一出路、提倡国货是雪耻复仇的根本要图、提倡国货运动标语等。附提倡国货的切实办法。

　　收藏单位：国家馆

13664

提倡国货运动宣传纲要　中国国民党执行委员会中央宣传部编

中国国民党执行委员会宣传部，1929.5，72 页，32 开

　　本书共 6 章，内容包括：提倡国货运动之意义、提倡国货运动的史略、提倡国货运动政府应有之设施、提倡国货运动国民应有之努力等。

　　收藏单位：安徽馆、重庆馆、东北师大馆、广东馆、国家馆、湖南馆、天津馆、浙江馆

13665

天津仓库业概况　金城银行总经理处天津调查分部编

金城银行总经理处天津调查分部，1937，油印本，179 页，16 开

　　本书内容包括：天津仓库业之发展、天津之经济地位与仓库业之职能、天津仓库业之种类等。

　　收藏单位：国家馆

13666

天津华商公会名鉴（上 生活必需品之部）

天津：日本商工会议所，1942.9，542 页，22 开

　　本书共 3 部分：食料品之部、纤维衣服之部、燃料烟草类之部。

　　收藏单位：国家馆、南京馆

13667

天津货栈业　薛不器著　张新甫校

天津：时代印刷所，1941.10，120 页，32 开（商业丛书）

　　本书共 62 部分，内容包括：货栈业简史、货栈业之分析、货栈业与仓库业之异点、货栈业之特殊界限、货栈业之组织等。

　　收藏单位：国家馆、天津馆

13668

天津粮食业概况　金城银行总经理处天津调查分部编

金城银行总经理处天津调查分部，1937.7，126 页，16 开

　　本书共 6 部分：绪论、麦粉业、米业、杂粮业、磨房业、结论。

　　收藏单位：重庆馆、国家馆、近代史所、上海馆、天津馆

13669

天津棉花运销概况　方显廷主编　华北农产研究改进社编

天津：南开大学经济研究所，1934.8，95 页，16 开

　　本书共 6 部分，内容包括：天津棉花、内地棉花之输入、天津棉花之出口等。

　　收藏单位：广东馆、国家馆、吉林馆、天津馆、中科图

13670

天津棉花运销概况　金城银行总经理处天津调查分部编

天津英租界中街金城银行，1937.1，111 页，16 开

　　收藏单位：重庆馆、国家馆、吉林馆、近代史所、天津馆

13671

天津市管理冰窖营业规则

出版者不详，[1936]，油印本，3 页，13 开，环筒页装

　　本规则在市政会议第 278 次例会上通过。

　　收藏单位：国家馆

13672

天津市管理牛乳营业规则重行审查意见　张
孝栘　詹敦仁 [起草]

出版者不详，[1929]，油印本，2+3 页，13
开，环筒页装

　　本书附天津市管理牛乳营业规则续行审
查案。

　　收藏单位：国家馆

13673

天津市市场概况　天津市政府统计室编

天津市政府统计室，1946.2，油印本，1 册，
16 开，环筒页装

　　本书介绍黄金、证券、面粉、木材等 20
类市场的概况。

　　收藏单位：国家馆

13674

天津特别市第一次国货展览会报告书　天津
特别市第一次国货展览会编

天津特别市第一次国货展览会，[1928.10]，
[150] 页，16 开

　　本书内容包括：该会概况、天津市国货一
览表等。附有关组织条例、章程和收支概况
等。

　　收藏单位：国家馆、山西馆、上海馆

13675

天津特别市国货一览　天津特别市社会局编

天津特别市社会局，1929.4，[288] 页，12 开

　　本书内容包括：天津特别市工商业之鸟
瞰、国货分类报告、六大纱厂统计图表等。

　　收藏单位：国家馆、上海馆、天津馆

13676

天津特别市灰煤业概况

出版者不详，1942.1，[99] 页，16 开

　　本书大部分为表。介绍天津市灰煤业近
况、灰煤的运进、煤炭的种类、煤炭的数量
等。附会员录。

13677

天津鞋业之组织　谷源田编

天津：南开大学经济研究所，1935.1，40 页，
22 开（工业丛刊第 5 种）

　　本书共 6 部分：概说、门市鞋店、内局、
行鞋铺、各种作坊、与鞋业有关之小工业。

　　收藏单位：国家馆、南京馆、上海馆

13678

天津之粮食业及磨房业　方显廷著

天津：南开大学经济学院，1934.1，141 页，
21 开（工业丛刊第 4 种）

　　本书内容包括：绪论、天津之粮食业、磨
房之劳工等。

　　收藏单位：湖南馆、南京馆、上海馆、天
津馆

13679

天爷会　李丞庠编

河南省立百泉乡师总务部，1934.9，22 页，
32 开（乡村社会研究丛书）

　　本书介绍天爷会的历史、会期、交易区
域、商品种类、货品生意数量、习俗等。共 3
章：弁言、实况、附论。

　　收藏单位：重庆馆

13680

调整后方物价之办法　乔一凡著

民生教育学会，[1942.6]，13 页，32 开（乔
一凡同志丛著）

　　本书共 4 部分：社会本质之认识、物价变
动之原因、物价剧变之影响、调整物价之处
方。附粮食法价施行方法。

　　收藏单位：国家馆、西南大学馆

13681

铁展（第 1—2 期合订本）　铁展画刊特刊编
辑委员会编

铁道部全国铁路沿线出产货品展览会，
1934—1935，2 册，25 开

　　本书内容包括：特载、平会记事、各路沿
线著名物产一览、物产运输统计图、附载等。

　　收藏单位：北师大馆、广东馆、国家馆、
江西馆、近代史所、南京馆、宁夏馆、上海
馆、天津馆

13682

铁展汇刊　铁道部全国铁路沿线出产货品展览会编订

铁道部全国铁路沿线出产货品展览会，1934.5，[118] 页，16 开

本书内容包括：摄影、插图、第一届特刊、记事、附载等。

收藏单位：广东馆、国家馆、上海馆、天津馆、中科图

13683

铁展会陇海馆专刊（第2—4届）　陇海馆编辑

陇海馆，1933—1935，3 册，32 开

本书为铁道部全国铁路沿线出产货品展览会陇海馆专刊。内容包括：展会筹备经过、沿线物产、运输业务等。附筑路纪要、风景古迹等。

收藏单位：国家馆、河南馆、南京馆、首都馆、浙江馆

13684

铁展青会津浦馆纪念册　[铁道部全国铁路沿线出产货品展览会辑]

铁道部全国铁路沿线出产货品展览会，1935.7，25 页，34 开

本书为与会者参观上海、南京、芜湖、无锡等地各大厂家时的日记。附记发展高阳实业的建议。

收藏单位：上海馆

13685

铁展与青岛

[铁道部全国铁路沿线出产货品展览会]，[1935]，[76] 页，32 开

本书收录历届铁道部全国铁路沿线出产货品展览会（1933—1935）图片及青岛名胜照片。

13686

[同义绸庄记帐凭证]

出版者不详，1930，1 袋，22 开

本书内容包括：合伙契约、现金处领款凭单、汇票、期票、定货单及各项单据、出卖市房杜绝契、押款借据等。

收藏单位：国家馆

13687

统计提要　两浙局统计股编

两浙局统计股，1948，1 册，22 开

本书收录有关浙江省盐斤、人事、盐价的统计结果。

收藏单位：浙江馆

13688

土货抗战论　邰爽秋著

重庆：中国民生教育学会，1938.4，再版，26 页，34 开（民生教育月刊特刊 1）

收藏单位：重庆馆

13689

屯溪物价　许乃茂著

第三战区经济委员会驻屯溪办事处，1942，62 页，32 开（皖南经济丛书 1）

收藏单位：安徽馆、南京馆

13690

囤积居奇之末日　军事委员会政治部编

军事委员会政治部，1941，32 页，32 开

收藏单位：国家馆

13691

皖赣红茶运销委员会第一年工作报告　皖赣红茶运销委员会编

皖赣红茶运销委员会，1936.10，[200] 页，18 开，环筒页装

本书共 5 章：本会设立之缘起与经过、资金之供给、产地之督导、运输之改进、推销之革新。附本会历次会议纪录、改进意见摘要、各报消息。

收藏单位：广东馆、国家馆、河南馆、近代史所、山西馆、陕西馆、上海馆

13692

皖赣红茶运销委员会业务总报告　皖赣红茶运销委员会编

皖赣红茶运销委员会，1939.12，76 页，22 开

本书共 4 章：会议录与会计报告、业务概况、法规、图表。所涉时间为 1936 年 4 月至 1939 年 3 月。

收藏单位：重庆馆、广东馆、国家馆、江西馆

13693

伪满商品统制的解剖 汪宇平著

重庆：东北问题研究社，1940.3，62 页，32 开（东北丛书）

本书共 10 部分，内容包括：绪言、米谷的统制、小麦和面粉的统制、皮革的统制、大豆的专管等。

收藏单位：东北师大馆、国家馆、南京馆

13694

为组织镇江市民消费有限合作社征求社员告市民书

出版者不详，[1911—1949]，14 页，32 开

本书附本社章程等 3 种。

收藏单位：南京馆

13695

我国的商业 李长坪编著

上海：大东书局，1934.1，58 页，25 开（高小社会科学小丛书）

收藏单位：江西馆

13696

我国各地物价指数及生活费指数汇编 王仲武主编

交通部统计处，1940.12，25 页，16 开

交通部统计处，1942.1，石印本，1 册，16 开

收藏单位：南京馆

13697

我国国货运动之借镜 （日）长江木翼著 朱义农译

上海：华丰印刷铸字所，1930，36 页，32 开

本书共 4 部分：我国财政经济之现状、打破难关振兴国产、提倡国货之道在爱用国货、国货品质尚有不及洋货之处。书中题名：日本

产业改造之计划。

收藏单位：重庆馆

13698

我国战时贸易概述

出版者不详，[1942]，油印本，21+5 页，13 开，环筒页装

本书共 5 部分：导言、战时管理贸易机构、战后出口贸易之管制、战时进口贸易之管制、战时贸易概况。附自贡市猪鬃概况调查（技术处调查科编）。

收藏单位：国家馆

13699

我国最近十年之物价指数及其趋势：应用正交函数之研究 徐钟济著

出版者不详，1947.3，11 页，16 开

本书为《统计月报》第 115—116 号抽印本。

收藏单位：南京馆

13700

无锡米市调查 羊冀成等编

上海：社会经济调查所，[1935]，64 页，16 开（粮食调查丛书 8）

本书共 10 章，内容包括：无锡米市沿革及目前之地位、米行、碾米厂、堆栈及仓库、米谷运输情形等。

收藏单位：北师大馆、国家馆、近代史所

13701

无锡商团章程规则汇刊 无锡商团编

无锡商团，1920.12，[94] 页，23 开

本书内容包括：无锡商团公会干事部办事细则、无锡商团治疗所规则、无锡商团团旗定式表、无锡商团公会职员表、无锡商团同人录等。

收藏单位：上海馆

13702

芜湖米市调查 林熙春 孙晓村编

上海：社会经济调查所，[1935]，85 页，16 开（粮食调查丛刊 4）

本书共 11 章，内容包括：帆运米商、米谷加工机关、仓库、粮食业中之劳动者及其工作概况、米谷运输概况等。

收藏单位：安徽馆、重庆馆、广东馆、国家馆、吉林馆、近代史所、南京馆、首都馆

13703
吴江县织绸运销合作社联合社概况　吴江县织绸运销合作社联合社编
吴江县织绸运销合作社联合社，1948，62 页，16 开

本书内容包括：缴户分布状况、纲领制度之沿革及丝绸业情形、资金来源及农行贷款经过、各社分述等。附绸联社章程等 8 种，并记述出席江苏省第一届全省合作会议等 4 项内容。

收藏单位：国家馆

13704
吴县县商会会刊（第 1、5 辑）　吴县县商会秘书处编辑
吴县县商会，1931.5—1935.12，2 册（32+64 页），32 开

收藏单位：近代史所

13705
五洲大药房新厦落成纪念特刊　[五洲大药房编]
五洲大药房，1936.10，[52] 页，16 开

本书内容包括：该药房史略、营业统计、厂房及总分店照片、各地分支店概况、产品介绍等。

13706
武汉三镇之米　于锡猷调查
[国民经济研究所]，[1938]，25 页，16 开（总第 3 号 商业门米类第 1 号）

本书共 9 部分，内容包括：集中数量、主要来源及其供给数量、主要销路及其销售数量、运输方法、谷米在本地之市价等。

收藏单位：国家馆

13707
武汉政治分会提倡国货文件汇集　武汉政治分会宣传股编辑
武汉政治分会宣传股，1929.2，46 页，32 开（中央政治会议武汉分会宣传丛书 6）

本书收录会议录、命令、训令、指令、公牍、文电。

收藏单位：南京馆

13708
武汉之杂粮
出版者不详，[1911—1949]，15 页，13 开

本书共 9 部分，内容包括：集中数量、运输方法、采办及销售之商行、采办时付款方式、杂粮在本地之市价等。

收藏单位：国家馆

13709
物价变动及其统制问题　李应兆著
重庆：国民图书出版社，1941.7，174 页，32 开

本书共 6 章：绪言、物价膨涨的状况、物价膨涨的原因、物价统制理论与物价统制政策、政府物价统制的设施、几个问题。附非常时期农矿工商管理条例、非常时期评定物价及取缔投机操纵办法等。

收藏单位：安徽馆、重庆馆、广东馆、广西馆、贵州馆、国家馆、黑龙江馆、吉林馆、江西馆、近代史所、南京馆、山西馆、上海馆、首都馆、西南大学馆、浙江馆

13710
物价参考资料
出版者不详，[1941]，油印本，1 册，16 开，环筒页装

本书共两部分：指数、法规。"指数"部分内容包括：各重要都市趸售、零售物价总指数表；"法规"部分内容包括：非常时期农矿工商管理条例、日用必需品平价购销办法、取缔重庆市棉纱投机买卖办法等。

收藏单位：国家馆

13711

物价调查与统计方案 国民政府主计处统计局编

国民政府主计处统计局，1945，修订版，油印本，20页，16开，环筒页装

本书内容包括：市场概况调查方法、现时价格调查方法、查报数字之审查、不同花色牌号物价之换算、零售国货每月价比及指数等。

收藏单位：重庆馆

13712

物价对策浅说 北京特别市公署宣传处 北京特别市公署社会局编

北京特别市公署宣传处、北京特别市公署社会局，1942.12，35页，32开（第5次治安强化运动丛书3）

本书共10部分，内容包括：物价对策前后华北经济体势、物价对策之主要意义、北京市物价对策机构之组织、北京市配给机构整备经过等。

收藏单位：国家馆

13713

物价高涨与降低生活 洪启翔著

重庆：国民图书出版社，1940.11，42页，32开

本书共5部分：物价问题的重要性、我国物价高涨的现势、物价高涨的原因与对策、降低生活在物价对策中的重要性、怎样进行降低生活的运动。

收藏单位：国家馆、南京馆

13714

物价管理政策 胡寄聪著

出版者不详，1943.3，72页，32开（经济学报丛书）

本书共10章，内容包括：物价问题概观、过去物价管理未收效之原因、物价管理四原则、中央政府之责任、物价之分类等。

收藏单位：南京馆、武大馆

13715

物价管制 端木恺讲

[中央训练团]，1943.11，10页，32开（中央训练团党政训练班讲演录）

本书共5部分：引言、我国战时物价问题与物价政策之演进、战时物价腾涨之原因与影响、加强管制物价方案、管理物价工作之检讨。

收藏单位：国家馆、湖南馆、吉林馆、辽宁馆、南京馆

13716

物价介绍（141—200期） 晋察冀边区贸易公司石家庄市分公司编

晋察冀边区贸易公司石家庄市分公司，1948.6，油印本，1册，25开，环筒页装

本书介绍1949年5—6月晋察冀边区贸易公司编制的粮、棉、日用品、铁货等商品的市场价格等。

收藏单位：国家馆

13717

物价手册 实业印务公司编

重庆：实业印务公司，1943.1，173页，64开

收藏单位：南京馆

13718

物价统计（民国九年）

出版者不详，[1921]，1册，16开

本书收录该年度全国各地粮食、肉类、油、茶、酒、布、金属、纸、铁等每月的价格。

收藏单位：广西馆

13719

物价统制应急策（第1辑） 赫崇芳著

北京：清和阁南纸店，1942.8，278+[44]页，32开

本书收文16篇，内容包括：《经济战是什么？》《怎样统制物资？》《什么叫做"适正价格"？》《北京市物价统制问题》《"暴利取缔规则"内容的分析》等。

收藏单位：国家馆

13720

物价问题 李紫池编辑

西北出版社, [1940—1945], 138 页, 32 开

　　本书收录专论 10 篇, 内容包括:《当前的物价问题》(吴半农)、《物价及其对策》(赵兰坪)、《调整吾国目前物价问题之商榷》(杨蔚)、《平衡物价之范围与宗旨》(伍启元)、《稳定物价之途径》(张梁任)等。

　　　　收藏单位:国家馆

13721

物价问题 彭学沛讲

中央训练团印刷所, 1941.1, [110] 页, 32 开 (中央训练团党政训练班讲演录)

[中央训练团印刷所], 1941, 再版, 82 页, 32 开

[中央训练团印刷所], 1941.3, 4 版, [110] 页, 32 开

　　本书共 3 章:物价之状况、物价涨落之原因、对策。附纱布最高价格、我们各地物价指数及生活费指数汇编等。

　　　　收藏单位:重庆馆、广东馆、贵州馆、国家馆、南京馆、内蒙古馆

13722

物价问题 千家驹编

桂林:文化供应社, 1940.11, 111 页, 32 开 (时事问题丛刊 4)

　　本书收录专论 9 篇, 内容包括:《物价问题的症结》(章乃器)、《物价与后方经济》(陈岱孙)、《论物价问题》(千家驹)、《论当前的物价问题》(石西民)等。

　　　　收藏单位:重庆馆、广东馆、广西馆、贵州馆、国家馆、南京馆、浙江馆

13723

物价问题 汪洪法著

重庆:青年书店, 1940, 100 页, 32 开

　　本书共 3 编:概说、物价上涨的原因、平抑物价的对策。

　　　　收藏单位:重庆馆、广东馆、广西馆、贵州馆、国家馆、湖南馆、吉林馆、南京馆、浙江馆

13724

物价问题 王仲武编

出版者不详, [1941], 132 页, 32 开

　　本书共 3 章:物价之状况、物价涨落之原因、对策。附取缔日用重要物品囤积居奇办法、田赋改征实物办法暂行通则。

　　　　收藏单位:重庆馆、南京馆

13725

物价问题丛刊 中央银行经济研究处编

[重庆]:中央银行经济研究处, 1941.7, 199+[39] 页, 16 开 (经济汇报)

　　本书收文 35 篇, 内容包括:《我国后方物价上涨之原因》《物价评定之观感》《物价对策平议》《调整吾国目前物价问题之方案》《稳定物价之途径》等。附非常时期平价相关法规 7 种。

　　　　收藏单位:重庆馆、东北师大馆、广东馆、国家馆、吉林馆、近代史所、南京馆、上海馆

13726

物价问题特辑之一 中国工业经济研究所编

中国工业经济研究所, 1943.1, 12 页, 16 开

　　本书收录有关物价管制的报告两篇及第三届参政会议第二次大会上有关物价问题的提案。

　　　　收藏单位:重庆馆

13727

物价问题总检讨 王璧岑著

昆明:大观出版社, 1944.8, 26 页, 36 开 (大观小丛书)

　　本书共 6 部分, 内容包括:战时物价问题的产生、政府实施管制物价的经过、解决物价问题的几点管见等。

　　　　收藏单位:国家馆、南京馆

13728

物价问题总检讨 俞铨著

出版者不详, 1941.1, 油印本, 1 册, 16 开

　　　　收藏单位:南京馆

13729

物价指数汇编　国民政府主计处统计局编

国民政府主计处统计局，[1937]，油印本，1册，横 8 开

本书概述 1937、1938、1939 年上海、重庆、西安、昆明、福州、桂林、南宁、梧州等重要都市趸售物价指数以及上海、西安、成都及南宁的生活费指数，重庆、贵阳、福州等地的零售物价指数。

收藏单位：国家馆

13730

物资交流与城乡关系　武汉市军事管制委员会秘书处编

武汉市军事管制委员会秘书处，1949.8，27页，32 开

本书为军管会总结工作材料之一。内容包括：解放以来武汉市物资交流与城乡关系情况介绍、这一时期武汉市物资交流与城乡关系工作中体现了那些问题等。附解放两月后的武汉市场。

收藏单位：国家馆

13731

西湖博览会参观必携　西湖博览会编

杭州：商务印书馆，1929.9，99页，32 开

本书内容包括：参观规则、门券收费类别、各馆所地址、各馆所陈列类别、西湖游程计划等。

收藏单位：重庆馆、国家馆、湖南馆、近代史所、南京馆、上海馆、浙江馆

13732

西湖博览会筹备特刊　西湖博览会筹备会编

杭州：西湖博览会筹备会，[1929]，1 册，16 开

本书内容包括：筹设西湖博览会原提案、专论、筹备委员会章则目录、各项表式、委员及职员录、大会会议录、报告等。该博览会举办于 1929 年 6 月。

收藏单位：重庆馆、广东馆、国家馆、吉林馆、近代史所、南京馆、宁夏馆、中科图

13733

西湖博览会工业馆参观指南　西湖博览会工业馆编

杭州：西湖博览会工业馆，1929.7，18 页，32 开

13734

西湖博览会纪念册　何崇杰等编

上海：商务印书馆，1930.7，[56] 页，23×30cm

本书为西湖博览会各展馆影集。共收录图片 69 种。

收藏单位：重庆馆、国家馆、江西馆、南京馆、上海馆、浙江馆

13735

西湖博览会丝绸馆参观指南　西湖博览会丝绸馆编著

杭州：西湖博览会，1929.7，36 页，32 开

收藏单位：南京馆

13736

西湖博览会丝绸馆特刊　西湖博览会丝绸馆编

[杭州]：西湖博览会丝绸馆，[1929.9]，[300] 页，16 开

本书内容包括：丝绸馆全图、丝绸馆标语、专论、建筑及陈列之概略、参加陈列各同业之历略、各部出品说明、陈列品目录等。

收藏单位：重庆馆、广东馆、近代史所

13737

西湖博览会特种陈列所参观指南　西湖博览会特种陈列所 [编]

[杭州]：[西湖博览会特种陈列所]，1929.7，1 册，25 开

本书为西湖博览会各展馆影集。

收藏单位：浙江馆

13738

西湖博览会卫生馆参观指南　西湖博览会卫生馆编著

杭州：西湖博览会卫生馆，1929.7，14 页，32 开

收藏单位：南京馆

13739

西京市物价指数　陕西省政府统计室编

陕西省政府统计室，[1943]，油印本，1册，28×36cm

本书所涉时间为1937年7月至1943年6月。

收藏单位：国家馆

13740

西京市物价指数年刊（民国二十九年）　陕西省银行经济研究室编

陕西省银行经济研究室，[1941]，31页，13开，环筒页装

本书大部分为表。共3部分：编制说明、物价与指数、物价变动分析。附本室原编西安市批发物价指数、本室原编西安市生活费指数、中国各重要都市生活费指数等。

收藏单位：重庆馆、国家馆、南京馆、浙江馆

13741

下关设立米市问题　金国宝著

南京特别市财政局事务股，1929.8，8页，32开

本书共4部分：米市之沿革、米市应设之理由、米市发达之可能性、反对米市恢复之理由。

收藏单位：上海馆

13742

厦门国货展览会特刊　蔡重光　刘德仁编

厦门国货展览会，1939.3，[80]页，23开

本书内容包括：祝辞、插图、发刊词、专论、报告、出品登录等。

13743

厦门市廿五年度国货展览会特刊　厦门市二十五年度国货展览会秘书处编辑

厦门市二十五年度国货展览会，[1938]，1册，16开

本书内容包括：大会筹备经过、大会组织一斑、陈列馆统计、大会议案全录、论著、舆论一斑、大事记等。

收藏单位：福建馆、国家馆

13744

厦门市商会复员周年纪念刊　厦门市商会编

厦门市商会，1947.8，202页，16开

本书内容包括：论著及报告、组织与人事、调查统计、重要会议录等。

收藏单位：国家馆、近代史所

13745

厦门市商会特刊　厦门市商会编

厦门市商会，1940，96页，16开

本书内容包括：本会沿革、厦门商会历来制度与领袖、侨务概况、教育概况、本会贸易馆今后之展望、本会职员一览表、同业公会职员名录等。

收藏单位：国家馆

13746

厦门总商会特刊　厦门总商会编

厦门总商会，1931，[234]页，16开

本书共8部分，内容包括：章则、纪录、表册、调查、特载等。

收藏单位：国家馆

13747

先施公司第二届联合国货展览特刊　香港先施公司广告部编

香港先施公司广告部，1934.10，[184]页，22开

本书内容包括：该届展览会陈列一览表、展览厂家调查表、征求出品通函、展览会章程、各展览家工厂概况等。

收藏单位：国家馆、南京馆

13748

先施公司二十五周年纪念册　先施公司编

上海：先施公司，1924，[381]页，12开，精装

本书内容包括：题词、摄影、论著、记载、余兴等。所涉时间为1900—1924年。

收藏单位：东北师大馆、广东馆、国家馆、近代史所、南京馆、上海馆、浙江馆

13749

宪兵各团驻地物价调查（三十一年下半年合订本）　宪兵司令部警务处编

宪兵司令部警务处，1943，油印本，1 册，16 开，环筒页装

本书收录四川、广西、湖南、福建、广东、河南等宪兵司令部所属各团驻地 1942 年下半年物价调查表。

收藏单位：国家馆

13750

香港公司则例　香港华商总会编译

香港华商总会，1932，187 页

本书共 15 章，内容包括：组织合资公司与其内容、股本及债票、费用之注册、办理法及管理财政权、收盘等。

收藏单位：近代史所

13751

香港华商总会年鉴（民国二十一至二十二、廿三、二十七年）　香港华商总会编

香港华商总会，[1932—1938]，4 册（[236]+[235]+[70]+[116] 页），16 开

本书收录香港商业概况、出入口统计、汇水行情、会务工作、会员录等资料。附征信录。

收藏单位：湖南馆、上海馆

13752

香港九龙商业分类行名录　香港九龙商业分类行名录出版社辑

香港九龙商业分类行名录出版社，1939，534+40 页，16 开

本书收录香港、九龙工商业行名录及该地医生、学校、机关、团体等名录。

收藏单位：上海馆

13753

香港闽侨商号人名录　吴在桥编

香港：旅港福建商会、福建旅港同乡会，

1947，1 册，16 开

本书共 12 部分，内容包括：旅港福建商会、福建旅港同乡会、福州旅港同乡会、香港要览、香港交通要览、香港现行法例摘要等。

收藏单位：国家馆、吉林馆、近代史所、上海馆、首都馆

13754

香港永安有限公司廿五周年纪念录　香港永安有限公司编

香港永安有限公司，[1932—1939]，1 册，16 开，精装

本书内容包括：题词、颂赞、影片、论著、史略、小说、艺丛等。所涉时间为 1908—1932 年。

收藏单位：广西馆、上海馆

13755

湘桂粤赣四省限政会议录　国家总动员会议编

国家总动员会议，1943.5，166 页，32 开

本书共 22 部分，内容包括：参加机关及出席人员表、议事日程表、报告、提案、提案审查意见及决议案等。附在第二次大会讨论审查意见前林参政员声明三点。

收藏单位：重庆馆、国家馆

13756

湘粤桂重要市场卅一年十一月卅日物价记录　湖南省民生物品购销处设计课编辑

湖南省民生物品购销处，1942.12，92 页，32 开

本书共 6 部分，内容包括：编册用意、湖南省重要市场卅一年十一月卅日物价记录、广东省重要市场卅一年十一月卅日物价记录、广西省重要市场卅一年十一月卅日物价记录等。

收藏单位：国家馆、湖南馆、南京馆

13757

乡村物价汇报　农林部中央农业实验所农业经济系编制

农林部中央农业实验所农业经济系，[1940—1949]，油印本，76 页，10 开

  收藏单位：广东馆

13758

消费保证合作社模范章程

陆海空军总司令部行营党政委员会地方赈济处，1931，20 页，36 开

  本书所述章程于 1931 年 10 月 3 日核准公布。

  收藏单位：国家馆

13759

消费合作社簿记样式

江苏省政府农矿厅合作事业指导委员会，1929.3，20 页，32 开

  收藏单位：南京馆

13760

消费合作社浅说·消费合作社应用章程 丁鹏翥编

湖南合作协会，[1930—1939]，22 页，32 开（合作讲习会课本 第 4、5 种）

  本书为合订本。《消费合作社浅说》共两章：意义及效用、业务。《消费合作社应用章程》共 8 章，内容包括：总则、社员、职员、会议、业务等。

  收藏单位：国家馆、南京馆

13761

消费合作社应用账簿 丁鹏翥编

湖南合作协会，[1930—1939]，52 页，32 开（合作讲习会课本 第 6 种）

  本书共 4 章：说明、账簿、记账须知、账例。

  收藏单位：国家馆、南京馆

13762

消费合作实施方案 实业部劳工司编辑

实业部，1931.5，30 页，16 开

  本书共 13 部分，内容包括：消费合作社必具之条件、社员、股份、组织、营业机关、附录章程等。

  收藏单位：国家馆

13763

消费合作与供给合作应用书表

四川省农村合作委员会合作讲习会，[1935—1949]，1 册，23 开

  本书收录组社调查表、参加组织训练人名单、组社训练报告表、纯利益计算表、社员购买调查表、业务计划书等。

  收藏单位：重庆馆

13764

小麦及面粉 陈伯庄著

上海：交通大学研究所，1936.6，56 页，18 开（交通大学研究所社会经济组专刊 3）

  本书共 10 部分，内容包括：全国麦产之估计、全国面粉产销概况、上海面粉业及洋麦入口、国麦来源之检讨等。

  收藏单位：重庆馆、国家馆、近代史所、西南大学馆、浙江馆、中科图

13765

小麦及面粉 上海商业储蓄银行调查部编

上海商业储蓄银行信托部，1932.7，148 页，32 开（商品调查丛刊 第 7 编）

  本书介绍上海市小麦、面粉的供需、输出入、运输、交易、价格及粉麦业同业组织等。

  收藏单位：重庆馆、湖南馆、近代史所、辽大馆、内蒙古馆、上海馆、浙江馆

13766

新风气与新事业 福建省康乐新村理事会编

福建省康乐新村理事会，[1946] 印，33 页，32 开

  本书内容包括：为甚么要办康乐新村、良心对事真诚待人、以高度仁德献身事业、最近工作讲评、科学管理的真谛等。

  收藏单位：福建馆

13767

新疆商业报告书 新疆省商会联合会编

新疆省商会联合会，1946.10，1 册，22 开

本书共 5 部分：前言、新疆工商业及金融概况、新疆物价问题、提案、新疆商联代表名志。

收藏单位：上海馆

13768

新药业 上海市商会商务科编辑

上海市商会，1935.6，126 页，22 开（上海市商会商业统计丛书）

本书共 3 编："新药业""制药厂业""药材、香料、化学产品及制药进出口统计"。

收藏单位：国家馆、吉大馆、南京馆、上海馆

13769

行政院经济会议平价工作概述 行政院经济会议秘书处编

行政院经济会议秘书处，1941.12，16 页，32 开

本书内容包括：平抑物价办法、当前平价工作实施纲要等。

收藏单位：国家馆

13770

修正北京牙行营业章程

出版者不详，1935.12，10 页，32 开

本书收录修正北京牙行营业章程、章程实施细则。

收藏单位：国家馆

13771

修正上海趸售物价表、编制上海输出入物价指数说明书 财政部驻沪调查货价处编

外文题名：Remarks on revision of the table of prices in Shanghai, explanations of the index numbers of import and export prices in Shanghai

财政部驻沪调查货价处，1925.4，110 页，32 开

本书内容包括：一九二五年修正上海物价表说明书、编制上海输出入物价指数表说明书、上海趸售物价表等。

收藏单位：国家馆、浙江馆

13772

修正物价指数报告 盛俊主编

外文题名：The revision of the price index numbers

财政部国定税则委员会，1931.6，1 册，16 开（经济统计丛刊 6）

本书收录专论两篇：《上海趸售物价指数》《上海输出入物价指数》。附修正上海趸售物价指数图表、修正上海输出入物价指数图表、修正上海趸售物价指数之基价等。

收藏单位：重庆馆、广东馆、国家馆、上海馆、浙江馆

13773

畜产关系营业者名簿 [济南市公署畜产管理处编]

[济南市公署畜产管理处]，1940.1，油印本，1 册，16 开，环筒页装

本书全部为表。共 4 部分：家畜商之部、食肉营业之部、屠宰营业之部、畜产物营业之部。

收藏单位：国家馆

13774

业务常识手册 大成行总管理处编

大成行总管理处，1949，104 页，16 开

收藏单位：广东馆

13775

液体燃料管理章则辑要 液体燃料管理委员会编

液体燃料管理委员会，1942.12，34 页，32 开

本书收录有关章则 17 种，内容包括：液体燃料管理规则、集中购油办法、修正私油查缉处置办法、私油案件审理程序、管理汽油空桶暂行办法等。附汽车沿途加油须知、各种液体燃料包装材料及体积重量约数表、度量衡换算表。所辑资料截至 1942 年。

收藏单位：国家馆、南京馆

13776

一年来的首都消费合作社

社会局合作室，1947.5，24 页，32 开

收藏单位：南京馆

13777

一年来之台湾贸易局　台湾省贸易局编

台湾省行政长官公署宣传委员会，1946.11，6页，32开（新台湾建设丛书13）

本书概述一年来台湾贸易局的业务计划及实施概况。

13778

一月来之福州粮食市场管理　福州市政府编

福州市政府，1946.3，1册，18开

本书内容包括：福州粮市概况、月前米价暴涨之症结、本府实施粮市管理经过、本市粮食市场管理办法提要等。附各项管理办法、管理结果各项图表。

收藏单位：福建馆

13779

一周年工作报告　全国商业统制总会秘书室编

上海：全国商业统制总会，1944.8，165页，16开

本书内容包括：总务处报告、会务处报告、审核处报告、物资处报告等。

收藏单位：国家馆、南京馆

13780

宜宾县商业概况　王柄昆　姚家田调查

[成都]：金陵大学文学院政治经济系经济资料研究室，1940.5，油印本，1册，16开，环筒页装（金陵大学文学院政治经济系经济资料研究室报告 第9号）

本书共两编：宜宾县商业概况、财政部贸易委员会宜宾收货处概况。

收藏单位：国家馆

13781

义聚兴分店几个问题的总结　冀中区义聚兴商店编

冀中区义聚兴商店，1948.8，油印本，22页，32开

收藏单位：国家馆

13782

营口总商会会务汇刊　营口总商会编

营口总商会，[1934]，594页，16开

本书内容包括：组织、章则、公牍、调查、法令等。附营口县修筑围墙委员会经过、本埠商工业汇编等。

收藏单位：国家馆

13783

永嘉县七年来物价指数　永嘉县政府统计室编

[永嘉县政府统计室]，1944.1，石印本，33页，13开（永嘉调查统计丛刊5）

本书所述指数依照国民政府主计处物价调查与统计方案查编。所涉时间为1937—1943年。

收藏单位：浙江馆

13784

有限责任重庆市各级学校师生员工消费合作社章程　[有限责任重庆市各级学校师生员工消费合作社编]

[有限责任重庆市各级学校师生员工消费合作社]，[1944]，10页，36开

本书共8章，内容包括：总则、社员、社股、职员、会议、业务等。

收藏单位：重庆馆

13785

有限责任连城县城北区党政工作人员消费合作社章程　[有限责任连城县城北区党政工作人员消费合作社编]

[有限责任连城县城北区党政工作人员消费合作社]，[1940]，8页，32开

本章程于1940年11月15日社员大会通过。

收藏单位：福建馆

13786

豫鄂皖赣四省之棉产运销　金陵大学农学院农业经济系调查编纂

南京：金陵大学农学院农业经济系，1936.6，216页，16开（豫鄂皖赣四省农村经济调查

报告 第 7 号 ）

本书共 15 部分，内容包括：调查之意义、调查之方法、四省棉产之变迁、四省棉产之分布与现状、四省各主要棉花市场之棉花来源等。

收藏单位：广东馆、国家馆、南京馆

13787

云南个旧米业调查　赵德民调查　国民经济研究所纂辑

[国民经济研究所]，1940，油印本，4 页，13 开（总第 147 号农产门粮食类）

本书共 8 部分：本县食米集中处所及集中数量、主要来源及供给数量、主要销路及销售数量、运输方法及运费、采办及销售米粮之商行、采办米粮时普通付款手续、米行之借款、本地米价。

收藏单位：国家馆

13788

云南全省公路总局黑井区食盐运销处报告书　云南全省公路总局黑井区食盐运销处编

云南全省公路总局黑井区食盐运销处，[1936]，40 页，16 开

本书共 10 部分，内容包括：缘起、组织、经费、营业状况、推销零盐等。附组织系统表、职员一览表等。

收藏单位：国家馆

13789

云南全省特货统运处第一年度决算报告书
云南全省特货统运处编

云南全省特货统运处，[1930—1949]，49 页，16 开

本书内容包括：营业概况、资产负债表、损益计算书、财产目录、十栏式精算表等。

收藏单位：国家馆

13790

云南省米谷运销及价格之研究　汤惠荪　杜修昌著

昆明：国立云南大学，1940.6，63 页，16 开（国立云南大学丛刊第 2 号）

本书共 4 章：米谷之供需、米谷运销之机能、米谷运销之成本、米谷价格之变动及差异。

收藏单位：重庆馆、广东馆、国家馆、吉林馆、南京馆、浙江馆

13791

云南省劝业会章则

出版者不详，[1911—1949]，1 册

收藏单位：国家馆

13792

云南省政府厅官纸专卖章程

出版者不详，[1911—1949]，1 册，16 开

收藏单位：南京馆

13793

云南盐运使公署职员录

出版者不详，[1914—1919]，手写本，3 页，16 开，环筒页装

收藏单位：国家馆

13794

云南玉溪县之米　赵德民调查

出版者不详，1940，油印本，6 页，18 开，环筒页装

本书共 10 部分，内容包括：本县米产概述、本县食米消费量估计、销路及销售数量、军米之采办情形、运输方法及运费、交易方法、本地米价等。

收藏单位：国家馆

13795

云南之贸易　钟崇敏具拟

[资源委员会经济研究室]，1939，油印本，283 页，18 开，环筒页装（云南经济研究报告 20）

收藏单位：国家馆、南京馆、中科图

13796

运销保证合作社模范章程

陆海空军总司令部行营党政委员会地方赈济处，1931，22 页，36 开

收藏单位：国家馆

13797

运销合作社浅说·运销合作社应用章程 丁鹏翥编

湖南合作协会，[1930—1939]，22 页，32 开（合作讲习会课本 第 17、18 种）

　　本书为合订本。《运销合作社浅说》共两章：意义及效用、业务。《运销合作社应用章程》共 8 章，内容包括：总则、社员、社股、职员、业务等。

　　收藏单位：国家馆、南京馆

13798

杂粮油饼业行名手册

出版者不详，[1946.8]，[94] 页，72 开

　　本书收录上海粮油饼业各商号的名称、代表人、地址、电话、登记号等。

13799

造产救国社统计汇编（第 2 期） 造产救国社编辑

太原：造产救国社，1934，[200] 页，16 开

　　本书为山西省各种产品的贸易统计表。

13800

怎样组织消费合作社 第三战区合作社物品供销联合办事处编

第三战区合作社物品供销联合办事处，1941.2，96 页，32 开（合作丛刊 1）

　　本书共 14 部分，内容包括：为什么要组织消费合作社、怎样着手工作、发起筹备、呈请登记、业务经营、账务处理、社务管理等。附消费合作社章程、理事会办事规则、社员大会议事细则等。

　　收藏单位：国家馆、湖南馆

13801

战后上海暨全国书局文具店调查录 许晚成编

上海：龙文书店，1939，[188] 页，32 开

　　本书共 3 部分：全国书局调查、全国文具店调查、补遗。

收藏单位：国家馆、上海馆

13802

战时的商人 教育部民众读物编审委员会编著

重庆：正中书局，1938.8，15 页，50 开（非常时期民众丛书 第 3 集 2）

　　本书共 4 部分：誓死不卖日货、严密防范奸商、不要抬高物价、急宜输财救国。

　　收藏单位：重庆馆、国家馆

13803

战时国府取缔囤积之施策 中央电讯社出版委员会编

[南京]：中央电讯社出版委员会，1943，71 页，32 开

　　本书为中央电讯社《时事通信》第 1 期抽印本。

　　收藏单位：广东馆

13804

战时粮价特辑 濮孟久主编

粮食部调查处，1943.4，1 册，16 开（粮食部调查处丛书 1）

　　本书为《粮情周报》百期纪念特刊。共 3 部分：粮价问题、粮情调查、粮价资料。

　　收藏单位：广东馆、国家馆、吉林馆、近代史所

13805

战时粮价问题 顾寿恩著

重庆：国民图书出版社，[1942]，134 页，32 开

　　本书共 5 章，内容包括：粮价高涨的认识、政府平抑粮价的设施、今后平抑粮价的方策等。

　　收藏单位：安徽馆、重庆馆、广东馆、广西馆、贵州馆、国家馆、河南馆、湖南馆、吉林馆、江西馆、辽大馆、南京馆、宁夏馆、上海馆、西南大学馆、浙江馆

13806

战时贸易政策 高叔康著

重庆：独立出版社，1940.8，104 页，32 开
（抗战建国纲领丛书）

重庆：独立出版社，1941.1，再版，104 页，
32 开（抗战建国纲领丛书）

本书共 10 章，内容包括：贸易政策的意义与目的、战时贸易政策之特征、战时对外贸易政策、中国战时统制贸易问题、战区的贸易对策等。

收藏单位：安徽馆、重庆馆、广东馆、广西馆、贵州馆、国家馆、辽大馆、南京馆

13807
战时商民须知　许冠欧编著
绍兴：抗战建国社，1939，96 页，32 开

收藏单位：广东馆

13808
战时上海批发物价动态说略　陆宗蔚述
[中国经济研究会]，[1945]，9 页，16 开（中国经济研究会丛刊 11）

本书所涉时间为 1937—1944 年。

收藏单位：上海馆

13809
战时物价管制　孙义慈著
重庆：中华书局有限公司，1944.2，122 页，
32 开

本书共 12 章，内容包括：实施限价、掌握物价、增进生产、节约消费、便利运输等。附各省市管制物价实施办法及其总则。

收藏单位：重庆馆、东北师大馆、广东馆、广西馆、贵州馆、桂林馆、国家馆、吉林馆、近代史所、南京馆、上海馆

13810
战时物价讲话　杜俊东著
永安（三明）：改进出版社，1940.1，73 页，
32 开（改进文库 2）

本书共 6 部分：物价腾涨的一般、物价腾贵的缘因、物品评价的评价、消费者何以自保、合理的物价政策等。附自力更生的外汇政策。

收藏单位：重庆馆、福建馆、贵州馆、国

家馆、湖南馆、江西馆、南京馆

13811
战时物价平定问题　何名忠著
重庆：建国出版社，1940.7，78 页，32 开（建国丛书 第 2 辑 中国问题 2）

本书共 5 部分：总论、我国物价高涨概况、战时物价高涨的影响、战时物价高涨的原因、平定物价的方法。

收藏单位：重庆馆、国家馆、湖南馆、吉林馆、南京馆

13812
战时物价特辑　杨蔚主编
重庆：中央银行经济研究处，1942.2，283 页，
16 开（中央银行经济研究处丛书）

本书共 4 章：本处编制之各重要城市基要商品趸售物价指数、我国战时物价问题之面面观、我国战时中央及陪都物价统制之概况、我国之物价统计。附各地物价指数汇编、抗战四年来有关物价大事纪、战时各重要中文杂志有关物价论文索引。

收藏单位：安徽馆、重庆馆、东北师大馆、广东馆、贵州馆、国家馆、吉林馆、近代史所、南京馆、上海馆、浙江馆

13813
战时物价统制　刘大钧等著
重庆：独立出版社，1939，42 页，32 开（战时综合丛书 第 4 辑）

本书共 7 章，内容包括：总论、南京物价的今昔观、上海及其他各省的物价、当前物价的究竟、统制范围与评价标准等。

收藏单位：安徽馆、重庆馆、东北师大馆、广西馆、贵州馆、国家馆、湖南馆、吉林馆、南京馆

13814
战时物价统制　张志智主编
永安（三明）：福建中央日报，1941.7，81 页，
32 开（福建中央日报经济丛书 2）

本书共 10 部分，内容包括：物价之意义、物价统制的必要、物价腾贵的影响、我国战

时物价之趋势、我国物价腾贵原因的分析、我国战时应采的物价政策、战时物价的统制方法、统制物价的技术等。分别辑录当时报刊登载的有关论述。

收藏单位：重庆馆、东北师大馆、广西馆、贵州馆、国家馆、吉林馆、南京馆、浙江馆

13815

战时物价统制问题 国民出版社编辑
金华：国民出版社，1940.1，68 页，32 开（国民知识丛书 第 2 辑）

本书共 9 章，内容包括：战时物价统制之理由、战时物价高涨的原因、统制的范围机构与方法、物价统制与专卖、上海及其他各省市的物价、我国实施物价统制的建议等。

收藏单位：安徽馆、广东馆、国家馆、南京馆

13816

战时物价问题 李立中著
重庆：青年出版社，1941.5，28 页，32 开

本书共 6 部分：从货币看物价、从汇价看物价、从商品囤积看物价、战时物价与社会经济生活、战时物价与农民、战时物价与薪资阶级。

收藏单位：重庆馆、国家馆、吉林馆、南京馆

13817

战时物价之变动及其对策 巫宝三著
重庆：商务印书馆，1942.12，15 页，25 开（中国社会经济问题小丛书 5）
[赣县（赣州）]：商务印书馆，1943.4，15 页，25 开（中国社会经济问题小丛书 5）
重庆：商务印书馆，1943，再版，15 页，25 开（中国社会经济问题小丛书 5）

本书共 4 部分，介绍战时各地物价变动的情况、分析引起物价变动的各种因素、提出应采取的对策。

收藏单位：重庆馆、广东馆、广西馆、贵州馆、国家馆、湖南馆、江西馆、南京馆、上海馆

13818

战时消费合作的提倡（我们应如何建立全民动员中的经济机构） 尹树生撰
济南：山东合作学会，1937.11，20 页，32 开（山东合作学会宣传丛书）

本书共 5 部分：消费合作的意义、战时消费合作的必要、战时消费合作的效能、如何组织战时消费合作社、战时消费合作社经营要点。

收藏单位：国家馆、南京馆

13819

战时消费品之分配统制 刘百川主编 王伯颜著
上海：汗血书店，1936.11，132 页，32 开（国防实用丛书 1）

本书共 7 章，内容包括：战时消费品分配统制理论之探讨、战时消费品分配统制方案之计划、消费品分配统制中之价格统制、战时消费品分配统制之机关等。

收藏单位：重庆馆、东北师大馆、广东馆、广西馆、国家馆、江西馆、南京馆、浙江馆

13820

战时宜昌林产品调查 陈建棠调查 国民经济研究所纂辑
[国民经济研究所]，1938，油印本，7 页，13 开（总第 34 号 商业门林产品类 第 1 号）

本书共两部分：水果、木炭。两部分内容均包括：来源、销路、运输方法、采办销售状况、交易时付款收款方法、近年市价、收获状况。

收藏单位：国家馆

13821

战时宜昌食盐调查 陈建棠调查
国民经济研究所，1938，油印本，10 页，16 开（总第 39 号 商业门食盐类 第 1 号）

本书共 6 部分：种类、来源、销售数量、市价、运销方法、采办运销时付款方法。

收藏单位：国家馆

13822

战时宜昌油煤之调查　陈建棠调查　国民经济研究所具拟

[国民经济研究所]，1938，10 页，13 开（总第 43 号 商业门油煤类 第 1 号）

　　本书共两部分：油、煤。两部分内容均包括：种类、来源、销售数量、市价、运销方法、交易时付款收款方法。

　　收藏单位：国家馆

13823

战时云南省宜良县米谷调查　赵德民调查　国民经济研究所纂辑

[国民经济研究所]，1940，油印本，5 页，大 16 开，环筒页装（总第 159 号 农业门食品类）

　　本书共 9 部分，内容包括：本县米谷集中处所及集中数量、主要来源及供给数量、主要销路及销售数量、运输方法及运费、米谷在本地市价等。

　　收藏单位：国家馆

13824

战时中国物价问题　寿进文著

重庆：生生出版社，1944.12，106 页，32 开

　　本书共 6 部分：商品价格运动的几个基本概念、战时物价变动的实况、物价上涨和失调的原因、物价管制工作的检讨、物价变动对于社会财富再生产和重分配的影响、解决物价问题的途径。

　　收藏单位：重庆馆、广东馆、贵州馆、国家馆、近代史所、南京馆、山东馆、上海馆

13825

张库通商（第 1—2 辑）　杜赓尧著

天津：大公报社，1933.7，2 版，[116] 页，32 开

　　本书共两辑。第 1 辑共 5 节，内容包括：张库通商之回顾与前瞻、恢复张垣五汽车之沿革、张垣金融之今昔等；第 2 辑收录《恢复张库通商途中之微澜》一文，叙述张家口至库伦一线通商情况和存在的问题。

　　收藏单位：国家馆、天津馆、中科图

13826

张翼后先生与本社汇问渔君论提倡国货书　张轶欧著

[上海]：中华职业教育社，[1928.10]，19 页，32 开

13827

漳浦县粮食运销处粮食供应概况报告　[漳浦县粮食运销处编]

[漳浦县粮食运销处]，[1942]，1 册，10 开

　　收藏单位：福建馆

13828

浙江卷烟公卖局汇刊　浙江卷烟公卖局编

浙江卷烟公卖局，[1928]，[225] 页，16 开

　　本书内容包括：序文、言论、文牍、章则、表册等。附浙省烟商公卖办法、上海各烟草公司公卖办法、仓库之管理及仓库管理员之训练等。书前有蔡元培等 9 人所作序文。

13829

浙江兰溪县城稻米集散情形　赵德民调查　国民经济研究所具拟

国民经济研究所，1939，油印本，7 页，13 开（总第 106 号 商业门米类 第 7 号）

　　本书共 6 部分：集中数量、主要来源及其供给数量、主要销路及其销售数量、运输方法及运费、本地市价、各主要来源稻产收获状况。

　　收藏单位：国家馆

13830

浙江兰溪战时布业调查　赵德民调查　国民经济研究所纂辑

国民经济研究所，1938，油印本，8 页，16 开（总第 109 号 商业门疋头类 第 2 号）

　　本书共 6 章：布之种类来源及数量、销路及销售数量、运输方法、市价、采办销售之商行、布业资金融通问题。附金华惠民布厂近况。

　　收藏单位：国家馆、中科图

13831

浙江全省商会联合会第一届后半期会务报告

浙江全省商会联合会秘书处编

浙江全省商会联合会秘书处，1936.7，116页，16开

本书收录议案摘要、办理重大案件之简略经过等。

收藏单位：浙江馆

13832

浙江全省商会联合会二十一年度工作报告

浙江省商会联合会编

浙江省商会联合会，1933.4，46页，16开

本书内容包括：本会会员一览表、本会执监委员一览表、本会会员会费等级一览表、工作报告等。

13833

浙江省第九区特产展览专刊 浙江省第九区行政督察专员公署编

浙江省第九区行政督察专员公署，1940，62页，16开

本书共5部分：题词、附录、办法大纲、推销办法、经费概况。

收藏单位：浙江馆

13834

浙江省各县市镇商人组织统一委员会会员总登记的意义 浙江省商人组织统一委员会编

浙江省商人组织统一委员会，1929.8，20页，32开

本书共5部分，内容包括：为什么要举行会员总登记、登记的手续如何、各业登记员如何委派等。

收藏单位：上海馆

13835

浙江省工商会议工商展览会手册 浙江省工商会议工商展览会筹备处编

浙江省工商会议工商展览会筹备处，1942.5，39页，32开

本书内容包括：浙江省政府举行工商会议工商展览会办法纲要、工商会议组织规程等。

收藏单位：浙江馆

13836

浙江省国货陈列馆规程规则 浙江省国货陈列馆编

浙江省国货陈列馆，1934.1，36页，18开，环筒页装

本书收录浙江省国货陈列馆规程、征品规则、职员请假规则、陈列室管理规则、陈列室参观规则等。

收藏单位：国家馆

13837

浙江省国货陈列馆增建劝工场新屋落成纪念特刊 浙江省国货陈列馆编

浙江省国货陈列馆，[1928—1949]，1册，16开

本书收录浙江省国货陈列馆规程、征品规则、办事细则、职员请假规则、浙江农业与国货消长之关系、发展吾浙富力之前途、提创国货之观感、急起直追等。

收藏单位：浙江馆

13838

浙江省杭州市商会章程 杭州市商会编

杭州市商会，[1930—1939]，22页，32开

13839

浙江省合作批发部 浙江省建设厅合作事业管理处 浙江省合作批发部编

浙江省建设厅合作事业管理处、浙江省合作批发部，1940.3，32页，32开（战时合作事业报告丛刊）

本书共6部分：成立经过、组织、资金、业务概况、今后计划、附录。

收藏单位：国家馆、南京馆

13840

浙江省合作社物品供销处三十年度业务报告

出版者不详，[1941]，30页，16开

收藏单位：广东馆

13841

浙江省米价变动之研究 杜修昌编

外文题名：A study of the price changes for rice in Chekiang Province

实业部中央农业实验所，1934，[43] 页，16 开（实验部中央农业实验所研究报告 第 1 卷 2）

　　本书共 10 部分，内容包括：调查之目的及方法、米之生产量、米之消费量、米价变动之程度、米价变动之原因等。

　　收藏单位：广东馆、国家馆

13842

浙江省商务管理局职员录 [浙江省商务管理局编]

浙江省商务管理局，1935，2 页，16 开，环筒页装

　　收藏单位：国家馆

13843

浙江省食粮运销调查报告 张文多著

出版者不详，[1911—1949]，油印本，1 册，13 开

　　本书内容包括：浙江食粮运销之形势、浙江各海关米粮进口统计表、沪杭路运输稻统计表等。

　　收藏单位：浙江馆

13844

浙江省食粮之运销 张培刚　张之毅著

长沙：商务印书馆，1940.11，208 页，25 开（国立中央研究院社会科学研究所丛刊 第 14 种）

　　本书共 8 章，内容包括：运销之社会经济基础、食粮的移动、食粮之加工、食粮之运输、食粮之交易等。

　　收藏单位：重庆馆、国家馆、近代史所、南京馆、内蒙古馆、上海馆、首都馆、浙江馆

13845

浙江省油茶棉丝管理处茶叶部章则及办法汇编 浙江省油茶棉丝管理处茶叶部编

浙江省油茶棉丝管理处茶叶部，[1939]，70 页，36 开

　　本书共 4 部分：指导类、金融类、仓运类、总类。

13846

浙江省油茶棉丝管理处茶叶部章则书表汇编（第 1 辑） 浙江省油茶棉丝管理处茶叶部编

浙江省油茶棉丝管理处茶叶部，1939.8，86 页，32 开

　　收藏单位：广西馆、湖南馆、南京馆、浙江馆

13847

浙江省油茶棉丝管理处宁波办事处民国二十八年六月至九月工作报告 浙江省油茶棉丝管理处宁波办事处编

浙江省油茶棉丝管理处宁波办事处，[1939]，油印本，1 册，13 开

　　本书概述浙江省油茶棉丝管理处宁波办事处组织的成立、总务方面、油茶棉丝管理工作、各月发证工作概况等。

　　收藏单位：浙江馆

13848

浙江省油茶棉丝管理处丝茧部民国二十八年工作报告 浙江省油茶棉丝管理处丝茧部编

浙江省油茶棉丝管理处丝茧部，1940.4，[324] 页，25 开

　　本书共 19 部分，内容包括：管理收买春茧、货放春期收茧用款、统制收买秋茧、管理土丝行贩营业、贸易委员会接购干茧、经费收支概况、法规章则等。

　　收藏单位：国家馆

13849

浙西农产贸易的几个实例 曲直生　韩德章编

社会调查所，[1929]，[35] 页，16 开

　　本书为作者于 1928 年秋对浙西 20 个县村所作调查报告。共 3 部分："浙西湖墅、碛石、嘉兴三处水市概况""浙西湖州、嘉兴丝茧贸易""浙西长兴县属合溪镇山货贸易"。原载于《社会科学杂志》。

收藏单位：重庆馆、辽宁馆、浙江馆

13850
镇江米市调查　羊冀成　孙晓村编
上海：社会经济调查所，[1935]，41 页，16
开（粮食调查丛刊 9）
　　本书调查资料截至 1935 年。
　　收藏单位：国家馆

13851
郑市商情
郑州：物价研究委员会，1949，2 张
　　收藏单位：国家馆

13852
直隶省商品陈列所概览　直隶省商品陈列所
编辑
天津：直隶省商品陈列所，1918.10，58 页，
18×23cm
　　本书内容包括：本所之沿革、本所之建筑
物、本所之职员、事务进行之概况、附津海
口北保定三道农商恳亲会人名录。
　　收藏单位：重庆馆、国家馆、天津馆

13853
指导消费合作社注意事项
广西省政府，1939.4，45 页，32 开（合作丛
刊 3）
　　本书共 11 部分，内容包括：消费社成立
前应有之调查、对职员的考查事项、开办费
问题、对于经营业务易犯的错误、商人破坏
与防止方法等。
　　收藏单位：国家馆

13854
指导运销合作社注意事项　广西省政府编
广西省政府，1939.7，33 页，32 开
　　收藏单位：南京馆

13855
中国茶叶公司二十九年度工作报告
中国茶叶公司，[1940]，油印本，1 册，16
开，环筒页装

本书共 4 章：一般行政、业务行政、技术
研究、财务行政。
　　收藏单位：国家馆

13856
**中国茶叶公司福建分公司三十年度业务报告
书**　[中国茶叶公司福建分公司编]
[中国茶叶公司福建分公司]，[1942]，油印
本，45 页，16 开
　　本书共两部分：二十九年度未了业务办理
概述、三十年度业务推进概况。
　　收藏单位：福建馆

13857
中国茶叶公司概况　中国茶叶公司 [编]
中国茶叶公司，[1943]，油印本，1 册，16
开，环筒页装
　　本书共 7 部分，内容包括：组织缘起、业
务进展概况、会计决算报告、规章等。
　　收藏单位：国家馆

13858
中国茶叶公司会计制度草案
出版者不详，[1911—1949]，油印本，265
页，16 开
　　收藏单位：南京馆

13859
中国的商业衰落原因与如何发展　杨昌运编
江苏省立南京民众教育馆编辑部，1930.11，
再版，62 页，22 开（民众教育丛书 10）
　　本书共 5 部分：导言、中国商业衰落的原
因、中国商人在社会上的地位、中国的商业
怎样可以发展、结论。
　　收藏单位：广西馆、近代史所、浙江馆

13860
中国的商业衰落原因与如何发展　杨昌运编
中央大学区立通俗教育馆推广部，1928.10，
43 页，23 开（通俗教育丛书 10）
　　本书论述中国商业衰落的原因、商人在
社会上的地位、中国商业发展方向问题。
　　收藏单位：南京馆、上海馆、浙江馆

13861

中国各交易所交易品市况统计 国民政府主计处统计局编

国民政府主计处统计局，1937.4，139 页，16 开

收藏单位：南京馆

13862

中国各重要城市零售物价指数专刊

外文题名：Index numbers of retail price in leading cities of China: July 1937—June 1941

中国农民银行经济研究处，1941，83 页，16 开

本书为汉英对照。共 4 部分：编制说明、物价指数图、物价指数表、各地商品平均价格表。所涉时间为 1937 年 7 月至 1941 年 6 月。

收藏单位：广东馆

13863

中国广告事业史 如来生著

上海：新文化社，1948.10，1 册，32 开

本书共 5 部分：引言、草创时期、发展时期、抗战时期、胜利以后。附上海市广告商业同业公会业规、上海市广告商业同业公会章程等。

收藏单位：山西馆、浙江馆

13864

中国国货股份有限公司计划书 中国国货股份有限公司编

中国国货股份有限公司，[1930—1939]，[15] 页，32 开

本书附招股简章。

收藏单位：上海馆

13865

中国国货联合营业股份有限公司章程招股简章 国民经济建设运动委员会总会 [编]

[南京]：国民经济建设运动委员会总会，1937.1，[24] 页，24 开

本书收录吴鼎昌在国货联营公司筹备会成立会的演词《国货联营公司之意义》、公司章程、招股简则等。附认股书。

收藏单位：安徽馆

13866

中国国货年鉴 国货事业出版社编辑部编

上海：国货事业出版社，1935.3，501 页，22 开，精装

本书内容包括：中国国货事业总论、中国国货产业概况、中国国货统计资料、中国国货运动史实、中国国货工商动态、中国国货工商法规等。

收藏单位：国家馆、近代史所、南京馆、上海馆

13867

中国国民党中央政治学校消费合作社章程 中央政治学校编

中央政治学校，[1929—1946]，8 页，32 开

本书共两部分：中国国民党中央政治学校消费合作社宣言、中国国民党中央政治学校消费合作社章程。

收藏单位：国家馆、南京馆

13868

中国火柴工业两年来之战时专卖 刘阶平编著

出版者不详，1944，油印本，84 页，16 开，环筒页装

本书共 6 部分：导言、系统图表、会计报告、实务统计、调查统计、附录资料。

收藏单位：国家馆

13869

中国农民共同运销农产之前途 南京中国农民银行编

南京中国农民银行，[1940—1949]，8 页，32 开（农民服务丛书 1）

本书共 4 部分：农产共同运销的意义及中国农产共同运销的重要性、农产共同运销的先决条件及其方式、中国过去较大规模的农产共同运销、中国农产共同运销的改进。

收藏单位：重庆馆、国家馆、南京馆

13870

中国农民银行调查零售物价编制指数总计划

出版者不详，[1935—1949]，8 页，16 开

　　收藏单位：南京馆

13871

中国商务公司办法续告

出版者不详，[1911—1949]，23 页，25 开

　　收藏单位：广东馆

13872

中国商业地理 （日）胜部国臣著　霍颖西译

[上海]：广智书局，1913，6 版，2 册（168+129 页），23 开

　　本书为文言体，加圈点。共两编 12 章。第 1 编共 11 章，内容包括：中国通商总说、中国通商上之四大别、列国之经营、交通、货币、商品等；第 2 编收录末章：开港场及商业地。

　　收藏单位：上海馆

13873

中国商业地理大纲　胡焕庸著

外文题名：An outline of the commercial geography of China

中国地理学会，1936.6，20 页，16 开

　　本书收录《中国商业地理大纲》，并附商业地理方面图表。为《地理学报》第 3 卷第 2 期单行本。

　　收藏单位：国家馆

13874

中国商业金融调查录（第 1 集）　沈久道调查编辑

杭州：听蕉山馆，1922.5，[118] 页，32 开

　　本书内容包括：各地商号一览，保定、湖州、芜湖、大连、赣州等地商业金融调查等。

　　收藏单位：浙江馆

13875

中国商业历史　曾牖编

出版者不详，[1911—1949]，248 页，22 开

　　收藏单位：广东馆

13876

中国商业史　陈灿编

上海：商务印书馆，1925.11，187 页，25 开

上海：商务印书馆，1926，再版，187 页，25 开

上海：商务印书馆，1933.2，国难后 1 版，212 页，32 开

　　本书为新学制高级商业学校教科书。按历史阶段论述中国商业的发展、变迁、兴衰史。共 3 编：上古史、中古史、近世史。

　　收藏单位：安徽馆、重庆馆、广西馆、国家馆、河南馆、湖南馆、吉林馆、江西馆、近代史所、内蒙古馆、上海馆、首都馆、浙江馆

13877

中国商业史　陈灿编著　王孝通增订

长沙：商务印书馆，1938.5，增订 1 版，185 页，25 开

上海：商务印书馆，1938.10，增订 2 版，185 页，32 开，精装

长沙：商务印书馆，1941.4，增订 5 版，195 页，36 开

重庆：商务印书馆，1944.2，174 页，32 开

上海：商务印书馆，1945，增订 6 版，185 页，32 开

　　本书为职业学校教科书。

　　收藏单位：安徽馆、重庆馆、广东馆、贵州馆、国家馆、辽大馆、南京馆、上海馆

13878

中国商业史　陈家锟编

上海：中国图书公司，1913，改正 6 版，127 页，25 开

　　本书介绍中国商业史。共 3 编：商业发生及扩张时代、商业繁剧及衰落时代、商业激动及进取时代。

　　收藏单位：国家馆、河南馆、辽大馆、南京馆、上海馆、首都馆

13879

中国商业史　黄嗣艾著

出版者不详，[1937—1945]，71 页，18 开，

环筒页装

本书共 4 部分。绪论论述商业之起源、商业与战争、商业无研究上下之区分等，上部论述神农、黄帝及先秦时期的商业史，中部论述从汉至明正德以前各朝的商业史，下部论述从明正德以后至清末各时期的商业史。

收藏单位：重庆馆

13880

中国商业史　王孝通著

上海：商务印书馆，1936.12，24+323 页，32 开，精装（中国文化史丛书 第 1 辑）

上海：商务印书馆，1937.1，再版，24+323 页，32 开，精装（中国文化史丛书 第 1 辑）

上海：商务印书馆，1937.4，3 版，24+323 页，32 开（中国文化史丛书 第 1 辑）

上海：商务印书馆，1937.4，4 版，347 页，32 开，精装（中国文化史丛书 第 1 辑）

上海：商务印书馆，1937.5，5 版，24+323 页，32 开，精装（中国文化史丛书 第 1 辑）

本书为文言体，加圈点。按朝代叙述自黄帝时代至民国时期的商业发展。共 3 编：上古商业、中古商业、近世商业及现代商业。

收藏单位：安徽馆、重庆馆、大庆馆、广东馆、广西馆、贵州馆、国家馆、黑龙江馆、湖南馆、江西馆、近代史所、辽大馆、辽师大馆、南京馆、内蒙古馆、宁夏馆、山东馆、山西馆、上海馆、绍兴馆、首都馆、天津馆、西南大学馆、浙江馆、中科图

13881

中国商业史　郑行巽编著

上海：世界书局，1932.7，18+376 页，32 开，精装

本书按时间顺序分述我国各朝代的商业活动、商业政策及交通、贸易概况。共 4 编：上古商业、中古商业、近世商业、现代商业。

收藏单位：重庆馆、东北师大馆、广东馆、广西馆、贵州馆、国家馆、湖南馆、吉林馆、辽宁馆、南京馆、上海馆、首都馆、天津馆、西南大学馆、浙江馆

13882

中国商业习惯大全　周东白校订

上海：世界书局，1923，[260] 页，32 开

本书为工具书。共 22 类，内容包括：商号、商业账簿、商业学徒、商店租屋之习惯、买卖契约、商业票据习惯等。附各省商事单行章规、商人通例。

13883

中国商业小史　王孝通著

上海：商务印书馆，1923.1，112 页，48 开（百科小丛书）

上海：商务印书馆，1923，再版，112 页，36 开（百科小丛书 22）

上海：商务印书馆，1925.5，3 版，112 页，36 开（百科小丛书 22）

上海：商务印书馆，1926，3 版，112 页，32 开（万有文库 第 1 集 353）（百科小丛书 22）（新中学文库）

上海：商务印书馆，1926.11，4 版，112 页，36 开（百科小丛书 22）

上海：商务印书馆，1930.10，96 页，32 开（万有文库 第 1 集 353）（百科小丛书）

上海：商务印书馆，1933.4，国难后 1 版，96 页，32 开（百科小丛书）

上海：商务印书馆，1935.1，国难后 2 版，96 页，32 开（百科小丛书）

上海：商务印书馆，1947.2，3 版，96 页，32 开（新中学文库）（百科小丛书）

本书按朝代叙述自黄帝时代至民国时期的商业发展情况、特点、发达程度、商业兴衰与历代统治者的关系。共 3 编：上古史、中古史、近世史。

收藏单位：安徽馆、长春馆、重庆馆、大理馆、大连馆、大庆馆、东北师大馆、广东馆、广西馆、贵州馆、国家馆、河南馆、黑龙江馆、湖南馆、惠州馆、吉林馆、江西馆、辽大馆、辽东学院馆、辽宁馆、辽师大馆、柳州馆、南京馆、内蒙古馆、宁夏馆、上海馆、绍兴馆、首都馆、天津馆、西南大学馆、浙江馆

13884

中国商用帐法　韩祖德著

杭州：韩祖德会计师事务所，1937.1，[10]+338页，22开

　　本书共 12 章，介绍中式商业会计原理、应用及其改良。附吉祥绸庄簿记实例。

　　收藏单位：重庆馆、国家馆、河南馆、江西馆、南京馆、宁夏馆、绍兴馆、天津馆、浙江馆

13885

中国丝业　曾同春著

上海：商务印书馆，1929，187+29 页，32 开（万有文库 第 1 集 695）

上海：商务印书馆，1933.11，187+[29] 页，32开（商学小丛书）

上海：商务印书馆，1934，再版，[216] 页，32开（商学小丛书）

上海：商务印书馆，1934.6，3 版，187+17+12 页，32 开（商学小丛书）

　　本书共 3 编：中国丝之生产、丝之交易、丝业之改良。附我国南部丝的年产量统计表、法国产丝统计、意大利产丝统计等。

　　收藏单位：安徽馆、重庆馆、大理馆、大连馆、东北师大馆、广东馆、广西馆、贵州馆、国家馆、河南馆、黑龙江馆、湖南馆、惠州馆、江西馆、辽大馆、辽师大馆、柳州馆、南京馆、内蒙古馆、宁夏馆、山西馆、上海馆、天津馆、西南大学馆、浙江馆

13886

中国桐油贸易概论　李昌隆编著

重庆：商务印书馆，1933，212 页，25 开（实业丛书）

上海：商务印书馆，1934.2，212 页，22 开（实业丛书）

上海：商务印书馆，1935，再版，212 页，22开（实业丛书）

　　本书共 11 章，介绍中国桐油之生产概况，中国桐油之特质，四川、湖南、其他各省桐油之产运及其贸易概况，汉口、上海之桐油市场等。

　　收藏单位：安徽馆、重庆馆、东北师大馆、广东馆、广西馆、国家馆、黑龙江馆、湖南馆、江西馆、近代史所、辽大馆、南京馆、宁夏馆、山西馆、上海馆、天津馆、浙江馆

13887

中国物价发展史（上册）　钱健夫著

上海：名山书局，1949.1，173 页，25 开

　　本书共 6 篇：先秦时代、两汉时代、三国时代、南北朝时代、隋唐时代、五季时代。

　　收藏单位：广东馆、广西馆、国家馆、近代史所、辽大馆、首都馆

13888

中国液体燃料之统制　陈体荣编辑

永安（三明）：风行印刷分社，[1943]，91页，18 开

　　本书共两篇：我国液体燃料统制事务与管理机构变迁经过、抗战以来我国液体燃料供应与管制情形。所辑资料截至 1942 年。

　　收藏单位：重庆馆、国家馆

13889

中国战时物价问题探讨　吴文建著

出版者不详，[1937—1945]，手写本，80 页，25 开，环筒页装

　　本书共 4 章：我国战时物价变动之综观、物价上涨与失调之症结、物价管制工作的检讨、解决物价问题的途径。

　　收藏单位：国家馆

13890

中国之专卖制度与日本之公营事业　荆磐石著

中国编译出版社，1941.6，22 页，32 开

　　本书共两章：专卖制度与抗战建国、日本之公营事业。

　　收藏单位：重庆馆、国家馆、南京馆

13891

中国最近物价统计图表　中国银行总管理处经济研究室编纂

外文题名：An analysis of Shanghai commodity

prices: 1923—1932

中国银行总管理处经济研究室，1933.12，352页，横 16 开，精装

本书为汉英对照。共 25 类，内容包括：粮食、畜产品、烟草、酒类、木材及建筑材料、化学制品、金属、电气材料、科学仪器等。

收藏单位：广东馆、国家馆、湖南馆、吉林馆、近代史所、南京馆、上海馆、天津馆、浙江馆

13892

中华国产联合大商场改组进行报告

出版者不详，[1930—1931]，15 页，36 开

本书为《建设国货营业计划附稿之三》。内容包括：请求政府设立提倡国货奖励局发展农工事业建议书、中华国产联合大商场改组宣言、提倡国货奖励会征求队长宣言、联合全国国产商厂合作等。

收藏单位：重庆馆

13893

中华国货维持会　中华国货维持会编

上海：中华国货维持会，1935.6，56 页，32 开

本书收录该会许可证书缩影、章程、选举规则、团体会员录、广告等。

13894

中华国货维持会廿周纪念刊　中华国货维持会编

[上海]：中华国货维持会，1932.1，[307]页，16 开

本书内容包括：论说、会史、开会统计、会务纪录、会所报告等。

收藏单位：广东馆、国家馆

13895

中华国货展览会会场指南　工商部中华国货展览会编

[上海]：工商部中华国货展览会，[1928]，16 页，32 开

13896

中华国货展览会纪念特刊　工商部中华国货展览会编

上海：工商部中华国货展览会，1928.11，1册，16 开

本书内容包括：名著、专论、国货论坛、国货史乘、工厂小史等。

收藏单位：国家馆、湖南馆、近代史所、南京馆

13897

中华民国二十年、二十一年上半年纱花统计　中国棉业贸易股份有限公司调查科编

上海：中国棉业贸易股份有限公司调查科，1932.8，82 页，23 开

本书内容包括：二十年棉纱市况、二十年棉花市况、二十年国外花纱纪要、近年世界棉市之趋势、二十一年上半年棉纱市况等。

收藏单位：近代史所、上海馆、天津馆、西南大学馆

13898

中华民国全国商会名录　全国商会联合会编

上海：全国商会联合会，1937.1，249 页，25开，精装

本书收录国内各省商会以及南洋、美洲各地华侨商会联合会名称、成立时期及所在地址。

13899

中华民国三十七年八月至十月第三季限额分配工作报告输入限额分配处

出版者不详，[1948]，209 页，横 11 开

收藏单位：广东馆

13900

中华民国商会录　中华民国全国商会联合会秘书处编

中华民国全国商会联合会秘书处，1930.1，[246]页，25 开，精装

本书刊载各省区商会联合会和各省各县商会的名称、成立时期及所在地址。

收藏单位：南京馆

13901

中华民国商会全国联合会纪念刊（第1届）

中华民国商会全国联合会编

中华民国商会全国联合会，[1949]，[580]页，16开，精装

本书收录有关中国工商业、对外贸易的大量论文和资料。内容包括：发刊词、题词、摄影、专论、动态、附录。所涉时间为1946年11月至1948年11月。

收藏单位：近代史所、南京馆、天津馆

13902

中华全国商会联合会第二次大会报告书　王邦屏编

北京：中国全国商会联合会第二次大会，1916，278页

本书收录该会会报第11—12期。

收藏单位：近代史所

13903

中华全国商会联合会第五次大会报告书　池汉功编

[中华全国商会联合会]，1925，202页，16开

本书内容包括：会议文牍、各项列表、收支报告、演说词及议案等。

收藏单位：近代史所、浙江馆

13904

中华全国商会联合会第五届记事录　池汉功编

中华全国商会联合会，[1927]，[1030]页，16开

本书收录该联合会及各地分会经办重要事项的来往公文、函电、分类载录等。

收藏单位：国家馆、湖南馆、近代史所、南京馆、浙江馆

13905

中山主义商民必读　中央图书馆编辑

上海：中央图书局，1927.5，1册，50开

本书共9部分，内容包括：怎样做一个新式的商民、商民要了解三民主义、商民要知

道革命的策略、商民要研究建国大纲等。

收藏单位：南京馆、上海馆

13906

中社合作商店章程　中社合作商店编

上海：中社合作商店，[1928—1949]，6页，60开

收藏单位：南京馆

13907

中英大药房股份有限公司民国三十年度帐目报告书　中英大药房编

上海：中英大药房，[1942.4]，10页，18开

13908

专卖事业人事制度讲义　程起陆讲

[中央训练团党政军人事管理人员训练班]，1944.6，[16]页，36开（中央训练团党政军人事管理人员训练班讲演录）

收藏单位：南京馆

13909

专卖问题　朱偰讲

中央训练团党政高级训练班，1944.3，27页，32开（编教22）

本书内容包括：讲述专卖政策、战时的专卖事业、两年来专卖事业的概况及以后展望等。

收藏单位：广东馆、南京馆

13910

专卖政策及其条例要旨　孔祥熙讲

重庆：中国财政学会，1942.8，28+42页，32开（中国财政学会丛刊1）

[重庆]：中国财政学会，[1942—1949]，72页，32开（中国财政学会丛刊）

本书为作者于1941—1942年的两次讲话稿：民生主义下之国家专卖政策、各种专卖条例要旨讲述。附战时食糖、烟类、火柴专卖暂行条例等。

收藏单位：重庆馆、广东馆、国家馆、江西馆、南京馆、上海馆

13911

专卖之实施　朱伯商讲

财政部全国财务人员训练所，[1941—1949]，20 页，36 开

本书共 4 节：导言、政策之确定、各项政策推行情形、专卖物品价格之管制。

收藏单位：重庆馆

13912

砖茶运销西北办法纲要

出版者不详，1942，油印本，2 页，18 开，环筒页装

本纲要于 1942 年 11 月行政院会议通过实行。

收藏单位：国家馆

13913

资料汇报（第 1 期）　中国茶叶公司技术处研究课编

中国茶叶公司技术处研究课，1942.7，油印本，14 页，18 开

本书共两辑：边茶藏销、文献提要。第 1 辑共 10 部分，内容包括：南路边茶主要产地产量估计表、雅安茶区分布概况表、南路边茶制造程序表等；第 2 辑共 9 部分，内容包括：雅安茶叶产销调查、西康茶叶鸟瞰、川康边茶实习报告、佛南车茶区概况等。

收藏单位：国家馆

13914

总理关于商人的遗教　中国国民党中央执行委员会宣传部编

中国国民党中央执行委员会宣传部，1929.7，54 页，32 开

中国国民党中央执行委员会宣传部，1931，54 页，32 开

中国国民党中央执行委员会宣传部，1931，再版，54 页，32 开

本书为孙中山对商团之演说及有关发展商业之言论节录。共 10 部分，内容包括：商民应该与政府通力合作、革命在最后一定成功、致商团书、帝国主义的祸害、中国实业当如何发展等。

收藏单位：安徽馆、重庆馆、河南馆、吉林馆、南京馆、内蒙古馆、浙江馆

13915

最近三年来花纱布收购供应产量及管理费占营业额百分数统计图　财政部花纱布管制局编

财政部花纱布管制局，[1943]，26 页，16 开

本书收录 1941—1943 年三年来花纱布收购、供应、产量及管理费占营业额百分数的统计图表。

收藏单位：国家馆

13916

遵义县商会两年来工作报告

遵义县商会，1947，油印本，15 页，18 开，环筒页装

本书所述内容为 1944 年 7 月至 1946 年 12 月。封面题名：遵义县商会第十一届两年来工作报告。

收藏单位：国家馆

世界各国国内贸易经济

13917

大阪神户华侨贸易调查　实业部工商访问局编辑

上海：实业部工商访问局，1931.7，128 页，32 开（华侨经济丛刊 1）

本书共 12 章，内容包括：沿革、我国贸易商人概况、华商行栈、华商团体、贸易现况、交易现况等。附华商团体规章、大阪侨商商号名簿等。

收藏单位：国家馆、湖南馆、江西馆、近代史所、上海馆、天津馆

13918

德国食粮统制概况　高雪汀著

社会部编译委员会，1941.6，100 页，32 开（社会丛书）

本书共 6 章：概说、德国食粮职团组织体

制、主要食粮市场统制、战时食粮定量配给
制、欧洲新占领地之食粮统制、科学教育与
食粮增产。

　　收藏单位：国家馆、吉林馆、南京馆

13919

对译日本商业实务读本　（日）饭河道雄编
奉天（沈阳）：东方文化会，1937.8，2 版，161
页，22 开

　　本书为汉日对照。共 27 课，内容包括：
商业、资本、店铺、商业书信、广告、买卖
等。

　　收藏单位：国家馆

13920

法国革命时代之物价问题　杨人梗译
成都：学术公论社，1944.12，58 页，32 开
（学术公论社丛刊 1）

　　本书内容包括：法国革命时代之物价问
题、老生常谈等。据《法国革命史》（Mathiez）
有关章节摘译辑成。

　　收藏单位：国家馆、南京馆

13921

法国消费合作社法　立法院编译处译
出版者不详，1917，6 页，16 开

　　本书内容包括：消费合作社之信用组织、
修改社章、预算收入等。

　　收藏单位：国家馆

13922

**菲律彬垊里拉中华杂品商同业公会八周年纪
念刊**　陈祖泽主编
菲律彬垊里拉中华杂品商同业公会，1940，1
册，16 开

　　本书内容包括：本届工作的检讨、本会
八年来之回顾及今后之希望、华侨杂品商业
的危机与补救方法、华侨杂品商应有的认识、
谈谈杂品商等。

　　收藏单位：国家馆

13923

菲律滨华侨商业指南　吴序道编

马尼拉：吴序道，1931，增订 3 版，166 页，
22 开
马尼拉：吴序道，1932，增订 4 版，174 页，
22 开，精装

　　本书内容包括：岷里拉华侨商业名录、各
省各社华侨商业名录、菲岛海关进口税等。

　　收藏单位：国家馆

13924

**菲律滨岷里拉中华商会会务报告书（第 30、
34—35 届）**　中华商会秘书处撰述
[菲律滨岷里拉中华商会]，[1933—1938]，3
册（90+86+76 页），18 开

　　收藏单位：国家馆、上海馆

13925

菲律滨岷里拉中华商会三十周年纪念刊　黄
晓沧编著　中华商会出版委员会主编
外文题名：The Philippine Chinese general cham-
ber of commerce: 1904—1933
岷里拉（马尼拉）：中华商会出版部，1936.5，
1 册，10 开，精装

　　本书内容包括：历史、商况、律例、统
计、论著等。

　　收藏单位：国家馆、近代史所、南京馆、
上海馆

13926

各国农产物价统制实施　章柏雨　汪荫元著
重庆：商务印书馆，1944.11，124 页，32 开
上海：商务印书馆，1946.3，124 页，32 开

　　本书论述第一次世界大战后各国农产品
物价统制政策。共 14 章，内容包括：引言、
阿根廷、澳大利亚、英国、美国、德国、意
大利、日本、中国等。

　　收藏单位：重庆馆、东北师大馆、广东
馆、广西馆、贵州馆、国家馆、黑龙江馆、
湖南馆、江西馆、辽大馆、辽宁馆、南京馆、
山西馆、上海馆、首都馆、天津馆、浙江馆

13927

近世商业史　赵文锐编纂
外文题名：Modern commercial history

上海：商务印书馆，1928.4，238 页，25 开（新智识丛书）

上海：商务印书馆，1930.5，再版，238 页，32 开（新智识丛书）

本书讲述影响各国商业发展的政治经济背景、商业发展的过程、商业竞争的结果。共 17 章，内容包括：商业革命、葡萄牙之商业、法国之商业（上、下）、英国之商业（上、下）、欧战后之商业、中国之商业（上、下）等。

收藏单位：重庆馆、广东馆、国家馆、河南馆、江西馆、辽大馆、内蒙古馆、宁夏馆、浙江馆

13928

考察日本烟专卖事业报告书　[张鹏飞著]

出版者不详，1917，[439] 页，16 开，精装

本书共 3 编：烟专卖沿革、烟专卖机关、烟专卖会计。附烟税则及烟专卖法规。

收藏单位：国家馆

13929

粮价统制问题　柏斯特（A. S. J. Baster）著　王泰译述

外文题名：Control of food price

重庆：商务印书馆，1944.11，42 页，32 开

本书共 6 节：粮价统制之目的与范围、非法谋利、计口授粮、管理与执行、第一次世界大战中之粮价统制、结论。

收藏单位：重庆馆、广东馆、广西馆、贵州馆、国家馆、吉林馆、南京馆、宁夏馆、浙江馆

13930

粮食统制及代用品　唐尧衢著

成都：成城出版社，1940.6，[14]+182 页，32 开

本书共 3 篇：战时粮食统制、粮食代用品、欧洲战时主要粮食统制概况。

收藏单位：重庆馆、国家馆

13931

马来亚华侨商业年鉴（一九四八年至一九四

九年度）　国际商业广告社编

吉隆坡：国际商业广告社，1948.5，1 册，16 开，精装

收藏单位：南京馆

13932

美国棉花市场之组织及其交易方法　狄福豫著

狄福豫 [发行者]，1940，油印本，1 册，18 开，环筒页装

本书共 10 部分，内容包括：美国期货市场之组织、美国期货市场之交易方法、美国期货市场之功用、美国乡村市场售棉概况、美国现货交易所之组织、美国现货中心市场之交易方法等。

收藏单位：国家馆

13933

美国檀香山中华总商会成立二十周年纪念特刊　[檀香山中华总商会编]

檀香山：檀香山中华总商会，[1932.7]，[74] 页，16 开，精装

本书内容包括：会务纪要、调查报告及该会会员名录。

收藏单位：国家馆

13934

棉兰中华商会成立二十五周年纪念刊（1910—1935 年）

棉兰：棉兰中华商会二十五周年纪念刊编辑委员会，1936.6，[97] 页，16 开

本书介绍该会成立 25 年来的发展概况。附历届大会董事委员会议重要议案、规章等。

13935

棉兰中华商会第廿一届报告书　棉兰中华商会秘书处编辑

[棉兰]：棉兰中华商会秘书处，1939.5，1 册，16 开

本书内容包括：《本会第廿一届会务报告》（陈曼如）、《苏东经济概况》（费振东）、《荷印限制外货之检讨》（翁礼卿）等。

收藏单位：国家馆

13936

棉兰中华商业有限公司组织章程

棉兰：[棉兰中华商业有限公司]，1913，30
页，32 开

本章程共 24 条。

收藏单位：国家馆

13937

缅甸华侨兴商总会念五周年纪念特刊　缅甸
华侨兴商总会筹备二十五周年纪念委员会编
辑

仰光：缅甸华侨兴商总会筹备二十五周年纪念
委员会，1936，[681] 页，16 开

本书收录题词、肖像、各界嘉觌录、侨
著、商情、侨况、交通等。

收藏单位：国家馆

13938

南洋商业调查工作初步计划　国立暨南大学
商学院南洋商业调查部编

[上海]：国立暨南大学商学院南洋商业调查
部，1930，25 页，25 开

本书共两部分：南洋商业调查工作初步计
划、资料搜集分类标准表。附国立暨南大学
商学院南洋商业调查部规程、委员会会议规
则、研究生服务细则。

收藏单位：国家馆、上海馆

13939

南洋商业考察团报告书（南洋贸易一览）　南
洋商业考察团编

上海：中华工业国外贸易协会，[1937]，[340]
页，16 开

本书共 17 部分，内容包括：本团大事记、
南洋概况、南洋商业要览、荷英属之货物输
入限制、旅南洋须知、南洋调查要录、英文
报告书等。

收藏单位：北师大馆、东北师大馆、国家
馆、近代史所、上海馆

13940

霹雳中华商会会务概况（中华民国廿三年）
秘书处编

霹雳中华总商会，1935.1，16 页，25 开

本书共 5 部分：绪言、组织概况、会务述
略、会议纪要、经费收支。

收藏单位：广西馆

13941

霹雳中华总商会会务报告　秘书处编

霹雳中华总商会，1937.2，18 页，大 32 开

收藏单位：南京馆

13942

日本物价政策　（日）高桥龟吉著　邝松光译

重庆：中国农民银行经济研究处，1944.9，
[18]+276 页，32 开（中国农民银行经济研究
处世界经济名著选译 4）

本书共 4 编：物价政策之理论方法及其实
际、第一次世界大战中与战后以降之日本物
价政策、基于卡笛尔及组合之物价统制政策
及其现状、世界物价革命与物价对策。

收藏单位：重庆馆、广东馆、贵州馆、国
家馆、吉林馆、南京馆、上海馆

13943

日本消费合作年表（1934 年）　（日）奥谷松
治编　孟昭杜译

汉口：国华印务公司，1935.10，49 页，32 开
（合作丛书）

本书记录 1867—1934 年历年日本消费合
作事业的重要事项。

收藏单位：广西馆、国家馆、湖南馆、江
西馆、天津馆、浙江馆

13944

日本之米谷统制　刘百闵编辑

外文题名：Regulation of corns in Japan

南京：正中书局，1933.10，31 页，32 开（日
本研究会小丛书 28）

本书共 5 部分：绪论、日本米谷统制之发
展及现状、米谷需给及价格之统制、生产增
加及生产制限、米谷之计划化统制。

收藏单位：国家馆、江西馆、南京馆、上
海馆

13945

日里棉兰中华商业有限公司总结册（第 2、6—7、9、12、15 周年）

日里棉兰中华商业有限公司，1914—1927，6 册，25 开

　　本书内容包括：董事报告、盈亏帐务及总结等。

　　收藏单位：国家馆

13946

商工地理学　作新社编译

上海：作新社，1940，245 页，22 开

　　本书共两编：总论、各国商工业形势。

　　收藏单位：首都馆

13947

商业地理　侯厚吉编　侯厚培校

上海：黎明书局，1936.9，484 页，22 开（黎明商业丛书）

　　本书共 4 编：概述、世界的商业交通、世界商品生产及贸易、世界各国的商业。

　　收藏单位：安徽馆、重庆馆、广西馆、贵州馆、国家馆、黑龙江馆、湖南馆、江西馆、辽大馆、南京馆、上海馆、首都馆、天津馆、西南大学馆、浙江馆、中科图

13948

商业地理　苏继顾编辑

上海：商务印书馆，1925.4，13+313 页，25 开

上海：商务印书馆，1924.10—1926.9，再版，2 册，25 开，精、平装

　　本书为新学制高级商业学校教科书。介绍世界各国与商业相关的商业的自然与人文环境。共 8 编：概论、亚洲其他各国、中国、欧洲各国、非洲诸国、大洋洲诸国、北美诸国、南美诸国。

　　收藏单位：重庆馆、国家馆、湖南馆、江西馆、南京馆、浙江馆

13949

商业地理　武堉干编

[上海]：中华书局，1933.4，[16]+404 页，32 开

上海：中华书局，1936.9，再版，[16]+404 页，32 开，精装

[香港]：中华书局，1939.2，4 版，[16]+404 页，32 开

上海：中华书局，1939.9，5 版，404 页，25 开

上海：中华书局，1941，6 版，404 页，25 开

　　本书共 3 编：总论、世界主要商品与其产销地域、世界商业区域与商业都市。

　　收藏单位：安徽馆、重庆馆、广东馆、国家馆、河南馆、黑龙江馆、湖南馆、吉林馆、江西馆、辽大馆、辽宁馆、南京馆、内蒙古馆、山西馆、首都馆、天津馆、西交大馆、西南大学馆、浙江馆

13950

商业地理　曾牖著

上海：商务印书馆，1915，2 册（99+101 页），25 开

上海：商务印书馆，1917，再版，2 册（99+101 页），25 开

上海：商务印书馆，1920，3 版，2 册（99+101 页），25 开

上海：商务印书馆，1924，7 版，2 册（99+101 页），25 开

上海：商务印书馆，1924，10 版，2 册（99+101 页），25 开

　　本书为商业学校教科书。共 9 编：总论、亚细亚洲、中华民国、亚洲各国、海洋洲、欧罗巴洲、阿非利加洲、北亚美利加洲、南亚美利加洲。

　　收藏单位：安徽馆、国家馆、河南馆、湖南馆、江西馆、首都馆、浙江馆

13951

商业地理（第 2 部）　陈东达 [著]

北京：北京大学，[1911—1949]，122 页，18 开（国立北京大学法学院讲义）

　　本书介绍世界水产资源。

　　收藏单位：国家馆

13952

商业地理（上册）　孔士谔编

上海：商务印书馆，1936.10，185 页，32 开

长沙：商务印书馆，1937.7，再版，185 页，32 开，精装

长沙：商务印书馆，1941，3 版，185 页，32 开，精装

上海：商务印书馆，1947.7，5 版，185 页

本书为高级商业职业学校教科书。上册为绪论及中国之部，共 12 章，内容包括：中国之农产物、中国之矿产、中国之森林畜牧与渔业、中国之工业、商业城镇等。

收藏单位：安徽馆、重庆、国家馆、河南馆、吉大馆、吉林馆、江西馆、辽大馆、南京馆

13953

商业地理概要　吴谨心编

广州统计学校，1929.9，72+10 页，16 开（广州统计学校讲义）

本书内容包括：地理学之分类、自然地理与商业之关系等。

收藏单位：浙江馆

13954

商业历史　赵玉森编

上海：商务印书馆，1913，再版，135 页，25 开

上海：商务印书馆，1915，2 册，25 开

上海：商务印书馆，1920.6，3 版，2 册，32 开

上海：商务印书馆，1924，5 版，136 页，25 开

上海：商务印书馆，1924，8 版，135 页，24 开

本书为商业学校用书。共两册：中国史、世界史。两册均分为 3 编：上古期、中古期、近世期。

收藏单位：长春馆、广东馆、国家馆、湖南馆、江西馆、辽大馆、辽宁馆、南京馆、首都馆、浙江馆

13955

商业史　（英）韦廉士（T. Y. Williams）原著　许炳汉译

外文题名：The history of commerce

上海：商务印书馆，1928.7，[11]+454 页，25 开

上海：商务印书馆，1929，再版，[11]+444 页，28 开

上海：商务印书馆，1933，国难后 1 版，[11]+454 页，32 开

[上海]：商务印书馆，1939，国难后 3 版，[11]+454 页，32 开

本书为高级商业学校教科书。共 15 章，内容包括：古时世界之商业、希腊与罗马之商业、十六十七世纪时代之商业帝国、旧商业制度、新商业制度、近代商业组织之性质、自由贸易之反动等。附一九一三年与一九二三年之世界贸易、不列颠联合王国贸易之差额、一八二〇年伦敦署名商人之请愿书。

收藏单位：安徽馆、重庆馆、国家馆、湖南馆、吉大馆、吉林馆、江西馆、辽大馆、辽宁馆、南京馆、绍兴馆、首都馆、天津馆、浙江馆

13956

商业政策　（奥）菲里波维（Eugen Philippovich）著　马君武译

上海：中华书局，1923—1924，2 册（117+144 页），25 开（新文化丛书）

上海：中华书局，1924—1925，再版，2 册（117+144 页），25 开（新文化丛书）

上海：中华书局，1927.1，3 版，2 册（117+144 页），25 开（新文化丛书）

上海：中华书局，1927.6，4 版，2 册（117+144 页），25 开（新文化丛书）

上海：中华书局，1928.9，5 版，2 册（117+144 页），25 开（新文化丛书）

上海：中华书局，1931.2，6 版，2 册（117+144 页），25 开（新文化丛书）

本书分上、下两卷：国外商业政策、国内商业政策。上卷共 5 篇：国外商业政策之历史发展、商业政策之理论根据、保护关税之实行、通商条约、输出促进策；下卷共 3 篇：各种商业形式、银行、交易所。

收藏单位：安徽馆、重庆馆、东北师大馆、广东馆、广西馆、贵州馆、桂林馆、国家馆、河南馆、黑龙江馆、湖南馆、吉林馆、江西馆、南京馆、内蒙古馆、首都馆、西南

大学馆、浙江馆

13957

商业政策　胡祖同编述

[私立浙江法政专门学校]，[1912—1949]，172 页，22 开（私立浙江法政专门学校讲义）

　　本书内容包括：商之意义、商之种类、商政之性质、商政之管辖、古代商业之大概等。

　　收藏单位：浙江馆

13958

商业政策　（日）井上辰九郎著　吴瑞译

上海：泰东图书局，1915.9，228 页，25 开（政法丛书）

　　本书共 3 编：总论、自由保护贸易论、关税制度论。第 1 编共两章：商业之概念、国家与商业；第 2 编共 6 章，内容包括：自由保护贸易之意义、自由贸易论者之论旨、自由保护两贸易主论之标准等；第 3 编共 6 章，内容包括：关税之性质种类及起源、收入的关税、保护的关税等。

　　收藏单位：重庆馆、国家馆、河南馆、浙江馆

13959

商业政策　李权时著

上海：商务印书馆，1929.10，72 页，32 开（万有文库第 1 集 221）（百科小丛书）

上海：商务印书馆，1931.8，72 页，32 开（百科小丛书）

上海：商务印书馆，1933.4，国难后 1 版，72 页，32 开（百科小丛书）

上海：商务印书馆，1935，国难后 2 版，72 页，32 开（百科小丛书）

　　本书共 3 部分：商业政策的意义、国内商业政策、国外商业政策。

　　收藏单位：安徽馆、重庆馆、大理馆、大连馆、东北师大馆、广东馆、广西馆、贵州馆、国家馆、河南馆、黑龙江馆、湖南馆、惠州馆、江西馆、辽大馆、辽师大馆、南京馆、内蒙古馆、宁夏馆、陕西馆、上海馆、首都馆、天津馆、武大馆、西南大学馆、浙江馆

13960

商业政策讲义　张国栋著

山西晋新书社，1918.4，234 页，18 开

　　本书文言体，加圈点。共 3 编 20 章。首编为总论，概述有关商业政策的意义、内外政策的区分及研究范围；次编为内国商政，介绍商业经营的要素、组织形态等；末编为外国商政，论述对外贸易的起因、变迁、学说、利害关系、政策的目的、手段、通商条款、关税同盟、最惠国条款等问题。

　　收藏单位：国家馆、山西馆

13961

世界各国贸易政策底趋势（经济）　（日）竹内谦二著　吕一鸣译

北平：世界编译所，1932，28 页，22 开（世界集刊）

　　本书内容包括：国际关税会议之意义及无意义、各国产业界利害的冲突、战后新兴各国、正在工业化途上的各国、一路走向保护关税政策等。

　　收藏单位：国家馆

13962

世界商业地理　王仁夔编辑

上海：世界出版合作社，1933.3，再版，188 页，24 开

　　本书为职业学校教科书。共 4 编：总论、主要产物及产地、工业制作品及商业、交通。

　　收藏单位：南京馆、浙江馆

13963

世界商业历史　王仁夔编著

上海：世界出版合作社，1933.9，183 页，25 开

上海：世界出版合作社，1935.1，183 页，25 开

　　本书为职业学校教科书。共两编：总论、分论。第 1 编共 3 章：世界商业历史之定义、世界民族之分布、世界商业之功用与阻力；第 2 编共 3 纲：上古时代之商业、中古时代之商业、近世时代之商业。

　　收藏单位：东北师大馆、广西馆、绍兴

馆、浙江馆

13964

世界商业史 （日）和田垣谦三著　徐宗稚
周葆銮译

外文题名：Commercial history of the world

上海：商务印书馆，1911.11，199 页，23 开

上海：商务印书馆，1913.6，再版，199 页，22
开

上海：商务印书馆，1914.8，3 版，199 页，22
开

上海：商务印书馆，1916.4，4 版，199 页，32
开

　　本书介绍太古、中世纪、近世纪、最近
世纪之商业。

　　收藏单位：国家馆、湖南馆、江西馆、辽
大馆、南京馆、山西馆、上海馆、首都馆、
浙江馆

13965

世界商业史新编　周葆銮著

北京：公慎书局，1922.1，144 页，22 开

　　本书共 27 章，内容包括：二十世纪初期
世界之大势、英国之商业、法国之商业、中
国之商业、二十世纪初期商业之概观等。

　　收藏单位：北师大馆、首都馆

13966

苏岛华商糖米杂货公会十周年纪念特刊
（1932—1941）　姚尔融主编

棉兰：苏岛华商糖米杂货公会，1941.10，1
册，16 开

　　本书内容包括：南洋各属经济人文译著、
南洋华侨及荷印教育论著等。附荷印 1941 年
外汇统制条例等。

　　收藏单位：国家馆、南京馆

13967

苏俄的消费组合　（苏）波波夫著　丁华明译

上海：明日书店，1929，129 页，32 开

　　本书共 10 章，内容包括：历史的概观、
农村消费组合、劳动者协同组合、联合会的
建设、消费组合的自己生产等。据冈村真三

日译本转译。著者原题：蒲蒲夫。

　　收藏单位：重庆馆、国家馆、江西馆、南
京馆、内蒙古馆、上海馆、天津馆、浙江馆

13968

苏俄之消费协作　[（苏）波波夫著]　楼桐
荪译

上海：民智书局，1929.8，106 页，32 开

　　本书共 9 章，内容包括：史略、消费协作
在苏维埃经济制度下的现状、苏俄消费协作
的组织制度、乡间消费协作、工人协作等。

　　收藏单位：重庆馆、广东馆、国家馆、湖
南馆、近代史所、南京馆、绍兴馆、浙江馆

13969

苏联消费合作社　（苏）基斯坦诺夫（Y.
Kistanov）著　林秀译

上海：时代出版社，1949，110 页，32 开

　　本书共 5 章，内容包括：合作社在苏联条
件下的作用和意义、苏联消费合作社发展的
基本阶段、苏联消费合作社和国际合作社联
盟等。

　　收藏单位：重庆馆、国家馆、吉林馆、江
西馆、辽宁馆、南京馆、绍兴馆

13970

苏联之商业与供应　（苏）诺台尔（W. A.
Nodel）著　赵恩廊译

外文题名：Supply and trade in the U.S.S.R.

上海：商务印书馆，1936.9，128 页，32 开（苏
联小丛书）

上海：商务印书馆，1936，再版，128 页，32
开（苏联小丛书）

上海：商务印书馆，1937.11，128 页，32 开
（苏联小丛书）

长沙：商务印书馆，1941.5，再版，128 页，32
开（苏联小丛书）

　　本书共 11 篇，内容包括：苏维埃工农收
入与消费之增长、苏联国内供给与商业之组
织者、批发商业与零售商业、现行供给制度
组织之经过、消费合作运动及其工作等。

　　收藏单位：重庆馆、甘肃馆、广东馆、贵
州馆、国家馆、湖南馆、江西馆、南京馆、

内蒙古馆、陕西馆、西南大学馆

13971

外国商业地理　曾牖编

私立浙江法政专门学校，[1911—1949]，200
页，25 开

　　本书内容包括：亚细亚洲生产地理、分配
地理、外国贸易等。

　　收藏单位：浙江馆

13972

暹罗中华总商会纪念刊　[暹罗中华总商会
编]

香港：商务印书馆，1930.1，[232] 页，16 开，
精装

　　本书内容包括：会所摄影、历届会长姓名
表、各股委员会、本会沿革、开幕典礼等。

　　收藏单位：国家馆

13973

暹罗中华总商会开幕纪念刊　暹罗中华总商
会编

[暹罗中华总商会]，1930，1 册

　　收藏单位：近代史所

13974

新编分类荷属东印度商业名录　郑慕侨编辑
　　周家禄校对

外文题名：The new commercial directory of the
Dutch East Indies

上海：南中书局，1932.5，697 页，18 开，精装

　　收藏单位：上海馆

13975

新加坡中华总商会特刊　庄笃明编辑

新加坡中华总商会，1931，1 册，16 开

　　收藏单位：国家馆

13976

一九三九年日本之商品生产与流通　李竹溪
翻译　刘铁孙审查　刘大钧核定

出版者不详，1940.2，晒印本，7 张，大 16
开（中国经济统计研究所 总字第 360 号 经济

门国际类 第 18 号）

　　收藏单位：上海馆

13977

一九三九年日本之物价　李竹溪翻译　刘铁
孙审查　刘大钧核定

出版者不详，1940.2，晒印本，6 张，大 16
开（中国经济统计研究所 总字第 359 号 经济
门国际类 第 17 号）

　　收藏单位：上海馆

13978

英国战时食物价格统制

出版者不详，[1941]，油印本，10 页，16 开，
环筒页装

　　本书共 5 部分，内容包括：价格统制之重
要性、食物价格统制之方法、英国战时食物
价格上涨之情形等。附英国劳工部所编生活
费指数、食物价格指数等。

　　收藏单位：国家馆

13979

英国战时物价变动之分析　李植泉翻译　刘
铁孙审查　刘大钧核定

出版者不详，1940.7，晒印本，12 张，大 16
开（中国经济统计研究所 总字第 392 号 金融
门物价类 第 2 号）

　　收藏单位：上海馆

13980

战时日本物价管制　邝松光编著

重庆：独立出版社，1943.6，108 页，32 开

　　本书共 5 章：战时物价现势的分析、物价
上涨的破坏作用、战时经济特质与物价上涨、
全面加强物价对策、物价对策的破绽。

　　收藏单位：安徽馆、重庆馆、国家馆、吉
林馆、南京馆、陕西馆

13981

**中华商业有限公司（中华银行）二十周纪念
刊**　丘金忠编纂　黄展骥校阅

棉兰：棉兰中华商业有限公司，1933.4，[102]
页，大 16 开，精装

本书内容包括：本公司二十年历略、证书及票据式、组织章程、历年营业统计图解等。附各埠代理处、民国二十一年份董事一览表。所涉时间为 1913—1933 年。

收藏单位：国家馆

13982
中外物价指数汇编（民国二十一年） 实业部编
外文题名：Price indexes in China and foreign countries
实业部，1932，12+247 页，18 开，精装

本书全部为表。收录 1913—1932 年历年逐月国内各省市县及世界主要国家的批发物价指数、零售物价指数、生活费指数。共两部分：中国部份、外国部份。

收藏单位：广东馆、贵州馆、国家馆、湖南馆、吉林馆、南京馆、上海馆、首都馆、浙江馆

13983
驻古巴中华总商会商务年刊 驻古巴中华总商会秘书处编
亚湾拿（哈瓦那）：驻古巴中华总商会，1931，[397] 页，18 开，精装

本书共 13 部分，内容包括：言论、公牍、通告、会务、侨务、法令、调查、记载等。

收藏单位：国家馆

国际贸易

13984
巴拿马太平洋万国博览会出品分类纲目 筹备巴拿马赛会局编译
筹备巴拿马赛会局，[1913—1915]，84 页，22 开

本书内容包括：美术门、教育门、社会经济门、制造品及各种工艺门、机械门等。

收藏单位：国家馆、河南馆、浙江馆

13985
巴拿马太平洋万国博览会要览 李宣龚编
上海：商务印书馆，1914，251 页，22 开

本书汇集有关准备参加 1915 年巴拿马万国博览会的各种资料。内容包括：巴拿马运河工程纪要、巴拿马太平洋万国博览会开设之缘起、巴拿马太平洋万国博览会开设之准备、旧金山之市场、美国税关检查旅具章程、出品分类纲目等。

收藏单位：安徽馆、重庆馆、广东馆、国家馆、河南馆、黑龙江馆、湖南馆、江西馆、近代史所、南京馆、陕西馆、上海馆、首都馆、天津馆、浙江馆

13986
巴拿马太平洋万国大赛会游记 冯自由编
旧金山：美国旧金山大埠少年中国报，1915.6，234 页，25 开

本书收录该博览会照片，介绍巴拿马运河开通的历史、赛会的规模、十一座陈列馆、各大殿塔及园庭设置等内容。

收藏单位：广东馆、上海馆

13987
巴拿马万国博览会指南 廖卓庵编 司徒南达等译
旧金山：巴拿马博览会指南公司，1915，64 页，16 开

本书收录该博览会照片，介绍巴拿马疏河历史、十一大馆之概观、五大殿之概观等。

13988
参与太平洋商务会议日记 毕云程编 穆藕初校阅
出版者不详，[1922—1929]，160 页，23 开

本书记述 1922 年 5 月 28 日至 12 月 9 日中国代表参与太平洋商务会议的经过。

收藏单位：近代史所、上海馆

13989
茶叶 蔡维屏编著
财政部贸易委员会、外销物资增产推销委员会，1943，278 页，22 开（外销物资增产推

销特辑 1）

本书共 9 章，内容包括：世界茶叶产销概况、茶叶生产国家之产制与出口、中国茶叶之生产与制造、中国茶叶出口贸易之分析、茶叶输入国家之市场等。附修正财政部管理全国茶叶出口贸易办法大纲、中英文茶名对照表、各种重量换算表等。

收藏单位：重庆馆、国家馆、南京馆、山西馆

13990
费城赛会观感录 恽震著

出版者不详，[1927]，1 册

本书内容包括：赛会缘起、加入各国、五大陈列馆、中国生丝、中国茶、赴赛须知、赛会组织等。

收藏单位：国家馆、西交大馆

13991
各国海关行政制度类编 海关总税务司署统计科编

[上海]：海关总税务司署统计科，1937，[928] 页，大 16 开，精装

本书介绍英国、美国、德国、法国、比国、日本等国海关行政制度。附索引、华英名词对照一览表。

收藏单位：广东馆、国家馆、近代史所、上海馆、首都馆

13992
关税概论 童蒙正著

重庆：商务印书馆，1945，200 页，32 开（复兴丛书）

上海：商务印书馆，1946.10，200 页，32 开（复兴丛书）

本书共 15 章，内容包括：关税概念、关税种类、关税税则、关税制度、课税标准、我国关税之沿革、抗战时期关税之设施等。附 1930—1942 年海关各项税收统计表、1937—1941 年海关各项税收分区比较表等。

收藏单位：安徽馆、重庆馆、广东馆、贵州馆、国家馆、河南馆、湖南馆、辽大馆、南京馆、上海馆、天津馆、浙江馆

13993
关税纪要

出版者不详，[1911—1949]，5 册，25 开

本书论述关税的各种形式、种类、制度等。

收藏单位：浙江馆

13994
关税暨贸易总协定

南京印书馆，[1947—1949] 印，56 页，18 开

本书内容包括：关税暨贸易总协定、关税暨贸易总协定之暂行实施议定书等。本协定 1947 年由 23 个国家在日内瓦签订。

收藏单位：国家馆、南京馆

13995
关税论 童蒙正著

上海：商务印书馆，1934.1，[10]+398+127 页，25 开（经济丛书）

本书共 18 章，内容包括：关税概念、关税种类、关税税则、关税制度、课税标准、差别关税、最惠国条款等。附进口税则暂行章程、最近修正关税税则表、中日关税协定的研究等。

收藏单位：重庆馆、东北师大馆、广东馆、广西馆、贵州馆、国家馆、湖南馆、吉林馆、江西馆、近代史所、辽大馆、辽宁馆、南京馆、内蒙古馆、上海馆、浙江馆、中科图

13996
关税特别会议参考书

外文题名：Chinese tariff reference book

出版者不详，[1924—1925]，4 册（[22]+[21]+[131]+[85] 页），22 开

本书为汉英对照。共 4 册，每册收录 1 种参考资料。第 1—4 种内容分别为：关税案（节录华盛顿会议大会及远东委员会议事录）、华盛顿会议中国关税分股委员会议事录、铁路运输案（节录华盛顿会议议事录）、"节录光绪二十八年中英、二十九年中美、二十九年中日通商条约"。

收藏单位：国家馆、近代史所、上海馆、

天津馆

13997
关税特别会议议事录初编 关税特别会议委员会第一股编
关税特别会议委员会第一股，[1925—1926]，[184] 页，16 开
　　本书所述会议于 1925 年 10 月召开。

13998
关税问题 童蒙正编
中共政府学校，[1911—1949]，1 册，16 开
　　收藏单位：南京馆

13999
关税与国权 贾士毅著
财政部驻沪调查货价处，1927.7，[850] 页，22 开（财政部驻沪调查货价处关税问题丛书）
　　本书共 4 编：关税沿革、关税特质、海关组织、关税制度。第 1 编共 6 章，内容包括：关税沿革之大势、国定关税时代、协定关税时代等；第 2 编共 3 章：关税制度与世界趋势、关税制度与国家主权、关税制度与国际关系；第 3 编共 6 章，内容包括：海关行政之范围、关员之地位、海关组织之改革等；第 4 编共 11 章，内容包括：国境关税、国内关税、关税争议之解决方法等。
　　收藏单位：安徽馆、重庆馆、东北师大馆、国家馆、吉林馆、近代史所、辽大馆、辽宁馆、上海馆、首都馆、天津馆、浙江馆

14000
关税与国权 贾士毅著
上海：商务印书馆，1929.12，[37]+650+279 页，22 开，精装
　　收藏单位：重庆馆、东北师大馆、广东馆、国家馆、黑龙江馆、湖南馆、吉林馆、江西馆、辽大馆、南京馆、天津馆、浙江馆、中科图

14001
关税与国权补遗 贾士毅著
外文题名：Supplement to tariff autonomy and national sovereignty
上海：商务印书馆，1930.5，10+279 页，22 开
　　本书共 11 章，内容包括：最惠国条款、互惠协定、内地税与附加税、关税自主及进口税则、边境进出口税之改定等。附北京政府所订各约及文件、国民政府新订各约及文件。
　　收藏单位：重庆馆、广东馆、国家馆、河南馆、湖南馆、吉林馆、近代史所、辽宁馆、南京馆、上海馆、天津馆

14002
关税政策与倾销 查士骥译
上海：华通书局，1933.6，202 页，32 开（华通讲座）（世界经济问题讲座 第 1 辑 5）
　　本书共 7 章，内容包括：关税壁垒及倾销在世界经济上之意义、关税同盟、倾销及倾销防止法等。
　　收藏单位：东北师大馆、国家馆、南京馆、上海馆、浙江馆

14003
关于世界贸易宪章草案及关税暨贸易总协定之说帖 外交部等编
外交部，[1940—1949]，7 页，16 开
　　收藏单位：国家馆、南京馆

14004
国际经济政策 （美）古柏逊（W. S. Culbertson）著　潘源来译
外文题名：International economic policies
上海：商务印书馆，1934.6，498+20 页，22 开（大学丛书 教本）
上海：商务印书馆，1935.6，再版，498+20 页，22 开，精装（大学丛书 教本）
　　本书共 13 章，内容包括：关税商订之原则及方法、大英帝国内之保护及特惠、门户关闭、美国殖民之经验、门户开放等。附 1922 年关税法第 317 节、英帝国公共契约上之特惠、外国公债票之发行等。
　　收藏单位：安徽馆、重庆馆、东北师大馆、广东馆、贵州馆、国家馆、湖南馆、吉大馆、江西馆、辽大馆、辽宁馆、南京馆、

内蒙古馆、宁夏馆、上海馆、首都馆、天津馆、浙江馆、中科图

14005

国际贸易 （英）卫尔（Barrett Whale）著
张伯箴译述
外文题名：International trade
上海：商务印书馆，1935.5，192页，32开（社会科学小丛书）
上海：商务印书馆，1947.3，再版，192页，32开（社会科学小丛书）
上海：商务印书馆，1948.8，3版，192页，32开（新中学文库）（社会科学小丛书）

　本书共8章，内容包括：国际支付的技术、国际物价均衡的理论、保护政策与国际贸易的统制、通商条约与关税协商、国际贸易的前途等。

　收藏单位：安徽馆、长春馆、重庆馆、广东馆、广西馆、国家馆、河南馆、黑龙江馆、湖南馆、江西馆、辽大馆、辽东学院馆、辽宁馆、柳州馆、南京馆、内蒙古馆、上海馆、绍兴馆、首都馆、天津馆、浙江馆

14006

国际贸易　吴应图编
上海：中华书局，1924，115页，36开（常识丛书 第8种）
上海：中华书局，1927.5，再版，115页，36开（常识丛书 第8种）
上海：中华书局，1928.10，3版，115页，36开，精装（常识丛书 第8种）
上海：中华书局，1933.10，4版，115页，32开（常识丛书 第8种）

　本书共15章，内容包括：国际贸易之意义、国际贸易之成立、国际贸易之利害、国际贸易之决定、国际货币、保护贸易政策之经过、通商条约、关税主义等。

　收藏单位：安徽馆、重庆馆、广东馆、广西馆、国家馆、河南馆、黑龙江馆、湖南馆、吉林馆、江西馆、辽大馆、南京馆、内蒙古馆、首都馆、浙江馆

14007

国际贸易　中国国民经济研究所主编
上海、重庆：中国进出口贸易协会，1946，1册，18开
　收藏单位：上海馆

14008

国际贸易　邹琳讲
财政部全国财务人员训练所，1944.9，36页，32开
　收藏单位：南京馆

14009

国际贸易（第1集）　国立武昌商科大学贸易领事学会编
武昌：时中合作书社，1925.9，[204]页，22开

　本书为论文集。内容包括：《外国贸易统计研究之一斑》（危浩生）、《我国产业之现状与国际贸易》（南经庸）、《我国国际金融与国际贸易》（于宅咸）、《我国之棉纱贸易》（夏维海）、《国外汇兑上之收付问题》（陈澄中）等。

　收藏单位：国家馆、江西馆、近代史所

14010

国际贸易 ABC　王澹如著
上海：ABC丛书社，1929.10，111页，32开（ABC丛书）

　本书共12章，内容包括：国际价格、国际贸易与国际借贷、国际贸易政策、国际贸易政策的手段、我国对外贸易的大概等。

　收藏单位：重庆馆、国家馆、吉林馆、江西馆、南京馆、上海馆、首都馆、浙江馆

14011

国际贸易论　（美）陶西格（Frank William Taussig）著　沈光沛译
外文题名：International trade
南京：正中书局，1937，[15]+406页，22开（社会科学丛书）
重庆：正中书局，1939.4，3版，[15]+406页，25开

重庆：正中书局，1943.3，5 版，406 页，25 开（社会科学丛书）

重庆：正中书局，1943.5，7 版，[15]+406 页，25 开（社会科学丛书）

上海：正中书局，1947.9，15+406 页，32 开（社会科学丛书）

本书共 3 部：理论篇、检证问题、不换纸币下之国际贸易。

收藏单位：安徽馆、重庆馆、东北师大馆、广东馆、广西馆、贵州馆、国家馆、河南馆、黑龙江馆、湖南馆、吉林馆、江西馆、辽大馆、辽宁馆、南京馆、宁夏馆、上海馆、首都馆、浙江馆

14012

国际贸易论丛　武堉干等著

上海：中华书局，1935.1，96 页，32 开（新中华丛书 社会科学汇刊）

本书收文 8 篇：《中国国营贸易论》（亦英）、《国际贷借与国际收支》（阆琛）、《从对外贸易上透视中国的经济》（祝百英）、《民国二十二年上半年的中国对外贸易》（钱亦石）、《中俄贸易与中日贸易》（武堉干）、《海关进口新税则与民族工业之前途》（彭士彤）、《英日商战论》（周伯棣）、《输入比额制度研究》（周伯棣）。

收藏单位：重庆馆、国家馆、黑龙江馆、吉林馆、江西馆、辽宁馆、南京馆、首都馆、天津馆、浙江馆

14013

国际贸易平衡（英）爱奇渥斯（K. E. Edgeworth）著　袁允中译

外文题名：Trade balance

上海：商务印书馆，1936.7，114 页，32 开（商学小丛书）

本书共 9 章，内容包括：国家纯益、国际贸易事项、影响贸易平衡的因素、统制问题等。著者原题：爱奇渥士。

收藏单位：重庆馆、广东馆、国家馆、湖南馆、吉林馆、辽宁馆、南京馆、上海馆、天津馆、浙江馆

14014

国际贸易浅说　董维键著

上海：商务印书馆，1929.10，104 页，32 开（万有文库 第 1 集 351）（商学小丛书）

上海：商务印书馆，1933.5，104 页，32 开（商学小丛书）

上海：商务印书馆，1934.1，再版，104 页，32 开（商学小丛书）

上海：商务印书馆，1934.6，3 版，104 页，32 开（商学小丛书）

上海：商务印书馆，1934.7，[4 版]，104 页，32 开（商学小丛书）

本书共 9 章，内容包括：国际贸易之理论、国际贸易中之职务、国际贸易之方法、国外市场之开发等。

收藏单位：安徽馆、重庆馆、大理馆、大连馆、东北师大馆、广东馆、广西馆、贵州馆、国家馆、河南馆、黑龙江馆、湖南馆、惠州馆、江西馆、辽大馆、辽师大馆、南京馆、内蒙古馆、陕西馆、上海馆、绍兴馆、首都馆、天津馆、浙江馆

14015

国际贸易情报第一卷分类总目　实业部国际贸易局编

实业部国际贸易局，1936，23 页，16 开

本书共 14 部分，内容包括：国内贸易、国外贸易、商品研究、商品市况、贸易统计、国外关税、国内税捐等。

收藏单位：国家馆

14016

国际贸易实践　沈光沛编

上海：黎明书局，1937.3，28+474 页，25 开（黎明商业丛书）

本书共 4 编：经营国际贸易之组织及基础知识、经营国际贸易之端绪、输出实务篇、输入实务篇。附国外经理契约例举二则、商品检验法、一般检验程序等。

收藏单位：广东馆、贵州馆、国家馆、河南馆、吉林馆、江西馆、辽宁馆、南京馆、内蒙古馆、西南大学馆、中科图

14017

国际贸易实务　安子介著

上海：商务印书馆，1947.9，2 册（[21]+497 页），25 开（大学丛书）

上海：商务印书馆，1947.12，再版，2 册（[21]+497 页），25 开（大学丛书 教本）

　　本书共 5 编：买卖论、单据论、货运论、金融论、索赔论。附美国出口价格条例、世界各地时间对照表、世界各国货币名称表等。

　　收藏单位：重庆馆、甘肃馆、贵州馆、国家馆、江西馆、辽大馆、南京馆、宁夏馆、上海馆、首都馆、浙江馆

14018

国际贸易实务　朱西周　朱觉方编著

上海：中华书局，1940.2，424 页，22 开（社会科学丛书）

上海：中华书局，1940.2，2 版，424 页，24 开（社会科学丛书）

　　本书共 20 章，内容包括：国际贸易实务总述、国际贸易买卖上之基本条件、进出口价格之计算、外国电报、出口贸易之初步等。附国外贸易者之会计。

　　收藏单位：重庆馆、东北师大馆、广东馆、国家馆、湖南馆、吉林馆、辽大馆、辽宁馆、南大馆、南京馆、宁夏馆、上海馆、天津馆、浙江馆

14019

国际贸易统计上之货物名目及分类　胡纪常　樊明茂著

上海：商务印书馆，1935，108 页，22 开（国立中央研究院社会科学研究所丛刊 第 3 种）

上海：商务印书馆，1935.4，再版，108 页，22 开（国立中央研究院社会科学研究所丛刊 第 3 种）

　　本书共 5 章：货物名目及分类之理论、货物名目及分类之实际、理论与实际之综合研究、中国货物名目及分类已往改进工作述评、中国货物名目及分类改进刍议。附国际统一货物分类名录之拟订、参考书目。

　　收藏单位：重庆馆、广东馆、广西馆、国家馆、湖南馆、吉林馆、辽大馆、南京馆、

内蒙古馆、上海馆、首都馆、天津馆、西南大学馆、浙江馆

14020

国际贸易原理　（美）格利芬（C. E. Griffin）著　沈光沛　李宗文译　武堉干校

外文题名：Principles of foreign trade

上海：黎明书局，1934.3，1 册，22 开（黎明商业丛书）

上海：黎明书局，1936，[14]+379+[46] 页，22 开（黎明商业丛书）

上海：黎明书局，1936.9，再版，1 册，22 开（黎明商业丛书）

　　本书共 18 章，内容包括：贸易之基本理论、比较生产费之原则、国际贸易之利弊、国外汇兑、贸易平衡、贸易之方法、国际贸易中之危险等。

　　收藏单位：重庆馆、东北师大馆、广东馆、广西馆、贵州馆、桂林馆、国家馆、河南馆、湖南馆、吉林馆、江西馆、辽大馆、辽宁馆、南京馆、山西馆、首都馆、天津馆、西南大学馆、浙江馆

14021

国际贸易原理　张毓珊著

长沙：商务印书馆，1940.10，234 页，25 开

长沙：商务印书馆，1947.7，再版，234 页，25 开

长沙、上海：商务印书馆，1947.7，3 版，234 页，25 开

　　本书共 10 章，内容包括：国际收支平衡、外汇变动与国际贸易、国际投资、国际贸易政策之理论、关税等。

　　收藏单位：重庆馆、贵州馆、国家馆、湖南馆、吉林馆、江西馆、近代史所、南京馆、内蒙古馆、宁夏馆、上海馆、浙江馆

14022

国际贸易政策　中国工业经济研究所编

中国工业经济研究所，1944，6 页，16 开（工业经济参考资料 第 7 号）

　　本书为英国工业协会国际贸易委员会报告。共两部分：战后国际贸易政策之目标、如

何达到目的。

收藏单位：重庆馆、广东馆、国家馆、湖南馆、上海馆、首都馆

14023

国际商会概论　胡纪常编著

上海：商务印书馆，1933.9，[16]+169 页，22 开，精装

本书共 3 篇：国际商会之成立及组织、国际商会之工作、国际商会与我国。附国际商会组织法、国际商会办事细则、国际商会刊物目录等。

收藏单位：重庆馆、东北师大馆、广东馆、广西馆、贵州馆、国家馆、河南馆、湖南馆、吉林馆、辽大馆、南京馆、宁夏馆、上海馆、天津馆、浙江馆

14024

国际商业政策　（美）菲士克（G. M. Fisk）著
　周佛海译

外文题名：International commercial policy

上海：商务印书馆，1924.3，12+147 页，25 开

上海：商务印书馆，1924.8，再版，12+147 页，25 开

上海：商务印书馆，1927.7，3 版，12+147 页，25 开

上海：商务印书馆，1928.11，4 版，12+147 页，25 开

本书为新学制高级商业学校教科书。共 18 章，介绍近代商业发展史上的重商主义、自由贸易主义和保护政策，并论及关税、通商条约、航海政策等国际商业政策。

收藏单位：安徽馆、重庆馆、国家馆、河南馆、湖南馆、江西馆、辽大馆、南京馆、内蒙古馆、宁夏馆、上海馆、浙江馆

14025

国际商业政策史　唐庆增著

上海：商务印书馆，1930，165 页，32 开（万有文库 第 1 集 220）（新时代史地丛书）

上海：商务印书馆，1933.10，165 页，32 开（新时代史地丛书）

上海：商务印书馆，1934.1，再版，165 页，

32 开（新时代史地丛书）

本书共 8 章：国际商业之特点、英吉利之商业政策、美国之商业政策、法国之商业政策、德意志之商业政策、日本之商业政策、中国之商业政策、结论。

收藏单位：安徽馆、重庆馆、大理馆、大连馆、东北师大馆、广东馆、广西馆、贵州馆、国家馆、河南馆、黑龙江馆、湖南馆、吉林馆、江西馆、辽大馆、辽师大馆、柳州馆、南京馆、内蒙古馆、宁夏馆、陕西馆、上海馆、天津馆、西南大学馆、浙江馆

14026

海关商务华英新名词　（英）威廉斯（Charles Alfred Speed Williams）编

外文题名：Anglo-Chinese glossary of modern terms for customs and commercial use

北平：Customs college press，1933，3 版，修订本，288 页，13 开，精装

本书按英文字母顺序排列，收录海关及商务名词 4810 个。中译名词附拉丁拼音。书后编有中文索引及中国海关机构名录等。

收藏单位：广东馆、国家馆、中科图

14027

海关投考全书　罗静远编

上海：环球书局，1936.10，176 页，32 开

14028

合作主义国际贸易论　（法）吉德（Charles Gide）著　胡纪常译

上海：商务印书馆，1946.8，66 页，32 开

本书共 4 章：保护贸易制度、自由贸易制度、商业条约制度、合作主义组织下之国际商业制度究应如何。摘译自著者于 1923—1924 年间在法兰西学院所授"合作计划"的讲义。

收藏单位：重庆馆、广东馆、广西馆、贵州馆、桂林馆、国家馆、河南馆、黑龙江馆、吉林馆、江西馆、辽大馆、辽宁馆、南京馆、上海馆、天津馆、浙江馆

14029

互惠关税浅说 裁余译

出版者不详，[1940—1949]，剪报本，[5] 页，
22 开

本书论述互惠关税在商业政策上之地位、
互惠关税之利弊等。

收藏单位：国家馆

14030

进出口 王季康编

上海：中华书局，1948.6，20 页，32 开（中
华文库 民众教育 第 1 集）

本书共 4 部分：从"洋"字说起、我国进
出口的过去和现在、怎样经营进出口、我国
的重要出口货。

收藏单位：东北师大馆、广东馆、上海馆

14031

进出口贸易 孔士谔编

长沙：商务印书馆，1938.7，263 页，32 开
（实用商业丛书）

本书共 13 章，内容包括：中国国际贸易
现状、银行周转国际贸易之程序、经营国际
贸易之危险与其趋避方法、原料品贸易、制
造品贸易等。

收藏单位：重庆馆、广东馆、贵州馆、国
家馆、黑龙江馆、吉林馆、南京馆、天津馆、
浙江馆

14032

考察欧美生丝市场报告 李善著

李善 [发行者]，[1937.3]，84 页，16 开

本书共 3 部分：世界生丝产销状况、世界
人造丝工业现状、国际生丝市场情况。

收藏单位：南京馆

14033

**联合国关税暨贸易总协定附表译本（中国部
分）**

出版者不详，[1947]，16 页，窄 18 开

本书附表。

收藏单位：广东馆、上海馆

14034

**纽约第一次万国丝绸博览会辑里丝业代表调
查报告汇录** 纽约第一次万国丝绸博览会辑
里丝业代表团编

出版者不详，[1922]，254+14 页，16 开

本书内容包括：改良中国生丝节略、美国
检验公司调查记、里昂生丝检验所纪略、世
界丝业演进之大势、民国十年上海丝茧出品
营业情形等。附第二次博览会代表报告。

收藏单位：国家馆、近代史所

14035

纱花布匹交易 张一凡编 王海波校订

上海：著作人书屋，1940.11，88 页，32 开，
精装（美商环球信托公司经济研究部市场知
识丛书 4）

本书共 3 编，介绍国内外棉花、纱布的
种类、品质、供需、产销、价格及上海的纱
花布匹商的交易所、黑市等情况。

收藏单位：广东馆、国家馆、上海馆

14036

商业史 王育李编著

上海：中华书局，1948.5，152 页，32 开

本书论述中外各国商业发展历史，详细
叙述近代中外互市关系、国际贸易状况、华
侨在海外事业的发展情况。共两编：中国商业
史、外国商业史。分别包括上古史、中古史、
近世史。

收藏单位：重庆馆、广西馆、国家馆、黑
龙江馆、吉林馆、辽大馆、辽宁馆、南京馆、
宁夏馆、上海馆、天津馆、西南大学馆、浙
江馆

14037

商业史（卷 1） 王玉璋著

上海：自力书屋，1948.11，508 页，32 开

本书共 3 编：上古商业史、中古商业史、
近世商业史。

收藏单位：重庆馆、国家馆、西南大学馆

14038

商业政策 （日）津村秀松著 陈家瓒译述

上海：商务印书馆，1928.9，[1086] 页，25 开

上海：商务印书馆，1934.3，国难后 1 版，3 册，22 开

本书共 3 编：论外国贸易政策上之学说并政策之发展、论外国贸易政策上之手段并其目的、就外国贸易政策上论列强之现在及将来。

收藏单位：重庆馆、东北师大馆、广东馆、广西馆、贵州馆、国家馆、河南馆、黑龙江馆、湖南馆、吉大馆、江西馆、辽大馆、南京馆、内蒙古馆、宁夏馆、上海馆、首都馆、天津馆、西交大馆、浙江馆

14039

商业政策 （日）津村秀松著　覃寿公译

汉口：维新印书局，1914.8，2 册（[20]+472+24+[648] 页），21 开，精装

收藏单位：安徽馆、重庆馆、国家馆、上海馆、首都馆

14040

商业政策发展史 （日）竹内谦二著　陈敦常译

上海：商务印书馆，1936.3，176 页，32 开（商学小丛书）

本书共 3 部分："所谓重商主义""自由贸易政策——其代表者揆内斯密巴斯夏之自由贸易论""新保护主义政策——反动新重商主义"。

收藏单位：重庆馆、东北师大馆、广东馆、广西馆、国家馆、河南馆、黑龙江馆、湖南馆、吉林馆、江西馆、辽大馆、南京馆、上海馆、首都馆、浙江馆

14041

商约论 章友江著

[重庆]：中国文化服务社，1943.9，118 页，32 开（青年文库）

[重庆]：中国文化服务社，1944.12，再版，117 页，32 开（青年文库）

上海：中国文化服务社，1945，117 页，32 开（青年文库）

本书共 11 章，内容包括：缔结商约之机构与程序、双边贸易协定、互惠协定之了解、国民待遇条款、商约对于关税与海陆运输之规定等。

收藏单位：安徽馆、长春馆、重庆馆、大庆馆、广东馆、贵州馆、国家馆、黑龙江馆、江西馆、南京馆、内蒙古馆、上海馆、首都馆、西南大学馆、浙江馆

14042

世界百大商埠要览 周志骅编辑

上海：商务印书局，1930.3，378 页，25 开

上海：商务印书局，1933.9，国难后 1 版，378 页，22 开

本书共 6 章，介绍亚洲、北美洲、欧洲、南美洲、非洲、澳洲 100 个重要城市的大商埠。附历年来中国对外贸易表、历年来日本对外贸易表、战后美国主要输入贸易表等。

收藏单位：重庆馆、广东馆、广西馆、国家馆、湖南馆、近代史所、辽大馆、南京馆、宁夏馆、山西馆、西南大学馆、浙江馆、中科图

14043

世界贸易状况 侯厚培编

上海：大东书局，1930.6，182 页，32 开（世界经济丛书 6）

本书共两编：总论、各论。第 1 编共 6 章，内容包括：世界贸易之变迁、从值的方面观察世界贸易之趋势、从量的方面观察世界贸易之趋势、世界各国之商业平衡等；第 2 编共 12 章，论述英国、德国、法国、日本、中国等国贸易状况。

收藏单位：安徽馆、重庆馆、东北师大馆、广东馆、广西馆、国家馆、黑龙江馆、湖南馆、吉林馆、江西馆、辽大馆、辽宁馆、南京馆、宁夏馆、山西馆、上海馆、首都馆、天津馆、浙江馆、中科图

14044

世界市场上英日之对立 何伟译

上海：亚东图书馆，1937.4，152 页，36 开（太平洋问题丛书）

本书收专论两篇：《世界市场上英日之对

立》（阿立达·阿托列）、《澳洲市场的争夺战》（兹瓦维奇）。

收藏单位：重庆馆、广东馆、广西馆、贵州馆、国家馆、湖南馆、江西馆、南京馆、陕西馆、上海馆

14045

世界市场之黄豆　（苏）谢特尼次基著
中东铁路经济调查局，1930，294 页，16 开

本书共 10 章，内容包括：黄豆在世界制油原料贸易上地位、欧洲市场之黄豆、东亚之黄豆市场等。附世界种植黄豆之地积。

收藏单位：长春馆、东北师大馆、国家馆、辽宁馆、南京馆、天津馆

14046

世界重要茶业市场之剖析　实业部国际贸易局编辑
实业部国际贸易局，1937.7，125 页，16 开，精装

本书记述世界茶市概况，说明应采取的贸易政策。附世界产茶国输出比较表等。

收藏单位：广东馆、上海馆

14047

太平洋商战史　（俄）柴索维著　李垣　王楫译
北京：北京新智囊，1912.5，37 页，25 开

本书共 12 章，内容包括：殖民地与销货场、太平洋沿岸之商业、东亚之销货场、各国欲开放中国门户之政策、中国之军政等。

收藏单位：东北师大馆、国家馆、上海馆、首都馆

14048

万国博览会游记　屠坤华著
上海：商务印书馆、协和书局，1916，226 页，18 开

本书共 18 章，内容包括：巴拿玛太平洋万国博览大会缘起、巴拿玛太平洋万国博览大会概论、巴太会场建筑工程、陈列馆之建筑、各陈列馆出品、各国政府馆之建筑、会场内各机关等。

收藏单位：桂林馆、国家馆、南京馆、上海馆、首都馆、天津馆

14049

我国参加联合国世界贸易会议中减税谈判之经过与施行协定税率得失检讨　总税务司署统计科编
上海：总税务司署统计科，[1949.5]，30 页，23 开（海关制度概略丛刊 4）

14050

一九三八年世界羊毛贸易　梁桢译
财政部贸易委员会，1939，123 页，22 开

本书介绍 58 个国家及地区的羊毛贸易情况。内容包括：英国、加拿大、澳洲、新西兰、南非联邦等。资料多取自英国皇家经济委员会贸易部的官方资料及 *The Economist* 杂志。

收藏单位：重庆馆、贵州馆、国家馆、吉林馆、南京馆

14051

一九三二年世界重要商品贸易　沈光沛编
出版者不详，1933，48 页，16 开

收藏单位：广东馆

14052

银汇兑下国际贸易理论之研究　李卓敏著
张延祝译
天津：达仁学院经济研究所，1941，35 页，18 开

本书内容包括：银汇兑理论、白银流动之理论、白银流动之购买力平价说、银汇兑下调整国际支付差额之机能、现金流动之理论。原文刊于 1939 年 8 月 *Quarterly journal of economics*。

收藏单位：国家馆

14053

远东委员会关税会议录　金问泗译
出版者不详，[1922]，[86] 页，22 开

本书收录远东委员会第五次、第十七次、第十八次、第二十二次、第二十九次、第

三十一次关税会议录。附华府会议关税条约译文、照译印度代表萨斯确利氏与施代表来往照会各一件。

　　收藏单位：首都馆

14054

战时国际贸易　刘大钧纂辑

出版者不详，1939.12，晒印本，7 张，大 16 开（中国经济统计研究所 总字第 349 号 贸易门国际类 第 22 号）

　　收藏单位：上海馆

14055

自由贸易问题　（德）马克思（K. Marx）著
　邹钟隐译

上海：联合书店，1930.8，[40]+94 页，32 开

　　本书为 1848 年 1 月 7 日发表于布鲁塞民主协会的公众大会上的《关于自由贸易的演说》。书前有《〈自由贸易问题〉英译序论》（恩格斯）。附《工资》（马克思遗稿）。据日译本转译。著者原题：马克斯。

　　收藏单位：安徽馆、重庆馆、东北师大馆、广西馆、国家馆、近代史所、南京馆、上海馆、天津馆、浙江馆

14056

自由贸易与保护关税　李权时著

上海：东南书店，1929，124 页，22 开（经济丛书）

　　本书共 5 章：绪论、国际贸易政策变迁史略、国际贸易的原理、自由贸易政策的理论、保护贸易政策的理论。

　　收藏单位：重庆馆、国家馆、湖南馆、江西馆、南京馆、上海馆、天津馆、浙江馆、中科图

14057

最惠国条款论　（日）手冢寿郎著　郑允恭译

上海：商务印书馆，1936.7，202 页，22 开（政法丛书）

　　本书共 8 章，内容包括：最惠国条款之概念、形式与分类、发达、效力、积极的内容、消极的内容等。

　　收藏单位：安徽馆、重庆馆、广东馆、贵州馆、桂林馆、国家馆、湖南馆、吉林馆、南京馆、宁夏馆、山西馆、上海馆、首都馆、西南大学馆、浙江馆

14058

最惠国条款问题　吴昆吾著

外交部条约委员会，1929.3，14 页，16 开

　　本书阐述最惠国条款的定义、种类、适用范围及利弊等。

　　收藏单位：上海馆

14059

最近各国关税政策　（日）上田贞次郎原著
陈城译述

上海：商务印书馆，1935.6，127 页，32 开（社会科学小丛书）

　　本书共 7 章，内容包括：世界经济之混乱、增筑关税壁垒、关税之目的及方法、近时日本之关税政策等。

　　收藏单位：重庆馆、东北师大馆、广东馆、广西馆、国家馆、河南馆、湖南馆、吉林馆、江西馆、近代史所、辽大馆、辽宁馆、南京馆、上海馆、首都馆、天津馆、浙江馆

14060

最近世界贸易概况　张彰编

上海：华通书局，1931.10，191 页，22 开（华通经济学丛书）

　　本书共 5 章：世界贸易概论、世界各国之出入口贸易及其平衡、各国出入贸易重要商品类别、世界主要商业国之对外贸易关系、各国航运事业之现状。

　　收藏单位：重庆馆、广东馆、国家馆、河南馆、湖南馆、吉林馆、南京馆、上海馆、浙江馆

各国对外贸易

14061

1937—1938 中德商业要览　（德）施密特

（P. H. Schmidt）编

出版者不详，1938，160 页

　　本书为汉德对照。编者原题：施密脱。

14062

1942 全国进出口贸易公司调查录　许晚成编

上海：龙文书店，1942，790 页，32 开，精装

　　收藏单位：重庆馆

14063

1949 年下半年华北私营厂商计划进口国外物资调查　华北对外贸易管理局研究室编

华北对外贸易管理局研究室，1949，99 页，16 开

　　收藏单位：国家馆

14064

安徽筹办巴拿马赛会出品协会报告书　安徽筹办巴拿马赛会出品协会编

安徽筹办巴拿马赛会出品协会，[1913—1914]，[160] 页，16 开

　　本书内容包括：职员表、公牍、专电、规章、物品、经费表等。

14065

巴拿马赛会奉天出品成绩报告书　萧镇编

出版者不详，[1915]，186 页，32 开，精装

　　本书内容包括：奉天出品协会经过事实报告书、博览会之要素、巴拿马万国博览会开会志盛等。附奉天省急宜多种棉花开办纺厂以挽利权说等。

　　收藏单位：南京馆

14066

保护贸易下之英国　（英）彭汉（F. Benhan）原著　陆元诚译述

外文题名：Great Britain under protection

[北平]：正中书局，1947.9，250 页，25 开

　　本书论述英国自 1931 年恢复保护贸易政策以来的情况。共 10 章：自由贸易下的英国、英国的关税、保护贸易的其他各种形式、帝国优惠制度、贸易协定、货币政策、钢铁工业、农业、经济复兴、结论。附英国战时经济与战后贸易政策。

　　收藏单位：重庆馆、国家馆、吉大馆、辽大馆、辽宁馆、南京馆、上海馆、浙江馆

14067

报关须知　现代经济研究所编

上海：中国文化服务社，1947.4，82 页，32 开（国民文库）

　　本书共 13 章，内容包括：报关之意义、海关之组织、出口报关之手续、进口报关之手续、美国之报关手续等。

　　收藏单位：重庆馆、广东馆、国家馆、南京馆、宁夏馆、上海馆、天津馆

14068

北宋汴梁的输出入贸易　全汉升著

国立中央研究院历史语言研究所，[1942—1949]，[113] 页，16 开

　　本书共 3 章：概说、汴梁的输入贸易、汴梁的输出贸易。

　　收藏单位：重庆馆

14069

备忘录　巴达维亚中华总会编

[巴达维亚中华总会]，1947，油印本，44 页

　　本书共两部分：概论、印尼人不法行为种类。

　　收藏单位：近代史所

14070

本省对外贸易之回顾与展望　广西省政府统计处编

广西省政府统计处，1948.2，油印本，1 册，16 开

　　收藏单位：桂林馆、南京馆

14071

本省对于修改中法越南边界通商章程之意见及办理经过情形

出版者不详，[1926]，44+18 页，18 开，环筒页装

　　本书介绍云南对于修改中法越南边界通商章程之意见及办理经过。附通商章程。

收藏单位：国家馆

14072

比国驻华商会章程草案　立法院编译处译

[南京]：立法院编译处，[1911—1949]，油印本，5页，16开

　　本书共4章：总则、中央委员会之组织及其职务、分会、大会。

　　收藏单位：国家馆

14073

财政部贸易委员会调查处初步调查报告（出产品贸易概况）　国民政府主计处统计局编

国民政府主计处统计局，1939，油印本，1册，横14开

　　本书内容包括：云南省保山县牛羊皮之生产及贸易概况、四川省射洪县太和镇出口产品贸易概况、四川省乐山县外销产品贸易概况等。

　　收藏单位：国家馆

14074

财政部厦门关监督署职员一览表

财政部厦门关监督署，1936，手写本，2页，13开

　　收藏单位：国家馆

14075

茶叶调查报告汇编　实业部商业司通商科编

实业部总务司编辑科，1931.11，62页，22开（国外商情调查报告汇编　第1期）

　　本书内容包括：各国华茶市场贸易情形及人民嗜好、各国华茶进口检查规则及特别征椛。

　　收藏单位：国家馆、南京馆、西南大学馆

14076

查禁敌货须知　山西省政府建设厅编

山西省政府建设厅，1940，60页，32开

　　本书共12部分，内容包括：敌货释义、敌货鉴认方法、敌货假冒牌号之例证、欧美各国货物之标志、特种物品购运执照、查禁敌货之执行、敌货一览表等。

收藏单位：国家馆

14077

重庆市药材业进出口统计表

重庆市药材业同业公会，[1911—1949]，1册，16开

　　收藏单位：南京馆

14078

仇货调查表　南京提倡国货抵制仇货协进会调查股编

南京提倡国货抵制仇货协进会，1925，262页，23开

　　本书内容包括：货物分类表、英货调查表、日商洋行及公司名录等。

　　收藏单位：吉林馆、上海馆

14079

筹备巴拿马赛会事务局通告（第3期）　杨卓茂著

筹备巴拿马赛会事务局，1914，1册

　　收藏单位：近代史所

14080

出口须知　张一凡编

上海：中国文化服务社，1947.3，68页，32开（国民文库）

　　本书共9章，内容包括：出口商之内部工作、出口商之推销业务、出口货之标价方法、发货装运与报关、收取货款及其调度等。附中国现行禁止出口货品表。

　　收藏单位：重庆馆、广东馆、国家馆、南京馆、上海馆

14081

出口须知　中国国际贸易协会编

上海：中国国际贸易协会，1933.2，111页，32开

　　本书共9章，内容包括：出口部之组织、定货单之处置、货物之包装、出口发票、实行发货等。

　　收藏单位：吉林馆、南京馆、山西馆、上海馆、西南大学馆、浙江馆

14082

处员赵文锐对于棉织品税率问题意见书

出版者不详，[1924]，油印本，26 页，16 开，环筒页装

本书论述中国棉织品税率在关税自主之后的互惠税率、附加税问题，中国棉织业之前途等。

收藏单位：国家馆

14083

大连海口管理处暂行货物出入口征捐章程

大连海口管理处编

大连海口管理处，[1946]，28 页，16 开

本书共 10 章，内容包括：总则、出入口货物管理、转口货物管理、奖惩办法、旅客行李内带货物捐等。附暂行货物出入口捐率表。

收藏单位：国家馆

14084

大正博览会出品图说　李文权编

上海：中国实业杂志社、商务印书馆，1914.9，[68] 页，18×24cm，精装

本书附《日本全国各府县实业撮要》（中国实业杂志社编）。

收藏单位：国家馆、吉林馆、上海馆、首都馆、中科图

14085

德国商战之策略　（德）黑卓（S. Herzog）著　（美）胡佛（H. A. Hoover）英译　曹云祥译

上海印书馆，1929，154 页，32 开

本书共 14 章，内容包括：准备商战之利器、商业之巧计、外交为商战之先锋、商业之专制制度、德国以出口商业为军队、出口商战争之方针等。为著者于 1915 年向德国政府提出的有关战后发展商业、进行贸易竞争的计划。

收藏单位：国家馆、吉林馆、上海馆

14086

敌对外贸易之研究　军令部第二厅第一处编

出版者不详，[1938—1945]，油印本，1 册，

16 开

收藏单位：南京馆

14087

抵货研究　金文恢著

浙江省立民众教育馆教导部，1931.10，32 页，32 开（反日救国小丛书）

本书透视日本经济组织的状况，说明抵制日货运动给予日本帝国主义的打击，指出今后抵货运动的努力方向。

收藏单位：浙江馆

14088

抵制日货之考察　刘百闵编辑

外文题名：Japanese goods boycotting movement in China

南京：正中书局，1933.11，30 页，32 开（日本研究会小丛书 32）

本书共 6 部分：抵制日货之史的述略、九一八以后抵制日货之概况、日货倾销问题、日货倾销与吾国产业、日货倾销之对策、抵制日货与收复东北。原载于《北平晨报》，原题为：抵制日货之总检讨。

收藏单位：重庆馆、国家馆、江西馆、南京馆、人大馆、上海馆

14089

调查东西路自辟七口商埠报告书　卓宏谋著

出版者不详，[1911—1949]，9 页，22 开，环筒页装

本书介绍开辟西路赤峰、多伦诺尔、张家口等，东路葫芦岛、辽源、洮南等商埠的情况。

14090

调查海关征税程序图说　杨汝梅调查

杨汝梅，1932，1 册，32 开

杨汝梅，1932.12，再版，1 册，22 开，精装

本书共 14 部分，内容包括：调查津海关进口货物征税程序、调查津海关出口货物征税程序、调查津海关洋货入内地收子口税程序、调查津海关拿获私货充公或罚款之程序、调查津海关每日结算税银核对表、调查天津

附近直隶厘捐征收各局征收程序等。书前有《调查津海关征税程序图说序文》。初版书题名：调查津海关征税程序图说。

收藏单位：国家馆、南京馆、浙江馆

14091

东京大正博览会调查书 东京大正博览会调查会编辑

东京：东京大正博览会调查会，[1914]，[935]页，16开，精装

东京：东京大正博览会调查会，1915，再版，[935]页，16开，精装

本书为中国留日学生对1913年日本东京举办的博览会的调查。共8编，内容包括：各馆概论、出品目录、出品详说、评论、杂俎等。附本会特别赞成员姓名、本会简章及会员姓名。

收藏单位：东北师大馆、国家馆、湖南馆、江西馆、南京馆、上海馆、首都馆、天津馆、中科图

14092

东亚棉产自给商榷书 陈琛著

出版者不详，[1940—1949]，[30]页，16开

本书附《商榷世界实业宜供求统计·中国实业宜应供求之趋势书》（张謇）。

收藏单位：上海馆

14093

对外贸易统计表（1864—1940） 财政部贸易委员会调查处编

财政部贸易委员会调查处，[1940]，1册，横8开

收藏单位：国家馆

14094

对外贸易统计上之观察 廖炎著

出版者不详，[1920—1929]，27页，16开

本书列举1911—1925年间的大量统计数字，分析我国进出口贸易的状况。

14095

对外贸易问题 黄元彬讲述

中央训练团党政高级训练班，1943.6，8页，32开

本书为对外贸易问题授课大纲。共5部分：贸易政策史的重复、前次欧战后各国贸易政策、国际会议与经济集团、我国抗战后之统制贸易、战后贸易政策应另辟途径。

收藏单位：重庆馆、国家馆、南京馆

14096

对外贸易问题 邹琳讲

中央训练团党政高级训练班，1945.5，12页，32开（编教7）

本书共5部分：我国对外贸易政策之检讨、当前几个对外贸易问题、战后我国国际收支平衡问题、战后重要外销商品输出之展望、结论。

收藏单位：国家馆、辽宁馆

14097

对外贸易与国际金融问题 贝祖诒讲

中央训练团，1944.1，24页，32开（中央训练团党政训练班讲演录）

本书共10部分：国际贸易与国际金融、战前我国之对外贸易、抗战时期我国之对外贸易、战后我国之对外贸易、战前与战时国际金融之演变、英美两国稳定国际金融之建议、联合国救济善后会议与国际金融之关系、战后世界建设之目标、战后我国经济建设与国际金融、结论。

收藏单位：重庆馆、广东馆、桂林馆、国家馆、南京馆、内蒙古馆

14098

对外贸易政策 章友江编著

重庆：正中书局，1943.12，131页，32开

上海：正中书局，1947.10，131页，32开

本书收录作者发表在1941—1942年《时事新报》《广东省银行年刊》《贸易月刊》上的文章8篇，内容包括：《论民生主义对外贸易政策》《美国对外贸易政策之演变》《英国对外贸易政策》《苏联对外贸易政策》等。

收藏单位：北师大馆、重庆馆、广东馆、国家馆、吉林馆、南京馆、内蒙古馆、上海

馆、浙江馆

14099

对外贸易之分析（民国三十六年度）　中央银行经济研究处编纂

上海：中央银行经济研究处，1948.11，246页，25开（中央银行经济研究年报）

本书共11章，内容包括：对外贸易总额及入超之分析、进口贸易之分析、出口贸易之分析、对外贸易国别之分析、对外贸易关别之分析、一年来之贸易政策、开放对日贸易问题等。附三十六年度管理贸易及外汇重要法令。

收藏单位：安徽馆、东北师大馆、广东馆、国家馆、吉林馆、近代史所、辽宁馆、南京馆、上海馆、浙江馆

14100

二十八年来福建省海关贸易统计　周浩等编

福建省政府统计处，1941.7，266页，24开（福建调查统计丛书6）

本书全部为表。

收藏单位：江西馆、上海馆

14101

二十八年上海对外贸易之回顾　陈忠棨纂辑　刘铁孙审查　刘大钧核定

出版者不详，1940.3，晒印本，11张，大16开（中国经济统计研究所　总字第367号　贸易门国际类第26号）

收藏单位：上海馆

14102

二十八年首三季全国对外贸易概况　刘铁孙纂辑　陈忠棨审查　刘大钧核定

出版者不详，1939.11，晒印本，49张，大16开（中国经济统计研究所　总字第345号　贸易门国际类第20号）

收藏单位：上海馆

14103

法国之限额进口制　钟兆璇译　国定税则委员会编

[国定税则委员会]，1934.7，7页，16开（关税参考资料第1辑）

收藏单位：上海馆

14104

法国驻华商会章程　立法院编译处译

[南京]：立法院编译处，[1911—1949]，油印本，8页，16开

本章程共33条，分4章：总则、组织、分会、大会。附录附则7条。

收藏单位：国家馆

14105

防止仇货办法　委员长桂林行营政治部编

出版者不详，1939.9，[55]页，25开

本书内容包括：经济部查禁敌货条例第三条第一项第三款敌货表、经济部查禁区五十家敌货表、经济部禁止入口品名表、经济部禁止出口品名表、经济部禁止资敌物品区域表、财政部限制报运转口货物指定限制报运转口区域表等。

收藏单位：江西馆

14106

防止仇货办法

出版者不详，1939.12，74页，32开

本书共15章，内容包括：禁运资敌物品条例、查禁资敌物品条例、禁止入口品名表、禁止出口品名表等。附有关仇货参考材料目录。

收藏单位：广西馆

14107

菲列滨在共和政体下对外贸易之进展　刘铁孙翻译　刘大钧审查／核定

出版者不详，1941.1，晒印本，11张，大16开（中国经济统计研究所　总字第424号　贸易门国际类第41号）

收藏单位：上海馆

14108

肥皂　中日贸易商品调查所编

上海：中日贸易商品调查所，1931.11，42页，

32 开（中日贸易商品调查丛刊 3）

本书叙述中国肥皂之产销概况，日本肥皂销行区域、交易手续、在华之肥皂厂及推销机关等。

收藏单位：上海馆

14109

斐律滨赛会记 伍廷芳辑

上海：大东书局，1925.3，再版，[196] 页，32 开

上海：大东书局，1929.7，3 版，196 页，32 开

本书内容包括：赴赛之缘起、赴赛之品物及状况、国货维持之研究、欢迎会杂录、伍廷芳王文典先生等发起庚子赔款会之宣言、远东太平洋问题研究会宣言书、中华国货维持会碑记等。

收藏单位：国家馆

14110

斐律滨赛会记 伍廷芳辑

上海：商务印书馆，1915.9，108 页，32 开

本书内容包括：斐律滨与华侨、嘉年华会之盛况、赴赛之缘起、赴赛之品物及状况、国货维持之研究、欢迎会杂录等。附王文典先生拟上政府修改税则请愿书。

收藏单位：北师大馆、国家馆、江西馆、首都馆、天津馆

14111

芬兰对外贸易概况（一九三八年） 陈忠荣纂辑 刘铁孙审查 刘大钧核定

出版者不详，1939.6，晒印本，8 张，大 16 开（中国经济统计研究所 总字第 313 号 贸易门国际类 第 13 号）

收藏单位：上海馆

14112

福建对外贸易史研究 萨士武 傅衣凌 胡寄馨著

福建省研究院社会科学研究所，1948.3，66 页，32 开（福建社会经济丛书）

本书收文 3 篇：《明代福建市舶司考》（萨士武、胡寄馨）、《明代福建对外贸易港研究》（胡寄馨）、《清代前期厦门洋行考》（傅衣凌）。附《福州琉球通商史迹调查记》（傅衣凌）。

收藏单位：安徽馆、广东馆、广西馆、国家馆、河南馆、湖南馆、吉林馆、近代史所、南京馆、上海馆、天津馆、西南大学馆、浙江馆

14113

福建历年对外贸易统计 福建省政府秘书处统计室编辑

福建省政府秘书处公报室，1935.3，202 页，16 开

本书共 4 部分：福建历年对外贸易概况、统计表、统计图、附录福建历年大事记。

收藏单位：重庆馆、福建馆、广东馆、国家馆、河南馆、湖南馆、吉林馆、江西馆、近代史所、南京馆、上海馆、天津馆、浙江馆、中科图

14114

福建省食粮之运销 巫宝三 张之毅著

长沙：商务印书馆，1938.5，127 页，22 开（国立中央研究院社会科学院研究所丛刊 第 11 种）

本书共 3 章：运销区域的划分及各运销区域的食粮移动、食粮的运销机构、食粮价格的变动及差异。附粮食价格表 7 种。

收藏单位：重庆馆、广东馆、贵州馆、国家馆、吉林馆、南京馆、上海馆、天津馆、浙江馆

14115

福建省走私情况实录 何存厚拟

出版者不详，1939.1，手写本，1 册，16 开

收藏单位：南京馆

14116

赴南美智利阿根廷华产展览会筹备处特刊（第 1 期）

上海总商会，1928，32 页

本书收录筹备工作进行状况、预算概数、各项规章等资料。

14117

甘宁绥三省走私概况　特种经济调查处编

[重庆]：特种经济调查处，1941.4，油印本，5 页，18 开

本书共 6 部分：走私路线、走私方式、走私货物、走私人物、查缉情形、附图。

收藏单位：国家馆、南京馆

14118

各种产品出口数字统计

出版者不详，[1942]，油印本，1 册，16 开

收藏单位：国家馆

14119

工业化与中国国际贸易　褚葆一著

重庆：商务印书馆，1945.4，65 页，32 开（国民经济研究所丙种丛书 第 4 编）

上海：商务印书馆，1945.12，65 页，32 开（国民经济研究所丙种丛书 第 4 编）

上海：商务印书馆，1946.5，再版，65 页，32 开（国民经济研究所丙种丛书 第 4 编）

本书共 6 章：绪论、过去的国际贸易与工业化、新贸易制度的建树、过去的贸易政策、战后贸易政策、结论。

收藏单位：安徽馆、重庆馆、甘肃馆、广东馆、广西馆、贵州馆、国家馆、河南馆、黑龙江馆、华东师大馆、近代史所、南京馆、内蒙古馆、上海馆、天津馆、浙江馆

14120

关东公署进出口货物暂行捐率表　关东公署编

关东公署，[1948]，30 页，16 开

本捐率自 1948 年 9 月 13 日起实行。

收藏单位：国家馆

14121

关税　彭重威讲

财政部全国财务人员训练所，[1927—1949]，50 页，36 开

本书内容包括：关税之意义、我国关税制度、我国关务行、战后关务设施等。

收藏单位：重庆馆、南京馆

14122

关税保管制度　蒋拱辰译　国定税则委员会税款组编

出版者不详，[1911—1949]，48 页，32 开

本书为某一官方文件第 6 章《关税保管制度》之抽印本。

收藏单位：上海馆

14123

关税存放问题意见　陈光甫编

出版者不详，[1920—1929]，40 页，32 开

本书论述关税存放汇丰银行之弊，主张收归专库保管。附各公团函电汇录。

收藏单位：上海馆

14124

关税的垄断　民团周刊社编

南宁：民团周刊社，1939.3，30 页，32 开（丙种丛刊第 5 种）（国难丛刊第 1 辑 7）

本书共 5 部分，内容包括：近代关税的作用和关税制度、中国现行关税制度的起源、关税自主运动等。

收藏单位：安徽馆、国家馆

14125

关税改正问题　黄序鹓著

北京：定庐，1917.11，30 页，18 开

本书共 6 章：近年交涉之经过、今后应采之方针、现行关税之误点与改正、加税与裁厘之关系、加税裁厘与其他各税之关系、结论。

收藏单位：广东馆、国家馆、南京馆

14126

关税会议特刊　北京各校沪案后援会编辑

北京各校沪案后援会，1925.11，68 页，窄 16 开

本书收录《关税自主运动》（周鲠生）、《关税会议是怎么一回事？》（叶树棠）、《关税自主与自主以后》（卫挺生）、《关税特别会议与共管财政》（徐谦）等专论中国收回关权问题的文章 11 篇。

收藏单位：国家馆

14127
关税会议问题 吴鼎昌著
出版者不详，[1930—1939]，[12] 页，18 开
　　本书介绍当时中国政府为商讨、研究1933 年华盛顿九国协定而召集该次会议的情况。

14128
关税纪实 （英）魏尔特（Stenley F. Wright）原著
上海：海关总税务司公署统计科，1936.8，1061页，18 开，精装
　　本书共 7 章：税款之征收存放汇解与分配、关税内尽先开支各款、以关税为担保之各种外债、庚子赔款、以取消之庚款为担保之内债、北京政府所发内债之整理、国民政府所发内债之概略。附庚子赔款总保票原文、庚子赔款总还本付息表、庚子赔款各国分保票及还本付息表等。所涉时间为 1912—1934 年。
　　收藏单位：重庆馆、东北师大馆、国家馆、黑龙江馆、近代史所、南京馆、上海馆、浙江馆、中科图

14129
关税讲义 李傀讲
财政部全国财务人员训练所，1944.9，16 页，32 开
　　收藏单位：南京馆

14130
关税讲义 袁子丹编讲
出版者不详，[1911—1949]，1 册，16 开
　　本书共 4 章，讲述我国关税的演变和关税制度。
　　收藏单位：重庆馆、南京馆

14131
关税讲义 朱偰编讲
中央训练团，[1940—1949]，21 页，16 开
　　本书共 6 章，内容包括：战前关税制度之演进、战前关税政策之演变、现行进口税则之检讨、海关缉私概况及将来之趋势等。
　　收藏单位：重庆馆、国家馆

14132
关税十大问题
出版者不详，[1925]，82 页，16 开
　　收藏单位：浙江馆

14133
关税特别会议史（上编） 戴蔼庐编辑
北京：银行月刊社，1925，132 页，32 开
　　本书共 5 章：绪论、关税特别会议产生之经过、关税特别会议之筹备、历次修改税则概况、中外对于关会之意见。
　　收藏单位：重庆馆、国家馆、吉大馆、近代史所、南京馆、上海馆

14134
关税特别会议委员会第一股会议录（下册）
[关税特别会议委员会第一股编]
关税特别会议委员会第一股，1925，石印本，[163] 页，16 开，环筒页装

14135
关税特别会议委员会职员录 关税特别会议委员会编
外文题名：List of members of delegation to the special conference on Chinese customs
关税特别会议委员会，1925.10，35 页，32 开
　　本书为关税特别会议委员会全体职员名录，内容包括：委员、全权代表、参议、专门委员、秘书、总务处、议案处等。
　　收藏单位：国家馆

14136
关税特别会议议事录 [关税特别会议委员会编]
[关税特别会议委员会]，[1928.8]，[8] 页，大 32 开
　　本书收录历次会议编时表、中国邀请各国赴会之通牒及其答复、关税自主委员会第一次至第二次会议议事录、过渡法办委员会第一次至第三次大会议事录等。
　　收藏单位：南京馆

14137

关税特别会议议事录（第 1 册） [关税特别会议委员会编]

关税特别会议委员会，[1925.11]，石印本，1册，13 开，环筒页装

本书收录关税特别会议第一次大会议事录，讨论有关中国关税税则条约事宜等。该次会议于 1925 年 10 月召开。

收藏单位：国家馆

14138

关税特别会议用途问题提案 国定税则委员会税款组编译

出版者不详，1925，64 页，32 开

收藏单位：上海馆

14139

关税问题讨论大纲 陈立廷编辑

上海：青年协会书报部，1925.10，90 页，32开（公民教育丛刊第 6 种）

本书共 6 课：关税制度之沿革、中国关税之主权、关税所受条约之限制、裁厘与关税之关系、关税于我国经济上之影响、我国关税之改良。

收藏单位：安徽馆、重庆馆、国家馆、南京馆、上海馆、天津馆、浙江馆

14140

关税问题与特别会议 中国青年社编辑

上海书店，1925.10，再版，36 页，32 开（中国青年社丛书第 4 种）

上海书店，1925.11，3 版，36 页，32 开（中国青年社丛书第 4 种）

本书共 6 部分，内容包括：关税制度的原因、"为人作嫁"的中国国税制度、所谓的"特别关税会议"、我们应有的努力等。

收藏单位：安徽馆、广东馆、黑龙江馆

14141

关税问题专刊 赵文锐编辑

中国经济学社，1926.2，102 页，16 开（中国经济学社丛刊）

本书收文 8 篇，内容包括：《关税会议与

出口税》（马寅初）、《豁免沿岸输出入税之影响及其善后策》（潘忠甲）、《进口税之完税价格问题》（盛俊）、《海关用人行政权收回之步骤》（卫深甫）等。附设有海关各省近年厘金收数表、海关各班华洋人员统计表、近四年中国重要出口货品统计表等。

收藏单位：国家馆、上海馆

14142

关税研究会议事录 关税研究会编

关税研究会，[1920—1929]，232 页，16 开

关税研究会，[1922—1929]，240 页，16 开

本书内容包括：关税研究会简章、关税研究会议事细则、关税研究会各员名单、第一至十四次开会议事录、审查会议事录（第一至三次）。附税关改良理由书、所得税法草案、营业税提案等。

收藏单位：国家馆、上海馆、天津馆、中科图

14143

关税自主浅说 赵诵轩 黄炎 杨允鸿编著

上海：中华书局，1930.4，22 页，36 开（民众经济丛书）

上海：中华书局，1932.9，再版，22 页，36开（民众经济丛书）

本书简述我国关税自主权丧失、恢复经过，关税自主与国家经济财政的关系等问题。

收藏单位：重庆馆、国家馆、黑龙江馆、江西馆、内蒙古馆、天津馆

14144

关税自主问题 李培恩编

上海：商务印书馆，1928.1，45 页，64 开（新时代民众丛书）

上海：商务印书馆，1928.11，7 版，45 页，64开（新时代民众丛书）

本书共 4 部分：关权丧失之历史、关税自主运动之经过、关税现状及其弊害、关权收回之方法。

收藏单位：重庆馆、江西馆、南京馆、浙江馆

14145

关税自主与中国 陈安仁著

广州：广东省党务指导委员会宣传部，1929.1，26 页，32 开（宣传丛书 4）

本书简论关税自主权对我国经济的重要影响。

收藏单位：国家馆

14146

关税自主与中国前途 中国国民党中央执行委员会宣传部编

中国国民党中央执行委员会宣传部，1928，120 页，32 开

本书共 7 部分，内容包括：关税的意义、关税自主的意义、我国关税自主权丧失的经过、关税自主运动的经过与此后应取的策略等。附新颁进口税则全文。

收藏单位：安徽馆、广东馆、国家馆、河南馆、湖南馆、吉林馆、南京馆、上海馆、首都馆、浙江馆

14147

关税自主云南宣传委员会特刊 甘汝棠编

关税自主云南宣传委员会，1929.2，42 页，32 开

本书收文 13 篇，内容包括：《关税自主与中国前途》（张镜秋）、《关税自主与反日运动》（玉霖）、《关税自主》（守礼）、《关税自主与工业前途》（厚安）、《关税自主与义务教育》（一德）等。

收藏单位：国家馆

14148

关于走私问题的研究 中央军政学校第一分校第八次分组讨论会编

政训处，1937，10 页，32 开

收藏单位：广东馆

14149

关政 李偲讲

中央训练团党政高级训练班，1944.5，30 页，32 开

本书共 6 章，讲述我国关税自主的经过、关税政策的演进、现行关务行政制度的概况及将来的展望等内容。

收藏单位：南京馆、上海馆、天津馆

14150

关政 行政院新闻局编

行政院新闻局，[1947]，20 页，32 开

本书共 4 部分：我国关政沿革、关税自主、抗战期间之关政、胜利后之关政。

收藏单位：安徽馆、长春馆、重庆馆、大庆馆、广东馆、贵州馆、国家馆、河南馆、黑龙江馆、湖南馆、吉林馆、江西馆、近代史所、南京馆、宁夏馆、陕西馆、上海馆、首都馆、天津馆

14151

广东对外贸易 陈衡编著

华南经济研究社，1940.5，188 页，16 开（现代经济丛书）

本书共 6 部分，内容包括：广东对外贸易史略、三十年来之广东对外贸易概观、广东出口之商品、广东进口之商品等。

收藏单位：国家馆

14152

广东十三行考 梁嘉彬著

上海：国立编译馆，1936.2，[12]+414 页，23 开，精装

上海：国立编译馆，1937.2，414 页，22 开，精装

上海：国立编译馆，1937.6，再版，[12]+414 页，22 开，精装

本书共 3 篇：序篇、本篇、尾篇。"本篇"部分共 3 章：十三行起源考、广东十三行沿革考、广东十三行行名人名及行商事迹考。

收藏单位：重庆馆、东北师大馆、广西馆、贵州馆、国家馆、湖南馆、吉林馆、江西馆、辽大馆、辽宁馆、南京馆、内蒙古馆、山西馆、首都馆、天津馆、西南大学馆、浙江馆

14153

广西出入口贸易概况

出版者不详，[1936]，52 页，16 开

　　本书共 3 部分：统计图表、民国二五年广西出入口贸易概况、广西八大城市出入口贸易概况。

　　收藏单位：重庆馆

14154

广西大宗出口贸易调查报告（贵郁浔藤梧禅粤港八埠） 广西统计局编

广西统计局，1934.7，36 页，32 开（广西统计丛书 第 5 种）

　　本书收录广西的米、猪、畜产、皮毛、桐油、药材等大宗出口物资贸易情况。

　　收藏单位：桂林馆、国家馆、上海馆

14155

广西省外销物资概况调查报告 财政部贸易委员会湘桂办事处编

财政部贸易委员会湘桂办事处，1942.10，油印本，63 页，16 开

　　收藏单位：南京馆

14156

贵阳土布进口业 国民经济研究所具拟

出版者不详，[1938.11]，11 页，16 开

　　本书共 4 部分：布之进口量与种类、市价与销路、商务与交易、运输情形。

　　收藏单位：南京馆、中科图

14157

国货仇货对照表（下册） 汉口市国货运动委员会调查股制

汉口市国货运动委员会调查股，1932.11，63 页，16 开

　　本书内容包括：呢叽类、绒布类、缎绸纱葛类、日本棉织品之在华制造者、日本在华棉织工厂一览表、日本棉织品在华之地位等。

　　收藏单位：国家馆

14158

国货日货调查录 [沪江大学中国教职员抗日救国会编订]

[上海]：沪江大学中国教职员抗日救国会，

[1931—1945]，16 页，32 开

　　收藏单位：国家馆

14159

国货日货调查录 [上海学生联合会调查科编辑]

上海：[上海学生联合会调查科]，[1919.11]，[144] 页，16 开

14160

国货日货调查录 中华民国学生联合会总会编

[中华民国学生联合会总会]，[1931—1945]，206 页

　　本书共两部分：国货调查录、日货调查录。国货主要包括：棉纱类、丝织类、酒类、烟类、茶类、化妆品类、药品类等；日货主要包括：棉纱类、绸缎纱葛类、藤草柳条类、钟表类、皮革靴鞋类、洋伞类等。

　　收藏单位：国家馆、湖南馆

14161

国货日货对照表

汉口特别市反日会宣传委员会，1928.12，1 册，32 开

　　收藏单位：南京馆

14162

国货日货对照表

浙江省立第一中学反日救国会调查股，1931，108 页，32 开

　　收藏单位：浙江馆

14163

国货日货对照汇录 杭州市各界反日救国联合会经济绝交科编辑

杭州市各界反日救国联合会，1932.2，404 页，32 开

　　本书共 8 部分，内容包括：匹头绸缎及其原料门、饮食品门、日用品门、教育用品门、医药门等。

　　收藏单位：重庆馆、国家馆、黑龙江馆、上海馆、浙江馆

14164

国货日货对照录 上海第一交通大学反日运动委员会经济绝交部编

上海第一交通大学反日运动委员会经济绝交部，1928.7，166 页，23 开

本书附最近二十年来中日贸易统计表。

收藏单位：上海馆

14165

国货外销类编

江苏筹办巴拿马赛会出品协会事务所，[1914]，74 页，长 21 开

本书为对外销国货的调查，概述各种商品的性能及销售情况。内容包括：中华民国元年丝类输出各国总表、十年间之丝类输出表、十年间之茶叶输出表、最近国货输出消长一览表等。附日本输入美洲重要品一览表、日本赴美圣路易万国博览会赛品销数表。

14166

国际经济政策（又名，中国对外经济政策之研究） 何思源著

上海：商务印书馆，1927.12，[32]+553+19 页，22 开

上海：商务印书馆，1931.5，再版，[32]+553+19 页，22 开

上海：商务印书馆，1932.12，国难后 1 版，553+19 页，22 开，精装

本书共 4 部 24 章，内容包括：国际贸易原理、世界商业之发展、商业平衡与收支平衡、国外汇兑的几个根本观念、国际间现币之流动、变态的国外汇兑、商业政策、关税制度、通商条约等。

收藏单位：安徽馆、重庆馆、东北师大馆、广西馆、国家馆、黑龙江馆、江西馆、辽大馆、南京馆、内蒙古馆、上海馆、浙江馆、中科图

14167

国际贸易 马寅初 武堉干著

上海：商务印书馆，1933.12，100 页，50 开（东方文库续编）

上海：商务印书馆，1934.4，再版，100 页，42

开（东方文库续编）

本书为东方杂志社三十周年纪念刊。收文 3 篇：《中国历年入超之解释及其危险》（马寅初）、《介绍雷穆氏对于中国国际贷借抵偿问题之研究》（武堉干）、《中国国际贷借抵偿问题》（武堉干）。

收藏单位：安徽馆、重庆馆、大庆馆、东北师大馆、广东馆、国家馆、河南馆、黑龙江馆、湖南馆、辽大馆、南京馆、内蒙古馆、宁夏馆、陕西馆、上海馆、天津馆、浙江馆

14168

国民政府公报（中华民国海关进口税税则特刊）

[国民政府文官处]，1928.12，52 页，16 开

本书收录中华民国海关进口税税则。该税则自 1929 年 2 月 1 日起实行，有效期 1 年。

收藏单位：国家馆

14169

国内外贸易

出版者不详，[1911—1949]，1217 页，18 开

收藏单位：广东馆

14170

国日货对照录 上海市抗日救国会调查部统计股编

上海市抗日救国会调查部统计股，1931，112 页，21 开

本书收录棉纱类、棉制品类、糖类、海味类、药材类、西药类、化学材料类、水泥类、木材类等 24 类商品的国货、日货调查统计。

收藏单位：福建馆

14171

国外情报选编 外交部情报司编

[外交部情报司]，1936—1937，43 册

本书为世界各国经济情报汇编，尤其侧重于贸易方面。

收藏单位：广东馆、近代史所、南京馆

14172

国展中之分业观察与最近海关统计 中华职业教育社编

[上海]：中华职业教育社，1929.3，37页，32开

本书为1928年上海举行中华国货展览会部分陈列品情况介绍。内容包括：总计、布匹、棉纱、五金、海味、糖、酒汽水、烟草、化学工业制品等。

收藏单位：国家馆

14173

海关办事手续 上海亚光邮务海关函授学校编

上海亚光邮务海关函授学校，1935.5，248页，32开

14174

海关查验禁制物品规章手册 海关总税务司署编

[上海]：海关总税务司署，[1911—1949]，74页，22开

收藏单位：广东馆

14175

海关代征各项税捐及代理管制事务概述 总税务司署统计科编

上海：总税务司署统计科，[1949.5]，27页，23开（海关制度概略丛刊8）

14176

海关关栈章程 上海总税务司署编

外文题名：Bonding regulations

上海总税务司署，1931，[21]页，12开

本书为汉英对照。

收藏单位：天津馆

14177

海关规章概要 重庆海关总税务司公署编

重庆海关总税务司公署，1942，4册，64开

重庆海关总税务司公署，1943.9，2版，4册，64开

本书共4册。第1册《普通规章》共7

章，内容包括：各地海关暨分卡一览表、报关手续、税则章程及其补充修订、统税及专卖货物等；第3册《结汇及统销货物》共两章：结汇货物、政府统销货物；第4册《查缉》共3章：检查货物、查缉规章、处理缉私货物及给奖各办法。

收藏单位：国家馆、南京馆

14178

海关缉私条例及海关罚则评议会组织规程暨办事细则 海关总税务司署统计科编

[上海]：海关总税务司署统计科，1935，[38]页，36开，精装

本书为汉英对照。内容包括：海关缉私条例35条（于1934年6月19日公布）、海关罚则评议会组织规程6条、海关罚则评议会办事细则12条。

收藏单位：广东馆、南京馆

14179

海关稽征章则概述 总税务司署统计科编

上海：总税务司署统计科，[1949.5]，10页，23开（海关制度概略丛刊7）

14180

海关进出口统计

出版者不详，[1935—1939]，430页，16开

本书为汉英对照。全部为统计图表。内容包括：历年进出口净值图表、主要进口商品价值统计图表、主要出口商品价值统计图表、进口分区及埠别与国别图表、出口分区及埠别与国别图表等。附进口商品平均报价统计表、出口商品平均报价统计表、金银进出口总值图表等。

14181

海关进口税则

出版者不详，[1911—1949]，48页，16开

本书为汉英对照，全部为表。收录16类商品进口税则，内容包括：棉及其制品类、丝及其制品类、金属及其制品类、化学产品及染料类等。

收藏单位：安徽馆、重庆馆、广东馆、国

家馆、湖南馆、南京馆、上海馆、浙江馆、
中科图

14182

海关进口税则草案
出版者不详，1948，48 页，18 开
　　收藏单位：国家馆、南京馆

14183

海关进口新税则　新商学研究社编辑
新商学研究社，1920.1，82 页，25 开
　　本书内容包括：棉货类、羊毛及毛织物、
五金类、食物饮料及药材类、糖类等。附海
关一览表、海关章程、海关税述要等。自
1919 年 8 月 1 日起实行。
　　收藏单位：首都馆

14184

海关进口新税则之研究　中国银行总管理处
经济研究室编纂
中国银行总管理处经济研究室，1934，40 页，
16 开
　　本书共 4 部分：我国近年海关税则修订的
经过、新税则修订的主要内容、新税则与对
外贸易、新税则与国民经济之前途。
　　收藏单位：国家馆、上海馆、武大馆、浙
江馆

14185

海关俱乐部会员录　海关俱乐部编
上海：海关俱乐部，1938.3，52 页，44 开
上海：海关俱乐部，1942.3，65 页，44 开

14186

海关贸易统计　上海总税务司署统计科编
上海总税务司署统计科，[1949]，9 页，32 开
（海关制度概略丛刊 11）

14187

海关权与民国前途　金葆光编
上海：商务印书馆，1928.4，219+19 页，22 开
　　本书共两编 12 章，内容包括：海关与关
税紊乱时代、海关税权丧失时代、海关关权

丧失时代、恢复税权与民国前途、恢复税权
之策略等。附关税特别会议纪事。
　　收藏单位：安徽馆、重庆馆、广东馆、贵
州馆、国家馆、黑龙江馆、湖南馆、吉林馆、
江西馆、近代史所、辽宁馆、南京馆、内蒙
古馆、上海馆、天津馆、浙江馆

14188

海关税收之过去与现在　总税务司署统计科
编
上海：总税务司署统计科，[1949.5]，44 页，
23 开（海关制度概略丛刊 5）

14189

海关税务纪要　盛俊著
财政部，1919.6，[20]+274 页，18 开
　　本书共 10 章：通商口岸及海关、税则、
海关各项税收、免重征执照与存票、商船通
关办法、货物进关办法、关栈、报关行、贸
易册编制程序、五十里内常关。
　　收藏单位：重庆馆、东北师大馆、国家
馆、河南馆、黑龙江馆、上海馆、首都馆、
天津馆、浙江馆

14190

海关题名录（第 42、53 次）
出版者不详，1916—1927，2 册（183+213 页），
17 开
　　本书共 5 部分：税课司人员、海政局人
员、工程局人员、常关人员、华洋人员总数。
　　收藏单位：近代史所

14191

海关通志　黄序鹓著
北京：定庐，1917.9，2 册（788+412+[142] 页），
22 开，精装
北京：定庐，1921.9，2 册（788+412+[142] 页），
22 开
　　本书共 17 章，内容包括：海关沿革、海
关组织、各海关分志、海关税之约定、海关
税则、海关税款、海关附属事务等。附洋文
税则对照、洋文条约对照、洋文海关各项单
照式样。

收藏单位：长春馆、重庆馆、东北师大馆、广东馆、国家馆、江西馆、近代史所、辽大馆、南京馆、内蒙古馆、山西馆、首都馆、天津馆、中科图

14192

海关新条例及新税则 陈毓泰译

暹京（曼谷）：文化铸字印刷公司，1935，44页，16开

收藏单位：重庆馆

14193

海关之会计制度 总税务司署统计科编

上海：总税务司署统计科，[1949.5]，11页，23开（海关制度概略丛刊6）

14194

海关职员临时题名录（第70—71期） 海关总税务司署人事科编

[上海]：海关总税务司署人事科，1944，157页，18开

[上海]：海关总税务司署人事科，1945，163页，18开

本书为汉英对照。收录总税务司、署税务司、暂行代理税务司等部门人员信息。

收藏单位：国家馆、上海馆

14195

海关职员录（第57—58、65、68—70期） 海关总税务司署统计科编

[上海]：海关总税务司署统计科，1931，211页，18开

[上海]：海关总税务司署统计科，1932，207页，18开

[上海]：海关总税务司署统计科，1939，306页，18开

[上海]：海关总税务司署统计科，1942，190页，18开

[上海]：海关总税务司署统计科，1943，[391]页，18开

[上海]：海关总税务司署统计科，1944，266页，18开

本书为汉英对照。

收藏单位：国家馆、上海馆

14196

海关中外贸易报告

出版者不详，1936，[314]页，13开

收藏单位：广东馆

14197

海关中外贸易统计年刊（中华民国二十一至二十二、二十五、三十、三十六至三十七年） 上海总税务司署统计科编

上海总税务司署统计科，1933—1949，15册，10开

本书为汉英对照，大部分为图表。分5卷：贸易报告、进出口贸易统计辑要、进口货物类编、出口货物类编、国内转口土货类编。

收藏单位：广东馆、近代史所

14198

海关总署关警训练所官警通讯录 同学录编纂委员会编

上海：[海关总署关警训练所]，1948.2，[71]页，32开，精装

收藏单位：上海馆

14199

汉文译本改正进口税则 盛俊译

上海：商务印书馆，1919.9，62页，32开

本书共15类，内容包括：麻织丝织及毛织物、五金、食物饮料及药材、烟草、化学品及颜料、烛膏油皂漆蜡、竹木藤、煤燃料沥青及柏油、宝石陶器、杂货等。书中题名：改订进口税则。

收藏单位：上海馆、浙江馆

14200

荷属东印度海关进口税税则 中华民国驻巴达维亚总领事馆编译

巴达维亚：东亚印务公司，1934.4，179页，12开

收藏单位：南京馆、内蒙古馆

14201

荷印之统制贸易　陆庆编

南京：实业部商业研究室，1936.2，242 页，22 开（实业部商业研究室丛书 2）

　　本书共两部分：荷印之对外贸易及其商业政策、荷印之贸易统制。第 1 部分共 7 节，内容包括：荷印物产之世界的地位及其最近贸易状况，荷印对华、日、英、美贸易等。第 2 部分共两章：总述、分述，总述为荷印采取贸易统制政策之实况，分述共 19 节，内容包括：荷印爆竹焰火输入之限制、荷印茶输入之限制、水泥输入之限制、米豆输入之限制、啤酒输入之限制等。附荷印一九三三年紧急输入条例等 10 种。

　　收藏单位：广东馆、国家馆、湖南馆、江西馆、南京馆、上海馆、首都馆、浙江馆、中科图

14202

湖南对外贸易概观　胡遹　刘世超编

胡遹 [发行者]，1933.12，164 页，16 开

　　收藏单位：贵州馆、国家馆、湖南馆

14203

湖南之海关贸易　刘世超编述

湖南经济调查所，1934.8，[410] 页，16 开（湖南经济调查所丛刊）

　　本书共 5 章：湖南海关贸易概论、洋货进口贸易、土货进口贸易、土货出口贸易、进出口贸易之比较及现金流动。附三十五年来长岳两关各年进出口贸易总额表、三十三年来湖南进出口贸易比较表等。

　　收藏单位：重庆馆、广东馆、贵州馆、国家馆、湖南馆、吉林馆、近代史所、南京馆、上海馆、西南大学馆、中科图

14204

华北海关进出口贸易统计年报（中华民国二十八年） [华北海关编]

天津：华北海关，1939，304 页，16 开

　　本书全部为表。内容包括：海关贸易统计编制说明、洋货进口净数价值组别表、土货出口净数价值组别表、对外贸易统计表等。

收藏单位：国家馆

14205

华茶的对外贸易　钱承绪编著

上海：中国经济研究会，1941，152 页，16 开

　　本书共 3 部分：世界茶叶市场、华茶的产销与统制、华茶的对外贸易与当前地位。

14206

华茶对外贸易之回顾与前瞻　中央银行经济研究处编

上海：商务印书馆，1935.10，43 页，22 开（中央银行丛刊）

上海：商务印书馆，1936.6，再版，43 页，22 开（中央银行丛刊）

长沙：商务印书馆，1938.4，3 版，43 页，22 开（中央银行丛刊）

　　本书共 7 部分：华茶之产区及产额、茶之种类、贸易之回顾、最近六年之贸易状况、近年华茶在国际市场中之地位、华茶贸易失败之原因、贸易之前途。

　　收藏单位：重庆馆、东北师大馆、广东馆、广西馆、贵州馆、国家馆、河南馆、湖北馆、湖南馆、江西馆、辽大馆、南京馆、上海馆、首都馆、天津馆、西交大馆、浙江馆

14207

华茶对外贸易之瞻望　吴觉农著　实业部上海商品检验局农作物检验组编辑

实业部上海商品检验局农作物检验组，1934.6，27 页，18 开（农字单行本 14）

　　本书共 7 部分，内容包括：引言、二十二年输出茶叶之趋势、各国产茶之近况、中外市价之比较、各地茶商营业之盈亏等。

　　收藏单位：广东馆、广西馆、国家馆

14208

华东区国外贸易管理暂行办法及附表　华东区国外贸易管理局编

华东区国外贸易管理局，1949.9，50 页，32 开

　　本书内容包括：外贸管理暂行办法、有关

进出口规则、石油规则、关于清理解放前未了案件的规则、有关登记规则、关税稽征规则等。

收藏单位：国家馆、天津馆

14209

化妆品 中日贸易商品调查所编

上海：中日贸易商品调查所，1931.11，19页，32开（中日贸易商品调查丛刊2）

本书为日本化妆品在我国销售情况的调查统计。

收藏单位：上海馆

14210

缉私问题

上海总税务司署统计科，[1949]，18页，23开（海关制度概略丛刊10）

本书叙述战前缉私概况与战后缉私问题。附缉私条例。

14211

吉安县外销物资商债静态调查报告 财政贸易委员会驻赣专员办事处编

[财政贸易委员会驻赣专员办事处]，1942，手写本，1册，16开

本书内容包括：吉安县外销物资商情静态调查报告、吉安县各商业同业公会一览表、吉安县茶叶业同业公会概况表、吉安县各银行银号30—31年度分类放款及汇兑表、江西省各县平价委员会组织章程、财政部贸易委员会驻赣专员办事处外销物资商业静态分类调查表（茶叶）等。

收藏单位：国家馆

14212

冀中区出进口贸易及外汇管理暂行办法

出版者不详，1947.1，油印本，26页，横28开

收藏单位：国家馆

14213

江苏办理巴拿马赛会报告书 江苏省长公署实业科编辑

江苏省长公署实业科，1917.7，230页，22开，精装

本书共10章，内容包括：概说、赛会章程与出品说明、赴赛人及赴赛品之入口、提货与开箱等。

收藏单位：国家馆、吉林馆、上海馆、首都馆、天津馆、浙江馆

14214

江苏筹办巴拿马赛会出品协会报告书 江苏筹办巴拿马赛会出品协会编

江苏筹办巴拿马赛会出品协会，1914.12，1册，16开，精装

本书共6章：总说及纲要、筹备、展览、审查、检选、结束。

收藏单位：重庆馆、广东馆、国家馆、南京馆、首都馆、中科图

14215

江苏筹办巴拿马赛会出品协会事务所敬告农工商学各界文 江苏筹办巴拿马赛会出品协会事务所编

江苏筹办巴拿马赛会出品协会事务所，[1913—1914]，12页，23开

本书宣传该省筹备参加巴拿马太平洋万国博览会展出的意义、规格等。

14216

江苏筹备巴拿马赛会出品协会章程 江苏筹备巴拿马赛会出品协会编

江苏筹备巴拿马赛会出品协会，[1913—1914]，31页，23开

本书附江苏各县出品协会分会规则、美国巴拿马太平洋万国赛会章程、事务局拟订调查规则等。

14217

江西进出口贸易分类统计 萧纯锦著 江西省政府经济委员会编辑

[南昌]：江西省政府经济委员会，1934.9，213页，横8开，精装（江西省政府经济委员会丛刊1）

本书全部为图表。内容包括：江西省历年

进出口货值统计图表、江西省历年主要产品输出数量统计图表、江西省历年进口大宗货品统计图表等。

收藏单位：广东馆、国家馆、河南馆、南京馆、上海馆

14218

江西省进出口贸易分类统计（民国二十三至二十五年） 江西省政府秘书处统计室编著

江西省政府秘书处统计室，1935—1937，3册（69+72+58页），16开（江西经济丛刊）

收藏单位：国家馆、辽大馆、南京馆、上海馆、浙江馆

14219

蒋党卖国求荣新二十一条 新铭图著

上海：新出版社，1949.5，14页，32开

本书为对中美商约的评论。

收藏单位：近代史所

14220

蒋介石盗卖中国的新二十一条

第二野战军卫生部政治部，[1946—1949] 翻印，37页，64开

本书收文 4 篇：《蒋介石盗卖中国的新二十一条》《评蒋美商约》《袁世凯不敢为者蒋介石竟然为之——中美商约与二十一条之比较》《美帝国主义侵华简史》。

收藏单位：国家馆

14221

蒋介石卖国新约（中美友好通商航海条约全文）

出版者不详，[1940—1949]，24页，36开，环筒页装

本书收录该条约全文。附《解放日报》《大公报》《纽约时报》及边区各界人士的短评 7 则。

收藏单位：重庆馆、广东馆、国家馆

14222

蒋介石卖国新约的介绍（中美友好通商航海条约） 晋冀鲁豫边区贸易总局编

[晋冀豫边区贸易总局]，1947.7，6+90 页，32 开（参考材料 2）

本书共 3 部分：蒋美商约出卖了中国人民的什么利益、蒋美商约签订后各方舆论、中美友好通商航海条约。附中美历次缔结商约一览表。

收藏单位：近代史所

14223

解放区贸易须知 华商报资料室编纂

香港：华商报社，1949.3，43 页，32 开

本书收录法规 5 种，内容包括：山东解放区进出口贸易管理暂行办法、山东解放区征收进出口税暂行条例、山东解放区进出口货物税目税率等。附《对"山东解放区进出口贸易管理暂行办法"观感》（狄超白）、《香港与华北解放区贸易答问》（孙孺）。

收藏单位：重庆馆、国家馆、南京馆、宁夏馆、上海馆

14224

解放区贸易指南

新建出版社，1949，43 页，32 开

收藏单位：华东师大馆、吉林馆、上海馆

14225

金银进出口总值国别关别表

出版者不详，1942.12，油印本，1 册，21×33cm

本书所涉时间为 1942 年 6—12 月及 1943 年 3—4 月。

收藏单位：国家馆

14226

今后十年间关税收支之概测 严鸥客著

出版者不详，1924，28 页，16 开

本书内容包括：就现行税则之关税收支立论、二五赋税及裁厘加税等。附论公债现价、附公债现价略表。

收藏单位：国家馆

14227

今世中国贸易通志 陈重民编纂

外文题名：Foreign trade of China

上海：商务印书馆，1924.4，224 页，16 开，精装

上海：商务印书馆，1927.6，再版，224 页，16 开，精装

上海：商务印书馆，1933.9，国难后 1 版，[491] 页，16 开，精装

　　本书共 3 编：对外贸易之大势、出口货物、进口货物。第 1 编共 7 章，内容包括：概论、出口贸易、进口贸易、通商各埠贸易概况、通商各国贸易概况等；第 2、3 编分述进口货物之产地、数额、交易、市场竞争等。

　　收藏单位：安徽馆、重庆馆、东北师大馆、广东馆、广西馆、贵州馆、桂林馆、国家馆、黑龙江馆、湖南馆、吉林馆、辽大馆、南京馆、宁夏馆、山西馆、上海馆、首都馆、浙江馆、中科图

14228

进出口货物管理附表正误表

出版者不详，[1911—1949]，34 页，32 开

　　收藏单位：上海馆

14229

进出口货物统计表　重庆海关总税务司署统计科编

重庆海关总税务司署统计科，[1945]，油印本，1 册，13 开

　　本书收录统计表 21 种。

　　收藏单位：国家馆

14230

进出口货物总值关别表

出版者不详，1943，1 册，9 开

　　本书所涉时间为 1942 年 1 月至 1943 年 4 月。

　　收藏单位：国家馆

14231

进出口货物总值国别表

出版者不详，1943，1 册，9 开

　　本书所涉时间为 1942 年 1 月至 1943 年 4 月。

　　收藏单位：国家馆

14232

进出口货值统计（第 1 期）　财政部国定税则委员会编

财政部国定税则委员会，1945，油印本，162 页，横 8 开

　　本书所涉时间为 1933—1937 年。

　　收藏单位：广东馆

14233

进出口贸易办法及附表

输出入管理委员会，1947.11，36 页，50 开

　　本书所收办法于 1947 年 8 月 18 日由行政院公布。

　　收藏单位：上海馆

14234

进出口贸易办法与中央银行管理外汇暂行办法　国际出版社编辑

上海：国际出版社，1946.3，24+20 页，32 开

　　本书内容包括：开放外汇市场案、中央银行管理外汇暂行办法等。附中国进出口贸易统计资料。

　　收藏单位：国家馆、山西馆

14235

进出口贸易暂行办法

[国防最高委员会]，[1946]，1 册，32 开

　　本书为汉英对照。由国防最高委员会于 1946 年 2 月通过。

　　收藏单位：南京馆

14236

进出口贸易中之果品蔬菜及其制成品　尤其伟著

上海园艺事业改进协会，1947，20 页，32 开（上海园艺事业改进协会丛刊 10）

　　本书共 3 部分：进出口贸易中之果蔬及其制成品运销情形、进出口果蔬及其制成品检验情形、主要出口果蔬及其制成品包装情形。附实业部商品检验局植物病虫害检验施行细则。

　　收藏单位：重庆馆、国家馆、吉林馆、南京馆、上海馆、浙江馆

14237
进出口税则分类须知
上海总税务司署统计科，1937.7，修订版，139页，16开
　　收藏单位：南京馆

14238
进出口业概况·信托业概况　潘吟阁编著
上海：中华职业教育社，1929，15页，32开（研究职业分析）（职业教育研究丛辑17）
　　本书为合订本。《进出口业概况》内容包括：本业之历史、各国洋行之竞争、本业交易之手续等。《信托业概况》内容包括：本业之历史、本业之业务、本业之现状及将来等。
　　收藏单位：国家馆

14239
进口税则货品说明书（一）
出版者不详，[1936]，油印本，47页，16开，环筒页装
　　本书为货品第一类：棉及其制品类。内容包括：中国原棉产量、进口棉花数量、进口棉花价值、进口棉花国别统计等。
　　收藏单位：国家馆

14240
进口税则暂行章程·税则分类估价评议会章程·税则分类估价评议会办事细则
出版者不详，1929，1册，18开
　　收藏单位：广东馆、内蒙古馆

14241
进口须知　张一凡著
上海：中国文化服务社，1947.2，110页，32开（国民文库）
　　本书共7章，内容包括：进口商之种类及其登记、进口商之要件、定货单之内容、报关提货之手续等。附修正进出口贸易暂行办法及其附表。
　　收藏单位：重庆馆、广东馆、国家馆、南京馆、宁夏馆、上海馆、天津馆

14242
进口洋货价值表
出版者不详，1925，油印本，1册，横11开
　　收藏单位：国家馆

14243
进口洋货价值计算法
出版者不详，1925，油印本，1册，横11开
　　收藏单位：国家馆

14244
近二年中国进口洋货内衣食住行印刷五项重要货别之统计表
出版者不详，1930，油印本，4页，5开
　　收藏单位：国家馆

14245
近二十年来之中日贸易及其主要商品　蔡谦著
上海：商务印书馆，1936.8，127+93页，22开（国立中央研究院社会科学研究所丛刊 第9种）
　　本书共5章：一九一二年前中日贸易发展述略、一九一二年后中日贸易发展情况、中国自日进口主要商品之分析、中国出口至日主要商品之分析、结论。附中国对外贸易价值、日本对外贸易价值、日本对华贸易价值等表93种。
　　收藏单位：重庆馆、广东馆、广西馆、贵州馆、国家馆、河南馆、湖南馆、吉林馆、江西馆、辽大馆、南京馆、宁夏馆、上海馆、西南大学馆、浙江馆、中科图

14246
近十年胶海关中外主要贸易比较表　青岛工商学会编
青岛工商学会，1933，18页，横16开
　　本书全部为表。内容包括：民国十一年至二十年胶海关贸易货值比较表、民国十一年至二十年间洋货自外国进口之贸易货值比较表、民国十一年至二十年间土货出口往外国之贸易财值比较表等。
　　收藏单位：国家馆、上海馆

14247

近世中国国外贸易 立法院秘书处统计科编辑

立法院秘书处统计科，1933.4，40+92 页，18 开

本书收录 1912—1931 年进出口贸易的各种统计资料。共 3 部：说明、统计图、统计表。第 1 部共 12 章，内容包括：中国国外贸易之由来、广东公行与外国商馆贸易、主要通商条约等；第 2—3 部收录图表 40 个。

收藏单位：东北师大馆、广东馆、国家馆、湖南馆、近代史所、南京馆、上海馆、浙江馆、中科图

14248

近四年东三省出口贸易 立法院秘书处统计科编辑

立法院秘书处统计科，1933.12，116 页，16 开

本书大部分为表。分 9 部分介绍近四年东三省出口贸易之总表及近四年滨江关、珲春关、延吉关、安东关、大连关、山海关出口贸易之分表。统计时间为 1928—1931 年。

收藏单位：广东馆、国家馆、湖南馆、吉林馆、南京馆、上海馆

14249

近五年来日货输入分类比较表 国立中央大学商学院反日运动委员会编纂

[南京]：国立中央大学商学院反日运动委员会，1928.7，84 页，23 开

本书收录 1922—1926 年各年输入各类日货数量、金融统计表。

收藏单位：南京馆、上海馆

14250

精诚团结（华侨出入口商公会周年纪念刊） 华侨出入口商公会编

出版者不详，1946，112 页，16 开

本书内容包括：本会的缘起及组织经过、本会的前瞻与后顾、饥馑中的几个愿望等。

收藏单位：国家馆

14251

经济救国 经济救国研究社编

经济救国研究社，1931.11，96 页，32 开

本书共 10 部分，内容包括：大声急呼、不买日货的利益、不买日货的方法、历次抵制日货日方所受之损失及激起之原因、抗日后日货输出入今昔比较表等。附日货一览表。

收藏单位：北师大馆、国家馆、近代史所

14252

经济绝交 白启荣编著

重庆：正中书局，1938，25 页，64 开（抗战常识讲话）（战时国民义务 第 2 集）

本书内容包括：经济绝交的重要、日本经济上的弱点、日本对华贸易的关系、过去抵制日货失败的情形、今后经济绝交的方针、经济绝交的组织和方法等。

收藏单位：重庆馆

14253

经济绝交中日货一览表 中国国民党河北省党务整理委员会编

[中国国民党河北省党务整理委员会]，1931，92 页

收藏单位：近代史所

14254

九龙设关问题 先导社编辑

广州：先导社，1934.11，50 页，36 开

本书共 4 部分：言论、粤省各界反对九龙设关经过、通电及宣言、西南当局之态度。

收藏单位：国家馆、上海馆

14255

"九一八"后二年我国进口日货分析 郑友揆著

社会调查所，[1930—1939]，42 页，16 开

本书共 4 部分："九一八"后日货进口下落的概况、"九一八"后华北华中华南三区之日货进口情形、取消中日协定及增修进口税则后之日货进口情形、"九一八"后我国国际市场危机。附详细统计表。为《社会科学杂志》第 5 卷第 1 期抽印本。

收藏单位：上海馆

14256

开辟龙口商埠纪事　赵琪　蒋邦彦编辑

龙口商埠兴筑公司，1920.2，[94]+238+16 页，16 开

本书收录商埠兴筑公司的各种函电、会议记录、规则、章程、公牍、广告等。附文章 16 篇，内容包括：《龙口商埠兴复影响》（原载于 1917 年 7 月 20 日的上海《申报》）、《山东龙口商埠兴筑忙》（原载于 1918 年 8 月 11 日的天津《大公报》）等。

收藏单位：东北师大馆、广东馆、国家馆、近代史所、南京馆、首都馆、中科图

14257

昆明市匹头进出口业　国民经济研究所纂辑

国民经济研究所，[1940]，油印本，23 页，16 开，环筒页装

本书共 3 部分：进口、出口、结言。

收藏单位：国家馆

14258

历年各国输入货值统计表（民国元年至十七年）　工商部编

外文题名：Value of the imports of foreign goods, 1912—1928

工商部，1929，[32] 页，横 16 开（中国国际贸易统计 2）

本书收录表、图各 3 种，内容包括：历年各国输入货值总数表、历年各国输入货值比较图等。

收藏单位：广东馆、国家馆、南京馆、首都馆、浙江馆

14259

历年输出各国茶类统计表（民国元年至十七年）　工商部编

外文题名：Statistics of the export of tea, 1912—1928

工商部，1929，113 页，横 16 开（中国国际贸易统计 4）

本书收录表 15 种，内容包括：历年输出

各国总数表、历年输出各国百分比较表、历年输出各国指数表等。

收藏单位：广东馆、国家馆、江西馆、南京馆、上海馆、首都馆、浙江馆

14260

历年输出各国豆类统计表（民国元年至十七年）　工商部编

外文题名：Statistics of the export of beans and peas, 1912—1928

工商部，1929，23 页，横 16 开（中国国际贸易统计 5）

本书收录表、图各 3 种，内容包括：历年输出各国物量及物值总数表、历年输出各国统计图等。

收藏单位：广东馆、国家馆、吉林馆、近代史所、南京馆、首都馆、浙江馆

14261

历年输出各国货值统计表（民国元年至十七年）　工商部编

外文题名：Value of the exports of Chinese goods, 1912—1928

工商部，1929，17 页，横 16 开（中国国际贸易统计 1）

本书为汉英对照。收录表、图各 3 种，内容包括：历年输出各国货值总数表、历年输出各国货值总数图等。

收藏单位：国家馆、吉林馆、江西馆、上海馆、首都馆

14262

历年输出各国丝类统计表（民国元年至十七年）　工商部编

外文题名：Statistics of the export of silk, silk materials and products, 1912—1928

工商部，1929，64 页，横 16 开（中国国际贸易统计 3）

本书为汉英对照。分 3 部分：丝类、生丝及蚕茧、丝织品。收录表 9 种、图 3 种，内容包括：历年输出各国总数表、历年输出各国总数图等。

收藏单位：广东馆、国家馆、吉林馆、江

西馆、近代史所、南京馆、上海馆、首都馆、浙江馆

14263

历年我国海关进出口货物价值统计表（至一九三八年止） 财政部贸易委员会调查处编制

财政部贸易委员会调查处，[1939]，[15] 页，横 8 开

本表统计时间为 1864—1938 年。

收藏单位：国家馆

14264

六十五年来中国国际贸易统计 杨端六 侯厚培等编

外文题名：Statistics of China's foreign trade during the last sixty-five years

国立中央研究院社会科学研究所，1931，[41]+189 页，9 开，精装（社会科学研究所专刊 4）

本书为汉英对照，收录图 18 种、表 24 种，内容包括：历年来对外贸易总值比较图、历年来入口货净值比较图、六十五年来出入口货价总数统计表、六十五年来出入口货价折成美金统计表等。附出入口货分类细目。

收藏单位：安徽馆、重庆馆、东北师大馆、广东馆、国家馆、湖南馆、吉林馆、辽宁馆、南京馆、浙江馆

14265

陇海线区走私调查报告

出版者不详，[1911—1949]，油印本，1 册，16 开

收藏单位：南京馆

14266

芦丰商店经办余盐出口实录 苏鲁珍编辑 邵映儒校正

芦丰商店，1937.12，98 页，16 开

本书收录有关档牍资料，内容包括：芦丰商店始末录、芦丰商店报运程序等及有关出口手续、公文合同、呈函、表单等。

收藏单位：国家馆

14267

论战后贸易复员工作 章友江著

出版者不详，[1945]，油印本，11 页，16 开，环筒页装

本书共 5 部分：贸易复原之意义、紧急时期之贸易复原工作、交替时期之贸易复原工作、贸易复原之准备工作、结论。

收藏单位：国家馆

14268

毛织物之输入 赵诵轩等编

上海：中华书局，1930.4，17 页，32 开（民众经济丛书）

上海：中华书局，1932.9，再版，17 页，32 开（民众经济丛书）

收藏单位：重庆馆、江西馆、南京馆、内蒙古馆、首都馆、天津馆

14269

贸易报告（民国二十一至二十五年） 实业部国际贸易局编

实业部国际贸易局，1932—1936，10 册（74+120+84+121+93+136+98+156+114+124 页），18 开

本书每年两册，一、二季度 1 册，三、四季度 1 册。内容包括：国际经济概况、国内经济概况、出入口贸易数值情形、出入口贸易国别情形、统计图、表等。第 2 册附全年贸易报告。

收藏单位：广东馆、陕西馆

14270

贸易的国防 吴道鋮著

上海：汗血书店，1936.11，124 页，32 开（国际实用丛书2）

本书共 3 编：非常时期中国对外贸易之非常因素、欧美各国战时贸易、国防贸易方案。书前有绪言。书后有结论。

收藏单位：重庆馆、广东馆、广西馆、国家馆、河南馆、吉林馆、江西馆、近代史所、南京馆、上海馆

14271

贸易计划大纲

[财政部贸易委员会]，[1945]，油印本，1
册，16 开，环筒页装

本书内容包括：战时对外贸易计划纲要、
对外贸易复原计划纲要、战后对外贸易计划
纲要等。

收藏单位：国家馆

14272

梅乐和总税务司荣膺爵位及任职三周纪念
海关俱乐部编

[上海]：海关俱乐部，1932，[14] 页，16 开
本书为汉英对照。

14273

美国抵制日丝之失败与丝价上涨之影响　陈
忠荣翻译　刘铁孙审查　刘大钧核定

出版者不详，1939.6，晒印本，7 张，大 16
开（中国经济统计研究所 总字第 311 号 经济
门国际类 第 11 号）

收藏单位：上海馆

14274

美国对华货款与贸易问题　（美）高斯（E.
Gauss）（美）樊克令（Cornell Franklin）著

上海：国际出版社，1946.1，10+8 页，32 开
（外论丛刊 2）

本书收文两篇：《美国对华贷款与通商问
题》（高斯）、《中美商业前途》（樊克令）。

收藏单位：国家馆、南京馆、上海馆

14275

美国对华商业　杜廷绚著

上海：商务印书馆，1933.12，99 页，32 开（万
有文库第 1 集 355）（商学小丛书）

上海：商务印书馆，1934.1，99 页，32 开（商
学小丛书）

上海：商务印书馆，1934.6，2 版，99 页，32
开（商学小丛书）

本书共 7 章：初期之美国对华商业
（一八九三年以前）、列强在华竞争与中美贸
易之转变（一八九四至一九一一）、激进中之

美国对华商业（民国成立以后）、中美贸易之
重要商品、美国在华投资、美国对华商业政
策及中美商约、结论。

收藏单位：安徽馆、重庆馆、大理馆、大
连馆、东北师大馆、广西馆、贵州馆、国家
馆、黑龙江馆、湖南馆、江西馆、近代史所、
辽大馆、辽师大馆、柳州馆、南京馆、内蒙
古馆、宁夏馆、上海馆、天津馆、西南大学
馆、浙江馆

14276

美国对外贸易政策之演变　章友江著

广东省银行经济研究室，[1941.6]，[15] 页，
16 开

本书共 3 部分：门罗主义的对外贸易政策
之转变、争夺世界市场的对外贸易政策、独
占世界市场的对外贸易政策。

收藏单位：国家馆

14277

**美国费城展览会中国商人赴赛出品规则・农
商部驻沪赛品管理处规则**　农商部编

农商部，1926.3，10 页，21 开

本书内容包括：展品类别、注意事项等。

14278

美国国务院向国际贸易就业会议建议书　中
央银行经济研究室译

出版者不详，[1911—1949]，26 页，32 开

收藏单位：南京馆

14279

美国与各国所缔结之互惠贸易协定　徐敦璋
编

财政部贸易委员会，1943.3，67 页，22 开
（贸易研究丛书）

本书共 19 部分，介绍美国对一些国家采
取缔结互惠贸易协定政策的背景、经过、原
则、形式、时效、实施地域及有关的保留条
款、外汇管制、关税政策等问题的处理。附
一九三四年美国国会授权总统缔结互惠贸易
协定法案译文。

收藏单位：重庆馆、国家馆、南京馆、西

南大学馆、中科图

14280

美日商约废止经过及其影响 田鹏编

航空委员会政治部，1939.9，18页，36开（时事报导丛书2）

本书内容包括：美日商约的重要内容、日本军需对美的依赖、美国支持日本军需的损失、美国废止美日商约的经过、废约后之回声与影响等。

收藏单位：重庆馆

14281

棉织品（上篇） 中日贸易商品调查所编

上海：中日贸易商品调查所，1931.11，58页，32开（中日贸易商品调查丛刊）

本书内容包括：日本棉织品之种类与消长、原料与品质、贸易手续及销行、在华畅销之原因、抵制日本棉织品之影响等。

收藏单位：上海馆

14282

民国二十二年广西省进出口贸易概况 潘载生编

[南宁]：广西统计局，1934.12，57页，32开（广西统计丛书第10种）

本书内容包括：出口增加之原因、入口减少之原因、出口商品贸易情形、入口商品贸易情形等。附二十二年出入口贸易货值统计详表、二十二年大宗出入口货物量值统计详表等。大部分为统计表。

收藏单位：重庆馆、桂林馆、国家馆、南京馆、西南大学馆、浙江馆

14283

民国二十二年进口税则草案货品说明书 国家税则委员会编

国家税则委员会，[1933]，1册，22开
国家税则委员会，[1933—1939]，5册（[701]页），23开

本书将货品分成16类：棉、麻、毛、丝、金属、食品、烟草、化学产品、油脂、纸、畜产品、木材、燃料、陶瓷、石料、杂货。

收藏单位：内蒙古馆、上海馆、浙江馆

14284

民国廿五年广西全省及八大城市（梧、邕、柳、贵、郁、桂、融、宜）出入口贸易概况 广西省政府总务处统计室编

广西省政府总务处，1937.11，52页，16开（广西统计丛书第14种）

本书共5部分：序言、凡例、统计图表、民国二五年广西出入口贸易概况、广西八大城市出入口贸易概况。附二五年广西大宗出口商品各月量值统计（详表）等4种。

收藏单位：重庆馆、桂林馆、国家馆、湖南馆、南京馆

14285

民国七年修改进口税则纪事 漆运钧编

出版者不详，[1919]，1册，16开

本书为合订本。共5章：修改豫备、修改会商、修改告成、接商新修税则施行陆关案暨日本委员面提八条、新税则承认及施行并接商陆关推行新则案暨日本使原提八条和使等附提六项。书前有李思浩序、编者序。附新修税则、修改税则委员会议事录、财政部修改税则会议处议事录、汇列各表。

收藏单位：重庆馆、国家馆、南京馆、内蒙古馆、上海馆、天津馆

14286

民国十一年至十四年关款收支数目表 财政整理会编

财政整理会，1928，增订本，[25]页，26×39cm

收藏单位：国家馆

14287

民国以来关税纪实（卷1） （英）魏尔特（Stanley F. Wright）原著 陶乐均译述

北京：总税务司公署，1927.10，124页，16开

本书共两章：税款之征收存放汇解及其分配、应由关税内尽先开支之各款。著者为当时总税务司公署秘书。原著为英文版。

收藏单位：安徽馆、广东馆、广西馆、国

家馆、吉大馆、近代史所、上海馆、浙江馆

14288

明代的朝贡贸易 秦佩珩著

天津达仁学院经济研究所，1941，28 页，22 开

本书记述明代来华朝贡贸易的若干重要史实，包括朝贡国家的今昔地名、朝贡物品、明朝政府对朝贡日期、贡道、朝贡人数与供品的种种规定和限制，贡使携带货物的出售、市场的交易，入榻的"会同馆"等情况。为《经济研究季刊》第 1 卷第 2 期抽印本。

收藏单位：国家馆

14289

明代广州之海舶贸易（清代广州通商史的背景） 张德昌著

出版者不详，[1932.6]，18 页，16 开

本书共 5 部分，内容包括：贡舶贸易制度、商舶贸易制度等。为《清华学报》单行本。

收藏单位：国家馆

14290

南洋贸易论 单岩基编著 潘文安校订

上海：申报馆，1943.7，391 页，32 开（经济丛书）

本书共 10 章，内容包括：总论、菲律宾群岛、东印度群岛、马来、越南、泰国等。

收藏单位：东北师大馆、广西馆、国家馆、吉林馆、近代史所、南京馆、上海馆、天津馆、中科图

14291

南洋贸易指南 自修周刊社编

上海：自修周刊社，1940.7，16+567 页，16 开，精装

本书共 7 编：南洋贸易输出实务纪要、荷属东印度、菲律宾、英属马来、法属安南、泰国、附录。第 2—6 编分别叙述该地区的商业、贸易政策与关税制度、海运与邮电、商业都市、外贸、与中国的贸易往来、当地华侨情况等。附荷属东印度输入货物税率表、

泰国输入货物条例及税则、南洋各埠侨商调查表、南洋经济地图、商标法等 16 种。

收藏单位：安徽馆、国家馆、湖南馆、吉林馆、近代史所、辽大馆、南京馆、上海馆

14292

南洋商业考察团专刊 中华工业国外贸易协会编辑

上海：中华工业国外贸易协会，1936，181 页，16 开

本书为文集，内容包括：《对于南洋商业考察团之希望》《外销工业品之标准化》《我国实业界沟通南洋市场之先声》《近年来国货之活跃》《中国与南洋贸易之展望》等。

收藏单位：中科图

14293

拟陈另订中法商约补充意见书 张维翰著

出版者不详，[1911—1949]，8 页，16 开

本书共 4 部分，内容包括：滇越铁路章程因根据消灭亟须彻底修改、滇省交通为人扼制工商农业均无发达之望亟须另求出路等。

收藏单位：国家馆

14294

拟陈另订中法商约及改善中法关系意见书 张维翰著

出版者不详，[1911—1949]，40 页，16 开

本书共 4 部分：请废除之部、请修改之部、请改善之部、特请废除之部。附上铁道部意见书。

收藏单位：上海馆

14295

农产物输出入数量比较表（民国四至五年度） 农商部农林司第一科 [编]

农商部农林司第一科，1915—1916，2 册，16 开

收藏单位：国家馆

14296

农产物输出入统计图表（民国十八年） 农矿部制

[农矿部]，1929，1册，16开

收藏单位：广东馆、国家馆、南京馆、上海馆

14297

农产物之输入 赵诵轩 黄炎 杨允鸿编

上海：中华书局，1930.4，19页，32开（民众经济丛书）

上海：中华书局，1932.9，再版，[19]页，32开（民众经济丛书）

本书共3部分：农产物的意义及其与人生的关系、中国的农产输入及其影响、中国农产物输入增加的原因和挽救方针。

收藏单位：重庆馆、黑龙江馆、湖南馆、江西馆、南京馆、内蒙古馆

14298

农工部毛革肉类出口检查条例

出版者不详，[1927—1928]，3页，小32开

本书附施行细则。

收藏单位：南京馆

14299

农矿部最近外洋森林产物输入统计 农矿部制

农矿部，[1929]，[6]页，16开

本书全部为图。共12种，内容包括："最近五年外洋重、轻木材输入比较图""最近五年外洋铁路枕木输入比较图""最近五年外洋生漆、樟脑、松香输入比较图"等。统计时间为1925—1929年。

收藏单位：国家馆

14300

欧人东渐前明代海外关系 谭春霖著

北平：燕京大学，1936，57页，32开（燕京大学政治学丛刊27）

本书共6部分：引言、明代番国政策、明代对外贸易、市舶司、海禁、结论。结论部分共两节：明代对外贸易政策与宋元比较、倭患对明代海外关系之影响。

收藏单位：国家馆、浙江馆

14301

评中美商约 燕京大学学生自治会研讨股编

北平：燕京大学学生自治会，1947.1，60页，32开

本书收文8篇，内容包括：《论中美新商约》（饶毓苏）、《商约的国际意义与政治意义》（郑森禹）、《评中美新商约》（千家驹）、《关于商约的一点感想》（陈志让）、《中美商约中值得注意之几项条款》（何国梁）等。附《中美友好通商航海条约》全文。

收藏单位：东北师大馆、国家馆、吉林馆、近代史所、辽宁馆、首都馆

14302

评中美商约总结魏德迈 光明书店辑

光明书店，1947，72页，32开

本书收录评论13篇，内容包括：《总结魏德迈》（陕北新华社）、《全国学联就魏德迈来华发表宣言》（陕北新华社）、《评蒋美商约》（1946年《解放日报》社论摘要）等。附《中美商约》全文等9种。

收藏单位：北师大馆、东北师大馆、国家馆、吉林馆、南京馆

14303

青岛贸易商品论略

出版者不详，[1930—1939]，16页，16开

本书介绍青岛贸易概况、土货进出口、洋货进口的情况。所收材料述至1930年。

收藏单位：首都馆

14304

清代鸦片输入概况 上海六三纪念筹备会编辑

上海中华国民拒毒会，1931，15页，32开（拒毒小丛书7）

收藏单位：浙江馆

14305

清代鸦片战争前之中西沿海通商 张德昌著

[北平]：[国立清华大学]，1935.1，50页，16开

本书内容包括：清代禁海时期之中西沿海

通商、清初的海禁和影响、来华西洋商人的竞争、沿海多口通商时代之中西贸易等。为《清华学报》单行本。

收藏单位：国家馆

14306

全国出进口会议上海预备会议

出版者不详，[1911—1949]，126 页，32 开

本书共 4 部分：序言、综合意见、主要商品国际市场情况资料、专家教授及厂商等之意见。

收藏单位：上海馆

14307

全国对外贸易会议提案汇录　全国对外贸易会议编

全国对外贸易会议，[1945—1949]，36 页，16 开

本书为抗战胜利后召开的一次对外贸易会议提案汇录。

收藏单位：上海馆

14308

全国进出口商行要览（中华民国二十五至二十六年） [季泽晋编]

实业部国际贸易局，[1937—1938]，2 册（700+784 页），18 开，精装

本书为汉英对照。内容包括：全国进出口商行名录、商品分类表、商业组织及进口法规等。

收藏单位：桂林馆、国家馆、近代史所、南京馆、上海馆、浙江馆

14309

全国洋行暨进出口贸易公司调查录　许晚成编

出版者不详，1942，[966] 页，16 开

收藏单位：国家馆、南京馆

14310

确立缉私方案问题　李云良著

出版者不详，[1911—1949]，8 页，32 开

14311

日本茶叶贸易史　刘轸著

出版者不详，1937.5，30 页，22 开

本书内容包括：茶叶输出贸易之变迁、茶叶贸易独霸场静冈县等。为《中华农学会报》第 160 期抽印本。

收藏单位：浙江馆

14312

日本对华商业　赵兰坪著

上海：商务印书馆，1933.12，85 页，32 开（万有文库第 1 集 356）（商学小丛书）

上海：商务印书馆，1934.1，85 页，32 开（商学小丛书）

上海：商务印书馆，1934.6，再版，85 页，32 开（商学小丛书）

本书共两部分：日本对华商品的输出、日本对华资本输出。

收藏单位：安徽馆、重庆馆、大理馆、大连馆、东北师大馆、广东馆、广西馆、贵州馆、国家馆、黑龙江馆、湖南馆、惠州馆、江西馆、近代史所、辽大馆、辽师大馆、柳州馆、南京馆、内蒙古馆、宁夏馆、上海馆、天津馆、西南大学馆、浙江馆

14313

日本国际贸易之分析　（美）奥拆德（J. E. Orchard）著　日本评论社编辑　梦超译

外文题名：Analysis of markets for Japanese exports

南京：正中书局，1933.3，38 页，32 开（日本研究会小丛书 2）

南京：正中书局，1933.9，再版，38 页，32 开（日本研究会小丛书 2）

本书共 8 部分，内容包括：日本在美国的市场、日本在亚洲的市场、中国历次抵货运动纪略、抵货成绩总检讨、中国关税之自主与中日贸易关系、日本其他之可能的市场等。

收藏单位：重庆馆、广东馆、国家馆、湖南馆、江西馆、南京馆、宁夏馆、上海馆

14314

日本货调查汇编（第 1 辑）　旭初编

广西民众抗日救国委员会玉林分会，[1937—

1945]，60页

收藏单位：广西馆、国家馆、近代史所

14315

日本贸易　陈寿琦编著

正中书局，1942.4，124页，32开（日本国情研究丛刊）

本书共5章：日本对外贸易的重要性、日本对外贸易的分析、日本对外贸易状况、日本贸易政策、日本对外贸易的危机。

收藏单位：重庆馆、东北师大馆、贵州馆、国家馆、吉林馆、江西馆、近代史所、辽宁馆、南京馆、内蒙古馆

14316

日本收回关税权之经过　盛俊编译

财政部驻沪调查货价处，1925.10，52页，32开（财政部驻沪调查货价处丛书）

本书共两部分：通商条约之修改、关税制度之改正。为《商业政策》（津村秀松）第2辑第20章2—3节的节译本。

收藏单位：重庆馆、广东馆、国家馆、河南馆、上海馆

14317

日本战时贸易的危机　吴绍鉴著

重庆：吴绍鉴[发行者]，1938.2，34页，36开（抗战丛刊20）

本书共5部分：绪论、近年日本对外贸易恶化之经过、日本对外贸易危机深刻化的原因、日本对外贸易恶化的现势、日本战时贸易危机发展的透视。

收藏单位：重庆馆、广东馆、广西馆、国家馆、湖南馆、吉林馆、江西馆、南京馆

14318

日本战时贸易政策　符灿炎编著

长沙：商务印书馆，1938.7，112页，32开（日本知识丛刊）

本书分上、下两编：日本战时贸易状况、日本战时贸易政策。

收藏单位：安徽馆、重庆馆、广东馆、贵州馆、国家馆、湖南馆、吉林馆、江西馆、

近代史所、南京馆、内蒙古馆、上海馆

14319

日本之关税政策　刘百闵编辑　日本评论社编辑

外文题名：The tariff policy of Japan

南京：正中书局，1933.12，32页，32开（日本研究会小丛书36）

本书共5部分：开端、日本关税制度的沿革、日本关税制度的末路、日本关税政策的转形期、日本关税政策的展望。

收藏单位：重庆馆、国家馆、江西馆、上海馆

14320

日本之关税制度与政策　周培兰编

大连：政治经济学会，1928.10，[18]+254页，32开

本书共4编：关税制度之沿革、现行关税制度、关税政策、修改一般关税之经过。附关税定率法、吨税法、税关官制、订正日法协定税率表、奢侈品输入税率表。

收藏单位：重庆馆、国家馆、近代史所、天津馆、中科图

14321

日本纸调查　中国国际贸易协会编

上海：中国国际贸易协会，1932.10，68页，32开（国际贸易丛书2）

本书共5部分：日本纸在上海行销情形、上海行销日本纸之种类、上海推销日本纸之日商、上海贩卖日纸之纸号、上海日本纸之交易手续。

收藏单位：重庆馆、上海馆、浙江馆

14322

日货调查表　协进会调查股编辑

南京提倡国货抵制仇货协进会，1925.8翻印，50页，18开

本书共3部分：货物分类表、日货调查表、日商洋行及公司名录。

收藏单位：国家馆

14323

日货一览表

首都各界抗日救国会，1931.9，90页，16开

　　收藏单位：南京馆

14324

日货在世界市场　孙怀仁　娄壮行著

上海：黑白丛书社，1937.4，69页，36开（黑白丛书 8）

汉口：黑白丛书社，1937.11，再版，69页，36开（黑白丛书 8）

　　本书共 8 节，内容包括：从"德国制"到"日本制"、世界市场上主要日货的分析、日货泛滥的原因、日货泛滥世界市场的政治经济的背景等。

　　收藏单位：重庆馆、广西馆、贵州馆、国家馆、河南馆、湖南馆、江西馆、近代史所、南京馆、陕西馆、上海馆、天津馆

14325

如何防止走私

中国国民党中央执行委员会宣传部，1942.2，46页，32开

　　本书共 3 部分：敌人经济掠夺的阴谋、各种各样的走私毒害、战胜走私的方法。附查禁敌货条例、禁运资敌物品条例等。

　　收藏单位：重庆馆、广东馆、国家馆、南京馆、浙江馆

14326

入超果于中国有大害否　顾季高著

上海：社会经济调查所，1936，26页，16开

　　收藏单位：南京馆

14327

塞北关现行税则　[王大营子分巡处编]

出版者不详，1926，168页，16开

　　本书为各类商品的税率表。

　　收藏单位：国家馆

14328

三十二年上半年全国缉私结案统计报告

出版者不详，1943，油印本，9页，16开，环

筒页装

　　本书内容包括：结案所属查缉单位案件统计、缉私案件分析、私货估值比较、应改进事项等。

　　收藏单位：国家馆

14329

杀虎口关税税则　杀虎口塞北分关总办公署编

杀虎口塞北分关总办公署，1933，136页，16开，环筒页装

　　本书收录绸、布、香料、糖、铜、米等 22 种物品的关税税则。

　　收藏单位：国家馆

14330

上海对外贸易统计年刊（1936—1937 年）　总税务司署统计科编

[总税务司署统计科]，1937—1938，2 册（504+512 页），16开

　　本书全部为表。收录该年度上海进口、出口各组摘要、货物类编、货物名录、对外贸易货物总值国别表等。

　　收藏单位：近代史所

14331

上海港轮出入贸易明细表　（日）安原美佐雄[著]

上海：日本商业会议所，1925.10，178页，20开

　　收藏单位：重庆馆

14332

上海进出口贸易商行名录（1946、1948—1949）　上海市商会编

外文题名：The Shanghai commercial directory

上海市商会，1946—1949，2 册（[670]+902页），16开

　　本书为汉英对照。内容包括：进出口贸易商、五金器材、化工原料、皮毛等。附银行、酒楼、影院等。

　　收藏单位：国家馆、吉林馆、近代史所、南京馆、上海馆

14333

上海进出口商行要览 实业部国际贸易局编
实业部国际贸易局，[1930—1939]，418+71
页，18开，精装

本书为汉英对照。共4编：关于商业组织及进出口方面各项法规条例之译文、上海进出口商行名录、商品分类表、第一篇之中文原本。

收藏单位：上海馆

14334

上海进口货价简明表（民国八至九、十一年）
财政部驻沪调查货价处造报
财政部驻沪调查货价处，[1920—1929]，3册
（39+[35]+51页），16开

本书为汉英对照。

收藏单位：桂林馆

14335

上海零售输出输入物价指数之国币基价 财政部国定税则委员会编
财政部国定税则委员会，1934.4，15页，16
开（经济统计丛刊10）

本书为汉英对照。

收藏单位：国家馆

14336

上海市进出口商业同业公会化工原料组会员名录 上海市进出口商业同业公会编
上海市进出口商业同业公会，1946.12，35
页，32开

14337

上海市进出口商业同业公会会员名录 上海市进出口商业同业公会编
外文题名：The importers & exporters, guild of Shanghai
上海市进出口商业同业公会，1947.5，[152]
页，16开
上海市进出口商业同业公会，1948.5，122
页，16开

收藏单位：国家馆、上海馆

14338

上海输入货物关价指数表 财政部驻沪调查货价处编
外文题名：The index number of customs import prices in Shanghai
财政部驻沪调查货价处，1925.9，[52]页，12开

本书为汉英对照。

收藏单位：国家馆

14339

上海通商史 （英）裘昔司原著 程灏译述
外文题名：The commercial history of Shanghai
上海：商务印书馆，1915.11，91页，32开
上海：商务印书馆，1922，再版，91页，32开
上海：商务印书馆，1926.1，3版，91页，32开
上海：商务印书馆，1928.7，4版，91页，32开

本书共10章：上海开埠之历史、开辟租界、太平军时代之上海、江海关及工部局创始之状况、太平军进攻上海、三十英里外之战、常胜军太仓昆山之战、苏州之战、上海市政之进化、乱事后之上海。

收藏单位：重庆馆、广东馆、国家馆、江西馆、近代史所、南京馆、陕西馆、上海馆、首都馆、天津馆、浙江馆、中科图

14340

上海学生联合会国日货调查录 上海学生联合会编辑
上海学生联合会，1919.10，[150]页，16开

收藏单位：浙江馆

14341

审计院拟具监察关税收支委员会条例草案
审计院辑
出版者不详，[1920—1929]，4页，16开

本书书中题名：监察关税收支委员会条例草案。

14342

十九世纪英印对华的鸦片贸易 章友江著

广东省银行季刊，1942，15 页，16 开

本书共 5 部分，内容包括：十九世纪英印对华贸易的变质、十九世纪英印对华鸦片贸易的发展、鸦片贸易的原因等。为《广东省银行季刊》第 2 卷第 1—2 期合刊抽印本。

收藏单位：国家馆、南京馆

14343

十年来粤海关贸易统计图表概览　广东省政府统计事务处编

广东省政府统计事务处，1929.9，[30] 页，16 开

本书版权页题名：十年来粤海关贸易统计图表概况。

14344

十一年上海输入物价与税价、市价与关价比较表　财政部驻沪调查货价处编

外文题名：Comparison of Shanghai market prices with duty-paying values in the tariff and customs valuations in 1922

财政部驻沪调查货价处，1925.12，78 页，32 开

本书内容包括：十一年上海输入物价与税价比较表、十一年上海市价与关价比较表等。

收藏单位：国家馆

14345

输出特产品　工商部上海工商辅导处调查资料编辑委员会编辑

工商部上海工商辅导处调查资料编辑委员会，1948.8，27 页，16 开

本书共 8 部分：桐油产销概况、茶叶产销概况、猪鬃业概况、肠衣业概况、皮毛业概况、蛋业概况、花边抽绣业概况、上海进出口业概况。

收藏单位：广东馆、广西馆、国家馆

14346

输入临时管理委员会执行委员会会议记录（第 32—34、36 次）　蒋学桢记录

输入临时管理委员会执行委员会，1947，油印本，4 册，16 开，环筒页装

本书记录该会有关进出口贸易、由北海转口运沪棉花、浙江兴业银行申请解冻美储券本息、大明火柴公司申请输入氯酸钾等事宜的讨论经过。

收藏单位：国家馆

14347

税则分类估价评议会议决案汇编（第 1—8 卷）

出版者不详，1930—1937，8 册（[680] 页），18 开

本书为汉英对照。内容包括：进出口税则暂行章程、税则分类估价评议会章程、办事细则、海关对进口商品关税纠纷案件之评议议决书等。

收藏单位：广东馆、南京馆、上海馆

14348

四川省地方税局三年来之进出口货物及税收统计（民国二十二年至二十四年）　四川省地方税局编

四川省地方税局，1936，[34] 页，8 开

收藏单位：南京馆

14349

四川省进出口货物量值及其税款统计　四川省地方税局第三科统计股编辑

重庆：四川省地方税局读书会出版组，1937.6，56 页，16 开

本书收录图表 29 种。

收藏单位：重庆馆、国家馆

14350

四川资源分布及进出口贸易概况

出版者不详，[1938]，22 页，32 开

收藏单位：上海馆

14351

四十七年来云南省出口锡统计册　云南省政府秘书处统计室编

云南省政府秘书处统计室，[1936]，17 页，13 开，活页装

本书材料摘录自光绪十五年至民国二十

四年各年海关统计月刊、季刊及年刊。

收藏单位：重庆馆、国家馆、近代史所

14352

宋代之市舶司与市舶条例 （日）藤田丰八原著　魏重庆译述

上海：商务印书馆，1936.10，136 页，32 开（史地小丛书）

本书共 4 章：市舶源流、宋代海舶通商诸港口及在诸港口市舶司的废置、市舶官制、市舶条例。摘引自中国史籍、地志资料。

收藏单位：重庆馆、东北师大馆、广东馆、贵州馆、国家馆、湖南馆、吉林馆、江西馆、辽大馆、辽宁馆、南京馆、宁夏馆、陕西馆、上海馆、绍兴馆、首都馆、西南大学馆、中科图

14353

宋金间的走私贸易　全汉升著

出版者不详，[1942]，[22] 页，18 开

本书共 6 部分：概说、饮食品的走私贸易、军需品的走私贸易、金银铜钱的走私贸易、其他各种物品的走私贸易、结论。

收藏单位：国家馆、南京馆

14354

苏俄倾销论　以利亚且夫（B. Eliacheff）著　樊华堂译

上海：商务印书馆，1935.5，159 页，32 开

本书共 6 章，论述苏联 1930 年以前的对外贸易情况。附苏联对外贸易统计资料、1930 年 5 月 22 日美国议会关于"美国共产主义活动和宣传调查委员会"的报告书摘要（原载于 1931 年 1 月 19 日的华盛顿 *The States Daily*）。

收藏单位：重庆馆、广西馆、国家馆、黑龙江馆、湖南馆、吉林馆、江西馆、南京馆、陕西馆、上海馆、浙江馆

14355

苏联的国外贸易　Alexander M. Baykov 著　王检译

外文题名：Soviet foreign trade

上海：商务印书馆，1949.8，174 页，32 开

本书共 6 章：帝俄国外贸易的发展、苏联国外贸易制度的演变、第二次世界大战前夕的苏联国外贸易的组织、苏联国外贸易发展的一般趋势、苏联对比较重要各国的贸易、战后苏联国外贸易的前途。附苏美贸易关系等。

收藏单位：重庆馆、广东馆、国家馆、湖南馆、辽宁馆、南京馆、内蒙古馆、上海馆、天津馆

14356

苏联对外贸易（上册） （苏）米苏斯基等著　李绍鹏译

中国人民银行总行，1949，123 页，32 开（中国人民银行经济丛书）

本书共 4 章：苏联对外贸易的社会主义的本质、列宁斯大林的国营对外贸易观、进口贸易的发展及其在苏维埃经济中的作用、出口贸易的发展及其在苏维埃经济中的作用。

收藏单位：重庆馆、广东馆、国家馆、辽宁馆、南京馆

14357

苏联之国际贸易 （苏）杨逊（J. D. Yanson）著　包玉珂译

上海：商务印书馆，1936.8，233 页，25 开（苏联小丛书）

本书共 7 章，内容包括：国际贸易在苏维埃经济制度中的地位、苏维埃的国际贸易的机构、一九二七年以前的苏维埃与若干最重要的国家的贸易关系、外国船舶的租用等。

收藏单位：重庆馆、广东馆、国家馆、湖南馆、上海馆

14358

太平洋会议关税议事录　朱祖铉　陈道源编译

外文题名：Minutes of the Washington conference relating to the Chinese tariff question

关税调查处，[1920—1929]，84+66 页，16 开

本书为汉英对照。内容包括：远东委员会第五次会议中国关税问题的宣言、中国关税分股委员会第一次会议录、撤销中国客邮议

决案、设立委员会考察并报告中国领事裁判权暨司法制度议决案、中国无线电台议决案、撤退外国军警议决案、条约公布议决案、希望中国裁兵议决案、中东铁路议决案、九国协约全文、关税协约全文等。

收藏单位：国家馆、首都馆

14359

唐宋贸易港研究 （日）桑原骘藏著　杨炼译述

上海：商务印书馆，1935.7，154 页，32 开（史地小丛书）

本书收文 4 篇:《市舶司及市舶》《波斯湾之东洋贸易港》《广府问题及其陷落年代》《伊本所记中国贸易港》。

收藏单位：重庆馆、东北师大馆、广东馆、国家馆、河南馆、黑龙江馆、湖南馆、江西馆、近代史所、辽大馆、辽宁馆、南京馆、内蒙古馆、宁夏馆、陕西馆、上海馆、绍兴馆、首都馆、浙江馆

14360

唐宋元时代中西通商史 （日）桑原骘藏著　冯攸译

上海：商务印书馆，1930.3，227 页，22 开（中外交通史料名著丛书）

上海：商务印书馆，1934.9，国难后 1 版，20+301 页，32 开（史地小丛书）

本书内容包括：提举市舶之名称、外国人之杂居城内、顾祖禹之议论等。

收藏单位：重庆馆、东北师大馆、广东馆、国家馆、河南馆、湖南馆、吉林馆、江西馆、近代史所、南京馆、上海馆、首都馆、浙江馆、中科图

14361

天津常关土货估价册

出版者不详，[1911—1949]，石印本，280 页，32 开

本书收录 24 种土货的估价，内容包括：烟酒油醋酱蜡烛类、杂货类、颜料漆胶类、衣帽靴鞋伞扇类、药材类等。

收藏单位：国家馆

14362

天津进口货价报告表（中华民国十五年第 1 季） 财政部驻津调查货价处造报

财政部驻津调查货价处，[1926—1949]，632 页，32 开

收藏单位：首都馆

14363

通商各关华洋贸易论册（中华民国三年） 上海通商海关总税务司署造册处编

上海通商海关总税务司署造册处，1915，8 册，大 16 开

本书为汉英对照。共 3 种，分 8 册：中华民国三年通商海关华洋贸易全年总册、中华民国三年通商各关华洋贸易全年清册（2 册）、中华民国三年通商海关进出货品分别产销全年总册（5 册）。

收藏单位：首都馆

14364

通商各关华洋贸易全年清册（中华民国三至六年 中卷） 上海通商海关总税务司署编

上海通商海关总税务司署，1917，5 册

本书第 2 部分为长江，自重庆至镇江；第 3 部分为中段，自上海至温州；第 4 部分为南段，自三都澳至北海；第 5 部分为边界，自龙洲至腾越。

收藏单位：广西馆、近代史所

14365

通商海关华洋贸易全年总册（中华民国二至八、十至十三年） 上海通商海关总税务司署造册外编

外文题名：Foreign trade of China

上海通商海关总税务司署造册处，1914—1925，24 册，13 开

本书为汉英对照。每年有 3 册，分上、下两卷。上卷 1 册，内容包括：当年华洋贸易总论、当年华洋贸易提要总册等；下卷两册，为产销情况统计资料，第 1 册：进口洋货，第 2 册：出口土货。

收藏单位：国家馆、吉林馆、近代史所、南京馆、上海馆、浙江馆

14366

通商进口税则 上海通商海关总税务司署造

外文题名：Revised import tariff for the trade of China, 1922

上海通商海关总税务司署，1922，76 页，22 开

上海通商海关总税务司署，1923，修改版，76 页，21 开

本书为汉英对照，全部为表。内容包括：棉花及棉货类、五金类、食品饮料草药类、烟草类、化学产及染料类等。附华英货名检查录。于 1922 年修订颁布。

收藏单位：重庆馆、国家馆、吉林馆、天津馆

14367

统一对外贸易案 王晓籁提案

出版者不详，[1911—1949]，4 页，16 开

本书所收提案全称：统一对外贸易集中进口出口免受外商操纵防止各国经济侵略案。

14368

统制贸易制度 章友江著

重庆：中国文化服务社，1943.9，198 页，32 开（青年文库）

上海：中国文化服务社，1947.1，198 页，32 开（青年文库）

本书共 9 章，内容包括：统制贸易制度的意义及其必要、独占经营对外贸易制度、输出入许可制与输出入禁止制、进口定额制、进出口连锁制、外汇清算制、我国管理对外贸易的现行办法等。

收藏单位：安徽馆、重庆馆、东北师大馆、广东馆、贵州馆、国家馆、吉林馆、江西馆、近代史所、南京馆、上海馆、天津馆、浙江馆

14369

统制外汇及限制进出口货运 江西省建设厅编

江西省建设厅，[1937—1945]，74 页，25 开

收藏单位：重庆馆、江西馆、南京馆、浙江馆

14370

外货分类调查表 中国国民党浙江省执行委员会训练部编

中国国民党浙江省执行委员会训练部，1930.8，120 页，64 开

本书内容包括：名称、分类说明、来源等。

14371

外粮在福建民食上之地位 徐天胎著

私立福建协和大学农学院农业经济学系，1942，25 页，22 开

收藏单位：福建馆

14372

我国当前对外贸易问题

出版者不详，[1911—1949]，手抄本，31 页，14 开，环筒页装

本书内容包括：对外贸易之重要性、不平等条约与我国对外贸易、我国之战时对外贸易政策、当前我国之对外贸易问题等。

收藏单位：重庆馆

14373

我国的商埠 马精武 徐学积编

上海：新中国书局，1933.6，58 页，32 开

本书为小学校社会科补充读物。共 5 部分：绪言、研究事项、研究、研究结果、补充材料。

收藏单位：重庆馆、南京馆

14374

我国对外贸易政策纲要

出版者不详，[1911—1949]，油印本，9 页，16 开，环筒页装

本书内容包括：配合经济国策之需要、促进计划贸易之建立、培植对外贸易之基础、把握对外贸易之实权等。

收藏单位：重庆馆

14375

我国关税自主后进口税率水准之变迁 郑友揆著

长沙：商务印书馆，1939.11，60 页，22 开（国立中央研究院社会科学研究所丛刊 第 13 种）

本书共 8 部分，内容包括：引言及说明、一般的研究、分类研究等。附我国（东北除外）进出口贸易物量指数表等。

收藏单位：广东馆、国家馆、湖北馆、南京馆、内蒙古馆、中科图

14376

我国海关贸易统计编制方法及其内容之沿革考 郑友揆著

国立中央研究院社会科学研究所，[1934.9]，[32] 页，16 开

本书共 6 部分，内容包括：1859—1904 年草创时期、1905—1931 年统一时期、1932 年以后机算时期、对海关当局改良贸易统计之建议等。附历年海关统计科主任及负责编制该年贸易报告及统计者之姓名表、各关开埠年份及贸易统计起始年份表。为《社会科学杂志》第 5 卷第 3 期抽印本。

收藏单位：国家馆、浙江馆、中科图

14377

我国进口贸易之管制 章友江著

广东省银行经济研究室，[1937—1945]，1 册，16 开

本书共 4 部分，叙述中国管理进口贸易的演变及战时管理进口贸易的办法，并提出改善管理的建议。附我国战时管理进口贸易法规纲目。

收藏单位：国家馆

14378

我国近十年来国际贸易平衡之研究 郑友揆著

国立中央研究院社会科学研究所，1935.12，[50] 页，16 开

本书共 4 部分：引言、出口值之修正、进口值之修正、研究结果及结论。附 1925—1934 年我国现有出口关价较应有出口关价少报之比数、现有出口关价少报比数之算法等。为《社会科学杂志》第 6 卷第 4 期抽印本。

收藏单位：中科图

14379

我国之国际贸易与贸易管制 总税务司署统计科编

上海：总税务司署统计科，[1949.5]，35 页，23 开（海关制度概略丛刊 9）

14380

吾人对于关税会议应取之态度 广东外交代表团著

出版者不详，[1911—1949]，8 页，32 开

收藏单位：湖南馆、首都馆

14381

五年来中国之关税政策 胡纪常著

出版者不详，[1930—1939]，20 页，16 开

本书内容包括：1930—1935 年中国关税政策的演变、修改历届税则、改进关税的管理制度等。为《外交评论》第 9 卷第 1 期抽印本。

14382

西康进出口贸易 于锡猷调查 国民经济研究所纂辑

国民经济研究所，[1940]，油印本，30 页，大 16 开

本书共 10 部分，内容包括：出进口货种类及总值、进出口货之来源及销路、进出口货之交易方法、主要进出口货之市价等。附西康省二十六年至二十七年输入输出货物数量及估本统计表等。

收藏单位：国家馆

14383

西洋商业史 曾牖编

私立浙江法政专门学校，[1911—1949]，214 页，22 开

本书内容包括：上古时代之商业、古时代之通商、工业之再兴等。

收藏单位：浙江馆

14384

咸丰戊午通商出口税则 上海通商海关总税务司署 [编]

外文题名：Export tariff for the trade of China (General tariff of 1858)

[上海通商海关总税务司署]，[1911—1919]，40 页，22 开

上海通商海关总税务司署，1920，6 版，28 页，22 开

　　本书为汉英对照。内容包括：汽水、木耳、杏仁、竹器、金银、棉布等。

　　　　收藏单位：吉林馆、浙江馆

14385

香港商品运销英属各地须知　中国国货实业服务社编

香港：中国国货实业服务社，1941.1，[14] 页，16 开

　　本书全部为表。收录纺织品、香料、油类及原料等香港商品运销英属地所享优惠待遇分配额表。附英国各属地输入商品说明。

　　　　收藏单位：国家馆

14386

新关文件录

出版者不详，[1911—1949]，2 册（408 页），16 开

　　本书为汉英对照。内容包括：光绪年间进口报单、光绪年间江海关验单、光绪年间江海关复运进口土产半税验单、光绪年间运洋货入内地税单、光绪年间天津海关收税单等。

　　　　收藏单位：南京馆

14387

新加坡华侨出入口商公会二周年纪念刊　华侨出入口商公会二周年纪念刊编辑部编

华侨出入口商公会二周年纪念刊编辑部，1947，70 页，16 开

　　　　收藏单位：南京馆

14388

新嘉坡调查报告　中国银行总管理处调查室编

中国银行总管理处调查室，1922.11，80 页，22 开

　　本书大部分为表，主要内容为 1919—1920 年新加坡进出口贸易、银行、汇兑方面的统计资料。

　　　　收藏单位：国家馆

14389

新嘉坡中华总商会第二届国货展览推销大会特刊　新嘉坡中华总商会第二届国货展览推销大会文书股编辑组编辑

新嘉坡中华总商会第二届国货展览推销大会文书股，1936.10，1 册，18 开

　　本书内容包括：大会章程、大会组织法、大会职员表、大会通告、参加陈列商品一览表等。

　　　　收藏单位：国家馆

14390

新式标点中国关税问题　广智书局编

[上海]：广智书局，1927，50 页，32 开

　　　　收藏单位：广东馆、河南馆

14391

新税率与日货　日本评论社主编

南京：日本评论社，1934.8，128 页，32 开（日本研究会小丛书 67）

　　本书共 4 部分：中日关税协定废弃以后、新税则的内容、新税则对于日货之影响、舆论一斑。

　　　　收藏单位：重庆馆、国家馆、江西馆、南京馆

14392

修改海关税则与内地税项问题　（英）裴式楷撰　顾维钧译

财政部参事室，1917，40+20 页，18 开

　　　　收藏单位：首都馆

14393

修改进口税则纪事　漆运钧等编

出版者不详，1920，2 册

　　　　收藏单位：近代史所

14394

修改税则始末记　李景铭编辑

北京：经济学会，1919.9，2册（516+216页），
16开

　　本书共两卷。第1卷共4部分：修改税则
始末记、会议录、修改税则始末记附件、修
改税则始末记各表附件；第2卷为税则新旧比
较。

　　收藏单位：安徽馆、重庆馆、福建馆、广
东馆、国家馆、近代史所、上海馆、首都馆、
天津馆、中科图

14395

修正关税定率条例报告书　财政整理会编

财政整理会，1928.6，[40] 页，16开

　　本书共两部分：关税定率条例（修正案）、
修正关税定率条例报告书。

　　收藏单位：国家馆、上海馆、中科图

14396

修正国定进口税则　国际贸易导报编辑室编
辑

上海：国际贸易局总务处，1933.6，54 页，32
开（国际贸易导报附刊3）

　　本书共16类，内容包括：棉及其制品类、
毛及其制品类、丝及其制品类、金属及其制
品类、烟草类、化学产品及染料类等。于
1933 年 5 月 20 日公布。

　　收藏单位：重庆馆、广东馆、国家馆、湖
南馆、江西馆、南京馆、上海馆、西南大学
馆、浙江馆

14397

修正海关进口税则全文　上海市进出口商业
同业公会研究室编

上海市进出口商业同业公会研究室，1948.10，
63 页，36 开

　　收藏单位：广东馆、上海馆

14398

修正进出口贸易暂行办法及附表　输入临时
管理委员会执行委员会编

出版者不详，[1935.11]，23 页，22 开

　　本书共两部分：修正进出口贸易暂行办
法、修正进出口贸易暂行办法附表。第1部

分共两章：输出、输入。第 2 部分内容包括：
生产器材、煤油、载客汽车（禁止进口者除
外）及其车台、石棉等。附输入临时管理委
员会执行委员会第一至第三号公告。于 1946
年 11 月 17 日公布。

　　收藏单位：国家馆、南京馆

14399

**修正进出口贸易暂行办法及管理外汇暂行办
法**　国际出版社编

上海：国际出版社，1946.12，38+41 页，32
开

　　本书为汉英对照。共 3 部分：修正进出口
贸易暂行办法、中央银行管理外汇暂行办法、
附录。附录中国之进口贸易等。

　　收藏单位：长春馆、广东馆、国家馆、南
京馆、上海馆、天津馆、浙江馆

14400

修正上海输入物价指数说明　财政部国定税
则委员会编

外文题名：A report on the revision of the index
numbers of import prices in Shanghai

财政部国定税则委员会，1934.4，10 页，16
开（经济统计丛刊8）

　　本书为汉英对照。内容包括：删除物品及
项目表、物价指数新旧牌号对照表、物品分
类及修正指数与原指数、计算公式对照表等。

　　收藏单位：国家馆、南京馆、上海馆

14401

**洋商推销化学肥料之用意及对于中国农业之
影响与我们今后应有之工作**　李烈　张雪轩
著

镇江：新民印刷工业社，[1930—1939]，24 页，
42 开

　　本书附泥土样子采取说明书。

14402

一九三九年日本之国际贸易　李竹溪翻译
刘铁孙审查　刘大钧核定

出版者不详，1940.3，晒印本，9 张，大 16
开（中国经济统计研究所 总字第 362 号 经济

门国际类 第 20 号）

收藏单位：上海馆

14403

一九三六年度上海港输入商品主要国别担税率表

上海：满铁上海事务所，1938，31 页，31×46cm

收藏单位：国家馆

14404

英国对华商业　陈其鹿著

上海：商务印书馆，1930.10，144 页，32 开（万有文库 第 1 集 360）（商学小丛书）

上海：商务印书馆，1934.2，144 页，32 开（商学小丛书）

上海：商务印书馆，1934.6，再版，144 页，32 开（商学小丛书）

本书共 3 章：英国对华贸易之历史、英国对华输出重要商品、中国输出于英国的重要商品。附英国对华投资。

收藏单位：安徽馆、重庆馆、大理馆、大连馆、东北师大馆、甘肃馆、广东馆、广西馆、贵州馆、国家馆、黑龙江馆、湖南馆、惠州馆、江西馆、近代史所、辽大馆、辽宁馆、辽师大馆、柳州馆、南京馆、内蒙古馆、宁夏馆、上海馆、绍兴馆、天津馆、西南大学馆、浙江馆

14405

英国之新关税政策

上海：大东书局，1929.3，54 页，32 开

收藏单位：南京馆

14406

由中苏贸易谈到中苏商约　曹树铭著

南京：实业部商业研究室，1937.7，33 页，16 开（实业部商业研究室丛刊 3）

本书共 5 部分，内容包括：中苏贸易关系之纵的研究、中苏贸易关系之横的研究、发展中苏贸易应速订中苏商约等。

收藏单位：国家馆

14407

渔牧输出入统计图表（民国十八年）　农矿部制

[农矿部]，[1930]，100 页，8 开

本书根据各海关报告编制。

收藏单位：浙江馆

14408

豫东走私调查报告表

出版者不详，[1911—1949]，油印本，25 页，16 开

本书内容包括：走私路线、走私货物、走私人物及其方法、检查机关之收税及其检查情形等。

收藏单位：国家馆

14409

粤海关对外贸易统计（二十三至二十四年）　国外贸易委员会编

[广州]：国外贸易委员会，1935—1936，3 册（33+32+33 页），横 16 开（国民政府西南政务委员会国外贸易委员会丛刊）

本书每年两册，一、二季度 1 册，三、四季度 1 册。内容包括：四十三种主要进口货物数值与数量、四十三种主要进口货物分门比较、各国输入数值、各国输入百分数等。

收藏单位：广东馆、国家馆

14410

粤海关复关第二年工作概况汇刊　[粤海关编]

广州：粤海关，[1942—1949]，236 页，16 开

本书共两部分：工作概况、统计图表。收录 1941—1942 年相关统计。

收藏单位：国家馆

14411

粤海关志　（清）梁廷枏等纂

北平：文殿阁书庄，1935.4 重印，8 册，32 开（国学文库）

本书共 8 册，各册内容为："皇朝训典""前代事实""口岸""设官""贡舶、市舶、行商""夷商、杂识"。据道光刊本重印。

收藏单位：国家馆、首都馆

14412

粤省对外贸易调查报告 蔡谦著

长沙：商务印书馆，1939.1，52 页，22 开（国立中央研究院社会科学研究所、广东省银行经济研究室经济丛刊）

　　本书共 5 章：粤省对外贸易之趋势与性质、粤省对外贸易机构、输出入货品之运输、粤省走私货值之估计、对今后粤省贸易政策之拟议。

　　收藏单位：重庆馆、广西馆、国家馆、吉林馆、辽宁馆

14413

粤省洋米免税问题汇辑 湘鄂皖赣苏沪六省市粮业代表团编

湘鄂皖赣苏沪六省市粮业代表团，1937.4，35+14+28 页，25 开

　　本书共 4 部分：绪言、文电、舆论、杂录。内容包括：上海市豆米行业杂粮油饼业公会致行政院实业部电、救济粤省米荒与洋米免税、行政院核定救济稻米运储办法等。

　　收藏单位：国家馆、浙江馆

14414

云南对外贸易概观 万湘澂著

昆明：新云南丛书社，1946.11，[16]+236 页，32 开（新云南丛书 3）

　　本书共 5 章：云南各商埠与其对外贸易的路线、决定云南对外贸易的自然因素、帝国主义经济侵略下的云南对外贸易、苦难中的云南对外贸易、云南的货币与金融。

　　收藏单位：重庆馆、东北师大馆、广东馆、国家馆、湖南馆、中科图

14415

云南对外贸易近况 云南省公署枢要处第四科编

[云南省公署枢要处第四科]，1926，86 页

　　收藏单位：近代史所

14416

云南对于修改中法越南边界通商章程之意见及办理经过情形 云南外交司编

云南外交司，1926.11，90 页，18 开

　　本书内容包括：北京外交部发来微电、北京外交部条约司苏君希洵来函（附表）、蒙自关监督复函（附表）等。

　　收藏单位：国家馆

14417

增补上海输入物价指数 财政部驻沪调查货价处编

外文题名：Index numbers of supplementary import prices in Shanghai

财政部驻沪调查货价处，1925，63 页，32 开

　　本书全部为表。内容包括：增补上海输入物价指数表、上海输出输入物价表、上海输入货物关价指示表、上海叕货物价指数、增补上海输入物价指数比重物品表等。

　　收藏单位：国家馆

14418

增订关税问题 陈立廷编　孙祖基增订

外文题名：Tariff problem

上海：青年协会书局，1926，2 版，160 页，32 开（公民教育丛刊第 6 种）

上海：青年协会书局，1928.3，3 版，160 页，32 开（公民教育丛刊第 6 种）

　　本书共 6 课：关税制度之沿革、关税之主权、关税所受条约之限制、关税于我国经济上之影响、裁厘与关税之关系、我国关税之改良。附特别关税会议通过自主原则之经过、本书所引之参考材料索引。为《关税问题讨论大纲》（陈立廷）增订版。

　　收藏单位：重庆馆、国家馆、南京馆、浙江馆

14419

战后欧洲关税政策 （美）苔尔唐纳（Ottavio Delle-Donne）著　褚保时译

外文题名：European tariff policies since the World War

上海：中华书局，1931.4，[14]+388 页，32 开，

精装

上海：中华书局，1936.8，2 版，388 页，32 开，精装

　　本书共两编：大战时欧洲各国底经济政策、战后欧洲商业政策。第 1 编共 3 章：大战前欧洲各国底关税情形、大战中的经济情况、欧洲战时商务章程；第 2 编共 6 章，内容包括：战后欧洲关税增高及其原因、战后英国保护主义底复兴、战后法国逐渐恢复保护主义等。附参考书目录。

　　收藏单位：重庆馆、东北师大馆、广东馆、国家馆、黑龙江馆、湖南馆、吉大馆、吉林馆、江西馆、近代史所、辽大馆、南京馆、内蒙古馆、宁夏馆、上海馆、首都馆、天津馆、浙江馆、中科图

14420

战时德国原有海外贸易市场之再分配问题

李植泉翻译　刘铁孙审查　刘大钧核定

出版者不详，1940.3，晒印本，10 张，大 16 开（中国经济统计研究所 总字第 366 号 贸易门国际类 第 25 号）

　　收藏单位：上海馆

14421

战时对外贸易　朱羲农等著

重庆：独立出版社，1939，50 页，32 开（战时综合丛书 第 4 辑）

　　本书共 5 章，内容包括：战时对外贸易现况、我国现行的对外贸易统制、对外贸易与国营等。附财政部贸易委员会组织规程、商人运货出口及售结外汇办法、讨论大纲等。

　　收藏单位：重庆馆、广西馆、贵州馆、国家馆、湖南馆、吉林馆、南京馆、首都馆

14422

张多关监督公署职员录

张多关监督公署，1936，手写本，2 页，16 开，环筒页装

　　收藏单位：国家馆

14423

浙江省进出口贸易统计图表　浙江省政府建

设厅编

浙江省政府建设厅，1929.4，1 册，27×48cm

　　收藏单位：浙江馆

14424

整理中美两国关税关系之条约　中华民国国民政府外交部编

中华民国国民政府外交部，1933，[4] 页，18 开（白皮书 第 31 号）

　　本书收录历年来中美两国所订立有效之条约。

　　收藏单位：国家馆

14425

致上海总商会解决关税十大问题意见书　潘忠甲拟

上海：华丰印刷铸字所，1925 印，68 页，32 开

　　本书共 10 部分，内容包括：撤废协定税制之办法、条件附的最惠国条款之解释、税款存解旧章之恢复、华洋不平等待遇之矫正、宣告免税及禁品之自由等。

　　收藏单位：广东馆、上海馆

14426

中比友好通商条约　中华民国国民政府外交部编

中华民国国民政府外交部，1933，14+8 页，18 开（白皮书 第 37 号）

　　本书所收条约共 5 条。附换文及声明书等 5 件。于 1928 年 11 月 22 日在南京签订。

　　收藏单位：国家馆、上海馆

14427

中丹友好通商条约　中华民国国民政府外交部编

中华民国国民政府外交部，1933，12+7 页，18 开（白皮书 第 39 号）

　　本书所收条约共 5 条。附照会及声明书 4 件。于 1928 年 12 月 12 日在南京签订。

　　收藏单位：国家馆、上海馆

14428

中俄陆路通商关系之历史上的变迁 王之相著

[北京]：[故宫博物院]，[1911—1949]，16页，16开

本书论述中俄早期通商史实。共4部分：俄人经营西比利亚之概要、中俄订约通使之开始及其使节之任务、中俄通商关系演进之过程、结论。为《故宫俄文史料》抽印本。

收藏单位：国家馆

14429

中俄早期贸易考 刘选民著

[北京]：燕京大学哈佛燕京学社，1939，153—212页，16开

本书共7部分：通商之酝酿、恰克图之贸易、广州之贸易、北京之贸易、黑龙江之贸易、伊犁之贸易、贸易制度。

收藏单位：重庆馆

14430

中法关税条约 中华民国国民政府外交部编

外文题名：Treaty regulating customs relations between France and China

中华民国国民政府外交部，1933，[40]页，18开（白皮书第36号）

本条约于1928年12月22日在南京签订。

收藏单位：国家馆、南京馆、上海馆

14431

中国波兰友好通商航海条约 中华民国国民政府外交部编

中华民国国民政府外交部，1931，25页，18开（白皮书第12号）

本书附中国波兰友好通商航海条约附加议定书。于1929年9月18日在南京签订。

收藏单位：广东馆、国家馆、河南馆、南京馆、上海馆、浙江馆

14432

中国参加巴黎国际博览会协会代表团办事处征集物品规则

出版者不详，1937，4页，32开，环筒页装

本书共两部分：文化教育艺术陈列品、工商技术陈列品。第1部分共4类，内容包括：教育行政、教育图书及仪器标本等；第2部分共11类，内容包括：丝织品类、绣品类、编制毛类、皮货类、茶类等。

收藏单位：国家馆

14433

中国参与巴那马太平洋博览会记实 [筹备巴拿马赛会事务局编]

[筹备巴拿马赛会事务局]，1917.2，302页，22开

本书内容包括：筹备期之事务报告、赴赛与结束时期之报告、审查报告、各省得奖名单及数目、外交纪事报告等。

收藏单位：广东馆、国家馆、首都馆、浙江馆

14434

中国出口蛋业 实业部上海商品检验局畜产检验组编

实业部上海商品检验局，1936.5，47页，16开（实业部上海商品检验局调查报告2）

本书共6部分，内容包括：蛋业史略、产地及运销、蛋品之种类、本局之检验工作等。

收藏单位：重庆馆、国家馆

14435

中国出口货展览会特刊 中国出口货展览会筹备委员会编

中国出口货展览会筹备委员会，1946.10，29页，16开

本书收文8篇，内容包括：《中国出口货展览会感言》（孔祥熙）、《中国出口货展览会的意义》（章乃器）、《中国出口货展览会概况》（于诗鸢）等。附中国出口货展览会章程、参加展览厂商索引、中国进出口货物价值比较表等。

收藏单位：国家馆

14436

中国出口贸易 尤季华著

上海：商务印书馆，1933.12，68页，32开（万有文库第1集359）（商学小丛书）

上海：商务印书馆，1934.1，68页，32开（商学小丛书）

上海：商务印书馆，1934.6，再版，68页，32开（商学小丛书）

本书共两章：概说、出口货品。第1章共4节，内容包括：我国出口贸易之趋势、我国各地出口贸易之状况等；第2章共两节：各种主要出口物、结论。

收藏单位：重庆馆、大理馆、大连馆、大庆馆、东北师大馆、甘肃馆、广东馆、广西馆、贵州馆、国家馆、河南馆、黑龙江馆、湖南馆、江西馆、辽大馆、辽师大馆、南京馆、内蒙古馆、宁夏馆、陕西馆、上海馆、天津馆、西南大学馆、浙江馆

14437

中国的国际贸易 何炳贤著

上海：商务印书馆，1937.1，2册（18+1064页），22开，精装（大学丛书 教本）

长沙：商务印书馆，1939.12，再版，2册（18+1064页），22开（大学丛书 教本）

本书分21章介绍中国与美国、英国、日本、德国、法国、菲律宾等国的贸易等。

收藏单位：安徽馆、长春馆、重庆馆、东北师大馆、广东馆、广西馆、贵州馆、国家馆、黑龙江馆、湖南馆、吉林馆、辽大馆、辽宁馆、南京馆、内蒙古馆、宁夏馆、山西馆、上海馆、西南大学馆、浙江馆

14438

中国对外贸易（出口货物类编） [上海海关编]

[上海海关]，[1930—1939]，182页，16开

收藏单位：南京馆

14439

中国对外贸易（进口货物国别表） 上海海关编

上海海关，[1937—1939]，[984]页，12开

本书收录1936年和1937年进口货名及输入口海港名称。

14440

中国对外贸易统计（民国二十二至二十六年）

中国银行总管理处经济研究室编

外文题名：Statistics of China's foreign trade

中国银行总管理处经济研究室，1935—1938，3册（8+11+11页），16开

本书全部为图表。共3册：民国二十二年至二十三年、民国二十三年至二十四年、民国二十五年至二十六年。内容包括：最近十年中国对外贸易净值、民国二十三年中国对外贸易月别净值、对外贸易国别价值、重要商品进口净值等。

收藏单位：国家馆、近代史所、南京馆

14441

中国对外贸易统计图解（民国十九年至二十二年） 中国银行总管理处经济研究室编

外文题名：Statistics of China's foreign trade, 1930—1933

中国银行总管理处经济研究室，1934.12，111页，16开

本书全部为表。共11部分：中国对外贸易净值、对外贸易国别价额、对外贸易港别价额、重要商品进出口净值、主要国别贸易重要商品、进出口货物性质分类、重要出口货物价值数量、重要进口货物价值数量、海关收入、金银输出入价值、进出口船只旗别吨数。

收藏单位：国家馆、近代史所、南京馆、浙江馆、中科图

14442

中国对外贸易需要新政 张禹九著

出版者不详，[1911—1949]，12页，32开

本书分析中国对外贸易的实情，并就改良贸易提出几项具体建议。

收藏单位：重庆馆、南京馆

14443

中国对外贸易指数之编制 曹立瀛著

实业部统计处，1936.5，28页，16开

本书共3部分，介绍当时国内已编有的几种对外贸易指数，讨论编制其他种类的对

外贸易指数的可能性。

收藏单位：国家馆

14444

中国各通商口岸对各国进出口贸易统计（民国八年、十六年至二十年） 蔡谦　郑友揆编

外文题名：Statistics of foreign trade of different Chinese ports with various countries. 1919, 1927—1931

上海：商务印书馆，1936，12+627 页，23×30cm，精装（国立中央研究院社会科学研究所丛刊第 5 种）

本书全部为表。共 4 部分：各通商口岸对各国进出口贸易总值统计、按照国联分类法我国进出口各货总值统计、主要洋货各通商口岸由各国进口统计、主要土货各通商口岸对各国出口统计。附进出口各货按照国联分类细目。

收藏单位：安徽馆、重庆馆、广东馆、广西馆、贵州馆、国家馆、湖南馆、辽大馆、南京馆、内蒙古馆、上海馆、天津馆、浙江馆

14445

中国工业建设与对外贸易政策 章友江著

社会经济出版社编

重庆：商务印书馆，1946.8，76 页，32 开（中国工业化丛书）

上海：商务印书馆，1947.6，76 页，32 开（中国工业化丛书）

本书共 6 章，内容包括：民生主义经济政策与我国对外贸易政策、我国对外贸易政策之目标、我国现阶段之对外贸易政策、我国对外贸易制度等。

收藏单位：重庆馆、广东馆、贵州馆、国家馆、河南馆、近代史所、辽大馆、辽宁馆、南京馆、上海馆、首都馆、天津馆

14446

中国关内区对外贸易输出入物量物价分类指数 袁丕济　蔡正性编著

军事委员会资源委员会，1937.4，162 页，16 开（军事委员会资源委员会参考资料 24）

本书共 6 章：导言、材料、方法、分析、量比与价比之次数分配、中国各种对外贸易指数之比较。

收藏单位：国家馆

14447

中国关税史 陈向元编著

北京：世界书局，1926，18+326 页，22 开（有不为斋丛书 1）

本书共 5 章：中外通商开始与古代关税、武力压迫下之海关新制度、列国侵略锐进与关税变迁、民国肇基与参战前后之关税、关税特别会议与列国态度。

收藏单位：东北师大馆、国家馆、黑龙江馆、辽宁馆、内蒙古馆、上海馆、首都馆、天津馆

14448

中国关税史料 江恒源编

上海：人文编辑所，1931.2，1 册，18 开（人文丛书）

本书选录民国以后有关关税问题的专门论著及报刊登载的资料。共 18 编，内容包括：中国关税问题年表、全国海常关一览、海关行政、海关税收、六十年间海关进出口货物价值一览、常关、关余、海关附税、税则修改、关税特别会议和关税自主之经过等。

收藏单位：安徽馆、重庆馆、东北师大馆、广东馆、国家馆、黑龙江馆、辽大馆、辽宁馆、南京馆、内蒙古馆、上海馆、天津馆、浙江馆、中科图

14449

中国关税特别会议之经过（第 1 章至第 3 章） 国定税则委员会税款组编译

出版者不详，[1911—1949]，114 页，32 开

收藏单位：上海馆

14450

中国关税问答 陈霭六编辑

上海：中央图书局，1927.7，70 页，50 开

上海：中央图书局，1928，再版，70 页，64 开

本书共 5 章：关税之一般的意义、中国关

税之沿革、中国关税之内容及其弊害、关税改革之商榷、裁厘加税。

收藏单位：安徽馆、重庆馆、广东馆、河南馆、江西馆

14451

中国关税问题　北京银行月刊社编辑
北京银行月刊社，1923.1，1册，18开

本书共7部分：弁言、约章、纪录、建议、税则、丛载、附录。

收藏单位：东北师大馆、广东馆、国家馆、近代史所、南京馆、上海馆、西南大学馆、中科图

14452

中国关税问题　李权时著
上海：商务印书馆，1936，2册（474页），32开（万有文库 第2集116）（现代问题丛书）

本书共8章，内容包括：中国关税问题概说及税则现状、一般进口品征税问题、特种进口品征税问题等。

收藏单位：安徽馆、重庆馆、大理馆、大连馆、东北师大馆、广东馆、广西馆、国家馆、黑龙江馆、湖南馆、江西馆、辽大馆、辽师大馆、柳州馆、南京馆、内蒙古馆、宁夏馆、山西馆、天津馆、西南大学馆、浙江馆

14453

中国关税问题　马寅初著
上海：商务印书馆，1923.1，40页，32开（百科小丛书4）
上海：商务印书馆，1923.10，再版，40页，32开（百科小丛书4）
上海：商务印书馆，1925.6，3版，40页，32开（百科小丛书4）
上海：商务印书馆，1926.4，4版，40页，32开（百科小丛书4）
上海：商务印书馆，1927，5版，40页，48开（百科小丛书4）
上海：商务印书馆，1930.4，39页，32开（万有文库 第1集216）（百科小丛书）
上海：商务印书馆，1933，国难后1版，39页，32开（百科小丛书）
上海：商务印书馆，1935，国难后2版，39页，32开（百科小丛书）

本书共7部分，内容包括：吾国海关税则之根据、吾国海关进出口税则之缺点、修改税则之困难、时时修改税则之理由、裁厘加税等。万有文库版增加1章：关税自主之过渡。

收藏单位：安徽馆、重庆馆、大理馆、大连馆、大庆馆、广东馆、广西馆、贵州馆、国家馆、河南馆、黑龙江馆、湖南馆、惠州馆、吉林馆、江西馆、近代史所、辽大馆、辽师大馆、柳州馆、南京馆、内蒙古馆、宁夏馆、山东馆、上海馆、首都馆、天津馆、西南大学馆、浙江馆

14454

中国关税问题　武堉干著
外文题名：Tariff question of China
上海：商务印书馆，1930.4，179页，32开（万有文库第1集214）（新时代史地丛书）
上海：商务印书馆，1931.7，[10]+179页，32开（新时代史地丛书）
上海：商务印书馆，1933.5，国难后1版，179页，32开（新时代史地丛书）
上海：商务印书馆，1934.1，国难后2版，[10]+179页，32开（万有文库 第1集214）（新时代史地丛书）

本书共6章，内容包括：中国关税自主权丧失之沿革、中国海关行政权旁落之由来、中国现行关税制度之缺点、中国修改税则之经过等。

收藏单位：安徽馆、重庆馆、大理馆、大连馆、东北师大馆、广东馆、广西馆、贵州馆、国家馆、河南馆、黑龙江馆、湖南馆、惠州馆、吉林馆、江西馆、近代史所、辽大馆、辽东学院馆、辽宁馆、辽师大馆、柳州馆、南京馆、内蒙古馆、宁夏馆、上海馆、天津馆、西南大学馆、浙江馆、中科图

14455

中国关税问题　向导周报社编辑
[广州]：向导周报社，1923，74页，32开（向

导丛书2）

[广州]：向导周报社，1925.9，纪念版，74页，32开（向导丛书2）

[广州]：向导周报社，1936，74页，32开

本书内容包括：中国关税沿革略史、关税之一般的意义、中国关税制度之内容、中国海关之内容及关权之旁落、协定关税所及于各方面的影响等。

收藏单位：广东馆、国家馆、河南馆、湖南馆、近代史所、南京馆、宁夏馆、上海馆、浙江馆

14456

中国关税问题　中国书报社编

中国书报社，1926.11，再版，72页，32开

中国书报社，1927.5，3版，72页，25开

本书共8部分，内容包括：中国关税沿革略史、关税之一般的意义、中国关税制度之内容、中国海关之内容及关权之旁落、协定关税所及于各方面的影响等。

收藏单位：东北师大馆、广东馆、国家馆、江西馆

14457

中国关税问题　中央图书馆编辑

中央图书馆，1927，5版，64页，32开

收藏单位：山西馆

14458

中国关税问题　朱进著

主张国际税法平等会，[1919]，154+12页，23开

本书共两编：关税制度、海关行政。共11章，内容包括：关税史略、政治上之中国关税、经济上之中国关税、内地税与关税之关系、中国之关税政策、海关之组织等。附海关收入、贸易统计中国国外贸易、各通商口岸重要之次第依其民国元年海关收入而定者。

收藏单位：安徽馆、江西馆、上海馆

14459

中国关税问题

长沙：民治书局，1927.3，56页，32开

收藏单位：东北师大馆

14460

中国关税小史与关税新约　陈子明　甘汝棠编著

关税自主云南宣传委员会，1929.2，38页，18开

本书共两部分：关税小史、关税新约。"关税新约"为1928年我国政府与美、德、挪、比、意、丹、葡、荷、英、瑞典、法、西班牙12个国家分别改订关税条约的全文。

收藏单位：国家馆

14461

中国关税制度　李景铭编

出版者不详，[1930—1939]，256页，16开

本书共两编。前编详述我国海关关税的沿革、税则修改、关税自主运动、国定税则及海关税收情况等；后编叙述第一次世界大战后各国的关税战，并分述英、法、加拿大、德、美、西班牙等国的关税政策。

收藏单位：国家馆

14462

中国关税制度论　（日）高柳松一郎著　李达译

上海：商务印书馆，1924.10，[299]页，21开，精装（经济丛书社丛书5）

上海：商务印书馆，1926.1，再版，1册，22开（经济丛书社丛书5）

上海：商务印书馆，1927.10，3版，1册，22开（经济丛书社丛书5）

上海：商务印书馆，1929.11，4版，[299]页，21开（经济丛书社丛书5）

上海：商务印书馆，1933.3，国难后1版，1册，22开（经济丛书社丛书5）

本书共5编：关税制度之沿革、关税制度之特质、海关论、关税制度之内容、关税制度之影响及将来。

收藏单位：安徽馆、重庆馆、东北师大馆、广东馆、国家馆、黑龙江馆、湖南馆、吉林馆、江西馆、近代史所、辽大馆、南京

馆、内蒙古馆、上海馆、首都馆、西南大学馆、浙江馆、中科图

14463

中国关税自主运动经过　姜不承著

[武昌]：[中央政治会议武汉分会宣传股]，1929.2，94 页，32 开（中央政治会议武汉分会宣传丛书 7）

本书共 6 章：关税通则、中国关税之沿革及关税权之旁落、关税不自主的弊害、军阀政府之关税自主运动、国民政府之关税自主运动、吾人今后应有的努力。

收藏单位：安徽馆、广东馆、国家馆、近代史所、上海馆、天津馆、浙江馆

14464

中国国际经济协会章程　中国国际经济协会编

中国国际经济协会，[1911—1949]，8 页，32 开

本书共 8 章，内容包括：总则、任务、会员、组织、职权、经费等。

收藏单位：国家馆、南京馆

14465

中国国际贸易　殷寿光著

上海：世界书局，1927.9，125 页，32 开

本书共 6 部分：国际贸易概说、国际贸易政策、国际贸易上中国之地位、中国国际贸易大势、出口贸易、进口货物。

收藏单位：重庆馆、河南馆、辽宁馆、南京馆、天津馆、浙江馆

14466

中国国际贸易概论　武堉干编

上海：商务印书馆，1930.3，[16]+613 页，22 开，精装（国立中央大学丛书）

上海：商务印书馆，1932.9，国难后 1 版，613 页，22 开，精装（国立中央大学丛书）

本书共 10 章，内容包括：中国国际贸易之趋势、重要进口贸易、重要出口贸易、进出口贸易之比较与国际贷借抵偿问题、由主要埠别上观察中国国际贸易等。

收藏单位：重庆馆、广东馆、广西馆、贵州馆、国家馆、湖南馆、吉林馆、近代史所、辽大馆、辽宁馆、南京馆、内蒙古馆、上海馆、天津馆、西南大学馆、浙江馆、中科图

14467

中国国际贸易史　武堉干编著

上海：商务印书馆，1928.4，[14]+159 页，22 开

上海：商务印书馆，1929.11，再版，[14]+159 页，22 开

本书共 6 章，内容包括：导言、中国国际贸易之启蒙期、中国国际贸易之进展期、闭关主义时期之中国国际贸易等。

收藏单位：安徽馆、重庆馆、广东馆、广西馆、国家馆、河南馆、湖南馆、辽大馆、辽宁馆、南京馆、内蒙古馆、宁夏馆、上海馆、首都馆、天津馆、西南大学馆、中科图

14468

中国国际贸易问题　张毓珊　孔士谔著

上海：商务印书馆，1936.3，3 册（338 页），32 开（万有文库 第 2 集 162）（现代问题丛书）

本书共 8 章，内容包括：中国国际贸易现状、国际收支问题、统制贸易问题、通商条约问题、倾销问题、振兴贸易问题等。附中国对外贸易失败之原因等。

收藏单位：安徽馆、重庆馆、大理馆、大连馆、广西馆、国家馆、河南馆、黑龙江馆、湖南馆、江西馆、辽大馆、辽师大馆、柳州馆、内蒙古馆、宁夏馆、天津馆、西南大学馆、浙江馆

14469

中国国际贸易小史　侯厚培著

上海：商务印书馆，1929.3，94 页，32 开

上海：商务印书馆，1929.10，94 页，32 开（万有文库第 1 集 354）（百科小丛书）

上海：商务印书馆，1931.8，94 页，32 开（百科小丛书）

上海：商务印书馆，1933，国难后 1 版，93 页，32 开（百科小丛书）

上海：商务印书馆，1934，再版，94 页，32 开（万有文库第 1 集 354）（百科小丛书）

本书共 6 章，内容包括：中外通商之起源、历朝之对外商业政策、关税征收及市舶之收入、历朝之通商口岸等。

收藏单位：安徽馆、重庆馆、大理馆、大连馆、大庆馆、东北师大馆、广东馆、广西馆、贵州馆、国家馆、河南馆、黑龙江馆、湖南馆、惠州馆、江西馆、辽大馆、辽师大馆、南京馆、内蒙古馆、宁夏馆、上海馆、首都馆、天津馆、西南大学馆、浙江馆

14470
中国国际贸易协会年报　中国国际贸易协会编

［上海］：中国国际贸易协会，[1935]，8 页，16 开

本书共 7 部分，内容包括：会务、编辑出版、进出口咨询及介绍事项、合作及协助事项等。附中国国际贸易协会章程。所涉时间为 1934 年 6 月至 1935 年 7 月。

收藏单位：国家馆

14471
中国国际贸易协会章程　中国国际贸易协会编

上海：中国国际贸易协会，[1948—1949]，8 页，24 开

本书章程于 1948 年 10 月通过。

14472
中国国际商约论　郑斌著

外文题名：Treatise on commercial treaty relations between China and other states

上海：商务印书馆，1925，223 页，22 开（政法丛书）

上海：商务印书馆，1930.11，再版，223 页，22 开（政法丛书）

上海：商务印书馆，1931.4，212 页，32 开（万有文库第 1 集 244）（商学小丛书）

上海：商务印书馆，1934.2，国难后 1 版，212 页，32 开（商学小丛书）

本书共两编：绪论、本论。第 1 编共 8 章，内容包括：商约之概念、商约之内容、最惠国条款等；第 2 编共 10 章，内容包括：贸易居住权、内地旅行贸易权、海关管理权、最惠待遇权等。附我国之条约史要。

收藏单位：安徽馆、长春馆、重庆馆、大理馆、大连馆、东北师大馆、广东馆、广西馆、贵州馆、桂林馆、国家馆、黑龙江馆、湖南馆、惠州馆、江西馆、辽大馆、辽宁馆、辽师大馆、南京馆、内蒙古馆、宁夏馆、上海馆、天津馆、西南大学馆、浙江馆

14473
中国海关改良刍议　（英）戴乐尔（F. E. Taylor）著　卢梦颜译

外文题名：Maritime customs of China

天津：华洋公论报出版部，1920.1，62+20 页，18 开

本书共 24 章，内容包括：海关创始之沿革、现任总税务司之评议、关税政策之不经济、改良不良之航路、中国将来商务利益之改革等。附海关组织述略、海关抵押外债表、英文原著等。

收藏单位：国家馆、上海馆、天津馆

14474
中国海关华洋贸易总册（民国十四至十九年）　上海通商海关总税务司署造册处编

外文题名：China. The maritime customs. Foreign trade of China

上海通商海关总税务司署造册处，1926—1931，18 册，13 开

本书为汉英对照。每年 3 册，分上、下两卷：报告书及统计辑要、进出口货物类编。上卷内容包括：该年华洋贸易报告书、华洋贸易统计辑要等，下卷共两部分·进口洋货、出口土货，收录进出口货值总数、货品编列号数单、分类产销之处等。

收藏单位：广东馆、国家馆、浙江馆

14475
中国海关人事管理制度　海关总税务司署统计科编

［上海］：海关总税务司署统计科，[1911—1949]，88 页，22 开，精装

本书共 9 章，内容包括：绪言、总税务

司署典职科、关员录用章程、关员请假章程、关员迁调章程、奖惩办法等。附海关职员等级表、华籍副税务司及帮办年终考成报告、税务员年终考成报告、海关任用医员章程等17种。

收藏单位：重庆馆、国家馆、中科图

14476

中国海关铁路主要商品流通概况（民国元年至二十五年 上册） 陈伯庄 黄荫莱编纂

外文题名：Statistics of commodity flow of Chinese maritime customs and railways

上海：交通大学研究所，1937.12，430页，16开，精装（交通大学研究所社会经济组专刊7）

本书为汉英对照。共两部分：海关进出口统计、统计附录。第1部分共8章，内容包括：编制说明、历年进出口净值图表、主要进出口商品价值统计图表、进口分区及埠别与国别图表等；第2部分附录进出口商品平均报价统计表、金银进出口总值图表等9种。

收藏单位：广东馆、广西馆、国家馆、近代史所、上海馆

14477

中国海关行政及关税用途

出版者不详，[1935—1949]，剪报本，1册，18开

收藏单位：国家馆

14478

中国海关之实际状况 华民编

上海：神州国光社，1933.3，198页，22开

本书共11章，内容包括：绪言、海关之历史、海关税率及税则、特别待遇制度、海关行政各种手续、海关华洋职员待遇比较、海关税收及开支概况等。

收藏单位：重庆馆、东北师大馆、广东馆、国家馆、吉林馆、近代史所、南京馆、上海馆、天津馆、西南大学馆、浙江馆、中科图

14479

中国海关之组织及其事务 周念明著

上海：商务印书馆，1933.12，106页，32开（万有文库 第1集215）（商学小丛书）

上海：商务印书馆，1934.6，再版，106页，25开（商学小丛书）

本书共8章，内容包括：海关之行政系统、海关事务之两大干部、海关行政之组织、上海江海关之组织与办事概况、报关须知等。

收藏单位：安徽馆、重庆馆、大理馆、大连馆、东北师大馆、广东馆、广西馆、贵州馆、国家馆、黑龙江馆、湖南馆、江西馆、辽大馆、辽师大馆、柳州馆、南京馆、内蒙古馆、宁夏馆、上海馆、天津馆、西南大学馆、浙江馆

14480

中国海关制度沿革 杨德森编辑

[北京]：商务印书馆，1925.11，136页，16开

本书共上、下两编：海关沿革、海关现行制度。附海关与外债关系。

收藏单位：重庆馆、东北师大馆、广东馆、国家馆、辽大馆、南京馆、上海馆、首都馆、中科图

14481

中国恢复关税主权之经过 外交部编纂委员会编

外交部编纂委员会，1929.2，130+40页，16开

本书分上、下两编。上编共6章，内容包括：关税制之滥觞、江宁条约以前关税制度之梗概、关权损失之开始等；下编共11种，内容包括：巴黎和平会议、华盛顿会议、关税特别会议等。

收藏单位：东北师大馆、广东馆、国家馆、吉林馆、近代史所、上海馆、浙江馆、中科图

14482

中国进出口联营股份有限公司缘起、章程草案、招股章程 中国进出口联营股份有限公

司编

上海：中国进出口联营股份有限公司，[1911—1949]，11 页，窄 30 开

本书所述公司发起人有寿景伟、胡西园等 26 人。该公司设在上海。

14483

中国进出口贸易协会概况　中国进出口贸易协会编

上海：中国进出口贸易协会，1948.5，[18]页，24 开

本书内容包括：本会概况、理监事名录、国内机构通讯处等。

14484

中国进出口指南

外文题名：Directory of importers & exporters in China

上海：中国国际贸易协会，1948，1 册，22开，精装

收藏单位：上海馆

14485

中国进口贸易　陈重民著

上海：商务印书馆，1930.10，128 页，32 开（万有文库第 1 集 358）（商学小丛书）

上海：商务印书馆，1934.2，128 页，32 开（商学小丛书）

上海：商务印书馆，1934.6，再版，128 页，32 开（商学小丛书）

本书共两章：概况、进口货品。第 1 章共 4 节，内容包括：进口增加之趋势、各地方贸易概况等；第 2 章共 3 节：制造品、原料品、饮食品。

收藏单位：安徽馆、重庆馆、大理馆、大连馆、东北师大馆、广东馆、广西馆、贵州馆、桂林馆、国家馆、河南馆、黑龙江馆、湖南馆、江西馆、近代史所、辽大馆、辽宁馆、辽师大馆、柳州馆、南京馆、内蒙古馆、宁夏馆、陕西馆、上海馆、天津馆、西南大学馆、浙江馆

14486

中国经济学社上海分社中日贸易研究所缘起　中国经济学社上海分社编

中国经济学社上海分社，1932.7，6 页，32 开

本书内容包括：输入日货分品统计表、最近抗日抵货事件之分析等。

收藏单位：上海馆

14487

中国粮食对外贸易（其地位趋势及变迁之原因 1912—1931）　巫宝三著

参谋本部国防设计委员会，1934.2，74+30页，16 开（参谋本部国防设计委员会参考资料 2）

本书共 11 部分，内容包括：导言、粮食对外贸易在全部对外贸易中的地位、重要粮食品与其他重要货物进出口次序变动的比较、米进出口贸易的趋势及变迁、中国粮食对外贸易政策的讨论等。

收藏单位：重庆馆、广东馆、广西馆、国家馆、南京馆、上海馆

14488

中国六十年进出口物量指数物价指数及物物交易指数（1867—1927）　何廉主编

天津：南开大学社会经济研究委员会，1930，35 页，18 开

本书共 5 部分：绪论、取材来源、编制方法、物物交易指数、物量指数物价指数与物物交易指数之分析。

收藏单位：国家馆、近代史所、上海馆、天津馆、中科图

14489

中国陆路关税史　童蒙正著

上海：商务印书馆，1926.1，115 页，36 开（百科小丛书 86）

上海：商务印书馆，1928，再版，115 页，48开（百科小丛书 86）

本书共 5 章：中俄陆路关税、中英陆路关税、结论等。

收藏单位：安徽馆、重庆馆、东北师大馆、广东馆、广西馆、国家馆、河南馆、湖

南馆、江西馆、南京馆、内蒙古馆、上海馆、天津馆、西南大学馆、浙江馆

14490

中国买办制 沙为楷著

上海：商务印书馆，1930.10，55 页，32 开（万有文库 第 1 集 646）（商学小丛书）

上海：商务印书馆，1934.2，国难后 1 版，55页，32 开（商学小丛书）

上海：商务印书馆，1934，国难后 2 版，55页，32 开（商学小丛书）

本书共 4 章：沿革、买办之意义、买办之种类、买办之利害得失及其将来。

收藏单位：安徽馆、重庆馆、大理馆、大连馆、大庆馆、东北师大馆、广东馆、贵州馆、国家馆、河南馆、黑龙江馆、湖南馆、吉林馆、江西馆、辽大馆、辽师大馆、柳州馆、南京馆、内蒙古馆、宁夏馆、上海馆、首都馆、天津馆、西南大学馆、浙江馆

14491

中国贸易年鉴（民国三十七年） 吴大明 黄宇乾 池廷熹主编 汤心仪等编辑

上海：中国贸易年鉴社，1948.1，15+520+32页，32 开

本书共 6 编，内容包括：总述、国别贸易与埠别贸易、贸易实务指南、法规公告等。附上海市进出口商业同业公会会员名单、上海市进出口商业同业公会第一届理监事名录、上海市重要进出口商行业务概览等。

收藏单位：安徽馆、重庆馆、广东馆、国家馆、黑龙江馆、湖南馆、吉林馆、近代史所、辽大馆、辽宁馆、南京馆、宁夏馆、山西馆、上海馆、首都馆、浙江馆、中科图

14492

中国棉花贸易情形 叶元鼎等编

工商部上海商品检验局，1930，114 页，22开（中国棉业问题）（上海商品检验局丛刊 4）

本书共 10 章，内容包括：总论、中国商业棉花、中国棉花包装、中国棉花卖买之习惯、中国纱厂与交易所等。附华商棉业团体、日商棉业团体、外国棉商一览表、上海棉业

堆栈一览表、中国纱厂一览表、美英印埃四国棉价之计算法、各国权度面积重量货币表。

收藏单位：广东馆、国家馆、山西馆、上海馆

14493

中国棉货总产销量之结算 叶量述

财政部国定税则委员会，1934，20 页，16 开（财政部国定税则委员会经济统计丛刊 9）

本书共 5 部分：棉货输入统计之整理、棉货输出统计之整理、棉花产销量、棉纱产销量、棉织品产销量。

收藏单位：广东馆、广西馆、国家馆、南京馆、陕西馆、上海馆

14494

中国商务与太平洋 穆藕初著

上海：商务印书馆，1922.10，40 页，23 开

本书为汉英对照，简述中国对外进出口贸易概况、日美两国及太平洋地区其他国家对华贸易的情况。著者原题：穆湘玥。

收藏单位：南京馆、上海馆

14495

中国商战失败史（中国四十年海关商务统计图表） 黄炎培 庞松编纂

外文题名：History of China's failure in commerce

上海：商务印书馆，1917.5，220 页，22 开

本书全部为表。共 4 编。所涉时间为1876—1915 年。

收藏单位：东北师大馆、广东馆、国家馆、河南馆、湖南馆、江西馆、近代史所、南京馆、内蒙古馆、上海馆、浙江馆

14496

中国生丝对外贸易手续 中国国际贸易协会编

上海：中国国际贸易协会，1932.8，93 页，32开（国际贸易丛书 1）

本书共 12 部分，内容包括：华丝对外贸易过程概况、华丝对外贸易过程中商行之性质与现状、丝厂与洋行接洽生丝买卖之手续、

洋行内生丝检验手续、华丝装船出口手续等。附中国厂丝贸易规则、中国厂丝贸易争议处理规则。

　　收藏单位：重庆馆、江西馆、上海馆、浙江馆

14497

中国输出贸易指数表（民国元年至十六年）

工商部编

外文题名：Index numbers of exports in China

工商部，1928，44 页，横 16 开

　　本书为汉英对照。共 3 部分：输出物价、物量、物值指数。

　　收藏单位：国家馆、吉林馆、近代史所、上海馆

14498

中国输入贸易指数表（民国元年至十六年）

工商部编

外文题名：Index numbers of imports in China

工商部，1928，42 页，横 16 开

　　收藏单位：国家馆、江西馆、近代史所、浙江馆

14499

中国税关论　赵管侯编

北京：新社会日刊社，[1920]，306 页，22 开

　　本书共 14 章，内容包括：关税与改正问题、关税之种类、关税与国际通商条约、关税之组织及掌管、关税（国境税）、一般之税课等。附海关改订进口新税则、江海关改定报关新章。

　　收藏单位：广东馆、国家馆、河南馆、近代史所、南京馆、上海馆、首都馆

14500

中国税关制度　叶春墀著

济南：教育图书社，1913，80 页，22 开

　　收藏单位：国家馆

14501

中国丝绸出口历史统计资料汇编（一九〇二年至一九四九年）　中国丝绸进出口总公司

[编]

北京：中国丝绸进出口总公司，[1949]，10+517 页，横 16 开，精装

14502

中国丝绢西传史　姚宝猷著

重庆：商务印书馆，1944.6，82 页，32 开（中山文化教育馆研究丛刊）

　　本书共 7 章，内容包括：古代丝之产地及其用途、古代东西交通之路线及丝绢之西传、纪元前后欧人对于丝国及蚕丝之观感、桑蚕种子之西传及西方丝业之发展、古代贩运丝绢之民族等。摘引自中外有关典籍记载。

　　收藏单位：安徽馆、重庆馆、广西馆、国家馆、黑龙江馆、近代史所、辽大馆、南京馆、上海馆、天津馆

14503

中国香港通商及设关协定草案　总税务司署编

上海：海关总税务司署，1930.10，13 页，12 开

　　本书所收草案共 26 条。

14504

中国与各国所订商约声明修改期间表

出版者不详，[1913]，石印本，13 页，16 开

　　收藏单位：国家馆

14505

中国与南洋贸易　余顺贤著

广州：国民印刷所，1946.8，100 页，32 开（南洋研究丛书）

　　本书共 10 章：概论、中国与缅甸贸易、中国与菲律宾贸易、战后中国对南洋贸易之发展等。

　　收藏单位：广东馆、国家馆

14506

中国之出口税　刘炜俊著

出版者不详，1940，42 页，16 开

　　本书大部分为表。记录 1938 年以前我国各种出口货物税收的统计数字。

收藏单位：国家馆、南京馆、天津馆

14507

中国之国际贸易　马寅初讲

中央训练团，1939.6，30 页，32 开（中央训练团党政训练班讲演录）

　　本书共 8 部分，内容包括：中国国际贸易的特征、中国国际收支之概况、中国之入超如何抵补、外人在中国之直接投资、抗战期中的中国国际贸易、华侨工商业日后发展之途径等。附中日货币战。

　　收藏单位：广东馆、广西馆、国家馆

14508

中国之买办制　沙为楷编

上海：商务印书馆，1927.3，63 页，32 开（商业丛书 12）

　　收藏单位：重庆馆、广东馆、广西馆、国家馆、河南馆、湖南馆、南京馆、内蒙古馆、上海馆、首都馆、天津馆、浙江馆

14509

中和关税条约　中华民国国民政府外交部编

中华民国国民政府外交部，1933，[8] 页，18 开（白皮书第 33 号）

　　本条约于 1928 年 12 月 19 日在南京签订。

　　收藏单位：国家馆、上海馆

14510

中华民国参加比利时国际博览会特刊　国民政府参加比国博览会代表处编著

上海：商务印书馆 [等]，1932.9，200 页，22 开

　　本书共两编：中国陈列馆、比国博览会。第 1 编共 7 章，内容包括：筹备及组织、征集、经费、宣传等；第 2 编共 10 章，内容包括：比国博览会举行之动机、昂维斯博览会、黎业斯博览会、各国陈列馆等。

　　收藏单位：国家馆

14511

中华民国参加美国世界博览会筹备委员会规章汇编

出版者不详，[1939]，34 页，22 开

　　本书内容包括：我国参加美国世界博览会缘起、参加美国世界博览会筹备委员会规程、参加美国世界博览会筹备委员会办事细则、参加美国世界博览会筹备委员会征集出品规则等。

　　收藏单位：国家馆、南京馆

14512

中华民国对日贸易商务代表纪念手册　中华民国对日贸易商务代表联络处编

中华民国对日贸易商务代表联络处，[1911—1949]，38+42 页，32 开，精装

　　本书收录 22 位代表的略历。附有关法令、我国对日贸易现势、日本对外贸易之管制、国内舆论等。

　　收藏单位：天津馆

14513

中华民国海关出口税税则　上海通商海关总税务司署统计科编

上海通商海关总税务司署，1931，37 页，22 开

上海通商海关总税务司署，1933，39 页，22 开

上海通商海关总税务司署，1940，15 页，20 开

上海通商海关总税务司署，1943，30 页，18 开

上海通商海关总税务司署，1945，30 页，18 开

上海通商海关总税务司署，1946，30 页，18 开

　　本书为汉英对照，全部为表。共 6 类，内容包括：植物产品类、纺织纤维及其制品类、金属矿石及其制品类等。该税则于 1931 年 5 月 7 日公布，自 1931 年 6 月 1 日起实行，自 1934 年 6 月 21 日起修订实行，1943 年 12 月 1 日再次修订实行。

　　收藏单位：重庆馆、广东馆、国家馆、吉林馆、近代史所、南京馆、上海馆、浙江馆

14514

中华民国海关进出口税税则 私立亚光邮务
海关函授学校编辑

上海：私立亚光邮务海关函授学校，1934.10，
5 版，164 页，32 开

　　本书所收进口税税则自 1934 年 7 月起实
行，出口税税则自 1934 年 6 月起实行。

14515

中华民国海关进出口新税则 上海法政学社
编译部编

上海：法政学社，1931，36 页，32 开

　　本书共两部分：进口新税则、出口新税
则。附江海关严防漏税新则。

　　收藏单位：重庆馆

14516

中华民国海关进口出口税税则 （日）冈一朗
编辑

天津：冈一朗，1938.7，[123] 页，16 开，精
装

　　本书为汉英日对照。所收税则自 1938 年
6 月起实行。

　　收藏单位：国家馆、宁夏馆、上海馆、中
科图

14517

中华民国海关进口税税则

上海通商海关总税务司署造册处，1929，91
页，22 开

上海通商海关总税务司署造册处，1931，105
页，22 开

　　本书全部为表。将货品分 16 类，内容包
括：棉、麻、毛及其制品、食品、草药、烟
草、燃料、瓷器、石料及杂货类等。该税则
于 1928 年 12 月 7 日公布，修订后于 1930 年
12 月 29 日公布，自 1931 年 1 月 1 日起实行。

　　收藏单位：国家馆、上海馆、天津馆

14518

中华民国海关进口税税则

上海总税务司署统计科，1934.7，106 页，窄
18 开

上海总税务司署统计科，1936.7，106 页，窄
18 开

[上海总税务司署统计科]，1938，66 页，16
开

上海总税务司署统计科，1939.7，106 页，窄
18 开

上海总税务司署统计科，1943.10，48 页，20
开

上海总税务司署统计科，[1944]，47 页，18
开

上海总税务司署统计科，1945.9，79 页，18
开

上海总税务司署统计科，1946，79 页，18 开

上海总税务司署统计科，1947，79 页，18 开

上海总税务司署统计科，1948，76 页，18 开

上海总税务司署统计科，1948.9，87 页，20
开

　　本书为汉英对照，全部为表。所收税则
于 1934 年 7 月首次实行，历经多次修订。

　　收藏单位：重庆馆、东北师大馆、广东
馆、国家馆、南京馆、山西馆、上海馆、首
都馆、浙江馆、中科图

14519

中华民国海关进口税税则

出版者不详，[1930—1939]，7 册（[411] 页），
18 开

　　本书为合订本。收录十七年进口税税则
（1928、1929、1930 年版）、十九年进口税
税则、二十年进口税税则、通商进口税税则
（附华英货名检查录）、咸丰戊午通商出口税
税则。附出口税税则。

14520

中华民国海关进口新税则 上海总税务司署
统计科颁发

天津：大同书店，1934.8，124 页，32 开

　　本书附进口税则暂行章程等。所收税则
自 1934 年 7 月起实行。

　　收藏单位：国家馆、天津馆

14521

中华民国海关转口税税则

[上海]：海关总税务司公署，1937.9，16页，18开

[上海]：海关总税务司公署，1943.12，17页，21开

　　本书为汉英日对照，全部为表。所收税则自1937年10月1日起施行，自1943年10月1日起修订实行。

　　收藏单位：重庆馆、国家馆、南京馆、上海馆

14522

中华民国美利坚共和国友好通商航海条约
国际出版社编

上海：国际出版社，1946.11，1册，32开

　　本条约于1946年11月4日在南京签订，于11月9日由立法院批准。附中美关于取消在华治外法权及其他处理有关问题条约。附英文版。

　　收藏单位：长春馆、广东馆、桂林馆、国家馆、黑龙江馆、湖南馆、近代史所、南京馆、上海馆、浙江馆

14523

中华民国商会联合会对外贸易会议（江西全省商会联合会专辑）

江西全省商会联合会，1947.9，38页，32开

　　本书收录该会提议案、发展对外贸易声中推广江西特产意见的商榷、江西农矿工商业现状概述、江西物产举要等资料。

　　收藏单位：江西馆

14524

中华民族又在死亡线上论开放对日贸易问题
　　圣约翰大学经济问题研究会编

[上海]：圣约翰大学经济问题研究会，1947.8，41页，32开

　　本书为文集，内容包括：《对日贸易问题》（张绹伯）、《对日贸易的开放问题》（马寅初在中华工商学校演讲词）、《论开放对日贸易：有条件开放靠得住吗?》（陈仁炳）、《对日和约的几点》（宾符）、《谨防日本再事侵略》（1947年6月4日《申报》）等。

　　收藏单位：国家馆、上海馆

14525

中加通商暂行办法换文　中华民国国民政府外交部编

[中华民国国民政府外交部]，1946，油印本，[7+4]页，16开

中华民国国民政府外交部，1948.1，1册，18开（白皮书第91号）

　　本书所收办法于1946年9月26日在南京签订并生效。

　　收藏单位：广东馆、国家馆、吉林馆、南京馆、上海馆

14526

中捷友好通商条约　中华民国国民政府外交部编

中华民国国民政府外交部，1930，16页，18开（白皮书第18号）（欧美第5号）

　　本书收录批准书、捷克国批准书（英文）、互换批准证书（英文）等。于1930年2月12日在南京签订，同年11月20日在南京换文批准。

　　收藏单位：广东馆、国家馆、南京馆、上海馆、浙江馆

14527

"中美商约"与廿一条

出版者不详，[1940—1949]，14页，32开

　　本书收文两篇：《"中美商约"与廿一条》《什么是中美商约》。

　　收藏单位：国家馆

14528

中美桐油贸易之现状与将来　徐壮怀编

财政部贸易委员会，1940，54页，22开

　　本书共8部分，内容包括：绪言、历年美国桐油之输入及消费数量、影响美国桐油消费数量之因子、中美桐油价格、结论及建议等。

　　收藏单位：国家馆、吉林馆、南京馆

14529

中那关税条约　中华民国国民政府外交部编

中华民国国民政府外交部，1933，[4]页，18

开（白皮书第 32 号）

本条约为汉英对照。于 1928 年 11 月 12 日在上海签订。

收藏单位：国家馆、上海馆

14530
中葡友好通商条约　中华民国国民政府外交部编

中华民国国民政府外交部，1933，20+11 页，18 开（白皮书第 40 号）

本条约共 5 条。附照会、声明书等 6 种。于 1928 年 12 月 19 日在南京签订。

收藏单位：国家馆、近代史所、上海馆

14531
中日关税协定的研究　童蒙正编著

立法院统计处，[1930]，45 页，16 开

本书附对中国的利害得失、中日协定的货物税率、中日互惠的程度比较等。所述协定于 1930 年 5 月 6 日在南京签订。

14532
中日关税协定问题　日本评论社编辑

外文题名：Problem of Sino-Japanese tariff agreement

南京：正中书局，1933.5，34 页，32 开（日本研究会小丛书 7）

本书共 4 部分：中日关税协定及附件之全文、中日关税协定成立之经过、中日关税协定之特点、中日关税协定之失效部分。

收藏单位：重庆馆、国家馆、湖南馆、江西馆、南京馆、上海馆、天津馆

14533
中日货一览表　北平妇女救国十人团编辑

北平妇女救国十人团，1932，106 页，25 开

收藏单位：首都馆

14534
中日货一览表　中国国民党河北省党务整理委员会编

中国国民党河北省党务整理委员会，1931，92 页，16 开

本书内容包括：日货一览表、国货一览表等。

收藏单位：国家馆、天津馆

14535
中日贸易略史　赵诵轩　黄炎　杨允鸿编

上海：中华书局，1930.4，18 页，36 开（民众经济丛书）

上海：中华书局，1932.9，再版，18 页，36 开（民众经济丛书）

本书内容包括：中日贸易的起源、中日贸易的趋势、中日贸易史中的几个波折、中日贸易主要品的统计等。

收藏单位：重庆馆、国家馆、黑龙江馆、湖南馆、江西馆、天津馆、浙江馆

14536
中日贸易统计　蔡正雅　陈善林等编

上海：中华书局，1933.6，[348] 页，10 开，精装（中国经济学社中日贸易研究所专刊）

本书为汉英对照。共两篇。第 1 篇共 3 部分：我国对外贸易、我国对日贸易、日本对外及对华贸易。第 2 篇收录图 18 种、表 32 种，内容包括：我国对外贸易净值比较图、我国对外输出入贸易净值表等。附我国输入货品分类统计表（民国元年至二十年）等 9 种。

收藏单位：东北师大馆、广东馆、广西馆、国家馆、江西馆、近代史所、南京馆、上海馆、首都馆、天津馆、浙江馆

14537
中日贸易协会会员录　[中日贸易协会编]

[中日贸易协会]，1937，22 页，16 开

收藏单位：上海馆

14538
中日贸易协会章程（日华贸易协会会则）　中日贸易协会编

中日贸易协会，[1937]，[10] 页，32 开，精装

本书为汉日对照。

收藏单位：上海馆

14539

中日贸易与银价变动　（日）荒木光太郎著
沈沂孙译
南京：中国地方自治学会，1935，22 页，16 开
　　本书共两章：对华贸易一般、中日贸易与
银价。
　　收藏单位：重庆馆、浙江馆

14540

中日贸易之统计　实业部编
实业部，1931.10，8 页，16 开
　　本书全部为图表。共两部分：日货输入我
国之统计、国货输往日本之统计。统计时间
为 1928—1930 年。
　　收藏单位：国家馆、湖南馆

14541

中日通商条约问题　日本评论社主编
南京：正中书局，1934.9，40 页，32 开（日本
研究会小丛书 68）
　　本书共 6 部分：绪论、中日通商条约历史
的背景、修订商约经过之真相、日本对华商
约所得一般之权利、将来改订商约问题、结
论。
　　收藏单位：重庆馆、国家馆、江西馆、南
京馆

14542

中日现行通商航海条约改正说帖　张元节著
张元节［发行者］，[1934—1949]，82 页，32 开
　　本书评述中日通商航海条约存在的问题，
拟定新的中日通商航海条约草案，并辑录日
暹、日美、日英、日法、日意等通商航海条
约。
　　收藏单位：上海馆

14543

中瑞关税条约　中华民国国民政府外交部编
外文题名：Treaty regulating tariff relations between
China and Sweden
中华民国国民政府外交部，1933，[8] 页，18
开（白皮书 第 34 号）
　　本条约于 1928 年 12 月 20 日在南京签

订。附双方照会等。
　　收藏单位：国家馆、上海馆

14544

中苏通商条约
出版者不详，[1911—1949]，油印本，1 册，
16 开
　　收藏单位：国家馆

14545

中外贸易调查表　中国赴日实业团编辑
上海：集成图书公司，1911.9，1 册，22 开
　　本书内容包括：棉绒绸布进口表、器用材
料进口表等。附中国各省特产之一斑。
　　收藏单位：重庆馆、国家馆、江西馆

14546

中外贸易公司章程　巴黎中外贸易公司编
巴黎中外贸易公司，1927，6 页，16 开

14547

中外贸易浅说　赵诵轩　黄炎　杨允鸿编
上海：中华书局，1930.4，19 页，36 开（民众
经济丛书）
上海：中华书局，1932.9，再版，19 页，36 开
（民众经济丛书）
　　本书论述中国对外贸易的起源、演进、
挫折及近 50 年来的概况。
　　收藏单位：安徽馆、重庆馆、广东馆、黑
龙江馆、湖南馆、吉林馆、江西馆、上海馆、
天津馆

14548

中外商约概述
出版者不详，[1932]，油印本，28 页，16 开，
环筒页装
　　本书概述中英、中美、中俄、中日、中
德、中法等商约，评论其中税率等项不平等
的待遇。
　　收藏单位：国家馆

14549

中西友好通商条约　中华民国国民政府外交

部编

中华民国国民政府外交部，1933，12+7 页，18 开（白皮书第 41 号）

　　本条约于 1928 年 12 月 27 日在南京签订。共 5 条。附换文、声明书等 4 种。

　　收藏单位：国家馆、上海馆

14550

中义友好通商条约　中华民国国民政府外交部编

中华民国国民政府外交部，1933，12+7 页，18 开（白皮书第 38 号）

　　本条约于 1928 年 11 月 27 日在南京签订。共 5 条。附换文、声明书等 4 种。

　　收藏单位：国家馆、上海馆

14551

中英关税条约　中华民国国民政府外交部编

外文题名：Tariff autonomy treaty between China and Great Britain

中华民国国民政府外交部，1933，[32] 页，18 开（白皮书第 35 号）

　　本书为汉英对照。于 1928 年 12 月 20 日在南京签订。附英蓝使致王部长照会、王部长复英蓝使照会等。

　　收藏单位：国家馆、南京馆、上海馆

14552

中英关于中国海关与香港政府间关务协定之换文　中华民国国民政府外交部编

中华民国国民政府外交部，[1948]，[16] 页，18 开（白皮书第 101 号）

　　本书为汉英对照。所收换文于 1948 年 1 月 12 日在南京签字，同年 1 月 20 日生效。

　　收藏单位：广东馆、国家馆、吉林馆、南京馆、上海馆

14553

中英贸易略史　赵诵轩　黄炎　杨允鸿编

上海：中华书局，1930.4，19 页，36 开（民众经济丛书）

上海：中华书局，1932.9，再版，19 页，36 开（民众经济丛书）

　　本书简述中英贸易的起源，并按年代分 4 期介绍中英贸易的情况。

　　收藏单位：安徽馆、重庆馆、广东馆、吉林馆、南京馆、内蒙古馆、天津馆

14554

中英商约

出版者不详，[1911—1949]，28+29 页，21 开

　　本商约于 1902 年 9 月 5 日在上海签订。

　　收藏单位：重庆馆

14555

中英续订印藏条约·中英修订印藏通商章程

出版者不详，[1941—1945]，手写本，1 册，18 开，环筒页装

　　收藏单位：国家馆

14556

主要出口品生产贸易调查报告　金陵大学农学院农业经济系调查编纂

[成都]：[金陵大学农学院农业经济系]，1938.10，油印本，331 页，13 开

　　本书为财政部贸易委员会委托金陵大学农学院农业经济系调查编纂。共 17 章，内容包括：绪论、茶、丝、桐油、牛皮、羊皮、羊毛等。末章针对贸易现状提出一些发展建议。

　　收藏单位：重庆馆、国家馆、内蒙古馆

14557

驻外领事商务报告项目

出版者不详，[1917—1919]，[6] 页，23 开，环筒页装

　　本书于 1917 年改正。共 5 项 18 条。附商务报告凡例。

14558

庄督办请决浦口商埠事宜函电并概算折　庄蕴宽撰

出版者不详，[1913]，石印本，20 页，18 开，环筒页装

　　本书概述有关浦口商埠市场取消后用地充公等事宜的办理情况。

　　收藏单位：国家馆

14559

走私问题　中国问题研究会编

上海：中国问题研究会，1936，363 页，32 开
（中国问题研究丛书 1）

　　本书收文 16 篇，内容包括：《华北走私之发生与进展》《走私问题及其对策》《华北走私与关税问题》《华北走私在国际中之影响》等。

　　收藏单位：重庆馆、广东馆、广西馆、贵州馆、国家馆、吉林馆、辽东学院馆、南京馆、山西馆、上海馆、首都馆、天津馆、浙江馆、中科图

14560

走私问题与关税问题　华北问题研究会编著

华北问题研究会，1936.6，14 页，32 开

　　本书指出不合理的高关税导致走私猖狂，对国民经济影响恶劣，并促使不当产业形成，浪费了资本与劳动力。因而，目前改正关税极为重要。

　　收藏单位：国家馆、首都馆

14561

走私专辑（上册）　军事委员会战时新闻检查局编

军事委员会战时新闻检查局，[1937—1945]，油印本，1 册，16 开

　　收藏单位：南京馆

14562

最惠国条款之最近趋势及我国应采之方针
刘心显编

出版者不详，[1911—1949]，1 册，16 开

　　收藏单位：南京馆

14563

最近海关进口新税则　国际贸易导报编辑室编辑

上海：国际贸易局总务处，1934.8，102 页，32 开（国际贸易导报附刊 5）

　　本税则自 1934 年 7 月起实行。

　　收藏单位：重庆馆、广东馆、国家馆、南京馆、内蒙古馆、上海馆、西南大学馆、浙江馆

14564

最近六年来我国与荷印贸易统计　荷印华侨促进会中荷贸易专门委员会编

吧城（巴达维亚）：华英书局，1936，176 页，25×32cm

　　收藏单位：国家馆

14565

最近三年对外贸易表解（1933—1935 年）
实业部国际贸易局编

实业部国际贸易局，[1936]，146 页，16 开

　　本书全部为表。内容包括：商品进口数值及其主要输入国别统计表、商品输出数值国别统计表、各国输华贸易总值及其主要商品统计表等。

　　收藏单位：重庆馆、吉林馆、南京馆、上海馆、浙江馆

14566

最近三十四年来中国通商口岸对外贸易统计（1900—1933 中部）　实业部国际贸易局编纂

上海：商务印书馆，1935.11，273 页，23×30cm，精装

　　本书全部为图表。内容包括：近三十四年来中国通商口岸对外贸易统计图、近三十四年来中国通商口岸对外贸易统计表等。

　　收藏单位：重庆馆、广东馆、广西馆、贵州馆、国家馆、湖南馆、辽大馆、南京馆、上海馆、西南大学馆、浙江馆、中科图

14567

最近十年各埠海关报告（民国十一年至二十年）　海关总税务司署统计科译

上海：海关总税务司署统计科，1934—1935，2 册（813+413 页），13 开

　　本书为各埠海关十年例行编送总署的报告汇编。分上、下两卷：华北及长江各埠、华南及陆路边境各埠。内容包括：贸易、航业、关税、金融、农业、工业、矿业、交通、航行设施、地方行政、司法与公共、军事、卫生、教育、文艺、人口、治安等。附《最近

百年中国对外贸易史》（班思德）。

收藏单位：重庆馆、广东馆、国家馆、黑龙江馆、吉林馆、近代史所、南京馆、上海馆

14568

最近四十五年来四川省进出口贸易统计（光绪十七年至民国二十四年，1891—1935）
甘永柏编

[重庆]：民生实业股份有限公司，1936.10，116 页，16 开（民生实业公司经济研究室丛刊 3）

本书全部为图表。内容包括：最近四十五年来四川省进出口货值总数统计图、最近四十五年来重庆进出口货值总数统计图、最近四十五年来四川省进出口货值总数统计表、最近四十五年来重庆进出口货值总数统计表等。编者原题：甘祠森。

收藏单位：重庆馆、国家馆、近代史所、南京馆、上海馆

14569

最近中国对外贸易统计图解（1912—1930年）　唐有壬　张肖梅　蔡致通编纂
外文题名：Statistics of China's foreign trade，1912—1930
中国银行总管理处调查部，1931.12，131 页，7 开，精装

本书全部为图表。内容包括：中国对外贸易总值表、对外贸易国别价额表、重要口岸对外贸易价额表、英美日对华贸易比较图、重要物品出口消长图等。附历年海关税则。

收藏单位：重庆馆、东北师大馆、广东馆、国家馆、近代史所、辽大馆、南京馆、宁夏馆、上海馆、天津馆、浙江馆

商品学

14570

爱兰百利各种良药
出版者不详，[1911—1949]，40 页，24 开

本书为英国爱兰百利公司所出代乳粉及各种药品的广告宣传品。

14571

安化茶叶调查报告　王恩浩著
出版者不详，1930，油印本，1 册，18 开

收藏单位：国家馆

14572

办货指南　商事咨询社编
上海：商事咨询社，1930.11，[380] 页，23 开，精装

本书收录纺织印染、装饰品、日用品、工业原料、药品、烟草等行业之广告以及商品知识。

收藏单位：近代史所、南京馆、上海馆

14573

办货指引　陈伯民编　朱星晖主编
上海：国货出品咨询社，1931.11，252 页，25 开

本书为广告性书籍。收录全沪国货出品汇编以及提倡国货的短文多篇。

14574

北宁沿线物产概况一览　铁道部第四届全国铁路沿线出产货品展览会北宁馆编
铁道部第四届全国铁路沿线出产货品展览会北宁馆，1935.7，64 页，32 开

本书共 6 部分：北宁铁路沿线出产货品概况、北宁铁路沿线农产品一览、北宁铁路沿线林产品一览、北宁铁路沿线矿产品一览、北宁铁路沿线工艺品一览、北宁铁路沿线生物品一览。附沿线土壤调查表。

收藏单位：上海馆

14575

北岳区特产情况介绍　北岳区财经办事处编
北岳区财经办事处，1948，油印本，20 页，32 开

收藏单位：国家馆

14576

边区风物展览会特刊　[边区风物展览会编]
国民革命军第廿四军边务处，1929.4，88 页，
32 开

本书内容包括：弁言、举行边区风物展览会之意义、边区风物展览会办法七条、西康康定县地产团征集物品等。

收藏单位：重庆馆、国家馆

14577

边区风物展览会影片集　川康边防总指挥部编
上海新闻报，1929，121 页，横 16 开，精装

本书共 12 部分，内容包括：标语、佛像、金饰及其他、边区各县征集影片等。书前有展览会组织成员合影、刘文辉序。

收藏单位：重庆馆、广东馆、国家馆、近代史所、南京馆、天津馆、西南大学馆、中科图

14578

布　上海商业储蓄银行调查部编
上海商业储蓄银行信托部，1931，193 页，32 开（商品调查丛刊 第 5 编）
上海商业储蓄银行信托部，1932.4，193 页，32 开（商品调查丛刊 第 5 编）

本书共 9 部分，内容包括：上海棉布之种类、上海棉布之输出与输入、上海棉布之运销、上海棉布之交易、上海之棉织厂等。附上海洋货棉布号一览表、上海厂布号一览表、上海土布字号一览表等。

收藏单位：国家馆、上海馆、浙江馆、中科图

14579

茶　上海商业储蓄银行调查部编
上海商业储蓄银行信托部，1931.12，153 页，32 开（商品调查丛刊 第 4 编）

本书共 8 部分，内容包括：华茶之产地及种类、上海茶之运输、上海茶之出口贸易、上海之茶业、上海茶业之金融、上海之茶价等。附上海茶栈一览表、上海茶行一览表、上海茶厂一览表等。

收藏单位：重庆馆、广东馆、国家馆、湖南馆、吉林馆、近代史所、宁夏馆、上海馆、首都馆、天津馆、浙江馆

14580

茶　实业部国际贸易局编
实业部国际贸易局，1937.7，308 页，23 开（商品丛书 2）

本书共 12 章，内容包括：华茶之生产、运输途径及各路运费、茶叶包装方式、保险手续及其费用、茶叶捐税、茶叶检验等。附中国茶叶公司之创设及其业务推进之方针。

收藏单位：重庆馆、广东馆

14581

产品分类汇编　关东实业公司企划部编
出版者不详，1949，27 页，横 16 开

收藏单位：广东馆

14582

铲除棉花搀水积弊之检验　徐右方等编
工商部上海商品检验局，1930，65 页，22 开（中国棉业问题）（工商部上海商品检验局丛刊 第 5 期）

本书共 9 章，内容包括：总论、扦样之方法、改良本包扦样之方法、扦样员应负之责任、烘验之方法等。附扦样细则、烘验细则、棉花检验计划等。

收藏单位：重庆馆、广东馆、国家馆

14583

长白山一带天产的调查　铎声著
出版者不详，1921，32 页，16 开（社会调查）

本书为报刊资料剪贴本。

收藏单位：国家馆

14584

出口商品检验统计报告（中华民国三十年）
实业部上海商品检验局编
实业部上海商品检验局，[1942]，[104] 页，10 开

本书为合订本。收录蚕丝、畜产、农产等商品出口检验之分月统计报告表。

14585

川康藏云贵及西北产品

出版者不详，[1911—1949]，油印本，24 页，16 开

　　本书主要介绍两地的药材产品。

　　收藏单位：重庆馆

14586

大华国产运动器具公司出品目录　大华国产运动器具公司编

上海：大华国产运动器具公司，1934.8，32 页，32 开

　　收藏单位：国家馆

14587

大连劝业博览会出品图说　李文权编

大连：满洲日日新闻社，1925，54 页，16 开

　　收藏单位：人大馆

14588

蛋之浅说　工商部上海商品检验局牲畜正副产品检验处编

工商部上海商品检验局，1930.3，20 页，22 开

　　本书附蛋品检验标准。

　　收藏单位：上海馆

14589

德国肠城怡默克化学药料厂自制药品价目表　怡默克大药厂编

上海：怡默克大药厂，1930，28 页，16 开

　　收藏单位：国家馆

14590

抵押商品述要（第 1 集）

出版者不详，[1937]，[582] 页，16 开

　　本书为 1936—1937 年间某银行放款业务参考学习资料。介绍米、麦等 50 种商品之性能、种类、用途、供销情况及银行承做抵押放款应注意事项等。

14591

第二次全国商品检验会议汇编　实业部商业司第二科编辑

南京：实业部总务司第四科，1933.4，238 页，18 开（实业丛刊 商业类）

　　本书共 5 部分，收录该会议经过纪要、图表、演辞及报告、决议案、提案。

　　收藏单位：重庆馆、广东馆、国家馆、南京馆、上海馆

14592

第三次全国商品检验会议汇编　实业部商业司第二科编辑

南京：实业部总务司第四科，1934.6，[158] 页，16 开

　　本书共 6 部分，收录该会议经过纪要、图表、演辞及报告、议案、决议案、提案。附实业部第三届全国商品检验会议简则、实业部第二届全国商品检验会议案办理情形。

　　收藏单位：国家馆、中科图

14593

第一区内蒙接壤物产表

[天津]：直隶省商品陈列所，[1937—1949]，1 册，大 16 开

　　收藏单位：国家馆

14594

东北煤炭之品质与利用方法　东北物资调节委员会编

[沈阳]：东北物资调节委员会，[1945—1949]，54 页，32 开（物调研究丛刊 2）

　　本书共 3 部分：总说、煤炭之工业分析方法、东北各地所产煤炭之品质。

　　收藏单位：国家馆

14595

豆果类水分测定方法之研究　实业部天津商品检验局编

实业部天津商品检验局，1933.2，11 页，16 开（农品检验处报告类 1）

　　本书共两部分：天然状态样品水分测定方法之研究、粉状样品水分测定方法之研究。

　　收藏单位：国家馆、南京馆

14596

二十六年茶叶产地检验工作进行计划书

出版者不详，[1937]，油印本，5页，16开，环筒页装

收藏单位：国家馆

14597

二十五年祁红茶检验报告书 实业部国产检验委员会 实业部上海商品检验局编

实业部国产检验委员会、实业部上海商品检验局，1936.11，103页，16开（检验报告1）

本书共6部分，内容包括：绪言、祁红茶之天然环境、祁红茶之产制销、祁红茶之品质等。附二十五年祁红茶检验结果总表、祁红各批茶每日平均市价图。

收藏单位：安徽馆、重庆馆、广东馆、国家馆、吉林馆

14598

二十五年屯溪绿茶产地检验报告 实业部国产检验委员会 实业部上海商品检验局编

实业部国产检验委员会、实业部上海商品检验局，[1937]，20页，16开（实业部国产检验委员会、上海商品检验局检验报告2）

本书介绍该地的检验组织及实施概况。

14599

肥料检验法及其暂行标准 天津商品检验局化学工业品检验处编

外文题名：Tentative methods of analysis and standards for fertilizers

天津商品检验局，1932.11，46页，18开（检验丛刊2）

本书共7部分：绪论、采样、本局采用之化验方法、暂行合格标准、本局肥料检验之经过情形附肥料检验结果、参考书报。附商品检验暂行条例、人造肥料检验规程、实业部天津商品检验局人造肥料检验细则。

收藏单位：广东馆、国家馆、南京馆

14600

分业商品学 潘吟阁编

上海：商务印书馆，1928.8，142页，32开（商业丛书13）

本书分类叙述米、面粉、茶、丝、糖、花、纱、布、纸等18种商品的沿革、产地、生产及运销状况。

收藏单位：重庆馆、广东馆、广西馆、国家馆、湖南馆、辽大馆、南京馆、上海馆、天津馆、浙江馆

14601

粉麦业须知 张一凡主编 张肖梅校订

上海：中华书局，1948.7，68页，窄36开（现代经济研究所商品丛书5）

本书共3编：小麦及其交易、面粉之制造、面粉之交易。

收藏单位：安徽馆、长春馆、重庆馆、广东馆、国家馆、辽宁馆、内蒙古馆、上海馆、浙江馆

14602

甘肃之特产 甘肃省银行经济研究室编

兰州：甘肃省银行总行，1944.4，138页，18开（甘肃经济丛书）

本书共11章，内容包括：食盐、药材、水烟、麻、羊产品、牛产品、猪产品、其他家畜产品等。

收藏单位：重庆馆、广东馆、国家馆、近代史所、南京馆、陕西馆、中科图

14603

赣茶检验之标准 叶声钟 谢治平著

江西省农产物检验所，1941.2，41页，25开

本书介绍检验的材料、方法及标准。

收藏单位：绍兴馆

14604

赣米之品质 叶声钟 许业贵著 江西省农产物检验所编

江西省农产物检验所，1939.6，26页，25开

本书介绍赣米的品质、等级及分布情况。

收藏单位：浙江馆

14605

各大工厂商标图集 许晚成编

上海：龙文书店，1943，1册，25开，精装

本书共两部分：上海工厂一览、工厂商标图样。附工业原料、西药、金融业等调查录。

收藏单位：贵州馆、国家馆、南京馆

14606

各种雪茄烟牌名价格表 ［铁道部编］

铁道部，1932.11，[17] 页，25开

收藏单位：国家馆、吉林馆、辽宁馆、南京馆

14607

工商部青岛商品检验局周年概况　工商部青岛商品检验局编

工商部青岛商品检验局，[1930.7]，56 页，16开

本书收录 1929 年该局筹备成立及举办各项商检之经过，处室工作概况、计划撮要等。该局所检验的商品主要为花生、豆类、棉花、猪、牛等农牧产品。

收藏单位：国家馆、南京馆

14608

工商部上海商品检验局概况　工商部上海商品检验局编

工商部上海商品检验局，1930.5，32 页，25开

本书共 16 部分，内容包括：序、摄影、统计、筹备概况、局所沿革概况、组织概况、秘书室概况等。

收藏单位：国家馆、南京馆、上海馆

14609

工商部卜海商品检验局生丝检验处生丝检验方法 ［工商部上海商品检验局编］

[工商部上海商品检验局]，[1928—1949]，1册，25开

本方法共 13 条。

收藏单位：上海馆

14610

工商部上海商品检验局牲畜正副产品检验处蛋类及蛋产品检验须知　工商部上海商品检验局编

工商部上海商品检验局，[1928—1949]，5页，25开

本书内容包括：送验手续、检验标准等。

14611

工商部上海商品检验局牲畜正副产品检验处检验细则　工商部上海商品检验局编

工商部上海商品检验局，[1928—1949]，4页，23开

本细则于 1929 年 6 月公布，适用于上海出口之肉类、脂肪、肠衣、蛋品等商品。

14612

工商部上海商品检验局周年业务报告　上海商品检验局文书股编辑

上海商品检验局文书股，1941.4，1册，16开

本书内容包括：总纲、图表、计划、研究、调查、法规等。

收藏单位：南京馆

14613

公务机关购用国货暂行办法·各机关通用物品国货清册

出版者不详，[1911—1949]，32 页，16开

收藏单位：安徽馆、南京馆

14614

广东省建设厅生丝检查所年报　广东省建设厅生丝检查所编

广东省建设厅生丝检查所，[1932.5]，38 页，16开

本书内容包括：组织概况、工作进行概况、该所检验细则及生丝出口统计等。

收藏单位：国家馆

14615

广东土特产介绍　华南城乡物资交流指导委员会编

广州：华南城乡物资交流指导委员会，[1911—1949]，1册，25开（城乡物资交流资料 1）

本书内容包括：山货类、蔬果类、畜产类

等。

收藏单位：广西馆

14616

广西省立教育用品制造所出品目录　广西省
立教育用品制造所编

广西省立教育用品制造所，1946，56 页，36
开

收藏单位：广西馆、南京馆

14617

归绥分县物产图　卓宏谋编

卓宏谋，[1930—1949]，[116] 页，18 开

本书收归绥下属各县图 18 幅，并附各县
物产说明，分位置、面积、村镇、人口、山
脉、河流、交通、农产、畜产、皮毛、矿产、
药材、林产、植物、水产、工业等项。附绥
远省分县全图、平包铁路及包宁铁路计划图、
百灵庙九龙口现势图及说明书、新绥驼站交
通图及说明书、阿拉善旗游牧之所在、额济
纳旗游牧之所在。

收藏单位：国家馆、吉林馆

14618

贵州物产名称一览　贵州物产陈列馆编

贵阳：贵州物产陈列馆，1942.10，102 页，22
开

本书全部为统计图表。共两部分："编辑
凡例、资料来源及各种图表""分县物产一
览"。

收藏单位：广东馆、贵州馆、国家馆、吉
林馆、上海馆、浙江馆

14619

国产检验委员会第二次会议决议案

出版者不详，[1911—1949]，油印本，1 册，
14 开，环筒页装

本书内容包括：国产检验委员会第二次会
议决议案、关于国产内销检验技术人员训练
案、国产检验委员会生丝品级检验计划、国
产检验委员会茶叶检验计划、国产检验委员
会桐油内销检验计划等。

收藏单位：重庆馆

14620

国产羊毛品质之研究　陈文沛著

实业部上海商品检验局，1936.8，10 页，16
开（实业部上海商品检验局研究报告 3）

本书内容包括：世界羊毛产量之统计、欧
洲羊毛出产表、非洲羊毛出产表、亚洲羊毛
出产表、世界纺织原料产量比较表等。

收藏单位：重庆馆、国家馆、浙江馆

14621

国货大会　中原公司编

天津：中原公司，[1911—1949]，144 页，32
开

收藏单位：首都馆

14622

国货调查录（第 1 期）　浙江省会各界服用国
货会编

浙江省会各界服用国货会，1934.7，[298] 页，
27 开，环筒页装

本书介绍国货品种，宣传提倡国货之重
要意义。

收藏单位：浙江馆

14623

国货调查录（第 3—6 期）　中华国货维持会
等编

上海：中华国货维持会，[1915]—1923，4 册
（128+123+123+304 页），23 开

本书内容包括：棉织类、食品类、机器
类、化妆类、文具类等。书前附本会职员表、
本会入会各公所公司厂商一览表。

收藏单位：南京馆、上海馆、首都馆

14624

国货调查与介绍　浙江省国货陈列馆编查股
编辑

浙江省国货陈列馆编查股，1930，1 册，22
开

本书介绍国货的种类，宣传提倡国货之
重要意义。

收藏单位：浙江馆

14625

国货供应录　高事恒主编

上海：南洋企业公司，[1941]，318 页，16 开

本书收录绸缎布匹、服装、鞋袜帽、文具、电器等各类国货广告。

收藏单位：上海馆

14626

国货汇编　上海特别市政府社会局编

上海特别市政府社会局，1928.10，[120] 页，16 开，环筒页装

本书共 3 部分：上海国货调查录、国货样本、国货广告。

收藏单位：国家馆、吉林馆、南京馆、上海馆、首都馆

14627

国货汇编　中国国民党浙江省执行委员会训练部编

杭州：中国国民党浙江省执行委员会训练部，1931.2，2 册（296+308 页），32 开

本书共 3 部分：浙江国货调查录、国货样本、国货广告。

收藏单位：浙江馆

14628

国货汇刊　广州市社会局编

上海：中华书局，1925，139+16 页，16 开

本书按类列出全国国货产品的商标、厂家、厂址等。附各大厂店广告一览。

收藏单位：广东馆、国家馆、近代史所、南京馆、陕西馆、上海馆、首都馆、浙江馆

14629

国货纪述　[勤业文具公司编]

上海：勤业文具公司，1934.1，[30] 页，16 开

本书为该公司摄影、证书、奖状等资料的图集。

收藏单位：广东馆、国家馆、南京馆

14630

国货商标（第 1 编）　实业部商标局编

实业部商标局，1931.12，408 页，18 开

本书所辑为 1928 年至 1931 年 6 月的注册商标，分商标名称、商号、地址、专用商品、注册号数等项。

收藏单位：国家馆

14631

国货商标汇刊（第 2—3 集）　中华国产厂商联合会秘书处出版股编

上海：中华国产厂商联合会，1940—1941，2 册（232+183 页），16 开，精装

本书选辑商标争议案例，逐案摘述诉讼理由，并附有关法令条款及商标图样。

收藏单位：上海馆

14632

国货样本　上海机制国货工厂联合会编

上海机制国货工厂联合会，1934.6，101 页，16 开

本书收录上海出产商品的广告。

收藏单位：河南馆、湖南馆、上海馆

14633

国货样本（市民国货年）　上海市商会商品陈列所编

上海市商会商品陈列所，[1934—1936]，[83] 页，14 开

本书收录上海各厂厂史及产品广告。

14634

国货一览（第 1 辑）　上海特别市政府农工商局编

上海特别市政府农工商局，1928.7，112 页，16 开

14635

国货月刊正兴德茶庄专刊　国货月刊社编

天津：国货月刊社，1934.5，34 页，36 开

收藏单位：国家馆

14636

国货指引　国货出品咨询社编

上海：国货出品咨询社，1934.11，338 页，25 开

本书介绍国货产品，收录论述采用国货重要意义的文章多篇。

　　收藏单位：安徽馆

14637

国立中央大学农学院推广部售品目录　国立中央大学农学院编

南京：国立中央大学农学院，1928，38 页，22 开

　　收藏单位：国家馆

14638

国立中央研究院物理研究所仪器工场出品目录　物理研究所编

[上海]：物理研究所，1936，[26] 页，16 开

　　收藏单位：广西馆

14639

国棉联购处收花须知　国棉联购处编

国棉联购处，1948，[13] 页，22 开

　　本书内容包括：一般收花须知、报表种类及说明、棉花收购业务电报办法等。

　　收藏单位：国家馆、吉林馆

14640

国药业须知　张一凡主编　张肖梅校订

上海：中华书局，1949.5，86 页，36 开（现代经济研究所商品丛书 7）

　　本书共 6 章：药材之种类、药材商业之分类、药材业之组织、药材业交易习惯、参燕业之经营、银耳业之经营。

　　收藏单位：国家馆、辽宁馆、南京馆、内蒙古馆、上海馆

14641

杭州翁隆盛名茶选录　翁耀廷编

出版者不详，[1911—1949]，[12] 页，25 开

　　本书为商业宣传品，附英文说明。

14642

杭州之特产　浙江省商务管理局编辑

浙江省商务管理局，1936.3，122 页，32 开（浙江省商务管理局商品调查丛刊 2）

　　本书共 8 部分：龙井茶叶、杭州剪刀、杭州纸伞、杭州之扇、西湖藕粉、天竺筷、西湖莼菜、杭州丝绸。

　　收藏单位：浙江馆

14643

合众批发目录　合众教育用品公司编

上海：合众教育用品公司，1936.2，79 页，32 开

14644

合众批发目录（秋季号）　合众教育用品公司编

上海：合众教育用品公司，1936，17+31 页，18 开

　　本书共 9 部分，内容包括：卷头语、弁言、题词、言论、金载等。

　　收藏单位：国家馆

14645

河北省出产品分县一览表　河北省政府工商厅编

河北省政府工商厅，1929，86 页，32 开

　　收藏单位：国家馆、近代史所、南京馆

14646

河北省国货陈列馆国货年刊　河北省国货陈列馆编辑

天津：河北省国货陈列馆，1934.6，549 页，16 开

　　本书内容包括：河北省各县特产品一览表、河北省各市县重要工商业概况、河北省重要工厂调查、国货目录汇编等。

　　收藏单位：国家馆、近代史所、南京馆、天津馆

14647

河南省棉花搀水搀杂取缔所查验棉花统计（民国二十三年十月份至二十四年三月份）　河南省棉花搀水搀杂取缔所编

河南省棉花搀水搀杂取缔所，[1935]，[70] 页，12 开

　　本书内容包括：查验棉花数量统计表、查

验合格棉花种类统计表、查验不合格棉花种类统计表等。

14648

河南之蛋黄白　河南农工银行经济调查室编
河南农工银行经济调查室，1942，22 页，32 开（河南农工银行经济丛刊 5）

　　本书共 5 部分：绪言、蛋黄白生产概况、蛋黄白运销概况、蛋黄白交易概况、结语。

　　收藏单位：重庆馆、国家馆

14649

红茶分级试验报告书（财政部贸易委员会外销物资增产推销委员会茶叶研究所三十二年度与中国茶叶公司合作试验）
茶叶研究所，1944.7，21 页，18 开

　　本书共 5 部分，内容包括：分级茶叶原料之选取、国内红茶之分级拼和、结论等。

　　收藏单位：国家馆

14650

红茶分级之研究　陈观沧著
财政部贸易委员会，1943.4，12 页，16 开（茶业研究所丛刊 4）

　　收藏单位：南京馆

14651

湖北之棉花　金城银行总经理处汉口调查分部查编
金城银行总经理处汉口调查分部，1938.2，130 页，16 开（商品调查报告 1）

　　本书共 3 编：生产方面、市场方面、运销金融方面。书前有弁言、湖北省棉产分布图。书后有调查后之意见。附取缔棉花搀水搀杂暂行条例、近三年汉口棉花市价统计图等。

　　收藏单位：广东馆、国家馆、吉林馆、上海馆、西南大学馆

14652

湖南各县物产概况　粤湘赣鄂特产展览湖南筹备委员会编辑
粤湘赣鄂特产展览湖南筹备委员会，[1911—1949]，44 页，16 开

　　收藏单位：广东馆、湖南馆

14653

湖南省棉花搀水搀杂取缔所工作报告　湖南省棉花搀水搀杂取缔所编
湖南省棉花搀水搀杂取缔所，1936，[50] 页，18 开

　　本书内容包括：组织、区分所处一览、区分所处之分布、棉商登记等。

　　收藏单位：国家馆

14654

湖南之猪鬃　湖南省民生物品购销处设计课编
湖南省民生物品购销处，1942.12，50 页，32 开

　　本书介绍猪鬃的种类与质量、产地与产量、用途与洗制法、包装与运输、保险与捐税、市场与交易等。

　　收藏单位：重庆馆、广东馆、南京馆

14655

湖羊皮　实业部上海商品检验局编
实业部上海商品检验局，1936，7 页，16 开（实业部上海商品检验局调查报告 3）

　　本书介绍湖羊皮（即绵羊皮）的基本知识、对外贸易等。

　　收藏单位：重庆馆、国家馆

14656

花茶之囤运　中国茶叶公司福建办事处编
中国茶叶公司福建办事处，1940.10，12 页，32 开，环筒页装（职工读物 3）

　　本书介绍花茶营业与囤运的关系，仓库的设置及通风、防火、驱鼠、防白蚁之设备，茶之运输及其改善方法等。

14657

花生　实业部国际贸易局编
长沙：商务印书馆，1940.2，173 页，32 开（商品研究丛书）

　　本书共 4 部分：概说、生产状况、市场情形、出口贸易。附材料来源、参考书。

收藏单位：重庆馆、广西馆、贵州馆、国家馆、湖南馆、吉大馆、辽大馆、内蒙古馆、宁夏馆、陕西馆、上海馆

14658

化学工业品检验汇编（标准、采样、方法、统计） 张伟如著

实业部上海商品检验局，1934.6，292页，25开（化工品检验刊物3）

本书共5部分：植物油类、人造肥料、糖品、火酒、普通化验品。

收藏单位：重庆馆、贵州馆、南京馆、上海馆、浙江馆

14659

徽墨业调查报告 朱一鹗著

安徽地方银行经济研究室，[1936.8]，17页，16开

本书共3部分：沿革概况、实际产销情形、今后改进方针。附休宁罗经业调查报告。

收藏单位：国家馆、近代史所

14660

火腿产销调查 中国征信所编

[上海]：中国征信所，1933.10，21页，大16开（中国征信所专刊3）

本书共6章：概说、南腿、北腿、云腿、国外贸易、上海之腿商。

收藏单位：国家馆

14661

鸡蛋之研究 工商部青岛商品检验局编

工商部青岛商品检验局，1931，34页，32开（牲畜正副产品检验丛刊第2种）

本书共12部分，内容包括：绪论、母鸡之种类及其产蛋之数量、鸡蛋之品质、鸡蛋之营养价值、鸡蛋之检查法、山东之鸡蛋、青岛输出鸡蛋及其加工品之状况等。

收藏单位：国家馆

14662

集成药房价目表 上海集成药房编

上海集成药房，1933，183页，16开

本书为汉英对照。

14663

检验统计（年刊 第2期） 实业部汉口商品检验局编

实业部汉口商品检验局，1936.6，[120]页，16开（实业部定期刊物14）

本书全部为表。收录该局1934—1935年的统计资料。

收藏单位：国家馆

14664

江苏省小麦分级标准说明书 实业部上海商品检验局编

实业部上海商品检验局，1936，12页，16开（实业部上海商品检验局特种报告8）

收藏单位：国家馆

14665

江苏物产志略 江苏全省物品展览会宣传股编

江苏全省物品展览宣传股，1934.10，92页，32开

本书介绍该省物产的种类和分布情况，并收录该省1934年度建设计划、展览会宣言、职员名录等。

收藏单位：广西馆、国家馆、湖南馆、吉林馆、南京馆、上海馆

14666

江西省稻米检验概况 江西省政府建设厅编

江西省政府建设厅，1938.6，86页，22开

本书共9部分：缘起、插图、本所筹办经过及所务进行概况、实施检验情况、检验技术研究、市场调查、检验统计、检验实效、附录。

收藏单位：重庆馆、国家馆、湖南馆、江西馆、南京馆、浙江馆

14667

江西省各县重要物产调查 熊漱冰编

江西省银行研究室，1949.2，42页，25开（经建丛书3）

收藏单位：江西馆

14668

江西特产说明书

出版者不详，1928.11，16 页，大 64 开

本书内容包括：瓷器、茶、夏布、木、纸等。

收藏单位：浙江馆

14669

江西之特产　王松年编

联合征信所南昌分所，[1913—1949]，248 页，25 开

本书内容包括：米谷、茶叶、蔗糖、西瓜、瓷器、夏布、纸张、毛笔、土布、钨矿、煤矿、瓷土、锡矿、铁、锰、砂盒、石油、木材、苎麻、油料、烟叶、天蚕丝等。

收藏单位：长春馆、江西馆

14670

江西之特产　粤湘鄂赣特产联合展览会江西省筹备委员会宣传组编

粤湘鄂赣特产联合展览会江西省筹备委员会，[1937]，154 页，32 开

本书内容包括：特产分布图、卷头语、四省特展本省筹备经过等。其中主要特产分瓷器、钨矿、夏布、茶等 12 类。

收藏单位：广东馆、贵州馆、国家馆、湖南馆、上海馆

14671

蒋校长故乡的特产　应毅编辑　奉化溪口武岭学校编

上海：儿童书局，1937.3，40 页，25 开（武岭丛书）

本书共 6 部分：一个溽暑的早上、甜蜜的水蜜桃、竹和笋、便于携带的光饼和千层饼、雪窦寺的茶、惠民忠良回来了。

收藏单位：重庆馆、国家馆、吉林馆、南京馆

14672

胶济铁路沿线物产述要　胶济铁路管理局编

胶济铁路管理局，[1911—1949]，28 页，36 开

本书介绍山东省煤炭、花生、花生油、棉花等物产分布情况。

14673

晋绥土货一览（第 1 册）　太原经济建设委员会经济统制处编

太原经济建设委员会经济统制处，1933.8，150 页，25 开

本书共 10 部分：衣用品、食用品、器具及日用品、文具、建筑材料、五金电料品、医药品、烟酒类、化装品、乐器。

收藏单位：山西馆

14674

京都西鹤年堂参茸醪醴丸散膏丹价目表　西鹤年堂编

北京：西鹤年堂，[1911—1949]，46 页，22 开

本书收录药品邮购费用及各种药品价目表。

收藏单位：国家馆

14675

京沪沪杭甬铁路参加二次铁展概要　京沪沪杭甬铁路管理局编

京沪沪杭甬铁路管理局，[1911—1949]，10 页，16 开

本书记录两线各站征集的各类货品，另列出矿产、林产、水产、化学、电机、织造、饮食等 11 类产品的品名、出品处所、征集站名等。

收藏单位：国家馆、南京馆

14676

经济部天津商品检验局检验年刊　经济部天津商品检验局编

经济部天津商品检验局，1947.12，186 页，16 开

本书收录该局工作概要，有关棉花、猪鬃检验的论文，检验工作概况、统计、法规等。版权页题名：商检统计年刊。

14677

酒类暂行检验法　天津商品检验局化学工业品检验组编

外文题名：Tentative method of analysis on alcohols & liqueurs

天津商品检验局，1933.4，135 页，16 开（检验丛刊 4）

本书共 6 部分，介绍酒类的取样法与初步试验，对纯酒精、燃烧用火酒、工业用火酒、饮料酒的分析。附美国工业用酒精配合成分表等。

收藏单位：国家馆、南京馆

14678

徕资显微镜及零件　北平兴华公司编

外文题名：Leitz microscopes and accessories

北平兴华公司，1936.8，142 页，16 开

本书所收商品为医学及生物学用具。

收藏单位：广西馆、国家馆、南京馆

14679

丽江、青海、甘肃、广西、绥远物产调查表

出版者不详，[1943]，手写本，1 册，16 开，环筒页装

收藏单位：国家馆

14680

路市展览大会陈列品目录　路市展览大会编

出版者不详，[1931]，[174] 页，16 开

本书为汉英对照。收录泰康行、鲁鳞洋行、福特汽车公司、惠勒公司等 30 多个厂商的产品目录，并收有该会职员录、协会章程、宣言，以及论文两篇：《读美国汽车商会统计册有感》（郑希涛）、《公路涵洞之研究》（陆子清）。

收藏单位：国家馆

14681

麻　实业部国际贸易局编

长沙：商务印书馆，1940.2，96 页，32 开（商品研究丛书）

本书共 9 章，内容包括：中国麻之生产、麻之交易、麻类出口、麻类检验、出口报关手续及出口税等。

收藏单位：广东馆、国家馆、浙江馆、中科图

14682

麻　实业部国际贸易局编

实业部国际贸易局，1937，80+12 页，22 开（商品丛书）

收藏单位：重庆馆、国家馆、上海馆、浙江馆

14683

马口铁小五金先令表　实业部国际贸易局编

长沙：商务印书馆，1940.2，127 页，32 开（商品研究丛书）

本书共 3 部分：马口铁调查、小五金交易手续、各种先令表。

收藏单位：重庆馆、广东馆、贵州馆、国家馆、辽宁馆、宁夏馆、浙江馆

14684

满蒙物产纪要　黎援译

沈阳：东北新建设杂志社，1929，66 页，16 开（东北新建设丛书 2）

本书共 21 章，内容包括：大豆及其主要制作物、大麦小麦及其副产物、甘草、烟草、牲畜及其用途、铁、油页岩、水产物等。

收藏单位：湖南馆

14685

煤　实业部国际贸易局编

长沙：商务印书馆，1940.2，176 页，32 开（商品研究丛书）

本书共 15 部分，内容包括：概说、煤之产地、煤之产额、煤之品质、煤之进出口贸易、日煤在华倾销、煤业金融等。

收藏单位：重庆馆、贵州馆、桂林馆、国家馆、江西馆、辽大馆、内蒙古馆、上海馆、武大馆

14686

煤矿业贸易概论　刘骅南著

湖北省平价物品供应处煤矿厂，[1944]，油印

本，70 页，16 开，环筒页装

本书共 18 部分，内容包括：总论、煤之沿革、煤之重要、世界煤藏及产量、中国煤藏及产量、煤之功用、各国煤业概况等。

收藏单位：国家馆

14687

煤与煤业　上海商业储蓄银行调查部编

上海商业储蓄银行信托部，1935.4，200 页，32 开（商品调查丛刊第 10 编）

本书共 12 部分，内容包括：我国煤矿之储量、我国煤矿之产量、煤之种类与产地、煤之检验与储防、中国煤业改进之方针等。

收藏单位：国家馆、近代史所、辽大馆、上海馆、浙江馆

14688

煤之热量规定法　程义法著

实业部汉口商品检验局，1933.5，10 页，13 开（实业部汉口商品检验局专刊）

本书内容包括：发热量、检取煤样、煤之发热量计算法、烟煤价值比较法、煤之比较等。

收藏单位：国家馆

14689

美国费城商品陈列所原料品说明书　（美）Charles R. Toothaker 著　王恩芸译

天津：直隶省商品陈列所，1921.7，182 页，22 开

本书简介该所陈列的 300 余种原料商品之性质、功用、产销情况。

收藏单位：国家馆

14690

美国派德制药公司华英合璧各种良药价目表

上海：美商慎昌洋行药品部，1926，91 页，23 开

14691

美国植物检验的历史组织及工作　黄修明编

实业部上海商品检验局农作物检验组，1934.3，20 页，16 开（农字单印本 1）

收藏单位：南京馆

14692

米　上海商业储蓄银行调查部编

上海商业储蓄银行信托部，1931.8，106 页，32 开（商品调查丛刊第 1 编）

本书共 9 部分：上海米之种类、上海米之供需、上海米之运输、上海米之交易、上海米业金融、上海米业会计、上海之米价、上海之米业团体、上海米业改善之方针。附上海米店一览、上海米价指数表等。

收藏单位：安徽馆、长春馆、重庆馆、广东馆、广西馆、国家馆、湖南馆、吉林馆、近代史所、辽大馆、南京馆、山西馆、上海馆、首都馆、天津馆、西南大学馆、浙江馆

14693

米　朱西周编

中国银行经济研究室，1937.12，322 页，18 开，精装（商品研究丛书）

本书共 9 章，内容包括：米之概述、洋米、中国米、各主要产米省、中国米之输出入、米业仓库等。附稻之栽培。

收藏单位：重庆馆、东北师大馆、广东馆、国家馆、近代史所、南京馆、山西馆

14694

米业须知　张一凡主编　张肖梅校订

上海：中华书局股份有限公司，1948.5，85 页，36 开（现代经济研究所商品丛书 1）

本书共 4 编：米之品种、米之产销、国内重要米市、南洋三大米市。附《粮食流通管理办法》全文。

收藏单位：重庆馆、广东馆、国家馆、黑龙江馆、湖北馆、内蒙古馆、上海馆、云南馆、浙江馆

14695

密尔根、盖尔物理学实验教程适用器械目录

上海：中华书局，[1929]，10 页，32 开

14696

棉　上海商业储蓄银行调查部编

上海商业储蓄银行信托部，1931.9，184 页，
32 开（商品调查丛刊 第 2 编）

　　本书共 8 部分，内容包括：上海棉花之种
类、上海棉花之供需、上海棉花之运输、上
海棉业之金融、上海之棉业团体、上海棉业
改善之方针等。附上海棉花行一览表、历年
美棉米特令标准市价表等。

　　收藏单位：重庆馆、广东馆、广西馆、国
家馆、黑龙江馆、吉大馆、吉林馆、辽宁馆、
南京馆、宁夏馆、首都馆、天津馆、武大馆、
西南大学馆、浙江馆、中科图

14697
棉花　杨逸农编著
正中书局，1948.2，232 页，32 开（财政部贸
易委员会商品丛书）

　　本书共 10 章，内容包括：绪论、生产情
形、品质检验、等级标准、市场组织、价格
变动、包装运输、进出口贸易等。

　　收藏单位：重庆馆、广东馆、国家馆、湖
南馆、辽宁馆、农大馆、西南大学馆

14698
**棉花掺水掺杂取缔事业工作总报告（第 1—2
期）**　全国经济委员会棉业统制委员会中央棉
花掺水掺杂取缔所编
全国经济委员会棉业统制委员会中央棉花掺
水掺杂取缔所，1935—1936，2 册，18 开
（全国经济委员会棉业统制委员会中央棉花掺
水掺杂取缔所专刊 1）

　　本书收录有关该项工作的筹备及实施报
告，并收录江苏、河南、湖北等地取缔所的
工作报告。附职员一览。

　　收藏单位：重庆馆、国家馆、近代史所、
南京馆、首都馆、西南大学馆

14699
棉花掺水的弊害
工商部上海商品检验局，1929.8，8 页，32 开
（工商部上海商品检验局浅说 1）

　　收藏单位：上海馆

14700
棉花掺伪的弊害　工商部汉口商品检验局编
工商部汉口商品检验局，1930.11，10 页，32
开（工商部汉口商品检验局浅说 3）

　　收藏单位：国家馆

14701
棉花掺伪之弊害　实业部汉口商品检验局编
实业部汉口商品检验局，1933.6，10 页，32
开（实业部汉口商品检验局宣传小册 2）

　　收藏单位：国家馆

14702
棉花分级标准说明书　全国经济委员会棉业
统制委员会编
全国经济委员会棉业统制委员会，1935.6，改
订版，48 页，32 开
全国经济委员会棉业统制委员会，1937.4，修
正 4 版，75 页，50 开

　　本书共 7 部分，内容包括：棉花分级标
准、标准之管理、不合鉴定之棉类、鉴定棉
花分级之设备、棉花分级标准与给价之关系
等。

　　收藏单位：国家馆、上海馆

14703
棉花分级检验手册　夏起诗　王振钧编
华北棉产改进会，1943，69 页，50 开，精装
　　本书共两部分：棉分级检验提要、棉花水
杂检验提要。附棉花分级检验员姓名表、华
北四省地图。

　　收藏单位：国家馆、上海馆

14704
棉花及其市场　（日）渡部诚编
中国纺织建设股份有限公司青岛分公司，
1948，29 页，25 开

　　收藏单位：广东馆、辽宁馆

14705
棉花检验浅说　[工商部汉口商品检验局编]
工商部汉口商品检验局，1930，28 页，32 开
（检验浅说 第 1 种）

收藏单位：南京馆

14706

棉花检验政策 叶元鼎等编述

工商部上海商品检验局，1929.9，58 页，32 开（中国棉业问题）（工商部上海商品检验局丛刊 第 1 期）

本书共 8 章，内容包括：棉贩之普通作伪情形及其影响于棉花之弊害、设立棉花检验处之重要、上海商品检验局棉花检验处对于检验上之施行步骤、棉花水气之检验、棉花品级之检验等。附工商部上海商品检验局棉花检验处检验细则、工商部上海商品检验局棉花检验处主要表格。

收藏单位：重庆馆、广东馆、江西馆、南京馆、农大馆

14707

棉花贸易学 中国棉业经济研究会主编

上海：中国棉业经济研究会，1937.5，206+56 页，24 开（棉业经济丛书 1）

本书共 11 章，内容包括：棉花贸易之意义、世界棉花市场、现货市场情形、棉业金融、政府对于棉花产销之统制等。

收藏单位：贵州馆、吉林馆、辽大馆、南京馆、上海馆、首都馆

14708

棉花品级检验及研究报告书 狄福豫著

实业部上海商品检验局农作物检验组，1934.9，118 页，16 开

本书共 22 部分，内容包括：总论、本局研究棉花品级之由来、棉花分级之原因、实地采取棉样分级研究、标准之制造、推广棉花分级之办法、结语等。

收藏单位：国家馆、南京馆

14709

棉花品级鉴定学 （美）密勒（T. S. Miller）著 王善佺译

外文题名：Cotton classing

实业部汉口商品检验局，[1930]，70 页，22 开（实业部汉口商品检验局专刊）

本书共 3 章：棉花品级鉴定通论、棉花品级鉴定各论、棉花之纺织上的价值。

收藏单位：国家馆、南京馆

14710

棉花品级问题 叶元鼎等编著

实业部上海商品检验局，1931.7，104 页，23 开（中国棉业问题）（上海商品检验局丛刊 7）

本书共 5 章，概述美国棉花品级的历史、制作、检验情况，并阐明制定我国棉花品级标准的必要性。

收藏单位：重庆馆、广东馆、国家馆

14711

棉花品质之研究 （英）波尔士（W. L. Balls）著 黄培肇节译

外文题名：Studies in quality of cotton

实业部汉口商品检验局，1932.4，84 页，22 开（实业部汉口商品检验局专刊）

本书共 5 章：棉鉴家的鉴别力之测验、棉纤维的显微构造、棉纤维与水分之关系、棉纤维之长阔及其变异性、棉纤维品质检验的方法。据 *Studies in quality of cotton* 节译。

收藏单位：重庆馆、国家馆、湖南馆、西南大学馆、浙江馆

14712

棉花生产运销合作社应办理籽棉分级刍议 狄福豫等著

实业部上海商品检验局，1935.11，20 页，16 开（实业部上海商品检验局特种报告 1）

本书与《美国实施棉花分级办法》（胡竟良）、《美种黄色棉品级之研究》（赵春霖、韩日霖）合订。

收藏单位：重庆馆、上海馆

14713

棉级丛刊（第 5 号） 全国经济委员会棉业统制委员会中央棉产改进所棉花分级室 [编]

出版者不详，1937.3，[26] 页，16 开

本书收录有关棉花分级的论文及通讯。

14714

棉纤维之室内研究法 （英）克莱格（G. G. Clegg）著　饶信梅译

[实业部上海商品检验局]，1936.4，23页，16开（实业部上海商品检验局特种报告7）

本书内容包括：原棉之变异、棉纤维之发育与组织、单纤维物理性质之变异等。

收藏单位：国家馆

14715

棉子油　实业部国际贸易局编

长沙：商务印书馆，1940.2，65页，36开（商品研究丛书）

长沙：商务印书馆，1941，再版，65页，32开（商品研究丛书）

本书共3部分：概说、产棉、出口。

收藏单位：重庆馆、广东馆、贵州馆、国家馆、吉林馆、辽大馆、南京馆、陕西馆

14716

南北货海味概述　郑世赓编著

上海：新业书局，1949，86页，32开（商品丛书）

本书介绍胡桃、红枣等28种南北货，虾米、紫菜等28种海味的产地、品种、制法等。

收藏单位：广东馆、广西馆、宁夏馆、上海馆

14717

南北货海味业须知　张一凡主编　张肖梅校订

上海：中华书局，1949.7，90页，36开（现代经济研究所商品丛书11）

本书共8章，内容包括：概述、南货类商品、北货类商品、海味类商品、同业业规等。

收藏单位：国家馆、辽宁馆、南京馆、内蒙古馆、上海馆

14718

南京金陵大学农学院售品目录（民国十九年九月、民国二十三至二十五年九月） [金陵大学农学院编]

金陵大学农学院，1930—1936，4册（60+70+70+60页），25开

本书收录该学院经售的花卉、苗木、农具等农林产品目录。

收藏单位：广东馆、国家馆、南京馆、浙江馆

14719

南洋劝业会出品分类纲目

出版者不详，[1911—1949]，92页，22开

本书附关于出品详订之规章。

收藏单位：广东馆

14720

拟订棉花品质品级检验方案　实业部上海商品检验局农作物检验处编

实业部上海商品检验局，1932.12，16页，16开

本书共6部分，内容包括：棉花品质检验标准、棉花品级检验标准、棉花品质检验方法等。

收藏单位：国家馆

14721

拟订天津棉花品质检验意见书　陈天敬　姚鸣山编

天津商品检验局，1930，50页，18开（天津商品检验局棉的刊物）

本书共6章：棉花品质检验与棉业前途之关系、棉花品级标准之审订、天津棉花之来源及其品质与用途、天津棉花品质检验标格之拟订、天津棉花品质检验进行之步骤、棉商对于棉花品质检验应有之认识。

收藏单位：国家馆

14722

农光 [爱礼司洋行编]

[爱礼司洋行]，1929.6，影印本，[270]页，9开

本书为该行经售"肥田粉"的宣传广告。收录当时军、政、商各界人士给该行的题辞，各农场给该行的信件。

收藏单位：国家馆、上海馆

14723

农矿部广州农产物检查所检验肥料概况

广州：农矿部广州农产物检查所，1930.7，65页，16开

　　收藏单位：南京馆

14724

平绥铁路沿线特产调查　平绥铁路车务处编

平绥铁路车务处，1934.5，96页，32开

　　本书共 11 部分，内容包括：粮食、煨炭、毛皮、牲畜、兰州水烟、甘草及其他药材、鸡蛋及蛋品、毛织品等。

　　收藏单位：重庆馆、国家馆、上海馆、天津馆

14725

祁红茶品分级试验报告　全国经济委员会农业处编

全国经济委员会，1936.6，84页，16开（全国经济委员会农业处农业专刊7）

　　本书共 7 章：绪言、采集红茶样品、关于茶品分级之各项问题、茶品分级研究方针及步骤之拟定、红茶分级法之研究、试订祁红等级之条件、结论。

　　收藏单位：广东馆、国家馆

14726

祁红区茶叶产地检验工作报告　实业部国产检验委员会　实业部上海商品检验局编

实业部国产检验委员会、实业部上海商品检验局，1936.7，72页，16开（调查报告 第1号）

　　本书共 5 部分，内容包括：祁红茶区概述、祁红茶区产地检验之组织及实施之概况、调查及统计等。

　　收藏单位：广东馆、国家馆、吉林馆、南京馆、首都馆

14727

祁红之产制运销　中国茶叶公司编译统计室茶叶丛刊编著

中国茶叶公司编译统计室，[1911—1949]，油印本，1册，16开（中国茶叶丛刊）

　　收藏单位：南京馆

14728

全国棉花检验及取缔机关所用各种证书及标志式样之调查

出版者不详，1936.7，20页，16开（全国经济委员会棉业统制委员会中央棉花挽水挽杂取缔所专刊2）

　　收藏单位：上海馆

14729

全国商品检验会议汇编　工商部商业司通商科编辑

南京：工商部商业司编辑科，1930.6，256页，18开（工商丛刊 商业类）

　　本书内容包括：会议经过纪要、演说辞、议案一览表、会员一览表、各地商品检验局工作报告、决议案、提案等。附各项商品检验章则。

　　收藏单位：安徽馆、重庆馆、广东馆、国家馆、南京馆

14730

全国手工艺品展览会北平市出品概况　全国手工艺品展览会编

全国手工艺品展览会，[1937]，20+22页，32开

　　本书共 10 部分，内容包括：服用类、饮食类、冶炼类、手工机械类、文化类等。附展品及出品家一览表。

　　收藏单位：国家馆

14731

全国铁路沿线出产货品展览会津浦馆会场指南

出版者不详，[1933—1935]，19页，32开

　　本书附津浦铁路沿线物产及厂家一览表。

其他题名：津浦馆会场指南。

　　收藏单位：重庆馆

14732

全国注册商标索引（第1编 商标注册号数索引）　经济部商标局编

经济部商标局，1942.1，3 册（616+624+243 页），16 开

经济部商标局，[1942—1949]，243 页，16 开

本书共 3 册，分上、下两编。上编两册，收录第 1—38713 号商标注册号码表等；下编内容包括：注册号码、商标中文名称索引等。

收藏单位：重庆馆、广东馆、国家馆、吉林馆、南京馆、内蒙古馆、上海馆

14733

人造肥料稽查报告书 实业部上海商品检验局化学工业品检验组编

实业部上海商品检验局，1933.5，75 页，25 开（化工品检验刊物 1）

本书共 6 部分，内容包括：稽查日记、稽查案件、检验法规等。附经售人造肥料商号一览表、表格式样。

收藏单位：重庆馆、广东馆、国家馆、南京馆、浙江馆

14734

日本农产物检验调查报告 实业部上海商品检验局编

实业部上海商品检验局，1936.4，12 页，16 开（实业部上海商品检验局调查报告 1）

本书共 5 部分：概说、检查所组织、各种检验、改进事业、余言。

收藏单位：重庆馆、国家馆、南京馆

14735

日本商标汇刊 国际商业研究社编辑

上海：新声通讯社出版部，1931，384 页，16 开

收藏单位：国家馆

14736

日商商标汇编 经济部编

经济部，1939，270 页，16 开

经济部，1940.1，140 页，16 开

经济部，1941.7，再版，74 页，16 开

本书收录油漆类、搪瓷品类、毛线类、酒品类等 68 类日商商标。附有关法令，内容包括：查禁敌货条例、查禁敌货条例施行办法

等。

收藏单位：重庆馆、国家馆、南京馆

14737

沙市棉检 实业部汉口商品检验局沙市检验分处编辑

实业部汉口商品检验局沙市检验分处，1937.6，142 页，16 开

本书内容包括：插图、论著、报告、调查、杂录等。

收藏单位：国家馆

14738

纱 上海商业储蓄银行调查部编

上海商业储蓄银行信托部，1931.10，226 页，32 开（商品调查丛刊第 3 编）

本书共 9 部分：上海棉纱之种类、上海棉纱之供需、上海棉纱之运销、上海棉纱之交易、上海之纱厂、上海纱业之金融、上海棉纱之价格、上海纱业之团体、上海纱业改善之方针。附上海纱厂一览表、外埠纱厂一览表、上海纱号一览表等。

收藏单位：国家馆、近代史所、辽大馆、上海馆、首都馆、武大馆、浙江馆

14739

山东省各种特产调查报告（第 3 册 烟花花生米花生油） 山东省国货推销委员会编

山东省国货推销委员会，1949，1 册，32 开

收藏单位：贵州馆、南京馆

14740

山东省棉花搀水搀杂取缔所第一期工作报告 山东省棉花搀水搀杂取缔所编

山东省棉花搀水搀杂取缔所，1936.6，189 页，16 开，环筒页装

收藏单位：河南馆

14741

山西开发展览会出品汇编 山西省公署编

山西省公署，1940，133 页，横 16 开

收藏单位：国家馆

14742

商标汇编　钱永源编辑

上海：商标汇编社，1931.12，453 页，16 开，精装

　　本书收录 65 类商品的商标。共 5 部分，内容包括：凡例、法规解释、分类商标等。

　　收藏单位：国家馆、南京馆、内蒙古馆、上海馆、浙江馆

14743

商标汇编　上海市商会商业月报社编

上海市商会商业月报社，1948.6，1 册，16 开

　　本书内容包括：商标法、商标法施行细则等。分药化类、电机类、饮食类、文化类等。

　　收藏单位：内蒙古馆、上海馆

14744

商标汇刊（东亚之部）　实业部商标局编

实业部商标局，[1934]，1672+856 页，16 开，精装

　　本书按中国、日本两部分编排。收录 1904—1932 年中日两国的商标图样，新旧商标法条例及施行细则、商标注册须知等。

　　收藏单位：广东馆、广西馆、贵州馆、国家馆、黑龙江馆、湖南馆、近代史所、辽大馆、南京馆、内蒙古馆、宁夏馆、上海馆、天津馆、浙江馆

14745

商标注册须知　经济部商标局编

经济部商标局，1941，25 页，32 开

　　本书共 4 部分，介绍申请商标注册应行注意事项、商标申请注册之手续、商标争议进行程序等内容。附商品类别表、各种申请书式样。

　　收藏单位：重庆馆、南京馆

14746

商标注册须知　实业部商标局编

实业部商标局，1936.5，28 页，32 开

　　本书内容包括：商标的释意、商标注册的利益、商标争议程序的说明等。附商品类别表等。

　　收藏单位：国家馆、南京馆

14747

商标注册指导　王叔明编　杨健霄　邱鹤年校订

上海：商务印书馆，1934，157 页，32 开

　　本书共 10 编，内容包括：商标局的沿革、商标的意义和效用、法规与说明、商标呈请注册手续、商标研究图样、商标的审定、关于法院商标诉讼案等。

　　收藏单位：重庆馆、广东馆、贵州馆、国家馆、河南馆、湖南馆、江西馆、南京馆、内蒙古馆、上海馆、首都馆、天津馆、浙江馆

14748

商品调查（烟、酒、糖之部）　郭崇阶　朱嘉骥编著

财政部驻沪调查货价处，1926.5，95 页，32 开（财政部驻沪调查货价处丛书）

　　本书共 3 篇：烟类、酒类、糖类。分别介绍其生产、制造、消费等。

　　收藏单位：国家馆、南京馆、上海馆

14749

商品检验　行政院新闻局编

行政院新闻局，1947.12，22 页，32 开

　　本书共 6 部分：宗旨、机构组织、检验种类、检验程序、检验法则、检验方法举要。附商品检验局组织条例、上海商品检验局三十五年输出入各种商品检验合格数量统计表、汉口商品检验局三十六年上半年施验输出商品统计表、广州商品检验局自卅五年三月至卅六年六月之检验统计。

　　收藏单位：安徽馆、长春馆、重庆馆、广东馆、广西馆、贵州馆、国家馆、河南馆、湖南馆、吉林馆、江西馆、近代史所、南京馆、宁夏馆、陕西馆、首都馆、天津馆、武大馆、浙江馆

14750

商品检验浅说　工商部青岛商品检验局编

工商部青岛商品检验局，[1928—1949]，22

页，32 开（检验丛刊 4）

　　收藏单位：国家馆

14751

商品学　李涵真编

出版者不详，[1911—1949]，246 页，22 开

　　本书内容包括：概论、农产品、矿产物等。

　　收藏单位：浙江馆

14752

商品学　盛在珣编

上海：商务印书馆，1915.5，72 页，25 开

上海：商务印书馆，1926.9，10 版，72 页，25 开

上海：商务印书馆，1927.9，11 版，72 页，25 开

上海：商务印书馆，1931，12 版，72 页，25 开

　　本书为甲、乙种商业学校用书。共 6 部分：总论、农产物、水产物、矿产物、制造品、酿造品。分别介绍其产地、产量、用途、销售和进出口贸易情况等。

　　收藏单位：广西馆、湖南馆、江西馆、南京馆、陕西馆、首都馆、浙江馆

14753

商务印书馆物理器械目录　商务印书馆编

上海：商务印书馆，1928，135 页，32 开

上海：商务印书馆，1930.11，80 页，32 开

　　本书共 4 部分：例言、分类目次、索引、物理器械。

　　收藏单位：广西馆、国家馆

14754

商务印书馆有限公司教育用品目录　商务印书馆编

上海：商务印书馆，1915.8，68 页，22 开

　　本书共 14 部分，内容包括：理化器械及药品之部、标本之部、模型之部、博物实验用器械及药品、农学及蚕学器械之部、文具之部等。附湖笔徽墨信笺信封价目单。

　　收藏单位：国家馆、河南馆

14755

商务印书馆自然科学仪器目录　[商务印书馆编]

上海：商务印书馆，1936.9，3 册（90+34+98 页），16 开

[上海]：商务印书馆，1938，3 册，32 开

上海：商务印书馆，1948，3 册，32 开

　　本书共 3 册：物理仪器之部、化学仪器之部、生物仪器标准型之部。

　　收藏单位：重庆馆、广东馆、广西馆、贵州馆、国家馆、南京馆、内蒙古馆、天津馆、浙江馆

14756

上海法商吉利洋行香品原料目录　上海法商吉利洋行编

上海法商吉利洋行，[1911—1949]，12 页，16 开

　　本书为汉英法对照。

14757

上海国货调查录　[上海市商会编]

上海市商会，1939.9，370 页，22 开，精装

　　本书内容包括：纺织类、染织类、毛织类、制帽类、食品类等。附商业登记法、商业登记法施行细则、上海商业登记暂行办法等。

　　收藏单位：国家馆、内蒙古馆

14758

上海国货商标汇刊（三十年）　上海商业月报社编

上海商业月报社，[1942]，267 页，16 开，精装

　　本书内容包括：商标法施行细则、注册须知、调查录等。

14759

上海国货制造品总目　中华职业教育社中华国货指导所编辑

上海：中华职业教育社中华国货指导所，1932.7，30 页，22 开

　　本书内容包括：染织类、日用品类、仪器

文具类、西药化妆品类等。

　　收藏单位：国家馆、上海馆、浙江馆

14760

上海科学仪器馆股份有限公司教育用品目录

　　上海科学仪器馆股份有限公司［编］

上海科学仪器馆股份有限公司，1928 重印，70 页，22 开

　　本书共 13 部分，内容包括：理化器械及药品之部、标本之部、模型之部、博物实验用器械及药品之部、农学及蚕学用器械之部等。附家庭工业药品及器械、廉价图书、寄售书籍。

　　收藏单位：重庆馆、国家馆、河南馆、南京馆、内蒙古馆

14761

上海棉布　徐蔚南著

上海：中华书局，1936.11，22 页，22 开（上海市博物馆丛书乙类 2）

上海：中华书局，1937，再版，22 页，23 开（上海市博物馆丛书乙类 2）

　　本书共 5 部分：上海棉布之起源、类别、销路及其生产量、纺织工具、织工。

　　收藏单位：重庆馆、国家馆、黑龙江馆、湖南馆、辽大馆、辽宁馆、南京馆、内蒙古馆、山西馆、陕西馆、上海馆、首都馆、浙江馆、中科图

14762

上海勤康行药品价目单　上海勤康行编

上海勤康行，1935，49 页，16 开

　　收藏单位：重庆馆

14763

上海商品检验局周年业务报告　上海商品检验局文书股编辑

上海商品检验局文书股，1941.4，1 册，16 开

　　本书内容包括：总纲、图表、计划、研究、调查、法规等。

　　收藏单位：国家馆、南京馆

14764

上海实学通艺馆化学药品目录　上海实学通艺馆编

上海实学通艺馆，1935.6，13 版，70 页，32 开

上海实学通艺馆，1936，14 版，65 页，横 32 开

　　收藏单位：重庆馆、广东馆、江西馆、内蒙古馆

14765

上海实学通艺馆理化器械及药品目录　［上海实学通艺馆编］

上海实学通艺馆，1921.5，215 页，32 开

　　收藏单位：南京馆

14766

上海市政府服用国货委员会国货调查录　上海市国货陈列馆编辑

［上海］：文化印刷社，1934.9，136 页，16 开

　　本书收录上海市 252 家国货厂家的产品目录。内容包括：丝绵毛纺织印染类、服装日用品类、饮食品类、建筑工业类等。

　　收藏单位：广西馆、国家馆、吉林馆、南京馆、上海馆

14767

上海之棉纱与纱业　上海商业储蓄银行调查部编

上海商业储蓄银行调查部，1931.10，1 册，32 开（商业调查丛刊 3）

　　本书共 9 部分，内容包括：上海棉纱之种类、上海棉纱之供需、上海棉纱之运销、上海棉纱之交易等。

　　收藏单位：南京馆

14768

生丝　夏光耀编著

上海：正中书局，1948.10，186 页，32 开（财政部贸易委员会商品丛书）

　　本书共 10 章，内容包括：绪论、生产情形、制造方法、品级标准、用途分析、集散

市场、对外贸易等。

　　收藏单位：辽大馆、南京馆

14769

生丝检验论　国立编译馆主编　王天予编著

南京：正中书局，1948.7，138 页，25 开

　　本书为高级农业职业学校用书。共 20
章，内容包括：绪论、生丝之理化学的性质、
生丝检验之沿革、生丝品质检验与分级检验、
生丝检验之项目及顺序、肉眼检验、清洁检
验等。

　　收藏单位：国家馆、辽大馆、南京馆、西
南大学馆

14770

生丝检验之研究　缪钟灵编著

出版者不详，1937，92 页，16 开

　　本书内容包括：生丝检验之史乘、生丝检
验之方法、生丝分级之检讨、检验应有之程
序等。

　　收藏单位：重庆馆、上海馆

14771

牲畜产品检验法　畜产检验组编

实业部上海商品检验局，1936，1 册，25 开

　　本书内容包括：蛋类、肉脂、肠衣、生牛
羊皮、毛羽等。

　　收藏单位：重庆馆、上海馆

14772

时间、浓度、温度、桐油碘价之研究（上）

贺阎　万册先　温湘兴著

中国化学会，[1911—1949]，11 页，16 开

　　本书书中题名：时间、浓度、温度对于
桐油碘价影响之研究。为《化学》第 1 卷第 1
期抽印本。

14773

**实业部汉口商品检验局业务报告（中华民国
十八年五月起至二十年十二月止）**　实业部汉
口商品检验局编辑

实业部汉口商品检验局，[1931]，102 页，16
开

本书分 3 编：总论、行政、检验。

　　收藏单位：国家馆、上海馆

14774

实业部青岛商品检验局三周年纪念特刊　实
业部青岛商品检验局编

实业部青岛商品检验局，1932.7，82 页，16
开

　　本书内容包括：三年来牲畜产品检验之回
顾、肥料检验室之一言、第一商品研究场之
使命、蜜蜂检验一年来之回顾等。

　　收藏单位：广西馆、国家馆、浙江馆

14775

实业部青岛商品检验局之概况　青岛商品检
验局编

青岛商品检验局，[1931]，8 页，32 开

　　收藏单位：国家馆

14776

**实业部商品检验技术研究委员会第一次技术
会议汇编**　实业部技术厅编

实业部总务司第三科，1933.7，370 页，16 开

　　本书内容包括：张司长轶欧报告辞、第一
次技术会议经过纪要等。附实业部商品检验
技术研究委员会章程。逐页题名：实业部第一
次技术会议汇编。

　　收藏单位：广东馆、国家馆、南京馆、山
西馆、上海馆、中科图

14777

**实业部商品检验技术研究委员会第二次技术
会议汇编**　实业部技术厅编

南京：实业部总务司第四科，1934.12，[228]
页，16 开

　　本书逐页题名：实业部第二次技术会议汇
编。

　　收藏单位：国家馆、中科图

14778

[实业部商品检验技术研究委员会会议录]

实业部商品检验技术研究委员会编

出版者不详，[1911—1949]，油印本，1 册，

16 开，环筒页装

本书内容包括：第二次商品检验技术会议研究案暨提案、实业部第二次商品检验技术会议日期表及出席委员一览表、第三次商品检验会议研究案暨提案、天津商品检验局本报特约记者鬃毛绒羽类拣样办法草案、实业部商品检验技术研究委员会各组委员名单等。

收藏单位：重庆馆

14779

实业部商品检验局麻类检验施行细则 实业部商品检验局编

实业部商品检验局，[1930—1939]，3 页，18 开

本细则于 1935 年 2 月 19 日由实业部令公布。

14780

实业部商品检验局生丝检验施行细则 实业部商品检验局编

实业部商品检验局，[1930—1939]，[4] 页，23 开，环筒页装

本细则于 1935 年 2 月 19 日由实业部令公布。

收藏单位：重庆馆

14781

实业部商品检验局桐油牛羊皮猪鬃检验施行细则 实业部商品检验局制定

实业部汉口商品检验局重庆检验分处，[1933]，36 页，22 开

本书共 5 部分：商品检验法（二十一年十二月十四日府令公布）、桐油检验规程、生牛皮出口检验细则、生羊皮检验细则、鬃毛绒羽类检验暂行细则。

收藏单位：国家馆

14782

实业部上海商品检验局业务报告 实业部上海商品检验局编

实业部上海商品检验局，1931—1934，2 册（[346]+[387] 页），16 开

本书共 5 编：总论、事务、检验、研究、调查。附南京、宁波分处业务报告，职员录，各种法规。两册所涉时间分别为：1929 年 1 月至 1931 年 3 月、1931 年 4 月至 1934 年 3 月。

收藏单位：重庆馆、广东馆、国家馆、山西馆、上海馆、中科图

14783

实业部天津商品检验局核桃、核桃仁、杏仁、豆类、花生、花生仁检验暂行细则 实业部天津商品检验局编

实业部天津商品检验局，[1911—1949]，[12] 页，32 开

本书收录该局商品检验暂行条例全文。

14784

实业部天津商品检验局商检统计专刊 实业部天津商品检验局编辑

实业部天津商品检验局，1936.5，97 页，16 开

实业部天津商品检验局，1939，152 页，16 开

本书收录毛皮、原料皮、肠衣、肉类、油脂、鲜蛋、毛类、棉花、果类等出入口商品分类统计。统计时间为 1933—1935 年。

收藏单位：重庆馆、国家馆、吉林馆、近代史所、南京馆、上海馆、首都馆、中科图

14785

实业部中央农业实验所售品目录 实业部中央农业实验所编

实业部中央农业实验所，1936.12，83 页，大 32 开

收藏单位：南京馆

14786

实用生丝检验学 谢醒农著

广州：国立中山大学，1928.9，183+19 页，16 开（国立中山大学农科丛书）

本书共两部分：总论、生丝检验方法各论。附拟设生缫检验所之计划及预算书。

收藏单位：国家馆、浙江馆、中科图

14787

试办黄岩柑橘分级包装报告书　实业部上海商品检验局编

实业部上海商品检验局，1937.6，9页，16开（实业部上海商品检验局调查报告4）

本书共7部分：绪言、确定标准种系、级分标准、包装标准、分级包装之方法与机械、当地果农及市场之印象、结论。

收藏单位：国家馆

14788

试订棉花品级标准关于类别级别之说明　实业部上海商品检验局农作物检验处编

实业部上海商品检验局农作物检验处，1934.7，10页，32开（农字单行本20）

收藏单位：南京馆

14789

输入外材之研究　唐耀著

中国植物学会，1934.6，[30]页，16开

本书论述中国进口自北美、日本、印度、苏联等地木材的种类、性能等。为《中国植物学》第1卷第2期抽印本。

14790

四川省之山货　重庆中国银行编辑

中国银行总管理处经济研究室，1934—1935，2册（240+132页），32开（四川经济丛刊6）

本书分上、下两卷。上卷概述四川省山货沿革、产地及销售情况，并分别对动植物、山货的产地、产量、鉴别、制法、用途作了具体介绍；下卷介绍该省山货行业的组织、贸易以及各类工人情况。

收藏单位：安徽馆、重庆馆、东北师大馆、贵州馆、国家馆、吉林馆、近代史所、南京馆、宁夏馆、山西馆、上海馆、首都馆、天津馆

14791

四川省之桐油　江昌绪编著

重庆民生实业公司经济研究室，1936.3，100页，32开（民生经济丛刊1）

本书共5章：绪论、四川桐油之生产概况、四川桐油之运输概况、四川桐油之贸易概况、四川桐油之改良方针。附东川桐油公会整顿油色办法、万县桐油卖帮公会请县政府维护桐油事业呈文、廿一军禁运桐实出口、万县油商反对提高油质。

收藏单位：重庆馆、广东馆、国家馆、南京馆、上海馆、西南大学馆、浙江馆

14792

四川省之桐油　张肖梅　赵循伯编著

上海：商务印书馆，1937.11，230页，25开（中国国民经济研究所丛书）

长沙：商务印书馆，1937，240页，21开（中国国民经济研究所丛书）

上海：商务印书馆，1938.6，230页，25开（中国国民经济研究所丛书）

长沙：商务印书馆，1938，再版，230页，25开（中国国民经济研究所丛书）

本书共5章：四川之桐树与桐油、四川桐油贸易、万县桐油市场、重庆桐油市场、四川桐油前途。

收藏单位：重庆馆、广西馆、贵州馆、国家馆、湖南馆、江西馆、近代史所、南京馆、内蒙古馆、山西馆、上海馆、天津馆、西南大学馆、中科图

14793

四川桐油贸易概述　方兵孙编著

重庆：四川省银行经济调查室，1937.10，12+340页，32开（四川经济丛刊1）

本书共12章，内容包括：绪言、四川桐油产场概况、万县桐油市场概况、重庆桐油市场概况、四川桐油运输概况、四川桐油之品质与检验、四川桐油贸易之地位与国内关系、四川桐油贸易之今后改良方策等。附四川桐油产量调查比较表等表47种、四川桐油产地分布图等图8种。

收藏单位：重庆馆、广东馆、国家馆、黑龙江馆、吉林馆、近代史所、南京馆、山西馆、上海馆、西南大学馆、浙江馆

14794

苏尔寿兄弟机器公司出品样本　苏尔寿兄弟

机器公司编

苏尔寿兄弟机器公司，[1911—1949]，29 页，16 开

　　本书全部为摄影图片。

　　收藏单位：国家馆

14795

台湾省特产概况　台湾省农林处编

[台湾省农林处]，1948，31 页，32 开（台湾农林丛刊第 2 号）

　　收藏单位：近代史所

14796

糖品化学检验标准刍议　吴匡时　李乔苹拟

实业部天津商品检验局农品检验处，1932.6，94 页，16 开

　　本书共 14 部分，内容包括：绪言、蔗糖品之化学检验、蔗糖品之分类、蔗糖品标准之定法、特等蔗糖品之标准等。

　　收藏单位：国家馆

14797

糖品暂行检验法及其标准　天津商品检验局化学工业品检验组编

外 文 题 名：Tentative methods of analysis and standards on sugars

天津商品检验局，1933.7，162+17 页，16 开（检验丛刊 3）

　　本书共 6 部分，内容包括：糖品普通检验法、新糖品分类法及其合格标准、本局采用之检验法等。附条例、规程、细则、检验法、参考书目。

　　收藏单位：国家馆、南京馆

14798

糖业论　胡大望译著

上海：新学会社，[1915]，134 页，27 开（商业丛书 2）

　　本书介绍糖的制作过程、各国糖业的竞争、世界糖市情况。附十年间萝卜糖产额表等。

　　收藏单位：湖南馆、上海馆、首都馆、浙江馆

14799

糖业须知　张一凡主编　张肖梅校订

上海：中华书局，1948.6，74 页，36 开（现代经济研究所商品丛书 4）

　　本书共 5 章：蔗糖之原料、其他制糖原料、糖之品质品名品位、制糖之方法、砂糖之交易。

　　收藏单位：长春馆、重庆馆、广东馆、广西馆、国家馆、辽宁馆、内蒙古馆、陕西馆、上海馆、浙江馆

14800

糖与糖业　上海商业储蓄银行调查部编

上海商业储蓄银行信托部，1932.12，123 页，32 开（商品调查丛刊 第 8 编）

　　本书共 10 部分，内容包括：糖之进出口贸易、糖之运输及税捐、上海之糖厂、上海糖业之金融、上海糖之价格、糖业改善之方针等。附上海糖行一览表、上海糖类进口行一览表等。

　　收藏单位：广东馆、国家馆、近代史所、辽大馆、南京馆、上海馆、浙江馆

14801

天津棉监（第 4 卷 一至六期合刊）　陈天敬编辑

实业部天津商品检验局，1934，476 页，32 开

　　本书附统计表。

　　收藏单位：山西馆

14802

天津商检统计（民国二十五年）　实业部天津商品检验局编

实业部天津商品检验局，1937，160 页，16 开

　　收藏单位：广东馆

14803

天津商品检验局统计专刊　[实业部天津商品检验局编]

[实业部天津商品检验局]，1938.12，152 页，16 开

　　收藏单位：南京馆

14804

天津市国货调查录（第1期） 天津市商会辑

天津市商会，[1932.12]，244页，16开

14805

铁道部全国铁路沿线出产货品展览会胶济铁路物产一览 胶济馆编

胶济馆，1934.5，35页，32开

　　本书共6部分：弁言、矿产品、农产品、森林品、禽畜品、工艺品。

　　收藏单位：国家馆、浙江馆

14806

铁道部全国铁路沿线出产货品展览会粤汉铁路沿线物产一览 粤汉馆编

粤汉馆，1934.5，再版，60页，32开

　　收藏单位：国家馆、天津馆

14807

桐油 上海商业储蓄银行调查部编

上海商业储蓄银行信托部，1932.6，162页，32开（商品调查丛刊第6编）

　　本书共11部分，内容包括：桐树之种类种植及取油方法、中国桐油之用途与输出之增进、汉口桐油业之团体、改良桐油业之方针等。附油号一览表、实业部桐油检验规程等。

　　收藏单位：广东馆、湖南馆、吉林馆、近代史所、辽大馆、南京馆、上海馆、首都馆、浙江馆、中科图

14808

桐油 实业部国际贸易局编

长沙：商务印书馆，1940.2，282页，36开（商品研究丛书）

长沙：商务印书馆，1941，再版，282页，32开（商品研究丛书）

　　本书共8部分，内容包括：引言、中国桐油之生产、国内桐油集散情形、国内桐油市场、桐油出口贸易、中国桐油之输出与今后之展望等。

　　收藏单位：重庆馆、广东馆、国家馆、江西馆、陕西馆

14809

桐油 严匡国编著

重庆：正中书局，1944.1，190页，32开（财政部贸易委员会商品丛书）

上海：正中书局，1944，190页，32开（财政部贸易委员会商品丛书）

上海：正中书局，1947.2，190页，32开（财政部贸易委员会商品丛书）

上海：正中书局，1947.10，2版，190页，32开（财政部贸易委员会商品丛书）

　　本书共10章，内容包括：绪论、生产情形、品质分析、供需状况、包装运输、市场组织、管制政策等。附桐油增产五年计画纲要、全国桐油统购统销办法、全国桐油统购统销办法施行细则等。

　　收藏单位：重庆馆、广西馆、国家馆、湖南馆、辽大馆、辽宁馆、南京馆、内蒙古馆、宁夏馆、浙江馆

14810

桐油概况 （美）康堪农（C. C. Concannon）著 凌锡安译 贺闾 化学工业品检验组编译

外文题名：Tung oil

实业部汉口商品检验局，1933.4，68页，16开（实业部汉口商品检验局专刊）

　　本书内容包括：绪论、我国桐油之产量及国内运销、我国桐油之国外贸易、桐油在工业上地位、美国桐树种植、他国桐树种植等。

　　收藏单位：重庆馆、国家馆、湖南馆、山西馆、天津馆、浙江馆

14811

桐油检验规程 实业部上海商品检验局化验处编

实业部上海商品检验局化验处，[1930.11]，8页，23开

　　本书为汉英对照。于1930年11月公布。

14812

桐油检验浅说 林天骥编

实业部汉口商品检验局，1931.6，58页，32开

本书共 3 部分：通论、桐油检验方法、桐油搀假试验之研究。

　　收藏单位：国家馆、浙江馆

14813
为棉花分级劝告棉商文　全国经济委员会棉业统制委员会编
实业部上海商品检验局，1933.12，20 页，32 开（浅说 2）

　　本书内容包括：应注意棉花的级别、棉花分级的特征、改良轧花工程、严除作伪等。

　　收藏单位：国家馆

14814
温州红绿茶之产制运销　中国茶叶公司编译统计室编著
中国茶叶公司编译统计室，[1911—1949]，油印本，25 页，13 开（中国茶叶丛刊）

　　本书共 3 部分：产制、产销组织、销售。

　　收藏单位：国家馆

14815
我国棉花品级标准价格之研讨　狄福豫编
实业部上海商品检验局农作物检验处，1933.4，12 页，16 开（农字单行本 2）

　　本书介绍棉花分级原因，美棉品级标准，棉样分级的鉴定、研究、技术训练等。

　　收藏单位：上海馆

14816
我国商标行政之回顾与展望　何焯贤著
何焯贤 [发行者]，[1935.6]，63 页，64 开

14817
我国商品检验的史实　沈国谨编
南京：实业部商业研究室，1934.8，119 页，22 开（实业部商业研究室丛书 1）

　　本书共 9 部分，内容包括：商品检验的意义、各国商品检验行政概述、我国商品检验局成立以前的检政情形、全国商品检验会议的分析等。多采自档牍及各地商检局出版的刊物。

　　收藏单位：重庆馆、国家馆、吉林馆、南

京馆

14818
我国重要的出产　徐映川著
上海：新中国书局，1933，再版，23 页，32 开

　　本书为中年级社会读物。

　　收藏单位：广东馆

14819
五金常识（简称先令簿）　孙泉安编
上海：大明出版社，1940.9，9 版，174 页，90 开，精装

　　本书收录五金零件规格表等。

14820
五金货名华英英华对照表　乌兆荣编
上海：胜源五金号，1946.12，208 页，32 开
上海：胜源五金号，1949.4，增订 2 版，208 页，32 开，精装

　　本书附五金类货物进口税税则、五金业通讯录等。

　　收藏单位：上海馆

14821
五金业须知　张一凡主编　张肖梅校订
上海：中华书局，1948.10，161 页，36 开（现代经济研究所商品丛书 8）

　　本书共 5 章：五金业之分业法、大五金、小五金、五金商业之经营、五金工业之经营。

　　收藏单位：长春馆、重庆馆、广东馆、广西馆、贵州馆、国家馆、江西馆、辽宁馆、南京馆、内蒙古馆、上海馆、天津馆、浙江馆

14822
五金业应用先令表　孙泉安编
上海：大明印刷公司，1936.9，101 页，27 开，精装

　　本书附各种重量检验表及算法。

14823
物理器械　中国仪器厂编
上海：中国仪器厂，[1947]，72 页，35 开（中

国仪器厂出品目录8）

本书所收商品为初级中学学生实验用具。

14824

物理器械分组数量表

商务印书馆，[1930]，13 页，32 开

本书为中学师范及专门学校用书。

收藏单位：国家馆

14825

西湖博览会特种陈列所各机关出品分类目录

[杭州]：[西湖博览会特种陈列所]，[1929]，[208] 页，16 开

收藏单位：近代史所、首都馆、中科图

14826

溪口的物产　　应毅编辑

溪口（宁波）：武岭学校小学部，1935.5，35 页，32 开（乡土教材 4）

本书内容包括：一个溽暑的早上、竹和笋、便于携带的光饼和千层饼等。

收藏单位：浙江馆

14827

夏秋用品国货展览会特刊　　夏秋用品国货展览会宣传股编

上海：夏秋用品国货展览会宣传股，1928.7，51 页，32 开

本书按类列出全国国货产品的商标、厂家、厂址等，附各大厂店广告一览。

收藏单位：浙江馆

14828

现代商品学　　刘冠英著

上海：商务印书馆，1934，[13]+426 页，22 开（现代商业丛书）

上海：商务印书馆，1935.1，再版，[13]+426 页，21 开（现代商业丛书）

上海：商务印书馆，1937.4，3 版，426 页，21 开（现代商业丛书）

长沙：商务印书馆，1939.4，4 版，[13]+426 页，22 开（现代商业丛书）

本书共 7 章：总论、农产品、铁产品、林

产品、畜产品、水产品、工业产品。分别介绍各产品的产地、产额、种类、品质、用途、贸易概况等。

收藏单位：重庆馆、东北师大馆、广东馆、广西馆、贵州馆、国家馆、河南馆、江西馆、辽大馆、辽宁馆、南京馆、内蒙古馆、山西馆、天津馆、浙江馆、中科图

14829

湘米检验之目的与方法及其创始经过

实业部湘米检验所，1937.3，34 页，25 开（专刊第 1 期）

本书共 3 部分：湘米何以要检验、湘米检验所成立经过及三个月工作概况、检验方法与步骤。

收藏单位：湖南馆、南京馆

14830

新制商品学教本　　曾牖编

上海：中华书局，1914.6，130 页，25 开

上海：中华书局，1915，再版，130 页，25 开

本书适用于师范学校。共 6 部分：概论、矿产物、农产物、畜产物、水产物、工业制品。分别介绍各产品的用途、种类等。

收藏单位：国家馆、吉林馆、首都馆、浙江馆

14831

兄弟商店 1931 样本

出版者不详，[1931]，134 页，16 开

本书介绍运动部、皮鞋部、西品部货样等。

收藏单位：广西馆

14832

修正糖品检验标准意见书　　马杰　吴家振著

实业部天津商品检验局化验处，1932.6，112 页，16 开

本书介绍糖品检验之必要、检验标准必须具备之特性、糖品之种类等内容。共 3 章：结论、本论、结论。附参考书目。

收藏单位：国家馆、中科图

14833

宣威火腿及罐头业 张圣轩调查

出版者不详，1940，油印本，5 页，18 开，环筒页装

本书共 10 部分，内容包括：绪言、火腿之制造、产销情形、火腿罐头业概况等。目录页题名：宣威火腿业及罐头制品概况。

收藏单位：国家馆

14834

宣纸业调查报告 朱一鹗著

安徽地方银行经济研究室，1936，14 页，16 开

本书介绍宣纸的产区、组织、制料、药料、出品、产销等问题。共 3 部分：沿革概论、实际产销情形、今后改进方针。

收藏单位：国家馆、南京馆

14835

烟叶 实业部国际贸易局编

长沙：商务印书馆，1940.2，155 页，36 开（商品研究丛书）

长沙：商务印书馆，1941，再版，155 页，36 开（商品研究丛书）

本书共 14 部分，内容包括：烟叶种类、烟叶产地、烟叶产量、烟叶栽培、烟叶出口贸易、烟叶进口贸易、上海烟业组织等。

收藏单位：重庆馆、广东馆、广西馆、国家馆、吉大馆、吉林馆、辽大馆、南京馆、宁夏馆、浙江馆

14836

烟叶及卷烟业须知 张一凡主编 张肖梅校订

上海：中华书局，1948.5，73 页，36 开（现代经济研究所商品丛书 9）

本书共 5 章：烟叶之种类与品位、烟叶之培植与产地、卷烟与雪茄之制造、烟叶之市场及其交易、卷烟厂商及其工业。

收藏单位：长春馆、重庆馆、广东馆、广西馆、国家馆、辽宁馆、内蒙古馆、上海馆、浙江馆

14837

烟与烟业 上海商业储蓄银行调查部编

上海商业储蓄银行信托部，1934.1，216 页，32 开（商品调查丛刊 第 9 编）

本书共 11 部分：烟之种类、烟之产地、烟之栽培与制造、烟之副产及其成分、烟之进出口贸易、烟之运输与捐税、烟之交易与价格、上海之烟厂、上海烟业之金融、上海烟业之团体、上海烟业改进之方针。

收藏单位：广东馆、国家馆、湖南馆、南京馆、宁夏馆、上海馆、浙江馆

14838

油饼业须知 张一凡主编 张肖梅校订

上海：中华书局，1948.7，71 页，窄 36 开（现代经济研究所商品丛书 3）

本书共 4 编：概说、豆油豆饼之经营、花生及其油饼之经营、其他油饼之经营。

收藏单位：重庆馆、广东馆、国家馆、辽宁馆、内蒙古馆、上海馆、浙江馆

14839

油脂蜡漆业须知 张一凡主编 张肖梅校订

上海：中华书局，1948.5，88 页，36 开（现代经济研究所商品丛书 6）

本书共 8 编，内容包括：概说、油脂工业部门之经营、油脂商业部门之经营、茶油之交易、柏油之交易、其他植物油之产销等。

收藏单位：长春馆、重庆馆、广东馆、广西馆、国家馆、内蒙古馆、上海馆、浙江馆

14840

油脂类检验法 工商部青岛商品检验局编

工商部青岛商品检验局，[1930—1939]，32 页，32 开（油脂类检验丛刊）

本书共两部分：原料油脂检验法、化学特数检定法。

收藏单位：重庆馆、国家馆

14841

裕隆庄优待简章

出版者不详，[1911—1949]，52 页，22 开

本书附各色绸缎纱罗价格及男女衣服合

料尺寸表。

收藏单位：河南馆

14842

元丰之特种漆　元丰公司编

上海：元丰公司，1933，9 页，27 开

本书为广告宣传品。

14843

粤湘鄂赣四省特产联合展览粤会特辑　四省特产联合展览粤会编

四省特产联合展览粤会，[1937]，104 页，16 开

本书收录广东特产概述等。

收藏单位：上海馆

14844

云南之蓖麻子油　汤佩松　曹立瀛　王乃梁具拟

经济部中央地质调查所，1940，油印本，9 页，16 开，环筒页装（云南经济研究报告 18）

本书共 5 部分：绪言、蓖麻籽及蓖麻油之世界贸易概况、中国蓖麻籽及油之对外贸易、蓖麻籽及油之国内贸易情形、云南蓖麻油之生产。

收藏单位：国家馆、南京馆

14845

杂粮业须知　张一凡主编　张肖梅校订

上海：中华书局股份有限公司，1948.5，82 页，36 开（现代经济研究所商品丛书 2）

本书共 4 编：概说、上海杂粮油饼业、杂谷市场、豆类市场。

收藏单位：长春馆、重庆馆、广东馆、国家馆、河南馆、辽宁馆、内蒙古馆、上海馆、浙江馆

14846

增订国货津梁　上海市商会商品陈列所编

上海市商会商品陈列所，1930，[280] 页，23 开

本书收录纺织印染、服饰、饮食、日用、建筑、教育、卫生、农艺矿产、工业原料等类国货之品名、商标、厂名、地址等。根据 1925 年初版重行编查再版。其他题名：国货津梁。

14847

蔗糖统计资料　广东省调查统计局编

广州：广东省调查统计局，1935，12 页，16 开（广东省三年施政计划统计丛刊 杂项类 第 3 种）

本书收录图表 13 种，内容包括：民国十二年至廿三年广东土糖进口数值统计、民国十二年至廿三年广东省甘蔗出口数值统计、民国十二年至廿三年广东洋糖进口数值统计、九年来广州市各种糖按年平均价格表、广东各县糖蔗面积及产量统计表等。

收藏单位：国家馆

14848

浙江省油茶棉丝管理处植物油部工作报告

浙江省油茶棉丝管理处植物油部编

浙江省油茶棉丝管理处植物油部，1939，[15] 页，13 开

本书内容包括：浙江省桐油之产量、国内运销、对外贸易、在工业上的地位等。所涉时间为 1939 年 3—5 月。

收藏单位：浙江馆

14849

浙江特产　浙江省杭州市工商界东北华北访问团编

浙江省杭州市工商界东北华北访问团，1949，80 页，32 开

本书内容包括：概说、丝绸、茶叶、植物油、棉花、柑橘、纸类等。附杭州市工厂一览表。

收藏单位：国家馆、吉林馆、辽宁馆、浙江馆

14850

浙江之特产　建设委员会经济调查所统计课编辑

杭州：建设委员会经济调查所，1936.6，48

页，16 开

　　本书收录统计表 13 种，内容包括：浙江省各属县分土地面积户口总额表、浙江省各属重要特产分类统计表、浙江省杭属各县重要特产统计表等。

　　收藏单位：重庆馆、国家馆、上海馆、浙江馆

14851
浙江之特产　浙赣特产联合展览会浙江筹备处编辑

浙赣特产联合展览会浙江筹备处，1936.5，178 页，42 开

　　本书收录浙赣特产联合展览会筹备经过、特产介绍、浙赣铁路沿线风景志略等资料。

　　收藏单位：长春馆、国家馆、吉林馆、江西馆、首都馆、浙江馆

14852
争议商标图例汇编　陆桐生编

上海：立信会计图书用品社，1948.3，102 页，16 开

　　本书收录 1933—1946 年行政法院判决的商标争议案例 89 件，将其分为 28 类，并逐案摘述诉讼理由等。附判例索引、商标法、商标法施行细则等 5 种。

　　收藏单位：重庆馆、国家馆、辽大馆、上海馆

14853
芝麻　实业部国际贸易局编

长沙：商务印书馆，1940.2，134 页，36 开（商品研究丛书）

长沙：商务印书馆，1941.3，再版，134 页，32 开（商品研究丛书）

　　本书共 14 部分，内容包括：概说、芝麻之种植与收获、芝麻之产地及其产量、芝麻之种类与用途、芝麻之集散市场与运输、芝麻之包装、芝麻之市价、芝麻品质之鉴别与检验手续等。

　　收藏单位：重庆馆、广东馆、广西馆、贵州馆、国家馆、南京馆、内蒙古馆、宁夏馆、上海馆

14854
直隶出品类纂合编

出版者不详，[1911—1949]，1 册，22 开

　　收藏单位：广东馆

14855
直隶省重要物产一览　直隶省商品陈列所编

[天津]：直隶省商品陈列所，1920，172 页，22 开（直隶商品陈列所丛刊 壬）

　　本书介绍津海道、青县、沧县、盐山县、庆云县、南皮县、静海县等地重要物产。

　　收藏单位：国家馆

14856
植物油类暂行检验法及其标准　天津商品检验局化学工业品检验处编

外文题名：Tentative method of analysis and standards on vegetable oils

天津商品检验局，1932.11，87 页，16 开（检验丛刊 1）

　　本书共 5 部分：绪论、试样采取法、检验法及搀伪试验、部颁合格标准、附录。

　　收藏单位：国家馆

14857
纸卷烟各牌名称价格表　铁道部编

铁道部，1932.12，再版，41 页，25 开

　　本书内容包括：国制优等纸卷烟各牌名称价格、国制普通纸卷烟各牌名称价格表、舶来优等纸卷烟各牌名称价格表、舶来普通纸卷烟各牌名称价格表等。

　　收藏单位：国家馆、辽宁馆

14858
中国茶业　朱美予编著

上海：中华书局，1927.1，202 页，32 开（现代经济丛书）

上海：中华书局，1937.1，202 页，32 开（现代经济丛书）

上海：中华书局，1941.2，再版，202 页，32 开（现代经济丛书）

　　本书共 7 部分，内容包括：世界茶业现况、华茶之特质、中国茶叶之产销、华茶之

国际贸易等。

收藏单位：安徽馆、重庆馆、广东馆、广西馆、贵州馆、国家馆、河南馆、黑龙江馆、湖南馆、江西馆、近代史所、辽大馆、内蒙古馆、上海馆、首都馆、天津馆、西南大学馆、浙江馆

14859

中国茶叶丛刊　中国茶叶公司编译统计室编

中国茶叶公司，1939，油印本，1 册，16 开，环筒页装

本书为 5 册合订：《屯绿之产制运销》《滇茶之产制运销》《平绿之产制运销》《湘红之产制运销》《世界茶叶大事年纪》。

收藏单位：国家馆

14860

中国茶叶分析及其化学检验暂行标准之研究　实业部上海商品检验局编

实业部上海商品检验局，[1935.1]，82 页，25 开（实业部上海商品检验局丛刊 研究类 1）

收藏单位：重庆馆、广东馆

14861

中国茶叶公司茶叶收购评价办法

出版者不详，[1911—1949]，12 页，32 开

14862

中国的物产　卢勋著

军事委员会政治部，[1911—1949]，21 页，50 开（抗战小丛书 第 2 集）

本书共 4 部分，内容包括：中国地上的物产、中国地下的物产等。

收藏单位：国家馆

14863

中国国货调查册　上海国货介绍汇报馆编

[上海国货介绍汇报馆]，1930，102 页，16 开

上海国货介绍汇报馆，1935.4，8 版，264 页，16 开

本书为上海市国货工厂各类货品的品名、商标、制造厂、发行所或经售商店的调查结

果。

收藏单位：近代史所

14864

中国国货公司货名汇录　中国国货股份有限公司编

上海：大陆商场，1934，105 页，16 开

本书内容包括：绸缎部、服装部、鞋帽部、电器部、糖果部、花鸟部等。

收藏单位：上海馆

14865

中国化学用品社化学器械价目表　中国化学用品社编

上海：中国化学用品社，1934.2，16 页，32 开

收藏单位：国家馆

14866

中国今日之红茶业　庄灿彰著

中国茶叶公司编译统计室，1940，油印本，1 册，16 开

收藏单位：南京馆

14867

中国体育用品公司体育用品目录　中国体育用品公司编

上海：中国体育用品公司，[1930—1937]，60 页，32 开

本书内容包括：篮球类、足球类、排球类、室内垒球类、网球类等。附为关怀诸君进一言、函购办法摘要。

收藏单位：国家馆、首都馆

14868

中国通邮地方物产志　交通部邮政总局编

上海：商务印书馆，1937，1 册，16 开，精装

本书内容包括：江苏编、浙江编、安徽编、江西编、福建编、广东编等。每编分 3 部分：概况、物产调查、工商行号调查。附各种邮件资费表及其说明等。

收藏单位：安徽馆、重庆馆、广东馆、广西馆、贵州馆、国家馆、黑龙江馆、吉林馆、

江西馆、近代史所、辽宁馆、南京馆、内蒙古馆、宁夏馆、山西馆、上海馆、首都馆、天津馆、浙江馆、中科图

14869

中国桐油业　朱美予编著

上海：中华书局，1939.4，220 页，32 开（现代经济丛书）

上海：中华书局，1940，再版，220 页，32 开（现代经济丛书）

昆明：中华书局，1941.2，3 版，220 页，32 开（现代经济丛书）

　　本书共 10 章，内容包括：中外植桐近况及其经过、中国油桐的品种与桐油的分类、中国桐油的性质与用途、中国桐油的榨取法、中国桐油业产销现状、中国桐油的对外贸易等。

　　收藏单位：安徽馆、重庆馆、广东馆、广西馆、国家馆、湖南馆、江西馆、近代史所、辽大馆、上海馆、天津馆、浙江馆

14870

中国西南各省名厂商出品标志录　白秉钧等编

广州：商风文化出版事业有限公司，1947，130 页，32 开，精装

　　收藏单位：广东馆

14871

中国植物油料厂收购埠植物油料检验方法

中国植物油料厂编

中国植物油料厂，1949，45 页，18 开

　　收藏单位：广东馆、上海馆

14872

中国重要商品　周志骅著

上海：华通书局，1931.10，[31]+422 页，22 开

　　本书共 6 篇：纤维及其制品、农林产品、动物产品、水产品、矿产、制造品与杂项。分别介绍其品类、用途、产地、运销等情况。附中国对外贸易表。

　　收藏单位：安徽馆、重庆馆、东北师大馆、广东馆、广西馆、国家馆、江西馆、近

代史所、辽大馆、辽宁馆、南京馆、上海馆、西南大学馆

14873

中国著名特产　杨德惠编

上海：新业书局，1949，61 页，32 开

　　本书收录特产 50 种，内容包括：山东阿胶、天津地毯、天津栗子等。

　　收藏单位：广东馆、广西馆

14874

中华国货展览会陈列国货调查册　上海国货介绍汇报馆编辑

上海国货介绍汇报馆，1929.1，[220] 页，16 开

　　本书内容包括：日用工艺品、机电、五金、医药、教育用品、皮革毛类、化妆用品、饮食制品、矿产、工业原料等。分别介绍其品名、商标、制造厂、发行所等调查结果。

14875

中华民国二十八年江西省农产物检验概况

江西省农产物检验所编

江西省农产物检验所，1940.2，60 页，22 开

　　本书共 4 部分：总论、检验、调查、研究。附江西省农产物检验所稻米、茶叶检验暂行细则等。

　　收藏单位：国家馆

14876

中华民国二十六年度业务总报告　棉花检验监理处编

华盛印务公司，[1937—1949]，42 页，32 开

　　收藏单位：南京馆

14877

中华民国国有铁路北宁沿线物产一览　铁道部全国铁路沿线出产货品展览会编

铁道部全国铁路沿线出产货品展览会，1934.5，66 页，32 开

　　本书全部为表。

　　收藏单位：吉林馆

14878

中华民国国有铁路平汉沿线物产一览 第四届铁展会平汉馆编

第四届铁展会平汉馆，1935.7，[154]页，32开

本书全部为表。共6部分：凡例、农产品、森林品、禽畜品、矿产品、工艺品。附平汉路沿线出产货品简明表。

收藏单位：上海馆

14879

中华民国国有铁路平汉沿线物产一览 铁道部全国铁路沿线出产货品展览会编

铁道部全国铁路沿线出产货品展览会，1934.5，[92]页，32开

收藏单位：吉林馆、上海馆、天津馆、中科图

14880

中华民国全国铁路沿线物产一览 铁道部联运处编

铁道部联运处，1933.1，254页，22开

本书全部为表。收录全国铁路沿线煤矿一览，京沪路、沪杭甬路、津浦路、陇海路、北宁路、平汉路、平绥路、粤汉路广韶段、粤汉路湘鄂段沿线各站物产一览等。

收藏单位：重庆馆、广东馆、国家馆、吉林馆、上海馆

14881

中华书局理化器械及药品目录 [中华书局编]

[上海]：中华书局，[1911—1949]，90页，22开

收藏单位：浙江馆

14882

中华书局有限公司文具目录 中华书局有限公司编

上海：中华书局有限公司，[1927]，136页，18开

收藏单位：广西馆、国家馆

14883

中华书局有限公司仪器药品标本模型价目单

[中华书局有限公司编]

[上海]：中华书局有限公司，[1911—1949]，1册，25开

本书内容包括：高初级中学设备标准物理学示教实验仪器价目单、高级中学设备标准物理学学生分组实验仪器价目单、初级中学设备标准物理学学生分组实验仪器价目单等。

收藏单位：国家馆

14884

中华书局有限公司中学理化生物教具价目表 中华书局有限公司编

外文题名：Price list standard physical and chemical apparatus for junior and senior middle schools scientific and biological instruments

[上海]：中华书局有限公司，[1911—1949]，133页，22开

收藏单位：上海馆

14885

中华物产园营业目录 中华物产园编

中华物产园，1930，38页，16开

本书内容包括：园艺用具、杀虫药品、农业书籍、蔬菜花果种子等。

14886

中棉纤维捻曲数之检验方法的研究 程养和著

实业部上海商品检验局农作物检验组，1931.4，11页，16开（农字单印本13）

本书共4部分：绪言、应用卤水蛋白质的试验、中棉纤维捻度之间距的观察、结论。

收藏单位：国家馆

14887

中央化学玻璃厂股份有限公司化学仪器目录

中央化学玻璃厂股份有限公司[编]

[上海]：中央化学玻璃厂股份有限公司，1934，24+24页，32开

本书共两部分：普通化学用玻璃器类、定量分析用玻璃器类。

收藏单位：重庆馆、国家馆

14888

种苗目录 新学会社种苗部编

上海：新学会社，[1911—1949]，38 页，32 开

收藏单位：安徽馆、重庆馆、南京馆、上海馆

14889

种苗目录（1925—1926） 兴农种苗园 [编]

北京：兴农种苗园，[1927]，16 页，16 开

本书内容包括：森林及庭园树木籽种、树苗、果树苗、中外蔬菜种子、草花种子、花木根球、器具肥料、实业书籍等。

收藏单位：国家馆

14890

猪鬃 实业部国际贸易局编

长沙：商务印书馆，1940.2，85 页，36 开（商品研究丛书）

长沙：商务印书馆，1940.2，再版，85 页，32 开（商品研究丛书）

本书共 4 部分：概说、猪鬃之种类产地及其用途、鬃毛炼制之情形、上海之猪鬃业。

收藏单位：重庆馆、甘肃馆、广东馆、贵州馆、国家馆、湖南馆、宁夏馆、陕西馆、上海馆、天津馆

14891

猪鬃产销 行政院新闻局编

行政院新闻局，1947.9，28 页，32 开

本书共 5 部分：猪鬃之用途、猪鬃之种类与品级、猪鬃产区分析、猪鬃产量估计、猪鬃外销概况。

收藏单位：长春馆、重庆馆、大庆馆、广东馆、广西馆、贵州馆、国家馆、湖南馆、吉林馆、江西馆、近代史所、辽宁馆、南京馆、上海馆、首都馆、天津馆、浙江馆、中科图

14892

猪鬃业务指导 刘骅南编

出版者不详，[1937—1945]，油印本，39 页，16 开，环筒页装

本书内容包括：猪鬃业之史略、猪鬃之产地与产量、猪鬃之国内贸易、猪鬃之对外贸易等。

收藏单位：重庆馆、中科图

14893

最近棉花分级概况 实业部上海商品检验局编

实业部上海商品检验局，1936.8，[33] 页，16 开（实业部上海商品检验局特种报告 9）

本书为文集，内容包括:《中国试行棉花标准分布记》（棉花分级室）、《办理江浦植棉指导所棉花分级工作报告》（棉花分级室）、《河北省美种棉分级概况》（赵春霖）等。

收藏单位：国家馆、上海馆